Coordenação Científica da Colecção Ciências e Culturas
João Rui Pita e Ana Leonor Pereira

Os originais enviados são sujeitos a apreciação científica por *referees*

Coordenação Editorial
Maria João Padez Ferreira de Castro

Edição
Imprensa da Universidade de Coimbra
Email: imprensa@uc.pt
URL: http://www.uc.pt/imprensa_uc

Design
António Barros

Pré-Impressão
António Resende
Imprensa da Universidade de Coimbra

Capa
Ernesto Melo e Castro
Sem título, 2003
Fractais originais gerados no Fractint
Tratados no Photoshop 7.0
Col. António Barros, Coimbra

Print By
CreateSpace

ISBN
978-989-8074-09-6

ISBN Digital
978-989-26-0369-8

DOI
https://doi.org/10.14195/978-989-26-0369-8

Depósito Legal
262635/07

Os volumes desta coleção encontram-se indexados e catalogados
na Basedados da Web of Science.

Sebastião Formosinho

Nos Bastidores
da Ciência
20 anos depois

IMPRENSA DA UNIVERSIDADE DE COIMBRA
COIMBRA UNIVERSITY PRESS

● COIMBRA 2007

Sumário

PREFÁCIO

Escribe y recordarás
Jorge Luis Borges

Hoje reconheço que ao longo de toda a minha vida académica estive a ser subtilmente treinado em «heterodoxia científica», quiçá para poder lidar com a trama complexa que é o tema desta história – uma controvérsia científica. Factos são factos, mas carecem de ser sujeitos a uma interpretação. Por mor disso, um cientista é sempre um «contador de histórias». José Cardoso Pires, este grande vulto da literatura portuguesa, escreveu: «Quando um escritor escreve um livro não quer que a história dê para contar, quer que dê para pensar». Inevitavelmente este paralelismo do contar e do pensar está presente neste livro, a que podemos acrescentar também o do sonhar. Um sonho por um país-modelo, de história com futuro e mais rico de convicções construtivas, e mais livre de hipocrisias, invejas e rancores destrutivos.

É uma das facetas mais notáveis da matemática que a verdade das proposições possa ser estabelecida por raciocínio abstracto! Uma argumentação matemática – isenta de erros – que convença um matemático, convence qualquer outro, assim que for bem entendida. Faceta assinalável que se veio divulgando como válida nas ciências da natureza, mediante o recurso a experiências cruciais. Haveria que conceder um pouco mais de tempo para o desenrolar das controvérsias científicas, é certo, mas o desfecho racional era inevitável. É que a ciência é o empreendimento racional por excelência, mas com esta perspectiva o que se está igualmente a afirmar é o carácter anistórico deste mesmo empreendimento. Porque na história o que se vive é o «drama da razão» a pretender libertar-se de interesses mundanos que a desviam da sua vocação[1].

Adiante-se desde já uma razão oculta para este sucesso da matemática. Deve-se, em muito, ao facto de a matemática recorrer a linguagens axiomáticas, construídas para eliminar ambiguidades nas linguagens comuns, e seguir um percurso demonstrativo de uma continuidade lógica. Mas quando Kurt Gödel provou que existem sempre verdades matemáticas impossíveis de demonstrar por via lógica, de repente, o mundo formal da matemática concedeu um papel formal à subjectividade, à «matéria de fé»[2].

Stephen Jay Gould, em «A Falsa Medida do Homem», critica fortemente «o mito que advoga ser a ciência uma actividade objectiva, apenas correctamente levada a cabo quando os cientistas conseguem libertar-se dos preconceitos da sua cultura e encarar o mundo como ele realmente é». E mais afirma: «Os factos não são fragmentos de informação puros e imaculados; a cultura também influencia o que vemos e o modo como o vemos»[3]. A visão mítica da Ciência é este modo de perceber a ciência como uma pura racionalidade.

Thomas Kuhn foi um dos filósofos das ciências que ajudou a quebrar este mito com o seu conceito de «paradigma» científico. A sua magna obra, a *Estrutura das Revoluções Científicas*, «aproxima-nos da ideia de livro total» a respeito da ciência e patenteia que «a controvérsia é útil em ciência, pois através do debate e do confronto de ideias descobrem-se os erros, clarificam-se os conceitos, aprimoram-se as metodologias e sedimentam-se as boas teorias».

Na tradição racionalista de Kant, Popper, Lakatos, Laudan e de outros filósofos, a ciência é uma actividade racional que dirime as suas controvérsias em termos dos ditames da razão perante o recurso ao método experimental. Assim fui iniciado e até gostaria que esta concepção ideal fosse verdade, porque simplificava em muito a ciência e as suas controvérsias. Mas os vinte anos que decorrem desde a invenção, na escola de Coimbra, do modelo teórico de reactividade química denominado ISM[4], e da sua interacção diversificada com a comunidade científica nos seus desenvolvimentos e aplicações, fizeram-me rever uma concepção tão idealista de uma ciência exacta e natural como é a química, fizeram-me transitar de uma visão da modernidade para uma moderada de pós-modernidade.

Nada tenho contra a tradicional visão racional da epistemologia das ciências experimentais. Bem pelo contrário, admiro-a pela sua beleza e simplicidade; até reconheço que é a mais popular. Reconheço igualmente que são os próprios cientistas a divulgar uma tal imagem, porque querem parecer isentos de irracionalidades e emoções, verdadeiramente neutros quer perante o mundo material que interrogam quer perante os seus colegas. Para um investigador praticante como eu, porém, tal visão é bastante enganadora para compreender o conflito científico, e não prepara os jovens que querem abraçar uma carreira de pesquisa em ciência.

Vejo como mais instrutivo e útil para o debate, e compreensão das revoluções científicas, as concepções de Kuhn, que muitos filósofos rejeitam por acusá-las de irracionalismo (não-racionalismo). O seu maior contributo é o reconhecimento que os cientistas na sua actividade corrente trazem o irracionalismo à ciência. É que o modo de ver de Kuhn decorre de estudos históricos da prática científica – da ciência em acção. Tais estudos estão inevitavelmente mais próximos do «estudo de casos» como o que mais uma vez trazemos a lume, o da teoria ISM.

Diria qualquer adepto da escola do racionalismo, em detrimento de Kuhn, que «cada um adopta a epistemologia que merece». É bem verdade, pois nenhum de nós é um génio que consiga convencer, e de uma vez para sempre, os adversários com os seus argumentos teóricos e com as experiências que deles decorrem. Parece-me mais profícuo tentar encontrar elementos de racionalidade e outros que, na concepção de Kuhn ou em outras, possam explicar certos desfechos do debate entre cientistas. É que eu e os meus colaboradores, através de ISM, ensaiámos sem êxito todas as grandes estratégias dos filósofos racionalistas para a «mudança de concepções científicas» – resolução de anomalias, previsões arriscadas, maior fertilidade[5] e alcance nas novas concepções teóricas, um campo mais vasto na resolução de problemas. Também recorremos a todos estes factores juntos, acompanhados da alternativa teórica à teoria dominante, igualmente sem sucesso. Buscámos, aplicando as duas teorias em confronto – teoria de Marcus e ISM – exactamente ao mesmo conjunto de factos experimentais, uma tradução mais eficaz para a «incomensurabilidade dos paradigmas». O desfecho final foi o mesmo de sempre. Dirão alguns que talvez eu esteja «a tomar um dos (possíveis) disfuncionamentos pela essência do sistema [científico]». Mas quando tal disfuncionamento dura há vinte anos e pode durar toda uma carreira científica, interrogo-me se será disfuncionamento ou o próprio sistema que é assim mesmo *by default*?

Outros argumentarão que a culpa é inteiramente minha, por falta de boa argumentação racional. Seria válido este argumento se a teoria ISM não tivesse muito boa aceitação em certos domínios como as «reacções de transferência de protão». A contumácia da resistência verifica-se no domínio da «transferência de electrão» e, mesmo neste campo, convencemos um ou outro cientista que passaram a partilhar das nossas dificuldades de publicação.

Se algum critério oriundo dos filósofos das ciências parece ter alguma utilidade e sucesso interpretativo é o da «satisfação cognitiva», proposto por Ronald Giere. Mas um tal critério contém uma ecologia complexa de componentes: racionais, emotivas, psicológicas, estéticas, profissionais e mesmo de retórica.

Qualquer controvérsia científica joga-se equilibradamente em três vertentes: i) a da «verificação de teorias», segundos os modos de racionalidade propostos por Popper; ii) o «modo de ver o mundo», nos termos que decorrem dos paradigmas científicos propostos por Kuhn; iii) o «modo de vida profissional» dos cientistas, evidenciados nos programas de pesquisa dos sociólogos das ciências.

Há visões enfocadas de certos sociólogos que procuram extremar uma destas vertentes. Vêem a ciência como uma construção cultural fortemente dependente do seu contexto de construção, e que pouco têm a ver com a realidade experimental. Como a ciência e tecnologia da aviação é um produto explicável no contexto ocidental de produção tecnológica, assim seria aplicável para o correspondente contexto – os aviões não funcionariam no oriente! Luto claramente contra tais extremos que deturpam as ciências experimentais e deixam por explicar os seus sucessos tecnológicos.

Não vejo tarefa viável procurar suscitar, em cada cientista da comunidade dos químicos, a satisfação cognitiva, como factor de mudança científica, em todas as suas vertentes: na vertente de verificação de teorias, no modo de ver a porção do mundo em estudo, e no modo de vida profissional. Reconheço igualmente que esta última vertente tem-se complexificado e intensificado com a transformação das estruturas sociais da ciência, de uma «ciência em expansão» para «uma ciência em competição por recursos escassos». «Na vida, além da racionalidade, muitos outros processos interferem e operam, pelo menos muito mais do que na ciência»[6]. Mas a actividade científica é também uma forma de vida!

«A verdade continua a ser o objectivo da ciência, mesmo que pela via negativa» – a eliminação do erro. Por isso, luto com denodo para conquistar objectividade científica para o nosso modelo teórico. A conquista da objectividade científica é problemática que atravessa toda esta obra, e que vos aporto mediante uma reflexão pessoal percorrida por veredas autobiográficas e por caminhos de história, de filosofia e de sociologia da ciência. A vantagem de nos situarmos num plano filosófico torna bastante mais relevante a presente controvérsia científica porque, ao fazer-nos percorrer caminhos epistemológicos, e de uma «epistemologia heurística», confere-lhe um âmbito de maior universalidade.

Afirmou Vladimir Kantor que «pensar é a capacidade de ver qualquer coisa de novo e de distinguir o que é mais importante nesse momento de clarividência». Capacidade inteiramente tácita, não explicitável. Em ciência, um *invento conceptual* é um produto do pensamento do investigador, mas é igualmente uma actividade produtora de novos sentidos e significações, uma criação de novas interrogações, previsões e de novas possibilidades de relação, em que os factos não valem por si mesmo, mas só inseridos em redes conceptuais que são os modelos e as teorias científicas. Somente uma teoria pode desafiar outra teoria.

Mas um invento conceptual, como ISM e os seus conceitos, é igualmente uma invenção de poder. O poder de os cientistas colocarem as suas próprias questões e de afirmarem os seus próprios critérios de interesse e validade, o poder de criarem relações de dominação cada vez mais intensas e alargadas sobre a natureza e as sociedades humanas[7]. Em suma, o poder da reflexão e da acção.

Um conceito científico traduz uma confiança na inteligibilidade do real. Esta inteligibilidade poderá aparecer como uma expressão de uma fé metafísica, ou até religiosa, no nascimento da ciência moderna, mas hoje, perante os inúmeros sucessos da ciência, é uma convicção mais pragmática do que metafísica. E quando uma ciência descobre um modo de conceptualização capaz de criar a unanimidade entre cientistas, encontra o que Kuhn designa por um *paradigma*. Normalmente a conversão de qualquer cientista a um paradigma é mais uma questão intelectual, estética e pragmática, do que uma questão ética.

O paradigma afirma-se pelo seu poder explicativo, número e tipo de problemas que consegue resolver, questões passíveis de solução que consegue colocar, em resumo, uma promessa de um progresso rápido e cumulativo. Como assevera Isabelle Stengers e Schandler, porém, para que um paradigma funcione como normativo da prática científica tem de ser invisível[8].

O mundo sobre o qual a ciência se debruça não é um mundo racional em si, mas sim racionalizável. Não são as normas filosóficas ou sociológicas, mas as controvérsias científicas, que decidem sobre a racionalidade de uma ciência. O poder dos conceitos científicos e a racionalidade a que estão associados não o são ao modo de um estado de direito instituído, mas sim ao modo de um estado social e histórico em construção. O poder de um conceito não deriva tanto do seu carácter racional, como do facto de aqueles que o propõem terem conseguido vencer o cepticismo de um número significativo de cientistas, socialmente entendidos como competentes.

Quando se encerra uma controvérsia científica, considera-se que o respectivo campo ficou depurado de factores sociológicos e do carácter arbitrário e subjectivo ou intersubjectivo do ajuizamento científico. A cidade da ciência continua a privilegiar um só modo de vitória sobre o cepticismo, a demonstração do poder dos conceitos[9]. Foi isto que ainda não conseguimos plenamente a respeito de ISM, em larga medida, porque estamos a lidar, na linguagem do meu saudoso amigo e colega António Xavier, com um «dogma de alguém».

Todo o conhecimento científico carece de ser reconhecido por uma dada geração de cientistas e pelas gerações seguintes. O triunfo de certas concepções só se consegue perceber historicamente, mas tal pouco ilumina se não conseguirmos perceber os motivos, numa dada época, do vencimento ou fracasso de tais concepções. A não ser que nos contentemos com a perspectiva biológica de Max Planck, irónica mas profundamente realista, como critério último.

Podemos racionalmente compreender a dificuldade do triunfo de certo tipo de conhecimento, por carecer de conceitos ainda por inventar. Um exemplo, é o caso das concepções de Mendel sobre transmissão de caracteres hereditários, por faltar, no seu tempo, o conceito de «gene». Mais difícil é entender racionalmente a resistência à inovação perante «evidências experimentais» que não carecem de conceitos novos. Temos de reconhecer, contudo, que o entendimento dos conceitos depende, não só do enquadramento reducionista que a eles faz apelo, como também da *visão global* que temos da porção da realidade que pretendemos explicar ... ou da obra que pretendemos ler. Tudo isto é boa razão para trazer a lume esta complexa problemática – a narrativa de uma controvérsia científica dos nossos dias, ziguezagueando por elementos históricos, filosóficos, sociológicos, e mesmo políticos, necessários para o enquadramento da complexidade da época que é seu palco, bem como de uma ou outra faceta autobiográfica.

Vinte anos são um período de tempo suficientemente longo para adquirir uma visão mais serena e perspicaz sobre qualquer mudança científica. Em química, no passado histórico, foi tempo suficiente para operar profundas revoluções em muitos domínios. Não o foi ainda para a aceitação do modelo ISM no campo da reactividade química. O facto de termos sobrevivido a um tão longo período de combate científico já é, em si mesmo, uma vitória das nossas razões, porque sem elas teríamos inevitavelmente sucumbido como cientistas. E a descrição das dificuldades com que nos fomos deparando, sempre irá suscitar alguma compaixão por parte dos leitores.

A linguagem da obra tem algo de técnico que procuramos amenizar através de imagens e de gráficos, bem como de um certo modo de «contar histórias». Bem sei que não nasci com o dom de contador de histórias, mas reconheço que toda a ciência necessita desta faceta para chegar ao grande público.

Os primeiros três anos desta controvérsia foram objecto de divulgação através da obra «Nos Bastidores da Ciência» que veio a lume com o timbre da *Gradiva*. A sociedade portuguesa, donde provêm muitos dos meus fundos de investigação, merece que lhe volte a «prestar contas» ao fim de vinte anos. Não trago o problema resolvido perante a comunidade científica, mas apresento-o com assinaláveis progressos, fruto do empenhamento e trabalho dos meus colaboradores, que tão gentilmente organizaram uma homenagem científica por ocasião dos meus sessenta anos. Eis outra boa razão para lhes retribuir o presente, dedicando-lhes este livro.

Igualmente verifiquei que a publicação desta obra coincide com os 70 anos do nascimento da Teoria do Estado de Transição pela mão de Michael Polanyi e M. G. Evans e, de modo independente, por Henry Eyring. Outro conjunto de razões haverá para justificar esta obra, mas o prefácio vai longo. O leitor irá encontrá-las se tiver paciência para tanto. Acrescento que ao fim deste período chegamos a um «ponto de viragem» experimental e mesmo teórico. Bem sei que a «verdade de uma teoria físico-química não se decide ao 'cara ou coroa'», mas há experimentos de maior crucialidade do que outros.

Agradeço aos Doutores Luís Arnaut e Alberto Canelas Pais, bem como ao meu irmão, João Formosinho, a leitura de diversas partes do manuscrito e as muitas sugestões de clarificação. Ao Doutor Hugh Burrows o meu bem haja por inúmeros debates e diversas sugestões de material a incluir no livro. Igualmente vai o meu reconhecimento à Dr.ª Sophie Arcas-Arnaut pela tradução para português dos comentários dos avaliadores, conferindo-lhes uma maior objectividade, bem como ao Dr. Paulo Pimenta pela revisão de alguns textos.

À família – a minha mulher e os meus filhos, noras e neta –, sempre a eterna esquecida, agradeço a paciência e compreensão pelas minhas ausências e silêncios, porque a escrita deste livro sempre rouba tempo e atenção aos familiares.

Ao decidir dar a lume esta obra só após a aceitação para publicação do artigo sobre o novo padrão de reactividade química que denominámos de «dupla região-invertida», verifiquei que este livro recusou a deixar-se acabar. A obra pegou em mim e, praticamente durante quase um ano, não me deixou trabalhar eficazmente noutros projectos. Fez proliferar episódios a partir de episódios, intersectou-se amiudadas vezes com os progressos alcançados por nós na aplicação de ISM à transferência de protões e à catálise de enzimas, construiu um especial espírito de ironia para comigo mesmo perante certos problemas de saúde com que me vi confrontado. Permanece o centro negativo das dificuldades com que ISM se confronta a respeito da transferência de electrões, um alçapão que devora os nossos esforços, progressos e energias e começa, qual doença contagiosa, a afectar os nossos estudantes. Dado que carecemos de estudantes para fazer trabalho experimental e progredirmos no tema. Mas podemos prejudicá-los de modo irremediável se não os protegermos adequadamente com publicações em outros temas. Um saltitar de tema em tema nada formativo para um estudante que se inicia. Um verdadeiro campo de forças negativas com que a comunidade nos oprime.

Mas ISM bifurca-se em transferência de electrões e transferência de átomos e protões. O segundo ramo, sem obstáculos de vulto da comunidade, vem proliferando as suas conquistas com sucesso e, qual linha de combate conceptualmente bem municiada pode, num movimento envolvente, vir a atacar a comunidade dos homens da transferência electrónica, já longe do confronto directo mas nos seus alicerces.

Depois tive a abandonar a escrita deste livro por uns tempos, para só poder retomá--la nos inícios de 2006. Por finais de 2005 tivemos finalmente aceite para publicação o artigo sobre a «dupla região-invertida», que sempre considerei elemento indispensável para o fecho desta obra de escrita. Mas pela mesma ocasião surgiram três contributos de relevo: a primeira biografia de Michel Polanyi, a obra de Miguel Cadilhe «O Sobrepeso do Estado em Portugal» e a disponibilização de indicadores de *ranking* de áreas científicas e de instituições a nível mundial na base do *Thomson/ Essential Science Indicators*. Aportavam ideias já presentes nesta obra; mas vieram trazer-lhe uma outra respiração. Tal implicou uma reescrita de alguma monta em quatro ou cinco capítulos, para além do polimento final.

Julgo que o leitor pode beneficiar com um Roteiro de Leitura. Tudo começa com o meu doutoramento em Inglaterra sob a orientação de Lord George Porter, Prémio Nobel da Química de 1967 e o primeiro capítulo leva-nos a este ambiente de trabalho e aos começos das vicissitudes da minha heterodoxia científica. Logo no capítulo seguinte, abandonamos o ambiente do laboratório e do grupo de investigação inglês para examinar as forças sociais no seio das comunidades científicas, e a sua evolução desde a 2ª Grande Guerra. São nestes mares que circulam correntes de interesses variados, umas superficiais outras profundas, e se procura dar resposta a ansiedades internas dos cientistas, mas igualmente a necessidades das sociedades e dos governos que as representam.

Eu sou um químico. O Capítulo 3 debruça-se sobre o papel da Química nos dias de hoje e no passado histórico, quer em aspectos de conhecimento fundamental quer aplicado, quer de criação quer de descoberta, quer como aventura intelectual quer como fonte de progresso industrial, tecnológico e na saúde humana. Mas a química sofre hoje de uma má imagem que se apresenta e discute nos seus fundamentos. E pela mão da química caminhamos até ao ambiente da «Escola de Química de Coimbra», o actual e o ambiente no passado histórico que a todos moldou. Também neste ambiente, e pela mão da mesma química que cultivo, fui chamado a ter algumas intervenções sociais, muito em especial a da co-incineração de resíduos industriais «perigosos» em cimenteiras.

«O que é que podemos conhecer?» e «como podemos conhecer?» são questões a que a filosofia das ciências, em geral, e a filosofia da química, em particular, procuram responder. A Química ontologicamente está inserida na Física, mas epistemologicamente tem problemas e modos de ver autónomos. Aqui neste capítulo também se procuram apresentar algumas pistas para a descoberta em química, e quais as convicções e atitudes pessoais que tais descobertas e invenções suscitam.

É através da busca de coerência cognitiva que o homem pode actuar de um modo racional e ficar psicologicamente envolvido em «mudanças conceptuais». A sua força motriz inovadora tem raízes nas convicções pessoais e nunca no cultivo da dúvida sistemática. Eis o grande tema do Capítulo 6 visto através do conflito entre ISM e a teoria de Marcus aplicados à interpretação das reacções de transferência de electrão. Menos acentuado foi a controvérsia com a comunidade científica a respeito da aplicação de ISM a reacções com quebra e formação de ligações químicas. É que o primeiro conflito envolve um conflito de paradigmas. O segundo envolve «tão-somente» a resolução de dificuldades cognitivas.

A actividade industrial sofre em Portugal dos custos-de-contexto. Mas não é apenas a actividade da indústria ou a dos serviços a sofrê-los; o fazer ciência no nosso país também padece dos mesmos custos-de-contexto. Para os compreendermos um pouco melhor há que mergulhar na história nacional no tempo das Descobertas. Estivemos próximo da ciência moderna? E nos começos do século XXI, a ciência e o sistema universitário português são competitivos no panorama europeu ou somos penalizados por custos-de-contexto? Eis os temas dos Capítulo 7 e 8 que se prolongam para os Capítulos 9 e 10, agora impregnados pela arte do conhecimento e da retórica. O papel da inspiração individual e a paixão heurística impulsionam-nos a convencer outros cientistas. Inevitavelmente a retórica desempenha um papel de relevo na controvérsia científica. É que todo o novo modo de interpretar a Natureza é um enriquecimento que queremos partilhar com os outros.

Mas o mundo mudou profundamente com a *internet* e a *World Wide Web* e de tal modo que acentuou drasticamente a separação entre os dois *modos de conhecimento* do homem. Tais modificações têm implicações nas instituições de ensino superior e nas universidades vocacionadas para a criação do saber.

Os Capítulos 11 e 12 abordam o cerne da controvérsia científica em que estamos mergulhados, mormente o decorrente da experiência crucial da previsão e confirmação da existência de uma «dupla região-invertida» para as reacções de transferência de electrões.

Os Capítulos finais lidam com os modos como em ciência são usualmente recompensados os que travam tais lutas, «vencendo» a Natureza e convencendo as comunidades. Mas eu e os meus colaboradores, até ao momento, só «vencemos» a Natureza.

Agradeço finalmente ao meu estudante de doutoramento, Paulo Gomes, o seu prestimoso apoio nas tediosas tarefas da edição desta obra.

Entreguei esta obra na Imprensa da Universidade de Coimbra em Maio de 2006. Alguns acertos necessários para uma edição com dupla parceria, que não se veio a concretizar, criaram alguns atrasos que me permitiram incluir notícias provenientes de um artigo publicado em Outubro de 2006 por credenciados cientistas americanos sobre transferência electrónica, e que trazem reflexos mais iluminantes à nossa aventura científica. Tomei esta oportunidade inesperada para, mais uma vez, rever o texto.

Em palavra final, dirigida ao Director da Imprensa da Universidade de Coimbra, Prof. Doutor José Francisco de Faria Costa, e à Directora-Adjunta, Dr.ª Maria João Padez, agradeço toda a amizade e empenho que puseram neste projecto.

Quiz a Sociedade Portuguesa de Química no seu 8º Encontro Nacional de Química-Física e a Universidade de Coimbra, mediante a concessão do doutoramento honoris causa ao Prof. Manfred Eigen, celebrarem os 40 anos da atribuição do Prémio Nobel da Química de 1967, que tão profícuos frutos deu à Química Portuguesa, como se pode depreender do texto em inglês que se segue. Bem hajam!

Coimbra 5 de Novembro de 2006

NOTAS

[1] Stengers e J. Shandler, «Les Concepts Scientifiques», Gallimard, Paris, 1991, págs. 13-14.

[2] M. Guillen, «Pontes para o Infinito», Gradiva, Lisboa, 1987, pág. 125

[3] S. J. Gould, «A Falsa Medida do Homem», Círculo de Leitores, Lisboa, 2004, págs. 59 e 60.

[4] ISM do inglês *intersecting state-model* e *interaction state-model*. As primeiras publicações sobre ISM foram: «Molecular Structure and Chemical Reactivity. The Role of the Activation Energy», S.J. Formosinho, *Rev. Port. Quim.* 27, 427-443 (1985). Conferência Medalha Ferreira da Silva, e «Transition State Bond Extensions and Activation Energy in Hydrogen Atom Transfer Reactions», A.J.C. Varandas, S.J. Formosinho, *J. Chem. Soc. Chem. Commun.* 163-165 (1986).

[5] Anomalias, fenómenos não explicáveis no contexto de um paradigma e que resistem a várias tentativas de explicação; previsões arriscadas são previsões que vão contra o consenso científico vigente e que constituam uma surpresa para a comunidade científica; fertilidade é a potencialidade que uma nova teoria apresenta para produzir novas sugestões de pesquisa e produzir novas linhas de explicação.

[6] J. P. Ferreira da Silva, «Renovar uma Polémica? Sílvio Lima no seu tempo e no nosso», Metacrítica, nº 2, Março de 2003, Internet. http://metacritica.ulusofona.pt/detalhe.Artigo.asp?id=57 06-08-2004.

[7] Stengers e Shandler, *ob. cit.*, págs. 9-12.

[8] Stengers e Chandler, *ob. cit.*, pág. 18.

[9] Stengers e Chandler, *ob. cit.*, pág. 14.

8ENQF – A tribute to
Manfred Eigen, Ronald Norrish and George Porter
by the occasion of the 40ᵀᴴ Aniversary of the Nobel Prize
Award for their studies of

"extremely fast chemical reactions, effected by disturbing
the equlibrium by means of very short pulses of energy"

Due to the scientific contacts existing between Prof. Pinto Coelho in Coimbra and Prof. John Murrell in the UK, it was agreed that I would be going to England in 1966 to work under the supervision of Prof. George Porter for my Ph. D.. However, I had to fullfill my military duties in Portugal for two years, so I went to the Royal Institution (RI) in London in the beginning of September 1968, just in time to sign a card together with all my future colleagues to wish good luck to Prof. just before he went to the University Collegue Hospital to have a kidney removed. Memories of the celebration of the award of the Nobel Prize in Chemistry to Professors Porter, Eigen and Norrish a year before were still very high when I arrived at the RI, and, apart from the scientific side, there was much discussion of an amazing act of "levitation" which Professor Porter performed with a champagne glass, which even now is difficult to rationalize scientifically!

Now in Coimbra, in this scientific meeting of the Sociedade Portuguesa de Química, we are celebrating the 40th anniversary of this important scientific prize award, that has had such profound consequences in the development of Photochemisrty in Portugal, through the "founding fathers" here, Silvia Costa and Sebastião Formosinho, both students of George Porter at the RI.

The 1967 Nobel laureates in Chemistry have opened up the whole of the vast field of fast reaction kinetics for research by starting from a system in equilibrium and disturbing this equilibrium suddenly by one means or another. The flash photolysis method of Norrish and Porter inflicts a drastic change of behaviour on the molecules through a flash of light. In contrast, Eigen treated his molecules more leniently through a variety of thermal, mechanical and other sorts of "jumps" to change the equilibrium position. Although Eigen started his reactions in a different way from that employed by Norrish and Porter, the instruments that recorded the fast reactions were very similar for the two research groups. A great advance was produced later through introduction of pulsed-lasers that come to be in use by the late 1960's and beginning of the 70's, making available the study of "damn short reactions indeed": nanosecond, picosecond, femtosecond time ranges.

Manfred Eigen
•
Ronald G. W. Norrish
•
George Porter

I have met Prof. Norrish in the RI on the *viva* of Colin Ashpole in 1969 and Prof. Eigen also at the RI on a Friday Evening Discourse in 1971. Norrish and Porter divided their fields of research: the latter with large molecules, the former with "little molecules". Here in Portugal we have pursued the large molecules field. Nevertheless, Norrish type II and type I reactions have been the object of an intensive theoretical study by my group in terms of the Tunnel Effect Theory developed in 1972 to interpret radiationless transitions in aromatic molecules and subsequently to provide a "unified view of ketone photochemistry" in terms of tunnelling of light and heavy masses (the C=O group in this case). Norrish type reactions have also been extensively studied with great success in Coimbra by Rui Fausto and coworkers using matrix isolation infrared spectroscopy. Noteworthy matrix isolation was also a method invented by Porter (and simultaneously, but independently, by George Pimentel, at Berkeley), originaly as an alternative way of studying short living reactive species.

Many Portuguese photochemists are currently studying proton- transfer reactions both from an experimental and theoretical side. The development of the intersecting state (ISM) theory associated with transition state theory by myself and António Varandas, initially through an empirical approach, and subsequenlty on a semi-emipirical formalism with Luís Arnaut was of great importance in this context. It is the latter aproach that provides absolute rate calculations for such proton-transfer events which cover more than 25 orders of magnitude in rates. Eigen and Zundel ions in acidic solutions help us to understand the anomalously high mobility of protons in liquid water. Soybean lipoxygenase-1 catalyses the hidroperoxidation of linoleic acid with a kinetic isotope effect (KIE) close to 80 for the H-abstraction at the 11-position and near temperature independence. Such KIE were claimed to be inconsistent with the conventional transition state theory (TST) view of catalysis. However, when the proper role of hydrogen bonds is taken into acount by ISM, the barriers are thin and high and such high KIE are a natural theoretical outcome of these new ideas. Indeed, these conform to the view "Enzymes are optimal catalysts – a citation classic commentary on proton-transfer, acid-base catalysis, and enzymatic hydrolysis" by Prof. Manfred Eigen.

People, concepts, mechanisms, theories, techniques, all together and intermixed in the chessboard of chemical history. This is what we intend to celebrate during these days in Luso and on Saturday 23rd June in the *Sala dos Capelos*, on the cerimony of the Doctor Honoris Causa attributed by the University of Coimbra to Manfred Eigen, to honour him and the Chemistry Nobel Prize Winners of 1967. I feel very appropriate in the ceremony to present on the occasion the book "Chemical Kinetics. From Molecular Structure to Chemical Reactivity" published this year by Elsevier, with Luis Arnaut, Sebastiao Formosinho and Hugh Burrows as authors.

Sebastião J. Formosinho

CAPÍTULO 1

UMA VIDA DE HETERODOXIA CIENTÍFICA

Não há ciência sem comunicação

A universidade da Idade Média vivia de famosos manuscritos, laboriosamente copiados por monges nos seus conventos. Missão destinada a preservar o conhecimento, cuja difusão era lenta e muito onerosa; um manuscrito teria um custo equivalente a um automóvel nos nossos dias. Aos mestres universitários restava ler aos seus estudantes algumas das tão preciosas obras. Daí a designação antiga de «lentes» para os professores da Universidade de Coimbra, do latim *legente* «aquele que lê». De facto, como estudante universitário nunca tive um mestre que lesse as suas lições, mas no liceu tive um professor de história que lia o *Mallet*, um autor de uma boa história universal.

Só com a invenção da imprensa de caracteres móveis por Johann Gutenberg (1400-1468), depois de 1456 que foi a data da impressão da denominada Bíblia de Gutenberg, o conhecimento contido em livros passa a estar acessível a todas as inteligências. Leonardo da Vinci (1452-1519) deixou nos seus cadernos de notas desenhos de elevada qualidade anatómica; só cinquenta anos depois, com Vesalius, surgem esquemas anatómicos com a mesma qualidade. Não obstante tais poderosos meios de disseminação do conhecimento já disponíveis ao tempo, da Vinci não teve qualquer impacto no desenvolvimento da anatomia humana, porque não publicou os seus resultados através do meio usual da época – o livro. É que um livro requer um esforço e um tempo de preparo considerável, que Leonardo da Vinci não estava disposto a despender ou para o qual não encontrava motivação suficiente.

Ora o crescimento espectacular da ciência deve muito à visão de Oldenburg ao associar as técnicas da imprensa de caracteres móveis às necessidades da comunicação científica quando organizou, em 1665, a primeira *revista científica*. É que as «cartas científicas» – hoje transformadas em *artigos científicos* – pelo seu tamanho, menor esforço de preparação e rapidez de publicação, quando comparadas com o livro, constituem o meio adequado para a comunicação de uma ciência cumulativa e cooperativa. A ciência é cumulativa porque avança por passos sucessivos, adicionando um pouco mais de cada vez e, a cada novo passo, procurando perder o mínimo possível do que do que já conquistou. Cooperativa, porque é fruto do trabalho de cooperação entre diferentes investigadores no seio de comunidades científicas, cooperação que implica que cada um, mediante a obediência a certas metodologias e normativos sociológicos, tenha confiança no trabalho realizado pelos outros.

As *revistas científicas* publicadas periodicamente são justamente o repositório de um tal esforço, individual e colectivo, materializado nos referidos artigos. Assim, as revistas científicas constituem o arquivo público dos resultados e observações experimentais, dados, teorias, cálculos, algoritmos, simulações, metodologias, técnicas, instrumentos, etc. aos quais os cientistas de hoje e de amanhã podem recorrer para o estímulo de novas ideias ou aplicações ou para exercer a crítica e a refutação, tendo em vista o *progresso* da ciência. A comunicação científica tornou-se assim inseparável do próprio método científico, não havendo ciência sem divulgação creditada pela própria comunidade científica.

A pesquisa científica entrou nos objectivos das universidades europeias no século XIX através do modelo de Humboldt da Universidade Alemã. É interessante referir que o reconhecimento formal da «criação de ciência» na Universidade Portuguesa pode ser encontrado no «Estatuto da Instrução Universitária» de 1930, nos começos do Estado Novo. No preâmbulo de um tal estatuto reza: «Pareceu oportuno regular as normas da concessão do título de Instituto de Investigação Scientífica, correspondente ao reconhecimento pelo Estado da actividade scientífica e da capacidade dos professores especializados, suficientemente comprovada por *bibliografia original*. Tal concessão deve evidentemente ser rodeada das precauções indispensáveis para evitar a vulgaridade de tão alta distinção»[1]. No mesmo local mais consta: «O diploma não introduz inovações no que é quase tradicional no nosso ensino superior, estabelecendo, no entanto algumas disposições novas, de harmonia com as normas adoptadas em todos os países cultos. (...) Pareceu de boa prática permitir aos professores catedráticos das Universidades a possibilidade de irem estagiar por período não superior a dois anos em qualquer Universidade estrangeira, rodeando, é claro, tal disposição das cautelas indispensáveis para que o ensino não venha a ser prejudicado por falta de professores. Com tal iniciativa se contribuirá certamente para a *elevação do nível mental da Nação*»[2].

Por essa época dois professores da Universidade de Coimbra doutoram-se em universidades europeias: o Doutor Mário Silva doutorou-se em física na Universidade de Paris em 1928 e o Doutor Andrade Gouveia doutorou-se em química em 1934 na Universidade de Liverpool. Assim se dava início à preparação de físicos e químicos através da investigação científica e da publicação de artigos, linha de acção que muito contribuiu para o sucesso destes dois campos no nosso país. Assim se viria a «elevar o nível mental da Nação», tardiamente é certo. Mas o atraso remonta ao século XIX.

Um artigo científico é uma oferta de um cientista ou de um grupo de cientistas à comunidade científica. A aceitação da oferta, porém, requer o reconhecimento do estatuto de doador, e um tal reconhecimento é feito caso a caso mediante uma «avaliação por pares», isto é, por outros cientistas. Outros cientistas, escolhidos pelo Editor da revista científica, avaliam o interesse, validade, originalidade, coerência e qualidade da informação contida no artigo submetido a apreciação. E avaliam-na de forma gratuita, porque este serviço faz parte das obrigações implícitas de cada cientista.

Estes avaliadores ou *referees* são elementos controversos no sistema de comunicação, uma vez que são, eles mesmos, autores, o que origina alguns conflitos de interesses. Este modo de trabalho – uma pequena parte da comunidade científica avalia e credita o que outra pequena fracção da mesma comunidade produz – conduz a um balanço delicado no âmago da comunidade científica. Não obstante estas fragilidades do sistema, a avaliação é indispensável para creditar o material que entra para o arquivo da ciência, mesmo que não garanta em absoluto a sua correcção e validade. Os *referees* científicos e os editores não se representam inteiramente a si mesmos, mas representam, por amostragem, o *consenso científico* que se estabeleceu no domínio e, por isso, têm o *imprimatur*[3] da autenticidade científica do seu tempo. A sua avaliação não deve pois ser inteiramente baseada numa opinião pessoal, mas exactamente nos padrões e valores reconhecidos no momento pela comunidade científica. A avaliação científica permite uma certa hierarquização dos artigos pela sua qualidade e também estabelece uma ordenação das revistas científicas, em função de critérios bibliométricos, tal como o *Factor de Impacto* (FI) indicador estimado em termos das citações científicas[4]. O FI da revista científica x é uma medida da frequência com que um «artigo médio» publicado na revista x é citado num dado ano.

O Factor de Impacto depende de factores sociológicos e de factores estatísticos. Nos primeiros incluem-se a área científica, o tipo de revista científica (comunicações, artigos correntes, artigos de revisão) e se é uma revista de carácter geral ou especializado, e ainda o número médio de autores por artigo, que também depende da área científica. Verifica-se uma correlação linear entre FI e o número de autores por artigo. Por exemplo, enquanto o FI médio nas ciências da vida (ciências básicas) é de FI=3,1, nas ciências físicas e químicas é de FI=1,5 e nas mais baixas, as ciências matemáticas e da computação, é de FI=0,5.[5] Nos factores estatísticos inclui-se o tamanho da revista e a janela temporal da medida, em geral de dois anos; quando a janela de medida é de cinco anos, as flutuações anuais do FI são menos acentuadas.

O artigo científico é escrito por homens e por mulheres que fazem ciência e reflecte, pois, as multifacetadas actividades dos cientistas: recolha de dados, observação, experimentação, resolução de problemas, modelação, inovação, invenção, etc.. De um modo contido, mas sem falsa humildade[6], um artigo reflecte não só os argumentos da fria lógica racional de cada autor como a apaixonada emoção e convicção com que cada um defende as suas ideias e as quer fazer vingar. Esta é uma mensagem de humanização da ciência que é bem vinda aos textos pedagógicos[7].

As dificuldades da heterodoxia numa ciência de recursos escassos

A «avaliação por pares»[8] (*peer review*), que remonta à controvérsia entre Newton e Leibniz sobre a invenção do cálculo infinitesimal[9], tem constituído um dos pilares da construção da ciência moderna. Como dissemos, é um «exame prévio» aos conhecimentos científicos que vêm a lume em revistas científicas periódicas, assegurando a sua validação perante as comunidades científicas. Mais recentemente, também vem sendo utilizada para seleccionar «projectos de investigação» merecedores de financiamento. No ajuizamento das contribuições propostas para publicação por outros colegas, os editores das revistas científicas e os avaliadores actuam segundo o consenso científico vigente. Mas devem ajuizar de forma objectiva a qualidade do conhecimento apresentado, respeitando a independência intelectual dos autores.

Dada a importância epistemológica e sociológica do «sistema de avaliação por pares» na construção dum conhecimento científico credível, têm surgido diversos estudos sobre a fiabilidade, equidade e validade dos juízos e decisões da avaliação por pares exercida em artigos submetidos a publicação[10,11,12,13]. Numa conferência patrocinada pela

New York Academy of Sciences em 1996, David Goodstein[14] emitiu a seguinte opinião sobre o estado actual deste sistema de avaliação: «Algumas décadas atrás, quando o progresso da ciência estava condicionado pelos limites da imaginação e criatividade dos cientistas (*idade da pura competição intelectual*), a avaliação por pares era um processo adequado para identificar a ciência válida; contudo, nos nossos dias, em que a ciência está condicionada pelas posições académicas e de investigação, pelos fundos para a pesquisa e pelas páginas em revistas científicas de prestígio (*idade da competição por recursos escassos*), a avaliação pelos pares, particularmente pelos especialistas, cria um conflito de interesses. Requerem-se padrões éticos anormalmente elevados para que os avaliadores não abusem do privilégio de anonimato em seu próprio benefício». Sendo assim, o sistema de avaliação por pares está ameaçado. «É verdadeiramente este o tipo de comportamento condenável que feroz e desaforadamente está a invadir todos os campos da ciência». E como referem Lawrence e Locke[15], é ameaçadora esta «erosão de princípios». Como advoga Magueijo, quiçá a publicação de artigos científicos na *Internet* possa vir a contribuir para atenuar esta erosão sociológica.

Goodstein apresenta-nos uma «tese» de grande importância para o valor futuro desta construção humana que é a ciência, atacada ainda, se bem que em menor amplitude, por outras formas desonestas de comportamento como o plágio, a fabricação e falsificação de resultados, em suma, formas de «fraude em ciência» fruto de ambições e impaciências desmedidas e de competições demasiado ferozes.

O caso mais famoso em 2002 foi o de Jan Hendrik Schön dos *Bell Labs*, que foi despedido em 24 de Setembro depois da comissão nomeada para investigar as acusações de fraude científica ter concluído que os dados das experiências divulgadas sobre novos materiais de electrónica molecular haviam sido falsificados ou fabricados. O que mais surpreende é o elevado número de artigos que Schön conseguiu publicar na *Nature* e na *Science*, duas das revistas de maior impacto em ciência e onde os procedimentos de avaliação deveriam ser mais exigentes e cuidadosos. Destas acusações foram ilibados os outros co-autores. Os co-autores destes artigos já fizeram uma retractação oficial de tais trabalhos[16].

Schön iniciou-se com moléculas que correntemente não conduzem a corrente eléctrica[17]. E começou a «transformar» diversos não-condutores em semicondutores, lasers e materiais de electrónica molecular que absorviam luz. Uma revolução no domínio da física dos circuitos para computadores. Em três anos publicou mais de 90 artigos em revistas de grande impacto científico e industrial. Cinco anos após a graduação já parecia um candidato ao Nobel. Em Abril de 2001, um grupo de investigadores dos *Bell Labs* contactou o Professor de Física em Princeton, Lydia Sohn, murmurando que haveria problemas com os dados de Schön. Os mesmos tipos de gráficos, com o mesmo ruído de fundo, estavam a ilustrar resultados de experiências diferentes. Depois começaram a verificar que ninguém conseguia reproduzir experimentalmente os resultados de Schön. Estima-se que cerca de 100 laboratórios em todo o mudo tentaram confirmar tais resultados e foram enganados: que desperdício de verbas (umas dezenas de milhões de dólares), de tempo de investigação, de projectos de doutoramento de jovens estudantes, de carreiras académicas comprometidas! E que descrédito social, e não só pessoal de Schön, na ética dos cientistas e das suas instituições que estão a ser financiadas com dinheiros dos contribuintes.

É surpreendente que um tal ritmo de publicação não tenha levantado suspeitas na comunidade dos especialistas, nem mesmo nas revistas científicas. E que o cientista mais sénior nos artigos, Bertram Batlogg, não tenha controlado melhor a sua equipa e o modo como se alcançavam tais resultados. É uma tarefa que devia ter sido exercida pelo mestre, através da relação mestre-aprendiz, como o foi durante toda a Idade Média na prática iniciática do acesso ao conhecimento; um acesso progressivo através de uma sucessiva conquista ética. Particularmente hoje, a ciência carece de tais vigilâncias éticas, numa altura em que os progressos informáticos permitem criar verdadeiros «mundos de ficção».

Diga-se em abono da verdade que um especialista em supercondutividade, Klapwijk, já havia levantado objecções num dos artigos que acabou por ser publicado. Esta é a maior história de fraude no campo da física moderna, que pode vir a ter consequências no futuro dos próprios *Bell Labs*. A lição a reter é a de um Schön a trabalhar demasiado sozinho, com pouca interacção com os seus co-autores. A ciência é uma construção humana de interrogação da natureza. Uma das suas fragilidades é que os seus alicerces são os da confiança mútua; pequenos ou grandes desvios de um comportamento ético correcto podem comprometer a própria construção.

O final do ano de 2005 surpreendeu-nos com outro escândalo da mesma índole. O cientista sul-coreano Hwang Woo-suk que, em Junho do mesmo ano, reivindicou ter clonado embriões e células-mãe, diz que não só quebrou regras éticas, ao usar células de colaboradores, como afirmou que as linhas genéticas das células clonadas foram inventadas. Igual acusação pende sobre Kazunari Taira da Universidade de Tóquio sobre artigos publicados em *Nature, Proceedings of the National Academy of Sciences*, que não conseguem ser reproduzidos por outros investigadores e para os quais os autores não apresentarem «livros de notas de laboratório» onde estivessem registados os dados em bruto das suas observações e experiências. A universidade já lhe distribuiu os seus 25 estudantes graduados por outros grupos de investigação e suspendeu-o das suas actividades docentes[18]. Há uma pressão excessiva sobre os investigadores, mormente para publicar em revistas como a *Nature* e a *Science*. É uma pressão excessiva não só para obter bons resultados, mas para se alcançarem resultados espectaculares capazes de surpreender e lançar o investigador na ribalta no grande palco do mundo. Mas note-se que estas fraudes ocorreram em áreas muito quentes de inovação e impacto, como são as ciências da vida e os novos materiais.

Tudo isto ilustra as enormes pressões a que os cientistas estão sujeitos para alcançar o êxito, e um êxito imediato. Para compreendermos melhor as modificações nas estruturas sociológicas da ciência e estas pressões de «*publish or perish*» (publica ou morres), teremos de nos debruçar sobre as modificações do valor económico da ciência após a Segunda Grande Guerra, o que faremos no próximo Capítulo. Começaremos por descrever algumas das modificações das estruturas sociológicas da ciência moderna desde o século XVII até aos tempos de hoje, e que se pode traduzir, na terminologia de Goodstein, pela transição de uma «era de competição intelectual» para uma «era de competição por recursos escassos». John Ziman[19] estudou com bastante pormenor esta problemática, seguindo uma abordagem externalista, como se tais modificações fossem somente a resposta das comunidades científicas a uma intensificação das pressões políticas, económicas, industriais e militares. Mas também se debruça sobre algumas consequências epistemológicas que tais modificações podem produzir[20]. Todavia, antes de enveredarmos por tais reflexões, convém examinarmos a situação científica no nosso país no tocante a esta «nova ciência» numa era de competição por recursos escassos.

A heterodoxia científica na história das ciências

Thomas Kuhn na sua obra «*The Structure of Scientific Revolutions*»[21] distingue entre «ciência normal» e «ciência revolucionária», talvez de um modo excessivamente simplificado que, como aponta Walter Moore[22], força a história das ciências a caber num paradigma com muito poucas variáveis. Mas dito isto, para Kuhn a ciência normal é como a resolução de um *puzzle*: podem-se alcançar belas soluções, mas usam-se sempre as *mesmas regras*. E são estas regras estruturantes, quer conceptuais quer procedimentais, que vão fazer parte do consenso científico da comunidade e dos seus paradigmas, e geram a ciência ortodoxa. Por contraste, a ciência revolucionária requer uma mudança de regras, e as novas regras vão parcialmente contra o consenso científico vigente; deste modo, a ciência que produzem é uma ciência heterodoxa. E só a história é capaz de converter heterodoxia em ortodoxia.

Para Thomas Kuhn o «livro de texto» é um instrumento essencial para a formação de *paradigmas* científicos. Nesses livros figuram «problemas exemplificativos» que os estudantes são treinados a resolver bem, tal como se treinam os soldados numa parada[23]. Há que preparar bem as novas gerações de modo que no calor da actividade de investigação errem o menos possível. Por exemplo, se um aluno não verifica a lei de Boyle dos gases perfeitos, ou não consegue verificar que uma amostra de cristais de sulfato de cobre contém 95% de cobre metálico, é obrigado a repetir o exercício até que acerte, de uma forma aceite pelo mestre. Os paradigmas têm um carácter dogmático, o que torna a ciência eficiente. Dentro de um paradigma, não se questionam os seus fundamentos – tal como no treino militar se não discutem as instruções recebidas –, mas investigam-se novos problemas sugeridos pelo próprio paradigma para o reforçar, alargando o seu campo de acção. Dado o carácter dogmático dos paradigmas científicos, este modo de ensino não prepara bem o aluno para o debate e a controvérsia. Tal como nas forças armadas, prefere-se a ortodoxia e a conformidade à originalidade das ideias.

A história e a prática das ciências revelam a existência de um equilíbrio delicado entre o valor consensual da informação científica e o direito de dissidência, potencial fonte de inovação e de novas racionalidades. Pode mesmo parecer surpreendente que, perante o dogmatismo de uma ciência construída à volta de paradigmas – um modo organizado de ver alguma fracção do mundo material e dos seus fenómenos, alicerçado em crenças e convicções que se partilham no seio de uma comunidade científica –, hajam emergido *heterodoxias* inovadoras. Verifica-se empiricamente ao longo da história que a margem de segurança adoptada pelas comunidades não tem sufocado em absoluto o novo. Não que a história das ciências não haja registado profundas controvérsias, esquecimentos injustos, incompreensões e até procedimentos de mera censura. Mas exactamente por terem chegado ao nosso conhecimento, patenteiam alguma tolerância para com os dissidentes e alguma visibilidade da heterodoxia.

Claro que estando o método científico disciplinado por ortodoxias que só permitem um certo grau de dissidência, os dissidentes científicos correm o risco de perder as suas credenciais como cientistas se divergem demasiado do consenso estabelecido[24].

As inevitáveis controvérsias científicas causaram problemas psicológicos de maior ou menor gravidade em cientistas como Boltzmann, Mayer, Cantor, Semmelweis, Torricelli, entre outros, ou levaram ao simples abandono da ciência como com Waterston e Grassman[25].

Igualmente um número muito significativo de tais heterodoxias foi fonte de grande inovação e progresso científicos. Se a aceitação dos novos modos de pensar e organizar ideias e factos é dificultada pela inércia das nossas estruturas e motivações cognitivas, também o é pelos interesses associados a uma dada comunidade científica e partilhados pelos seus membros. Uma dificuldade muito presente nos dias de hoje.

Muitos cientistas afirmam que 90% da heterodoxia científica é lixo e, como tal, nada se perde, antes se ganha, em não a deixar vir a lume. Mas esta perspectiva há-de ser contrabalançada com as lições da história das ciências, que vêm mostrando que consenso científico não é sinónimo de verdade – a intersubjectividade do conhecimento científico não é critério absoluto de objectividade. E a ciência não se pode permitir o luxo de prescindir dos salutares efeitos de progresso daquela pequena fracção que, nalgum tempo, foi heterodoxia e que, posteriormente, se veio a converter em consenso, paradigma e dogma. É como se fosse o *capital de risco* da ciência.

Mas a heterodoxia é também fonte de racionalidade ao acrescentar novas alternativas aos caminhos da ciência. Mesmo que seja um erro! Quantos erros científicos não contribuíram para a clarificação de ideias e para o progresso da própria ciência. Ainda, e quiçá papel mais importante, a heterodoxia científica é um travão à ciência viciada e é um tónico fortificante da «boa ciência».

A heterodoxia científica surge quando não há acordo entre os seus autores e a comunidade científica. Este desacordo tem de ser expresso através de uma rejeição contumaz de artigos e mesmo de projectos de investigação contendo matéria heterodoxa. Heterodoxias que, quando triunfantes, contribuem em muito para o prestígio da ciência dos países onde nasceram e para os cientistas que lhe deram origem e as fizeram triunfar. Como refere o Presidente da Sociedade Britânica de História da Ciência, são estes, aliás, elementos primordiais para a divulgação pública da ciência e para o modo como este mesmo público a acolhe[26].

Sem dúvida que são histórias um pouco romanceadas, coloridas com heróis, mitos, momentos inesperados de descoberta e experiências cruciais e, igualmente, com esquecimentos e incompreensões até ao culminar da vitória final, que surge com uma inevitabilidade epistemológica. As descrições dos historiadores profissionais, ao focarem mais os factores extra-científicos que os intrinsecamente científicos, os contextos locais mais que os nacionais e internacionais, realçam a continuidade evolutiva, os condicionamentos sociológicos e esbatem os contrastes e os heróis. Trata-se de trabalhos com mais interesse para historiadores e filósofos das ciências e menos apreciados por cientistas e pelo público em geral, que nas leituras mais míticas encontram uma mais profícua fonte de inspiração.

No panorama da ciência produzida em Portugal tem sido muito reduzida a ocorrência de tais heterodoxias. Vinte anos estão decorridos sobre o aparecimento do «modelo ism» desenvolvido em Coimbra por Formosinho e colaboradores. Este período permite avaliar das consequências do seu carácter heterodoxo para o «entendimento da reactividade química», isto é, para a faceta da «colisão reaccional» a que as moléculas estão sujeitas e as transformam, com maior ou menor velocidade, em moléculas diferentes.

Eis o tema das minhas reflexões ao longo desta obra. Trata-se de uma aventura que ainda não chegou ao fim e poderá mesmo não chegar no meu tempo.

Freeman Dyson, um físico teórico um pouco iconoclasta, gosta de sugerir que muitas das descobertas verdadeiramente inovadoras da ciência do futuro serão feitas por indivíduos relativamente isolados, em domínios fora de moda, e em partes do mundo remotas[27]. Transcorrido que foi uma vintena de anos desde o início deste programa de investigação, devemos reconhecer que um projecto de alto risco, como este, só é possível num nicho de estabilidade e de suave competitividade científica, como o existente em Portugal[28]. Mas em contrapartida, o pouco impacto da ciência química portuguesa ao longo da história das ciências retira-nos uma maior credibilidade, que seria amplificada pela força motriz de uma comunidade científica forte. Acresce ainda o facto de ao longo da minha carreira científica, ter defendido heterodoxias científicas de menor vulto, o que me incentivou a estudar o problema e adquirir «conhecimento pessoal» na matéria para lidar agora, juntamente com alguns dos meus colaboradores, em especial Luís Arnaut, com heterodoxia científica de tanto vulto.

Posição da ciência portuguesa no *ranking* mundial

Um bom indicador para avaliarmos da qualidade da ciência produzida por cientistas, instituições ou países é o número de citações por artigo publicado[29]. Com base nos estudos bibliométricos do *Science Citation Index* (*National Science Indicators*) para o «Ranking Mundial da Ciência» no lustre 1992-1996, período em que foi mais intenso o confronto do modelo ISM com o paradigma da Teoria de Marcus, Portugal ocupava a 22ª posição neste *ranking*, com 2,40 citações por artigo (cit./art.), acima da Polónia (25ª lugar) com 2,00 cit./art.. E, no entanto, não deixa grande margem para dúvida que a ciência polaca concita mais prestígio a nível dos cientistas e do público em geral que a ciência portuguesa. Pela sua maior dimensão (uma produtividade 4,6 vezes superior à portuguesa), pela maior centralidade deste país a nível europeu, pelo maior prestígio histórico e actual de alguns cientistas polacos *versus* o de cientistas portugueses.

No caso em apreço, a Física e a Química produzidas em Portugal são das áreas científicas mais bem implantadas e com melhor qualidade entre nós. A avaliação bibliométrica dos Centros do INIC entre 1975-1985, indica para a Física uma média de 5,6 cit./art. e para a Química 4,65 cit./art., bem acima da média nacional para a ciência portuguesa[30]. Quando estas duas áreas são normalizadas pela respectiva produtividade, os valores alcançados são iguais (4,6 e 4,65 respectivamente)[31]. Tais indicadores têm uma relativa estabilidade, pelo que podem ser confrontados com os índices da transição do milénio; para a área de Química a média mundial é cerca de 6,0 cit./art..

Para uma mais completa comparação entre a ciência portuguesa e a polaca, percorremos *The Biographical Dictionary of Scientists*[32] quer para químicos quer para físicos. Encontrámos biografias de químicos e de físicos nascidos na Polónia, se bem que tenham desenvolvido a sua actividade científica noutros países: Marie Curie (fis. e quim., França), Kasimir Fajans (quim., Estados Unidos), Casimir Funk (quim., Estados Unidos), Daniel Fahrenheit (fís., Holanda). Na obra indicada encontramos referido na biografia de Friedel, o químico português, natural de Cabo Verde, Roberto Duarte da Silva pela síntese do glicerol que realizou com aquele químico francês. Duarte da Silva fez a sua carreira científica em França e chegou a ser presidente da Sociedade Francesa de Química.

Há outros físicos polacos relativamente famosos como L. Infeld, M. von Smoluchowski e A. Jablonski que foram professores em universidades polacas. Há um elemento químico, o polónio, cuja denominação pretende homenagear o país natal de um dos cientistas envolvidos na sua descoberta.

O carácter heterodoxo do Modelo ISM

Entrei no domínio teórico das reacções de transferência de electrões essencialmente pela mão do ISM (nas suas duas formulações, *Intersecting State-Model* e *Interaction State-Model*) e como um novato, o que tem algumas vantagens para se dispor de uma mente livre de preconceitos e poder examinar o campo com um olhar ingénuo. Houve uma faceta que me chocou logo de início, quando estudei mais aprofundadamente a Teoria de Marcus (TM) que constituía, ao tempo e ainda hoje, o paradigma no domínio. No contexto desta teoria podemos ter um ião rodeado de moléculas de solvente numa primeira camada, mas para ocorrer a transferência do electrão poderia não ser necessária qualquer reorganização interna das moléculas nessa primeira camada, e toda a reorganização verificar-se na segunda camada à volta do ião. Pareceu-me sempre que isto ia contra as leis de Coulomb – em que as forças eléctricas diminuem com o aumento da distâncias entre as cargas –, e uma vez disse-o a um colega inglês na Universidade de York, que ficou espantado com este modo de ver o problema. Voltaremos a abordar tais questões.

Muito cedo ISM, na sua *formulação de intersecção*, entrou em conflito com o paradigma vigente baseado nas teorias de Marcus. Relatei o estudo sociológico e epistemológico do combate travado então em dois livros[33]. Mas retomo agora alguns desses tópicos, beneficiando de alguma retrovisão do conflito.

Poder-se-á avaliar melhor da desigualdade do combate travado para conseguirmos publicar alguns artigos neste domínio em revistas com algum impacto, se se calcular, aproximadamente, a probabilidade de serem vencidos, em simultâneo, os efeitos sociológicos no seio da comunidade científica – efeitos microsociológicos – dos seguintes tipos de obstáculos: o *ranking* científico de Portugal *versus* Estados Unidos, país onde trabalha o professor Rudy Marcus; o paradigma de Marcus; o prémio Nobel da Química atribuído ao Prof. Marcus em 1992; o *lobby* científico americano. Assim,

- relação dos *rankings* científicos dos países: $2/22 = 1/11$;
- efeito do paradigma de Marcus avaliado pelo impacto relativo dos melhores artigos de Formosinho e de Marcus: $1/53$;
- efeito do prémio Nobel de Marcus avaliado pelo número médio de prémios Nobel de Química numa geração (25 anos) sobre o número de nomes constantes num volume anual do *Chemical Abstracts*: $40/6,6 \times 10^5 = 1/1,3 \times 10^4$;
- efeito do *lobby* americano medido pela relação de artigos científicos publicados com origem em Portugal e nos Estados Unidos: $17.097/6.234.187 = 1/364$;

A probabilidade composta de vencer tais obstáculos, em termos de mero acaso, seria cerca de um para três mil milhões (3 seguido de nove zeros) ou de forma mais científica 3×10^9, altamente desfavorável ao nosso modelo. O combate a travar era, pois, de vulto, mas a percepção de que iria correr um risco tão elevado criou-se de uma forma progressiva. Não obstante, como nos diz João Magueijo, «a ciência só vale na medida em que nos é permitido perder-nos na selva do desconhecido»[34]. No entanto, após os treze anos em que foi mais intensa a controvérsia, julgamos ultrapassado o maior perigo que correm os que prosseguem na heterodoxia científica: o descrédito científico dos seus autores.

Paralelamente percorremos, de uma forma discreta e sem conflitos com paradigmas vigentes, o caminho do nosso modelo ISM numa *formulação de interacção* para quebra e formação de ligações químicas em reacções do tipo A + BC → AB + C. Este programa foi formulado em 1930 por Cyril Hinshelwood quando escreveu: «*the energy of activation can thus be calculated only when the potential energy curves are known, as well as some condition determining the point at which rearrangement takes place*»[35].

Hinshelwood era um cientista muito competente que veio a receber o prémio Nobel da Química em 1956. Pelos anos trinta a sua opinião era inteiramente credível. Mas com o passar dos anos a viabilidade de um tal programa de investigação – o de estimar a *energia de activação* de uma reacção conhecendo as *curvas de energia potencial* das ligações químicas reactivas e um *critério geométrico* para encontrar a região onde ocorre o rearranjo molecular – começou a ser posta em dúvida e, inevitavelmente, a comunidade foi cimentando a ideia que seria mesmo impossível de realizar. Hoje reconhecemos que este programa levou à comunidade científica o período de três gerações a ser resolvido; praticamente, o período de uma geração foi ocupado por nós mesmos na formulação e resolução final do problema desde finais de 1984 até 2004 – conhecer a estrutura do «estado de transição»[36] de uma reacção química, a partir da estrutura de reagentes e de produtos. Outros foram caminhos anteriores de sucesso limitado, como o percorrido por Otozai[37] nos anos cinquenta e o modelo BEBO (*bond energy bond order*)[38] de Johnston e colaboradores nos anos sessenta, o mais profícuo com a proposta do conceito de *conservação da ordem de ligação* ao longo do caminho de reacção. Este prolongado circunstancialismo mostra que se estava perante um problema maior no domínio da reactividade química.

A minha carreira de heterodoxia científica

Nasci em Oeiras em casa, local onde a família passou a viver após, numa das revoluções dos períodos conturbados da República, ter visto entrar pela janela uma bomba disparada de um navio que falhava o bombardeamento ao castelo de S. Jorge. Houve alguns feridos e a minha mãe ainda pequenita lembrava-se, no meio de toda aquela confusão, de uma garrafa de vinho que tinha permanecido de pé em cima da mesa de jantar. Quando eu tinha cerca de ano e meio, os meus pais vieram viver para uma vila de características rurais, mas de pendor aristocrático, a Lousã. Os empregos no tempo da guerra eram poucos e uma família amiga, associada à Companhia Eléctrica das Beiras, ofereceu a meu pai esta possibilidade. Aí se manteve até ao fim da vida.

A minha família, posso situá-la na média burguesia da sociedade lisboeta. Minha mãe tinha um curso de assistente social que não exerceu pois casou e veio, passado pouco tempo, para a Lousã, mas foi uma formação muito útil para cuidar de nós, quer nos cuidados elementares de saúde e de higiene quer nos nossos estudos. O meu pai tinha o curso médio comercial, mas tinha diversos *hobbies*: leitura, xadrez, encadernação, fotografia, para além de interesses políticos não situacionistas. Lembro-me que o meu pai esteve envolvido na campanha do almirante Quintão Meireles para a Presidência da República, após a morte do Marechal Carmona em 1951. Isto causou alguma agitação na Lousã. E eu próprio fiquei surpreendido ao chegar de camioneta a Lisboa, para ir passar férias de verão, ao ver escrito numa parede ali mesmo junto à estação rodoviária: «Sr. Almirante, os portugueses não navegam em águas turvas!». Tudo moldou a minha formação naquela vida tranquila, mesmo confortável, não obstante a cuidadosa gestão económica da minha mãe.

E digo confortável porque, não obstante a existência de dificuldades económicas, havia uma empregada doméstica, longas férias em Oeiras em casa de tios e de primos, férias em Cernache do Bonjardim numa azenha de moleiro com a minha avó paterna, sozinho ou com o meu irmão, e depois com os meus pais e irmãos na Figueira da Foz. Nesse tempo só havia a rádio e sobrava muito tempo para passeios na serra da Lousã e nas redondezas, com muitos piqueniques.

Os jogos eram também motivo de entretém frequente. Lembro-me que, com muita paciência e trabalho, escantilhão e tinta-da-china, o meu pai nos ter construído um «Monopólio» artesanal que foi muito mais utilizado que o comercial dos nossos amigos e companheiros de brincadeira que viviam em frente, o José Carlos e o António Cruz Almeida. Depois em Coimbra, para onde a família se mudou após o meu segundo ano do liceu, já com a televisão a ocupar, mas pouco, alguns dos tempos livres.

Na esmerada educação familiar que eu, o meu irmão e a minha irmã tivemos, fui habituado ao exercício de um certo pensamento independente que teve influência nas opções que fiz e no modo de estar na vida. Lembro-me, teria os meus cinco anos, que na «creche» (o jardim de infância de hoje) as freirinhas que cuidavam de nós vieram anunciar que se haviam instalado na vila «os protestantes». Com o seu modo de ver de um catolicismo homogéneo e sem concorrência, diziam que os meninos deviam ir ao local onde eles estavam alojados e fazer barulho, batendo em tachos e tambores. Cheguei a casa e comuniquei o facto aos meus pais, dizendo que não o faria porque não achava bem, no que fui inteiramente apoiado.

Fui um aluno premiado em todo o ensino primário, um aluno mediano até ao 5º ano do liceu e, para minha surpresa, ao ingressar no 6º ano de ciências vi-me como um dos melhores alunos do liceu. Logo nesse ano eu queria ir para química. Qual a razão profunda é-me difícil apontar, mas não excluo que pudesse vir do contacto com a fotografia e as suas manipulações na revelação e fixação de imagens em que ajudava o meu pai. Não excluo também a influência de alguma conversa perdida no meu subconsciente do Renato Figueiredo, que era visita de casa ainda na Lousã, a propósito do xadrez, e que era assistente de química na Universidade de Coimbra.

O xadrez tem uma vantagem inestimável como jogo, quer lúdico quer quando praticado de um modo mais sério: melhora a atenção, a memória visual, a disciplina, o pensamento lógico e a própria imaginação. Quando olhamos para o tabuleiro, criamos um *distanciamento* palpável para olhar o jogo inteiro, uma visão panorâmica que permite traçar estratégias. E desse distanciamento palpável e abrangente, poderemos evoluir para distanciamentos mais abstractos, noutros campos e noutras actividades.

A química lida com átomos e com moléculas. Os átomos são como as *letras* do alfabeto; as moléculas como as *palavras*. Há letras que têm fortes afinidades entre si; por exemplo, *ão* na língua portuguesa. Um pouco à maneira de certos átomos que estão fortemente ligados uns aos outros nas moléculas, através de ligações químicas fortes. Letras há, porém, como *gn*, que aparecem associadas com muito menor frequência; são como as ligações químicas mais fracas. E a química, tal como toda a escrita, obedece a um certo conjunto de regras. Mas enquanto numa língua as irregularidades têm de se conhecer e não suscitam outras acções, em ciência as anomalias são motivo para mais investigações, para uma compreensão e, se possível, para serem enquadradas por regras ainda mais gerais.

Já no meu 5º ano do liceu eu queria ir para química, mas podia ser ou engenharia química ou físico-químicas, dado haver restrições económicas na família. Os meus pais tinham-se deslocado para Coimbra exactamente para poderem dar educação aos filhos, e engenharia química, nessa época, obrigava a três anos de «Preparatórios» na Universidade de Coimbra e outros três fora de Coimbra, em Lisboa ou no Porto. Nessa conjuntura fui para o curso de Físico-Químicas. Mas a escolha consciente resultou não só da natureza da matéria, mas também de um professor que tive, o Dr. Fernando Morais Zamith que havia sido assistente na Universidade de Coimbra e veio a ser professor metodólogo do liceu D. João III[39]. Foi o meu professor de Físico-Químicas durante todo o tempo de liceu e que, sem ser um grande mestre da palavra, preparava cuidadosamente as suas lições, dava-as muito correctas e estimulava o pensamento, o estudo e o aprofundamento das matérias; foi daí! Mais remotamente, admito que o ajudar o meu pai, desde bem cedo, nas lides da revelação e fixação da fotografia, me tenha tranquilizado no uso e manipulação de substâncias químicas. Quanto à parte universitária, era uso em Coimbra haver uma escolha de alunos bons dos Preparatórios de Engenharia para «tirocinantes» em ensino e investigação. Assim, um dos professores catedráticos do Departamento de Química da Universidade de Coimbra, o saudoso Doutor Fernando Pinto Coelho, no fim do 1º ano, perguntou-me se eu não queria mudar para Ciências Físico-Químicas. Ao que respondi que já estava matriculado nesse curso e, portanto, fui logo convidado para tirocinante no meu segundo ano de licenciatura.

Folheando uma «Récita de Despedida» dos alunos de ciências da Universidade de Coimbra nos finais da década de vinte, que herdei de um tio de minha mulher, João Teixeira Lopes, apercebemo-nos do modo como eles viam a física e a química:

«Zé Bastos — São charadas ... é um grande santo ... Minha amiguinha, a decifração de charadas é indispensável na Física.
Boa fada — Pois sim, mas isso não é lealdade. *Zé Bastos* — Não te zangues, Boa Fada. Olha que ainda há coisa pior. Ali a Química, por exemplo. Muitas vezes, faz-se com todo o cuidado uma reacção, espera-se um precipitado amarelo canário e sai no fim verde-periquito, encarnado-lagosta ou cinzento papagaio. São coisa terrível os reagentes. E então o cheiro?».

Passado mais de trinta anos, também eu fiquei com a mesma ideia da física, mas gostei mais das cores e dos cheiros dos laboratórios.

O meu interesse pela química, em detrimento da própria física com temas mais lógicos e axiomáticos, como a Mecânica ou a Termodinâmica, resulta de na primeira encontrar mais espaço de criatividade. A química usufrui de uma lógica mais escondida e implícita que nos traz sempre surpresas agradáveis. Sem dúvida que a química obedece às leis da física, mas há nela mais do que isso, porque é a «ciência da transformação». Fazer novas moléculas, novos materiais, novos medicamentos, novos corantes, novos perfumes, encontrar novas reacções. Em contraste, acho muito áridos e tautológicos os temas passíveis de axiomatização. Sinto alguma atracção pela atitude de engenheiro e pelo ambiente industrial com que me pude confrontar quando passei quase três anos a lidar com o processo da co-incineração de resíduos industriais perigosos. Aliás, pela sua capacidade de transformar a matéria, a química é uma ciência que está próxima da engenharia e da arquitectura. É a mais criativa de todas as ciências, o que é hoje pouco reconhecido pela opinião pública! Paralelamente, por estar tão implicada na vida do quotidiano – nutrição, qualidade da água, poluição, desenvolvimento de fármacos, combustíveis, materiais, etc. – a química está continuamente a ser mobilizada para resolver muitos problemas das sociedades contemporâneas e, de forma directa ou indirecta, acaba por se ver envolvida na actividade política[40].

Durante a minha carreira de investigação mudei com alguma frequência de tema, o que me permitiu manter sempre um interesse renovado por todos os temas. Uns foram desaparecendo paralelamente com o surgimento de novos; alguns renasciam ocasionalmente. Estudos experimentais de tripletos de compostos aromáticos em fase gasosa, processos fotofísicos e fotoquímicos do ião uranilo, desenvolvimento da teoria de efeito túnel para transições não-radiativas em moléculas aromáticas e excímeros e exciplexos, reacções fotoquímicas de cetonas em termos de efeito túnel, desenvolvimento de ISM, suas aplicações a transferências de electrões e de protões, aplicações de ISM à química-física orgânica, estudos experimentais de exciplexos e transferência de electrões em fluidos supercríticos, desenvolvimento de novas moléculas para terapia fotodinâmica no tratamento de tumores, aplicações de ISM a reacções químicas elementares, etc.. Quase tudo temas bem longe do interesse do grande público e cheio de jargão técnico.

Toda a actividade científica, como a de fazer nascer uma nova teoria ou um modelo teórico, é mais um acto de criação do que descoberta, com o mesmo apelo psicológico que sente um pintor que, com as limitações das suas telas e tintas, cria os seus quadros[41]. Contudo, todo o investigador necessita de realizar «ciência normal» à la Kuhn, pois carece de um certo número de publicações científicas para fazer uma carreira académica. Acresce também que a capacidade de imaginação e criatividade é limitada e esgota-se para produzir constantemente inovação, mormente de índole heterodoxa. Portanto, mesmos os investigadores mais heterodoxos, ao longo da sua carreira mantém algum equilíbrio entre ortodoxia e heterodoxia.

O combate científico que o modelo ISM ia travar era de monta, mas eu próprio, e sem o desejar, levei um percurso científico de heterodoxias menores que, de algum modo, me prepararam para este prolongada batalha.

Estudos de formação de tripletos em hidrocarbonetos aromáticos em fase gasosa

A proposta da existência de estados tripletos[42], que se formam após excitação electrónica de moléculas orgânicas e podem ser responsáveis por muita da reactividade fotoquímica de tais espécies moleculares, é uma história de forte controvérsia. A ideia foi tema da tese de doutoramento de Michael Kasha, realizada sob a supervisão do grande químico Gilbert Lewis na Universidade da Califórnia em Berkeley. Eram grandes os nomes que na época se opunham à existência deste estado electrónico metaestável: Edward Teller, Eugene Rabinowitch, Robert Livingston e James Franck. Kasha obteve o seu doutoramento em 1945, mas passado um ano viu morrer o seu supervisor, no laboratório, com um ataque de coração. Kasha ficou sozinho a defender esta ideia tão controversa e com tão prestigiados opositores. Foi logo colocado à prova num simpósio em honra de Lewis que teve lugar na Universidade de Northwestern que descreve de forma muito viva numa entrevista recente, e os apoios e sugestões que teve da parte de Melvin Calvin[43]. Mas prosseguiu este seu combate que o levou a propor as hoje famosas «regras de Kasha» e a rotular e classificar as transições não-radiativas em moléculas orgânicas electronicamente excitadas de «conversão interna» e «conversão intersistemas». Ao consultar a bibliografia científica, verificou que havia espectros de luminescência com bandas bastante estreitas, mas tais espectros estavam interpretados ao contrário – a banda de emissão de mais baixa frequência era interpretada como a banda de emissão de mais alta frequência –, o que levava os espectroscopistas a não encontrar a origem das bandas vibracionais. Ao fim de dez anos tinha convencido toda a comunidade científica. Nessa ocasião alguém lhe escreveu a anunciar: «Tenho o prazer de lhe comunicar que a partir de agora vou designar o tal estado metaestável por *estado tripleto*, embora ainda não acredite».

Kasha não sabe de onde lhe veio esta rebeldia para lutar com determinação contra toda uma comunidade de físicos, espectroscopistas e fotoquímicos. Só sabe que fez o que julga que devia ter feito. Foi bem sucedido na sua luta, em que ele mesmo e os seus estudantes de Berkeley, realizaram muita investigação que corroborou as propostas que tinha aventado no seu doutoramento.

No meu doutoramento, o tema que me foi apresentado pelo Prof. Lord George Porter, prémio Nobel da Química de 1967, foi o do estudo do rendimento de formação de tripletos de hidrocarbonetos aromáticos em fase gasosa a baixas pressões (Quadro 1.1). Antes de o descrever é útil uma analogia. É que as moléculas dos químicos movimentam-se, colidem, têm um rico comportamento individual, em resumo ... têm «vida». Consideremos que as moléculas podem ocupar «apartamentos» especiais, não de pedra e cal como os nossos. Melhor dito, as moléculas não ocupam os «apartamentos» como se eles já existissem mas, como o caracol, elas mesmas são os seus apartamentos, só que estes mudam de aspecto como o camaleão. Tirando de parte tais subtilezas que podem confundir ainda mais o leitor, regressemos à linguagem corrente tomando um exemplo simples de dois «apartamentos»: um é de um só piso, e encontra-se na ala S do edifício e, por estar no primeiro andar, indicamo-lo por S_1. Na outra ala, a ala T, há um segundo apartamento T_1, só que este é um duplex, T_1 e T_1^v. Os dois «apartamentos» só comunicam entre si pelo piso superior do duplex que estão ao mesmo nível, S_1 e T_1^v. Veremos mais tarde como se poderá fazer esta comunicação. Só sabemos que ela se faz sempre ao mesmo nível, sem descer ou subir «escadas».

TRIPLET STATES IN THE VAPOUR PHASE

There are a number of outstanding problems about radiationless conversion rates which may best be answered by gas phase studies. Some of these are in the air in the discussions reported in "The Triplet State", the report of the Beirut meeting, particularly in the lecture of Wilse Robinson. Here is one of the most important questions with suggestions as to how we might answer it.

Consider the intersystem crossing from S_1 to T_1 (to T_2) in anthracene for example. In the gas phase, in gas M, we have the following scheme.

For simplicity we will suppose that the irradiation is in the first electronic band and, owing to intensity distribution, in the first few vibrational levels of this. In this case, we will treat the whole band of vibrational levels of the states S_1 and T^* as having identical

Quadro 1.1 - Primeira página do meu projecto de doutoramento dactilografado pelo próprio Prof. Porter (à esq.) e nota manuscrita sobre a necessidade da apresentação de resultados da «depleção de singuleto» para a versão final da dissertação de doutoramento.

Há moléculas que circulam nos dois apartamentos num sentido e noutro, isto é, de S_1 para T_1 e de T_1 para S_1. Começando por ter um certo número de moléculas só em S_1, o primeiro objectivo é contar o número de moléculas que, ao fim de um dado tempo, se encontram no «apartamento» T_1. Digamos que se começamos com 100 moléculas em S_1, podemos ao fim de um certo tempo ter 60 moléculas em T_1 e 40 em S_1.

Nesta analogia, as moléculas são contadas ao entrar para «elevadores» que ligam os diferentes «andares». Uma descida de «elevador» corresponde a uma perda de energia por emissão de luz. Uma subida de «elevador» corresponde a um ganho de energia por absorção de luz. No início do trabalho só dispúnhamos de uma «janela temporal» para contar as moléculas no piso inferior de T_1.

No piso superior (T_1^v) do duplex T_1 há várias «salas», cujas paredes oscilam, como se estivessem sujeitas a um tremor de terra. E as moléculas procuram descer ao piso inferior mais tranquilo, onde as paredes das salas não tremem tanto. Tal ocorre através de «escadas» mas as moléculas necessitam de um estímulo para descer as escadas: um piparote de outras moléculas mais pequenas de gases inertes, como o árgon.

A ideia do Prof. Porter era que se investigasse o efeito da pressão por adição de gases inertes como árgon e crípton na formação do estado T_1 em hidrocarbonetos aromáticos. O esquema cinético que me foi apresentado era o de um processo reversível da conversão intersistemas entre o primeiro estado singuleto electronicamente excitado, S_1, e o tripleto de mais baixa energia T_1. Isto é, admitia-se que o singuleto S_1 se poderia converter no tripleto T_1, como se indica abreviadamente $S_1 \rightarrow T_1$, mas que o inverso também ocorria $T_1{}^v \rightarrow S_1$. Porém, de tempos a tempos, algumas moléculas que estão em T_1 descem ao piso inferior do duplex e já não voltam para cima; tal corresponde ao efeito das colisões com as moléculas de gases inertes. Quanto maior for a pressão dos gases, mais frequente é o piparote pelas «escadas» abaixo. Ao fim de algum tempo, todas as moléculas ou estão em T_1, no piso inferior, ou no «apartamento» S_1. A ideia básica era verificar que quanto menor fosse a frequência das colisões (isto é, menor a pressão do gás inerte), menos moléculas havia no piso inferior e mais em S_1. Tal seria equivalente a um menor rendimento de formação de T_1 a baixas pressões dos gases inertes adicionados ao sistema. Por exemplo: a altas pressões, de um total de 100 moléculas, 30 estariam em S_1 e 70 em T_1; mas a baixas pressões 90 estariam em S_1 e somente 10 em T_1.

A minha ida para Londres para me doutorar com George Porter na *Royal Institution*, havia sido arranjada previamente pelo Prof. John Murrell, no início de 1966, ainda antes de Porter ser prémio Nobel. Mas só o pude fazer após ter cumprido dois anos de serviço militar, em Setembro de 1968. Murrell foi supervisor de doutoramento de vários dos meus colegas de Coimbra, e havia sido colega do Prof. Porter na Universidade de Sheffield.

Quadro 1.2 - O grupo de investigação do Prof. Sir George Porter no ano do meu doutoramento (1971). O Prof. Porter está sentado no meio; eu encontro-me ao seu lado direito. Na última fila, em pé, figuram o Mike West (1º a contar da esquerda para a direita); Godfrey Beddard é o 4º, Mike Carey é o 7º. Judith, a secretária do Prof. Porter, é a senhora de pé do lado direito.

Quando regressei de férias em Portugal após o meu primeiro ano na *Royal Institution*, o Prof. Porter, quando me viu, disse-me: «*Sebastian you have published a paper!*». Nesse período ele tinha ido a um congresso nos Estados Unidos e deu-se conta que havia um cientista americano a trabalhar também em estudos de rendimentos de compostos aromáticos (naftaleno) em função da pressão. Os cientistas sempre foram muito ciosos da prioridade nas suas descobertas, pelo que havia enviado para publicação uma comunicação científica: «*Triplet Formation in the Vapour Phase*», C. W. Ashpole, S. J. Formosinho, G. Porter, *Chem. Commun.* 1305-1306 (1969). E assim fixou o meu nome científico.

Os meus pais eram primos com os seguintes apelidos: minha mãe, Formosinho Sanches, e meu pai, Formosinho Simões. Nos três artigos que havia publicado fruto da actividade de investigação realizada anteriormente em Portugal havia utilizado, naturalmente, Formosinho Simões. Formosinho e Sanches (Formozinho e Sanchez) vêm de ramos da família oriundos de Espanha e que se fixaram no Algarve. Simões é um apelido de origem antiga pois o meu bisavô-paterno, João Teixeira Simões, era brasonado e descendia do cavaleiro Gil Simões, cavaleiro de D. João I, que foi alcaide-mor de Estoi, e recebeu, com seu irmão Vicente, armas novas no tempo de D. Duarte, por carta concedida em 1438, atendendo «aos muitos e bons serviços que havia recebido deles na guerra com os mouros e por terem estado com os infantes D. Henrique e D. Fernando em Tânger». Mas o meu bisavô era mação e republicano e deitou fora o brasão. Uma decisão respeitável e de respeitar. Foi Presidente da Câmara de Oeiras e nesta vila, de onde eu sou natural, tem uma rua com o seu nome.

Para uma certa sociedade da Oeiras antiga, hoje quase toda desaparecida, eu era «o filho da Maria Leopoldina». Um discreto efeito de algumas características matriarcais que terão estado presentes na Família e, naturalmente, também fruto de eu ter nascido em Oeiras e aí vivido quase até aos dois anos de idade. Recordo uma breve alusão de minha mãe a um postal de felicitações que terão recebido pelo meu nascimento e a leve ironia que fazia ao carácter «pombalino» do meu nome (Sebastião José)[44]. Mera coincidência, fruto do uso, comum em muitas famílias, de dar os nomes do avô materno e do avô paterno ao primeiro fillho.

O nome de Formosinho foi uma escolha apropriada de George Porter. Por ser um pouco exótico, durante muito tempo foi único no *Science Citation Index*. Dado o modo como é pronunciado em inglês, figuro por vezes como Formoshino ou mesmo Formoshinho, o que dá a indicação que é escrito de ouvido, ou que a partir de um erro de citação original; muitas outras foram mais copiadas de outros artigos de que lidas[45]. A questão do nome científico é tema que merece algum cuidado na escrita do primeiro artigo de um jovem estudante, e para o qual o supervisor deve chamar a atenção do próprio estudante. No caso de Luís Arnaut a opção foi a do nome pelo qual é conhecido correntemente, apesar do seu apelido ser Arnaut Moreira. No caso de dois dos nossos estudantes, o Carlos Serpa Soares optou por ser Carlos Serpa e a Mónica Barroso Cruz por ter o nome científico de Mónica Barroso, dados os apelidos escolhidos serem menos frequentes nas entradas do *Science Citation Index* do que o tradicional último apelido. Nomes compostos como Formosinho-Simões são complicados a nível internacional e são fonte de muitos erros nas citações: figuram em Formosinho-Simões em Formosinho ou em Simões? Acresce que, não existindo o til em inglês, o apelido de Simões também conduziria a algumas dificuldades ou acabaria em Simoes.

Em suma, idealmente qualquer cientista, através do seu apelido e das iniciais do seu nome, deve procurar que o seu «nome científico» seja, o mais possível, único. E tanto quanto é possível, que não suscite incorrecções de ortografia frequentes[46]. Muitas iniciais são uma fonte de erro, por omissão de algumas delas. Mas um bom exemplo, de um colaborador meu, AACC Pais, apesar de ter quatro iniciais é fácil de memorizar. Em palavra final sobre este tema, refira-se a partícula *de* ou equivalente. Ou se abdica do seu uso em termos científicos, ou se incorpora no nome como em Davinci.

A respeito de nomes académicos, ao tempo em que George Porter foi convidado para uma posição académica na Universidade de Sheffield, só havia um professor de química com o nome de *Firth*. Conta-se que lhe terão perguntado que título devia ter o novo lugar de Porter. A resposta foi: *obviously, the Second Professor!*[47]

O tempo em Coimbra, e mesmo os seis meses em que fui assistente em Louren-ço Marques, em Moçambique, permitiu-me receber treino em investigação. Foram estudos de radioactividade de folhas de eucalipto da região da Urgeiriça, uma região rica em urânio; aliás Portugal chegou a ter expressão mundial na produção de urânio. Trabalhos que, como tirocinante, realizei no Departamento de Física sob a direcção da Dr.ª Maria Alice Alves. Depois empenhei-me em estudos de condutividade de sais e solvatação de iões em metanol. E graças a dois futuros colegas que tinham regressado de Inglaterra já doutorados – Jorge dos Santos Veiga em EPR em Cambridge e Vítor Simões Gil em NMR em Sheffield[48] – estudei química quântica.

O Prof. Porter tinha um grupo muito animado, era uma pessoa encantadora, dis-ponível para os seus estudantes, uma vez que vivia na própria *Royal Institution* onde era Director. Os temas de investigação eram interessantes e, essencialmente, só se fazia investigação. O meu desejo de fazer estudos em fase gasosa estava ligado a um interesse do Serviço Meteorológico Nacional em apoiar investigações na química e fotoquímica da atmosfera, dado que o professor Director do Instituto Geofísico em Coimbra era o Doutor Fernando Pinto Coelho que me havia convidado para tiroci-nante e seguidamente para assistente.

Em Londres, como outros colegas de doutoramento, tinha o compromisso de, um dia por semana, ir vigiar aulas práticas de Química-Física no *University College* e orientar os estudantes de licenciatura presentes, na qualidade de *demonstrator*. Realizei essa actividade de ensino durante dois anos. O *University College* era oficialmente quem concedia o título de *Ph. D.*, e aí havia um supervisor formal, o Prof. Allan MacColl[49], a quem o Prof. Porter me apresentou uma vez num chá da tarde, dizendo: «*Alan, Sebastian is one of your students*».

A minha ligação a este *College* era um pouco mais profunda, porque aí conhecia o Prof. John Millen. Millen estava ligado ao Projecto Nuffield do ensino da física e da química, e já havia estado em Coimbra a convite do Prof. Pinto Coelho. Também aí vim a conhecer o Prof. Ronald Nyholm e foi a sua secretária que me dactilografou a tese de doutoramento.

Para além da investigação, a *Royal Institution* tinha actividades culturais, a ciência de um certo clube britânico. Como estudantes e colaboradores de Porter éramos en-volvidos na preparação das suas conferências, como as *Christmas Lectures* que foram gravadas pela BBC. Era um ambiente agradável e estimulante onde aprendi bastante, quer com o meu primeiro colega que hoje já está aposentado, Colin Ashpole, quer com o Mike West, prematuramente falecido, sobre a fotofísica de compostos aromá-ticos em fase gasosa.

O trabalho experimental foi especialmente interessante e requereu uma aprendizagem tácita, de relação mestre-aprendiz, que ocorreu com outro estudante de doutoramento mais sénior, o Colin. Não era trivial lidar com uma célula de um pouco mais de um metro de comprimento e uns 5 cm de diâmetro ligada a uma linha de vazio, para remover o solvente que havia dissolvido o composto aromático, antraceno entre outros, e de seguida adicionar diferentes pressões do gás inerte. O momento de torção que a célula podia exercer na linha de vazio era enorme e levar a quebrar a própria linha de vazio. Isto acabou por suceder ao Graham Fleming que me sucedeu neste tipo de estudos, mas sem ter havido entre nós uma sobreposição de aprendizagens. Graham acabou por desistir desse tipo de experiências, porque partiu algumas linhas de vazio, e quando fui a Londres à jubilação do Professor Porter em 1986 vi, com surpresa e prazer, que uma dessas células já se encontrava na galeria museológica de instrumentos científicos da *Royal Institution* de Londres.

O sistema de aprendizagem funcionava da seguinte forma: havia uma pessoa mais avançada com quem eu fui colocado a trabalhar, o Colin. Quando Colin acabou o doutoramento, o Prof. Porter, dado que eu já dominava diversas questões da *flash photolysis* (fotólise de relâmpago) em fase gasosa, associou-me ao Mike West para fazer fotólise de relâmpago de LASER em fase gasosa na janela temporal dos nanossegundos[50].

A fotólise de relâmpago foi inventada nos anos finais dos anos quarenta como uma técnica de estudos de reacções rápidas; ao tempo a resolução temporal deste método experimental estava na gama dos microssegundos (10^{-6} s). A invenção da fotólise por relâmpago valeu a George Porter e a Ronald Norrish a atribuição do prémio Nobel da Química em 1967, juntamente com Manfred Eigen, que inventou outra técnica de reacções rápidas, os métodos de relaxação.

Deu-me algum trabalho montar toda a utensilagem experimental e fazer incidir a luz do laser através da célula. Isto porque a instalação para os estudos em fase gasosa estava instalada no mesmo laboratório onde havia sido montado, com grande êxito, o sistema para os estudos em fase líquida de fotólise de nanossegundos. Com o Michael Topp, tinha já nascido a fotólise de relâmpago de nanossegundos em fase líquida, e o Prof. Porter só deixava mover o laser se mostrássemos que a experiência em fase gasosa teria sucesso. Portanto, nós tivemos de mostrar os primeiros resultados sem mexer o laser e assim fizemos a luz andar vários metros até conseguir entrar numa longa célula de 1 metro, colocada num forno.

Fiz desde as clássicas «chapas fotográficas» para estudos de espectroscopia em fotólise de relâmpago, com sucessivos atrasos temporais da pequena lâmpada de relâmpago, como fonte de luz branca. As chapas fotográficas requeriam igualmente medidas de densitometria óptica para registrar os espectros e medir concentrações. Já com o laser os sinais eram registados num osciloscópio e a as medidas de tais registos requeriam o uso de um *travelling microscope* (microscópio de varrimento) para medir visualmente os sinais do osciloscópio. Depois tudo evoluiu; nessa altura não havia dinheiro para comprar uma lâmpada analisadora de luz branca de xénon; tive de utilizar uma de iodo-quartzo metida um bolbo prateado, para aumentar a intensidade da luz. Como a minha mulher estava em casa sozinha, mas como aluna universitária de química tinha conhecimentos de química prática, o Prof. Porter gentilmente arranjou-lhe um trabalho temporário como preparadora. Foi ela que me preparou este bolbo revestido com banho de prata. Todas estas peripécias foram estimulantes, aprendi muito e saíram resultados relevantes. Toda a preparação da tese de doutoramento deu-me um bom treino de experiência laboratorial e de teoria cinética. Em química é sempre útil pensar com as mãos e com a cabeça.

O trabalho mais interessante e relevante foi realizado com o Mike West (Quadro 1.2), a respeito dos espectros de absorção tripleto-tripleto do antraceno com resolução temporal de nanossegundos (equivalente a subidas de elevador entre diferentes apartamentos na ala *T*). Já era noite e começámos a registar os sinais no osciloscópio. A curva de declínio do sinal de absorção era o esperado, uma curva matemática exponencial[51]. Resolvi mudar um pouco o comprimento de onda de registo no monocromador. O sinal registou uma ligeira subida e depois decaía. Mike julgou ser um artifício experimental, mas continuei a mudar o comprimento de onda de registo e o panorama ia mudando como se ilustra na Figura 1.1. O Prof. Porter desceu até ao laboratório onde estávamos a trabalhar e ficou interessado em ver os resultados. Subiu ao seu apartamento e trouxe-nos umas cervejas que bebemos os três juntos. Eu pensava que estávamos a observar a relaxação dos modos de vibração das moléculas no estado tripleto; já não me lembro o que disse o Prof. Porter, mas pensava que uma tal relaxação devia ser bastante mais rápida. Ficou combinado que logo no dia seguinte eu prepararia uma célula com outra pressão de árgon e o Mike e eu repetiríamos a experiência do mesmo modo. Nesse dia cheguei a casa pela meia-noite. No dia seguinte confirmou-se a minha ideia da relaxação vibracional. E lá conseguimos convencer o Prof. Porter a apresentar tais resultados numa conferência que ia dar na semana seguinte, pois os tempos observados mostravam que a relaxação vibracional era bastante mais lenta do que se pensava. Um bom líder tem de ter capacidade de se deixar influenciar, e foi uma das muitas lições que aprendi com Porter, e que nunca esqueci.

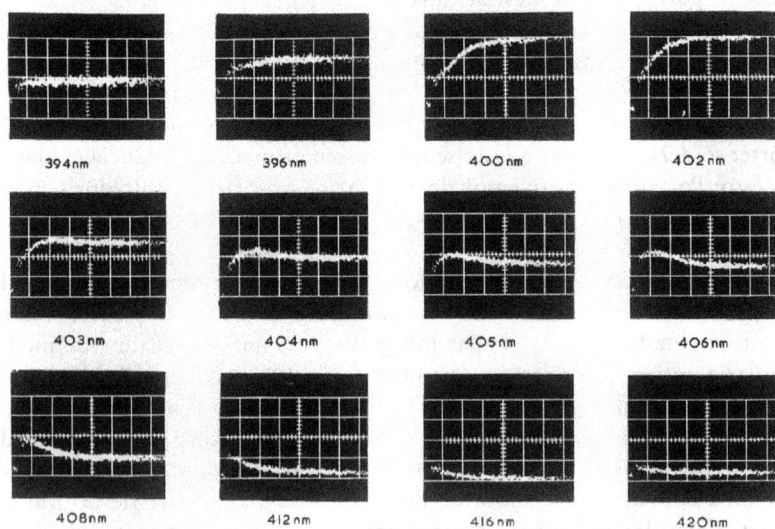

Figura 1.1 - Registos em osciloscópio para a absorção tripleto-tripleto do antraceno em fase vapor a baixas pressões (200 °C com 3 torr de metano) em função do comprimento de onda de absorção (500 ns/div). Reproduzido de S. J. Formosinho, G. Porter e M. A. West, «Vibrational relaxation following inter-system crossing», *Chem. Phys. Lett.*, *6*, 7-10 (1970).

Regressando ao tema de doutoramento, os resultados experimentais que obtive estavam de acordo com o esquema cinético da reversibilidade, $S_1 \rightarrow T_1$ e $S_1 \leftarrow T_1$, mas com o advento das «teorias mecânico-quânticas de transições não-radiativas» de Robinson e Frosch e, particularmente, de Jortner e colaboradores, começou a admitir-se que tais transições $S_1 \leftrightarrow T_1$ não podiam ser reversíveis. As transições não-radiativas são processos isoenergéticos, e a densidade de estados vibracionais no estado T_1^v isoenergéticos com S_1 seria muito elevada. As moléculas do tripleto T_1 vagueariam por demasiado tempo nesse emaranhado conjunto de estados vibracionais, para poderem regressar rapidamente ao singuleto S_1.

Na nossa analogia tal equivaleria a haver muitas salas no piso superior do duplex T_1^v e as salas eram tantas que as moléculas teriam dificuldade em encontrar a passagem para S_1. Acabariam sempre por cair no piso inferior, mesmo com uma frequência de colisões muito baixa, e já não voltariam ao apartamento S_1.

O meu exame de doutoramento realizou-se em Junho de 1971 tendo como júri, para além do Prof. Sir George Porter, o Prof. Sir Frederick Dainton, outro antigo colaborador de Ronald Norrish, e o Prof. John S. Rowlinson do *Imperial College* de Londres, todos *Fellows of the Royal Society*.

Regressado a Portugal após o meu doutoramento, continuei o tema dos «efeitos de pressão» com o tripleto do benzeno, que com os meios da época requeria uma detecção indirecta, isto é, sem ser por absorção de luz. A detecção do tripleto do benzeno é feita através de uma reacção com uma outra molécula orgânica, o *cis*-buteno, que origina um isómero em que a posição espacial de certos átomos é diferente: a nova espécie molecular é o *trans*-buteno. Este foi o tema do meu primeiro doutor, Abílio Marques da Silva, meu colega de licenciatura e que veio a ser Catedrático da Universidade do Algarve e Reitor como Professor-Decano. Conseguimos ir publicando sobre o tema, mas quando procurei uma explicação para a reversibilidade $S_1 \leftrightarrow T_1$ surgiram dificuldades. Defendia-se a reversibilidade em termos de um menor número de estados para as vibrações entre átomos de carbono (símbolo C) e de hidrogénio (símbolo H) – modos de vibração CH da molécula de benzeno – que controlam as conversões intersistemas $S_1 \leftrightarrow T_1$. Lá terei que recorrer à analogia anterior. Era o mesmo que admitir que as muitas «salas» do piso superior do duplex T_1^v não estariam todas acessíveis. Só estaria disponível um pequeno número de «salas» resistentes aos tremores de terra (as ditas salas CH), e então as moléculas já não se perderiam por tantas salas e podiam regressar com alguma facilidade a S_1. As muitas outras «salas» CC oscilariam muito mais.

A contraprova seria modificar a molécula em estudo, de modo que todas ou quase todas as salas passassem a estar disponíveis. Essa molécula era o hexafluorobenzeno, em que os modos de vibração das ligações entre átomos de carbono (símbolo C) e de flúor (símbolo F), de menor frequência, deviam proporcionar a esperada irreversibilidade, como os nossos estudos de detecção química pareciam dar suporte, mas só conseguimos publicar o artigo numa revista portuguesa[52]. Hoje os meios de estudos seriam outros, mas o tema perdeu interesse.

Em teoria cinética, um processo reversível, $S_1 \rightarrow T_1$ e $T_1 \rightarrow S_1$, devia produzir um certo conjunto de observações experimentais, uma dos quais era um declínio de fluorescência em S_1 com um carácter biexponencial, isto é, que se poderia reproduzir com duas curvas matemáticas exponenciais de tempos diferentes, o que não se observava experimentalmente. Por isso surgiram explicações alternativas, uma das quais, em

1974, oriunda do próprio grupo do Prof. Porter[53]; aliás uma explicação elegante que me convenceu de início, o que mostra, a minha imparcialidade a lidar com o tema.

Outro facto experimental relevante, que entretanto havia sido publicado por outro grupo alemão, era o facto de o rendimento de formação de tripleto no naftaleno (outro tipo de hidrocarboneto aromático) não variar com a pressão do gás inerte, mas, pelo contrário, ser constante.

O modelo para a analogia é agora diferente do anterior. As 100 moléculas começavam em S_1 e todas se deslocavam para o piso superior do duplex T_1^v. Aí, em certas «salas» as oscilações eram tão fortes que as moléculas eram atiradas para o rés-do-chão S_0, mesmo se não levassem piparotes das moléculas do gás inerte. Digamos que ao fim de um certo tempo haveria 10 moléculas em T_1 e as restantes 90 moléculas estariam em S_0 e não em S_1 como no primeiro modelo do Prof. Porter que eu defendia.

Com uma janela temporal de tempos mais curtos, na região dos nanossegundos, já era possível medir o rendimento de formação do «tripleto nascente» («piso» superior do duplex T_1^v). Este rendimento é igual ao de altas pressões, que havíamos medido na zona dos microssegundos na fotólise por relâmpago convencional (piso inferior do duplex). Contudo, a baixas pressões, sem uma rápida desactivação por colisões com as moléculas do gás inerte, no segundo modelo de Porter o «tripleto nascente» convertia-se rapidamente no estado fundamental por conversão intersistemas $T_1^v \rightarrow S_0$, o que equivale a ir parar ao rés-do-chão. Esta explicação foi apresentada pelo grupo do Prof. Porter para o naftaleno.

No meu entender a mesma explicação devia ser válida para o antraceno, para o qual eu mesmo dispunha dos dados de microssegundos e de nanossegundos. Investigada a viabilidade de uma tal explicação verifiquei não ser válida, pois a baixas pressões o rendimento inicial da formação do «tripleto nascente» do antraceno era inferior ao da alta pressão.

No que concerne à fluorescência, o carácter biexponencial verifica-se quando estão envolvidos somente dois estados. Havendo vários estados (vibracionais) envolvidos haverá um decaimento de fluorescência que será uma soma de várias biexponenciais, o que conduz matematicamente a um decaimento médio de carácter exponencial.

Examinei de novo o artigo com os estudos sobre o naftaleno do grupo alemão[54] e verifiquei que os autores haviam feito uma interpretação incorrecta. O espectro tripleto-tripleto da naftaleno tem cinco bandas vibracionais desde o visível até ao ultra-violeta, como se vê bem em chapas fotográficas. Contudo, em nanossegundos os espectros são registados a partir de um dado comprimento de onda. Ora dava-se a circunstância de, a altas pressões, a instrumentação só detectar a primeira banda vibracional. Mas a baixas pressões, dado o deslocamento para o vermelho de todo o espectro, começou a ser possível detectar a primeira e a segunda bandas vibracionais. Para se compararem rendimentos, ou se integram sempre duas bandas vibracionais ou só a primeira. O integrar duas bandas a baixas pressões e só a primeira a altas pressões falseou os rendimentos.

Verifiquei pois que, mesmo no naftaleno, o rendimento de «tripleto nascente» a baixas pressões era, de facto, inferior ao do «tripleto nascente» a altas pressões. A partir daí, mais convicto fiquei da validade do que havia defendido na minha tese de doutoramento, apesar de estar contra a visão do grupo do Prof. Porter na época. Este meu artigo[55] não teve qualquer impacto.

Hoje desenvolveram-se perspectivas mais enriquecedoras para a redistribuição da energia interna em moléculas grandes como as de benzeno. A validade de uma distribuição com carácter estatístico proveniente da «*golden rule*» perdeu universalidade. Admite-se a localização da energia interna em modos vibracionais de alta frequência como são os modos CH[56].

A teoria de efeito túnel

Outro tema ainda mais controverso foi o desenvolvimento da «Teoria de Efeito Túnel» (TET). O «efeito túnel» é bem conhecido em mecânica quântica. O que desenvolvi foi um modelo para transições não-radiativas em moléculas aromáticas com base no efeito túnel. Na nossa analogia tais transições não se fazem de «elevador» mas correspondem às passagens entre os diferentes «apartamentos» de S_1 para T_1, de T_1 para S_0 ou mesmo de S_1 para S_0. Por exemplo, no caso do «apartamento» S_1 que está ao mesmo nível do duplex T_1^v como se dá a passagem entre os dois «apartamentos»? Nunca dissemos que havia «portas» entre eles. Talvez alguém pense que sempre se poderia ir até ao «sótão» por onde passam canos e cabos eléctricos e que o «sótão» indiviso era comum aos dois «apartamentos». Claro que isto obrigava ao uso de «escadas» de mão e a entrar e sair por alçapões e a gatinhar pelo «sótão». Mas tal exigiria muito esforço e nunca seria fácil e rápido.

Entramos no mundo da magia proporcionado pela mecânica quântica. Sempre que uma molécula queira passar de S_1 para o mesmo nível de T_1^v ou o inverso, bate contra a parede que divide os dois apartamentos. Por vezes abre-se um «túnel» na parede que permite a passagem da molécula de um «apartamento» para o outro (Quadro 1.3). O «túnel» não é permanente; desaparece logo que a molécula consiga passar. A facilidade com que surge este túnel mágico depende de vários factores, mas um deles é a «massa». Vibrações na molécula envolvendo átomos mais leves, como o hidrogénio, permitem uma passagem mais frequente do que para átomos mais pesados.

Uma menor espessura da parede também facilita a passagem e, pasme-se, a altura a que está o sótão comum aos dois apartamentos.

Quadro 1.3 - Num tonel abre-se uma porta para Tintin que o leva a um túnel cheio de surpresas. (Adaptado de Hergé, *Aventuras do Tintin*. «O Caranguejo de Tenazes de Ouro», págs. 54 e 55).

A TET foi apresentada num Simpósio sobre Transições Não-Radiativas, em 1973, na *Royal Institution*, onde havia realizado o meu doutoramento. Como me referiu o Prof. Porter, esperava-se bastante controvérsia neste congresso a respeito da minha teoria, mas como respondi bem a toda a interpelação, isto permitiu-me publicar a teoria numa revista inglesa de bom nível[57]. Nessa ocasião a secretária do Prof. Porter, a Judith, disse-me «*Sebastian you like to be controversial*» e eu respondi-lhe que não, e de facto não gosto. Teria tido uma carreira científica mais tranquila se assim não fosse, mas de certeza muito menos estimulante.

A teoria TET surgiu-me por necessidade de resolver uma dificuldade das teorias de transições não-radiativas correntes, baseadas na *golden rule* (regra de ouro) da mecânica quântica. As teorias conseguiam dar boa conta dos efeitos da diferença de energia electrónica nas velocidades das transições não-radiativas entre dois estados, por exemplo, o estado tripleto T_1 e o estado singuleto sem qualquer excitação electrónica (singuleto fundamental S_0). Porém, a *golden rule* falhava nos cálculos absolutos, estimando constantes cinéticas de velocidade oito ordens de grandeza inferior aos valores observados. Para um físico, o que é mais relevante é a correcção dos fundamentos teóricos; a partir deles espera-se o bom acordo com a experiência. Para um químico, como eu sou, o importante é o acordo experimental, mesmo que se tenha de partir de um modelo teórico mais simplificado.

Um prémio Nobel da Física disse a uma colega nossa de Coimbra, a Prof.ª Salete Leite, que curiosamente eu tinha um modo próprio dos físicos para atacar problemas químicos. De facto, procuro criar modelos físicos (matematizáveis) para atacar sistemas e problemas químicos, mas mantenho-me algemado pelo ultra-rigor do acordo experimental.

A propósito da evolução da «Teoria de Efeito Túnel» que se manteve com alguma dose de heterodoxia durante vários anos, um dia um colega inglês, Andrew Gilbert, ao encontrar-me num congresso já me não lembro onde, deu-me os parabéns por ter publicado o que ele considerava o melhor artigo do ano em fotoquímica sobre certo tipo de «dímeros»[58] electronicamente excitados (excímeros e exciplexos)[59]. Eu retorqui: «Mas isto é impossível, porque este artigo foi anteriormente recusado no *Faraday Transactions*», uma revista inglesa de prestígio. De facto a revista americana onde havia sido publicado este trabalho, *Molecular Photochemistry*, era uma revista editada por jovens fotoquímicos americanos, muito aberta e que nunca me recusou um artigo, mesmo no controverso tema da reversibilidade das transições entre S_1 e T_1 em compostos aromáticos em fase gasosa[60]. A revista acabou cedo, mas foi um marco no campo da fotoquímica. Ainda lá publiquei cinco artigos científicos no seu relativamente curto tempo de vida. O artigo sobre excímeros e exciplexos teve um pequeno impacto, com 17 citações até 1990.

A TET conheceu um sucesso assinalável quando foi aplicada a reacções fotoquímicas como a abstracção de átomos de hidrogénio por cetonas electronicamente excitadas. O nosso modelo de efeito túnel, ao contrário da visão corrente de túnel de átomos leves como hidrogénio e deutério, envolvia massas elevadas como as do grupo carbonilo (C=O) com átomos pesados de carbono e oxigénio[61]. O primeiro artigo neste tema foi aceite sem qualquer problema no *Faraday Transactions*, e teve 80 citações até 1997, com 17 citações num só ano (1979), o que já é considerado um «artigo de elevado impacto». Contudo, alguns colegas estrangeiros incitaram-me a publicar no *Journal of American Chemical Society*, a revista da Sociedade Americana de Química de maior impacto no mundo da química para artigos científicos correntes. Nunca tive êxito nas tentativas que então fiz.

Para efeitos comparativos de impactos, convém referir que o artigo inicial da TET[62] teve cerca de 30 citações até 1997, e que os artigos mais citados publicados com o Prof. Porter[63] tiveram cerca de 35 citações cada.

Do êxito inicial da TET aplicada a reacções fotoquímicas de cetonas, a comunidade passou a questionar-se sobre se tais reacções se deviam, de facto, a um efeito túnel ou se prosseguiam essencialmente por activação térmica (na nossa analogia, o equivalente a ir pelo sótão). Quase vinte e cinco anos depois da publicação do artigo inicial numa revista portuguesa, verificámos com prazer que o Prof. Shizuka e o seu grupo demonstravam sem ambiguidade a existência de um efeito túnel neste tipo de reacções fotoquímicas[64]. Como me disse Haruo Shizuka, dos vários modelos tentados para explicar os resultados, a TET foi o único que funcionou e muito bem, como se mostra na Figura 1.2. E não só deu bem, como os parâmetros empregues eram os provenientes do nosso modelo ISM. A TET e o ISM eram inteiramente compatíveis entre si, e o artigo deste grupo japonês foi publicado no *Journal of American Chemical Society* para os deslocamentos 1,3-sigmatrópicos de acetato de fenilo. Dois anos depois, publicaram resultados similares no *J. Phys. Chem. A* para o N-acetil-pirrole (Figura 1.2).

Com efeito a utilização de ISM por Shizuka e colaboradores resultou do facto de eu ter sido *referee* do artigo do *J. Am. Chem. Soc.*. De acordo com as regras permitidas, escrevi aos autores sugerindo que um dos parâmetros de ajuste (R=0,52 Å) podia ser estimado pelo modelo ISM (R=0,508 Å) em muito bom acordo com os resultados experimentais. Escrevi igualmente ao Editor a comunicar o facto.

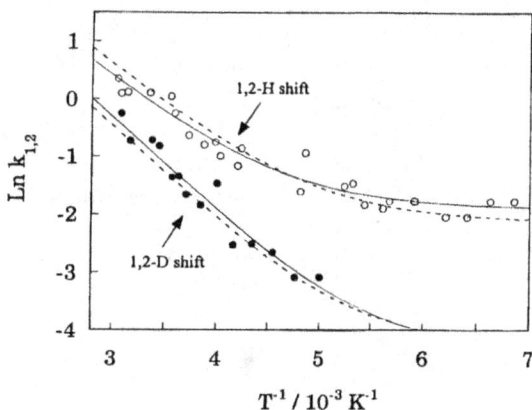

Figura 1.2 - Gráficos de Arrhenius – $\ln(k)$ em função do recíproco da temperatura T – para os deslocamentos 1,2-sigmatrópicos de N-acetil-pirrole. Linhas a cheio que melhor representam os dados experimentais: (o) prótio, (•) deutério. Linhas a tracejado representam cálculos através de TET e ISM. Reproduzido Y. Kimura, M. Yamamoto, S. Tobita e H. Shizuka, «Kinetics studies on the 1,2-sigmatropic hydrogen shift in the photorerranged intermediate of N-acetylpyrrole: tunneling effects», *J. Phys. Chem. A*, 101, 459-465 (1997). Reproduzido com permissão da *American Chemical Society*.

As revistas científicas e o começo da sua desacreditação

João Magueijo é dos cientistas que antevê o declínio do processo usual da comunicação científica mediante artigos publicados em revistas com *refereeing*. A *Web* veio criar tantas oportunidades de divulgação antecipada, ou mesmo alternativas aos artigos em revista, que começa a pôr-se em questão aquele meio tradicional tornando-o anacrónico. A grande desvantagem é a ausência de um controlo de qualidade. Mas infelizmente, a actuação dos *referees* também não é hoje uma garantia fiável de qualidade científica. Magueijo afirma mesmo, com alguma irreverência, que «o processo de *refereeing* não dá quaisquer garantias de qualidade»[65]. Sobre a organização da ciência académica nos dias de hoje vai mesmo mais longe, na panorâmica que nos traça sobre os cientistas de hoje: «São seguidores de modas, gente que não arrisca nada e leva uma vida fácil, recompensada pelas instituições financiadoras e pelo sistema «científico»»[66].

Michael Dewar[67] um químico que conheceu bem o «sistema científico», na sua autobiografia científica tem afirmações paralelas às anteriores, agora mais no que concerne à química. Por nos parecerem apropriadas, não podemos deixar de ter em mente as lições que ele extraiu da sua carreira científica e que deixa aos vindouros:

«Sem dúvida que o mais importante é a necessidade de publicitar o seu próprio trabalho. No passado, tal não era o caso. De facto, a tentativa de o fazer expunha o autor a retaliações. Com a prevalência actual dos operadores, a situação mudou. Agora, a não ser que o autor sopre *fortissimo* na sua trombeta, a tendência é a de considerar que ele não tem nenhuma razão para o fazer.

Uma segunda lição tem a ver com o efeito desastroso da necessidade cada vez maior da conformidade em química. Esta tendência piorou com a propensão para subdividir a química em mini-disciplinas cada vez mais estreitas. Hoje em dia, a maneira mais simples de um jovem químico se impor, consiste em produzir avanços menores numa dessas áreas, e obviamente assinalando inteiramente as contribuições das autoridades reconhecidas no assunto. Qualquer tentativa de *verdadeira* inovação é extremamente perigosa. Tive a sorte de já ter estabelecido a minha reputação antes da situação se tornar intolerável. Não gostava de começar uma carreira em química nos dias de hoje».

E mais refere,

«Os danos foram maiores na América do que em qualquer outra parte, por causa da mudança desastrosa que aconteceu há cerca de 15 anos (aproximadamente em 1977) na organização da «*National Science Foundation*» (...). Antigamente, o *Journal of the American Chemical Society* tinha um editor único, cuja função principal era a de editar o jornal. [...] Um editor competente com uma tal posição adquire um conhecimento global da química e dos químicos que chega para ele próprio avaliar os artigos controversos. A mudança no *Journal of the American Chemical Society* que, em vez de um editor único e permanente, passou a ter um grupo de editores a tempo parcial, tem tido um efeito semelhante ao da mudança na NSF. Os editores actuais não têm tempo para eles mesmos lerem os artigos, porque dedicam o seu tempo à investigação. Pelo mesmo motivo, não têm tempo nem inclinação para tentar alargar os seus interesses para além dos seus próprios domínios limitados. Em consequência, só podem confiar na opinião dos «peritos» oficiais que, naturalmente, escolhem como *referees*. Embora o *Journal of the American Chemical Society* costumasse oferecer um forum valioso e efectivo para ideias novas, agora tornou-se virtualmente impossível publicar qualquer coisa que vá a contra corrente da linha do «partido»».

As revistas científicas proliferam procurando construir uma sensação de progresso, se bem que as mesmas revistas rejeitem quase sistematicamente as verdadeiramente novas descobertas e os novos modos de pensar a ciência!

Estas afirmações de Michael Dewar são amplamente confirmadas pelo exame que o *Journal of American Chemical Society* fez dos artigos de maior sucesso nele publicados nas celebrações dos seus 125 anos, os 125 artigos mais citados. O artigo mais citado foi: «*Determination of Enzyme Dissociation Constants*», by Lineweaver e Burk (*J. Am. Chem. Soc.*, *56*, 658 (1934)) que transformava a curva hiperbólica tradicional da equação de Michaelis-Menten da catálise enzimática numa linha recta, mediante um certo conjunto de operações algébricas. Seis *referees* em duas rondas de avaliação rejeitaram o artigo[68]; um dos pretextos era de que não havia nada de químico no trabalho, era tão só um conjunto de manipulações matemáticas. Em boa hora, todavia, o Editor aceitou-o para publicação. Hoje tal seria completamente impossível. As estruturas sociológicas da ciência e da avaliação científica modificaram-se tão profundamente, que esta simples constatação é preocupante! Hoje, o *JACS* requer a «perfeição» e o mínimo reparo é quase sempre pretexto de rejeição. Que o *«JACS at 125»* seja para todos nós empenhados na ciência uma fonte de profunda reflexão. Até porque um estudo mais vasto, apresentado por Campanário com base nos artigos designados por *Citation-Classics*[69], verifica esta mesma linha de pensamento.

NOTAS

[1] Decreto-Lei nº 18:717, 1ª série, nº 178 de 2 de Agosto de 1930; agradeço ao Prof. Vítor Crespo a disponibilização da obra «Legislação Universitária, Parte Geral, 1930-1971», Universidade de Luanda, 1972.

[2] Itálicos nossos.

[3] O poder de mandar imprimir.

[4] H.-D. Daniel, «Guardians of Science. Fairness and reliability of peer review», VCH, Weinheim, 1993.

[5] M. Amin e M. Mabe, «Impact factors: use and abuse», *Perspectives in Publishing*, nº 1, Outubro 2000, Elsevier Science.

[6] Sir Peter Medawar, eminente imunologista britânico e prémio Nobel da Medicina em 1960, afirmou um dia que «a humildade não é uma atitude mental que conduza ao avanço do conhecimento» (I. Hargittai, «The Road to Stockholm. Nobel Prizes, Science and Scientists», Oxford Univ. Press, Oxford, 2002, pág. 69).

[7] R. Hoffmann, «The Same and Not the Same», Columbia University Press, New York, 1995.

[8] A definição corrente de *par* é a de «uma pessoa que tem uma posição, situação ou estatuto idêntico ao de uma outra».

[9] H. Hellman, «Great Feuds in Science», John Wiley, Nova Iorque, 1998, pág. 40.

[10] H.-D. Daniel, *Guardians of Science: Fairness and Reliability of Peer Review*, VCH, Weinheim, 1993; este trabalho contém cerca de 90 referências sobre o sistema de avaliação por pares, 30% das quais de 1990 a 1993. H.-D. Daniel, «An evaluation of the peer review process at Angewandte Chemie», *Angew. Chem. Int. Ed. Eng.*, *32*, 234 (1993).

[11] Diversas referências sobre o tema de *peer review* figuram no *site* da Internet: http://www.garfield. library.upenn.edu/histcomp/scientometrics_19782002/index-aus-4.html; 16 Setembro 2004; Referências que se pretendem autonomizar são as quatro seguintes.

[12] D. Hull, *Science as a Process*, Univ. Chicago Press, Chicago, 1986.

[13] M. Ruderer, «The fallacy of peer review: judgment without science and a case history», *Spec. Sci. Techn.*, *3*, 533 (1980); M. H. MacRoberts e B. R. MacRoberts, «The scientific referee system», *Spec. Sci. Techn.*, *3*, 573 (1980); C. Wennerås e A. Wold, «Nepotism and sexism in peer-review», *Nature, 387*, 341 (1997).

[14] D. Goodstein, «Conduct and misconduct in science» em *The Flight from Science and Reason*, P. R. Gross *et al.* (eds.), New York Academy of Sciences, New York, 1996, págs. 31-38.

[15] P. A. Lawrence e M. Locke, «A man for our season», *Nature, 386*, 757 (1997).

[16] Ver, por exemplo, o editorial D. Kennedy, «Next Steps in the Schön Affair», *Science, 298*, 495 (2002); R. F. Service, «Pioneering Physics Papers under Suspicion for Data Manipulation», *Science, 296*, 1376 (2002); Editorial statement, *Nature, 419*, 425 (2002).

[17] L. Cassuto, «Big trouble in the world of «Big Physics»»; http://www.salon.com/tech/feature/2002/09/16/ physics/print.html; 16 de Setembro de 2004. Como esta obra teve algum tempo de preparo, para as referências da internet optei por indicar a data da actualização em 2004.

[18] Scientific conduct, «Panel discredits findings of Tokyo university team», *Science, 311*, 3 Feb, 595 (2006).

[19] J. Ziman, «Prometheus Bound. Science in a Dynamic Steady State», Cambridge Univ. Press, Cambridge, 1994.

[20] J. Ziman, «Is science losing its objectivity?», *Nature, 382*, 751 (1997).

[21] T. S. Kuhn, «The Structure of Scientific Revolutions», University of Chicago Press, Chicago, 1970, 2nd ed..

[22] W. Moore, «Schrödinger. Life and Thought», Cambridge University Presss, Cambridge, 1989, pág. 2.

[23] D. Knight, «Ideas in Chemistry. A history of the science», The Athlone Press, Londres, 1995, pág. 143.

[24] M. Polanyi, «Potential theory of adsorption» *Science.*, *141*, 1010 (1963).

[25] H. Zuckerman e R. K. Merton, «Sociology of refereeing», *Phys. Today, 24*, 288 (1971).

[26] J. H. Brooke, «Does the history of science have a future?», *Brit. J. Hist. Sci., 32*, 1 (1999).

[27] Citado por Ian Hacking, «Factos e Hipóteses», em *A Ciência tal qual se faz*, F. Gil (ed.), João Sá da Costa Lda., Lisboa, 1999, pág.270.

[28] De alguma forma, isto também se aplica, dentro do mesmo país, a regiões menos favorecidas. Há a convicção errónea de que, mediante a concentração de recursos materiais, se concentram necessariamente as ideias.

[29] J. T. Edward, »Be cited or perish», *CHEMTECH, 22*, 534 (1992).

[30] J. M. G. Caraça, A. Romão Dias, G. Lopes da Silva e A. V. Xavier, «Resultados preliminares da avaliação bibliométrica de alguns Centros do INIC», *Revista CTS, 3*, 4 (1987).

[31] S. J. Formosinho, »A competitividade de Portugal na educação e na ciência», *Rev. Gestão e Desenvolvimento, 5-6*, 25 (1996/7).

[32] D. Abbott (Ed.), «The Biographical Dictionary of Scientists», Blond Educational, 1983.

[33] S. J. Formosinho, «Nos Bastidores da Ciência», Gradiva, Lisboa, 1988 e «O Imprimatur da Ciência», Coimbra Editora, Coimbra, 1994.

[34] J. Mangueijo, «Mais Rápido que a Luz. A biografia de uma Especulação Científica», Gradiva, Lisboa, 2003, pág. 273.

[35] C. N. Hinshelwood, «General and Physical Chemistry. The elementary processes of chemical change», *Annual Report of Progress of Chemistry,* Chemical Society London, *27*, 18-21 (1930).

[36] O conceito central da cinética é a noção probabilística de frequência. Um aumento de temperatura aumenta a velocidade da transformação química, porque aumenta a frequência de todas as «colisões reaccionais». A cinética química começou a desenvolver-se nos começos dos anos trinta do século XX à volta da noção de «complexo activado» (também designado por *estado de transição*), situação transitória em que as moléculas em contacto formam uma *entidade instável* que pode gerar de novo as moléculas originais ou novas moléculas. A teoria que foi construída a partir do conceito de estado de transição, é uma teoria híbrida, que associa elementos teóricos sobre estabilidade de moléculas, por exemplo em termos quânticos, elementos empíricos como grandezas termodinâmicas (por exemplo, calores de reacção) e elementos experimentais de resolução ultra-rápida (Bensaude-Vincent e Stengers, «História da Química», *ob. cit.,* pág. 314).

[37] K. Otozai, «Research on activation energy. I- A new empirical rule for the calculation of activation energy», *Bull. Chem. Soc. Japan.,24*, 218 (1951).

[38] H. S. Johnston, «Large tunnelling corrections in chemical reaction rates», *Adv. Chem. Phys., 3,* 131-171 (1960); H. S. Johnston e P. Goldfinger, «Theoretical interpretations of reactions occurring in photochlorinations», *J. Chem. Phys., 37,* 700-709 (1962); H. S. Johnston e C. Parr, «Activation energies and bond energies. I Hydrogen transfer reactions», *J. Am. Chem. Soc., 35,* 2544-2551 (1963).

[39] No ano de 2006 comemoraram-se os 70 anos do edifício do Liceu D. João III/Escola Secundária José Falcão que se lhe seguiu, bem como os 170 anos do Liceu de Coimbra, que as antecedeu.

[40] L. K. Sydnes, «Chemistry – A Core Science with a political dimension», Chemistry International, IUPAC, *28*, September/October, 2-3 (2006).

[41] Hoffmann, *ob. cit.,* págs. 90, 92.

[42] Trata-se de um certo tipo de estados electrónicos excitados, como em átomos que emitem luz nos fogos de artifício. No caso em apreço, fruto de certas configurações de spin dos electrões, só muito excepcionalmente há emissão de luz. Quando tais estados emitem luz em certas condições experimentais, por exemplo, a muito baixas temperaturas, uma tal emissão designa–se por fosforescência.

[43] «Special feature on a renaissance man», an interview with Michael Kasha, *The Spectrum, 18,* issue 3, 4-11 (2005).

[44] O Marquês de Pombal, Sebastião José de Carvalho e Melo, era Conde de Oeiras.

[45] M. V. Simkin e V. P. Roychowdhury, «Copied citations create renowned papers?»; «Read before you cite!»; http://www.arxiv.org/abs/cond-mat/0305150; 16 Setembro 2004.

[46] No meu caso pessoal, o nome S. J. Formosinho contém 1140 citações (artigos que citam) a 11 de Janeiro de 2005; S. J. Formoshino 18 citações e S: J. Formoshinho outras 18 citações. No total de citações, 83 correspondem a auto-citações.

[47] Jogado com um trocadilho fruto da similitude da fonia de *firth* e *first* (primeiro). A resposta surge, assim, como uma inevitabilidade natural: *the second* (o segundo).

[48] ESR *Electron Spin Resonance*, ressonância de spin electrónico; NMR *Nuclear Magnetic Resonance*; ressonância magnética nuclear.

[49] http://www.chem.ucl.ac.uk/resources/history/people/maccoll.html; 22/03/2006.

[50] 0,000000001 segundos. De um modo mais expedito representa-se um tal número por 10^{-9} s; adicionou-se ao oito zeros mais um zero proveniente da casa decimal do 1 e a soma é expoente negativo da base 10.

[51] Uma exponencial é uma potência. A operação da potenciação a^n define-se como um produto de factores iguais:

$$a^n = a \cdot a \cdot a \cdot \ldots \cdot a \; (n \text{ factores de } a)$$

a é a base da potência e n o expoente. Por exemplo, 10^2 é 10x10=100; 10^3 é 10x10x10=1000. Na exponencial a base é um número especial: e=2,718 … . Por exemplo, e^2 é exe=7,389 …, e e^3 é $exexe$=20,0855 … . Quando não havia controlo de natalidade, o crescimento da população portuguesa e de outros países europeus era um crescimento exponencial. Se o expoente da potência for um número negativo, há um decréscimo em vez de um crescimento. Por exemplo, e^{-2}=0,367879… e e^{-3}=0,049787… . Os matemáticos generalizam tais operações e os expoentes não carecem de ser números inteiros.

[52] S. J. Formosinho, A. M. da Silva, «Intersystem Crossing in Hexafluorobenzene and Benzene Vapours. The Role of Local Modes on the Nonstatistical Behaviour of Benzene», *Portgal. Phys.* 15, 205-216 (1984).

[53] G. S. Beddard, G. R. Fleming, O. L. J. Gijzeman e Sir G. Porter, «Vibrational Energy Dependence of Radiationless Conversion in Aromatic Vapors», *Proc. R. Soc. London A*, *340*, 519-533 (1974).

[54] H. Schröder, H. J. Neusser e E. W. Schlag, «Spectrum of collision-free triplets and its temporal evolution», *Chem. Phys. Lett.*, *54*, 4 (1978).

[55] S. J. Formosinho, A. M. da Silva, «Intersystem Crossing in Anthracene. A Pseudostatistical Case?», *Mol. Photochem. 9*, 257-275 (1979).

[56] A. Callegari, U. Merker, P. Engels, H. K. Srivastava, K. K. Lehmann, G. Scoles, «Intramolecular Vibrational Redistribution in Aromatic Molecules. I. Eigenstate resolved CH stretch first overtone spectra of benzene», *J. Chem. Phys.*, 113, 10583-10596 (2000).

[57] S. J. Formosinho, «Quantum Mechanical Tunnelling in Radiationless Transitions of Large Molecules», *J. Chem. Soc. Faraday Trans. 2*, *70*, 605-620 (1974).

[58] Um dímero é uma associação de duas moléculas iguais ou até de moléculas ligeiramente diferentes na sua composição, mas é uma molécula estável. Um excímero ou exciplexo é um dímero instável quando electronicamente excitado.

[59] S. J. Formosinho, «Radiationless Processes in Aromatic Excimers and Exciplexes», *Mol. Photochem. 7*, 41-73 (1976).

[60] S. J. Formosinho, A. M. da Silva, «Intersystem Crossing in Anthracene. A Pseudostatistical Case?», *Mol. Photochem. 9*, 257-275 (1979).

[61] S. J. Formosinho, «Photochemical Hydrogen Abstractions as Radiationless Transitions. Part 1 - Ketones, Aldehydes and Acids», *J. Chem. Soc. Faraday Trans.2*, *72*, 1313-1331 (1976).

[62] «S. J. Formosinho, Quantum Mechanical Tunnelling in Radiationless Transitions of Large Molecules», *J. Chem. Soc. Faraday Trans. 2*, *70*, 605-620 (1974).

[63] C. W. Ashpole, S. J. Formosinho, G. Porter, «Pressure Dependence of Intersystem Crossing in Aromatic Vapours», *Proc. Roy. Soc. (London)*, *A323*, 11-28 (1971); S. J. Formosinho, G. Porter, M. A. West, «Vibrational Relaxation in the Triplet State», *Proc. Roy. Soc. (London)* A, *333*, 289-296 (1973).

[64] T. Arai, S. Tobita e H. Shizuka, «Tunnelling Effects on the 1,3- and 1,5-Sigmatropic Hydrogen Shifts in the Ground State of Photo-Fries Rearranged Intermediates of Phenyl Acetate Studied by Laser Flash Photolysis», *J. Am. Chem. Soc.*, *117*, 3968-3975 (1995); Y. Kimura, M. Yamamoto, S. Tobita e H. Shizuka, «Kinetics studies on the 1,2-sigmatropic hydrogen shift in the photorerranged intermediate of N-acetylpyrrole: tunneling effects», *J. Phys. Chem. A*, 101, 459-465 (1997).

[65] Magueijo, *ob. cit.*, pág. 233.

[66] Magueijo, *ob. cit.*, pág. 273.

[67] M. J. S. Dewar, «A Semiempirical Life«, series: *Profiles, Pathways and Dreams*, J. I. Seeman (Ed.), ACS, Washington, 1992, págs. 24, 180-182.

[68] Chemical & Engineering News, *81*, 16 de Junho, 27 (2003); net http://pubs.acs.org/cen/science/8124/8124jacs125html

[69] J. M. Campanario, «Have referees rejected some of the most-cited articles of all times?», *J. Am Soc. Inf. Science*, *47*, 302-310 (1996).

CAPÍTULO 2

As Estruturas Sociológicas da Ciência

Uma ciência em expansão

Em 1963 o sociólogo das ciências Della de Solla Price[1] mostrava que a actividade científica, expressa em termos do número de revistas científicas de carácter periódico, havia crescido exponencialmente durante cerca de 300 anos (desde 1665 até essa data). O número de artigos publicados duplicava em cada 10-15 anos, a uma taxa de crescimento anual entre os 5% e 7%. A ciência moderna foi claramente uma *ciência em expansão* desde o século XVII. No século XIX foi incorporada nas universidades e a investigação associada ao ensino superior volveu-se numa profissão regular. Como refere Ziman[2], a população do Reino Unido decuplicou entre 1680 e 1990, mas a actividade científica e tecnológica cresceu cerca de mil vezes. A partir de uma centena inicial de cientistas, hoje a Europa dispõe de milhões de investigadores.

Este ritmo de crescimento é bem compreensível, porque a resolução de um problema científico suscita novas questões. Esta faceta da ciência foi tão marcante para George Bernard Shaw que o levou a afirmar: «A ciência está sempre errada; nunca resolve um problema sem criar logo uma dezena deles». Um cientista de sucesso não trabalha sozinho, mas orienta vários discípulos e, para os mais brilhantes, são criadas novas posições académicas e de investigação. As posições permanentes para os talentos de uma época não bloquearam o caminho para a promoção das gerações futuras.

Ao longo dos tempos sempre foram surgindo novas áreas disciplinares. Durante o seu período de expansão houve naturalmente áreas que alcançaram um estado de maturidade ou de uma «forma finalizada, em que se dispõem de estruturas teóricas com suficiente credibilidade para dissolver as interfaces entre a ciência disciplinar e a tecnologia e, assim, guiar a investigação no domínio de um modo estratégico, tendo em vista alcançar metas de aplicação prática segundo objectivos desejados e previamente definidos. Mas a combinação imaginativa dos conceitos e teorias, oriundos de disciplinas e subdisciplinas consideradas afastadas no «mapa-mundi do conhecimento», cria ligações interdisciplinares que fomentam novas questões e novos conceitos, instrumentos e metodologias, em geral de custos cada vez maiores. Esta panóplia de razões gera uma procura de recursos mais vultuosos para cobrir os custos de investigação com mais investigadores, bem treinados e especializados, com mais posições académicas em áreas mais vastas e diversificadas, com instrumentação experimental e de cálculo cada vez com maior rapidez, precisão, sensibilidade, capacidade de operação e sofisticação. Em especial os custos da aquisição, operação e manutenção do equipamento cresceram de forma exponencial, as infraestruturas e a especialização complexificaram-se, a obsolescência é rápida.

Uma palavra breve sobre a «corrida aos equipamentos científicos», um pouco ao modo da «corrida aos armamentos» em tempo de guerra, e que se veio a virar contra o modo tradicional de fazer ciência. Com uma agravante adicional. O armamento obsoleto para um país desenvolvido tem um valor residual significativo, porque pode ser vendido a países menos desenvolvidos. O equipamento científico obsoleto tem pouquíssimo valor no mercado científico, porque «fazer investigação com equipamento em segunda mão é como fazer investigação com ideias em segunda mão»[3]. Por vezes, tais equipamentos são oferecidos a países menos desenvolvidos, porque ocupam espaço precioso mas, mesmo sem operar, podem carecer de um limiar de manutenção para não virarem sucata.

Este tipo de corrida levou ao florescimento da indústria da instrumentação científica e dos cientistas especializados que a operam. O trabalho de pesquisa está, mais do que nunca, dependente das actividades de concepção, planificação, manufactura, manutenção e *marketing* do equipamento científico. E esta indústria não procura pequenas melhorias de desempenho ou comodidade de funcionamento, como sucede com a indústria automóvel. Melhora na sensibilidade e exactidão das medidas, na velocidade e qualidade da recolha e tratamento de dados, frequentemente por factores de uma dezena de vezes. A sofisticação da instrumentação e o aparecimento de «novas famílias» de equipamentos (por exemplo, sequenciador automático de DNA, sintetizador de química combinatorial, microscópio de varrimento de efeito túnel) traz reflexos profundos na competitividade dos grupos de investigação. A substituição de um equipamento do topo de gama pode equivaler a dispêndios 2,7 vezes superior ao custo inicial (a preços constantes) e, nesta perspectiva, não surpreende que 80% dos departamentos das universidades do Reino Unido tenham sido considerados incapazes de executar experimentação crítica por falta de equipamento adequado[4]. A solução tem sido uma maior concentração de recursos nos mais capazes, o denominado «efeito de Mateus»: «Pois àquele que tem, dar-se-lhe-á, e terá em abundância; mas àquele que não tem ser-lhe-á tirado mesmo o que tem». Hoje, no Reino Unido, 50% das verbas de equipamento vão para 13 instituições e nos Estados Unidos 40 instituições recolhem 50% do financiamento. Uma forma dura de se tentar rentabilizar os talentos.

A fertilização cruzada de ideias, a grande fonte da invenção em ciência, cada vez mais interliga os conhecimentos que crescem e se densificam. E tais relações são tão eficazes que podem produzir, em certos domínios, crescimentos mais acelerados que o exponencial, como no caso de novas substâncias, novos compostos químicos, que desde 1930 têm um crescimento hiperbólico[5]. Não nos podemos esquecer que a «investigação é um processo de conhecimento intensivo». Os avanços alcançados ao longo de gerações são fruto de um processo contínuo de mobilização de variadas capacidades e destrezas, atitudes, conceitos, metodologias, instrumentos e produtos, na senda do progresso científico e tecnológico. No que concerne ao progresso no conhecimento científico não há qualquer sintoma de saturação nos domínios do saber, de estudo e de pesquisa. Quiçá, nunca houve no passado período comparável em descobertas e avanços como na última trintena de anos, a respeito da estrutura do cosmos, das tecnologias de comunicação, nos progressos cirúrgicos e meios não-invasivos de diagnóstico, na manipulação genética, na indústria farmacêutica, nos materiais, na nanotecnologia.

A investigação universitária num contexto de ciência em expansão possuía um elevado *etos* de individualismo. As universidades não manifestavam um interesse corporativo pela investigação realizada pelos seus professores. Escolhiam os melhores para preencheram as suas posições académicas, mas depois cada um quase podia realizar a investigação que quisesse (ou até não fazer nenhuma investigação). Segundo Robert Merton[6] este *etos* podia mesmo ser descrito em termos de algumas normas gerais que, tacitamente, governavam as práticas tradicionais da ciência académica, e que Ziman[9] designa pelo seu acrónimo em inglês, CUDOS (prestígio):

i) *comunalismo:* a ciência é um empreendimento colectivo e os resultados da investigação devem ser tornados público, o mais cedo possível; esta norma coloca grande pressão na publicação de artigos como contribuições (ou ofertas) para o conhecimento, mas exige que o conhecimento científico seja «conhecimento público».

ii) *universalismo:* a participação neste empreendimento está aberta a todos os investigadores competentes, independentemente do sexo, raça, religião, nacionalidade ou de qualquer outra afiliação; este normativo de meritocracia tem uma prática bastante imperfeita, mas exige que as proposições científicas sejam suficientemente gerais para se aplicarem a qualquer ambiente cultural.

iii) *desinteresse:* os cientistas alcançam e comunicam os resultados do seu trabalho de pesquisa e as suas reivindicações e pretensões científicas de um modo imparcial, como não tendo qualquer interesse pessoal (material ou psicológico) na sua aceitação pela comunidade; neste normativo, sem dúvida ideal, julga-se que assenta muito da objectividade científica, pois implica um esforço consciente por parte dos cientistas e realça o papel da observação e da experimentação em ciência.

iv) *originalidade:* os cientistas só podem reivindicar crédito para resultados originais de pesquisa; esta norma volve-se numa força motriz intelectual em ciência. Por esta norma passa a liberdade da investigação na escolha dos temas de pesquisa, e a criatividade e novidade fontes do progresso no conhecimento. E nela se concita muito do reconhecimento científico, quer pelos pares quer pela sociedade.

v) *cepticismo:* todos os contributos da investigação devem ser sujeitos a um escrutínio e apreciação crítica por outros investigadores; nesta norma assentam práticas académicas como a *avaliação por pares* e a *controvérsia científica*. Por isso suscita a imparcialidade científica. Mas por ela não passa o cepticismo sistemático nem o relativismo social.

O conhecimento científico das ciências exactas e naturais satisfaz princípios gerais, como a sua fundamentação na observação e experimentação, na capacidade explicativa e preditiva, na universalidade, na objectividade. Claro que tais princípios são abstractos e impessoais e, por isso, não podem servir de guia na busca do valor ético do conhecimento ou da sua utilidade, nem esclarecem sobre as motivações dos cientistas na sua busca do saber nem nos modos de o alcançar. Carecem de ser complementados com normas sociais, como as que acabamos de referir.

Estas normas sociais estão profundamente sintonizadas com certos princípios filosóficos da ciência dos académicos, actuando como facetas complementares de um *etos* de individualismo, cujas componentes racionais, sociais e psicológicas são inseparáveis[10]. Isto não significa, porém, que todo o conhecimento científico seja relativo ou uma mera construção para servir interesses sociais. Só significa que o progressivo desvelar dos mistérios da natureza é um processo mais errático do que sistemático.

Estas normas sociais são demasiado idealistas e, mesmo numa ciência em expansão, não correspondem ao comportamento dos cientistas. Procuram realçar o facto de a força motriz de cada investigador não ser tanto a «busca da verdade» ou o prazer de resolver enigmas da natureza, mas mais a busca do prestígio decorrente do reconhecimento pelos pares na forma de posições académicas, citações, prémios, títulos, etc. Adquira nome como uma autoridade na matéria e merece ser professor. Faça uma descoberta científica famosa e pedem-lhe que aceite um bom lugar com um vencimento elevado numa universidade de elite.

A problemática das citações merece mais alguma reflexão. A base principal do reconhecimento dos cientistas, quer entre pares quer entre o público, são os artigos científicos e as citações que recebem. Um cientista escreve um artigo original. Neste refere explicitamente, isto é cita, artigos de outros cientistas. Ao fim de algum tempo, o seu próprio artigo também será citado por outros cientistas e assim sucessivamente. Há muito poucos cientistas que recebem um número elevado de citações; muitos nunca são citados ou recolhem uma média de uma ou duas citações por artigo publicado. Serão, de facto, as citações uma medida do mérito dos cientistas? Um grupo de físicos do estado sólido alerta-nos para o facto que muitas das citações dos artigos são copiadas das listas de referências de outros artigos[7]. Estes autores criaram um modelo aleatório com base na escolha arbitrária de três artigos e em seguida foram copiando aleatoriamente 20% das citações que cada artigo apresenta. Deste modo conseguiram reproduzir o padrão de citações de artigos de grande impacto, com mais de 500 citações. Perante este facto, cria-se um «efeito de Mateus», em que os mais ricos mais ricos ficam. Recomendam, pois, que se consultem os artigos antes de os citar, para que as citações sejam um indicador mais real do mérito.

Nesta visiva sociológica, a comunidade recebe «contribuições» e retribui em troca com reconhecimento. Daí a necessidade do critério tácito de que quem tem a propriedade intelectual e a prioridade da descoberta é quem primeiro a divulga, de forma lúcida, sob a forma de artigo científico, contando para o efeito a data em que o artigo foi submetido para publicação. Um artigo com 100 citações é infinitamente superior a 100 artigos com uma citação cada. O mecanismo desta selecção natural é muito duro; centenas de sementes são lançadas à terra para uma que vai dar fruto. Este critério de selecção é ainda intensificado por um cepticismo que se prolonga no espaço e no tempo, o que torna o mundo da ciência verdadeiramente independente do controlo de qualquer nação.

Antes de 1910-20 era pequena a fracção da investigação financiada directamente por dinheiros públicos. Mas essa fracção cresceu acentuadamente após a 2ª Grande Guerra, com o despertar da consciência nos governos que o progresso científico e tecnológico e a educação contribuem eficazmente para a riqueza das nações. Hoje estima-se que nos países mais avançados o crescimento económico se deve, em cerca de 80%, aos factores do ensino e da investigação e desenvolvimento experimental e tecnológico (I&D). Também o rendimento dos fundos de aplicações em investigação estima-se hoje numa média de 30%[8]. Mas há exemplos elucidativos. A taxa de benefício social com a investigação realizada, nos Estados Unidos, sobre uma variedade de trigo híbrido, entre 1910 e 1933, estimou-se num lucro de 700% (!)[9]. Perante tais incentivos não surpreende que a investigação passasse a ser subsidiada fortemente com fundos públicos e da indústria. Mas o crescimento da ciência deve-se, em muito, à colectivização da construção do conhecimento, na medida em que foi o grande colectivo, o Estado, que arcou com a maior proporção de tais subsídios sem um controlo estrito; apenas se pedia obediência a grandes princípios éticos e sociais. A distribuição das verbas para a investigação era operada por comissões de cientistas e, por conseguinte, no interior das próprias comunidades científicas cuja missão era escolher, em função do mérito, entre diferentes propostas de investigação, mas também procurando satisfazer de forma razoável quase todos os colegas de prestígio[10].

As forças de transição para uma ciência com uma função social

A manter-se o referido ritmo de crescimento de 5% a 7% ao ano, já em 1963 Solla Price[11] alertava para o facto de que as despesas com a investigação, de cerca de 1% do Produto Nacional Bruto (PNB) nesse ano, seriam de 5% do PNB no ano 2000 e atingiriam os 20% do PNB no ano 2030. Como tal era claramente impossível, Solla Price previa um declínio neste ritmo de crescimento. No que concerne às despesas com I&D, a estabilização deu-se por meados da década de 70 ao nível dos 2% a 3% do PNB em países avançados como os Estados Unidos, Japão, Reino Unido, Alemanha. A Presidência do Conselho Europeu, reunida em Barcelona em Março de 2002, pretende aumentar as despesas com I&D do actual nível médio europeu de 1,9% para cerca de 3% do PNB até 2010.

Della de Solla Price chamava ainda a atenção para o facto de que o modo de realizar a investigação científica se vinha modificando desde o início do século XX. Esta alteração no modo de fazer ciência foi progressiva, mas ajudou a provocar uma transição nas estruturas sociológicas da ciência que, de forma gradual mas persistente, se veio a processar a partir do último quartel do século XX. Quais as razões mais profundas que vieram a desencadear uma tal modificação?

O Iluminismo tinha deixado a convicção que os frutos da investigação científica e da conquista de mais conhecimento haveriam de levar, inexoravelmente, a um maior e contínuo progresso da humanidade. Contudo, o desencadear da I Grande Guerra (1914-1918), uma guerra em que, pela primeira vez, estão envolvidas nações inteiras e não somente alguns dos respectivos exércitos, teve consequências nas mentalidades dos povos que a sofreram. Após a guerra, em 1919 verifica-se a incapacidade de os países voltarem a retomar o padrão monetário do ouro, surgem ideologias totalitárias em regimes democráticos (nazismo, fascismo e comunismo), e sobrevém a crise económica da Grande Depressão de 1930 e a corrida aos armamentos. Gerou-se mesmo um clima internacional de preparação para novas guerras, ainda mais terríveis que as anteriores.

Tudo isto veio a colocar em questão o papel da ciência na sociedade. A ciência já não podia ser um divertimento intelectual de índole individualista, em pessoas abastadas ou mentes engenhosas apoiadas por mecenas, nem podia ser aplicada para inventar novas armas e meios ainda mais destrutivos, como a guerra química da 1ª Grande Guerra, ou ser um mero desperdício das energias do homem. O campo da saúde e do bem-estar tinha sido, em muito, ignorado pela ciência, o que havia levado a um desenvolvimento muito desigual das diferentes ciências, mormente da física e da química, em detrimento das ciências biológicas e das da vida.

A ciência não podia ser uma actividade civil descoordenada, mas teria de ser uma actividade com uma coordenação do Estado, e disso se apercebeu o regime soviético antes dos países ocidentais. Não que no passado, como na Era dos Descobrimentos, tais responsabilidades não tivessem sido exercidas pelo Estado, mas eram tempos longínquos e que haviam conduzidos também a declínios e crises. Em suma, a ciência teria de ter uma função social, associando-a mais à agricultura, à indústria e à saúde[12]. Há quem reconheça, todavia, que a utilidade da ciência é perigosa, que pode degenerar numa «patologia da razão». Quando G. H. Hardy se pronuncia sobre o valor da matemática – «Esta matéria não tem qualquer utilidade prática; não pode ser usada para destruir directamente a vida humana ou para cavar ainda mais as desigualdades da distribuição da riqueza»[13] –, deixa antever que haverá uma ciência que poderá conter em si todos estes malefícios.

Num clima depressivo, com o reconhecimento do desemprego tecnológico, da crise do valor da lógica matemática e da sua axiomática, das revoluções científicas introduzidas na rainha das ciências da época – a Física – pela mecânica quântica e pelas teorias da relatividade que levaram à desvalorização, injusta é certo, do tão laboriosamente construído edifício newtoniano, o Bispo de Ripon, dando voz à contestação vigente, chegou a falar mesmo na supressão da ciência num sermão pregado na British Association em 1927[14]. E bem podemos compreender esta apreensão britânica. É que durante a I Grande Guerra os alemães levaram vantagem. Dispunham de um maior número de cientistas, mais ligados à indústria pesada e treinados na resolução de problemas novos e na busca da originalidade na investigação mediante as suas teses de doutoramento. Ao contrário do que se passava na Alemanha e nos Estados Unidos, nesse tempo não havia Ph. D. (doutoramento) nas universidades do Reino Unido. E esta vantagem científica teria sido decisiva no desfecho da guerra, não existisse uma grave carência de matérias-primas – petróleo, metais, borracha, nitratos – na Alemanha, associada ao facto de a Inglaterra dominar os mares e assim poder controlar a importação das matérias-primas pelos germânicos. Mas na Inglaterra, durante a guerra, as forças aliadas viram-se forçadas a improvisar serviços públicos científicos e industriais[15].

A contestação da ciência era mesmo mais vasta e punha em causa o poder da razão, para valorizar o poder do instinto e da intuição. É verdade que tinham sido cientistas e filósofos que haviam inspirado o nascimento das ideologias totalitárias nazistas, fascistas e comunistas, caracterizadas pelo uso da força bruta sob a condução de líderes imbuídos de uma inspiração mística – a sobrevivência dos mais aptos[16]. Por exemplo, o biologista alemão Ernst Haeckel (1834-1919) chegou a advogar «ser a política uma biologia aplicada»[17]. Enquanto que com Darwin a evolução das espécies é um fenómeno biológico, com Herbert Spencer (1820-1903) começou a tratar-se de uma aplicação sociológica que se veio intensificando com o decorrer dos tempos até se converter na «sobrevivência dos mais aptos».

Perante este tipo de pressões sociais, os próprios cientistas começaram a reconhecer que a ciência não poderia ser tão-só uma educação de cultura geral ou a actividade de uma mera descoberta e contemplação de uma verdade abstracta. O conhecimento, mesmo o mais puro, poderia vir a ter, no futuro, interesse para intervir na natureza ao serviço do homem. E a ciência vê-se sujeita, simultaneamente, a um estímulo interno e a um efeito de supressão externo[18].

É deste modo que Bernal traz à liça George Sarton, o famoso historiador da ciência, que na sua obra de 1931 History of Science and the New Humanism[19] litigia a favor da humanização da ciência: «Por mais abstracta que seja a ciência, há que realçar a sua origem humana e, no seu crescimento, cada resultado científico é um fruto da humanidade, uma prova da sua virtude». Há aqui uma tentativa de assimilar a ciência à corrente geral do humanismo. Sarton traz raízes intelectuais de uma maçonaria anticlerical e de um namoro com o marxismo[20], tal como Bernal, pelo que advoga a humanização da ciência sob uma perspectiva de colectivização.

Por razões distintas, mas uns sete anos antes de Sarton, um sacerdote católico e professor catedrático da Universidade de Coimbra, Gonçalves Cerejeira, já havia assumido, igualmente, em abordagem crítica ao positivismo da época na obra A Igreja e o Pensamento Contemporâneo[21] de 1924, uma posição teísta em busca de uma humanização da ciência[22]. Será tema que retomaremos em capítulos seguintes.

Uma ciência em estado estacionário

Hoje a ciência adquiriu uma dimensão, um custo e uma importância para o progresso económico das nações que já não pode mais ser deixada só nas mãos dos cientistas. Nos países mais avançados a ciência encontra-se «num regime estacionário». Regime em que a ciência está condicionada pelos fundos para a pesquisa, pelas posições académicas e de investigação, e pelas páginas em revistas de prestígio (era da competição por recursos escassos). Em oposição à idade da pura competição intelectual, em que o progresso da ciência estava condicionado pelos limites da imaginação e criatividade dos cientistas.

A autoria múltipla dos artigos científicos é um dos indicadores que revela uma alteração progressiva no modo de fazer ciência no decorrer no século XX, por aumento progressivo das equipas de investigação. A investigação individual perdeu de todo o carácter hegemónico do passado. Mesmo em química, em que os grupos de investigação são de pequena dimensão, por volta de 1910 os artigos com um único autor representavam 82% de todos os artigos publicados, enquanto em 1963 representavam somente 28%. O número de artigos de autor único e com dois autores representava, em 1910, 98% do conjunto mundial de publicações em química, para em 1963 declinar para os 75%. Na física de altas energias o panorama da autoria múltipla é extremo. Trata-se de um domínio altamente industrializado da ciência e, já em 1964, surgia um artigo com 31 autores para a descoberta de uma partícula fundamental[23]. Neste domínio, hoje, e com alguma ironia, se afirma que há «artigos com mais autores do que parágrafos».

Surgiram de repente normativos referentes às publicações científicas. A problemática da ética na construção e divulgação da ciência só se tornou questão de importância nas sociedades científicas e profissionais, de modo a merecer regulamentação, por meados da década de oitenta[24]. Na mesma década, a maioria das revistas científicas passou a exigir dos autores a formalização escrita da transferência de direitos de autoria intelectual para as respectivas casas editoras.

Apesar da estabilização no nível de financiamento nos países avançados, o número de artigos publicados a nível mundial continua em crescimento. Porque outras comunidades em países menos avançados ainda usufruem de um regime de ciência em expansão, novas comunidades científicas vão surgindo no panorama internacional, e nas comunidades mais avançadas as pressões para a publicação são muito elevadas – publica ou morres (publish or perish) ou, mais modernamente, sê citado ou morres (be cited or perish). Mas o que John Ziman acentua na sua obra Prometheus Bound, é que nos países avançados a ciência parece estar a alcançar os seus limites de crescimento, está a atingir um estado estacionário, obviamente de carácter dinâmico.

É esta a transição de estruturas sociológicas que, como dissemos, se tem vindo a processar a partir do último quartel do século xx. De forma mais notória a nível económico, pelo que Goodstein a denomina a «idade da competição por recursos escassos» ou o «regime de privação de recursos económicos». Como são as comunidades científicas mais avançadas que determinam, em cada época, os padrões da ciência, a transição de estruturas de uma «ciência em expansão» para uma «ciência em regime estacionário» aí ocorrida vai ter reflexos a nível mundial. Reflexos não só económicos, mas igualmente a nível sociológico, psicológico e filosófico. As futuras leituras da história da ciência terão de ter uma componente externalista muito mais forte do que actualmente e, inevitavelmente, vão encontrar-se intromissões sociológicas muito mais acentuadas no ritmo do progresso científico e na subversão de paradigmas científicos. A nesga sociológica que Kuhn deixou entrever na sua «Estrutura das Revoluções Científicas»[25] – a propósito da mudança radical operada na natureza e na eficácia da investigação de um domínio científico pela edificação de uma rede de conceitos credíveis (paradigma), e das revoluções operadas pela subversão do paradigma vigente mediante a escolha de uma nova teoria – será de futuro uma porta escancarada. As caminhadas históricas para alcançar a objectividade em cada ramo do saber serão mais penosas e morosas, porque logo nos caboucos da construção científica o sujeito está muito mais ligado ao objecto da realidade física por interesses económicos, profissionais e psicológicos.

Mas debrucemo-nos mais em pormenor sobre este novo regime da ciência, começando pela sua faceta económica. Como referimos, a ciência em regime estacionário não está limitada pela falta de ideias, criatividade e de bons projectos científicos ou por carência de meios humanos e técnicos para os executar. A sociedade é que mostra relutância em pagar todos esses bons projectos, porque a ciência hodierna não é uma actividade de baixos custos. E as sociedades, através dos governos, colocaram nas mãos do «mercado científico» a selecção da investigação que pretendem comprar. Compra pelas agências de financiamento da investigação, departamentos governamentais, indústrias, empresas comerciais, agências internacionais, etc., dado que a ciência e a tecnologia se transformaram no mais potente motor de desenvolvimento económico e social do mundo de hoje, com incidência no campo da economia, da política e da cultura. Por este conjunto de razões, os governos colocam prioridades à investigação a ser financiada, prioridades estabelecidas não somente em bases científicas mas também em bases políticas, comerciais, demográficas, de bem-estar social e de fiscalidade. Os governos procuram optimizar os recursos financeiros aplicados, de modo a produzirem suficiente valor acrescentado em relação às prioridades nacionais. Trata-se, essencialmente, de assumir uma gestão mais eficaz num dos vectores mais importantes para a riqueza das nações e cujos custos já são elevados. Ao aceitarem reger o financiamento da ciência pelas leis do mercado, julgado como o meio mais eficiente pelos sectores políticos e económicos de distribuir recursos pelos mais capazes na resolução de problemas que preocupam a opinião-pública e melhor rentabilizar os novos produtos e serviços, subestima-se em favor de critérios pragmáticos a elevada imprevisibilidade da ciência.

Toda a investigação científica sempre foi orientada por algum propósito, mas a existência de um objectivo não é sinónimo do conhecimento seguro dos resultados a alcançar. Se assim fosse não haveria necessidade de realizar qualquer investigação. A avaliação de um projecto científico em termos dos resultados a alcançar contém, em si mesma, essa contradição. Mas aqui o pragmatismo vence a coerência filosófica. Atente-se, no entanto, que não podemos entender um projecto científico como a construção de um edifício ou de uma máquina. O critério mais seguro para o sucesso é o registo científico passado do responsável do projecto. A própria noção de projecto científico é um conceito novo na construção da ciência, proveniente de um regime de ciência estacionária.

A propósito desta imprevisibilidade da ciência vem bem a propósito uma historieta que G. P. Thomson terá ouvido a seu pai J. J. Thomson: «Se houvesse laboratórios estatais na Idade da Pedra possuiríamos excelentes utensílios de sílex, mas nunca teríamos descoberto os metais»[26].

Para compensar o risco da imprevisibilidade, esbate-se a distinção entre ciência pura e ciência aplicada, porque as aplicações práticas podem requerer investigação básica para um melhor entendimento dos fenómenos e mecanismos, bem como dos conceitos requeridos para a interligação com outros domínios, tudo com objectivos a curto ou médio prazo. Por exemplo, praticamente toda a investigação básica em química biológica terá aplicação nas ciências médicas a curto ou médio prazo. Trata-se do novo conceito de investigação estratégica, em que se pretende, com uma probabilidade razoável, um retorno do capital investido num período entre 10 a 20 anos, dependendo da política científica operada por cada país.

A ciência em estado estacionário deixou de se bastar a si própria, seguindo o fluir das suas necessidades internas, mas sofre influências do ambiente e da opinião pública, em suma da vida social, na sua própria criação e progresso. Por isso, a ciência sofreu e continua a sofrer transformações internas em todos os sectores da actividade científica para se adaptar a tais forças externas. Na competição por fundos escassos para os múltiplos projectos de mérito que as comunidades são capazes de preparar, a ciência tem de se organizar de uma forma mais controlada em detrimento de um liberalismo individualista, timbre da sua tradição quando em expansão e os custos da pesquisa científica eram relativamente baixos. Actualmente os moldes dessa organização aproximam-se mais dos de uma investigação industrial ou de investigação realizada em laboratórios estatais. Maior dirigismo na gestão científica, estratégia e competitividade, acrescida responsabilidade na «prestação de contas» (accountability) e na gestão financeira de acordo com objectivos programados, encargos de custos indirectos (overheads), partilha de instrumentação de custo vultuoso e de outras infra-estruturas e dos respectivos custos de manutenção e operação, massa crítica, centros de excelência e de competência, contratos-programa. Quase todos estes aspectos estavam ausentes das práticas da ciência académica.

Ao longo do tempo inventaram-se igualmente outras práticas como as do treino doutoral e pós-doutoral, da concepção (design) de instrumentos científicos, da gestão de projectos, ou sofisticaram-se ainda outras como a da avaliação pelos pares. Em si mesma, esta prática remonta ao procedimento das Academias onde qualquer comunicação carece de ser apresentada por um académico; assim se credita perante os confrades e pode vir a ser publicada nos respectivos Anais ou Memórias. Posteriormente esta tarefa estava confinada aos Editores das revistas científicas, mas com a complexificação da ciência e o agravado volume da tarefa, os editores passaram a pedir auxílio a outros colegas.

Já o dissemos, o avanço do conhecimento científico deixou de estar dependente em absoluto da originalidade e das destrezas técnicas dos cientistas. Sem dúvida que na avaliação de projectos há critérios internos altamente especializados, relacionados com o desempenho da investigação. São estes os critérios avaliados pelos especialistas, em moldes do tipo: a questão inicial está bem formulada?; os resultados a alcançar serão interessantes?; a metodologia de pesquisa é adequada?; os investigadores envolvidos no projecto são competentes para levarem a cabo o que propõem, mormente os seus responsáveis têm um registo de investigação de qualidade? Mas como o número de projectos de excelência excede em muito as verbas disponíveis, qualquer pequeno pormenor (um defeito técnico trivial, um responsável sem um registo notável de publicações de impacto, um pormenor da teoria, uma teoria cuja credibilidade está ameaçada, etc.) pode ser a morte de um projecto intrinsecamente de alta qualidade.

Mas não são somente os cientistas que decidem sobre o financiamento dos projectos. Há critérios de prioridades para a ciência, similares aos que são aplicados às Autarquias, Forças Armadas, Saúde, Educação, etc.. A opinião pública modificou-se no entendimento a respeito do valor e das finalidades da ciência, e os governos ajustam as suas políticas à opinião do cidadão-contribuinte. A impaciência do público para com a ciência tem crescido, querendo resultados espectaculares e sem riscos, a muito curto prazo e em muitos domínios. O que cria, inevitavelmente, uma enorme pressão social sobre as comunidades científicas. Por isso há critérios de avaliação sobre a relevância social e o impacto ambiental da investigação, as implicações tecnológicas, económicas e culturais, que incidem sobre os resultados que se antecipam. Por exemplo, uma nova teoria é significativa num campo muito estrito ou vai ter implicações em linhas disciplinares do grande domínio científico em que se situa o projecto ou, melhor ainda, vai ter reflexos de interesse noutras grandes áreas científicas?

O fluxo da informação científica credível continua a passar pela via tradicional das revistas científicas e livros, guiado pela competição da prioridade e monitorado pela avaliação dos pares, quase sempre mediante um «exame prévio» por especialistas antes de vir a lume. É difícil ajuizar até que ponto a Internet ou outros modos de rápida divulgação por meios informáticos, sem prévia apreciação pelos pares, poderá alterar este panorama. A verdade é que a «avaliação pelos pares» continua a ser um dos pilares mestres da construção da ciência, porque o critério de utilidade prática não opera na investigação básica; neste capítulo, a válvula de segurança é o cepticismo organizado. Nesta medida julgo-o inseparável das outras funções sociais da ciência, mas nele vão reflectir-se, como nunca, os interesses de uma competitividade feroz que concentra recursos nos mais aptos (efeito de Mateus). Interesses legítimos de salário digno e fundos para a investigação, interesses de prestígio e de reconhecimento inter-pares, são elementos que podem obscurecer a mente do avaliador, mesmo que remoto, e a coberto do tradicional anonimato dos avaliadores. Na ausência de anonimato, outras pressões de interesses contrários poderiam igualmente impedir um exame crítico sério.

Para a ciência em regime estacionário, muito imbuída de interesses comerciais, o sistema de avaliação por pares sofre de uma fraqueza a respeito dos benefícios dos fundos concedidos ou da permissão para a publicação de um artigo. Os avaliadores, ao proporem o financiamento de um projecto ou de uma bolsa de estudo, ou recomendarem a aceitação de um artigo, não esperam ganhar nenhum crédito pela decisão tomada, que pode até servir para fortalecer uma carreira científica de sucesso de um competidor. Quiçá, por este motivo, algumas universidades americanas levam em conta, na promoção académica, o desempenho dos seus docentes como avaliadores.

A ciência pós-académica nas universidades

Como é que presentemente se comportam as universidades para com uma ciência em regime estacionário? Comportam-se à maneira de uma holding, tentando maximizar a entrada de fundos através da investigação dos seus académicos. As universidades vendem um produto escolar e de investigação; de facto vendem um conjunto diversificado de serviços técnicos altamente especializados. No passado a ciência era de mão-de-obra intensiva; o custo da investigação media-se em larga medida pelo tempo dispendido pelos professores e outros investigadores com a actividade de pesquisa. Tais custos tinham um crescimento controlado pelos salários e pelo número de posições académicas. Agora, neste novo regime, os custos estão muito condicionados pelo custo do equipamento científico e da respectiva manutenção e operação, que inclui o pessoal técnico especializado e de investigação para a sua boa exploração. A estes custos devem ser adicionados as respectivas amortizações da instrumentação, sujeita a uma célere obsolescência que rapidamente transforma a investigação com ela produzida numa actividade de menor qualidade. Daí a necessidade da partilha dos encargos de manutenção, entre instituições e grupos de pesquisa. Todavia, neste panorama, as universidades sentem dificuldades cada vez maiores em disporem de fundos de reserva para financiar investigação que decorra de qualquer descoberta inesperada mas promissora. A ciência surge como uma indústria em que o sucesso é raro e elusivo, e os proveitos raramente vão para os investidores iniciais.

Os professores actuam como gestores de nível intermédio, os departamentos são centros de custos responsabilizando-se pelos programas de trabalho e pelo respectivo pessoal. Cessou o carácter individual da investigação académica. Os grupos de investigação actuam como empresários independentes no mercado externo, mas têm de pagar renda à instituição-mãe em troca de serviços técnicos, de pessoal qualificado e de acesso a capital de risco. Mas tal como um empresário que não consiga vender os seus serviços e produtos especializados, o grupo de investigação também pode entrar em falência. Isto é, o grupo é dissolvido, o que constitui um prejuízo grave para os seus membros, mas também para o orçamento da universidade. Por isso, as universidades já se preocupam com o tipo de investigação realizado pelos seus académicos, através do estabelecimento de políticas científicas estritas e agressivas.

A eficiência financeira de uma universidade admite o encerramento de departamentos e de grupos de investigação. Dar uma posição permanente a um académico vai sendo um acontecimento raro, porque equivale a comprar uma «máquina» e custeá-la durante uns 30 anos, esperando que se mantenha sempre no topo da produtividade e da qualidade. Nas boas universidades de países avançados, nos concursos para uma posição académica passou-se da dezena de concorrentes para a centena. Cada vez mais se encontram cientistas seniores em posições precárias ou em contratos a prazo, um pouco por toda a parte. E nas universidades de elite a regra da competitividade chega a ser «up or out»; passado um certo período de tempo o cientista ou tem mérito para ser promovido ou é obrigado a abandonar a instituição. Nestas condições, o feitio pessoal começa a ser importante; uma pessoa tem o seu primeiro emprego devido ao currículo e o último devido ao seu feitio.

Neste ambiente de uma competitividade extremamente agressiva, estou inteiramente concordante com o então director do semanário português Expresso, Arq. José António Saraiva: «Com o conceito americano de andar constantemente a saltitar de emprego em emprego, pode fazer-se currículo, mas não se faz obra».

A selectividade leva a uma concentração de recursos num pequeno número de unidades muito especializadas, onde se exerce um dirigismo científico elitista em detrimento de um igualitarismo anárquico. Por tais razões, hoje muitas universidades começam a contratar professores, como se contratam jogadores de futebol, em função do dinheiro que conseguem trazer para a instituição e, se trouxerem muito dinheiro, serão dispensados de aulas para se dedicarem inteiramente aos seus projectos e arranjarem ainda mais dinheiro. Tais professores contribuem muito significativamente para o bom nível orçamental da universidade. É, de facto, um mundo novo! Não necessariamente com mais sucesso do que no passado, porque as forças económicas só têm efeito a longo prazo e o que a opinião pública e os políticos pretendem alcançar para a sociedade, através de um exercício económico para a ciência, são efeitos a curto prazo.

A ciência em regime de estado estacionário influencia as carreiras académicas e as oportunidades de emprego, mas afecta a natureza deste mesmo emprego e as atitudes dos que os ocupam. A idade média da comunidade científica aumenta. John Ziman estima que a transição entre os dois regimes para a prática da ciência levaria a um aumento de cerca de 10 anos na idade média dos professores universitários[27]. Na prática há medidas correctivas, como a das negociações para aposentações antecipadas para professores com idades acima dos 50 anos e menos competitivos. A estrutura social da profissão leva os académicos a correrem menos riscos na sua investigação, porque as pessoas mais idosas são menos aventureiras na exploração das fronteiras do conhecimento. As pressões para publicação também não permitem aos jovens correr riscos elevados na sua investigação; a heterodoxia científica não tem percursos fáceis para publicação credível. Se nos países mais avançados este «novo modo de fazer ciência» for visto como uma carreira fechada, muitos jovens já a não procurarão; é pouco atractiva, por exigente e demasiado instável.

De uma coisa podemos estar certos, houve uma «revolução cultural» na ciência[28]. Modificaram-se os padrões e as práticas tradicionais da ciência académica e já não se voltará atrás. Até uma das grandes tradições, a da «formação de escola», se está a perder, pois na melhor das hipóteses, em toda a sua carreira, um professor catedrático só pode aspirar a ver colocado em posições académicas de «nomeação definitiva» um ou dois dos seus discípulos mais competentes. Neste panorama também se perdeu muito do prestígio social da vida académica.

Os governos não tinham a intenção de fomentar esta competição desenfreada. Mas ela é fruto de uma ciência sobre-dimensionada para os fundos disponíveis[29] e, no prazo de uma geração, sofrerá um declínio acentuado nos países desenvolvidos. Declínio que já se patenteia na proporção de alunos no ensino secundário que optam pelos ramos de ciências. Assim se compreende que o Education Council da União Europeia tenha aprovado práticas de benchmarks, uma das quais implica um acréscimo no número de graduados em matemática, ciências e tecnologias de, no mínimo, 15% até 2010.

O que se verifica nos Estados Unidos é o recurso à emigração qualificada, que acabará por vir a ocupar as posições de liderança das novas comunidades científicas, com dimensão mais apropriada à fracção do PNB dedicada à ciência.

O caminho para a competitividade tem sido o da super-especialização num certo campo de pesquisa, por vezes bem estreito. Foi a resposta racional às pressões do mercado, pois só desta forma, ao conhecer profundamente um dado domínio, um cientista está em condições de seleccionar problemas de investigação que outros ainda não atacaram, ou por falta de conhecimento do problema ou por não disporem das destrezas e capacidades necessárias para o procurar resolver. Claro que se o campo de pesquisa é muito limitado, um cientista pode sentir dificuldades em manter-se ao nível de uma autoridade mundial no domínio por muito tempo. Ou se muda de tema ou se estiola por falta de ideias produtivas. Por isso, a tendência actual é para se evitar uma superespecialização, mas sim adquirir a mestria suficiente para ser capaz de bem «resolver problemas», transitando por campos afins mas diferenciados. Acresce que as forças externas e internas que movem a ciência de hoje conduzem a crescimentos rápidos, mas também a mortes rápidas de temas científicos e tecnológicos. Esta circunstância fomenta a criação de centros de pesquisa, com uma gama diversificada de campos afins e especialidades, onde os investigadores se podem mover entre projectos, mantendo contudo uma ligação umbilical à instituição e a uma dada área disciplinar.

Numa ciência em regime estacionário, os cientistas não perderam a sua autonomia técnica, isto é, a capacidade de escolherem livremente o caminho para desenvolver um projecto com selecção de metodologias e técnicas, o delinear das experiências, a recolha e a análise de dados e a apresentação das conclusões, mas o que muitos perderam foi a autonomia estratégica, mesmo nas universidades. Poucos professores serão gestores de investigação, alguns serão líderes de investigação e muitos cientistas seniores terão de ser dirigidos. Na big science já se tinha abdicado completamente da autonomia individual em favor do colectivo, e mesmo da autonomia em sentido técnico, excepto em pequeníssimos nichos de tarefas. Se a carreira académica tradicional não foi fácil para os melhores, sê-lo-á ainda mais difícil na ciência em regime estacionário.

Também neste enquadramento há que atender à «fragilidade da ciência» e como ela depende da relação mestre-aprendiz. Sem dúvida que em sistemas científicos de menor massa crítica e mais frágeis como o português, uma ciência em regime estacionário, com restrições financeiras quer nos institutos de investigação quer nas universidades, pode levar a quebrar tais elos, levando a perdas irreversíveis de linhas de acção de créditos firmados. Contudo, tais relações devem ser sempre ser fertilizadas pelo cruzamento de ideias e de novas formações, através de estadias temporárias dos discípulos em comunidades científicas do estrangeiro.

A propósito dos requisitos do professor-gestor num ambiente de ciência pós-académica, ainda intimamente associado ao do professor-mestre da ciência académica, convém escutarmos a voz de um notável conselheiro das maiores empresas norte-americanos e do presidente norte-americano Bill Clinton. Stephen Covey começa por afirmar, numa entrevista à revista Exame: «Um em cada quatro CEO está no lugar errado, porque não reúne as qualidades básicas de um bom chefe. Ou é incompetente ou não tem carácter»[30]. Depois explica: «Os incompetentes não tem capacidade de fazer julgamentos e tomar decisões acertadas. Já os que não têm carácter estão voltados para o seu ego e projecto pessoal de carreira e deixam de lado um princípio básico da liderança: o de que é necessário inspirar os liderados valendo-se de uma conduta moral exemplar. A força de um chefe vem da admiração que desperta e não do medo que inspira. Uma gestão baseada no medo tem consequências fatais para a produtividade». Mais realça que se requer uma visão ampla dos assuntos, articulada com um exercício extremamente racional nos momentos da tomada de decisões. Há necessidade de o chefe estabelecer uma relação de confiança no seio das seus grupos de subordinados, ser capaz de desbravar habilidades especiais nos membros das suas equipas de trabalho, ter e ser capaz de fomentar nos outros um entusiasmo verdadeiro pelos objectivos do trabalho. O bom gestor deve ser generoso, e torna-se eficiente quando aprende a dividir os seus louros e troféus com os subordinados.

Normas sociais da ciência pós-académica

John Ziman na referida obra «*The Prometheus Bound*» caracteriza este novo regime de construção do conhecimento pelo acrónimo do inglês PLACE, referente às normas sociológicas que se contrapõem ao normativo CUDOS. PLACE equivale a uma ciência proprietária, local, autoritária, comissionada e especialista. O conceito de propriedade do conhecimento gerado dá direito a pagamento e não a um mero reconhecimento. Aliás este é o cerne de qualquer carreira científica na indústria, num laboratório de Estado e, presentemente, nas universidades onde este regime da ciência floresce. O conhecimento mais lucrativo tem geralmente um carácter local e não universal; não está acessível a todos, pois há facetas de secretismo que são a fonte de lucro (segredo comercial, patentes, licenças, acordos para a transferência de tecnologia). Esta produção da ciência segue um modo de gestão autoritária e dirigista em detrimento do tradicional liberalismo académico. O trabalho produzido é mais comissionado do que fruto da escolha individual dos temas de investigação. Pretendem-se especialistas versáteis nas destrezas e capacidades, mas não super-especialistas de obsolescência rápida.

A organização da ciência em moldes multinacionais e transnacionais surge em campos como na física das altas energias, em astronomia, em projectos do meio ambiente e do âmbito das ciências da terra, no genoma humano, etc., e até, a nível industrial, na denominada investigação pré-competitiva. Todo este modo de organização só foi possível graças à expansão dos meios de transporte aéreos e dos meios de comunicação e à emergência de uma sociedade de informação. O seu crescimento é fomentado pelas pressões políticas que almejam uma organização da ciência acima das nações, em organismos intergovernamentais. Há razões para tal. A primeira diz respeito aos prazos da política partidária da governação democrática que têm horizontes temporais cíclicos de cerca de um lustre, enquanto os objectivos das políticas científicas e do ambiente são bastante mais dilatados. A segunda razão é mais complexa, como veremos.

Sem dúvida que hoje há necessidade de uma selectividade organizada, no sentido de alguma especialização a nível nacional por domínios de especialidade. Contudo, o que se verifica é que cada nação optou pelas mesmas prioridades tais como novos materiais, biotecnologia, supercomputação, ambiente, etc., pensando atacar os mesmos problemas desde uma fase de pré-competição até à fase final de desenvolvimento experimental e tecnológico. Como passar da competitividade para a cooperação a nível de países? A resposta é deixar que se desenvolvam de forma natural estas competências, mas a verdade é que estas forças operam de forma demasiado errática e lentamente para lidar com a veloz escalada de complexidade e dimensão da investigação competitiva em ciência e tecnologia. Coordenação em demasia tem os seus riscos, porque põe em questão alguma da indispensável independência individual, afinal a grande fonte de inovação e criatividade. É verdade que certas indústrias dispõem de demasiadas inovações em carteira que ainda não exploraram para produzir valor acrescentado aos investimentos realizados e, daí, não estão interessadas em apoiar, de momento, mais inovação. Mas ignorando tais casos de excesso de inovação, temos de reconhecer que a excelência a alcançar para a ciência em regime estacionário pode fracassar, porque se está constantemente a exigi-la e a avaliá-la. A ciência válida tem-se construído numa selecção natural dos mais aptos, mas esta selecção depende da natureza do meio ambiente. Se se está a favorecer a prestação de contas, a explorabilidade tecnológica e comercial, etc., as propostas que vão sobreviver serão as que melhor optimizarem estes atributos.

Acresce que o aumento desmesurado da informação científica impossibilita qualquer cientista de ler e estudar a grande maioria do que se publica nos seus domínios de interesse. Sobressai na ciência a retórica, com a sua arte de persuadir e convencer, isto é, de ser capaz de conduzir outros cientistas a debruçarem-se sobre os seus artigos, as suas conferências, os seus projectos científicos. Só a partir daí poderão reconhecer ou não o valor das pesquisas realizadas. Se um cientista não for capaz de tal *marketing*, é como se estivesse colocado num arquivo morto, por melhor que seja o seu trabalho. Aplica-se a máxima inglesa: *«good product, lousy sales department»*. Se folhear algumas revistas científicas tradicionais salta à vista o papel da «cor» nas figuras dos artigos científicos. A cor vende ciência, tal como a super-embalagem de um qualquer novo produto de beleza.

À mente vem-me uma memória de transmissão oral sobre provas académicas em matemática na universidade portuguesa do século XIX. Ante alguma questão pertinente de um examinador, o examinando começou a desenhar, a giz, uma figura esquemática no «quadro negro». Ao que o examinador exclamou, procurando tapar os olhos: «Tire-me daí esse bicharoco!»

Eis o panorama dos países mais desenvolvidos. E a respeito de Portugal? Quando nos finais da década de 80 o Governo extinguiu o Instituto Nacional de Investigação Científica (INIC) cessou o modo de financiamento da investigação universitária portuguesa na tradição de uma ciência em expansão. Pelo menos em termos normativos, porque, fora de dúvida, o orçamento do INIC já não correspondia ao requerido por esse tipo de regime; a sua última expansão havia ocorrido em 1980. Julgar-se-ia que Portugal iria pautar a sua política por um maior ajuste da sua estrutura científica às dos países avançados da então Comunidade Europeia. Mas nas nossas universidades há nomeações definitivas para todas as categorias de professores e à categoria mais baixa ainda continua a ter acesso automático qualquer assistente[31] que se doutore. O número de posições académicas de catedráticos e associados duplicou na década de 80 e os professores auxiliares não tem limite definido. Neste campo houve um retrocesso, porque no passado só havia nomeação definitiva para professores catedráticos e extraordinários e em menor número. O financiamento da investigação foi altamente incrementado, graças a fundos europeus atribuídos a Portugal, mas algumas verbas foram utilizadas para o fomento de investigação individual, o que vai ao arrepio das correntes acima explanadas.

Aspectos positivos são o crescimento do nível de financiamento para cerca de 0,6% do PNB em 1992, a actualização de equipamento e a maior internacionalização da avaliação e do apoio ao treino doutoral e pós-doutoral, para além de uma certa mudança de clima que está a atrair ao país um ou outro cientista português a trabalhar em bons institutos estrangeiros[32]. Merece destaque o crescimento da produtividade, fruto do aumento de massa crítica nacional: no período de 1981-90 Portugal havia produzido 4014 artigos em revistas classificadas no Science Citation Index, enquanto no período de 1992-96 esse número cresceu para 7135, um acréscimo de cerca de 280%. Em termos de impacto, a posição de Portugal não se alterou neste dois períodos, 22º lugar, com uma média de 2,4 citações por artigo no período de 1992-96.[33]

Num modo de ver a ciência como um actividade estratégica a nível do desenvolvimento económico, requer-se que os profissionais da ciência se mantenham eficientes durante toda a sua carreira. No mundo ocidental onde a esperança de vida está em aumento crescente, começa a equacionar-se se é possível manter todo o professor universitário activo e produtivo na criação de saber novo até ao fim da sua carreira profissional. Como tal é muitas vezes inviável, na Europa começa a considerar-se a aposentação antecipada de muito professores, que normalmente cessaria por lei entre os 65 e os 70 anos. Em alguns países a concessão de fundos para a investigação e a atribuição de estudantes de doutoramento cessa mesmo antes de tais limites etários.

Nas universidades portuguesas não é inteiramente este o panorama. Mas com a europeização dos fundos de investigação e da correspondente avaliação, tender-se-á para uma certa uniformização. Parece-me salutar, contudo, que as Universidades continuem a permitir aos professores jubilados o exercício de actividades de investigação a nível pessoal, e as Agências de Financiamento da investigação concedam pequenas bolsas pessoais, pois se verifica que alguns cientistas conseguem manter-se activos até idades muito avançadas, quer na investigação quer na escrita de livros. Acresce que, para além da maturidade que reflectem, mostram-se mais desprendidos nas suas avaliações.

Estará em jogo a objectividade da ciência?

Qual é o ideal que une os cientistas e mantém a sua coesão em comunidades, não obstante as suas rivalidades ao competirem pela prioridade dos novos conhecimentos? Uma resposta do passado foi a da «busca da verdade». Mas os filósofos encarregaram-se de desfazer esse mito, porque ou não se conseguia definir a verdade ou assume tantas e tão diversificadas formas que só uma fracção diminuta poderia ser considerada como alvo da ciência. Então há dificuldades em demarcar o conhecimento científico do de outros saberes.

Como referimos anteriormente, o tipo de conhecimento científico produzido pelas ciências exactas e naturais satisfaz princípios de índole filosófica, como a sua fundamentação na observação e experimentação, na potencialidade de poder ser replicado por outros, na capacidade explicativa e preditiva, na universalidade, na objectividade. A ciência tradicional, a ciência produzida pelos académicos, que afinal têm sido pagos para ensinar e não necessariamente para realizar investigação, é uma actividade que busca o conhecimento pelo conhecimento, como bem público, uma «jóia da humanidade». Cada líder de investigação é que gera os seus próprios problemas, questões que sente capacidade de resolver no lapso temporal da sua carreira e nas quais se sente pessoalmente empenhado. Neste lema tem assente a fonte da criatividade científica e do prestígio pessoal, primeiramente no seio dos pares e subsequentemente na opinião pública. Como disse Descartes, «uma verdade é mais facilmente descoberta por um homem do que por uma nação».

No novo modo de produzir conhecimento científico, digamos com Ziman conhecimento pós-académico, essencialmente os cientistas têm que resolver problemas postos por outros, ligados a interesses da sociedade, industriais, comerciais ou militares. A resolução de tais problemas poderá requerer uma hibridização de metodologias, técnicas experimentais e computacionais, cujo objectivo é pragmático e não necessariamente o da orientação académica dos padrões intelectuais ou dos padrões do que é considerado «boa ciência». Daí que nesta ciência pós-académica, o elitismo do sistema de avaliação por pares possa vir a ser substituído ou amalgamado com critérios de controlo de qualidade para investigadores, projectos e desempenhos. O grande critério é o da utilidade prática e não o da objectividade – em que o sujeito se procuraria destacar o mais possível do seu objecto de estudo – para além de critérios de menor relevância como os da simplicidade e elegância metodológica e do cepticismo organizado. O conhecimento público transforma-se em propriedade intelectual para ser paga e, por isso, com secretismo a favor de interesses limitados, os comerciais, e não os universais. Normalmente, «prestígio e dinheiro não cabem no mesmo saco»!

John Ziman[34] reconhece que, com certeza, a nova ciência não vai abandonar todos os seus princípios e normas para seguir as correntes pós-modernas segundo alguma moda pseudo-intelectual, como o «vale tudo» de Feyerabend ou que o «conhecimento científico é uma construção cultural sem verosimilhança com a realidade». Frutifica, todavia, um certo antídoto contra o extremo racionalismo universal da filosofia das ciências, a favor de um pragmatismo mais localizado. Filósofos e sociólogos da ciência concordam que a noção do cientista como um pesquisador na busca radical da objectividade é incompatível com as realidades sociais.

Todos promovemos interesses pessoais e institucionais no nosso trabalho científico. Mas a grande virtude da ciência académica é que deu uma grande ênfase à norma do «desinteresse» e têm-na sustentado ao longo da história. Por isso Ziman antevê um risco grave neste novo modo pós-académico de fazer ciência: a perda da objectividade científica. Não que o que conta como conhecimento científico num dado momento não dependa do modo com está organizada a investigação neste compósito de filosofia e sociologia em que a ciência vive. Mas a verdade é que, na tradição académica, o conhecimento científico não tem sido construído para satisfazer certos «interesses sociais», económicos, de eficácia, lucro, e de segurança e bem-estar. A objectividade científica tem sido uma norma cultural de carácter internalista que se tem conseguido manter quando a história decanta o conhecimento dos contributos que provêm de factores psicológicos e culturais. Acima de tudo é este o grande valor que a ciência tem dado à sociedade.

Todavia atenção: a objectividade é um valor mas não é um absoluto! Como poderia dizer o Prof. Manuel Gonçalves Cerejeira, convém «desengordurar definitivamente a [ciência] da mistura impura do absoluto. Mais precisamente, trazer os problemas às suas dimensões naturais, colocá-los na verdadeira escala humana».[35] Será tema que retomaremos num dos próximos capítulos, porque, numa forma extrema, reafirmo-o, leva à desumanização da ciência.

NOTAS

[1] D. J. de Solla Price, «Little Science, Big Science», Columbia Univ. Press, New York, 1963; reimpressão em 1986.

[2] J. Ziman, «Prometheus Bound. Science in a Dynamic Steady State», Cambridge Univ. Press, 1994.

[3] J. Ziman, «Prometheus Bound. Science in a Dynamic Steady State», *ob.cit.*, pág. 50.

[4] L. G. Georghiou e P. Halfpenny, «Equipping researchers for the future», *Nature*, 383, 663 (1996).

[5] G. Pimentel, «Opportunities in Chemistry», National Academic Press, Washington, 1985, introdução.

[6] R. Merton, «The Sociology of Science», Univ. of Chicago Press, Chicago, 1973.

[7] M. V. Simkin e V. P. Roychowdhury, «Copied citations create renowned papers?»; «Read before you cite!»; http://www.arxiv.org/abs/cond-mat/0305150; 16 Setembro 2004.

[8] J. Ziman, «Prometheus Bound», *ob. cit.*, pág. 235.

[9] J. Ziman, «The Force of Knowledge. The Scientific Dimension of Society», Cambridge Univ. Press, Cambridge, 1976, pág. 263.

[10] *Ibid.*, pág. 246.

[11] D. J. de Solla Price, *ob. cit.*.

[12] J. D. Bernal, «The Social Function of Science», George Routledge & Sons Ltd., Londres, 1939, pág. 11.

[13] Bernal, *ob. cit.*, pág. 9.

[14] Bernal, *ob. cit.*, pág. 2.

[15] Bernal, *ob. cit.*, pág. 30.

[16] Esqueceram que os homens tinham um nicho ecológico vastíssimo, ao contrário do dos animais. Mas a sobrevivência dos mais aptos implica a luta, mas também a cooperação. Podemos reconhecer que uma tal perspectiva não existia ao tempo, mas a aplicação de princípios éticos teria impedido a humanidade de caminhar por retrocessos de barbárie. A ciência tem sempre por limites a ética!

[17] P. Atkins, «Galileo's Finger. The ten great ideas of science», Oxford University Press, Oxford, 2003, pág. 51.

[18] Bernal, *ob. cit.*, pág. 30.

[19] G. Sarton, «History of Science and the New Humanism», Henry Holt, New York, 1931, pág. 68; citado por Bernal, *ob. cit.*, pág. 5.

[20] H. Kragh, «An Introduction to the Historiography of Science», Cambridge Univ. Press, Cambridge, 1987, pág. 111.

[21] M. Gonçalves Cerejeira, *A Igreja e o Pensamento Contemporâneo*, 1ª ed., Coimbra Editora L.ª, Coimbra, 1924, pág. 23.

[22] S. J. Formosinho, «Ciência e Religião. A Modernidade do Pensamento Epistemológico do Cardeal Cerejeira», Principia, Lisboa, 2002.

[23] V. E. Barnes *et al.*, «Confirmation of the existance of the omega-hyperon», *Phys. Rev. Lett.*, 12, 134 (1964).

[24] S. J. Formosinho e J. Formosinho, «Ética na construção e divulgação da ciência. Algumas reflexões», em *X Encontro de Filosofia — Ciência e Progresso*, Associação de Professores de Filosofia, Coimbra, 1996, pág. 73.

[25] T. S. Kuhn, «The Structure of Scientific Revolutions», Univ. Chicago Press, Chicago, 1970^2.

[26] R. L. Weber, «A Random Walk in Science», Institute of British Publishing, Bristol, 1992, pág. 3.

[27] Ziman, «Prometheus Bound», *ob. cit.*, pág. 168.

[28] J. Ziman, «Is science losing its objectivity?», *Nature*, 382, 751 (1997).

[29] H. Bondi, «Keeping the balance», *Nature*, 388, 709 (1997). Esta pequena nota de correspondência afirma que a produção científica será optimizada para uma certa proporção de gastos com investigadores e com o respectivo equipamento. Se se dispender demasiado com equipamento, então não se conseguirá operar a tempo inteiro instrumentação científica de custos vultuosos; se se despender demasiado com os cientistas, estes passarão a dispor de equipamento obsoleto. Acresce ainda que se o número de candidatos a bolsas e projectos for excessivo em relação aos fundos disponíveis, vai-se gastar muito tempo e dinheiro na escrita de propostas para projectos e bolsas de estudo e na correspondente avaliação. Por isso, a diminuição do número de candidatos é quase obrigatória.

[30] Entrevista a Stephen Covey, *Exame*, nº 253, Maio 2005, págs. 15, 16.

[31] O número de assistentes é que vai diminuindo; «uma raça em extinção».

[32] D. Dicknon, «Science in Portugal joins the mainstream», *Nature*, 387, 115 (1997).

[33] Jornal *Público*, 26 de Junho de 1997.

[34] J. Ziman, «Is science losing its objectivity?», *Nature*, 382, 751 (1997).

[35] S. J. Formosinho, «Ciência e Religião. A modernidade do pensamento epistemológico do Cardeal Cerejeira», Principia, Lisboa, 2002, pág. 125.

CAPÍTULO 3

O Papel da Química no Mundo

O papel da Química no desenvolvimento tecnológico

Se perguntarmos a um cidadão atento quais foram as maiores descobertas científicas dos últimos séculos provavelmente dirá a rádio, a televisão a cores, o laser, o computador, os desenvolvimentos biomédicos. À mesma questão, um cientista mencionará as teorias de Maxwell sobre a radiação electromagnética, a teoria quântica, a teoria da relatividade, a estrutura do DNA. Há aqui uma distinção entre ciência e tecnologia bem presente no cientista, mas a que o cidadão comum não presta atenção. A ciência busca alcançar um conhecimento verdadeiro sem cuidar das suas aplicações práticas, enquanto a tecnologia procura aplicar o conhecimento científico em ordem a resolver situações e problemas da sociedade[1].

A Revolução Industrial do século XVIII foi fruto da inovação tecnológica da «máquina a vapor». Uma inovação baseada na *invenção empírica*, tais como muitas outras: roda, canoa, arpão, relógio de pesos, etc. Digamos que o entendimento do modo como funciona este tipo de invenções – «à base de puxões e empurrões» – não requer conhecimentos especiais e, assim, seriam compreendidas por um cientista do passado como Arquimedes. Mas isto já não será válido para as invenções tecnológicas baseadas na ciência moderna, porque pressupõem um conhecimento científico dos nossos dias que permite um *design* racional.

Foi através da química, com a descoberta do primeiro corante sintético, a mauveína, por William Henry Perkin em 1856, que se começou a verdadeira ligação da ciência com a indústria. Desde então a tecnologia evoluiu a par da ciência e ambas contribuíram em muito para o progresso da humanidade.

No que concerne a indústria química, as inovações permaneceram quase sempre ligadas à «reacção química», tal como se verificou com Perkin. Graças a este químico, a Grã-Bretanha começou por liderar a indústria química dos corantes. No prazo de uma geração esta indústria deixa as costas britânicas para se instalar na Alemanha e, em menor grau, na Suíça e na França. Em 1881, a Alemanha estava a produzir metade dos corantes artificiais do mundo, para em 1900 se situar nos 85%. Foi uma das maiores e mais rápidas transformações industriais da história. Qual a razão? Porque tirando Perkin e alguma meia dúzia de químicos, a Grã-Bretanha não possuía químicos suficientemente treinados e de talento, capazes de produzir inovações e, deste modo, continuar a sustentar uma revolução na indústria química. A Alemanha, porém, dispunha da famosa escola de Justus Liebig que foi professor em Giessen aos 21 anos.

Liebig preparou inúmeros doutorados em química, doutores através da investigação, com um forte incentivo à publicação de artigos científicos. Este eminente químico alemão encontrava problemas de pesquisa para os seus estudantes resolverem, tal como hoje fazem os orientadores de doutoramentos. Liebig havia acompanhado Kastner de Bona para Erlangen, em ordem a estudar análise de minérios, mas pouco satisfeito com a formação recebida acabou por ir para França, sob conselho do próprio Kastner, para estudar química orgânica com Gay-Lussac, o primeiro químico a viver só da sua profissão. Pesou também nesta decisão o envolvimento de Liebig numa manifestação de estudantes que o levou a estar preso durante três dias e o tornou *personna non grata* em Erlagen[2]. Kastner conseguiu ainda que o seu discípulo recebesse aí o doutoramento *in absentia*.

Quando nos debruçamos sobre alguma rede de relações mestre-aprendiz de famosos cientistas do século XIX, reconhecemos a centralidade de Liebig em química[3]. No seu laboratório ensinou e treinou quase todos os melhores químicos da geração seguinte, que vieram a ser professores catedráticos noutras universidades, e foi o «avô científico» de muitos mais. Ao frequentarem o primeiro laboratório para o «ensino de ciência», os estudantes adquiriram maturidade científica e de organização académica para virem a reproduzir, com êxito, as condições existentes em Giessen. O professor universitário deixa de ser um «lente» para passar a ser uma autoridade na «construção da ciência»[4]. E a partir dos seus discípulos, nasceu a grande indústria química alemã dos finais do século XIX.

A química era essencialmente uma ciência alemã desde a Idade Média até aos finais do século XVIII. Alguns historiadores atribuem mesmo à qualidade metalúrgica do ferro alemão o declínio do Império Romano[5]. A química alemã entrou em crise com a queda da «teoria do flogisto», a primeira teoria em química essencialmente alemã, que veio a ser substituída pelas novas ideias de Lavoisier sobre a combustão, entendida como uma reacção com o oxigénio[6]. O flogisto era um «princípio» invisível enquanto o oxigénio era uma substância que se podia isolar, caracterizar e manipular. Em ciência é uma boa metodologia optar por algo visível em detrimento do invisível. Não que o invisível deva ser rejeitado; este foi um dos erros do positivismo, ao rejeitar como carente de existência real tudo o que não fosse acessível aos sentidos humanos. Veja-se a posição correcta de muitos químicos a respeito da teoria atómica e da existência dos átomos e das moléculas.

A Alemanha retoma a sua liderança na química, por meados do século XIX, com Liebig. Isto patenteia bem o papel da educação, até ao nível de doutoramento[7], no desenvolvimento industrial e económico das sociedades. Todo o sistema de educação e instrução científicas paga, mas trata-se de um investimento a longo prazo que a Alemanha fez com muito mais convicção do que a Grã-Bretanha[8]. Por isso, no obituário de Sir Eric Rideal, meu bisavô científico, se regista «tal como com muitos jovens químicos nesses tempos, foi para a Alemanha para se doutorar»[9]. Estava-se no início da segunda década do século XX e este distinto químico inglês doutorou-se em Bona em 1913. Aliás o grau de doutoramento surge relativamente tarde no seio das universidades inglesas. Um exemplo famoso é R. P. Bell, com contributos importantes em cinética química e que é Mr. Bell e foi *Full Professor* na Universidade de Stirling, após ter sido *Reader* em Oxford durante muitos anos.

A aventura intelectual e laboratorial da química

A 7 de Setembro de 1829 nascia, na cidade de Darmstadt, Friedrich August Kekulé. Apesar do seu interesse pela ciência, a aptidão natural que tinha pelo desenho levou-o a um curso universitário de arquitectura em Giessen. Mas nesta universidade encontrou Liebig como professor de química. Começou a frequentar as suas aulas e converteu-se à química. Foi assistente de Liebig e com ele se doutorou em 1852. Um cunhado seu, pelo lado do pai, rico mercador em Londres, financiou os seus estudos de química em Paris, onde conheceu grandes nomes da química – Dumas, Cahours, Wurzt, Regnault e Gerhardt – e também em Londres – Odling e Williamson. Em 1856, após uma tentativa falhada para ser docente no famoso Instituto Politécnico de Zurique, adquire uma posição de *privatdozent* em Heidleberg, como professor de química orgânica. Novamente o cunhado financia a sua investigação e a aquisição de equipamento. Kekulé era muito mais um teórico do que um experimentalista, e fruto da sua originalidade e pensamento filosófico de romantismo vem a dar à química a visão moderna da estrutura das moléculas orgânicas, muito em especial para a molécula de benzeno. Com igual importância, transformou as «fórmulas-tipo» de Gerhard nos modos de representação planar que usamos diariamente. «Fórmulas de estruturas» moleculares que tão bem nos levam a reconhecer o modo como os átomos estão combinados entre si nas moléculas, permitindo ir bem mais além no pensamento abstracto do químico – compreensão e racionalização do curso das transformações químicas e previsão de novas reacções através de «experiências químicas» em laboratório.

A química não é só a ciência experimental por excelência, como é a mais útil de todas as ciências. A química é uma aventura intelectual, uma prática laboratorial e uma actividade social. Em nenhum tempo foi unicamente uma ciência indutiva ou uma ciência dedutiva, mas em todos os tempos foi sempre uma ciência experimental, com instrumentos e técnicas que, como bem cedo reconheceu Lavoisier, desempenharam e desempenham um papel essencial nos processos de demonstração e de persuasão de outros químicos, processos indispensáveis para as reformas e revoluções da química[10]. Como expressão desta característica experimental fundacional que alarga o conhecimento do homem, e que muitas vezes permaneceu nos bastidores em favor das teorias, os cientistas e historiadores americanos elegeram as «As mais belas experiências» em química[11]. No *top ten* só figura o cientista americano Neil Bartlett no 8º lugar, pela preparação dos primeiros compostos com gases nobres (xénon) em 1962. Todos os outros são europeus. O primeiro é Louis Pasteur pela sua separação de cristais de enantiómeros – isómeros ópticos – fruto da cristalização, a temperaturas inferiores a 28 °C, de um sal de ácido tartárico. Em 1848, Pasteur separou os dois tipos de cristais de ácido tartárico com o auxílio de uma lente de aumento e de umas pinças. Posteriormente demonstrou que as duas formas cristalinas possuíam a propriedade de rodar o plano de polarização da luz polarizada em direcções opostas, e abriu um campo de grande importância em química orgânica e em bioquímica. É que a luz é uma onda em que vibram os seus dois campos, um eléctrico e outro magnético. Na luz normal tais campos vibram em todas as direcções, mas recorrendo a polaróides ou cristais de quartzo consegue-se que a luz só tenha um plano de vibração, a luz polarizada. Com Pasteur, foi a primeira vez que se começaram a empregar métodos físicos no estudo de problemas químicos, métodos em relação aos quais os químicos alimentavam diversas suspeições preconceituosas[12].

As nossas mãos são objectos simétricos que não se sobrepõem; estão uma para a outra como um objecto para a sua imagem num espelho plano. Topologicamente temos de considerar na sua orientação espacial quatro elementos diferentes: o polegar, o mindinho, as costas e a palma das mãos[13]. Em 1874, e de modo independente, van t'Hoff e Le Bel atribuíram a existência de *isómeros ópticos* a certas propriedades de orientação espacial de grupos moleculares à volta de um átomo de carbono. Tais grupos distribuem-se espacialmente segundo os vértices de um tetraedro e criam uma topologia de simetria como a das nossas mãos. Tal só se consegue se os quatro grupos moleculares forem todos diferentes entre si, e assim se cria um centro *quiral* (do grego *cheir* que significa mão).

A existência de substâncias que são isómeros ópticos e que Pasteur isolou sob a forma de cristais (macroscópicos), corresponde, a nível microscópico, a moléculas com um ou mais centros *quirais*. A quiralidade tem grande importância em bioquímica; por vezes, um isómero óptico tem sabor e o outro não. A explicação de todo o tipo de *isomeria* – a mesma fórmula molecular mas a existência de substâncias com propriedades diferentes –, incluindo a óptica, foi um dos grandes triunfos da química do século XIX, que se deve, em muito, aos químicos terem acreditado na existência real das moléculas.

A existência de centros quirais tem um lado triste, o da talidomida. Um dos isómeros ópticos é teratogénico e causou graves deformações em mais de oito mil bebés um pouco por todo o mundo, mas especialmente na Alemanha e na Inglaterra. A Química deve pugnar pelos benefícios que trouxe à humanidade, mas não deve fugir das responsabilidades nos seus malefícios. No caso deste medicamento, a pressão económica no mercado da indústria farmacêutica alemã não conduziu aos testes em animais e ensaios clínicos adequados, e procurou esconder as primeiras evidências que foram apresentadas por médicos. Hoje a indústria farmacêutica tem de realizar ensaios muito mais extensos e profundos e reconhece-se que isómeros ópticos podem ter efeitos bioquímicos muito distintos, pelo que cada um dos isómeros deve ser testado. Presentemente, com tais cuidados, lançar um novo medicamento no mercado custa cerca de uns 800 milhões de euros (valores de 2000), mas quando está em jogo a qualidade da vida humana há que alcançar as melhores garantias que a ciência pode prestar. É que pela ausência do medicamento no mercado não se corre risco acrescido. Um risco mais elevado só é aceitável se o medicamento corresponder a uma necessidade premente por ausência de alternativa eficaz, como, por exemplo, no caso da SIDA.

Indiscutivelmente estes custos para uma maior segurança reflectem-se nos preços dos medicamentos e, quando vistos associados ao baixo sucesso clínico (< 1%) de uma qualquer nova molécula já patenteada, reconhecemos o frágil equilíbrio desta aventura de inovação. Acresce que a I&D em novos medicamentos se tornou mais dispendiosa, porque o número de alvos biológicos aumentou e as doenças a serem investigadas são mais complexas e difíceis de estudar[14].

A indústria farmacêutica é um dos melhores exemplos de uma «indústria guiada pela inovação». A inovação farmacêutica é um factor crucial para salvar vidas, aumentar a longevidade e melhorar a qualidade de vida, através de novos medicamentos, vacinas e outros instrumentos médicos. Este processo de inovação é muito complexo, frágil e de probabilidade de sucesso muitíssimo baixa. Mobiliza uma «massa crítica de recursos muito específicos, incluindo o conhecimento e a genialidade humana, a excelência científica e tecnológica e o *know-how* e equipamentos especializados, assim como, e acima de tudo, uma capacidade financeira substancial»[15]. Estima-se que as melhorias nas tecnologias de saúde, fruto do aparecimento no mercado de novos medicamentos, tenham reduzido a mortalidade humana em mais de 50% entre 1960 e 1990[16]. A inovação ligada às tecnologias médicas é hoje fonte importante das vantagens competitivas das nações, pelo que não surpreende que seja o sector da indústria farmacêutica o que mais investe em I&D, um pouco superior a 14% do total das vendas[17]. A título comparativo, a indústria química corrente investe cerca de 5%[18].

Em segundo lugar nas «Mais Belas Experiências em Química» figuram as experiências de oxidação de metais de Lavoisier, realizadas à volta de 1775, e que transformaram a química numa ciência quantitativa. A terceira classificada é um conjunto de experiências, um verdadeiro programa de investigação, que levou Emil Fischer à determinação da configuração das moléculas de um açúcar natural, a glucose, cerca de 1890. O quarto lugar é ocupado por Sir Humphry Davy, por ter isolado os elementos sódio e potássio através da electrólise, em 1808. Em quinto lugar figura a já mencionada síntese do corante púrpura da anilina por Perkin, realizada em 1856.

Entalada entre os grandes problemas do cosmos e da vida, as ideias e teorias da química não ressoam na opinião pública como as ideias de um Galileu, um Newton, um Darwin ou de um Einstein. E, no entanto, a Química é a ciência que tem tido mais impacto na humanidade, mais do que todas as outras ciências juntas[19], porque pensa com as mãos e com a cabeça. «A química cuida de produzir formas de matéria que sem ela nunca teriam existido». Na criação e transformação dos polímeros, desde os plásticos baratos até aos materiais de alta tecnologia e polímeros funcionais. Se quisermos caracterizar o século xx, tal como se fez para outras eras no passado – Idade da Pedra, Idade do Bronze, Idade do Ferro –, teremos que o designar por Idade do Plástico[20].

A química teve um papel de quase exclusividade no desenvolvimento de contraceptivos e no dos detergentes. Na criação de medicamentos, até às novas formulações à base de polímeros bio-compatíveis que permitem a libertação controlada de fármacos. No desenvolvimento da quimioterapia para o tratamento do cancro, que aumentou em muito a esperança de vida de crianças afectadas por certos tipos de tumores malignos, a que procedimentos anteriores de cirurgia e radioterapia não permitiram criar esperança de vida[21]. A Química levou à transformação da Biologia de uma ciência descritiva para uma verdadeira ciência com base química-física, graças a uma tensão ambivalente entre a substância e a molécula. E a química é incontornável na detecção de substâncias, no controlo de qualidade na produção industrial, na monitorização ambiental, nos cuidados de saúde, na detecção do crime. A química é central no entendimento que nos proporciona a respeito da complexidade molecular do mundo, das suas transformações e das relações entre esse mundo e nós próprios e com os outros seres vivos, etc.. Directa ou indirectamente a riqueza das nações depende da química pela sua capacidade de transformar a matéria: no processamento dos alimentos, na extracção de metais, na produção de energia, na prevenção e tratamento dos resíduos.

Graças a estes e outros progressos, a humanidade evoluiu de uma sociedade baseada na revolução industrial para uma sociedade baseada no *conhecimento*. Ao ponto de hoje ser o conhecimento o mais elevado factor de produção, e já não ser o território ou mesmo certas riquezas naturais como o petróleo. Neste contexto, o investigador não busca o conhecimento pelo conhecimento, mas sim a resolução de problemas específicos e de situações que afligem as sociedades. E o que hoje assistimos é a uma forte globalização: na economia, na circulação da informação, na produção industrial, na circulação de capitais e na formação do conhecimento.

A vantagem do conhecimento como factor de produção é que, ao contrário dos recursos naturais, o conhecimento é um recurso inexaurível, quanto mais se usa mais se multiplica e expande. Mas tem um ónus, só está acessível às mentes educadas para o assimilar, compreender e aplicar. Daí a importância cada vez maior da educação no mundo do século XXI, e as universidades são as escolas de mais elevado nível para formar «os condutores do conhecimento e do saber».

As dificuldades com que se defronta a química

Em *Physicists continue to laugh* vem uma historieta bem apropriada para testar o sentido de humor dos físicos: «Quando se pede a um físico teórico que se debruce sobre a estabilidade de uma mesa de quatro pernas, rapidamente chega a um resultado preliminar sobre a estabilidade das mesas de uma perna ou com um número infinito de pernas, e passa o resto da vida a lidar com a questão comezinha da estabilidade das mesas com um número arbitrário, mas finito, de pernas; e não a consegue resolver»[22].

A química tem uma atitude metodológica diferente, mesmo nos domínios teóricos. A química é uma das ciências mais rigorosas, não somente na base do rigor lógico-matemático, como a física, mas no ultra-rigor do confronto com a realidade. As suas teorias têm obrigatoriamente de estar de acordo com a realidade experimental estudada em laboratório, pelo que a precisão e o rigor experimental algemam os químicos. Uma fracção apreciável das ciências fundamentais físicas é especulativa. Outras ciências, como a astronomia, são fundamentalmente observacionais e de modelação matemática; a maioria das ciências naturais está quase inteiramente baseada na observação e na interpretação.

Presentemente as bases da química estão enraizadas nas bases da física. Já não se passa como há duzentos anos atrás, em 1800, que quem procurava uma cultura científica ia precisamente ouvir conferências e lições de química, a «ciência dos poderes que modificam a matéria». Era o espectáculo das lições ricas em demonstrações experimentais, cor, explosões, cheiros, etc., com nomes como Humphry Davy e Michael Faraday. Nessa época o calor e a electricidade eram estudados como ramos da química, penetrando para além da superfície das coisas e entrando no interior da matéria[23]; a própria electroquímica, em que Davy e Faraday foram nomes maiores, criou uma revolução na própria química. Davy, quando realizou as suas experiências sobre a electrólise, sabia muito bem o que esperava encontrar, porque não era um baconiano puro que separa os factos da teoria[24]. A química, para ele, havia adquirido uma coerência teórica.

Ainda me lembro das lições de Química Inorgânica, no meu 1º ano da universidade, em que o Doutor[25] Pinto Coelho fazia um vasto conjunto de demonstrações muito atraentes. Era uma tradição que fui ainda encontrar na *Royal Institution* e que hoje se perdeu no ensino universitário.

Durante os três anos em que estive na *Royal Institution* – a que Peter Atkins[26] apelidou de «firmamento da ciência» do século XIX –, recordo a minha colaboração numas *Christmas Lectures* do Prof. Porter. Uma das tarefas que me coube era manusear um laser de rubi para fazer incidir luz numa mistura gasosa de cloro e de hidrogénio. Com luz vermelha, a mistura não devia explodir. Com a duplicação da frequência da luz por um cristal duplicador de frequência, os fotões localizam-se no ultravioleta, e a luz já era absorvida pelo cloro e dava uma boa explosão. Sempre funcionou assim nos ensaios. Na conferência a ser transmitida pela televisão ao vivo, contudo, a mistura explodiu mesmo com a luz no vermelho. O Prof. Porter veio a publicar uma nota científica na revista *Nature*, sobre processos bifotónicos[27]. Para a segunda demonstração, não me restou outra solução que não fosse, com a frequência da luz duplicada, puxar o laser à potência máxima para que o *bang* fosse claramente superior ao primeiro.

A química foi perdendo o seu carácter exótico. Como escreveu o psicólogo Jerôme Bruner, «para que haja uma história, algo de inesperado tem de acontecer»[28]. «Quem conta histórias faz cultura», mas a química poucas teorias atraentes desenvolveu para a «química da evolução», que faria a ponte entre o começo do universo e a actual química no nosso planeta[29]. Será que nos resta somente a ligação da química aos fenómenos da vida e à medicina? Em parte sim, mas o exótico volta à química a respeito da evolução da vida. Divulga-se que os genes controlam tudo, mas o DNA é tão só um código do sistema; o cérebro é um segundo código e mais importante. Mas essencialmente o que evolui é o ecossistema, e é a química que actua como um todo sobre o próprio ecossistema. Nestas novas perspectivas merece realce o trabalho de Bob Williams e de Fraústo da Silva[30].

Hoje a química «assemelha-se mais a um negócio de questões mais difíceis de resolver do que de colocar»[31]. Mas este manancial de questões é importante, porque mantém a química viva, activa, criativa e estimulante, contrastando com a ausência de problemas que se vai verificando, um pouco, na física. Não obstante a dificuldade de resolução das suas questões, a química ainda conseguiu manter novidades assinaláveis mesmo em pleno século XX e nos inícios do XXI: i) a análise estrutural e síntese de moléculas cada vez maiores, a química supramolecular, os dendrímeros e os «nanoputianos», uns e outros com estruturas de uma enorme beleza estética; ii) os estudos de cinética química sob o ponto de vista da dinâmica molecular, molécula a molécula, e da detecção por métodos físicos (espectroscópicos) da quebra e formação de ligações nos estados de transição; iii) consequências práticas das teorias de valência electrónica; sabemos cada vez melhor como actuam os medicamentos, o que melhorou consideravelmente a indústria farmacêutica; v) na elucidação da estrutura do DNA e do código genético o contributo da química foi essencial.

Apesar de a base ser essencialmente macroscópica, a química está a transformar--se numa linguagem molecular e numa «ciência de serviço», tal como a matemática se transformou numa linguagem da lógica, da geometria e da física. Mas isto não a torna necessariamente menos interessante. Apesar de estar a perder constantemente a grande maioria das suas áreas de interesse para outras disciplinas, como a bioquímica, a biotecnologia, a ciência dos materiais e das nanotecnologias, as ciências moleculares. Alguém dizia, com um certo espírito, que é como uma equipa da 2ª divisão em que os seus melhores «jogadores» a abandonam para jogar na 1ª divisão, de maior impacto nos *media*, na moda científica e nos meios de financiamento. «Jogadores» que dizem respeito a domínios científicos, mas também a pessoas.

No que concerne a pessoas, um bom exemplo é Michael Faraday. Nos tempos em que viveu era um «químico»[32], mas hoje é considerado um «físico». Apesar de ele mesmo se considerar ainda um «filósofo natural», com interesses científicos diversificados e muito gerais, aceitava ser apelidado de «químico», apesar de não ser dos membros mais entusiastas da Sociedade de Química inglesa[33]. Em sua homenagem, a *Chemical Society* tem uma revista importante com o seu nome, as *Faraday Transactions*, nas áreas da química-física.

Michael Faraday descobriu o benzeno, uma das moléculas mais importantes para o desenvolvimento da química orgânica, e era um analista muito competente fazendo, em 1830, cerca de mil libras por ano em análises químicas. John Tyndall, outro dos grandes nomes da ciência que trabalhou na *Royal Institution*, afirmou que Faraday poderia ter chegado a valores de 5000 £ por ano, se não se tivesse dedicado a «abstrusas investigações em electroquímica e electromagnetismo»[34]. Foram estas «abstrusas investigações» que permitiram unir a electricidade e o magnetismo e lhe deram a fama maior e, *a posteriori*, o transformaram num físico.

Faraday era um químico cuidadoso e preocupado com a precisão e sensibilidade das medidas experimentais. Escrevia em 1829 que, para um químico, uma boa balança deveria ter uma precisão de 1 parte em 50.000 partes (1/50.000), importante para pesar pequenas volumes de gases[35]. Mesmo assim, esta sensibilidade não se comparava com a balança que Fortin construiu para Lavoisier e que tinha uma precisão de 1/400.000, imbatível pelas balanças mecânicas modernas[36].

John Tyndall foi colega de Faraday a quem sucedeu como Director na *Royal Institution*, tal como Faraday havia sucedido ao seu mestre Sir Humphry Davy. Os estudos mais importantes de Tyndall incidiram na difusão de luz em sistemas de partículas coloidais, o denominado efeito de Tyndall, que também se aplica à atmosfera. Aliás foi o próprio Tyndall que explicou a que era devida a cor azul do céu. A título de curiosidade, os meus estudos de doutoramento foram realizados no laboratório de Tyndall da *Royal Institution*.

Outro caso interessante de rótulo científico como «químico» é o de Ernest Rutherford a quem foi conferido o prémio Nobel da Química em 1908 pelos estudos sobre a deflexão de partículas-α em finas folhas de ouro, e que o levou a propor a existência de núcleos atómicos de massa elevada e de pequeníssimas dimensões. Cada partícula-α sofria uma deflexão com um ângulo elevado sempre que colidia com um núcleo atómico. Rutherford esperaria receber o prémio Nobel da Física e não o da química. A sua proposta interpretativa teve como alternativa a de Thomson que atribuía a deflexão das partículas-α a colisões sucessivas com cargas positivas pesadas, distribuídas de uma forma um pouco homogénea por cada átomo, tal como «passas num pudim».

Sem dúvida que a química nunca teve nenhum divulgador empolgante para os nossos dias, tal como Carl Sagan na astronomia, Stephen Hawkins na física ou Stephen Gould na biologia. Uma faceta apelativa da química tem sido cultivada por Peter Atkins, através das moléculas de maior impacto no nosso quotidiano e nos sistemas biológicos[37]. Uma tal divulgação não consegue contrariar em definitivo as acusações propaladas por grupos ambientalistas de que a química causa muitos e graves malefícios no ambiente, mas cria uma visão alternativa a respeito de alguns belos benefícios que nos aporta. De maior popularidade encontramos

Joe Schwarcz com obras tais como o *Génio da Garrafa* ou *Let Them Eat Flax*[38]. A química das substâncias na vida do quotidiano: nutrição, produtos naturais, qualidade da água, produtos de beleza, etc. Desmascarando os desvios pseudocientíficos da sociedade pós-moderna, vai-nos revelando as maravilhas da química, «numa linguagem simples, divertida e envolvente».

Nos nossos dias criou-se uma «quimiofobia», expressão das muitas ambivalências que esta ciência suscita, associando ambiente, pesticidas e cancro. E em apoio destas ideias, Rachel Carson afirma que 40% das mortes podem ser atribuídas a causas ambientais[39]. Tudo isto é um discurso ideológico sem uma base real. A taxa de mortes por cancro nos Estados Unidos, que cresceu 150% a partir de 1950 até ao ano 1998, quando se corrige pelo envelhecimento da população e pelo efeito do tabaco nos fumadores, decresceu em 30% neste período[40]. A EPA (agência ambiental dos Estados Unidos) estima que a poluição pode contribuir com 1–3% para a incidência de cancro, o sol e o radão em 3–6%, as actividades ocupacionais em 0,5–4% e o consumo de substâncias químicas – quémicos[41] – em alimentos, produtos de limpeza, etc. em menos de 1% .

Quiçá nos dias de hoje a química não tem procurado manter uma imagem activa e permanente de imprescindibilidade na opinião pública. De alguma forma, isto está patente nos pouquíssimos vocábulos da química que, para além do nome das substâncias, entraram na linguagem corrente[42]: *catálise, reacção em cadeia* e *osmose* curiosamente os dois primeiros provenientes do domínio da Cinética Química que é dos domínios da química mais longe dos interesses do público e o último adquiriu um significado mais abrangente que o do uso técnico. Também é certo que a química foi modernizada e reorganizada com Guyton de Morveau, Lavoisier e outros químicos franceses, seus apoiantes ou discípulos, através de uma modificação de linguagem, pelo que as suas metáforas não passam facilmente para a linguagem comum[43].

Muitas vezes a química só tem reconhecimento público quando se dá uma quebra da sua acção protectora. A água de abastecimento humano de qualidade é algo tomado por garantido, sem que o cidadão comum se interrogue como tal é conseguido. O uso do cloro na desinfecção da água iniciado em 1897 permitiu, nos finais do século XIX e início do século XX, aumentar a «esperança de vida» da humanidade, diminuindo muito o número de mortes devido à cólera, à disenteria, à febre tifóide e doenças do mesmo foro. Pela Academia Nacional de Engenharia dos Estados Unidos o tratamento de águas pelo cloro foi colocado em quarto lugar nas grandes conquistas do século, atrás da electrificação, da indústria automóvel e da aviação. Pelos Centros de Controlo e Prevenção de Doenças do mesmo país foi considerado no *top ten* das grandes conquistas em saúde pública do século XX.

O sistema público de tratamento de águas de Milwaukee foi construído em 1938 para abastecer um conjunto de cidades nas margens do lago Michigan, desde Chicago até Manitowoc. Em 1993 o sistema de tratamento de água de Milwaukee, à base da desinfecção com cloro, falhou e deixou ir na água de abastecimento humano um protozoário, *Cryptosporidium*, que só causa um certo incómodo, semelhante à gripe[44], em pessoas saudáveis. Todavia, torna-se complicado em grupos de risco com alguma fraqueza nas defesas imunitárias, nomeadamente idosos e crianças. Foram infectadas mais de 400.000 (!) pessoas, houve uma ruptura dos sistemas hospitalares e vieram a falecer mais de 50 pessoas[45].

Hoje o sistema continua a recorrer ao cloro mas em doses menores que no passado, devido à formação de trihalometanos (THMS) por reacção do cloro com matéria orgânica fresca de algas e de outras fontes. A desinfecção por cloro actua numa primeira fase junto ao túnel de captação. Numa segunda fase há um reforço de desinfecção à base de ozono, mais eficaz para destruir microorganismos patogénicos. Segue-se a adição de peróxido de hidrogénio[46] para remover o excesso de ozono. Recorre-se à adição de sulfato de alumínio para coagular e precipitar matéria orgânica em suspensão, que poderia reter microorganismos; acresce que, de outro modo, a água poderia turvar. A água é filtrada e seguidamente entra no último estádio de desinfecção com cloro e amónia para produzir cloroaminas que são eficazes na desinfecção e dão melhor sabor à água.

Para os ambientalistas que tanto combatem o uso do cloro, é útil avaliar os riscos da supressão do seu uso, risco que aliás nunca é por eles considerado. O caso de Milwaukee de 1993 dá uma pálida medida de tais riscos. Para água tratada com cloro, os serviços de água municipalizados devem exercer um controlo nos níveis permitidos de THMS dado o seu carácter cancerígeno, mas este composto é facilmente removido da água por um filtro com carvão activado.

A mesma má imagem pública da química é partilhada pela indústria química que, em países desenvolvidos, graças à acção da própria química, já não tem fábricas a deitar fumos e não despeja líquidos corados para os rios e para o meio ambiente. Não obstante, nos Estados Unidos, só 43% da população tem uma opinião favorável desta indústria e só 10% se acham suficientemente informados sobre o papel da química na saúde[47]. O panorama é idêntico na Europa.

Apesar de a química estar envolvida cada vez mais em toda a nossa vida do quotidiano – sabe que todo o restauro em arte tem uma forte componente de química; o mesmo se diga, por exemplo, das botas dos futebolistas, ou dos écrans dos nossos telemóveis?– está tão diluída que se torna invisível nos progressos e no bem que aporta à humanidade. Como só o mal é notícia, a química só surge associada aos malefícios do seu uso. Ao ponto de uma instituição credível como a *American Council on Science and Health* se sentir na necessidade de desmistificar os perigos imaginados a respeito de quémicos de uso corrente. Nesse sentido lançou uma publicação para esclarecer sobre os grandes e infundados medos acerca de diversos compostos químicos, receios que na opinião pública se misturam com outros riscos reais e provados como o do hábito de fumar[48].

Agora é altura de vermos as coisas ao invés, como Lattes[49], que escreveu uma ficção científica intitulada: «O que aconteceria se todos os químicos fizessem greve?». De início muitos delirariam com este cenário. Mas aos poucos tudo iria mudar. Os químicos deixavam de controlar as refinarias de petróleo e a poluição baixava porque os transportes diminuíam. Depois começavam a faltar reagentes para os sistemas automáticos de medir a poluição atmosférica e esta deixava de poder ser controlada. Sem combustíveis teríamos que andar de bicicleta, mas os pneus ir-se-iam gastando e não havia fábricas a funcionar para os substituir. A manutenção das estradas e auto-estradas deixava de se fazer, por falta de alcatrão. A agricultura deixava de ser produtiva, pois faltavam fertilizantes e as culturas eram atacadas por pragas dada a míngua de pesticidas e herbicidas. O açúcar ir faltar-nos e o leite teria de ser racionado pois não funcionava a pasteurização. Nada de papel e tinta para livros e jornais ou fibras sintéticas para nos vestirmos. E também graves carências de medicamentos e anestésicos, até ao seu desaparecimento completo por encerramento das indústrias farmacêuticas, pois sem químicos acabam por não poder fabricar e exercer o controlo de qualidade para os seus produtos. Pouco a pouco cairíamos numa economia de subsistência e numa vida tribal.

O mundo em que vivemos traz riscos químicos acrescidos, mas também nos aporta benefícios superiores aos riscos gerados. Em contrabalanço, o exercício das responsabilidades sociais impele-nos a não abusar dos recursos da química, por exemplo, a respeito da utilização de pesticidas e herbicidas e, no campo industrial, todo o cidadão tem o dever de exigir bons níveis de segurança. Um exemplo muito negativo foi o desastre numa fábrica de pesticidas em Bopal, na Índia, que causou o desastre industrial mais mortífero registado até aos nossos dias. Na noite de 2 para 3 de Dezembro de 1984 libertou-se uma nuvem de gás tóxico que matou cerca de 50.000 pessoas, três quartos da população da localidade. A investigação do acidente revelou que nenhum dos *três* sistemas de segurança estava operacional. Os sistemas industriais usufruem de mais do que um único sistema de segurança para evitar acidentes graves, mas é da competência dos engenheiros responsáveis pela instalações manter todos esses sistemas operacionais. Incriminar a química é fácil, mas a sociedade e os seus profissionais foram neste caso os grandes responsáveis.

A necessidade do holismo nas ciências químicas

Em 1939 o cristalógrafo John D. Bernal advogava que a ciência poderia resolver muitos problemas de interesse social, e mostrava que nessa época a eficiência social da investigação científica seria somente de cerca de 2%, mormente na Grã-Bretanha. O começo da 2ª Grande Guerra veio a pôr à prova as suas ideias. Atente-se, por exemplo, no esforço de guerra por parte de diversos cientistas que levou à invenção do radar em que o meu supervisor George Porter esteve envolvido como oficial da *Royal Navy*. Aliás foram os quatro anos e meio que passou na marinha, estudando e trabalhando com técnicas de pulsos de microssegundos de radiação electromagnética, que lhe deram a fonte de inspiração para atacar o problema que Norrish lhe havia colocado para doutoramento, registar o espectro do radical CH_2·[50].

O interesse de Porter pela química provém do entusiasmo do seu professor em Leeds, Meridith G. Evans[51]. A meio da sua graduação esteve envolvido num programa *Hankey Scheme* destinado a preparar químicos e biólogos para o esforço de guerra. Subsequentemente foram-lhe recomendados estudos de astrofísica, sem razão plausível ao tempo, a que se seguiram mais uns meses de estudos em radiofísica, agora na Universidade de Aberdeen.

Nos finais do século XX e princípios do século XXI, porém, a ligação da investigação básica e do desenvolvimento tecnológico é muito intensa e eficaz. As patentes dos Estados Unidos baseiam-se cada vez mais no conhecimento científico básico. Cerca de 75% das suas citações bibliográficas provêm de artigos científicos produzidos em universidades e laboratórios estatais[52].

Como se alcançou uma tal eficiência? Há uma «revolução cultural» na ciência académica, a respeito das condições de emprego, escolha de problemas e temas de pesquisa, critérios de sucesso, financiamento da investigação, etc. Como referimos no capítulo anterior, a nova ciência é sociológica e epistemologicamente tão diferente da anterior que está a produzir um outro tipo de conhecimento. Conhecimento que vem requerendo uma amálgama de dados empíricos, teorias, meios computacionais e de simulação, sem grandes preocupações com inconsistências e, por isso, não necessariamente segundo os critérios da «boa ciência». Mas os conhecimentos gerados estão a associar sem fronteiras a ciência básica e o desenvolvimento tecnológico, como se ilustra na Tabela 3.1, que mostra o jogo entre investigação básica e aplicada, jogo este de carácter muito mais cíclico do que linear. O quadrado em branco só era admissível numa atitude de puro *hobby* que de há muito não está presente em ciência. Os outros exemplificam, com um cientista ou um inventor, a prática de cada uma das atitudes da força motriz da pesquisa.

Tabela 3.1 - Relações entre investigação básica e aplicada[53].

O que inspira a investigação?		Considerações de utilização?	
		Não	Sim
Questões de entendimento básico?	Sim	Pura investigação básica Niels Bohr	Aplicação inspirada na investigação básica Louis Pasteur
	Não		Pura investigação aplicada Thomas Edison

A economia global e as tecnologias de informação intensificam a concorrência a nível internacional, com fortes pressões para as empresas reduzirem os seus custos, aumentarem a eficiência da produção e reforçarem os meios de competitividade. Mas este panorama não é exclusivo das indústrias e das empresas de serviços. As universidades também prestam um serviço público para a qualificação dos quadros superiores dos diferentes países e para a competitividade global. Quer se goste quer não, há que reconhecer que o conceito de *universitas* acabou com a globalização. Este facto requer estratégias completamente novas para o meio académico em qualidade e diferenciação e, inevitavelmente, para as metodologias e conteúdos de ensino/aprendizagem. Será tema abordado de forma breve, no Capítulo 9, a respeito dos dois modos de conhecimento.

As áreas da química no começo do século XXI

A química carece de abandonar as suas divisões verticais do século XIX, analítica, orgânica, inorgânica, química-física e teórica, e adquirir características mais interdisciplinares e integradoras do conhecimento, capazes de abordagens de problemas e situações complexas como as dos sistemas biológicos e dos novos materiais. David Parker[54] advoga áreas mais horizontais como síntese química, estrutura, reactividade e função, sem perder a grande conquista da química que foi a abordagem quantitativa em termos de princípios físicos. Sobressai a importância relativa da síntese e da estrutura, em ordem à reactividade química e ao desempenho de funções de índole global.

Parker advoga igualmente um enfoque em vectores que permitam uma integração de conhecimentos e abordagens mais holísticas tais como: materiais, superfícies e interfaces; síntese, catálise e reactividade; análise química, estrutura e teoria; química médica e química biomolecular. Estes serão os temas congregadores da química do século XXI, em que está incluído, com proeminência, a preparação de novos materiais com novas e, de certo, surpreendentes propriedades electrónicas e estruturais – electromecânicas, ópticas, condutoras ou luminescentes –, que poderão ter um impacto na nossa vida pelo menos tão significativo como o ferro e o bronze assumiram em tempos pré-históricos e os plásticos no século XX.

São os campos cada vez mais interdisciplinares dos polímeros, da catálise, da síntese e processamento dos materiais electrónicos, dos biomateriais, da nanotecnologia, da farmacologia e das suas formulações com novos mecanismos de administração local e controlada de medicamentos, das ciências computacionais, da energia, etc. que estão a requerer cada vez mais a atenção dos químicos. Associados ao aparecimento de plataformas de produção mais eficientes, de menores dimensões e mais compactas, em suma, de uma engenharia química mais «miniaturizada».

Foquemos a nossa atenção nos nanomateriais que são caracterizados por possuírem, pelo menos, uma dimensão na escala dos nanometros (1 nm = 10^{-9} m). As suas estruturas de agregados, nanopartículas, nanocristais, nanotubos, nanofios, etc., fazem a ponte entre os materiais macroscópicos e os átomos e as moléculas individuais. É uma área que cobre a física, a química, a biologia, a ciência dos materiais e a engenharia, mas na qual a química desempenha um papel dominante e da qual pode colher enormes benefícios. A possibilidade que esta área tem no «desenho» de equipamentos de electrónica molecular poderá conduzir, a título de exemplo, à construção de novos tipos de sensores. Sensores que poderão causar uma revolução em medicina e nas ciências do ambiente ao monitorar *in loco* as condições vitais de uma pessoa, ou o estado do ambiente localizado. Poderemos vir a dispor de *nanochips* que façam uma análise química completa no interior de um organismo[55].

Jesper Sjöström[56] vem mais recentemente enfatizar a interacção da química com a sociedade, ao ponto de se assistir à emergência de verdadeiras áreas disciplinares de mais forte confluência entre a química e as humanidades: por exemplo, a química verde também denominada química sustentável, a filosofia da química e outras. A química tem vindo ao longo dos tempos a ser sujeita a uma *«fisicificação»*, no tocante às suas teorias e renovação instrumental, e a uma *«bioficação»* no que concerne ao tipo de problemas que procura resolver e que acabam por nortear os seus desenvolvimentos. Mas a mesma química vê-se já mergulhada em duas grandes superciências: as Ciências Biomoleculares e as Ciências dos Materiais, de que é apenas uma pequena parte, se bem que de grande importância. Resta verdadeiramente como núcleo central para uma química menos blendada por outras ciências, a *síntese química*, mas também neste campo as tecnologias genéticas e computacionais vieram influenciar em muito as práticas da investigação.

A química tem uma componente de *descoberta* e outra de *criação*, esta verdadeiramente ímpar, em novas substâncias que são produzidas à velocidade de quase três milhões por ano[57]. Czarnik[58] estimou que existirão cerca de 10^{200} moléculas com o tamanho e as características químicas dos medicamentos mais correntes. Claro que perante um tal panorama, os químicos não podem preparar novos compostos ao acaso. Precisam de ser guiados por algum tipo de teoria na busca de novas classes de transformações e de um melhor conhecimento da reactividade química. As teorias têm, pois, um carácter heurístico, imprescindível nas ciências mais evoluídas.

O prémio Nobel da Química em 1979 foi atribuído a Herbert Brown e Georg Wittig pela invenção de novos tipos de transformações químicas, sem precedente na natureza; o Nobel de 1973 havia sido atribuído a Geoffrey Wilkinson e Ernest Fischer pela criação e entendimento de comportamento reactivo de uma nova classe de compostos: os metalocenos. O prémio Nobel de 1990 foi para Elias Corey pelas metodologias de síntese de importantes moléculas biológicas. Em 1963 Karl Ziegler e Giulo Natta receberam o mesmo galardão pelos métodos de síntese de polímeros de grande impacto social. Em 1984 Robert Bruce Merrifield recebe o Nobel pela síntese de polipeptídeos e de proteínas. Sem esquecer Robert Woodward, também Nobel da Química, que foi o maior químico de síntese do século XX. Todo este reconhecimento mostra a relevância que a comunidade química atribuiu à criação de novas substâncias e de novas reacções. Mas atente-se que os químicos do passado estavam só preocupados com a *análise* química. Só em 1850 é que, com o químico francês Marcelin Berthelot, se começou a realçar o papel da *síntese* de novas substâncias em química[59].

Vejamos agora, a traços muito largos, as etapas de progresso na química da Universidade de Coimbra, que sofreu os condicionalismos sociais do país, mas foi sensível a alguns ventos da ciência que sopravam da Europa mais desenvolvida. Não cabe aqui apresentar uma tal história. Trata-se de um verdadeiro «pedaço da química portuguesa» que apropriadamente virá a lume como celebração do Centenário da nascimento do Prof. António Jorge Andrade de Gouveia.

A influência alemã nos primórdios da química investigativa na Universidade de Coimbra

A química desempenhou um papel pioneiro na organização da ciência, pois é a primeira disciplina a pôr em marcha um congresso internacional de 127 químicos oriundos de 11 países europeus[60], de 3 a 5 de Setembro de 1860, em Karlsruhe, com a presença de nomes muito sonantes da química do tempo. «Concretiza a existência de uma comunidade química internacional e define as regras do seu funcionamento: comunicação e necessidade de consenso. Por outro lado aborda um problema teórico fundamental, pois o acordo sobre os números e as fórmulas está subordinado a um entendimento sobre as definições dos conceitos de base: átomo, molécula e equivalente»[61].

Kekulé, Wurtz e Weltzien, este último professor da Escola Politécnica de Karlsruhe, reunidos em Paris nos finais de Março de 1860 decidem convocar um congresso para serem debatidas questões teóricas emergentes numa química em desenvolvimento e procurarem encontrar alguns consensos na comunidade[62]. Embora o congresso tenha terminado sem se ter alcançado a unanimidade, um artigo do italiano Stalisnao Cannizzaro foi distribuído pelos colegas em favor do uso da hipótese de Avogadro para a quantificação da noção de moléculas em gases. Aliás, este era tema a que recorria no seu ensino em Itália. A proposta de Cannizzaro acabou por fazer o seu caminho ao longo do tempo e volveu Karlsruhe num marco da história da química e da história das ciências. Neste congresso esteve presente um único químico português, docente na Universidade de Coimbra, o Doutor Mathias de Carvalho[63].

Em ciência, por vezes assevera-se que vemos um pouco mais longe, porque nos encontramos aos ombros de sábios que nos antecederam. De alguma forma, nós os frutos da «escola de química» de Coimbra, podemos reconhecer que nos encontramos aos ombros de dedicados professores e directores que, de um modo persistente, foram colocando diversas pedras nos alicerces deste edifício científico que é o Departamento de Química da Universidade de Coimbra. E foram pedras de diferente natureza. A primeira prende-se com o *ensino prático* da química. A seguinte foi a da valorização da *investigação científica* no seio da universidade. O terceiro tipo diz respeito à criação de condições físicas e culturais internas para a existência de *colaboradores* nas tarefas científicas. Uma quarta diz respeito há existência de «equipas de investigação» e à *internacionalização* do saber produzido.

Nos inícios do séc. XIX, a investigação científica ainda não havia chegado às universidades. Quem queria seguir uma vida de investigação devia procurar ligar-se a um homem de ciência. Não foi numa grande universidade, como em Gottingen ou Berlin, mas em Giessen que se deu a revolução do ensino da química. Como dissemos, o seu autor foi Justus Liebig que, em 1825, começou o ensino da química através da investigação laboratorial para a preparação do doutoramento dos seus estudantes. Este modelo de universidade acabou por ser importado, de uma forma lenta é certo, por outros países.

No século XIX, em diversas universidades europeias os exames orais haviam sido substituídos por exames escritos e, a partir de meados do mesmo século, no ensino dos estudantes universitários do 1º grau de química começou a ser obrigatório o *ensino prático*[64]. Previamente bastavam lições teóricas e demonstrações feitas pelo professor[65].

Portugal havia perdido todo o século XIX em guerras civis e, a nível universitário, não prosseguiu o impulso inicial da Reforma Pombalina. O país que já havia falhado a era da ciência moderna, também não trilhou os passos seguros da revolução industrial. Não investiu a riqueza alcançada com o enorme esforço sustentado da era das descobertas, de D. João I a D. Manuel I; alimentou-se lautamente do ouro do Brasil[66] e, em grau menor, mas não despiciendo, da escravatura. Assim foi caindo nos degraus da riqueza das nações, «perdendo o tempo» como disse Carlos Fiolhais[67], e hoje tarda em encontrá-lo. Nesses tempos a *fé*, uma fé única, que hoje diríamos religiosa e secular, criava e alimentava uma *visão* do que queríamos ser. Só depois se procuravam os *meios de financiamento* para a implementar. Deste trinómio brotou a sustentabilidade das nossas descobertas. Uma fé[68] em Deus e no homem. Fé esta que, como veremos, também é necessária para o desenvolvimento do próprio conhecimento científico. Portugal foi construído com fé e carece dela para continuar a ser.

«Apesar das críticas caracterizadas por um certo radicalismo, dirigidas contra os jesuítas por ocasião da Reforma Pombalina, verifica-se que, tal como noutras escolas, também no Colégio das Artes, em Coimbra, foram evidentes alguns dados indicadores de que as teorias físico-matemáticas modernas não eram matéria desconhecida daqueles docentes que se dedicaram ao ensino das matérias científicas»[69]. De facto a dissertação do Doutor Décio Ruivo Martins mostra que houve esforços anteriores a 1772, em escolas de Lisboa, de Coimbra e de Évora, para ministrar algum conhecimento das teorias físico-matemáticas modernas através dos oratorianos e mesmo dos jesuítas. Não houve uma «absoluta estagnação científica e letargia pedagógica dos jesuítas», nem, «na verdade, o ensino das ciências físico-matemáticas em Portugal não morreu com Pedro Nunes, para ressuscitar com os propósitos renovadores de 1772, nem teve uma duração tão efémera que não se prolongasse para além desta data»[70]. Esta visiva tão debuxada a preto e branco é, em parte, fruto de uma certa «retórica de demarcação». Mas não só. Salvo algumas excepções, a influência científica de tais pedagogias modernizantes foi discreta na sociedade e no ambiente cultural português. Censuras, ameaças e perseguições da Inquisição e políticas. A título exemplificativo, João Jacinto de Magalhães, «um dos homens que mais contribuiu para o progresso da Física na última metade do século XVIII, fixou-se em Londres em 1764 e pronunciando-se sobre o ambiente político que dominava a vida portuguesa, manifestou a intenção de «não mais viver senão sob um governo em que a liberdade pessoal estivesse protegida do despotismo ministerial»[71]. Outro nome eminente foi Bento de Moura Portugal a quem o regresso ao nosso país conduziu a condições e degradantes na prisão fruto do despotismo reinante.

As dificuldades de um impacto da ciência moderna na cultura portuguesa são também de índole social e vieram ao de cimo após o período de florescimento da Reforma Pombalina. O século XIX português foi um clima bem pernicioso para o desenvolvimento do ensino. Não obstante, a Faculdade de Filosofia da Universidade de Coimbra tentou manter-se atenta a alguns ventos que sopravam da Alemanha, da França e da Inglaterra a respeito da necessidade do ensino experimental no domínio da química. Digamos que a Faculdade patenteava alguma confiança na capacidade de poder acompanhar o que de melhor se fazia lá fora. E em química, o grande modelo era a Alemanha.

A decadência científica foi-se instalando no país durante o século XIX, mas a partir de meados deste século o «Laboratorio Chymico» procurou recuperar mediante a aquisição de novo equipamento laboratorial, na organização da biblioteca e na ligação a centros estrangeiros, tudo em busca de uma maior exigência.

Na Alemanha pacífica e prestigiada do século XIX, para além de Justus Liebig, houve grandes mestres em química, como Friedrich Wöhler, em Göttingen, que atraiu mais de 1200 estudantes americanos e de outros países europeus[72]. Igualmente, Bernhard Tollens, com a sua escola de química agrícola também em Göttingen, merece referência como um dos líderes mais importantes destes «laboratórios universitários menores»[73].

Atraída pelo impacto que o jovem Tollens havia conseguido em Paris, como assistente de Wurtz, com o seu contributo para a síntese do álcool alílico[6], é perante o novo clima de ensino universitário iniciado por Liebig que a «Faculdade de Philosophia» da Universidade de Coimbra decide contratar o Dr. Bernhard Tollens[74] «para dirigir os trabalhos práticos do Laboratorio Chimico».[75]

Alguns anos antes, encontramos Joaquim dos Santos e Silva ainda a frequentar os preparatórios do Liceu; serve desde 1 de Novembro de 1864 como «ajudante interino do guarda e preparador do «laboratorio chymico», tarefa que cumpriu até 18 de Outubro de 1868. Nos começos do ano lectivo 1868-69, chega a Coimbra Bernhard Tollens, e Santos e Silva teve a concessão especial de trabalhar no seu laboratório e receber instrução deste químico alemão. Como refere o químico da Universidade do Porto, Ferreira da Silva, «Por tal forma se acentuou a capacidade [de Santos e Silva] e se revelaram as suas aptidões para os trabalhos de laboratório, que alguns professores influentes da Faculdade pensaram em aproveitá-lo para ocupar um dia uma posição regular no laboratório»[75], a de Chefe dos trabalhos práticos do Laboratorio Chymico da Universidade de Coimbra.

Apreciaremos melhor as dificuldades do ensino prático da química na Universidade de Coimbra e a necessidade de um «encarregado de trabalhos» se escutarmos a voz do Director do Laboratório Chimico do tempo: «Os directores deste estabelecimento têm lutado com graves dificuldades, para desenvolver o ensino prático, em harmonia com a índole da química moderna. [...] Há mesmo uma classe de alunos, os que se destinam ao estudo da farmácia, que segundo a legislação académica não têm no laboratório outro ensino que não seja meramente prático, e que pelos Estatutos é mandado fazer pelo guarda; além disto faço eu mesmo na aula sobre a mesa todas as preparações que por sua natureza a isso melhor se prestam, e podem ser observadas por todo o curso, bem como todas as reacções características, quer dos ácidos, quer das bases. [...] Neste ano, porém, deu-se mais desenvolvimento a estes trabalhos debaixo da direcção do dr. Tollens» [...] A falta, porém, de pessoal, que auxiliasse o dr. Tollens, [...] deu lugar a que nem sempre [o ensino prático] corresse com muita regularidade, dando-se alguns extravios em objectos do laboratório, quebrando-se muitos aparelhos e gastando-se inutilmente muitos produtos, o que certamente não aconteceria, se houvesse quem também auxiliasse o dr. Tollens; pois os lentes catedráticos, com o serviço próprio que têm, não podiam assistir àqueles trabalhos»[76].

Tollens esteve em Coimbra durante onze meses, tendo rescindido o seu contrato em Março de 1870 para ir para Göttingen, como assistente de Wöhler. Decorridos que foram dois meses da estadia em Göttingen, Tollens obtém a sua *habilitation* e passa a ocupar a posição de *privatdozent*. Perante a saída de Tollens, Santos e Silva foi convidado a dirigir os trabalhos práticos dos alunos e «desde logo a Faculdade pensou em enviá-lo em viagem de estudo à Alemanha, afim de completar a sua educação química, voltando depois para desempenhar as funções que tinham sido cometidas ao Dr. Tollens»[75]. E assim sucedeu.

Foi inicialmente para Göttingen, e de Outubro de 1871 até Agosto de 1872 seguiu cursos de química mineral, química orgânica e química aplicada ministrados respectivamente por Wöhler, Hübner e Tollens. Depois seguiu para Bona para trabalhar com August Kekulé, durante mais um ano lectivo, no qual realizou investigação original e publicou um artigo científico com este eminente químico.

Dois anos académicos na Alemanha era o período mínimo que um estudante requeria, ao tempo, para fazer o doutoramento, mas Santos e Silva ainda não havia alcançado o primeiro grau universitário. Fê-lo, já regressado ao país, em Abril de 1875, com o exame final do curso de Farmácia.

Santos e Silva, para além de outras funções, exerceu até ao fim da vida o lugar de Chefe dos Trabalhos práticos do «Laboratorio Chymico» da Universidade de Coimbra. Como «químico analista» dos serviços médico-legais da circunscrição de Coimbra, veio a ser nomeado, em Novembro de 1902, professor de Química Legal e Sanitária na Escola de Farmácia da Universidade de Coimbra. Se bem que nunca tenha sido professor na Faculdade de Filosofia, era tido em muita elevada consideração pelos seus colegas químicos, mormente pelo Director do Laboratório Químico, o Doutor Sousa Gomes, Professor Catedrático de Química Inorgânica na Universidade de Coimbra, e que o substituiu no cargo de «Chimico Analista do Conselho Medico Legal de Coimbra» aquando da sua morte prematura aos 64 anos de idade. O seu retrato figura na galeria de retratos de Directores do Laboratório Químico e do Departamento de Química da Universidade de Coimbra, apesar de não ter sido seu Director nem mesmo professor.

A genealogia científica de Santos e Silva congrega a influência de químicos bem eminentes e testemunha que foi um pioneiro precoce do «químico moderno português». Mas ainda não havia estruturas para que Santos e Silva continuasse a investigar e a criar escola em Coimbra, nem o seu estatuto académico o permitia. Os seus trabalhos remeteram-se, essencialmente, ao campo da análise química.

Tal como nos tempos de D. João III, a vinda de eminentes mestres não produziu frutos duradouros no ensino da Universidade de Coimbra. Paralelamente, a vinda de Tollens não concretiza muito mais do que o desejo de se dispor de um bom ensino experimental na química universitária.

Tollens tinha um vencimento cerca de três vezes superior ao dos «lentes» mais qualificados e tinha habitação em casa própria[77] no Laboratorio Chymico. Apesar de dispor logo de um colaborador para os seus trabalhos experimentais, tal não era suficiente para o manter afastado do novo espírito de produção de conhecimento nascente na universidade alemã. Acresce que as condições salariais e de financiamento da investigação prometiam progressos que não se verificavam no meio universitário português, sempre atreito a carências de ordem mais diversa.

Um bom exemplo de tais condições materiais, encontramo-lo em Liebig na Universidade de Giessen, onde, para além das propinas dos alunos, o Estado financiava, em parte, os custos de funcionamento do laboratório de química. Estas medidas não eram suficientes, pois o próprio Liebig retirava verbas do seu vencimento para pagar as preparações e o vencimento de um assistente. Em 1833, para além das insuficientes condições existentes fruto da adaptação de um edifício mais antigo a laboratório de química, queixava-se que pouco lhe restava do vencimento (cerca de 180 florins) para alimentar a família[78]. As condições financeiras foram melhorando muito substancialmente perante convites de outras universidades (Tabela 3.2). O efeito da competitividade a entrar em acção.

Tabela 3.2 - Fontes de financiamento de Liebig[79]

ano	salário de Liebig[a]	acontecimentos	financiamento do laboratório[a]
1824	300	professor associado	100
1825 (Abril)	500	aumento de vencimento	400
1825 (Julho)	800	professor catedrático	446
1833	880	queixas e ameaças de resignação	619
1835	1250	convite Univ. Antuérpia; promessa de um melhor laboratório	714 e salário do assistente
1837	1650	Convite Univ. S. Petersburgo	
1840	3200	Convite Univ. Viena	1500
1843			1900

[a] Em florins

A especialização científica só entra, mais na forma do que no conteúdo, no ensino universitário português com a reforma de 1911, após a instauração da República. Como é usual em Portugal, houve avanços e recuos pelo que a arrancada tardou. Dependia de condições internas e externas. E muitas das externas tardaram, não obstante serem evidentes os benefícios decorrentes da investigação científica. Basta atentar no desenvolvimento da indústria química alemã no século XIX ou na síntese do amoníaco fruto das necessidades decorrentes da 1ª Grande Guerra.

A arrancada da química portuguesa só se veio a dar, de forma sustentada, já na década de quarenta. Coube à química de Coimbra um papel de vulto nesta arrancada, com o envio do jovem licenciado António Jorge Andrade de Gouveia[80] para se doutorar na Universidade de Liverpool em estudos de Química Orgânica e espectrofotometria. Assim se dava início à «Escola de Química de Coimbra».

A influência da Escola de Química de Coimbra na minha formação

Num dos relatórios do Director da Faculdade de Ciências, relativo ao ano lectivo 1926-27, o Doutor Egas Pinto Basto declarava que «em todas as universidades modernas a função de investigar é hoje considerada a mais importante das funções universitárias»[81]. Acentua, contudo, que é «insignificante a produção da Faculdade». E atribui esta «inferioridade confessada» a várias razões: i) desconforto e pobreza dos laboratórios; ii) pobreza das bibliotecas; iii) falta de tempo dos professores e assistentes perante as elevadas cargas lectivas que lhe são cometidas; iv) dificuldades e demoras na aquisição de material científico; v) falta de contacto com centros de investigação. Refere ainda, ser «intenção da Faculdade contratar um estrangeiro para dirigir trabalhos práticos de química e para investigar, estimulando com o seu exemplo e auxiliando com o seu saber».

Perspectiva idêntica encontra-se na Oração de Sapiência[82] do professor catedrático da Faculdade de Medicina de Coimbra Doutor João Maria Porto, no início do ano lectivo 1940/41. «Entre nós penetrou tarde o espírito da investigação», mas afirma que, com a reforma de 1911 se alcançou uma «certa articulação orgânica entre ensino e investigação». Passos que se perderam rapidamente com o fim da 1ª Grande Guerra, pois as dificuldades económicas que os professores passaram a sentir depois de 1918, levaram-nos a procurar, fora da universidade ou por acumulação de regências, suprir o seu vencimento, faltando-lhes tempo para actividades de pesquisa. Atendendo a que cultura e a ciência próprias são o melhor remédio a opor a todo o complexo de inferioridade nacional, louva a criação da Junta Nacional de Educação, como «entidade supra-universitária, que goza de relativa autonomia, possui recursos, elementos de informação e de trabalho que à outra faltam, e é particularmente incumbida de estimular o labor científico e cultural. Entre os seus bolseiros contam-se professores do Ensino Superior. (…) A Junta Nacional de Educação vem, assim, ao encontro da universidade, por meios que chamarei indirectos, permitindo estugar o passo»[83].

Nos finais da década de 20, verificava-se que pouco se havia trilhado no caminho da implantação de «uma escola de química» universitária, de uma escola que tivesse uma visão nova para a formação de alunos através da pesquisa científica. Era imperioso romper com uma investigação esporádica, quase sempre pessoal e destinada tão-só à promoção académica. Quando os doutoramentos passaram a exigir trabalho inovador mediante a realização de investigação científica, inevitavelmente a obtenção deste grau académico passou a demorar 10 a 15 anos, quando noutros países se realizava em três ou quatro anos.

Um outro passo, prende-se com o estabelecimento de uma rede de relações mestre-aprendiz, portanto a criação de condições laboratoriais e de uma cultura de espírito de trabalho que fomentem colaborações científicas regulares. Este tipo de colaborações implica que os docentes não se dediquem apenas ao ensino, mas que permaneçam diariamente no local de trabalho em tarefas de investigação supervisionada. E que esse labor tenha algum reconhecimento através de publicações científicas. O usual nesses tempos era os professores e assistentes trabalharem em casa e só estarem na universidade por ocasião da ministração das respectivas aulas. Quanto aos artigos científicos publicados, um pouco numa tradição francesa, o papel dos estudantes e assistentes era remetido ao de um ajudante do professor para a realização de tarefas pontuais, mas não de um verdadeiro colaborador também envolvido na conquista de novos saberes, pelo que os seus nomes não figuravam como co-autores.

Passada de maior fôlego diz respeito à formação de *equipas de investigação*, meta que só será alcançada no Laboratório Químico de Coimbra já na década de 70, e de imediato associada a uma significativa internacionalização. Nesta etapa virá a ter papel de relevo o Prof. Pinto Coelho, discípulo de Andrade Gouveia e que com ele colaborou eficazmente na política de recrutamento do pessoal docente do Laboratório Químico.

No período de 1925 a 1931 Andrade de Gouveia foi assistente do Doutor Egas Pinto Bastos, ao tempo Director do Laboratorio Chymico. Sob sua direcção trabalhou em questões de análise, métodos químicos e espectrográficos. Foi enviado a Paris para realizar um estágio em química de compostos de alumínio, estanho e tungsténio sob a direcção do Prof. Marquis e frequentar cursos dos Profs. Marie Curie e Jean Perrin. Idêntico procedimento havia sido seguido com um docente mais antigo, o Prof. Ruy

Couceiro da Costa que havia apresentado, na Universidade de Coimbra, uma tese de doutoramento sobre «Análises de gases espontâneos das nascentes de águas minerais», tese essa, em larga medida, preparada no Instituto de Hidrologia do Colégio de França. Na ocasião em que Andrade Gouveia esteve em Paris, encontrava-se na Universidade da Sorbonne um colega mais velho, o físico Mário Silva, a quem havia sido sugerido por Madame Curie que, perante os bons resultados alcançados num estágio inicial, avançasse para o doutoramento sob sua orientação.

Ao Prof. Egas Pinto Basto pareceu que uma estadia mais prolongada de um jovem estudante de investigação numa universidade europeia, tendo em vista a obtenção de um doutoramento, haveria de conduzir a uma preparação científica mais aprofundada e a uma melhor captação do espírito e estratégias de pesquisa existentes. Decidiu então enviar Andrade de Gouveia para a Universidade de Liverpool. Nesta universidade, de 1931 a 1934, vem a trabalhar sob a supervisão do Doutor R. A. Morton em estudos de absorção no visível e ultravioleta de compostos orgânicos (indeno, naftaleno e outros compostos aromáticos relacionados) que lhe permitem alcançar o grau de doutor por Liverpool com uma tese intitulada «*Contribution to the study of the role of the double bond in the absorption spectra of organic compounds*».

Em 1935, após o regresso de Andrade de Gouveia a Coimbra, o Laboratorio Chymico passa a dispor de um bem equipado gabinete de espectrofometria[84] que permitia registar e medir espectros de absorção molecular no visível e ultravioleta que, já ao tempo, demonstravam grande potencialidade na identificação e estrutura de compostos.

Durante a sua longa carreira académica, o Prof. Andrade de Gouveia publicou 60 artigos científicos, a uma média próxima de 1 artigo por ano, notável para o tempo e perante condições de partida muito diminutas da produtividade científica no Laboratório Químico.

Longe vão os tempos de uma investigação esporádica destinada em muito para promoção académica. Após ter sido promovido a professor catedrático, em 1944, Andrade de Gouveia publicou mais 35 artigos científicos de química, e 8 artigos e um livro nos domínios da história da química. O prazer lúdico da investigação permaneceu nele até bem ao entardecer da vida.

Alguns sinais de uma ruptura em favor da criação de um ambiente de investigação regular no Departamento já se havia verificado com o seu antecessor, Ruy Couceiro da Costa, que igualmente publicou com regularidade artigos científicos de química (nove) após o seu concurso para catedrático de química em 1936. Mas Couceiro da Costa teve de se familiarizar com o ritmo da metrópole e deixar a tranquilidade do «espírito colonial britânico» do século XIX, bastante presente na Goa onde foi criado. Chegou tarde à química investigativa e partiu, infelizmente, muito cedo.

O fim da 2ª Grande Guerra deixou bem marcado o valor da ciência no desfecho do conflito. Basta reflectirmos sobre o desenvolvimento do radar e da borracha sintética. Passou a reconhecer-se o impacto social da investigação científica. É evidentes que sinais anteriores sobre este impacto social já eram reconhecidos no nosso país. No relatório de 1939 do Director da Faculdade de Ciências da Universidade de Coimbra[85], Prof. João Pereira Dias, regista-se a criação, pelo Instituto de Alta Cultura, do «Centro de Estudos de Física e de Química» junto da Faculdade, bem como alguns dos importantes subsídios concedidos. Foi este o modelo que veio a permitir a realização da investigação científica nas universidades portuguesas.

Muita da investigação em química realizada em Coimbra já era de índole aplicada[86], mas a evidência mundial do impacto social da ciência pesou nos governantes portugueses e também no espírito dos professores de química da Universidade de Coimbra. Uma enorme força motriz para a promoção da investigação científica em Portugal, a que se vieram associar os estudos da energia nuclear e da radioactividade.

Se se deve a Egas Pinto Basto a luta pela criação de condições para a existência de «investigação científica» na Faculdade de Ciências de Coimbra e, muito em particular, no Laboratório Químico, foi o seu colaborador e assistente António Jorge Andrade de Gouveia que colheu os frutos mais imediatos. Andrade de Gouveia, tendo tido responsabilidades qualificadas na Universidade de Coimbra – Director do Laboratório Químico cargo que exerceu sem interrupções desde 1955 até ao período conturbado da revolução de 25 de Abril de 1974; Director da Faculdade de Ciências; Reitor da Universidade de Coimbra –, tem um ritmo de publicação de um artigo por ano, para além de duas dissertações[87] e de comunicações a congressos. Tal não teria sido possível sem colaboradores que, na tradição inglesa com a qual conviveu, passam a figurar como co-autores – um modo de reconhecimento científico. Como seus colaboradores surgem dez nomes diferentes. Uns num número elevado de artigos: i) Fernando Pinto Coelho, que veio a ser Professor Catedrático de Química em Coimbra, foi seu colaborador em 16 artigos; ii) Alfredo Gouveia, investigador no mesmo Departamento, foi co-autor em 30 artigos; iii) Abílio Marques da Silva[88], que foi meu colega de licenciatura e veio a ser o meu primeiro doutorado[89], colaborou em 4 artigos; iv) Gabriela Figueiredo[90], que veio a doutorar-se sob minha orientação em domínios de química educacional[91], colaborou em 4 artigos.

Nessa época não havia «estágios curriculares» que impusessem tarefas de investigação aos estudantes de licenciatura, nem graus de mestre com investigação, e o doutoramento era suficientemente elitista para envolver muito poucos. Como refere Vitor Crespo, na sua análise da universidade portuguesa no século xx: «Nesse tempo, a investigação e a capacidade de criação não era função essencial e caracterizante da Universidade. Nem a sua preocupação dominante»[92]. E durante o Estado Novo, «não havia interesse em alargar o acesso aos graus superiores do ensino, apenas importando criar uma reduzida *élite* que conduzisse os destinos da Nação. Reduzida ao ponto de não haver lugar para muita competição»[93]. Não obstante estarmos perante um contexto tão pouco rico para o florescer da investigação, com o privilégio que a perspectiva histórica nos confere, podemos reconhecer que com Andrade de Gouveia surge uma «nova dinâmica» científica na química da Universidade de Coimbra, com consequências perenes.

Uma escola moderna que permitiu estabelecer pequenas «equipas de investigação» que ele mesmo criou e de que deu firme exemplo para todos nós, os seus vindouros científicos. Foi um sólido degrau no nascimento da escola de química de Coimbra, degrau que não mais se desmoronou. Sem dúvida que houve factores de motivação e de coesão nestas equipas. Um deles foi o das «bolsas de investigação» que constituía uma pequena remuneração salarial e um certo prestígio. Pelo menos não se seguia a política de «café para todos», como dizem *nuestros hermanos*. Outro factor de motivação foi o eterno prazer lúdico da ciência.

Nasceu uma escola moderna que permitiu estabelecer uma rede de colaborações entre diferentes gerações, como o meu caso pessoal confirma. Os seus antecessores conseguiram criar condições laboratoriais que permitiram a diversos docentes do Laboratório Químico participarem nos programas de investigação de Andrade de Gouveia. E ele mesmo contribuiu para a modernização de tais condições, mormente quando a instrumentação espectroscópica passou a dispor de registo automático por desenvolvimentos electrónicos, quando evoluiu para técnicas de fluorescência ou quando o Laboratório passou a dispor de um «Cary 14», instrumentação de tal qualidade óptica que mereceu os benefícios de um controle computacional, que se veio a concretizar mais recentemente. Mantive esta análise tão só nos domínios da espectroscopia do visível e do ultravioleta[94], de que me apercebo bem das dificuldades iniciais, pois no meu doutoramento tive de trabalhar com a revelação de chapas fotográficas de espectroscopia e com densitómetros ópticos. A minha iniciação neste tipo de trabalhos fotográficos não proveio, porém, de actividades exercidas no domínio da espectroscopia como 2º assistente na Universidade de Coimbra, mas de ajudar o meu pai no seu *hobby* da fotografia.

A rede de colaborações de que Andrade de Gouveia beneficiou mas que também fomentou, ainda não existia no tempo do Prof. Ruy Couceiro da Costa, seu antecessor na direcção do Laboratório Químico. Acresce que, por ser um competente executor experimental, delas não carecia para o ritmo de trabalho do tempo, panorama que se reforçou com a sua evolução para estudos mais teóricos. Couceiro da Costa entendia que na investigação teria de demonstrar a sua competência pessoal.

No currículo de Couceiro da Costa constam 18 artigos científicos, uma média de 0,7 artigo/ano, tendo 14 deles sido publicados após o concurso para catedrático. A grande diferença com o seu antecessor diz respeito, porém, às colaborações científicas, pelo menos às explícitas. Só num desses trabalhos beneficiou da colaboração de Fernando Morais Zamith, que veio a ser o meu professor de Físico-Químicas durante todos os meus anos de liceu, e que em muito contribuiu para eu ter vindo para Química. Acresce que só a partir de 1937, quando por falecimento inesperado de seu tio assume o cargo de Director do Laboratório de Química, passa a ser assíduo ao laboratório.

Como Director da Faculdade de Ciências, Andrade de Gouveia torna bem visível a mensagem no seu relatório do ano lectivo 1959/60: «Foi, em grande parte, com a participação das Universidades, e, particularmente, com as Faculdades de Ciências, que os países, como a Inglaterra, a Alemanha, a França, a Itália, etc., rudemente danificadas em todas as suas actividades pela 2ª guerra mundial, tiveram surpreendentes recuperações. Que estas lições não sejam ignoradas na resolução dos problemas portugueses». Para um pouco mais adiante sugerir: «Para a preparação de cientistas, de investigadores e de técnicos altamente especializados, e para a organização perdurável da investigação, torna-se necessário estabelecer Escolas de Graduados[95], dirigidas por professores e investigadores, nacionais, ou na sua falta estrangeiros. São estas escolas que, pela possibilidade de produção científica, original e criadora, conferem categoria às Universidades e são uma urgente necessidade das Faculdades de Ciências»[96].

Quase tudo isto se foi inscrevendo no seio da comunidade científica portuguesa, porque a criação de conhecimento novo, quer pelo seu carácter lúdico quer pelo impacto social, são uma forma de vida. Como diria o filósofo português José Gil em «Portugal,

Hoje. O medo de existir»[97]: nesta aventura científica «nem tudo é intriga e trama», porque se inscreveu, passo a passo, na existência individual e na prática académica. Eu já sou um fruto bastante mais tardio desta política para a criação e florescimento de uma «escola de química» em Coimbra. Um fruto de meados da década de sessenta, ainda no período em que a preparação de doutoramento dos futuros professores do Departamento era praticada no estrangeiro. Mas a influência intelectual das universidades alemãs, na mais alta formação em química na Europa até aos começos do século xx, e de universidades inglesas em período posterior, reflecte-se de forma bem clara na minha genealogia científica (Tabelas 3.3 e 3.4), preparada a partir da *Chemical Genealogy Database*[98].

Tabela 3.3 - Genealogia Científica de químicos de Sebastião J. Formosinho (*Chemical Genealogy Database*[100]) nos séculos xix e xx.

Químicos	período	Ph. D.	Universidade
Sebastião Formosinho	1943-	1971	Londres
George Porter	1920-2002	1948	Cambridge
Ronald Norrish	1897-1978	1924	Cambridge
Eric Rideal	1890-1974	1912	Bonn
Richard Anschütz	1852-1937	1874	Heidelberg
Friedrich August Kekulé	1829-1896	1852	Giessen
Heinrich Will	1812-1890	1839	Giessen
Justus Liebig	1803-1873	1822	Erlangen
Karl Kastner	1783-1857	1805	Jena

A minha genealogia científica

As genealogias científicas realçam o papel da relação mestre-aprendiz nos caminhos da ciência. No caso em apreço, esta genealogia, preparada por Vera Mainz e Gregory Girolami, foi estabelecida com base nos orientadores de doutoramento quando este foi alcançado mediante investigação científica, ou quando tal não se verificou, como no caso de Anschütz, foi escolhido o mentor que mais influência teve na actividade de investigação, Friedich Kekulé, de quem foi assistente e sucessor no Instituto de Química da Universidade de Bona[99].

Kekulé era um estudante de arquitectura que foi conquistado para a química pelas aulas de Liebig, que frequentava a título de mera curiosidade. Quiçá os seus estudos de arquitectura desenvolveram-lhe uma mente visionária e criativa e deram-lhe a capacidade de imaginar como os átomos se haviam de ligar entre si para formar moléculas, quer no que diz respeito aos átomos de carbono formando cadeias, quer na famosa estrutura hexagonal do benzeno imaginada, segundo ele mesmo afirma, a partir de um sonho havido num autocarro de Londres, em que serpentes mordiam a cauda umas das outras.

A minha genealogia científica mais completa passa a envolver farmacêuticos e médicos (Tabela 3.4) que ensinaram química nas universidades alemãs e, no caso dos médicos, em universidades dos estados italianos. Com inteira verdade direi que toda esta genealogia diz respeito à química da experimentação.

Tabela 3.4 - Genealogia Científica de farmacêuticos (os dois primeiros nomes) e de médicos de Sebastião J. Formosinho (*Chemical Genealogy Database*[101]), dos séculos XV a XVIII.

Farmacêuticos e médicos	período	Ph.D.	Universidade
Johann Göttling	1753-1809	1775	Langensalza
Johann Wiegleb	1732-1800	1765 ca.	Langensalza
Ernst Baldinger	1738-1804	1760	Jena
Andreas Mangold	1719-1767	1751	Erfurt
Georg Hamberger	1697-1755	1721	Jena
Johann Wedel	1675-1747	1697	Jena
Georg Wedel	1645-1721	1669	Jena
Werner Rolfinck	1599-1673	1625	Jena
Adriaan van den Spieghel	1578-1625	1603 ca.	Padua
Giulo Casseri	1552-1616	1580	Padua
Giralamo Fabrici	1533-1619	1559	Padua
Gabriele Fallopio	1523-1562	1548	Ferrara
Antonio Brasavola	1500-1555	1520	Ferrara
Nicolo da Lonigo	1428-1524	1453	Padua

Os meus interesses teóricos, há que reconhecê-lo, provêm da aprendizagem nos domínios da mecânica quântica e da espectroscopia que fiz em Coimbra, ainda assistente. O Prof. Ruy Couceiro da Costa também mostrou interesses teóricos no domínio da mecânica quântica para a «previsão da actividade química». Mas quando eu ingressei na Universidade de Coimbra, em Outubro de 1959, o Prof. Couceiro da Costa já havia falecido. Há alguma influência de Couceiro da Costa, contudo, no meu primeiro artigo científico, que realizei sob orientação do Prof. Pinto Coelho[102]. Trata-se de uma expansão da matematização de curvas de análises condutimétricas de soluções, que ele apresentava com intuitos pedagógicos na disciplina de Química Física que regia[103]. Tema que procurei continuar a investigar – condutibilidade de sais em soluções de metanol – quando estive a exercer funções docentes no Departamento de Química dos Estudos Gerais Universitários de Moçambique, sob a direcção do Prof. José Simões Redinha.

A minha aprendizagem em domínios da mecânica quântica foi feita em Coimbra com colegas mais velhos já doutorados em Inglaterra, os Professores Jorge Veiga e Vítor Gil. O pai-científico do Jorge Veiga foi o Prof. Allan Carrington em Cambridge e o do Vítor Gil foi o Prof. John Murrell em Sheffield. Este modo menos formal de formação teórica, que nessa época não figurava na licenciatura em Coimbra, porém, não é usualmente reconhecido como uma formação com *pedigree*. Sem um verdadeiro mentor nos domínios teóricos, surjo como um auto-didacta no domínio e não represento nenhuma escola de pensamento bem firmada, o que conduz a um certo isolamento de ideias. Esta foi outra das dificuldades que encontrei ao produzir um modelo teórico que se erguia contra uma teoria bem estabelecida — a teoria de Marcus – ou que retomava ideias teóricas de meados da década de trinta – conhecer o estado de transição tão-somente a partir propriedades de reagentes e produtos, abarcando as suas curvas de energia potencial e propriedade electrónicas das ligações químicas («efeito de ressonância») – e já dadas como mortas. Quem creditaria Formosinho nestes domínios teóricos para se atrever a tanto?

De facto estas ideias remontam a conceitos e metodologias bem antigas em cinética química clássica, oriundas de Michael Polanyi. Talvez de uma forma implícita podemos vê-los fluir num ténue veio de genealogia científica: Michael Polanyi, Meredith G. Evans, George Porter – muito influenciado por M. G. Evans que foi seu professor, como referi anteriormente – Sebastião Formosinho. Desta linhagem de cinética química, fui levado a apreciar os valores dos modelos clássicos. Modelos que requerem algum contributo quântico através do «efeito de túnel» – os osciladores moleculares, ou partículas como electrões, podem não possuir a energia para vencer a barreira de energia de reacção, mas podem atravessá-la por *efeito de túnel*. Este sentimento foi reforçado com uma conferência proferida por John Polanyi na *Royal Institution*, durante o meu período de doutoramento. A conferência versou dinâmica molecular e foi muito bem ilustrada por um filme do autor. John Polanyi viria a receber o Prémio Nobel da Química de 1986 por tais investigações. O seu pai, Michael Polanyi, que não chegou a viver o suficiente para assistir a uma tal honra, escreveu a respeito do prazer que o sucesso do trabalho do seu filho John lhe deu, em carta a seu irmão: «*he is about to solve problems I have tried to crack open and failed. That is nice*»[104].

As minhas convicções neste campo foram reforçadas com o desenvolvimento, já em Coimbra, da Teoria de Efeito Túnel para transições não-radiativas e reacções fotoquímicas por confrontação com os modelos de base mecânica quântica de Jortner. Uma visão clássica é, para mim, muito mais heurística do que uma puramente quântica.

Mas muito mais do que algum contributo desta genealogia científica incipiente e muito colateral na minha formação teorizante, trago, contudo, a vantagem de apreciar os domínios a que me dediquei com um «olhar novo». E o facto de neles permanecer há mais de vinte anos, em «salutar atrito» com os meus pares, confere-me alguma maturidade de pensamento.

A minha experiência pessoal sobre o papel social da química

Acabei de recordar algumas das influências que o período de 2º assistente, no Laboratório de Química da Universidade de Coimbra, teve na minha formação científica. Formação que se veio a desenvolver, ao nível da pós-graduação, na *Royal Institution*. Antes de apresentar ao meu leitor o prato forte desta obra, sobre o combate científico que eu e os meus colaboradores travámos com a comunidade científica a respeito de ISM, parece-me oportuno dar um salto no tempo para retomar outras facetas, mais recentes, da minha carreira, estas muito mais ligados com o papel de intervenção social a que a minha actividade como químico me levou a ter.

Sou um investigador que cultivou, com algum sucesso, a investigação fundamental, a química pura e dura. Mas vi-me envolvido em algumas actividades e pesquisas em que mesmo um cientista como eu, com esta formação de ciência fundamental, pode dar, com o seu saber, contributos mais imediatos à sociedade.

A co-incineração de resíduos industriais perigosos e a Comissão Científica Independente

Durante três anos ocupei-me da co-incineração de resíduos industriais perigosos (RIP) a nível de uma Comissão Científica Independente (CCI) nomeada sob uma medida legislativa do Parlamento português para ajuizar, perante o Governo Português e a opinião pública, da segurança do processo. Para já concentremo-nos nalgumas questões de carácter científico e tecnológico.

Neste enquadramento, um dos problemas que me deu alguma satisfação resolver foi o de medidas da *eficiência de destruição* de compostos poliaromáticos aquando dos ensaios de co-incineração de RIP num forno de uma unidade cimenteira nacional. Para além das medidas de emissão de efluentes que foram realizadas nos termos da legislação europeia, pretendia-se aferir da eficiência de destruição (*Destruction Efficiency*, *DE*) das moléculas orgânicas do sistema de co-incineração em fornos de cimenteiras portuguesas. Os primeiros testes completos foram realizados na cimenteira da empresa Secil no Outão. O nosso consultor alemão, Doutor Joachim Lohse, recomendou que a determinação de *DE* devia ser obtida sem agravar o ambiente por contaminação dos resíduos com alguma substância-sonda; devíamos recorrer a algum dos compostos presentes em resíduos já existentes. A escolha recaiu num hidrocarboneto aromático, o naftaleno, presente em lamas de refinarias da indústria petrolífera[105]. Os resultados dos ensaios revelaram, porém, ser impossível obter um valor de destruição de 99,99%, como requer a lei. Isto é, em 10.000 moléculas requer-se que todas as moléculas sejam destruídas menos uma.

Após os ensaios, verificou-se que o uso do naftaleno como «sonda da eficiência de destruição» implicaria uma adição, aos resíduos, de cerca de 100 kg de naftaleno por hora. Para alcançar a necessária estabilização da instalação, tal implicaria a adição de umas quatro a cinco toneladas deste composto aromático. Claramente não era uma solução a poder aplicar no futuro. Mas será que teríamos de desistir da estimativa do *DE*? Como nos resíduos estão presentes outras classes de hidrocarbonetos, a empresa alemã Ergo, encarregada das análises, também mediu *DE* nessas moléculas, mas não se pronunciou sobre os resultados.

As dificuldades com o naftaleno resultam do facto de as medições na chaminé das cimenteiras também quantificarem moléculas presentes no calcário com que se fabrica o cimento. Algumas dessas moléculas não chegam a entrar no forno, pelo que não são destruídas, escapando-se pela chaminé, o que mascara as medições de *DE*. Uma alternativa seria fazer as medições dos efluentes, antes da entrada na chaminé, isto é, logo à saída do forno, na denominada «câmara de fumos». Mas nos fornos da cimenteira em causa não havia aberturas que permitissem recolher os efluentes nestas condições. O problema preocupou-me, porque as medidas de *DE* dessas diferentes substâncias eram todas diferentes, mas nenhuma alcançava o valor legal. Depois de pensar um pouco no problema e tentar diferentes abordagens, um dia acabei por ver a solução já na cama, antes de adormecer. E como sempre, a solução é evidente.

As medidas estão contaminadas pela quantidade de composto aromático presente no calcário. Na chaminé estará presente uma certa quantidade de hidrocarbonetos aromáticos que no forno sobrevive à destruição, *1-DE*, mais a proveniente do calcário e que se escapou directamente para a chaminé (designemo-la por *X*); o que se mede na chaminé é, assim, *1-DE+X*. Estudando os valores de *1-DE* para vários hidrocarbonetos aromáticos em função da sua percentagem no calcário, pode-se extrapolar para fracção zero na pedra, isto é, quando $X \rightarrow 0$, tal como fazemos nas medidas em Calorimetria Fotoacústica em função da intensidade da luz do laser. O valor de *DE* obtido foi uma eficiência de destruição média melhor que 99,988% o que está de acordo com os requisitos legais.

A questão é ainda um pouco mais complicada, porque a facilidade com que as moléculas são destruídas depende de certas características estruturais que são bastante idênticas para este tipo de moléculas. Porém, esta questão já eu a havia abordado teoricamente, recorrendo a ism[106]. Assim se resolveu um problema real em que não é possível trabalhar como no laboratório, por simplificação das condições experimentais.

De alguns anos a esta parte, e com o tradicional atraso português, começámos a ter de lidar com a «cidadania técnica» em questões ambientais. Estamos a percorrer os caminhos de conflitualidade social a propósito do tratamento e produção de resíduos com vista a uma eficaz protecção ambiental e de saúde pública a longo prazo. À semelhança do que se passa em todos os países da União Europeia, a cci, em dois relatórios, concluiu que a co-incineração de rip era um processo adequado para a valorização com eliminação de rip não passíveis de outros processos de reutilização, reciclagem, regeneração, desde que possuam um conteúdo calorífico mínimo e obedeçam a certas condições de composição química.

Das cimenteiras não se pode exigir melhor a respeito da valorização e destruição de resíduos. A co-incineração de rip consegue: i) eliminar resíduos sem acréscimos de riscos a nível local; ii) leva a uma valorização energética dos rip; iii) contribui para um decréscimo do efeito de estufa; iv) tem uma segurança intrínseca decorrente das altas temperaturas que estão associadas à formação do cimento; v) é uma solução economicamente acessível, porque funciona com investimentos e custos marginais à produção de cimento.

Em tais conclusões não se regista qualquer surpresa. Surpreendente foi a reacção social e a rejeição de certas forças políticas do Parlamento contra as conclusões dos relatórios. Um terceiro relatório elaborado por nós, em finais de 2005, sobre tão escaldante tema, no sentido de «articular as práticas de co-incineração com as dos recém implementados CIRVER[107] (Centros Integrados de Recuperação, Valorização e Eliminação de Resíduos perigosos)», apresenta uma reflexão de índole filosófica e sociológica sobre as causas de tão veemente rejeição[108]. As razões são muito diversificadas. Umas prendem-se com o conceito de *risco* e como este pode ajudar as pessoas a compreender e a lidar com os perigos e as incertezas da vida. Neste campo há semelhanças entre tais comportamentos e o modo como o homem mais primitivo desenvolveu estratégias de sobrevivência, mediante o *reconhecimento de padrões* e o seu reforço mediante práticas de superstição e de magia.

A respeito da gestão e tratamentos de resíduos, e perante a ansiedade que eles lhes causam quando tratados à porta de casa, as pessoas procuram conforto numa opinião superior. O recurso a uma opinião superior e mais creditada, como a de um «mágico», atenua a ansiedade. Na co-incineração, as opiniões mais creditadas de um tipo de carácter mágico, são as de ambientalistas, a respeito do meio ambiente, e de médicos, a respeito da saúde humana. Neste tocante, em Portugal as opiniões dos cientistas não se revestem de uma tal magia, se bem que quase todos os intervenientes na contestação invocassem a ciência. Fica mal não o fazer!

A título exemplificativo de um certo tipo de atitude «ambientalista», regista-se uma resposta que me recorda a figura do comerciante português nas obras do Tintin, o Senhor Oliveira Figueira, que tudo vende. Disse o nosso ambientalista, para defender o projecto dos tais centros portugueses CIRVER: «Na co-incineração nunca se sabe se os filtros estão a funcionar bem e pode haver perda de poluentes para a atmosfera; já nos aterros, os contaminantes estão bem isolados e sabe-se que não há fugas para o ambiente!».

Para ver da qualidade do funcionamento filtros há medições regulares de emissão de poeiras e de acumulação de poluentes em redor da cimenteira. Quanto ao isolamento da matéria orgânica em aterros, o que podemos dizer é que certos estudos arqueológicos nos mostram que é possível preservar matéria orgânica na escala dos milhares de anos, em condições de estabilidade fortemente anaeróbicas ou a muito baixas temperaturas. Claramente, a matéria orgânica não será isolada nos CIRVER em condições tão sofisticadas. O que se pode dizer é que haverá uma acção transformadora por microorganismos sobre a enorme variedade de compostos orgânicos depositados em aterro. Não está provada a eficácia da decomposição no solo de todos os contaminantes orgânicos persistentes. Acresce que não se conhece a matéria orgânica utilizada para esta decomposição, bem como a sua eficácia na decomposição dos RIP, nem mesmo a eficácia da matéria orgânica utilizada quanto à conservação dos solos. Existem demasiadas incertezas para tal solução vir a ser considerada válida e sem impactos ambientais bastante negativos.

Outra fonte de dificuldades provém de uma prática política que, no nosso país, ainda mantém muitas das características do século XIX. Muda-se de partido no poder, muda-se de opinião, contrariando por demasiadas vezes decisões do partido do nosso rotativismo político. Um governo procurou implantar a co-incineração; o governo seguinte rejeita-a.

Quando a CCI acabava de dar a sua conferência de imprensa para apresentação do seu extenso 1º Relatório, passado meia hora, o líder da oposição afirmava que com certeza haveria quatro ou cinco cientistas que contestariam este relatório. Com tais afirmações, informou o país de que a luta era político-partidária e não científica.

O *medo*, por ser subjectivo, não precisa de razões, é em si mesmo uma razão. Como tal pode ser esgrimido em pé de igualdade contra outras razões, mesmo que estas sejam científicas, internacionais, fundamentadas e verificáveis. Assim se constrói em Portugal uma «polémica», um jogo em que alguns actores nada têm por detrás do seu discurso. É pois arma muito conveniente para as lutas partidárias por conquista de votos. Como uma das localizações para a co-incineração era a povoação de Souselas, a uns 10 km de Coimbra, todo o processo teve impacto na cidade. Ouvi dizer que a escolha de »Coimbra» diminuía a auto-estima da cidade.

Direi a tal respeito, que o aumento da auto-estima da Cidade talvez se possa fazer com mais e melhor ciência[109]. Nunca se fará por rejeição da ciência! É bom atentar na lição que, a este respeito, nos vem da Igreja Católica ao reconhecer, no papado de João Paulo II, o erro causada pela rejeição da ciência pela religião no «caso Galileu». E as razões eram boas: a Igreja sentiu que ao aceitar que a Terra andaria à volta do Sol, e não o contrário como se julgava antes de Copérnico e de Galileu, estaria a rejeitar um *sinal material* de grande evidência sobre a centralidade do homem no universo. A cosmogonia bíblica, tal como o sistema ptolomaico, conferia ao homem um lugar no centro do universo. Copérnico mudou o seu referencial para o Sol, porque o panorama celestial visto a partir desta estrela lhe conferiu maior satisfação intelectual do que quando visto a partir da Terra. Assim, em palavras de Michael Polanyi, «se abandonou a antropocentrismo grosseiro dos nossos sentidos, a favor de um antropocentrismo mais ambicioso, o da nossa razão»[110]. É que, como escreveu o geómetra e teólogo protestante Isaac Barrow: «Os olhos da mente vêem mais do que os do corpo»[111].

Todo o cenário de contestação à co-incineração vem a ser amplificado por uma comunicação social pós-moderna, em que tudo é convertível em «espectáculo de vida» e em notícias para vender. «A suposta neutralidade da imprensa é facilmente desmistificada quando se descobre que os intervenientes na tal «polémica» foram procurados em casa, para se manifestarem livre e «espontaneamente» sobre um assunto de que muitas vezes acabam de ter conhecimento. E tudo que é novo, mesmo que velho noutros lugares, pode sempre ser achado perigoso, e assim quem não o achava perigoso passou a achar, só porque ouviu dizer que assim era. Foi precisamente neste contexto que um Diário Regional afirmou em editorial que não valia a pena a CCI tentar explicar que a co-incineração não era perigosa, porque se as pessoas pensavam que o era, então, por via desse pensamento, passava necessariamente a sê-lo; é claro que o dito Diário fazia todos os esforços para que as pessoas pensassem que a co-incineração era perigosa»[112].

Há uma tendência de certos ambientalistas para «diabolizar» os processos de queima, dado gerarem dioxinas. As propostas governativas dos CIRVER, sem qualquer processo de queima, vêm nesta linha. É enorme, todavia, a gama de produção de dioxinas nos processos de queima[113]. Por isso, não se podem confundir os diferentes processos de queima de resíduos ou de combustíveis preparados a partir deles.

No presente, a maior fonte de produção de dioxinas na Europa é a proveniente da queima de RSU (resíduos sólidos urbanos) em incineradoras[114]; praticamente 0% em emissões para o ar, mas elevada (34%) em descarga de dioxinas para resíduos sólidos e líquidos. Esta produção elevada resulta de uma combustão em bruto da massa de RSU altamente heterogénea e variável, difícil de controlar em processos de combustão. Uma nova geração de incineradoras RSU está a começar a operar e os seus níveis de produção de dioxinas são baixos e idênticos aos das cimenteiras[115]. A sua base tecnológica é a pirólise ou a gasificação, metodologias já bem estabelecida para o carvão e para a madeira e que estão a ser alargadas a um combustível muito mais heterogéneo e difícil de lidar como são os RSU[116]. Algumas destas incineradoras recuperam, sob formas não-oxidadas, os metais ferrosos e não ferrosos para reciclagem.

Virão a constituir uma boa prática para a gestão de RSU, porque permitem combustões bem mais controladas e conduzem a níveis de emissão de dioxinas idênticos aos da produção de cimento[117]. Eis como, fruto da preparação de um combustível para ser queimado em condições controladas, se pode passar de uma elevada fonte de produção de dioxinas para uma situação que não suscita qualquer preocupação; valores inferior a 0,04% da fracção do consumo diário de dioxinas por indivíduo, o que é um risco inteiramente negligenciável[118].

O que mais me marcou neste exercício de interacção da ciência com as forças sociais, foi a acção sistematicamente desconstrutora de quase todos os intervenientes sociais, procurando recorrer a termos científicos e apregoando que se debatia ciência. Nada disso! A ciência corresponde a um esforço muito nobre e enfocado para se alcançarem consensos entre cientistas reconhecidos. O que se passou na sociedade portuguesa a respeito da co-incineração de RIP, foi precisamente uma busca sistemática dos intervenientes sociais para contrariar e desmontar a estrutura científico-tecnológica que o mundo ocidental alcançou a respeito deste método de gestão de RIP. Esta atitude da sociedade portuguesa prende-se igualmente com o «relativismo social» da sociedade pós-moderna. Será tema a retomar mais adiante.

O desenvolvimento de uma nova molécula para a terapia fotodinâmica

A terapia fotodinâmica (PDT *photodynamic therapy*) consiste na administração de um fotossensibilizador inócuo para um ser vivo, até ao momento em que é iluminado. A energia da luz absorvida pelo sensibilizador é transferida para o oxigénio molecular que atinge um estado muito reactivo, designado por «oxigénio singuleto». Neste estado de alta energia, o oxigénio consegue oxidar o meio biológico em que se encontra e conduzir à morte celular. As perspectivas abertas à Medicina pela utilização da PDT no tratamento de doenças, foi logo reconhecida pelo Comité Nobel em 1903, na atribuição do prémio Nobel da Fisiologia ou Medicina desse ano a Niels Finsen. Hoje em dia são vários os países em que a PDT é utilizada no tratamento de diversos tipos de cancro. A utilização prática da PDT continua condicionada, todavia, pela relativa ineficiência dos fármacos utilizados, em particular a Photofrin que é o líder deste mercado.

A optimização de fotossensibilizadores implica a modelação molecular de várias propriedades tendo em vista: 1) o aumento da quantidade de luz absorvida para a mesma dose de fotossensibilizador; 2) o desvio da absorção para o infravermelho, onde os tecidos são mais transparentes; 3) o aumento da eficiência da transferência de energia para o oxigénio; 4) a fácil eliminação do fotossensibilizador depois do tratamento; 5) a maior economia na produção do fotossensibilizador; 6) o aumento da especificidade do fotossensibilizador pelas células tumorais.

O antigo «*Laboratorio Chymico*» da Faculdade de Ciências da Universidade de Coimbra deve muito do seu corpo docente à visão do Doutor Fernando Pinto Coelho, seu professor catedrático de química-física no terceiro quartel do século XX. Ao ascender à cátedra por falecimento do Doutor Ruy Couceiro da Costa, e beneficiando da política de estratégia científica do Governo para a criação de Centros de Estudos Nucleares, vem a recrutar, em articulação com o Director do *Laboratorio Chymico* Prof. Andrade Gouveia, um conjunto de futuros docentes cujos doutoramentos foram preparados em países estrangeiros e em diferentes domínios: radioquímica, espectroscopias de ressonância magnética nuclear e electrónica, infravermelho, Raman, e domínios mais vastos como fotoquímica, química inorgânica, etc.. Daí saíram os lideres da maioria dos grupos de investigação hoje existentes no Departamento de Química da Universidade de Coimbra e mesmo de alguns grupos da Universidade de Aveiro. Com esta estratégia veio a criar-se em Coimbra um Departamento de Química forte em química-física, onde há pouca sobreposição nas áreas científicas dos diferentes grupos e, consequentemente, pouca competição científica interna. Se isto foi uma inegável vantagem durante uma ou duas décadas, a evolução das estruturas sociológicas da ciência passou a requerer uma maior focalização em temas comuns e, inevitavelmente, requer o desenvolvimento de complementaridades e pontos de intersecção entre distintos grupos de investigação.

Em 1994 desenvolvemos uma estratégia para atacarmos problemas novos mobilizando certas competências do Departamento de Química. Para os domínios da reactividade química e fotoquímica foi mobilizado o grupo de Fotoquímica, comigo e com o Luís Arnaut, e para a síntese de porfirinas e moléculas semelhantes, veio a terreiro o grupo de Química Orgânica, dirigido pelo Doutor Rocha Gonsalves e com alguns colaboradores como os Doutores Mariette Pereira, Abílio Sobral e Marta Pineiro. Guiados pelos conhecimentos teóricos do meu grupo e dos conhecimentos de síntese dos químicos orgânicos, foram publicados diversos artigos[119] sobre novas moléculas para «terapia fotodinâmica», e este caminho acabou por conduzir ao desenvolvimento de uma molécula da família das bacterioclorinas. Esta classe de moléculas é potencialmente 400 vezes mais eficaz que o Photofrin, que é o primeiro fármaco aprovado neste domínio. Graças a quê? Graças a: i) uma melhor absorção na região espectral da luz vermelha – a janela terapêutica onde a pele é transparente –; ii) um maior coeficiente de extinção, que leva a absorver quase 100% dos fotões com o adequado comprimento de onda, enquanto o Photofrin só absorve 20% desses fotões; iii) ainda fruto de um bom rendimento de formação de «oxigénio activo» via a formação de «estado tripletos» T_1 da molécula. É o oxigénio activo (oxigénio molecular no estado singuleto $^1\Delta_g$) que mata as células cancerígenas por um processo natural que não deixa cicatrizes[120], e esta circunstância é de grande relevância sob o ponto de vista médico. A molécula criada tem uma síntese química simples e, consequentemente, pouco dispendiosa, o que, caso a molécula se revele clinicamente adequada e se transforme num fármaco, pode embaratecer este tipo de promissor tratamento. Acresce que este tipo de moléculas, a absorver entre 700 nm e 800 nm, permite o recurso a lasers de diodo que são mais económicos, de menores dimensões, mais portáteis e de desempenho mais robusto.

A consulta do «banco de dados das patentes» revelou-nos a existência de duas ou três patentes recentes para PDT com bacterioclorinas naturais modificadas. Começa a haver uma convergência de interesses neste tipo de moléculas para PDT. Em Junho de 2004, este material ainda não tinha chegado à bibliografia dos artigos científicos. Tais moléculas também têm as vantagens já por nós apontadas sob o ponto de vista físico, mas mantém a complexidade da síntese química ou recorrem a culturas biológicas de certas bactérias para extrair o produto desejado. A dúvida que sempre se levantou na comunidade especialista é «serem as bacterioclorinas instáveis». Tal não é o caso com as moléculas que desenvolvemos em que a estabilidade é fruto, pelo menos parcialmente, da incorporação de átomos de halogéneos que têm um efeito remotor de electrões. Abrem-se novas perspectivas no campo com baterioclorinas estáveis. Outros tipos de moléculas com potencial em PDT também foram encontradas, mas num grupo que tem uma cultura de heterodoxia científica, a aposta deve concentrar-se no material mais heterodoxo, em que o potencial de valor acrescentado é mais elevado, se bem que o risco seja proporcionalmente mais elevado.

Qual a razão deste sucesso químico? De algum modo, julgo ser sempre fruto de sermos recém-chegados ao campo e vê-lo com um olhar renovado. Acresce ainda a vantagem de abordar problemas químicos com um «modo de ver» físico. O acaso e a intuição química são, por vezes, causas de extraordinárias descobertas. Mas há demasiadas moléculas, estados electrónicos excitados e reacções, para que neste labirinto se caminhe ao escuro. Carecemos de ser guiados experimentalmente por algumas teorias explicativas, o que o grupo de fotoquímica dispunha de há muito e com longa experiência no campo. Delas falaremos um pouco mais no Capítulo 4, mas o contributo maior veio da Teoria de Efeito Túnel por nós desenvolvida nos inícios da década de 70.

Recomendo que a abordagem da PDT não dispense os químicos. Hoje, química é muito sinónimo de inovação, se bem que de uma inovação que não tem um protagonista único mas que é fruto de um trabalho incremental. O que hoje se requer neste domínio é a constituição de equipas com físicos, com químicos, com biólogos, com farmacêuticos e com médicos, em que cada um traz a sua competência específica e todas se complementam.

No mundo de hoje, mesmo em Portugal, há uma necessidade de divulgação por parte das universidades e dos seus investigadores de sucessos relevantes para o grande público. Acresce o contexto de competição por fundos e por alunos, que exigem uma certa propaganda da imagem da instituição. No caso vertente, trata-se do Departamento de Química e da Universidade de Coimbra. Tudo isto fez notícia nos meios de comunicação do país por meados de Junho de 2004 –«desenvolvimento de uma nova molécula para o tratamento do cancro». Toda a dimensão da problemática farmacêutica e médica da exploração deste novo tipo de molécula transcende em muito as capacidades e recursos materiais e humanos do nosso país. Mas o ataque químico-físico do problema tinha uma dimensão que nos era acessível e podemos considerá-lo bem sucedido.

É digno de menção que, neste contexto competitivo, em 2001 havíamos submetido a publicação no *Journal of American Chemical Society* um artigo sobre o denominado «efeito do átomo pesado» na PDT; a importância da introdução de átomos de metais e de halogéneos (essencialmente cloro e bromo) nas moléculas em estudo. Este efeito teve de ser estudado teoricamente com a Teoria de Efeito de Túnel incorporando o acoplamento spin-orbital, porque o efeito de átomo pesado aumenta quer a conversão $S_1 \rightarrow T_1$ (favorável à formação do oxigénio activo), quer a conversão $T_1 \rightarrow S_0$ que é desfavorável à formação de oxigénio activo. A questão resolve-se escolhendo a posição da introdução dos átomos de halogéneo, de modo a que aumente bastante a conversão não-radiativa $S_1 \rightarrow T_1$ e quase não altere a conversão não-radiativa $T_1 \rightarrow S_0$[121]. O artigo foi rejeitado por «não se revestir de interesse geral». Acabámos por o publicar noutra revista científica[122]. Em 2004, de uma universidade irlandesa, vem a surgir no *J. Am. Chem Soc.* um artigo científico a apontar idêntica importância para a incorporação de átomos de halogéneos nas moléculas para PDT. Nestas questões das publicações científicas há questões de moda, que variam facilmente com o tempo, e tudo depende bastante dos *referees* que se tem a sorte ou o azar de apanhar. Sendo certo que há muitos cientistas a entender que nada de muito relevante poderá provir de portugueses a trabalharem em Portugal. Em qualquer caso, por essa altura já tínhamos alcançado o sucesso químico desejado[123].

Foi registada uma patente nacional em França. O seu posterior desenvolvimento ultrapassa-nos como químicos. Uma universidade não tem a capacidade para defender uma patente a nível europeu ou mundial. E não se vai muito longe se não houver uma grande indústria farmacêutica interessada. Tal só merece verdadeiro interesse quando o novo composto se mostra medicamente eficaz em dois «modelos animais». Termino por aqui esta história, porque entramos no campo da «ciência proprietária».

O panorama na indústria farmacêutica foi sempre um cenário de risco, mas risco calculado. Nos nossos dias, o potencial de risco é mais elevado, em parte pelas preocupações de segurança nos medicamentos e pelas pressões decorrentes da necessidade dos governos europeus e do Canadá em diminuir os custos com a saúde pública. Igualmente a inovação farmacêutica, que tem sido notável, é muitas vezes erodida nos seus lucros pelo aparecimento de medicamentos do tipo *«moi aussi»*, que aportam somente pequenas melhorias mas com custos de investigação muito menores, o que tem vindo a desincentivar a capacidade de inovação da própria indústria do medicamento. Em 2003 alcançou-se o mínimo em novas substâncias activas lançadas no mercado, tão-só trinta!

O tempo médio que demora um medicamento a existir, desde que foi descoberto em laboratório até ser colocado no mercado, ronda os 10 a 15 anos. Este tempo onera o medicamento, mas confere-lhe maior segurança de utilização. E hoje a sociedade parece estar satisfeita com o nível de qualidade de vida que alcançou e quer arriscar menos.

Em 2010 prevê-se que as dez doenças mais correntes – obesidade, hipertensão crónica, aterosclerose, arritmias ventriculares, cancro do pulmão, sinusite crónica, enxaqueca, diabetes do tipo-II, cancro colorectal, fragilidade dos idosos – representarão praticamente metade do mercado global da indústria farmacêutica mundial. E as melhores oportunidades de sucesso comercial continuarão reservadas aos medicamentos que fazem o mesmo que os actuais: «ajudam dois terços dos pacientes e não têm qualquer efeito sobre o restante terço»[124].

Notas

[1] K. J. Laidler; «To Light such a Candle», Oxford University Press, Oxford, 1998, págs. 2-5.

[2] K. Reat e G. Munley, «Justus von Liebig: an Educational Paradox»; http://www.woodrow.org/teachers /chemistry/institutes/1992/Liebig.htm; 17 Setembro 2004.

[3] J. Ziman, «The Force of Knowledge. The scientific dimensions of society», Cambridge University Press, Cambridge, 1982, págs. 131-133.

[4] Igualmente nos nossos dias, os professores de química das universidades dos Estados Unidos doutoraram-se e realizaram pós-doutoramentos num número muito limitado de universidades.

[5] L. White, «Medieval Technology and Social Change», Oxford, 1962, pág. 40; citado por D. Knight, «Ideas in Chemistry. A History of the Science», The Athlone Press, Londres, 1995, pág. 62.

[6] Knight, *ob. cit.*, pág. 64.

[7] Modernamente, até ao nível de pós-doutoramento.

[8] Knight, *ob. cit.*, pág. 110.

[9] R. M. Barrer, «Sir Eric Keightley Rideal», *Chem. Britain*, 11, 231 (1975).

[10] F. L. Holmes e T.H. Levere (eds.), «Instruments and Experimentation in the History of Chemistry», The MIT Press, Cambridge, Massachusetts, Introduction, pág. x.

[11] M. Freemantle, «Chemistry at its Most Beautiful», *Chem. Eng. News*, (2003) 25 Agosto, 27-30.

[12] Knight, *ob. cit.*, pág. 123.

[13] R. Hoffmann; «The Same and Not The Same», Columbia University Press, New York, 1995, fig. 1.1, pág. 39.

[14] «A Plataforma da Inovação Farmacêutica», Apifarma, Lisboa, 2005, pág. 28.

[15] *Ibid*, pág. 70.

[16] *Ibid.*, pág. 10.

[17] Tal corresponde a 10% do total do orçamento de I&D nos países da OCDE.

[18] *Ibid.*, págs, 11, 19.

[19] R. Baum, «Porque será a Química a ciência esquecida?», *Bol. Soc. Port. Quim.*, nº 62 (1996).

[20] Knight, *ob. cit.*, pág. 175.

[21] R. Hoffmann; «The Same and Not The Same», *ob. cit.*, fig. 1.1, pág. 4.

[22] R. L. Weber, em «A Random Walk in Science», Institute of British Publishing, Bristol, 1992, pág. 7.

[23] Knight, *ob. cit.*, pág. 70.

[24] Knight, *ob. cit.*, págs. 75-77, 80.

[25] Na Universidade de Coimbra e em quase todas as Faculdades, com excepção da de Medicina, ainda se recorre ao grau académico e não à categoria profissional para os professores universitários. Mantenho neste enquadramento a tradição coimbrã.

[26] P. Atkins, «Galileo's Finger», Oxford University Press, Oxford, 2003 , págs. 83, 84.

[27] Pelo menos uma molécula de cloro terá absorvido, simultaneamente, dois fotões de luz vermelha.

[28] Citado por R. Hoffmann, «Porquê seguir esta teoria?», *Bol. Soc. Port. Quim.*, 89, 63-66 (2003).

[29] P. Strazewski, «A Pleading for Chemistry», *Chymia*, 51(3), 69-75 (1996).

[30] R. J. P. Williams, J. J. R. Fraústo da Silva, «The Trinity of Life: the genome, the proteome and the mineral chemical elements», *J. Chem. Educ.*, 81, 738-749 (2004); R. J. P. Williams, J. J. R. Fraústo da Silva, «Evolution was chemically Constrained», *J. Theor. Biol.*, 220, 323-343 (2003).

[31] Knight, *ob. cit.*, pág. 171.

[32] Knight, *ob. cit.*, pág. 88.

[33] Knight, *ob. cit.*, pág. 158.

[34] Knight, *ob. cit.,*, págs. 90, 97.

[35] T. H. Levere, «Measuring Gases and Measuring Goodness», em *Instruments and Experimentation in the History of Chemistry, ob. cit.*, págs. 105-135; pág. 108.

[36] *Ibid.*.

[37] P. Atkins, «Molecules», 2nd ed., Cambridge University Press, Cambridge, 2003

[38] J. Schwarz, «O Génio da Garrafa. A química fascinante do dia-a-dia», Gradiva, Lisboa, 2005; «Let Them Eat Flax», ECW Press, Ontario, 2005.

[39] B. Lomborg, «The Skeptical Environmentalist», Cambridge Univ. Press, Cambridge, 2001, págs. 215, 216.

[40] B. Lomborg, *ob. cit.*, págs. 216-218, 229.

[41] Dois ou três dias após o conclave que elegeu o Papa Bento XVI, encontrava-me no bar do meu departamento a falar com o colega Doutor Manuel Alves da Silva, professor catedrático jubilado da Universidade de Coimbra. Referia-se ao problema do «fumo negro/fumo branco» que, segundo a imprensa, tinham procurado resolver por adição de «químicos» na salamandra onde os votos dos cardeais foram queimados. Claro que deviam ter dito «compostos químicos» ou substâncias químicas; a língua inglesa distingue bem: *chemists* (químicos–pessoas) de *chemicals* (compostos químicos). E esta coisa de químicos queimados numa fogueira cheira logo a Inquisição. Sugeriu pois o Doutor Alves da Silva que, em língua portuguesa, se pudesse utilizar *quémicos*, palavra com a mesma raiz de química, para designar compostos químicos, reservando *químicos* somente para as pessoas que exercem a profissão.

[42] Knight, *ob. cit.*, págs. 103, 163, 176.

[43] Knight, *ob. cit.*, pág. 176.

[44] Este tipo de incómodo dura, em geral, uma semana.

[45] K. M. Paulus, «The Chemistry of Drinking Water. Purification», *Chemistry*, American Chemical Society, Outono 2003, pág. 17.

[46] A água oxigenada é uma solução aquosa de peróxido de hidrogénio.

[47] «Beyond the Molecular Frontier. Challenge for Chemistry and Chemical Engineering in the 21st Century», The National Academic Press, Washington D.C., 2003, pág. 190.

[48] A. J. Lieberman e S. C. Kwon, «Facts versus Fears: a review of the greatest unfounded health scares of recent times», American Council on Science and Health, New York, 1999.

[49] A. Lattes, «What if all chemists went on strike?», *Chemistry International* (IUPAC), 25, nº 6, 16, 17, Nov.-Dec. (2003).

[50] «Quick as a Flash», entrevista com Sir George Porter, *Chem. Brit.*, 11, 398 (1975).

[51] M. G. Evans esteve associado a Michael Polanyi na invenção da Teoria do Estado de Transição e sucedeu-lhe na cátedra.

[52] W. Lepkowski, «Public Science drives innovation», *Chem. Eng. News*, Setembro, 1997, págs. 24-26.

[53] Beyond the Molecular Frontier, pág. 13.

[54] D. Parker, *Chemistry in Britain*, comment 1999.

[55] J. Jortner e C. N. R. Rao, «Nanostructure advanced materials: Perspectives and directions», *Pure Appl. Chem.*, 74, 1491-1506 (2002).

[56] J. Sjöström, «Beyond Classical Chemistry: Subfields and metafields of the Molecular Sciences», Chemistry International, IUPAC, September/October, 28, 9-13 (2006)

[57] Beyond the Molecular Frontier, *ob. cit.*, pág. 18.

[58] A. W. Czarnik, «Special issue on combinatorial chemistry», *Acc. Chem. Res.*, 29, 112-113 (1996).

[59] Knight, *ob. cit.*, pág. 159.

[60] Esteve presente um participante do México.

[61] B. Bensaude-Vincent e I. Stengers, «A História da Química», Instituto Piaget, Lisboa, 1996, pág. 196.

[62] «Charles-Adolphe Wurtz (1817-1884). Accounts of the Sessions of the International Congress of Chemists in Karlsruhe, 3, 4 and 5 September 1860»; internet; http://web.lemoyne.edu/~giunta/karlsruhe.html, 29 Abril 2005.

[63] Mathias de Carvalho e Vasconcellos nasceu em Ourentã (Cantanhede), doutorou em 1854. Foi director da Casa da Moeda em Lisboa «fruto das habilitações especiais que adquiriu em análise química». Político e diplomata, foi Ministro dos Negócios Estrangeiros, Ministro de Estado honorário. Nas actas do congresso de Karlsruhe figura como «Mide Carvalho». O seu nome científico, como figura nos relatórios da Faculdade de Filosofia e na revista *Instituto*, é Mathias de Carvalho. Presumo que Mide Carvalho é uma transcrição errada do nome registada, quiçá por anotação à mão de Kékulé: M. de Carvalho, M. de Carvalho. Conforme consta na *Memória Histórica da Faculdade de Philosophia* de Simões de Carvalho: i) «Este professor concorreu muito para estreitar as relações literárias da Universidade com as Academias das ciências e sábios distintos da França e da Bélgica, conseguindo valiosos donativos de livros, memórias e jornais para a biblioteca de Coimbra» (pág. 52); ii) «Em 5 de Dezembro de 1857 foi lido e aprovado no Conselho da Faculdade de Filosofia o programa de estudos de física e química a que deve satisfazer o vogal dr. Mathias de Carvalho na sua viagem a países estrangeiros». (pág. 144) «Em 18 de mesmo mês, por portaria do ministério do reino, foi concedida autorização para o dr. Mathias de Carvalho ir estudar para Paris a parte prática de química e física»; iii) «Foi encarregado o dr. Mathias de Carvalho, durante a sua viagem em França, de contratar um homem prático para vir a Coimbra ensinar os guardas e ajudantes dos estabelecimentos de história natural» (pág. 145); iv). «Em Outubro de 1858 há registo que passou a estudar química orgânica com Wurtz, em Paris, depois de ter concluído os seus trabalhos na Casa da Moeda de Paris» (pág. 148).

[64] Knight, *ob. cit.*, pág. 151.

[65] Com objectivos de ensino, foi nesta época que surgiu o famoso aparelho de Kipps para a geração de H_2S, para separação de metais, por precipitação selectiva de sulfuretos.

[66] Mathias de Carvalho, num dos seus relatórios à Faculdade de Ciências (*Instituto*, vol 8, nº 2, pág. 20), anda ironicamente atento quando escreve em 1860: «A industria metallurgica tão poderosamente contribui para o progresso material das nações, que é considerada como a primeira entre todas as industrias. [...] O ferro é tão importante metal, que todo o pais civilizado julga-se mais feliz de poder com vantagem explorar minas de ferro, do que se possuísse as minas de Putozzi; nós e os nossos visinhos bem sabemos, que houve nações, que com o ouro de todo o mundo nunca poderam formar riqueza, em quanto que a Inglaterra com o ferro e a hulha, dictou as leis à terra inteira». Potosi é um famoso centro mineiro, localizado nos Andes bolivianos fundado em 1546 após a descoberta de importantes minas de prata. Foi declarado Património Natural e Cultural da Humanidade.

[67] C. Fiolhais, «A Coisa Mais Preciosa que Temos», Gradiva, Lisboa, 2002, págs. 157-176.

[68] Convém distinguir entre conceitos de fé. A Fé em Deus, a *fé religiosa*, como o abandono confiante de qualquer pessoa a Deus; é uma atitude mental de origem sobrenatural mas também um compromisso prático. A *fé secular* como a adesão intelectual a verdades como, por exemplo, a teorias científicas. Também neste campo se incluiu a passagem do assentimento ao compromisso de luta e de defesa pelo triunfo de tais estruturas cognitivas. Este tipo de atitude vai para além da razão que a sustenta e tem um carácter metafísico.

[69] D. M. Ruivo, «Aspectos da Cultura Científica Portuguesa até 1772», tese de doutoramento, Universidade de Coimbra, 1997; versão revista em Fevereiro de 2000, pág. 16.

[70] Martins, *ob. cit.*, págs. 19 e 20.

[71] Martins, *ob. cit.*, pág. 95.

[72] H. S. van Klooster, «Friedrich Wöhler and his american pupils», *J. Chem. Educ.*, 21, 158 (1944).

[73] C. A. Browne, «Bernhard Tollens (1841-1918) and some american students of his school of Agricultural Chemistry», *J. Chem. Educ.*, 19, 253 (1942).

[74] Em 9 de Março de 1869 foi lido e aprovado em Conselho Escolar o contrato celebrado com químico alemão, Dr. Tollens, para em 21 de Janeiro de 1870 ter o Dr. Tollens dado a sua demissão do cargo. Muito possivelmente a escolha de Tollens foi fruto de alguns caminhos abertos por Mathias de Carvalho que havia estudado com Wurtz em Paris entre 1859 e 1860, e que havia sido encarregado pela Faculdade, durante a sua viagem em França, de contratar um homem prático para vir a Coimbra ensinar os guardas e ajudantes dos estabelecimentos de história natural».

[75] A. J. Ferreira da Silva, «Joaquim dos Santos Silva. Necrologia», *Rev. de Chim. Pura e Ap.*, 2º ano, nº 4, 117 (1906).

[76] «Memória Histórica da Faculdade de Philosophia», Imprensa da Universidade, Coimbra, 1872, págs. 180, 187

[77] «Esta casa serviu ultimamente de habitação ao dr. Tollens; mas é muito pequena para habitação, sem chaminé, e é inteiramente indispensável [para guardar máquinas de maior volume que não deve estar expostas à acção de vapores ácidos]» em «Memória Histórica da Faculdade de Philosophia», pág. 185.

[78] W. H. Brock, «The Fontana History of Chemistry», Fontana Press, Glasgow, 1992, págs. 205, 206.

[79] Brock, *ob. cit.*, pág. 206.

[80] A 8 de Junho de 2005 celebrou-se o centenário do seu nascimento.

[81] E. F. Pinto Basto, *Revista da Faculdade de Ciências*, Universidade de Coimbra, vol 1, pág.42 (1931).

[82] J. M. Porto, «Alguns problemas da Universidade de hoje», *Anuário da Universidade de Coimbra* 1940-41.

[83] Esta acção de fomento da investigação veio a ser focalizada no Instituto para a Alta Cultura, criado em 1937, e posteriormente Instituto de Alta Cultura.

[84] Fruto de subsídios concedidos pelo Instituto de Alta Cultura e do Fundo Sá Pinto da Universidade de Coimbra e ao empenho do director do laboratório, Prof. Egas Pinto Basto.

[85] J. Pereira Dias, *Revista da Faculdade de Ciências*, Universidade de Coimbra, vol 8, pág. 164 (1939).

[86] Análises de águas termais, análises de minérios, estudos de produtos naturais em plantas portuguesas do continente e das colónias, estudos de conservas de peixe, estudos de farinhas, etc.

[87] Uma tese de Ph.D. (*Philosophy Doctor*) em 1934 e a outra (1943) para professor extraordinário.

[88] É professor catedrático jubilado de química na Universidade do Algarve e exerceu funções de Reitor, como Professor Decano da universidade.

[89] «Transições Não-radiativas do Benzeno em Fase Gasosa a Baixas Pressões», tese (1978).

[90] Professora auxiliar na Universidade de Trás-os-Montes e Alto Douro.

[91] «O Método da Inferência Forte como Estratégia de Treino do Raciocínio Indutivo», tese (1995).

[92] V. Crespo, «Uma universidade para os anos 2000. O ensino superior numa perspectiva de futuro», Editorial Inquérito, Sintra, 1993, pág. 42.

[93] Crespo, *ob. cit.*, pág. 58.

[94] Houve outras do meu conhecimento em microanálise, fruto do empenho do Doutor Couceiro da Costa, e cromatografia gasosa. Esta última técnica em que Abílio Marques da Silva tinha bom conhecimento permitiu o estudo de efeitos de pressão na formação do tripleto do benzeno, tema da sua tese de doutoramento.

[95] Em 1980 o Governo criou este tipo de escolas nas universidades portuguesas, que funcionariam caso a caso, quando solicitado pelas universidades. A medida terá sido extemporânea, porque nenhuma universidade a pôs em funcionamento. Mas a falta de adesão prende-se também com o perigo que a universidade portuguesa sentiu de, a partir daí, haver uma discriminação entre professores com base na investigação e na pós-graduação. E os interesses corporativos preferiram o modelo de «café para todos». Outros passos estruturantes para a universidade surgiram em 1980 e 1981, que não suscitaram resistências no seu seio, porque obedeceram ao esquema de uma legislação optativa e encontraram ressonâncias em alguns dos sectores mais dinâmicos e ávidos de mudança na universidade. Sobre estes passos consulte a obra de Vítor Crespo já citada. Registo, a este propósito, a dedicatória que após no livro que me ofereceu: «Ao meu Amigo, Doutor Formosinho, com quem tive a felicidade de partilhar muitas das ideias que em conjunto elaborámos para uma melhor Universidade».

[96] A. J. Andrade de Gouveia, *Revista da Faculdade de Ciências*, Universidade de Coimbra, vol 29, pág. IV (1960).

[97] J. Gil; «Portugal, Hoje. O medo de existir», Relógio D'Água, Lisboa, 2005, págs. 15

[98] V. V. Mainz e G. S. Girolami, «Chemical Genealogy Database», http://www.scs.uiuc.edu/~mainzv/ Web_Genealogy/index_home.htm; 16 Setembro 2004.

[99] G. B. Kauffman, «Richard Anschütz (1852-1937), Kekulé's Forgotten Successor», Part I: the life, *J. Chem. Educ.*, *59*, 627 (1982); Part II: the work, *J. Chem. Educ.*, *59*, 745 (1982).

[100] Mainz e Girolami, «Chemical Genealogy Database», *ob. cit.*.

[101] *Ibid.*.

[102] S. J. S. Formosinho Simões e F. Pinto Coelho, «On the conductimetric analysis of solutions», *Rev. Port. Quim.*, 7, 205-213 (1965).

[103] A sua cadeira de Química-Física era muito uma «química matemática». Continha temas tradicionais de química-física, com mecânica estatística, termodinâmica química e teorias de soluções de electrólitos – a teoria de Debye-Hückel que os alunos apelidavam de «a teoria da água suja» por ser válida só para soluções muito diluídas.

[104] W. T. Scott e M. X. Moleski, S.J., «Michael Polanyi. Scientist and Philosopher», Oxford Univ. Press, Oxford, 2005, pág. 234.

[105] As lamas a que se recorreu para a preparação do combustível sólido de substituição (CSS), a partir de RIP misturado com serradura, eram oriundas das refinarias petrolíferas de Sines. Mais de 400.000 toneladas de lamas foram «armazenadas» em St. André, junto a Sines, em tanques ao ar livre.

[106] S.J. Formosinho, «A Co-incineração de Resíduos Perigosos», *Bol. Soc. Port. Quim.*, nº 81, 24-28 (2001).

[107] Os CIRVER foram apresentados pelo Governo que dissolveu a CCI e suspendeu a co-incineração, como a solução de tratamento de RIP que «evitava» a queima. Sobrariam alguns resíduos, como PCB, que teriam de ser exportados e destruídos por queima.

[108] S. Formosinho, J. Cavalheiro, C. Pio e H. Barros, «Relatório de Actualização dos Processos de Co--incineração de Resíduos em Articulação com os CIRVER», Porto, Janeiro 2006, cap. XI, «Rejeição Social».

[109] Para que vá perdendo sentido um trocadilho com «Coimbra a Lusa Atenas» – «O mal é ser Coimbra a Lusa Apenas». Este comentário foi feito por um distinto professor do liceu, Domingos Romão Pechincha, que foi professor o meu irmão no Liceu D. João III em Coimbra. No Liceu da Guarda foi professor do meu colega, o Prof. António Ribeiro Gomes, que me contou este chiste.

[110] M. Polanyi, «Personal Knowledge», Routledge & Keegan Paul, Londres, 1983, pág. 3.

[111] Geymonat e Giorello, *ob. cit.*, pág. 54.

[112] S. Formosinho, J. Cavalheiro, C. Pio e H. Barros, «Relatório de Actualização dos Processos de Co-incineração de Resíduos em Articulação com os CIRVER», Porto, Janeiro 2006, pág. 153.

[113] Tendo em atenção os factores de emissão da queima de lixo caseiro no fundo do quintal calculados nos EUA (38,25 - 46,7 µg/Kg de lixo queimado) pela EPA, poder-se-á concluir que queimar 50 kg de lixo caseiro no em «barril no fundo do quintal» emite tantas dioxinas (I-TEQ) como um forno de cimento para produzir 629 toneladas de cimento (20 camiões de 30 toneladas); uma cimenteira com produção de 2 milhões de toneladas de cimento por ano produz as mesmas dioxinas I-TEQ por dia que 89 habitações americanas a queimar o lixo no fundo do quintal.

[114] E. D. Lavric, A. A. Konnov, J. De Ruyck, «Dioxin levels in wood combustion. A review», *Biomass Bioenergy*, *26*, 115-145 (2004).

[115] A. Porteous, «Why energy from waste incineration is an essential component of environmentally responsible waste management», *Waste Management*, *25*, 451-459 (2005).

[116] W. R. Livingston, «Technical and Economic Assessment of Energy Conversion Technologies for MSW», Report nº B/WM/00553/REP, internet, www.dti.gov.uk/renewables/ publications/pdfs/bwm00553. pdf, 22 Maio 2005.

[117] Porteous, *ob. cit.*.

[118] Porteous, *ob. cit.*.

[119] M. Pineiro, A. L. Carvalho, M. M. Pereira, A. M. d.A. Rocha Gonsalves, L. G. Arnaut, S. J. Formosinho, «Photoacoustic Measurements of Porphyrin Triplet State Quantum Yields and Singlet Oxygen Efficiencies», *Chem. Eur. J.*, *4*, 2299-2307 (1998); M. Pineiro, M. M. Pereira, A. M .d. A. Rocha Gonsalves, L. G. Arnaut, S. J. Formosinho, «Singlet-Oxygen Quantum Yields of Halogenated Chlorins. Potential New Photodynamic Therapy Agents», *J. Photochem. Photobiol., A: Chem.*, *138*, 147-157 (2001); M. Pineiro, A. M. d'A. Rocha Gonsalves, M. M. Pereira, S. J. Formosinho, L. G. Arnaut, «New Halogenated Phenylbacteriochlorins and their Efficiency in Singlet-Oxygen Sensitization», *J. Phys. Chem. A*, *106*, 3787-3795 (2002).

[120] A ausência de cicatrizes também torna a PDT útil para tratamentos de beleza.

[121] Uma elevada constante cinética para a conversão $T_1 \rightarrow S_0$ diminui muito o tempo de vida do tripleto T_1, o que dificulta uma transferência de energia eficaz para o oxigénio e leva a um acentuado decréscimo na formação de oxigénio activo (O_2 $^1\Delta_g$)).

[122] E. G. Azenha, A. C. Serra, M. Pineiro, M. M. Pereira, J. Seixas de Melo, L. G. Arnaut, S. J. Formosinho, A. M. d'A. Rocha Gonsalves, «Heavy-atom Effects on Metalloporphyrin and polyhalogenated porphyrins», *Chem. Phys.*, *280*, 177-190 (2002).

[123] O artigo publicado por nós em 1998 no *Chem-Eur. J.* teve um certo impacto, pois foi citado mais de dez vezes num só ano: em 2002 com 11 cit. e em 2001 com 14 cit..

[124] Stephen Froley, «La compagnie pharmaceutiques cherchent le remède-miracle pour faire face aux multiples menacent qui guettent leurs bénéfices», em publicação.

CAPÍTULO 4

MODELOS TEÓRICOS DA ESCOLA DE COIMBRA PARA UM ENTENDIMENTO DA REACTIVIDADE QUÍMICA

O ambiente no grupo de investigação

Quando regressei a Portugal, após o meu doutoramento em Londres, para novamente exercer funções docentes na Universidade de Coimbra, compreendi que para estabelecer um grupo de investigação em fotoquímica carecia do apoio de alguém doutorado e com experiência científica. Sabia bem que acabaria por me ver envolvido em algumas tarefas administrativas e faltar-me-ia tempo para acompanhar assiduamente os jovens estudantes que quisessem realizar investigação num grupo nascente. Carecia igualmente de alguém fotoquímico com quem debater ideias. Abordei este problema com o Prof. Pinto Coelho e propus-lhe a possível contratação do Doutor Hugh Douglas Burrows como docente convidado do Departamento de Química. Havia conhecido o Doutor Burrows num dos encontros científicos que anualmente eram organizados entre a Royal Institution e as Universidades de Sussex, de Reading e de Southampton. Depois, havíamos estado juntos num dos melhores congressos científicos em que alguma vez participei, sobre «Transições Não-Radiativas», em Portmerion no País de Gales.

Em Julho de 1972, o Prof. Pinto Coelho deslocou-se a Londres e entrevistou o Doutor Burrows, tendo em vista uma posição académica em Coimbra. O encontro deu-se num restaurante de comida italiana em *Albemarle Street* junto à *Royal Institution*. A entrevista foi basicamente uma conversa em que o Prof. Pinto Coelho fez duas perguntas ao Doutor Burrows: «O que queria almoçar?»; «Quando pretendia começar a sua actividade em Coimbra?». E assim tudo se veio a concretizar como planeado.

Com o Hugh veio para Coimbra a investigação sobre temas da fotofísica e fotoquímica do ião uranilo em solução e estudos experimentais sobre reacções de transferência de electrão[1]. Um pouco antes, eu tinha continuado em Coimbra os estudos decorrentes do meu doutoramento sobre a formação de tripletos de compostos aromáticos em fase vapor a baixas pressões[2], e iniciado as minhas investigações teóricas sobre a Teoria de Efeito Túnel para transições não-radiativas de moléculas aromáticas[3]. Assim nascia um programa de investigação que podemos intitular «Modelos Unidimensionais de Reactividade Química». Com este programa, que originou igualmente ISM e outros modelos a ele associados, criou-se uma escola de investigação teórica à minha volta e de alguns dos meus discípulos, filhos e netos-científicos, e que se mantém em plena actividade. Nesta linha de tradição teórica publiquei[4], até Janeiro de 2005, 52 artigos científicos em revistas científicas estrangeiras e 12 em revistas nacionais.

A colaboração com António Varandas processou-se no âmbito da disciplina de Química-Física que leccionei como regente da cadeira, um ou dois anos depois de ter regressado a Coimbra, e onde tive a colaboração, como assistente, deste jovem investigador. Tratou-se de uma actividade essencialmente pedagógica. Posteriormente, já após António Varandas ter regressado com o seu doutoramento na Universidade de Sussex, a colaboração manteve-se até 1979 para se acabar um trabalho encetado que parecia promissor. Seguidamente fui Secretário de Estado do Ensino Superior durante dois anos, de Janeiro de 1980 a Setembro de 1981, em Governos onde foram Primeiros-ministros o Dr. Francisco Sá Carneiro e o Dr. Francisco Pinto Balsemão e como Ministro da Educação o meu professor e colega no Departamento de Química, Prof. Vítor Crespo. Nos anos seguintes estive ocupado a recuperar, em termos científicos, desta estada no Governo e ocupei-me essencialmente com temas de investigação que estavam em curso.

Igualmente com outros colegas do Departamento, Victor Gil, José Teixeira Dias e Augusto Correia Cardoso, escrevemos três livros de química para o ensino básico (8º e 9º anos) e secundário (10º ano) sob o título geral *Química para Ti*[5]. O título foi sugerido pelo Teixeira Dias e é um título bastante apelativo. Ainda hoje considero tais livros dos melhores para este nível de ensino, pela sua dimensão, modo de exposição, que foi testado com jovens estudantes, correcção de conceitos e inovação pedagógica. Ao tempo a experiência morreu, dado que o último livro já se afastava bastante do programa oficial, e o do 11º ano ainda se afastaria mais.

Só nos finais de 1985 retomei o tema do ISM, agora já como um trabalho seminal de investigação científica. Assim publiquei com António Varandas alguns artigos, fruto da colaboração entre os nossos dois grupos de investigação, o do Doutor Varandas e o meu. A partir de 1988, este tema de investigação ficou inteiramente a cargo do meu grupo de investigação, o que foi uma evolução natural. Em contraste com os modelos *ab initio* da mecânica quântica – o objectivo central do grupo do Doutor Varandas – que seguem estratégias de desenvolvimento *top-down* (de cima para baixo), o modelo ISM foi desenvolvido segundo uma estratégia *bottom-up* (de baixo para cima), mais apropriada para lidar com reacções de moléculas grandes. Em ciência, quando se aplica uma estratégia *bottom-up*, as teorias ficam muito mais próximo da experiência e dos seus fenómenos, o que torna tais modelos mais apropriados para revelar novos padrões de reactividade. Este foi sempre um dos objectivos primordiais no grupo de Fotoquímica que oriento.

É óbvio que a resistência que ISM sofreu ao longo de vinte anos foi bastante prejudicial aos meus colaboradores envolvidos em tais trabalhos, mormente em termos do ritmo de artigos científicos publicados. Por isso, este envolvimento requereu da parte deles uma prévia aceitação do risco. Procurei igualmente nunca envolver qualquer estudante de doutoramento, porque o poderia prejudicar de modo irreversível no começo de carreira. Só agora este risco pode ser assumido de forma comedida. Daí ter eu mesmo prosseguido com as investigações sobre ISM e suas aplicações, sem quaisquer colaborações de estudantes do meu grupo, até finais de 1991.

Dentre os tópicos de relevo, que abordei pessoalmente, destaco dois deles. Ataquei o tema da transferência de protões por mais do que uma vez, sem que destes estudos preliminares tenha emergido algum padrão coerente e harmonioso para a interpretação desta classe de reacções. Então, adiei um pouco um novo ataque ao problema, para dispor de mais tempo e concentração mental. A questão foi resolvida[6] numas férias de Páscoa. O segundo tema lida com os postulados da química-física orgânica, tema mais vasto que requereu estudo mais extenso, só possível quando estive em licença sabática. O artigo principal[7] foi tema de uma conferência que proferi nas Faculdades Universitárias de Namur, dando deste modo início às comemorações do 1º centenário da Sociedade Belga de Química.

Após o doutoramento, Luís Arnaut fez a sua familiarização com ISM na transferência de protões, tema sem risco de rejeição, enquanto aguardava a sua ida para um pós-doutoramento com o Prof. Richard Caldwell em Dallas no Texas. Este pós-doutoramento incidiu fundamentalmente em estudos experimentais de fotoacústica. Só posteriormente, quando regressou a Portugal, avançou para a difícil área da transferência de electrões. Aliás, com completo conhecimento dos riscos que iria correr e que foram elevados. A Tabela 4.1 exprime bem a amplitude dos riscos que se corriam quando se estudavam reacções de transferência de protões ou de transferência de electrões. Aliás, a esmagadora maioria dos artigos publicados no domínio da transferência de protões foram aceites de imediato para publicação, sem necessidade de transmissão de qualquer parecer dos avaliadores.

Para atenuar o risco excessivamente elevado, para uma carreira académica, de estar sem publicar artigos durante alguns anos, conciliou-se sempre o trabalho experimental com o teórico. Artigos fruto de trabalho experimental são geralmente mais morosos de preparar do que os de índole teórica, mas no nosso caso revestiam-se de um risco muito menor na fase de publicação. Daí a necessidade de gerir uma diversificada actividade científica. Nomeadamente, publiquei até hoje artigos de índole teórica e de índole experimental praticamente em igual proporção.

Tabela 4.1 - Número de artigos e pareceres recebidos sobre aplicações de ISM a reacções de transferência de protões e de transferência de electrões até Janeiro 2005.

aplicações de ISM	pareceres de avaliadores		artigos	
	aceitação	rejeição	aceites	rejeitados
transferência de protões	6	1	11	0
transferência de electrões	13	38	7	21

O Doutor Alberto Canelas Pais quis mudar de tema de investigação e transferiu-se do grupo do Prof. Varandas para o meu. Todavia, inicialmente foi bastante prejudicado pela falta de publicações nas aplicações de ISM às reacções de transferência de átomos, que foi um dos temas de investigação que começou a cultivar. Para compensar este circunstancialismo, avançou igualmente com estudos teóricos de simulações moleculares em sistemas complexos e em temas de quimiometria em ciências farmacêuticas.

Uma tão contumaz resistência ao ISM poder-me-ia criar efeitos psicológicos de desânimo, passíveis de perturbar a saúde mental, se não a combatesse com estratégias apropriadas. A primeira foi a de me dedicar ao estudo filosófico e sociológico de tais resistências, para transformar o negativo num interesse positivo paralelo. Segundo, ocupei-me de diversas tarefas administrativas e de gestão académica no seio da Universidade de Coimbra e na Universidade Católica Portuguesa. Nesta última também fui de novo demasiado heterodoxo ao permitir que a inovação florescesse para bem do país e da região. Mas há limites de inovação que afectam os equilíbrios regionais e outros.

Igualmente tenho escrito textos pedagógicos já saídos a lume, e livros sobre temas da resistência dos cientistas à inovação e sobre as relações entre a religião e a ciência, temática que se vem materializando através de uma colaboração, que vai para onze anos, com um sacerdote da Diocese de Coimbra e doutorado em filosofia pela Universidade Gregoriana em Roma, o Rev. Doutor José de Oliveira Branco.

Durante três anos ocupei-me também da co-incineração de resíduos industriais perigosos (RIP) em cimenteiras, a nível de uma Comissão Científica Independente (CCI) e em 2005 retomei o tema, com os meus colegas da extinta comissão, para, a pedido do Ministro do Ambiente, procedermos a uma actualização de relatórios anteriores sobre o tema, perante a implementação dos CIRVER (Centros Integrados de Recuperação, Valorização e Eliminação de Resíduos perigosos).

As conquistas científicas descritas ao longo deste livro são fruto da constituição de equipas, em que cada elemento tem o seu espaço de criatividade dentro de um plano estratégico geral. Não são um mero conjunto de «escravos» a trabalhar para o protagonismo de um líder, mas também não são equipas de componentes indiferenciados, onde qualquer um pode ser substituído por um outro. Bem pelo contrário, cada um é indispensável e único na sua acção. O sucesso do meu grupo de investigação é fruto de eu ter tido a arte de manter sempre aberto o espaço de criatividade e autonomia de cada elemento do grupo, sem perder de vista a necessidade de criar motivações para colaborarmos em projectos comuns.

O valor das teorias em ciência

Comecemos por uma questão que João Magueijo coloca na sua obra *Mais rápido que a Luz*[8]: «Deverá a ciência *prever* ou *retroverter* os resultados das experiências?». O primeiro objectivo de uma teoria é conferir uma dada ordem a um domínio científico que a não tem. Quando tal se verifica, tais teorias são muito bem recebidas pelas comunidades científicas. Foi, por exemplo, o caso dos denominados «coeficientes de Hammett» ou das «regras de conservação de simetria orbital de Woodward-Hoffmann», temas muito bem acolhidos em química orgânica. Nestes casos, a teoria começa por retroverter as observações já realizadas, conferindo-lhes uma coerência lógica e, de preferência, um enquadramento universal. E no contexto da teoria fornecem-se *explicações* que permitem ver o domínio de uma certa forma; sejam explicações de tipo empático, como as da alquimia, de tipo mecânico, de forças atractivas e repulsivas, etc.

A química nunca se separou muito da experimentação, e por isso exerceu sempre um cuidado de descrição experimental suficiente para permitir a outros reproduzir os resultados. Tais cuidados estiveram desde logo presentes nos séculos XVII e XVIII em Boyle, Priestley e Lavoisier.

Mas é a teoria que permite *prever* factos novos. São as teorias que permitem interrogar a natureza e, por mor disso, «o teórico é que deve dizer ao experimentalista o que deve observar e para quê. Há tantas possibilidades, como saber onde procurar algo de novo? É melhor ter uma teoria que nos guie e nos diga o que havemos de buscar»[9].

Lavoisier, o fundador da química moderna, não desacreditava nos átomos, mas entendia que a química teria de recomeçar a construir os seus alicerces com objectivos mais limitados, porque não se sabia como eram tais corpúsculos. Devemos basear a ciência em algo que possamos vir a conhecer e não em algo que não possamos vir a conhecer, entendia Lavoisier. Por isso, procurou uma explicação para a combustão fazendo um uso sistemático da balança e, com Guyton de Morveau, deu uma nova linguagem à química, linguagem livre de hipóteses e teorias especulativas[10].

Não obstante, o nome que deu ao oxigénio – gerador de ácidos – está impregnado de teoria que, no caso vertente, se veio a revelar incorrecta. Diga-se em abono da verdade que a sua proposta era muito mais fruto de uma *indução* do que baseada em profundas considerações teóricas. Com efeito, a indução que Lavoisier operou era bastante plausível ao tempo: conheciam-se ácidos como os ácidos nítrico, sulfúrico e acético e todos continham oxigénio na sua composição, bem como havia muitos óxidos metálicos que também apresentavam um carácter acídico.

Alguns historiadores sugerem mesmo que a química só se desenvolveu como ciência moderna no século XVIII e não um século antes, porque se teve de libertar de ideias incorrectas provenientes da moda científica do século anterior – a física – mormente das analogias mecânicas corpusculares, de átomos vistos como «bolas de bilhar»[11]. As bolhas de bilhar chocam entre si, mas não se ligam umas às outras como os átomos. Os corpúsculos (a matéria em geral) não permitem visualizar qualquer relação com a análise e a síntese químicas, nem tão pouco atendem aos tipos de matéria particular, às substâncias elementares e compostas, nem às suas afinidades reveladas através das reacções químicas. Uma ciência corpuscular conserva o número de partículas, enquanto uma teoria química conserva, de algum modo, a especificidade-de-substância e a noção a ela associada de substância-pura[12].

Apesar da química ser essencialmente uma ciência experimental que transforma os materiais, desde cedo (por meados do séc. XVII) a teoria desempenhou algum papel no seu desenvolvimento, muito em especial com Robert Boyle que realizou trabalho experimental guiado pelas suas ideias teóricas do atomismo[13]. Todo o papel da teoria em química ficou, porém, mais clarificado após os esforços de John Dalton, no início do século XIX. A combinação de átomos em proporções definidas de números inteiros[14], presente em vários óxidos de azoto estudados por Humphry Davy, foi racionalizada por Dalton. A base da racionalização foi a seguinte hipótese: nas substâncias compostas, os átomos combinam-se entre si em relações simples de números inteiros. Davy nunca havia conseguido racionalizar tais factos, porque, de um modo bem baconiano, só procurava induzir generalizações das observações experimentais expressas em percentagens de composição. Aliás, o próprio Francis Bacon sempre considerou as teorias como um extra opcional, que não se ajustava à prática científica[15]. Após porfiados esforços e ultrapassados muitos obstáculos conceptuais, com um bom domínio da hipótese atómica e a conquista das fórmulas químicas, as ciências químicas encontraram a sua estrutura lógico-dedutiva.

Nem só o quantitativo permite prever. Admite-se correntemente que *explicar* é uma tarefa de maior hierarquia do que a de *classificar*. A classificação que Dmitri Mendeleev descobriu, o Quadro Periódico, não só retoma uma noção de classificação própria das ciências descritivas como as ciências naturais, mas permitiu a este químico russo prever a existência de novos elementos, bem como as suas propriedades físicas e químicas. Quando o químico francês Lecoq de Boisbaudran isolou o gálio – uma expressão de fervor patriótico –, Mendeleev sabia mais deste elemento que o seu descobridor. Assim, classificar surge em química como uma actividade tão básica como a de explicar[16], mas não seguindo um critério único. Por isso, podemos reconhecer em Mendeleev o exercício de uma verdadeira actividade moderna de quimiometria.

Ao longo da evolução histórica das ciências, as teorias vieram a desempenhar um papel cada vez mais relevante na construção, validação e análise crítica do conhecimento, mas demorou tempo a reconhecer-se que toda a «observação experimental traz consigo uma marca teórica». Um simples exemplo é suficiente: a temperatura da sala onde escrevo este livro é de 21 °C. No entanto, este facto contém uma marca teórica, a das escalas termométricas, e os próprios termómetros são concepções teóricas materializadas.

O reconhecimento desta circularidade epistemológica – das teorias conferirem uma marca à experimentação e esta poder ser empregue como juiz para dirimir conflitos entre teorias –, é atribuído a Karl Popper na obra *Logik der Forschung* publicada em 1934 e muito debatida no Círculo de Viena por ser uma crítica a fundamentos do positivismo. Pela mesma ocasião, igualmente em 1934, Gaston Bachelard em *La Nouvel Esprit Scientifique* (Presses Univ. France, vol 1) afirmava o mesmo: «A observação científica é sempre uma observação polémica; confirma ou infirma uma tese anterior; um esquema prévio, um plano de observação; mostra, demonstrando; hierarquiza as aparências; transcende o imediato; reconstrói o real mas após ter reconstruído os seus esquemas [de pensamento]».

Mas bem anterior a estas posições filosóficas que tiveram eco nos filósofos das ciências e nos próprios cientistas, encontramos em 1924, o entendimento do catedrático da Faculdade de Letras da Universidade de Coimbra, o Doutor Manuel Gonçalves Cerejeira. No entender de Luís Reis Torgal, mais do que um historiador Cerejeira foi um teórico da história, e a sua obra mais conhecida e mais polémica, *A Igreja e o Pensamento Contemporâneo*, foi assim classificada como um «texto de teoria da história ou, noutro sentido, de teoria do conhecimento»[17]. Como refere Denis Alexander, em «*Rebuilding the Matrix*»[18], um paradigma de teísmo conduz mais facilmente a uma humanização da ciência do que paradigmas de ateísmo ou de indiferentismo religioso. O que o Doutor Cerejeira assumiu na sua abordagem crítica ao positivismo da época foi uma posição teísta em busca de uma humanização da ciência[19]. Uma imagem mais humilde da ciência – que a ciência não deve reivindicar uma resposta universal a qualquer questão colocada pelo homem – ajudará à construção de uma imagem mais humana para si própria.

O futuro Cardeal Cerejeira, a respeito do valor da ciência afirma: «O que é o facto científico? O facto científico é em certo modo um facto fabricado pela ciência. Assim como de um bloco o artista faz uma estátua, assim a ciência trabalha o facto bruto. Isola-o, simplifica-o, diminui-o. O facto *científico* é a resposta a um questionário; e o questionário é constituído pelas nossas hipóteses. Como as hipóteses possíveis são em número indefinido, a ciência não esgota nunca todo o conteúdo do facto bruto; mais, as próprias hipóteses são já imaginadas para factos do mesmo género, o que quer dizer que o facto científico só nos diz o que nós lhe perguntamos, e a nossa pergunta é sempre tendenciosa»[20]. Antecipa, deste modo, um criticismo oriundo das ciências humanas que hoje é corrente fazer-se sobre as denominadas «ciências duras», nomeadamente a respeito da simplificação quantitativa que a «ciência moderna» introduz no nosso conhecimento. Outrossim, pronuncia-se sobre o modo «como se constrói a ciência» – alicerçada em hipóteses que são «modos de como interrogamos a natureza». Surge aqui a bem moderna marca teórica da experimentação e da observação científicas, como ele mesmo diz: *factos fabricados pela ciência*, pois *a nossa pergunta é sempre tendenciosa*. Afinal a teoria é que é o guia da observação e da experimentação. E as hipóteses são fruto da nossa imaginação e não de qualquer lógica indutiva, como se julgava nessa altura. Sem dúvida que a imaginação pode beber inspiração em factos conhecidos do género.

O facto de a experimentação carregar consigo uma marca teórica, tal não significa que não resista às nossas ideias. Há experiências cruciais que, em encruzilhadas científicas, podem apontar o caminho a prosseguir, ou melhor ainda, podem mesmo permitir escolher entre teorias alternativas.

Progressos teóricos alcançados na escola de Coimbra

Newton dedicou mais do seu tempo à alquimia do que à matemática ou à física. Um dos seus sonhos foi o de desenvolver uma teoria matemática que identificasse as forças atractivas e repulsivas que explicassem as «propriedades electivas» das substâncias – por que é que certas substâncias reagem umas com as outras e outras substâncias não reagem entre si? Uma espécie de «teoria de gravitação» para a química. Talvez um pouco impropriamente, este sonho de Newton foi apelidado de «Mecânica Química»[21].

Laplace, tal como Newton, entendia que as hipóteses newtonianas sobre as acções de forças de atracção e repulsão moleculares serviam de fundamento à «Mecânica Física». Berthollet e outros químicos franceses entendiam que um formalismo semelhante se haveria de aplicar ao entendimento das transformações em química. O caminho a que recorreram foi o da Termodinâmica. Este caminho revelou-se aceitável, mas incompleto. A reactividade química mostrou-se sempre muito mais complexa do que uma «mecânica química» poderia deixar antever.

Definição do problema

Há vários modos de procurar definir a tendência que as substâncias têm para reagir umas com as outras. Seguindo uma interpretação cinética, a «reactividade química» é medida pela *velocidade* com que as substâncias se transformam umas nas outras; velocidade medida em termos de uma *taxa de variação* da concentração de um reagente ou de um produto por unidade de tempo. Como a velocidade depende das concentrações das substâncias que reagem, a reactividade é medida para concentrações unitárias. A *velocidade de reacção* medida em tais condições padrão designa-se por *constante de velocidade, k*. Não é uma terminologia muito feliz, porque não se trata, de facto, de nenhuma constante; k varia com a temperatura, com o meio (gasoso, líquido e respectivo solvente) em que se dá a reacção e até com outros factores, como a acção da luz que permite a formação, digamos, de «novas» moléculas e átomos. Os estados electrónicos excitados assim formados são muito diferentes dos estados fundamentais. Apesar de serem estados muito instáveis, possuem muito mais energia que as moléculas normais, nos seus estados fundamentais – não excitados electronicamente. Mas não só, os estados electronicamente excitados perdem e captam electrões com mais facilidade do que os estados fundamentais.

Com o químico francês Auguste Laurent, desde meados do século XIX se entende que a reactividade química depende da natureza molecular das substâncias, isto é, da estrutura molecular de reagentes e produtos. Conjecturada a estrutura molecular de um composto, podem dela deduzir-se diversas propriedades químicas a serem testadas experimentalmente. Eis, pois, em palavras simples, o objectivo de qualquer teoria mais elementar da reactividade química: estimar k para cada reacção química a partir do conhecimento das estruturas das moléculas que reagem entre si e das estruturas das moléculas novas que se formam. Melhor dito, com base nas estruturas das moléculas reagentes e produtos pretende-se conhecer a estrutura e a energia dos *complexos activados* e, a partir deles, estimar a velocidades das reacções químicas. Adiantemos desde já que esta visão é hoje considerada demasiado ingénua e, por isso, este programa de trabalho que adoptámos, de uma forma mais intuitiva do que plenamente consciente das dificuldades com que iríamos deparar, veio a defrontar-se com a incredulidade da comunidade científica.

Este circunstancialismo de dificuldades lembra-me um diploma em cuja preparação estive envolvido quando fui Secretário de Estado do Ensino Superior em 1980 e 1981. Tratava-se de um diploma de articulação de carreiras médicas e académicas em hospitais com ensino universitário. Depois de mais do que um projecto menos conseguido entre os Secretários de Estado do Ensino Superior e da Saúde, em que eu estive envolvido em 1980, e de enormes doses de diplomacia, o novo projecto de diploma foi aprovado em Conselho de Ministros já em 1981. Nessa altura, por meados de uma manhã, enviei pelo motorista o diploma ao Prof. Torres Pereira, então Presidente do Conselho Científico da Faculdade de Medicina da Universidade de Lisboa. Este distinto médico e professor, veio logo no início da tarde ao meu gabinete para agradecer a gentileza e mostrar a sua satisfação por se ter alcançado algo que julgava ser impossível. Perante a sua atitude, na minha ingenuidade, disse-lhe: mas, «senhor professor eu tinha-lhe prometido!» Ao que ele replicou, mas foi algo que nem nos Governos de Salazar se conseguiu. Então, eu disse-lhe a sorrir: «é que se me tivesse dito isto antes, eu nunca lhe teria prometido um tal diploma!».

Também se eu tivesse tido consciência prévia de todas as dificuldades com que iria deparar com o programa de investigação sobre ISM, provavelmente ele nunca teria surgido.

Sobre o diploma da relação entre Faculdades de Medicina e Hospitais Escolares é justo realçar que ele se deve, em muito, à abertura de espírito do Secretário da Saúde do VII Governo Constitucional, o Dr. Paulo Mendo. A problemática para a qual o diploma procurava soluções, estava enquadrada num longo processo de conflito sobre o qual se pronunciou o Prof. Doutor Jaime Celestino da Costa: há «duas forças sociopolíticas muito importantes – a educação e a saúde pública – que têm assim disputado o domínio da medicina, dilacerando-a nessa luta bipartida»[22].

A primeira reflexão que urge fazer a respeito da metodologia de trabalho teórico, que adoptámos para o nosso programa de investigação, podemos fazê-la remontar historicamente aos inícios da década de trinta do século XX[23] e deve muito às ideias de Michael Polanyi – «a velocidade das reacções», um das questões de maior abrangência para ser respondida nas décadas de vinte e de trinta do século XX, e a sua associação com a «energia das ligações químicas». O tema que escolhemos está, pois, claramente fora de moda, mas naqueles tempos não teve solução satisfatória e acabou, de uma forma ou de outra, por ser abandonado. O melhor que se conseguiu é o denominado modelo BEBO (*bond-energy–bond-order*) e suas modificações. Digamos que a nossa escola é uma escola sem *pedigree*, sem mentor conhecido, porque a minha genealogia científica associada a George Porter é a de uma escola experimental e não teórica. Neste domínio, «Coimbra» surge à comunidade científica como uma escola sem vestígios de uma orientação prévia de cientistas conhecidos, mediante estudos de pós-doutoramento ou em colaborações com outros grupos científicos. Só muito recentemente se começam a verificar algumas poucas colaborações, mas após o nosso modelo já ser conhecido e ter vencido muitos obstáculos. Aliás, a persistência com que nos mantemos no domínio a lidar com a reactividade de «moléculas grandes» – não acessíveis a cálculos de superfícies de energia potencial – faz-nos, de repente, mais centrais na moda dos inícios do século XXI.

A imagem corrente de que a Ciência é aquela instituição neutra, asséptica, objectiva de per si, não é verdade. Em ciência a objectividade tem que se conquistar, há dificuldades, há resistências. É evidente, a história só regista os triunfos. Tarefa minha e dos meus colaboradores é o estímulo de colaborações adequadas para promover a utilização do modelo ISM por outros cientistas. Mas quiçá, antes disso, temos de fomentar colaborações em que figurem nomes creditados em ciência que connosco publiquem artigos comuns de utilização de ISM. O papel da nacionalidade não é questão de menor importância; serão inevitavelmente cientistas que na sua vida tenham tido contactos com Portugal e com cientistas portugueses e os tenham em boa conta.

O termo «modelo», que muitas vezes empregamos em alternativa a «teoria», pretende realçar que se trata de uma simplificação e, mais, que está baseado em vários pressupostos conceptuais físicos e químicos simplificadores[24]. Mas ISM contém uma capacidade de compreensão – aliás o seu objectivo primordial –, pelo que nesse sentido se comporta como uma verdadeira teoria. Na essência, estamos a lidar com modelos teóricos que assumem o sentido genérico de «esquemas de pensamento», que, subsequentemente, traduzimos numa formulação matemática para efeitos de cálculo e confrontação com a realidade experimental.

A história do nascimento do modelo ISM e dos seus primeiros passos foi descrita em «Nos Bastidores da Ciência»[25]. O modelo ISM conhecido pela sua sigla inglesa (*Intersecting State-Model* e *Interaction State-Model*) começou a tomar forma em Outubro de 1984 e prosseguiu a sua saga ao longo de vinte anos. O impulso para a invenção do modelo foi um desejo de *explicação* da velocidade de reacções químicas elementares, inicialmente tão-somente para alunos universitários. Os seus começos «pré-históricos» remontam a 1972 quando procurei dar uma resposta pedagógica ao cálculo da velocidade de uma reacção química, representada pelo protótipo

$$A + B–C \rightarrow A–B + C$$

onde A, B e C são átomos. Os átomos ligados quimicamente, formando moléculas diatómicas, estão representados por B–C e A–B; o símbolo – pretende representar a ligação química.

Por vezes, entre os cientistas, a preparação de uma «cadeira universitária» é uma fonte inspiradora para futuras investigações. A necessidade de uma explicação clara aos estudantes, leva o professor a descobrir lacunas no seu entendimento a respeito das matérias do curso.

Todos nós sabemos que as reacções químicas ocorrem com velocidades numa gama de valores muito diferentes. Veja-se deterioração de um monumento como as pirâmides do Egipto, o enferrujar de um prego, o acender de uma vela ou até a explosão da dinamite ou de outro explosivo. Acresce a este conhecimento ainda outro, crucial: o de que, em geral, as velocidades das reacções aumentam com o aumento de temperatura, sendo as reacções mais lentas as que sofrem os maiores aumentos. Este conjunto de conhecimentos, levou os químicos a pensar que, previamente, as moléculas carecem de ser *activadas* por cima de uma *barreira*, antes de reagirem e se transformarem em moléculas diferentes.

Quando duas moléculas colidem em condições normais nada de significativo se passa: as moléculas ficam na mesma, não se transformando e, portanto, não há reacção química. Mas uma vez que alguma das moléculas, ou as duas conjuntamente, sejam activadas acima da denominada «barreira de energia da reacção», as moléculas transformam-se muito rapidamente mediante a quebra de ligações químicas existentes e a formação de novas ligações químicas. E o que é que determina a «barreira de energia da reacção»? São as *forças* que ligam os átomos entre si nas moléculas. Michael Polanyi admitia mesmo que quanto maior fosse a energia da ligação a quebrar no estado inicial, maior seria a energia de activação da reacção[26].

A Teoria do Estado de Transição

O curso da história das ciências está longe de ser um caminhar a partir de «ideias claras e distintas» para outras igualmente claras e ainda mais distintas. Como aponta John Polanyi[27] parece paradoxal na história da cinética química que o conhecimento empírico das «barreiras de energia» das reacções químicas tenha antecedido de umas décadas as primeiras medidas das energias de dissociação de ligações químicas nas moléculas, D. O que se verificou é que a barreira de energia (E_a) de reacções representativas,

$$A+BC \rightarrow AB+C$$

era cerca de um décimo da energia da ligação a quebrar, $E_a \approx 0,1 D(B–C)$. Claramente a reacção não ocorria através da prévia dissociação de B–C,

$$B–C \rightarrow B + C$$

reagindo depois um dos átomos livres B, com um átomo A, segundo a reacção,

$$A + B \rightarrow A–B$$

É que tal teria exigido ser $E_a \approx D(B-C)$. As reacções passaram a ser vistas como ocorrendo através de espécies moleculares especiais, instáveis e ricas em energia, os denominados *complexos activados* ou *estado de transição*. E assim nasceu o domínio da dinâmica das reacções – o estudos dos movimentos moleculares no curso de uma reacção química.

Pelos anos vinte, a visão dos cientistas a respeito das «barreiras de energia» das reacções químicas era muito simplificada. Para reacções endotérmicas (absorvem energia) a barreira era a própria endotermicidade. Para as reacções exotérmicas, as barreiras eram praticamente zero. Mas tais visões simplicistas foram morrendo com o estudo experimental das velocidades das reacções químicas. Estudo que abriu o apetite para cálculos e previsões sobre tais velocidades.

A Teoria do Estado de Transição (*Transition State Theory*, TST) foi inventada em 1935, simultaneamente por Henry Eyring, nos Estados Unidos, e por Michael Polanyi e Meredith Evans, em Inglaterra, se bem que tais ideias tenham começado nestes cientistas nos começos da década de trinta. A reacção química é vista como uma «troca de par» numa dança. Esta troca de par dá-se através de um estado molecular instável. Este estado é designado por *estado de transição*, $\{A-B-C\}^{\ddagger}$, entre reagentes e produtos[28]

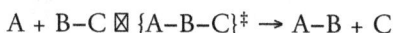

$$A + B-C \boxtimes \{A-B-C\}^{\ddagger} \rightarrow A-B + C$$

O átomo B que «dançava» com o átomo C na molécula do reagente, no estado de transição passa a dançar também com o átomo A, num trio fugidio. Rapidamente o átomo C larga o trio, dando origem a uma nova molécula, o novo par dançante AB, que é o produto da reacção. O Quadro 4.1, baseado em figuras da banda desenhada do *Tintin*, procura ilustrar este conceito de reacção elementar.

Quadro 4.1 - Representação em banda desenhada de uma reacção prototipo:

$$A + B-C \rightarrow (A \cdot B \cdot C)^{\ddagger} \rightarrow A-B + C$$

Girassol + Baxter–cap.Haddock $\rightarrow$ (Girassol•Baxter•Haddock)‡ $\rightarrow$ Baxter + Girassol–Haddock

Adaptado de Hergé, *Aventuras do Tintin*, «Objective Lune», Ediciones del Prado, Casterman, 1953, pág. 50.

Não é difícil imaginar um dos *Dupont* a entrar por uma porta para abraçar fortemente o *Tintin*. Admitamos que no abraço a distância entre um *Dupont* e *Tintin* é inferior à do Quadro 4.1, quando estão juntos a beberem cerveja (ver adiante Quadro 4.4). Nesta analogia, é o *aumento da distância* entre os átomos no estado de transição $\{A-B-C\}^{\ddagger}$, quando comparado com a do reagente B–C e do produto A–B, que é a fonte da barreira de energia da reacção química[29]. Portanto, quanto mais se têm de distender as ligações B–C e A–B até ao estado de transição, maior é a «barreira de energia» e mais lenta é a reacção química.

A TST é a teoria que se aplica à estimativa das velocidades das reacções químicas elementares, as que ocorrem por colisões à escala molecular. A teoria distingue dois efeitos: i) o esforço de alcançar o «estado de transição»; esforço muito pequeno para subir a um navio (Quadro 4.2) e muitíssimo maior para escalar uma montanha (Quadro 4.3); ii) o número de «locais disponíveis» (microestados) para os átomos no estado de transição em relação ao número de «locais disponíveis» nos reagentes. Como se vê, o número de «locais disponíveis» no estado de transição do Quadro 4.3 é muito apreciável.

Quantitativamente, a TST estima a constante cinética k – uma velocidade de reacção em condições padronizadas – em termos de um produto de dois termos: um que representa uma relação de microestados, do estado de transição em relação aos dos reagentes; o outro é uma função exponencial, de expoente negativo, em que figura a *barreira de energia* da reacção, $\Delta E^{\ddagger}$.

$$k = [\text{relação de microestados}] \times [\text{exponencial } (-\Delta E^{\ddagger})]$$

Retomando a analogia do Capítulo 1, os microestados correspondem às salas disponíveis nos apartamentos das moléculas. No «estado de transição», colocado sempre num apartamento a nível superior ao rés-do-chão das moléculas dos reagentes, existe uma pequena varanda com duas escadas, uma que conduz ao apartamento dos reagentes e outra ao apartamento dos produtos. Há muitas moléculas que sobem e descem a escada de ligação ao apartamento dos reagentes.

A constante de velocidade depende do número de salas que houver no apartamento do estado de transição (microestados); as moléculas só saem através das escadas da varanda, ou para voltar aos reagentes – e então não há reacção química – ou para ir para os produtos – e então há reacção química. Se houver muitas salas no apartamento do estado de transição, acomodam-se lá muitas moléculas, e para haver reacção basta que as moléculas cheguem à varanda. Sendo assim, a constante de velocidade k é mais elevada e a reacção é mais rápida se houver muitos microestados disponíveis no estado de transição. Se houver poucos microestados, também lá cabem poucas moléculas, tal como numa varanda que é pequena. Para haver reacção tem de se esperar que novas moléculas subam as escadas vindas do apartamento dos reagentes para o estado de transição e cheguem à varanda; então k é baixo e a reacção é mais lenta.

A teoria TST, porém, nada diz sobre o factor mais importante: a «barreira de energia» da reacção, $\Delta E^{\ddagger}$. A sua importância resulta da influência que matematicamente exerce na velocidade de reacção. A modificação na relação dos microestados, para moléculas neutras, não vai além de um factor de cem a mil vezes (2 a 3 ordens de grandeza) na variação da velocidade de reacção, enquanto que a *barreira de energia* pode afectar a velocidade em mais de 30 ordens de grandeza. E poderemos, de uma forma simples, compreender a razão para tal diferença?

Estando o estado de transição a viver num apartamento bem mais alto que o rés-do-chão onde habitam os reagentes, estes precisam de estar animados de muita energia para subir pelas escadas até a um nível tão alto, e só poucos o conseguem. É como jogar no totobola: a probabilidade de acertar nos 13 resultados certos é muito menor do que em 12 e esta, por sua vez muito inferior em acertar em 11. Quanto mais alto estiver o estado de transição, menor é a probabilidade de se encontrarem moléculas com energia para lá chegar.

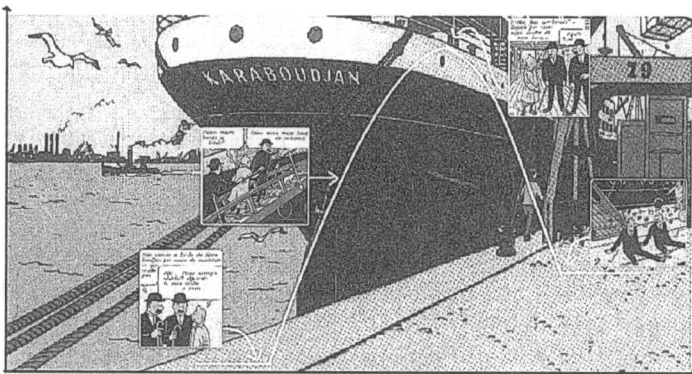

Quadro 4.2 - Sequência animada de uma reacção A + B–C → (A·B·C)‡ → A–B+C com um átomo (Dupont) e uma molécula (Tintin/Dupont) a subir para um barco (estado de transição de baixa energia), e depois a dar uma molécula produto (Dupont/Dupont). Adaptado de *Aventuras do Tintin*. «O Caranguejo de Tenazes de Ouro», págs. 12 e 13.

Quadro 4.3 - Sequência animada da subida para um «estado de transição» de alta energia. A figura ilustra claramente que o «estado de transição» tem muitos microestados para acomodar os ursinhos. Adaptado de *Aventuras do Tintin*. «Rumo à Lua», págs. 20 e 21.

Barreira de energia de uma reacção química

«O presente está só. Mas a memória
Constrói o tempo. Sucessão e engano
É a rotina do relógio. O ano
Nunca é menos vão do que a vã história.»[30]

Tomemos a rotina do relógio e do relógio de pêndulo, tic-tac, tic-tac., ... Disse Mallarmé que «o mundo existe para chegar a um livro». Talvez possamos dizer que «a física existe para chegar a um pêndulo». É que o movimento pendular é um modelo físico de rotina para todos os movimentos oscilatórios, para o denominado «oscilador harmónico».

O pêndulo num relógio parado encontra-se na vertical. Para o pôr a oscilar tenho de lhe aplicar uma força, que é tanto maior quanto mais ampla pretender que seja a oscilação. Puxo o pêndulo para a direita e, se o largar, descola-se para posição simétrica para o lado esquerdo. E o movimento repete-se por algum tempo. Quando na amplitude máxima, o pêndulo contém um tipo de energia que se designa por *energia potencial*; uma energia em potência. Quando o largamos, no lado direito, a energia potencial converte-se em energia de movimento, *energia cinética*. O pêndulo volta a parar quando atinge a amplitude máxima, no lado esquerdo. A soma dos dois tipos de energia potencial e energia cinética mantém-se constante durante todo o movimento, pelo que basta examinar uma delas para entender o movimento: a «energia potencial» nos pontos em que o pêndulo inverte o seu movimento.

Os pêndulos ideais nunca param, mas um pêndulo real acaba por ir perdendo energia e imobilizar-se na vertical. Todavia, graças à energia mecânica fornecida pela «mola do relógio«, o pêndulo permanece a oscilar por muito tempo. Este é um bom modelo físico para representar as ligações químicas nas moléculas, vistas como *molas elásticas*.

Tal como o pêndulo de um relógio oscila da direita para a esquerda e da esquerda para a direita a partir da sua posição vertical, uma molécula B–C oscila à volta do seu comprimento de equilíbrio, esticando e encolhendo. Suponhamos que o comprimento de equilíbrio desta molécula é de 100 pm (1 pm=10^{-12} m). No seu movimento de vibração a molécula pode distender-se por 10 pm, ficando com um comprimento de 110 pm, digamos o equivalente à posição extrema do pêndulo para a direita. Mas a oscilação do pêndulo continua para a esquerda, tal como a molécula vai diminuir o seu comprimento do mesmo valor, ficando com um comprimento de 90 pm.

Para se obter uma oscilação de maior amplitude tenho de fornecer mais energia ao pêndulo e equivalentemente para a molécula. Por exemplo, se a distensão for de 20 pm a energia fornecida terá de ser quatro vezes superior, porque a energia requerida varia com o quadrado da distensão. A curva matemática que representa a energia potencial de uma «mola elástica» em função do respectivo comprimento é uma *parábola*. A Figura 4.1 ilustra como a «energia potencial» da molécula diatómica BC varia em função da separação entre os átomos B e C. Assim, a *curva de energia potencial* da molécula está representada por uma parábola para baixas energias, mas por uma «curva de Morse» que vai ter em consideração que, a energias elevadas, os átomos da ligação se separam, e a molécula diatómica se dissocia.

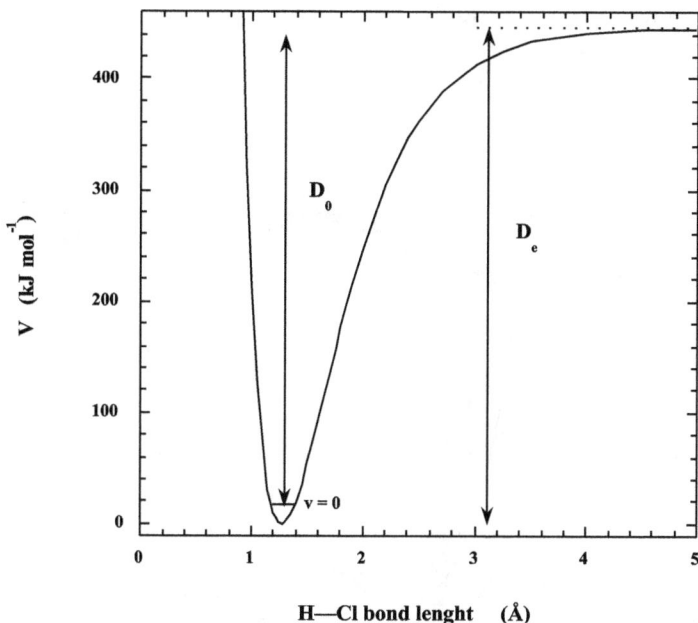

Figura 4.1 – Curva de energia potencial de um oscilador harmónico (parábola) para a ligação química entre dois átomos (HCl), à volta do mínimo da energia. Para energias elevadas o potencial harmónico deforma-se para levar em conta a separação dos átomos acima da energia de dissociação *D*. A curva de energia potencial completa designa-se por *curva de Morse* em homenagem ao cientista que a desenvolveu.

Uma curva semelhante pode ser utilizada para representar a ligação química que se forma entre os átomos A e B. A maior ou menor abertura das parábolas depende da *constante de força*, f_{BC} ou f_{AB}, da mola elástica que usamos para representar a vibração das moléculas BC e AB; a constante de força f é estimada a partir da frequência de vibração da molécula, ω_{BC} ou ω_{AB}. Para átomos da mesma massa, a uma maior frequência de vibração corresponde uma maior constante de força e uma parábola mais fechada. Para energias elevadas, acima da energia de dissociação *D*, os átomos ficam separados e distantes um do outro.

Em ordem a estimar a barreira $\Delta E^{\ddagger}$ para uma reacção química, a mesma reacção pode ser representada em termos de uma intersecção de duas «curvas de energia potencial» (uma para os reagentes *V*(BC) e outra para os produtos *V*(AB)), como se ilustra na Figura 4.2. O que o modelo ISM procurou desenvolver foi um *critério geométrico* para distância horizontal dessas curvas no gráfico da Figura 4.2; designemo-la por *d*. Este distância representa a soma das distensões das ligações B–C e A–B até ao estado de transição, {A–B–C}‡. Para que os átomos troquem de par têm de se afastar um pouco entre si, do lado do reagente, e ficar ainda um pouco afastado do lado do produto. Ora *d* mede este efeito de distanciamento, e admite-se que ele é directamente proporcional à soma dos comprimentos de equilíbrio das moléculas BC e AB, $l_{AB} + l_{BC}$. Posto em termos corriqueiros, é que se um átomo dança com outro átomo mais gordo (grande) tem de se distanciar um pouco mais para poder «trocar de par».

$$CH_3 + H\text{-}CH_2CH_3 \longrightarrow CH_3\text{-}H + CH_2CH_3$$

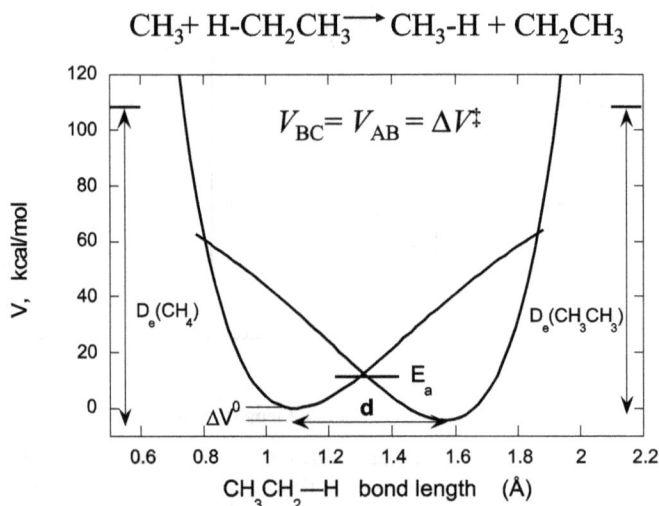

$$d = |\, l^{\ddagger}_{BC} - l_{BC}\,| + |\, l^{\ddagger}_{AB} - l_{AB}\,|$$

Figura 4.2 – Intersecção de duas curvas de energia potencial para a reacção protótipo, A+BC→AB+C; uma curva para a molécula produto AB e outra para a molécula reagente BC. A intersecção permite estimar a barreira de energia, $E_a = \Delta^{\ddagger}V$. O exemplo concreto é o da reacção química $CH_3 + H\text{-}CH_2CH_3 \rightarrow CH_3\text{-}H + CH_2CH_3$. O parâmetro d representa a soma das distensões das ligações químicas reactivas (C–H) do produto e do reagente.

Prosseguindo na analogia, os electrões das ligações químicas podem ser trocados durante a «troca de pares» na própria dança. Mas a «troca de par» pode ser ajudada por outros electrões, como se fosse uma expressão de uma maior *afinidade* entre os átomos, como o Quadro 4.4 procura representar. A quantificação deste efeito recorre a um parâmetro electrónico m que mede a «ordem de ligação total no estado de transição», estimado através do *parâmetro de electrofilicidade* de Parr. Este parâmetro electrónico depende da *electronegatividade* dos átomos e da sua *dureza*.[31]. Quanto mais elevado for m, menor é a barreira de energia e mais rápida é a reacção. O parâmetro m é equivalente à soma da ordem de ligação (representada de uma forma geral por n) para cada uma das ligações químicas BC e AB no estado de transição, $n^{\ddagger}$ ($m = 2n^{\ddagger}$).

Quadro 4.4 – Um «estado de transição» simétrico. A cerveja cria uma afinidade especial entre Tintin e os Dupont. Adaptado de *Aventuras do Tintin*. «O Caranguejo de Tenazes de Ouro», Difusão Verbo, Casterman, 1981, pág. 4.

A *electronegatividade*, que foi um parâmetro proposto por Linus Pauling, mede a facilidade com que um átomo X atrai electrões quando está ligado a outro átomo diferente Y. Quanto mais electronegativo for X em relação a Y, mais atrai os electrões de Y na ligação X–Y, criando-se um pólo eléctrico negativo junto ao átomo X ($X^{\delta-}$) e um pólo positivo junto a Y ($Y^{\delta+}$); a ligação química pode assim ser representada por $X^{\delta-}–Y^{\delta+}$.

A *dureza* de um átomo é uma medida da resistência que os electrões de maior energia oferecem quando solicitados a deformar a forma esférica do próprio átomo. Um átomo mais duro é menos deformável do que um átomo mais mole. No que diz respeito ao estado de transição, tem de se levar em conta os dois pares de átomos intervenientes, BC e AB. O parâmetro *m* provém de conceitos oriundos das teorias DFT (*density funtional theory*; teoria da funcional da densidade), teorias que vieram a conceder o prémio Nobel da Química, em 1998, ao físico Walter Kohn. A electronegatividade absoluta é uma medida de um potencial químico; a diferença de electronegatividade controla a transferência de electrões entre átomos. A soma dos parâmetros de dureza corresponde a uma inibição da transferência electrónica. A relação entre o potencial químico, que é a electronegatividade, e a dureza química, *m*=(potencial químico)/ (dureza química), é uma medida da *saturação do fluxo de electrões*.

Para reacções que libertam ou consomem energia, o respectivo valor da *energia de reacção*, ΔE, desloca as curvas V(BC) e V(AB) verticalmente entre si. Se a reacção absorve energia, a energia de reacção é positiva, $\Delta E>0$, e tal corresponde aos produtos estarem num piso mais elevado que o dos reagentes, digamos um 1º ou 2º andar. Se a reacção liberta energia, a energia de reacção é negativa, $\Delta E<0$, e tal equivale aos produtos habitarem numa cave ou sub-cave, dado que os reagentes vivem no rés-do-chão.

Mas para reacções isoenergéticas, como são as reacções simétricas em que o átomo C é igual ao átomo A (Quadro 4.4), as duas curvas de BC e AB situam-se na mesma linha horizontal. Reagentes e produtos vivem em apartamentos ao mesmo nível, por exemplo, rés-do-chão direito e esquerdo.

Podemos desde já afirmar que o critério geométrico por nós desenvolvido permite a obtenção de valores correctos para as barreiras de energias das reacções químicas em termos do ponto de cruzamento das duas curvas de energia potencial $V(BC)$ e $V(AB)$, como veremos. De outro modo, este livro não existiria.

Dificuldades conceptuais vencidas

A história de ISM deve começar por visar a inteligibilidade do próprio modelo e não se reduzir à descrição das diferentes etapas históricas que percorremos. Vamos, pois, começar pela posição alcançada em Fevereiro de 2003 que a Figura 4.3 bem resume. Este ponto de vista permite alcançar uma reconstrução racional de todos os passos dados ao longo de dezoito anos e permite conquistar uma «imagem móvel»[32] da teoria ISM e dos seus modelos teóricos.

O modelo ISM, na sua formulação de *intersecção* de estados, apresenta um percurso entre reagentes e produtos que é denominado *caminho não-adiabático*[33] – dada a brusquidão como por ele se transita dos reagentes aos produtos através de uma «cúspide» no ponto do cruzamento das curvas $V(BC)$ e $V(AB)$. Na nossa analogia, era como se não houvesse varanda, mas somente duas escadas, uma vinda dos reagentes e a outra

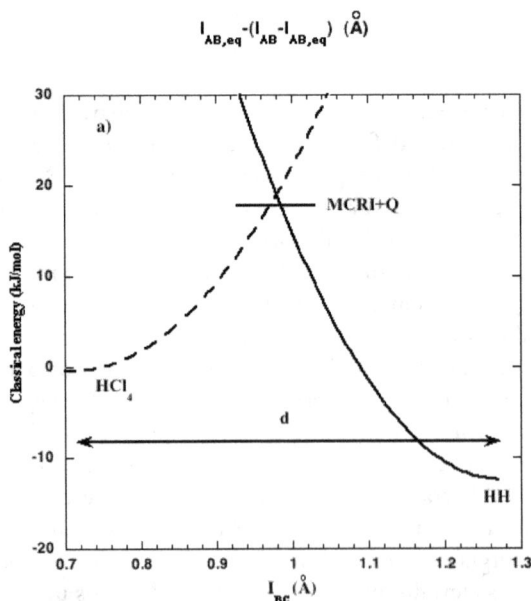

Figura 4.3 – Interacção das curvas de energia potencial ao longo da coordenada de reacção para a reacção protótipo A+BC→AB+C. Comparação do diagrama de interacção (b e c) e de intersecção (a) para a reacção HCl+H→H$_2$+Cl.

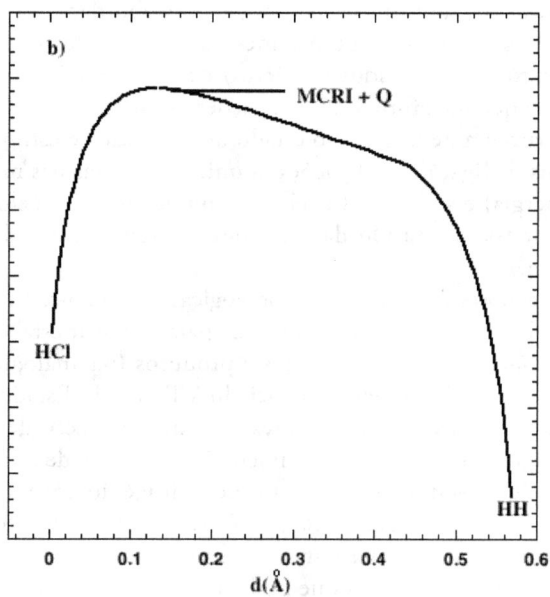

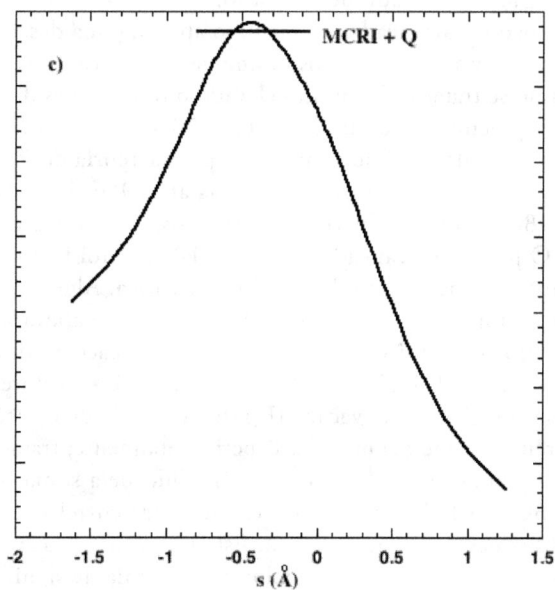

Figura 4.3 (Cont.) – Comparação do diagrama de interacção (b e c) para a reacção HCl+H→H$_2$+Cl.

a ir para os produtos. Nesta formulação ISM permite abordar com eficácia as reacções de *transferência de electrão* em solução e mesmo reacções de *transferência de energia* entre estados electrónicos excitados (tripletos) de moléculas orgânicas. É que nestes casos, como não há quebra e formação de ligações químicas e transferências parciais de carga eléctrica, a «ordem de ligação no estado de transição» é estimada correctamente a partir das ordens de ligação das ligações químicas reactivas nas moléculas dador (de electrão ou de energia) e aceitador (de electrão ou de energia), pelo que, desde 1986, foi possível aplicar ISM ao estudo das reacções de transferência de electrão de uma forma quantitativa.

Após 1985, as maiores dificuldades metodológicas ergueram-se à formulação da nossa teoria em termos de um modelo com *interacção* para permitir estabelecer um caminho suave *(caminho adiabático)* entre reagentes e produtos (na analogia apresentada, um caminho com uma varanda). Quando associado à Teoria do Estado de Transição, ISM calcula constantes cinéticas para diversas reacções de abstracção de átomos, dentro de uma ordem de grandeza dos valores experimentais, para além de estimar correctamente efeitos isotópicos de substituição de átomos de hidrogénio por átomos de deutério.

Eis como formulámos a *estrutura do problema* da reactividade em química para a «barreira de energia». A citada «barreira de energia» de uma reacção depende de um conjunto de parâmetros estruturais que podem ser medidos experimentalmente, mas fora do domínio da Cinética Química. A saber, são: i) energia de reacção; ii) comprimentos de equilíbrio das ligações químicas a quebrar no reagente e a formar no produto – as denominadas ligações reactivas; iii) frequências das vibrações do reagente e do produto; iv) electrofilicidade de átomos das ligações reactivas, como uma medida para a ordem de ligação no estado de transição.

O modelo ISM não foi alcançado de imediato após alguma descoberta inesperada e singular, tal como se de um novo composto, uma nova técnica experimental, ou mesmo um novo mecanismo se tratasse. Foi muito elevado o número das dificuldades a vencer, o que permite compreender que, durante quase 70 anos, os cinéticos químicos não tenham alcançado o desiderato inicial proposto para a Teoria do Estado de Transição. Eu e os meus colaboradores – António Varandas até 1986, Luís Arnaut desde 1990 e, a partir de 1998, juntou-se Alberto Canelas Pais –, levámos a cabo esta longa e complexa tarefa. O produto alcançado ao fim de 18 anos foi fruto de um prolongado processo que ocupou metade da minha carreira científica. Alguns passos foram dados antes da formulação inicial do modelo em 1984, com a colaboração de António Varandas[34]. O primeiro passo foi o da representação das reacções químicas em termos da intersecção das curvas $V(BC)$ e $V(AB)$. Estimaram-se os valores do parâmetro d que reproduzia as «energias de activação» (E_a) de uma série de reacções químicas, algo equivalente a barreiras de energia medidas experimentalmente; trata-se de um conceito fenomenológico. Quando o parâmetro d foi dividido pela soma dos comprimentos de equilíbrio de BC e AB, $l_{AB} + l_{BC}$, foram encontradas correlações relevantes para a invenção de certos conceitos básicos de ISM. Este passo inicial ocorreu-me em 1973 e podemos associá-lo ao paradigma do modelo na sua forma de significado mais amplo, digamos, o macroparadigma do modelo.

O segundo passo ocorre no estudo de $d/(l_{AB} + l_{BC})$ que revelava uma correlação linear com o quadrado da energia de reacção, $(\Delta E)^2$. A inclinação da correlação foi racionalizada por Varandas em 1979, em termos de um conceito de *entropia de mistura*, Λ. O significado de Λ como entropia de mistura, foi modificado por mim (ASI Nato, Vimeiro, 1991) para o de uma medida de *acoplamento* das vibrações das ligações que se quebram a outros modos internos não-reactivos (vibrações de outras ligações químicas da molécula reagente, rotações) e mesmo outros modos (translação, rotação e vibração) das moléculas do solvente. Houve aqui uma alteração específica no entendimento do significado de Λ, que não altera o corpo do modelo. Digamos uma modificação a nível de mesoparadigma e não a nível do macroparadigma. Esta mudança de mesoparadigma vem a ser confirmada após 1998, quando o modelo se pôde construir sem o recurso ao parâmetro $Λ^{35}$.

O passo fundamental para se dar início à construção do ISM ocorreu-me em Outubro de 1984, quando foi definido o conceito da «ordem de ligação no estado de transição», $n^{‡}$. Os «complexos activados» são moléculas instáveis no modo interno de quebra de uma ligação química reactiva e formação de uma nova ligação, mas que, como qualquer molécula estável, pode também ter as suas ligações químicas caracterizadas por uma *ordem de ligação*.

Pode parecer paradoxal que quanto mais elevado for m ($2n^{‡}$), mais rápida seja a reacção. Para uma molécula corrente, estável, AB, quanto mais elevada for a sua «ordem de ligação» maior é a energia necessária para cindir essa mesma ligação entre os átomos A e B. Mas tais moléculas estão num *mínimo* de energia potencial. Ora os «complexos activados» estão num *máximo* de energia potencial ao longo do caminho de reacção; decompõem-se inevitavelmente. Portanto, o que é relevante é a sua acessibilidade a partir dos reagentes, e quando maior for m mais os complexos activados estão próximo, em termos energéticos, dos mesmos reagentes.

A serenpidez (descoberta por acaso) desempenhou o seu papel na criação do conceito de «ordem de ligação no estado de transição», $n^{‡}$. Quando preparava aulas para um novo curso de Cinética Química que tinha de ministrar a alunos da Faculdade de Farmácia, ocorreu-me uma associação de ideias entre «comprimentos de ligação no estado de transição» e «ordem de ligação no estado de transição». Este conceito está intimamente associado a m, $m=2n^{‡}$. O valor corrente é de $n^{‡}=0,5$, mas o que ISM propõe é que $n^{‡}$ pode assumir valores superiores, alcançando valores $n^{‡}>1$. Em suma, uma *ordem de ligação aumentada*. Como se trata de um conceito fundamental para o modelo, está associado ao próprio macroparadigma de ISM. O significado da ordem de ligação foi essencialmente sempre o mesmo desde o início do modelo, se bem que só bastante tardiamente tivéssemos alcançado a correcta utensilagem operacional, para o estimar de modo quantitativo através da *electrofilicidade* de Parr, conceito que, como referimos, emergiu das teorias da funcional da densidade (DFT).

Para lidar com sistemas com mais do que uma ligação química nos reagentes e nos produtos há que recorrer à *unidimensionalização* das curvas de energia potencial, isto é, representar a reacção por uma única curva de energia potencial para os reagentes e outra para os produtos. Este procedimento auxiliar já havia sido desenvolvido por mim, em 1974, a respeito da Teoria de Efeito Túnel.

A teoria de Marcus (TM) foi desde muito cedo aplicada ao estudo de transferência de electrões, mas também a reacções de transferência de protões e de grupos metilos, que são classes de reacções que envolvem quebra e formação de ligações. Portanto, TM foi aplicada quer a processos em que não há quebra e formação de ligações químicas quer a reacções em que há quebra e formação de ligações. Por uma questão de *coerên-*

cia analógica, entendemos que, de igual modo, poderíamos aplicar ISM ao estudo de ambos os tipos de processos e reacções.

Começámos por um certo tipo de reacções de transferência de electrões, denominadas não-adiabáticas, o requereu a aplicação de uma teoria auxiliar para estimar efeitos de distância entre as moléculas dador e aceitador do electrão, que podemos considerar o quarto passo significativo no avanço do nosso modelo teórico. A teoria auxiliar incorpora um efeito de túnel[36] com incorporação do *índice de refracção* do meio; este conceito foi desenvolvido por Luís Arnaut, em 1996, e tornou possível o cálculo de constantes-absolutas de transferência de electrões em todo o tipo de reacções de troca electrónica, quer não-adiabáticas quer adiabáticas.

A aplicação de uma teoria de efeito túnel à transferência do electrão à distância impõe-se por si mesma, mas inicialmente recorreram-se a factores de distância empíricos. O que constitui novidade, foi o estimar a altura da barreira em termos do «índice de refracção do meio» entre dador e aceitador. Esta sugestão foi suscitada pela leitura de artigos da época dos anos setenta, que referiam a influência de ácidos gordos na transferência de electrão, independentemente da natureza do dador e do aceitador.

Em 1998, com Canelas Pais e Arnaut, o ISM, ainda num formalismo de intersecção, foi desenvolvido sem necessidade do parâmetro Λ. Assim foi possível estimar este parâmetro em certas condições: para processos em fase gasosa e para curvas de energia potencial de osciladores harmónicos. Este novo formalismo corresponde também a um *mesoparadigma* do modelo, como já referimos. Neste caso, o progresso alcançado foi fruto de uma nova formulação matemática do modelo.

No sentido de construir um caminho de *interacção* para as transferências de átomos, foram desenvolvidas «função de *damping*» para perfis energéticos vibracionalmente adiabáticos[37]. Este objectivo de melhoria ocorre em 2002 por tentativas e erros, e levou seis meses a Luís Arnaut para encontrar as melhores funções. Igualmente foi desenvolvida uma função de *damping* para a entropia em transferência de protões em solução, em Abril 2002. Podemos entender ambos os dois tipos de funções como mais um desenvolvimento que não traz novos conceitos ou novos entendimentos de conceitos já estabelecidos, mas tão só melhorias de cálculo. Digamos estar-se a trabalhar a nível de um *microparadigma* no contexto do modelo.

A estimativa da «ordem de ligação no estado de transição» teve um caminhar mais lento. Num congresso em Sevilha, em 1998, proferi uma conferência sobre reacções de transferência de protões, e aí apresentei uma correlação entre $n^{\ddagger}$ e a afinidade electrónica, A_e, dos ácidos. Mas a solução completa a este respeito só foi descoberta por Luís Arnaut, nos inícios de 2002, quando estima $m=2n^{\ddagger}$ em termos do «parâmetro de electrofilicidade de Parr», publicado cerca de um ano antes[38]. Este parâmetro incorpora a energia de *ionização* e a *afinidade electrónica* dos átomos A e/ou C, constituindo mais um *mesoparadigma* em ISM. Todavia, trata-se de um grande e imprescindível passo na senda da operacionalização da teoria. Esta descoberta resultou de se ter verificado que o índice de Parr variava correntemente entre 1 e 2, o que era o requerido para $m=2n^{\ddagger}$. Nesta ocasião passou a ser possível o cálculo de constantes-absolutas de reacção para a abstracção de átomos.

Na segunda semana de Fevereiro de 2003, Luís Arnaut visitou Casey Hynes em Paris. Hynes apontou que m devia ser 1 nos reagentes e nos produtos e só ser superior à unidade no estado de transição. A inclusão desta correcção formal altera as constantes cinéticas no máximo por um factor de 2 vezes, mas está conceptualmente mais correcta.

Em suma, ao longo da sua história, o modelo ISM evoluiu de uma visão inicial de *intersecting-state model* aplicável a transferência de electrões e transferência de energia, para um modelo de *interaction-state model* aplicável a transferência de átomos e a transferência de protões; uma «interacção» ao longo do caminho de reacção.

Esta clarificação de conceitos foi fruto de um questionamento dos *referees* apresentado em Dezembro de 2002, a propósito do artigo submetido ao *J. Chem. Phys.* em Junho de 2002. Não constituiu uma verdadeira dificuldade a vencer, mas levou à separação do modelo inicial em dois modelos diferentes, se bem com uma raiz comum, a do «critério geométrico» que proporciona a barreira de energia correcta para todos os tipos de processos e de reacções. Deu-se deste modo a verdadeira transição entre um modelo de *intersecção de estados* e um modelo de *interacção de estados*.

O esquema abaixo sumaria as dificuldades conceptuais e operacionais vencidas, segundo a sua sequência temporal, como se de uma difícil escalada de alpinismo se tratasse:

1. Curvas de energia potencial com os ramos atractivos virados um para o outro e separadas horizontalmente por uma distância d, ainda sem uma formulação matemática em termos moleculares em 1973. Esta formulação foi por mim apresentada em Janeiro de 1974 na lição de concurso para professor extraordinário e publicada no ano seguinte[39]. Verificou-se para várias reacções que d era proporcional $l_{AB} + l_{BC}$. Estas ideias começaram a circular em apontamentos para os alunos da disciplina de Química-física em 1974, mas só vieram a ser publicadas em livro em 1985, porque os manuais universitários têm sempre um longo tempo de preparo[40].
2. Unidimensionalização de curvas de energia potencial, provém da teoria de efeito túnel (1974);
3. Entropia de mistura, Λ (ca. 1979);
4. Ordem de ligação no estado de transição, $n^{\ddagger}$, incorporando uma *ordem de ligação aumentada*, (Outubro 1984).
5. Efeito de túnel para transferência de electrões com incorporação de índice de refracção do meio (1996);
6. Teoria sem Λ (1998);
7. Correlação entre $n^{\ddagger}$ e afinidade electrónica (Setembro 1998);
8. Função de *damping* para perfis energéticos vibracionalmente adiabáticos (2002);
9. Ordem de ligação estimada pelo parâmetro de electrofilicidade de Parr (inícios de 2002);
10. Função de *damping* para a entropia em transferência de protões (Abril 2002);
11. Fruto de uma clarificação de resposta aos avaliadores científicos (*referees*) em Dezembro de 2002, o modelo ISM evolui de uma visão inicial de *intersecting--state model* aplicável a transferência de electrões e transferência de energia para um *interacting-state model* aplicável a transferência de átomos e a transferência de protões.

12. Incorporação dos efeitos da formação de complexos nos reagentes através de ligações de hidrogénio. Este trabalho de Luís Arnaut (Maio 2004) encerra o ciclo da aplicação de ism à transferência de átomos em fase gasosa.

O balanço das dificuldades iniciais

No período compreendido entre 1985 e 1992 foram submetidos a publicação 44 artigos científicos sobre o modelo ism e suas aplicações ao estudo de diversas reacções químicas, em revistas científicas de química de índole geral, de química-física, de química-orgânica geral e de química-orgânica física. Sobre tais submissões foram recebidos 106 pareceres de avaliadores. A Tabela 4.2 resume o destino dos artigos submetidos a publicação, com excepção dos artigos de aplicação do ism a reacções de transferência de protões, em que nunca se verificou nenhuma rejeição, e já foram publicados dez artigos sobre o tema até ao presente.

Tabela 4.2 - Pareceres de avaliadores e artigos de ism e aplicações a diversos domínios de reactividade química (1985 a 1992).

revistas científicas	pareceres de avaliadores		artigos	
	aceitação	rejeição	aceites	rejeitados
química-física	9	37	9	20
química orgânica	18	13	11	4
total	27	50	20	24

Durante um período de nove anos foram submetidos a publicação 44 artigos, mas uma elevada proporção deles foi rejeitada. Proporção muito mais elevada nas revistas de química-física (cerca de 70%) do que nas de química orgânica (cerca de 30%). Dois tipos extremos de comportamento se verificaram a respeito dos domínios de aplicação: *transferência de protões* e *transferência de electrões*. Durante o período referido, no primeiro tema foram apresentados a publicação seis artigos, sendo todos aceites. Sobre as reacções de transferência de electrão foram submetidos a publicação 18 artigos e só um foi aceite à primeira. Pode pensar-se, e bem, que estas duas classes de reacções, das mais básicas que existem, requerem formulações distintas, uma de interacção (protões) e outra de intersecção (electrões). Contudo, na época ism estava só equacionado numa formulação de intersecção, o que poderia levar a esperar a recusa das aplicações à transferência de protões, o que não se verificou. A verdade, também, é que a Teoria de Marcus – em si mesmo um tipo de modelo de intersecção – havia sido aplicada, pelo próprio Prof. Marcus, à transferência de protões.

Por que razão há *desacordo* epistémico, por vezes tão profundo, entre diferentes cientistas a respeito do valor de diferentes teorias e modelos teóricos? Em termos de uma selecção racional de teorias, a explicação mais viável proposta pelos Laudan é que não há nenhuma unidade metodológica em ciência[41]. Por isso, os cientistas diferem entre si nos respectivos padrões de mérito epistemológico: padrões de simplicidade, consistência, generalidade, compatibilidade com a evidência experimental, potencialidade, etc. Ou se os critérios são qualitativamente os mesmos, o peso com que são considerados é diferente. Nestas condições, os Laudan advogam que a prossecução de trabalho com uma teoria nova pode ser racionalmente sustentável perante uma teoria bem estabelecida e sem anomalias, devido à valorização de algum daqueles critérios. E para a formação do consenso científico afirmam que não é necessário haver acordo sobre os padrões de mérito epistemológico. O consenso estabelece-se quando, em qualquer conjunto de padrões utilizado pelos diferentes cientistas, uma dada teoria T_i é sempre melhor que a teoria T_j. Por outras palavras, $T_i > T_j$ em qualquer dos conjuntos operativos dos critérios de avaliação $S_1, S_2, ..., S_n$.

Sem dúvida que os comportamentos diferenciados das comunidades de química-física e de química orgânica, a respeito do novo modelo ISM, estão de acordo com diferenças apreciáveis nos padrões de socialização nestas duas comunidades. Uma apreciação histórica desta diferenciação encontra-se bem explanada por Servos[42]; os químicos orgânicos têm vindo a construir a sua ciência com metodologias mais associadas ao papel de relevo das moléculas na síntese química e nos mecanismos de reacções. Acresce, como refere Platt[43], que «a química orgânica tem sido a morada espiritual [dos métodos] da inferência forte, desde o início». E a aplicação sistemática do método da inferência forte ou das hipóteses múltiplas, como também é designado, é fonte de uma menor afeição psicológica por ideias próprias em confronto com outras opostas, e daí ser fonte de uma maior tolerância intelectual e de um maior progresso científico.

Uma apreciação de ISM em termos cognitivos

Se a ausência de uma unidade epistemológica em química pode dar conta da diferença de comportamento das comunidades de química-física e de química orgânica, encontra-se uma perspectiva mais iluminante se analisarmos esta controvérsia em termos do «modelo de mudança conceptual» de Strike e Posner[44]. Estes autores reivindicam que qualquer concepção nova é entendida, ajuizada, adquirida ou rejeitada em termos de contextos conceptuais. Nesta perspectiva, explicar os processos de *aprendizagem* e de *compreensão* é essencial estudar como funciona a «ecologia conceptual», quer para estudantes quer para cientistas. Consideram que estes factores podem determinar basicamente quatro condições para a mudança conceptual, sejam elas de grande ou de pequena monta:

i) *satisfação*: deve existir alguma insatisfação com as concepções vigentes e, por contraste, alguma satisfação cognitiva pelas novas concepções;

ii) *compreensibilidade*: qualquer nova concepção carece de ser minimamente compreendida, apreendendo-se como a evidência experimental pode ser estruturada pela nova concepção;

iii) *plausibilidade*: qualquer nova concepção carece de se apresentar como plausível num primeiro exame, isto é, tem que aparentar possuir a capacidade de resolver questões existentes e ser capaz de justificar outros tipos de conhecimentos e de factos experimentais conhecidos;

iv) fertilidade: uma concepção nova deve fomentar novos caminhos de pesquisa e proporcionar capacidades explicativas em novos domínios.

Numa mudança conceptual há uma comparação das alternativas rivais, T_1 e T_2, segundo as quatro categorias cognitivas referidas. Admitamos que a «ecologia conceptual» de valores epistémicos, convicções metafísicas, analogias e metáforas, conhecimento existente, experiência pessoal, anomalias, etc. dos avaliadores são factores implícitos que se traduzem explicitamente em comentários classificáveis segundo alguma das categorias cognitivas. Como os comentários se revestem de carácter positivo ou negativo a favor da mudança, podemos dar um exemplo do comportamento de dois avaliadores distintos a respeito de um dado artigo do modelo ism (Tabela 4.3)[45]. Dando pesos iguais a todas as categorias, entende-se que um somatório positivo corresponde à *aceitação* de um artigo e um somatório negativo à sua *rejeição*. O somatório nulo pode corresponder à aceitação ou rejeição consoante o padrão de qualidade que se pretende alcançar. Mas outras situações podem admitir-se como válidas, tais como o facto de um avaliador dar um peso maior a uma das categorias.

Tabela 4.3 - Exemplo de uma análise em termos de categorias cognitivas para a avaliação de um mesmo artigo por dois avaliadores.

avaliador	satisfação	compreensibilidade	plausibilidade	fertilidade	Total
α	-2	-2	-2	-1	-2
β	2	1	-1	1	3

Procedemos à análise cognitiva em 77 pareceres dos avaliadores correspondentes aos artigos da Tabela 4.2. Primeiramente, em cada parecer os comentários são agrupados por categorias e, posteriormente, contam-se os que são positivos (aceitação) e negativos (rejeição)[46]. A Tabela 4.4 apresenta um tal balanço para todos estes pareceres.

Tabela 4.4 - Comparação entre a natureza cognitiva dos comentários produzidos e a recomendação final dos avaliadores.

	satisfação	compreensibilidade	plausibilidade	fertilidade
aceitação	83%	0%	3%	14%
rejeição	24%	17%	36%	23%

Verifica-se uma acentuada assimetria na avaliação dos pares para a aceitação e para a rejeição. Sem dúvida que uma rejeição requer, normalmente, uma justificação mais pormenorizada que a aceitação, que se toma como o desfecho natural. Mas esta evidência empírica coloca-nos, de novo, perante uma falta de unidade metodológica. Estes resultados são qualitativamente válidos para as duas comunidades já consideradas, as de química-física e as de química orgânica. Contudo, a proporção de comentários positivos é mais elevada na comunidade de química orgânica (25%) do que na de química-física (10%).

Na aceitação do novo predomina a *satisfação* (cerca de 80%), o que está de acordo com o ponto de vista de Ronald Giere[47]: «Nos seus juízos e escolhas, os cientistas procuram soluções satisfatórias (que satisfaçam certos padrões) em detrimento de uma correspondência à verdade». O exemplo que Giere nos apresenta, na busca deste critério, é bem elucidativo. No tempo em que não havia computadores, quando se interrompia uma partida de xadrez para recomeçar no dia seguinte, o xadrezista que tinha a jogada de recomeço, com os seus amigos, procurava uma jogada *satisfatória*, num horizonte de uns dez lances. Claro que o adversário procurava imaginar como ele iria recomeçar a partida e qual a resposta satisfatória, tudo num pequeno horizonte de lances.

Por contraste, na rejeição as quatro categorias cognitivas equivalem-se razoavelmente entre si, o que parece mais de acordo com o anarquismo metodológico de Feyerabend[48]: «Em ciência vale tudo».

Em busca de uma coerência cognitiva

No conflito com a Teoria de Marcus os pareceres dos avaliadores apresentam, algumas vezes, fortes contradições cognitivas. Quando, por exemplo, um avaliador escreve em passos diferentes do mesmo parecer: i) «Com o suporte que a teoria clássica corrente [TM] tem de um elevado conjunto de dados experimentais e dos cálculos da *mecânica quântica* sobre reacções de troca de electrões, não é sensato trocar o entendimento que ela nos proporciona por o de uma teoria *ad-hoc*» (itálicos nossos); ii) «A teoria corrente [TM] parece explicar bem a velocidade da reacção [...] sem envolver factores de não--adiabaticidade. Será que isto é uma deficiência da TM ou resulta de um entendimento ainda incompleto de como calcular os factores não-adiabáticos [através da *mecânica quântica* que estima factores (10^{-4}) claramente inferiores à unidade]?».

Os dois comentários do avaliador até podem estar correctos. Contudo, não é metodologicamente aceitável invocar o apoio da mecânica quântica quando convém à Teoria de Marcus, e rejeitá-lo quando também convém à mesma teoria. Com esta flexibilidade metodológica é sempre possível «salvar» a TM de qualquer tipo de ataque. Nestas circunstâncias, porque os dois comentários são contraditórios, um deles, e não interessa qual, é tomado como não-cognitivo[49].

Quando assim se procede e se calculam as percentagens dos comentários não-cognitivos em diferentes pareceres, encontramos valores bastante elevados[50], como se ilustra na Tabela 4.5. Baseado no conceito de «entropia de mistura», Carvalho Rodrigues[51] define uma função de «coesão de estruturas», tais como em exércitos, agregados urbanos, populações sujeitas a epidemias, etc.. No caso de tais estruturas dependerem somente de duas variáveis, uma das quais é destruidora do sistema, verifica-se que a coesão é perdida quando a *variável de destruição* é superior a $1/e=37\%$. Por exemplo, a coesão de um exército perde-se quando o número de baixas ultrapassa os 37%.

Tabela 4.5 - Percentagem de comentários não-cognitivos em pareceres de avaliadores sobre artigos de ISM em aplicações a reacções de transferência de electrão; pareceres sem coesão cognitiva a negrito.

artigo	A	A (2ª versão)	B	C	D
avaliador α	29%	**55%**	17%	**57%**	9%
avaliador β	**39%**	**50%**	**67%**	**50%**	**46%**
avaliador γ			**50%**		

O mesmo se aplica aos pareceres dos avaliadores, que perdem a sua coesão cognitiva e epistémica quando a proporção de comentários não-cognitivos ultrapassa os 37%. O que se verifica numa fracção significativa de pareceres. A defesa que os avaliadores procuram fazer da TM é compreensível, mas só até ao ponto em que conseguirem coerentemente argumentar a favor dela e contra ISM, o que parece já não ser o caso. Realce-se, no entanto, que o avaliador α recomendou a publicação do nosso artigo na sua versão-D. Noutros casos, tais pareceres não esconderão, para além de inevitáveis factores psicológicos, interesses profissionais e institucionais numa era de competição por recursos escassos?

Projectos científicos

Em 1999 apresentámos um projecto científico à Fundação para a Ciência e Tecnologia (FCT) intitulado «*Patterns of Reactivity viewed by the ISM model*» e que foi avaliado por uma comissão internacional. Ao tempo, o projecto não veio a ser financiado. Alguns comentários dos avaliadores reflectem, naturalmente o carácter controverso do nosso modelo: i) «*Trata-se de um excelente (e vasto) projecto que tende a confirmar ainda mais o ISM. A concepção do projecto é muito meticulosa. No entanto, este modelo é de uma certa forma sujeito à controvérsia e devia-se ter mais cuidado em inserir jovens investigadores nas componentes do projecto, que sejam ou que possam ser considerados como sendo oriundos da ciência mainstream*»; ii) «*A base deste projecto é de testar uma teoria unificada desenvolvida pelos proponentes para modelar a reactividade química como a transferência térmica de átomos e processos elementares dependentes da energia tais como a transferência foto-induzida de electrão e a transferência de protão. Apesar do interesse primordial de tal teoria unificada para prever o comportamento de muitos sistemas reactivos, ainda tem de ser provada por exemplos consistentes para convencer a comunidade internacional*».

O desfecho da avaliação encontra-se resumido no quadro apresentado pelos próprios avaliadores α e β (Tabela 4.6).

Tabela 4.6 - Resumo das classificações produzidas na avaliação do Projecto «*Patterns of Reactivity viewed by the ISM model*» em 1999.

critérios	α	β
mérito científico e originalidade da proposta	4	3
mérito científico da equipa	3	4
exequibilidade	0	3

O projecto era exequível, apesar de um dos avaliadores assim o não entender, como iremos demonstrar no próximo Capítulo, a respeito dos pressupostos fundamentais que foram executados como previsto. Um projecto equivalente, e com o mesmo título, submetido em 2002, veio a ser aprovado pela FCT em 2003.

Para a apreciação da química portuguesa tem interesse o parecer do Painel de Avaliação dos Centros e Unidade de Investigação nacionais relativo ao período 1996--1998. No início do parecer escreve-se: «*Basicamente, a química portuguesa é boa: as pessoas recebem um excelente treino, e empenham-se no trabalho com muito meticulosidade e consciência. No entanto, a maior parte deles é muito conservadora naquilo que faz. Os investigadores deviam ser mais encorajados a arriscarem por si próprios... . A questão relativa às colaborações com investigadores estrangeiros que aparece no documento da FCT foi debatida pelo painel; chegou a ocasião da a reformular, para que o investimento seja feito em novas direcções e em novos trabalhos independentes do pensamento estrangeiro. Por outro lado, o painel considera que muitos portugueses precisavam de publicar mais, e nos melhores jornais. A taxa de publicação, em particular nos jornais mais prestigiados, é demasiado baixa*». No caso vertente não nos podem apontar a falta de risco na iniciativa de uma investigação muito autónoma dos padrões internacionais, com interesse (assim o afirmam os avaliadores internacionais) e de elevado risco.

O Painel aponta ainda dois graves problemas para a química portuguesa: «*Apesar da investigação química em Portugal poder ter um futuro brilhante, [...] existem dois problemas principais: o primeiro é a falta de recursos adequados. É complicado manter um equilíbrio que permita que as melhores unidades prosperem e, ao mesmo tempo que as questões regionais sejam tratadas e se proporcionem incentivos às unidades mais fracas para que possam melhorar. O segundo problema é a falta de uma indústria química importante em Portugal. Em consequência disso, as universidades portuguesas podem acabar a treinar pessoal altamente qualificado para trabalhar noutros países da União Europeia*».

Em 2002 resubmetemos o projecto *Reactivity Patterns Viewed by the Intersecting-State Model*. O projecto foi aprovado e classificado de «excelente» e o *referee* escreveu: «*A reactividade química depende da relação de energia ao longo da «coordenada de reacção» em superfícies de energia potencial (SEP). Os programas de Química Quântica permitem calcular SEP e quantidades a elas relacionadas, em sistemas químicos pequenos. Para sistemas maiores, o tempo de computação necessário para tais cálculos é frequentemente tão elevado que não é prático descrever a reactividade química desta maneira... Por estas razões, métodos como o do modelo de intersecção de estados são interessantes porque ajudam, em princípio, a compreender os factores que controlam a reactividade de moléculas de qualquer tamanho. ... Uma vez que este projecto é a continuação de um trabalho iniciado há 16 anos, e de acordo com o número e qualidade dos trabalhos publicados, parece que a equipa tem a experiência adequada aos objectivos do projecto».*

NOTAS

[1] H. D. Burrows, S.J. Formosinho, M.G.M. Miguel, F. Pinto-Coelho, «The Quenching of Uranyl Ion (UO_2^{2+}) Excited State by Metal Ions: Evidence for an Electron Transfer Mechanism», *J. Chem. Soc. Faraday Trans.1 72*, 163-171 (1976).

[2] S. J. Formosinho e A.M. da Silva, «Intersystem Crossing and Internal Conversion in Benzene at Low Pressures», *J. Chem. Soc. Faraday Trans.2, 72*, 2044-2054 (1976).

[3] S. J. Formosinho, «Quantum Mechanical Tunnelling in Radiationless Transitions of Large Molecules», *J. Chem. Soc. Faraday Trans. 2, 70*, 605-620 (1974).

[4] Até à mesma data publiquei 151 artigos científicos, 23 livros, 36 artigos sobre temas diversificados e uma patente.

[5] S. J. Formosinho, V. M.S. Gil, J. J. C. Teixeira Dias e A. Correia Cardoso, «Química para Ti», 8º ano, Livraria Minerva, 1984; J. J. C. Teixeira Dias, A. Correia Cardoso, S. J. Formosinho e V. M.S. Gil, «Química para Ti», 9º ano, Livraria Minerva, 1985; J. J. C. Teixeira Dias, A. Correia Cardoso, S. J. Formosinho e V. M.S. Gil, «Química para Ti», 10º ano, Livraria Minerva, 1987.

[6] S. J. Formosinho, «Theoretical Studies on Proton Transfer Reactions», *J. Chem. Soc. Perkin Trans. 2*, 61-66 (1987).

[7] S.J. Formosinho, «Reactivity and Selectivity. An Intersecting-state View», *J. Chem. Soc. Perkin Trans. 2*, 839-846 (1988).

[8] J. Magueijo, «Mais Rápido que a Luz. A Biografia de uma Especulação Científica», Gradiva, Lisboa, 2003, pág. 63.

[9] *Ibidem*, pág. 64.

[10] D. Knight, «Ideas in Chemistry. A History of the Science», The Athlone Press, Londres, 1995, pág. 52.

[11] *Ibidem*, págs. 49, 36.

[12] J. van Brakel, «Philosophy of Chemistry», Leuven University Press, Leuven, 2000.

[13] *Ibidem*, págs. 34.

[14] Proporção da quantidade de um elemento químico que pode reagir com uma quantidade fixa de um outro elemento.

[15] D. Knight, *ob cit.*, pág 113.

[16] D. Knight, *ob cit.*, págs. 128, 136.

[17] L. Reis Torgal, «Sob o sigo da «reconstrução nacional»» em *História da História em Portugal sécs. XIX-XX*, Luís Reis Torgal, José Amado Mendes e Fernando Catroga (autores), Círculo de Leitores, Lisboa, 1996, págs. 219-204, pág. 235.

[18] D. Alexander, «Rebuilding the Matrix. Science and Faith in the 21st Century», Lion Publishing, Oxford, 2001; ver recensão em *Research News & Opportunities in Science and Theology*, Abril 2003, vol. 3, nº 8, pág. 20.

[19] S. J. Formosinho, «Ciência e Religião. A Modernidade do Pensamento Epistemológico do Cardeal Cerejeira», Principia, Lisboa, 2002.

[20] M. Gonçalves Cerejeira, *A Igreja e o Pensamento Contemporâneo* (IPC), 1ª ed., Coimbra Editora L.ª, Coimbra, 1924, pág. 23.

[21] P. Duhem, «Traité Élémentaire de Chimie fondée sur la Thermodynamique», Libraire Scientifique A. Hermann, Paris, 1897, prefácio.

[22] J. Celestino da Costa, «Um Certo Conceito da Medicina», Gradiva. Lisboa, 2001, pág. 39; a história desta conflitualidade desenrola-se nesta obra entre as págs. 38 a 98.

[23] Ver, por exemplo, K. J. Laidler, «Theories of Chemical Reaction Rates», McGraw-Hill, Nova Iorque, 1969.

[24] R. B. Braithwaite, «Scientific Explanation», Cambridge Univ. Press, Londres, 2ª ed., 1968, pág. 269.

[25] S. J. Formosinho, «Nos Bastidores da Ciência», Gradiva, Lisboa, 1988.

[26] W. Taussig Scott e M. X. Moleski, S. J., «Michael Polanyi. Scientist and Philosopher», Oxford Univ. Press, Oxford, 2005, pág. 168.

[27] J. Polanyi, «The Transition State», em *The Chemical Bond*, A. Zewail (ed.), Academic Press, San Diego, 1992, págs. 149-173.

[28] As espécies moleculares no estado de transição também são designadas por «complexos activados».

[29] Vendo a reacção só em termos dos reagentes, requer-se que a ligação B–C se distenda e o átomo A se encontre a uma certa distância do átomo B, para que se forma a nova ligação A–B. Os átomos A e B devem distar entre si de um valor um pouco superior ao do comprimento da nova ligação A–B.

[30] Jorge Luís Borges, «O instante».

[31] R. G. Pearson, «Recent advances in the concept of hard and soft acids and bases», *J. Chem. Educ.*, 64, 561 (1987).

[32] J. Echeverría, «Introdução à Metodologia da Ciência» (trad.), Almedina, Coimbra, 2003, pág. 81.

[33] Adiabático tem diversos sentidos em ciência. Neste campo indica um movimento de massas atómicas que se processa ao longo da mesma curva de energia potencial. Esta curva não apresenta descontinuidades.

[34] S. J. Formosinho e A J. C. Varandas, «Estrutura e Reactividade Molecular. Uma introdução com base no modelo da caixa de potencial», Fundação Calouste Gulbenkian, 1985; este texto começou a circular por entre os estudantes por volta de 1974.

[35] Consideremos o caso de uma reacção exotérmica. Para este tipo de reacções o estado de transição fica localizado junto à configuração dos reagentes, pelo que as distensões com relevância são as da ligação do produto, AB. Se o comprimento desta ligação no estado de transição AB‡, for próximo do comprimento de equilíbrio nos produtos, l_{AB}, então a energia da reacção será libertada essencialmente como energia translaccional. Se o comprimento AB‡ for superior a l_{AB}, então parte da energia da reacção será libertada como vibração de AB. O parâmetro Λ procura reflectir esta dinâmica da reacção. Quando há apenas duas ligações no estado de transição e em fase vapor, Λ é um parâmetro exacto e que se pode estimar em termos estruturais e electrónicos. Quando há diversas ligações reactivas no estado de transição, modelizadas por uma única ligação no reagente e outra no produto, e/ou quando a reacção ocorre num solvente, Λ carece de ser tratado como um parâmetro empírico.

[36] No mundo microscópico todos os átomos ou outras partículas têm a si associado uma onda. Uma onda pode decrescer num local e aumentar noutro sem necessariamente ter de passar (rolar) na região intermédia.

[37] O perfil vibracionalmente adiabático leva em conta os efeitos de energia de ponto-zero ao longo da coordenada de reacção.

[38] P. W. Ayers e R. G. Parr, «Variational principles for describing chemical reactions. Reactivity indices based on the external potential», *J. Am. Chem. Soc.*, *123*, 2007 (2001).

[39] S. J. Formosinho, «Reactividade Química», *Rev. Port. Quim.* 17, 268-282 (1975).

[40] Formosinho e Varandas, *ob. cit.*, págs. 142-144.

[41] R. Laudan e L. Laudan, «Dominance and the disunity of method: solving the problems of innovation and consensus», *Philosophy of Science*, (1989) *56*, 221.

[42] J. W. Servos, «Physical Chemistry from Oswald to Pauling. The Making of Science in America», Princeton Univ. Press, Princeton, 1996, caps. 1 e 6.

[43] J. R. Platt, «Strong Inference», *Science*, (1964) *146*, 347.

[44] K. A. Strike e G. J. Posner, «A conceptual change view of learning and understanding», em *Cognitive Structure and Conceptual Change*, L. H. T. West e L. Pines (eds.), Academic Press, Orlando, 1985, págs. 211-231.

[45] S. J. Formosinho, « O «Sistema de Avaliação por Pares» numa Ciência em Regime Estacionário», *Rev. Port. Filosofia*, (1998) LIV, 511.

[46] S. J. Formosinho, «O Imprimatur da Ciência», Coimbra Editora, Coimbra, 1994, caps. 5-7.

[47] R. N. Giere, «Explaining Science», Univ. Chicago Press, Chicago, 1988.

[48] P. Feyerabend, «Against the Method», New Left Books, Londres, 1977.

[49] Uma análise mais pormenorizada sobre a classificação cognitiva destes pareceres encontra-se em S. J. Formosinho, «O imprimatur da ciência», Coimbra Editora, Coimbra, 1994.

[50] Formosinho, «O Imprimatur da Ciência», *ob. cit.*.

[51] F. Carvalho Rodrigues, «As Novas Tecnologias, o Futuro dos Impérios e os Quatro Cavaleiros do Apocalipse», Discórdia, Lisboa, 1991.

CAPÍTULO 5

A FILOSOFIA DA QUÍMICA

O realismo científico

O debate sobre o realismo continua útil para a ciência de hoje. A história das ciências tem-nos revelado serem os cientistas que menos prezam o realismo também os menos eficazes na sua investigação, quando confrontados com aqueles que advogam algum tipo de realismo. Paul Dirac dizia mesmo aos alunos no início do seu curso de mecânica quântica: «A crença na existência de um mundo exterior é toda a metafísica de que precisam para este curso». Isto patenteia bem a importância de uma atitude filosófica de realismo em ciência.

Como aponta Geymonat[1], o realismo, em essência, limita-se a afirmar existir algo que nos é conhecido e ao mesmo tempo que é diferente de nós. Seguindo Diéguez, Echeverría[2] compila-nos algumas das posições mais relevantes sobre o realismo, que passo a transcrever:

i) *realismo ontológico*: «as entidades teóricas postuladas pelas teorias científicas bem estabelecidas existem (embora possa haver excepções)»;

A este respeito há duas posições contrárias: o *instrumentalismo* que admite que as entidades teóricas são meros instrumentos para a previsão e organização dos factos e deve ser deixada de lado a questão da sua existência real. A outra posição diz respeito ao *construtivismo social*: as entidades teóricas são uma mera construção social.

ii) *realismo epistemológico*: «as teorias científicas proporcionam-nos um conhecimento adequado (ainda que perfectível) da realidade tal como esta última é, independentemente dos nossos processos cognitivos»;

A uma tal perspectiva opõe-se um conjunto plural de várias correntes de pensamento. Os *fenomenistas* que entendem tratarem as teorias apenas de fenómenos observáveis. Os *idealistas epistemológicos* advogam que as teorias incidem sobre uma «realidade» criada pela mente. Os *cépticos* entendem que a realidade é inacessível, dada a sua intrínseca complexidade e as limitações cognitivas do ser humano, pelo que as teorias científicas não podem proporcionar um conhecimento adequado da realidade.

iii) *realismo teórico*: «as teorias científicas são susceptíveis de verdade ou de falsidade»;

O *instrumentalismo teórico* vê as teorias científicas como instrumentos de cálculo, mais ou menos eficazes, mas entende que não são verdadeiras ou falsas.

iv) *realismo semântico*: «as teorias científicas são verdadeiras ou falsas em função da sua correspondência com a realidade»;

Uma das correntes que se ergue contra esta posição filosófica é o *relativismo*, a verdade ou falsidade das teorias são sempre relativas aos contextos em que surgem e não a uma realidade.

v) *realismo progressista*: «a ciência progride, tendo como meta a verdade. As novas teorias contém mais verdade ou menos falsidade que as anteriores».

Distinções entre classes de entidades reais

Os cientistas em geral, e os químicos em particular, preferem assumir atitudes de realismo, quer ontológico quer epistemológico. Será esta também a nossa atitude. Mas na senda de Giuseppe Del Re[3] convém produzir algumas distinções entre os diferentes tipos de entidades reais. Há entidades de primeira classe *FC* (*first class*) tais como as belas árvores que dançam ao vento numa sinfonia de verdes que me deslumbram na casa de campo de família. Com o mesmo nível de realismo temos as moléculas que não vemos. Entidades de segunda classe *SC* (*second class*) são, por exemplo, a psique de um homem ou de um animal.

Nas entidades *FC* há também outras distinções a fazer: entre entidades reais directamente observáveis através dos nossos sentidos (*R1*) tal como um comprimido de aspirina, ou observáveis por extensões naturais dos mesmos sentidos, como o planeta Júpiter visto através de uma luneta ou uma amiba vista através de um microscópio óptico. E há entidades reais (*R2*) que acreditamos existirem mediante o recurso não aos nossos sentidos e às suas extensões, mas graças a evidências de lógica e de *analogia*, tal como o fazemos a respeito de átomos e de moléculas. A química lida com entidades de ambos os tipos.

Regressando às entidades *FC(R1)*, em função da sua dimensão, há objectos que são acessíveis directamente aos nossos sentidos DAL (*direct-access-level*) – por exemplo, um copo, o cheiro de um éster ou do gás sulfídrico –, porque estão ao alcance da nossa experiência directa. Mas há outros que não têm uma dimensão à escala humana. Por exemplo, julgamos que uma montanha está directamente acessível aos nossos sentidos, mas, de facto, nunca é acessível na sua totalidade; a sua totalidade é uma reconstrução nossa a partir das imagens parciais que dela formamos. Agora vejamos um pó de grãos extremamente pequenos. Nós só vemos o pó, mas nunca os grãos à vista desarmada. Conseguimos vê-los com recurso a um microscópio óptico. Mas trata-se, por tamanho muito grande ou muito pequeno para a escala humana, de entidades só acessíveis graças a certos instrumentos que estendem de forma óbvia o nosso campo de visão;

são entidades EDAL (*extended direct-access-level*). A química lida com entidades *DAL* e *EDAL*, como no caso de pós.

O nosso planeta, que temos na sua globalidade em belas imagens de satélite, havemos por bem reconhecer que o vemos em imagens altamente reconstruídas por instrumentos sofisticados que ultrapassam o que é óbvio para o cidadão comum. Mas por analogia reconhecemos em tais imagens aquilo que de alguma forma esperávamos ver, um esferóide. Também vimos tais imagens pela televisão quando o homem foi à Lua, com a credibilidade do testemunho dos astronautas e da familiaridade que a televisão nos dá de imagens correntes de pessoas, paisagens, etc. O planeta Terra é, pois, uma entidade *EDAL*.

Nesta caminhada para o muito grande e para o muito pequeno, os químicos adquiriram a habituação de um *raciocínio analógico* que os levou ao reconhecimento de entidades do tipo *R2*. Mediante análises e sínteses de substâncias, que eram bem sucedidas em função das imagens e modelos mentais que construíram, muito fruto dos movimentos do romantismo e do idealismo alemão, os químicos chegaram à existência real dos átomos e das moléculas. Modelos baseados em analogias do mundo macroscópico, tais como esferas – representando átomos – com anzóis para se ligarem entre si, ou através de pequenos pedaços de madeira ou de arame – representando ligações químicas. Os *átomos* comportar-se-iam como partículas isoladas em fase gasosa e certos grupos de átomos mantinham-se sempre ligados entre si nas *moléculas*. Os átomos também podiam transitar de molécula para molécula por reacção química. Humphry Davy sabia bem o que esperava obter quando isolou o sódio ou o potássio por electrólise, porque esperava isolar átomos desses elementos. De maior significado foi, com certeza, a conquista da estrutura das moléculas da glucose por Emil Fischer e que o seu filho Hermann Fischer prosseguiu com a síntese e análise estrutural de hidratos de carbono e de glicerídeos[4]. Ou mesmo os primeiros estudos espectroscópicos de Gustav Kirchoff e de Robert Bunsen em 1859, patenteiam bem a invariabilidade dos átomos, quando compostos metálicos aquecidos numa chama emitem linhas espectrais características do metal; por exemplo, os átomos de sódio emitem uma linha de cor amarela intensa muito característica. Estes estudos de Kirchoff e de Bunsen ficaram em sexto lugar nas mais belas experiências de química anteriormente referidas. Todas estas notáveis conquistas experimentais e de conhecimentos novos são fruto das actividades dos químicos durante todo o século XIX.

A negação da existência real dos átomos (átomos e moléculas) foi o maior fracasso do positivismo e conduziu a uma tragédia humana. O positivismo criou um *critério de demarcação* para a ciência baseado no «directamente observável» através dos sentidos. Com um tal critério a ciência demarcava-se bem da metafísica e da religião. Ora dadas as suas pequeníssimas dimensões, os átomos não se podiam observar directamente em qualquer experiência científica. Compreende-se assim, como em 1884, um dos pilares da química francesa – Marcelin Berthelot, fortemente positivista – não admitisse o atomismo, porque «não queria ver a química degenerar em religião. Não quero que se acredite na existência real dos átomos, como os cristãos crêem na presença real de Jesus Cristo na hóstia consagrada»[5].

Já nesse tempo, o químico líder da escola atómica – Wurtz – acreditava na existência dos átomos. Dado haver entre os físicos um forte enfeudamento ao positivismo, a sua grande maioria opunha-se a este tipo de entendimento, com a notável excepção de

Boltzmann, a quem os químicos prestaram apoio e chegaram a propor para o Nobel da Física. Não obstante, desgostoso com a oposição feroz que os seus colegas lhe moveram, Boltzmann acabaria por, primeiramente, regredir de uma atitude *realista* para uma *instrumentalista*. Mais tarde, após diversos esforços de atentar contra a vida, suicidava-se em Itália em 1906[6]. Quase um ano antes de um físico francês, Jean Perrin, ter «demonstrado» a existência de átomos em estudos sobre movimento browniano em soluções coloidais.

As experiências de Perrin não permitiram ver directamente os átomos. Permitiram ver com um ultramicroscópio óptico o movimento errático de partículas muito maiores, os colóides. O movimento errático, denominado browniano, foi atribuído, por analogia, às colisões ocasionais dos «invisíveis» átomos com os colóides. De facto, Perrin obteve apenas uma evidência indirecta da existência de átomos, tal como os químicos haviam conseguido, mais de 30 anos antes, a respeito da existência de moléculas, através dos estudos de interpretação da *isomeria*. A cada ciência o seu modo de persuasão.

O químico-físico Wilhelm Ostwald, acabou por incorporar a teoria atómica a partir de 1909 nos seus livros de texto, mas um dos pais do positivismo, o físico Ernst Mach nunca aceitou a existência dos átomos, tendo chegado a escrever: «Se a crença na existência de átomos é tão essencial, então renuncio à maneira física de pensar. Não serei um físico profissional e desisto da minha reputação científica». Na base deste desabafo Mach reconhece que um novo mundo da ciência está a despontar, e que ele não quer fazer parte dele. O drama, um dos dramas da vida num mundo em mudança ou do nosso envelhecimento, é que Boltzmann tinha reconhecido já o novo mundo epistemológico dos átomos e, por não ter conseguido convencer físicos como Mach, também quis abandonar precocemente este mundo terreno, suicidando-se.

O critério da «observação directa» era, de facto, um critério que se impunha a todos – recordemo-nos que até Cremonini não quis observar através do óculo de Galileu – mas matava a própria ciência, como o desfecho da teoria atómica nos mostra.

Segundo Del Re, entender o mundo físico como nada mais do que «átomos e quanta» é tão insustentável como afirmar que os aviões, tractores ou casas não são mais do que os materiais de que são construídos. Em princípio, a possibilidade de existência e as propriedades de tais sistemas podem ser previstas de um modo quantitativo a partir das suas partículas constituintes, mas as condições físicas que correspondem a tal carecem de ser conhecidas previamente ou intuídas. Tomemos um exemplo químico: 6 átomos de carbono e número igual de átomos de hidrogénio. A partir da valência destes átomos, pode-se prever a existência de 217 moléculas, embora se possa imaginar um número muito maior de agregados com um tal número de átomos. Mas nenhum químico tem dúvidas que não pode vir a sintetizar um número superior a 217 moléculas diferentes; algumas dessas 217 moléculas serão mesmo instáveis e não serão isoláveis como substâncias. Há pois fortes limitações ao *reducionismo* da química à física quântica.

As ligações químicas entre os átomos conferem às moléculas uma persistência própria. As moléculas estáveis serão entidades reais *R2* de verdadeiros «corpos» microscópicos com forma e superfície. Mas claramente exibem propriedades que, por exemplo, não são explicáveis em termos físicos por outros modelos de agregados atómicos, como o modelo da «gota de líquido». As moléculas são distintas de todas as outras entidades microscópicas e caracterizam a química a este nível de complexidade.

O conhecimento químico fundamental

Nós vivemos no mundo e este modo de vida pautado pelo senso comum permite-nos lidar com muitas facetas mais próximas da ciência no nosso quotidiano: digamos lidar com o mundo *macroscópico*. Podemos referir-nos à água e aos seus atributos, por exemplo, sem nos preocuparmos com as fórmulas de estrutura das suas molécu-las. Mas também podemos lidar com a água a um nível microscópico; as «ligações de hidrogénio» entre as suas moléculas permitem explicar uma alta temperatura de ebulição e o facto de o gelo ser menos denso que a água líquida. É o lidar com o mundo microscópico e as suas interpretações sofisticadas que indiciam certos tipos de ordem existentes na natureza. Nestas perspectivas, a prerrogativa do inobservável, do invisível, não é exclusivo da «*imagem da ciência*», como é o caso da estrutura atómica e das partículas fundamentais. Encontra-se também na *manifestação* do mundo entre nós, como referimos anteriormente. Exemplificando em termos químicos, qualquer um de nós não vê o açúcar numa água açucarada, mas sente o sabor do açúcar que não vê. O açúcar, mesmo dissolvido é uma entidade real *RI(DAL)*, porque, embora não acessível à visão, está acessível a um outro dos sentidos humanos, o gosto.

Como argumenta van Brakel[7], a Química é primariamente – em sentido ontológico e epistemológico – a *ciência das substâncias*, a ciência dos diferentes tipos de matéria na sua vertente de manifestação da existência das substâncias (*manifest substances*) e das transformações dessa mesma matéria. Substâncias puras que se conseguem iso-lar e que apresentam propriedades reprodutíveis à medição quantitativa e, mesmo, em características qualitativas, como a cor, o cheiro, o sabor, etc.. A associação do qualitativo ao quantitativo foi essencial para o progresso da química, pois só com o qualitativo a alquimia não progrediu muito.

A física e a química, que lidam com matéria inanimada, recorrem à *medição* como uma das suas armas metodológicas fundamentais. A existência de diferentes substâncias, homogéneas, todas caracterizáveis, contraria, porém, algumas reivindicações científicas correntes: as ciências físicas só procuram alcançar relações funcionais e não definições de «espécies naturais» como em biologia. Em contradição com este entendimento, a química define *famílias* de substâncias.

Vários filósofos da química, como Schummer[8] e van Brakel[9], advogam que a imagem da química como «a ciência das substâncias» é muito mais prioritária do que a imagem da química como «a ciência das moléculas» e mesmo do que a sua eventual redutibilidade às leis da mecânica quântica. É certo que Rutherford afirmava que «toda a ciência ou é física ou é filatelia»[10]. Mas a verdade é que a própria física requer uma classificação de partículas fundamentais, mais próximo de um quadro classificativo como é a Tabela Periódica de Mendeleev em química. Há tantas partículas fundamentais sem uma racionalização, que Enrico Fermi chegou a afirmar: «Se conseguisse saber o nome de todas elas não seria um físico, mas um botânico»[11].

O estudo sistemático das *propriedades químicas* das substâncias é o objecto funda-mental da Química. As substâncias têm um vasto conjunto de propriedades físicas, por exemplo, mecânicas (ex., viscosidade), electromagnéticas (ex., susceptibilidade magnética), propriedades biológicas (ex., efeito anestésico) e também químicas, tais como o carácter ácido-base ou capacidade de oxidação ou de redução. A química só cura do estudo das propriedades químicas.

Operacionalmente uma substância considera-se como «pura» quando após vários processos de purificação – destilação, cristalização, sublimação, cromatografia, etc. – não houver alterações significativas nas suas propriedades. A classificação de substâncias puras não tem, pois, uma base teórica (molecular), nem metodológica, por exemplo, espectroscópica, mas a sua base é simplesmente operacional. Para tomarmos consciência que a base da substância pura não é inteiramente molecular, basta o exemplo da água, H_2O. Qualquer estudante ficará surpreendido quando lhe for afirmado que as propriedades ácido-base da água dependem da baixíssima concentração da espécie H_3O^+ e não estritamente de H_2O em concentrações infinitamente superiores. Tal como nos sólidos, são os «defeitos pontuais» na massa bruta desta substância que são essenciais em química – excesso de H^+ (H_3O^+) ou defeito de H^+ (OH^-) – que lhe dão uma «vida» interior[12].

A base de classificação em química é a das substâncias puras, numa rede onde as *substâncias* se encontram nos nós da rede e as malhas entre elas são as diferentes *reacções químicas* que ligam as substâncias umas às outras. É que, como referimos, a química, nos seus fundamentos, está interessada nas reacções que transformam umas substâncias noutras substâncias diferentes. Muitas das reacções não envolvem directamente as substâncias puras, que se isolam em frascos e outros recipientes, mas quasi-moléculas como complexos de van der Waals e estados electrónicos excitados, que duram fracções do segundo, mesmo femtossegundos (10^{-15} s). Não é possível, todavia, estabelecer uma base classificativa em termos de quasi-moléculas nem de meios de reacção como são os solventes, porque não há nenhuma relação biunívoca entre substâncias e espécies quasi-moleculares[13]. A base classificativa remete sempre às substâncias puras.

A classificação das substâncias baseia-se nas semelhanças e diferenças do respectivo comportamento químico: duas substâncias diferentes são quimicamente semelhantes se podem ser decompostas nas mesmas substâncias elementares (elementos). Esta semelhança reflecte-se em termos de *grupos funcionais*, em álcoois, ácidos carboxílicos, ésteres, aminas, etc.. Tais grupos garantem a semelhança de comportamento químico, independentemente de diferenças quantitativas nas propriedades físicas (por exemplo, ponto de ebulição, viscosidade, constante dieléctrica). Acresce que uma mesma substância pode pertencer a vários grupos, por exemplo, álcoois e compostos aromáticos.

Nos seus estudos, os químicos recorrem amiúde, em artigos e em livros, a *fórmulas de estrutura*. Por exemplo, tais fórmulas permitem reconhecer que os ácidos carboxílicos estão relacionados com os álcoois e os ésteres, porque os ésteres são produtos de reacção dos ácidos carboxílicos com os álcoois. Como uma fórmula de estrutura representa uma dada substância pura, mas contém informação sobre a classe ou classes a que a substância pertence, permite ainda prever novas substâncias e algumas das correspondentes propriedades; mais, permite prever novas reacções e ainda racionalizar mecanismos de reacções químicas. Mecanismos entendidos como uma representação em *vídeo* de um acontecimento molecular ou como uma regra sistemática de modificar fórmulas de estrutura, muito útil e popular em química orgânica desde 1860. Em suma, as fórmulas de estrutura constituem um verdadeiro sistema de sinais, uma linguagem estruturada própria da química – a serem interpretadas no contexto de alguma teoria –, mas constituem em si mesmas uma poderosa arma teórica de previsão química.

A estrutura dos níveis de observação e de interpretação em Química

A química possui uma estrutura lógica que relaciona o vasto número de conceitos e de modelos teóricos em níveis de *observação* e níveis de *interpretação*. A Tabela 5.1 apresenta-nos esta estrutura lógica sob uma forma matricial. O primeiro nível de observação refere-se às grandes quantidades, o nível *molar* em que se exprime o quantitativo da química, o segundo ao *microscópico* e o terceiro ao *submicroscópico*. Em relação a cada nível observacional, há que produzir um conjunto diferenciado de interpretações segundo três dimensões: de *composição* e *estrutura*; *energia*; *tempo*.

Em relação à primeira *dimensão* interpretativa da química – a da composição e estrutura – encontramos, a nível molar, a composição e estrutura das substâncias: tipos de átomos, ex. carbono (C) e hidrogénio (H), e número de átomos CH_4. Nesta mesma dimensão interpretativa podemos examinar o segundo nível observacional, o *microscópico* – um tipo da «anatomia molecular» – o modo como os átomos se ligam entre si e se dispõem no espaço. O nível observacional *submicroscópico* eléctrico diz respeito a protões e neutrões (núcleos atómicos) e electrões, designando-se por electrónico só o que diz respeito aos electrões propriamente ditos.

Para os mesmos níveis observacionais podemos examinar a dimensão interpretativa da *energia*, que foi verdadeiramente o conceito unificador que levou à profissionalização dos físicos, aliás posterior à dos químicos[14].

A dimensão interpretativa do *tempo* entrou tardiamente em química, tal como a da *energia*; o que era relevante era o *peso*[15]. É na dimensão do tempo que se situa o nosso contributo da teoria ISM e a um nível do submicroscópico. O modo como os químicos abordam a dimensão temporal não implica a presença da variável tempo a nível microscópico ou submicroscópico, como no cálculo de uma «trajectória»; a variável tempo figura tão-só a nível molar na velocidade de reacção – taxa de variação de uma concentração com o tempo. Na «Teoria do Estado de Transição» (*transition state theory* TST), a questão de dinâmica é convertida numa questão de equilíbrio, pelo que a dimensão temporal não elimina o contributo da dimensão energética. Esta dificuldade conceptual, ao arrepio do «espírito da física», veio causar dificuldades à popularidade de TST entre os físicos.

Delineados os três níveis observacionais da química nos seus níveis de significação e entendimento, há que referir como é que eles se interrelacionam entre si. Os níveis molar e molecular são relacionados entre si através de um postulado: as «propriedades específicas» das substâncias – tais como cor, densidade, índice de refracção, ponto de fusão, constante dieléctrica, etc. – são características das substâncias, mas independentes do tamanho ou forma da amostra. Estas propriedades são função da temperatura e da concentração mas, nas mesmas condições, são igualmente função da natureza das moléculas, segundo as facetas referidas para a «composição/estrutura»,

propriedades molares específicas = função *(conc.; temp.;características moleculares)*

Por sua vez, os níveis molecular e eléctrico são relacionados através de um outro postulado: as características moleculares de um material são função da composição e estrutura electrónica e nuclear,

características moleculares = função *(composição; estrutura electrónica e nuclear)*

Falta nesta caracterização o papel da mecânica estatística, que é o modo mais correcto de implementar os dois postulados referidos, utilizando a estatística de Boltzmann para o primeiro postulado, e a estatística de Fermi-Dirac para o segundo. Eis em grandes linhas a lógica da química como Jensen[16] a apresenta.

Tabela 5.1 - A Estrutura Lógica da Química[17].

Níveis de observação (↓) / Níveis de interpretação (→)	Composição e dimensão estrutural	Dimensão da energia	Dimensão do tempo
Macroscópico (molar)	Composição de substâncias simples e compostas, soluções, misturas. Descrição de polimorfos.	Entropias e calores de formação por calorimetria; energia livre e constantes de equilíbrio.	Medidas experimentais de leis cinéticas e de parâmetros da equação de Arrhenius.
Microscópico (molecular)	Fórmulas empíricas e estruturais; racionalização de alomorfismos, isomerismos e de polímeros.	Interpretação molecular da entropia e de calores de formação em termos de calores de atomização, energia de ligação, etc. Mecânica molecular.	Mecanismos de reacção. Interpretação molecular de complexos activados e entropias de activação.
Submicroscópico (eléctrico)	Fórmulas electrónicas (ex. Lewis e outras); variação na composição electrónica (iões) ou nuclear (isótopos).	Cálculo de energias c/ base na estrutura electrónica; interpretação de espectros. Cálculos de calores de atomização, entropias espectroscópicas, etc.	Mecanismos de reacções iónicas e fotoquímicas. Cálculos de energias de activação e constantes cinéticas. Índices electrónicos de reactividade

Uma leitura histórica das revoluções em química

William Jensen[18] faz igualmente uma leitura histórica da evolução da Química em termos dos três níveis de observação da Tabela 5.1: o molar, o molecular e o eléctrico. Cada um dos períodos históricos situa-o no lapso temporal de uma geração (vinte anos).

A «revolução do molar» situa-se entre 1770 e 1790, e medeia entre o interesse de Antoine Louis Lavoisier pelo papel dos gases em química (química pneumática), nomeadamente na combustão e na calcinação dos metais, e a publicação do famoso *Traité élémentaire de chimie*. Mas esta revolução beneficiou de uma revisão da linguagem química de Guyton de Morveau a que Lavoisier se associou, entre outros, e de teorias da causticidade e do calórico do próprio Lavoisier. Não obstante, o novo discurso químico molar só se veio a completar com a publicação da famosa «Lei das Fases» por Josiah Willard Gibbs em 1875.

Esta 1ª revolução caracteriza-se por ter promovido uma mudança radical no pensamento químico existente. Uma revolução é um sistema complexo multidimensional em que estão envolvidos os inventores, a comunidade científica e o mundo dos fenómenos e dos factos. Por isso, não é caracterizável por um único factor do pensamento. Fazendo eco das ideias de Holmes[19], pesam factores de métodos laboratoriais e da própria competência profissional de Lavoisier, ao reconhecer as capacidades e limites dos seus métodos e como encontrou modos de os ultrapassar, bem como a sua retórica de persuasão e a sua capacidade de organizar os apoios dos seus colaboradores e seguidores.

A segunda revolução, a do nível molecular, situa-se entre 1855 e 1875 e tem o contributo de diversos químicos. Começou quando Edward Frankland, de um modo seminal, começa a reconhecer o conceito de *valência* em 1852. Recolhe os valiosos contributos de John Dalton sobre a teoria atómica e de Stalisnao Cannizzaro, em 1858, com a proposta de um critério para se estabelecer uma escala coerente de pesos atómicos, com base numa proposta já esquecida ou sem o devido reconhecimento do seu compatriota Amedeo Avogadro sobre densidade de gases, e os contributos de Alexis-Thérèse Petit e Pierre Dulong sobre calores específicos. A revolução conclui-se com Jacobus van't Hoff, ao postular o conceito do «carbono tetraédrico». O estudo de um apreciável número de compostos orgânicos e das suas reacções foi um contributo importante para que August Laurent e Charles Gerhardt viessem a adoptar a moderna escala de pesos atómicos. Esta 2ª revolução caracteriza-se pela resolução de um longa controvérsia sobre átomos, moléculas e pesos atómicos. Ao estabelecer-se o consenso, criaram-se oportunidades para a química poder atacar com sucesso novos tipos de problemas. Por exemplo, muitos livros de textos de química entre 1860 e 1870 passaram a substituir os velhos conceitos de «afinidade química» pelos de «valência», e houve uma mudança no perfil da análise química. Na década de 1820-1830 o número de artigos dedicados à análise química era quase exclusivamente sobre análise inorgânica; na década de 1860-1870, assiste-se a um crescimento da análise orgânica que já quase iguala a inorgânica, para a ultrapassar claramente na década seguinte[20].

A terceira revolução, a do nível eléctrico, ocorre entre 1904 e 1924. O primeiro contributo vem de Richard Abegg ao sugerir, em 1904, a existência de uma correlação entre a Tabela Periódica e o número de electrões de valência dos diferentes elementos. Em 1921 Charles Bury publica um artigo[21], bastante ignorado, em que propõe a existência de configurações electrónicas dos átomos em camadas sucessivas de 2, 8, 18 e 32 electrões. Em 1923 Gilbert Newton Lewis publica a sua importante obra «Valence and the Structure of Atoms and Molecules», mas as suas ideias sobre a «ligação covalente», por partilha de um par de electrões, remontam a 1902 em Harvard, bem como o conceito dos grupos de oito electrões (octetos).

A ideia de uma ligação por partilha de electrões, ao tempo, parecia absurda e bizarra, porque se julgava que toda a ligação química era de carácter iónico: uma carga positiva e outra negativa atraem-se. Então como entender que dois electrões, que se repelem, possam estabelecer uma ligação entre dois átomos? Só em 1925 estas ideias recebem o suporte que o Princípio de Exclusão de Pauli veio proporcionar ao demonstrar que dois electrões podem localizar-se na mesma orbital, desde que os seus spins sejam antiparalelos[22]. Dado o enorme contributo que constituíram para a química as ideias de Lewis, para além de outros importantes contributos em Termodinâmica Química, é um mistério que este químico americano não tenha sido galardoado com o Nobel da Química. Segundo Keith Laidler, tal pode dever-se ao facto de tais ideias terem sido consideradas um pouco naive pelos físicos, dado que parecem implicar que os electrões ocupam certas posições fixas[23].

Esta última revolução beneficiou de outros contributos oriundos da física através da hipótese atómica e dos estudos prévios de electroquímica, da espectroscopia, da radioactividade e dos estudos dos raios catódicos. O que caracterizou esta revolução foi um novo tipo de entendimento da ligação química que veio a incorporar teorias mais antigas como casos particulares.

Leis e Teorias

As ciências físicas, em sentido lato, procuram estabelecer leis que descrevam os fenómenos físico-químicos e criar teorias que unifiquem as leis. As leis empíricas propõem correlações entre diferentes factores; uma correlação implica uma co-presença (co-ausência) e uma co-variação de factores. Nestas leis empíricas há umas que estabelecem relações funcionais entre variáveis, por exemplo, entre o volume e a temperatura de um gás ou entre uma constante cinética e uma constante de equilíbrio.

Vem bem a propósito uma breve palavra sobre o problema da indução. Será legítima a confiança que os cientistas têm nas «leis empíricas», fruto de uma aprendizagem supervisionada pelos factos? De facto, tal confiança é muitas vezes excessiva, porque tais «leis» podem ser acidentais; baseiam-se sempre num número limitado de observações. Para adquirirem validade universal teríamos de ter garantia que havíamos investigado o seguinte: i) todos os factos relevantes; ii) que as leis empíricas relacionavam todos estes factores; e iii) pressupor a uniformidade do curso da natureza. Ora não há garantia absoluta para nenhum destes requisitos, pelo que a confiança que depositamos nas leis empíricas é quase a de uma garantia jurídica (beyond reasonable doubt; estar para além da dúvida razoável) ou de uma crença religiosa.

Qual é a relação entre as teorias e as leis empíricas? O positivismo afirma que as teorias não expressam nada mais do que está contido nas leis e que, portanto, não são explicativas. Esta visão está bem presente nas leis da conservação da energia. Se uma teoria só representa as suas leis de uma forma mais compacta, pode ser deduzida a partir dela pelas regras da lógica formal. Esta noção de lei está de algum modo contida na analogia que se estabelece entre uma teoria e um mapa, que é um guia para um conjunto de aspectos físicos de uma cidade, mas que não explica nada.

Mas eu posso olhar para um mapa de uma cidade e perceber o seu urbanismo. Vejo bairros com dimensões de uns trinta hectares, em que todas as funções correntes podem ser realizadas a pé: locais de compras semanais, locais de trabalho, escolas primárias e jardins de infância, equipamentos de saúde e de cultura, etc.. E é esta a visão que devemos assumir para as teorias: através dos seus modelos dão uma representação por verosimilhança da realidade e permitem explicar essa mesma realidade.

Esta visão mais enriquecedora das teorias científicas é bem expressa pela «teoria atómico-molecular». John Dalton não deduziu a sua teoria a partir das leis da composição química das substâncias, nem tal seria possível porque as unidades estruturais das substâncias são demasiado pequenas para poderem ser observadas. Dalton *inventou* a teoria com a ajuda da sua imaginação, como um modo de interpretar um certo conjunto de observações experimentais e de regularidades. Uma teoria é uma construção e não uma dedução. Vai para além do conteúdo empírico das leis, porque permite interpretá-las[24]. É que Dalton entrou na química pela mão da «filosofia natural» e da meteorologia e não pela via da medicina ou da metalurgia, com era usual para os químicos do seu tempo. Por isso, procurava *explicações* e não generalizações pragmáticas[25].

Os químicos sempre estiveram tão convencidos da realidade teoria atómica que classificaram as reacções químicas como «decomposições», «substituições» e assim por diante, esquecendo-se que não são meras descrições empíricas, mas que dependem de hipóteses adicionais. Isto é, a nossa linguagem da observação experimental contém uma «marca teórica». Para já basta referir que Popper, em «Conjecturas e Refutações»[26] vinda a lume em 1963, afirmava que as medidas pressupõem teorias: «Não há nenhuma operação que possa ser descrita satisfatoriamente em termos não-teóricos»[27]. Voltaremos oportunamente a esta problemática.

As teorias, ao permitirem uma explicação, permitem reduzir o complexo a algo de mais simples. Em química as teorias permitem ir para além da faceta operacional e instrumental, por exemplo, na síntese de novos compostos ou na previsão de certos fenómenos que são relevantes em reactividade química, como foi o da «região invertida» prevista corajosamente por Rudy Marcus. Segundo Echevarría[28], a principal novidade que Popper introduziu na metodologia científica foi a importância atribuída às teorias científicas, aliás expressa por uma bela metáfora: «As teorias são redes que lançamos para apanhar aquilo que chamamos o mundo; para o explicar, racionalizar e dominar. E tentamos que a malha seja cada vez mais fina».

Geralmente, nas suas experiências os cientistas tendem a variar, de um modo empírico, um *factor* de cada vez. Contudo, esta não é a história completa – o método científico procura encontrar os factores que são *relevantes*. Os cientistas podem errar, mas buscam os factores relevantes. Assim funcionassem os políticos.

Este tema vai-nos levar a fazer algumas considerações sobre *sistemas complexos*, como o dos incêndios florestais, em que o risco de incêndio em Portugal, em 2003, era de 2,4% contra uma média de 1,2% em países mediterrânicos. Os sistemas complexos não podem ser reduzidos artificialmente a uma única variável; por exemplo, à macrovariável do «combate aos incêndios». No sentido de dar uma maior amplitude para uma actuação globalizante e equilibrada[29], os sistemas devem contemplar, pelo menos, três variáveis tanto quanto possível independentes, que combinem meios reactivos com meios preventivos sob o controlo humano. No sector do «combate aos incêndios», como se compreende que, num país como o nosso, com uma mancha florestal enorme, os governos não considerem relevante que o Estado possua aviões do tipo *Canadair* para combater eficazmente incêndios florestais, como se não fosse esta uma das missões do Estado!

Nos sistemas complexos havemos de lidar, pelo menos, com três variáveis: naturalmente o «combate aos incêndios», o «ordenamento do território e da mancha florestal» e o da «vigilância». Por sua vez, cada uma destas macrovariáveis corresponde a sistemas também complexos, pelo que deverão ser analisadas segundo um certo número (pelo menos três) de variáveis mais micro. A situação ideal de vigilância, impossível de alcançar, seria a de que todo o foco de incêndio pudesse ser combatido eficazmente antes de atingir maiores proporções; nesta componente, a acção do combate rápido por grandes massas de água, mormente em locais de menor acessibilidade, é determinante e daí a importância dos aviões *Canadair* ou de helicópteros de combate a incêndios que possam lançar massas de água a um ritmo de quarto em quarto de hora. Contudo, neste domínio surge uma outra macrovariável a controlar: a «origem criminosa» dos incêndios (cerca de 30%) que quase de imediato cria grandes frentes de incêndio muito amplas e propositadamente difíceis de combater em condições climatéricas favoráveis à sua propagação. Ao longo destes anos, a acção da polícia judiciária não tem tido a divulgação necessária para que a sua acção actue como medida dissuasora da acção criminosa e não deixe a impressão que há uma grande impunidade neste tipo de crime.

Sem dúvida que toda a questão tem grande complexidade, porque requer um reordenamento florestal para o controle da massa combustível existente. Quando no Verão de 2003 arderam mais de 400.000 hectares de mancha florestal, numa área equivalente ao Algarve, este problema recorrente voltou a alarmar os portugueses. O Parlamento já havia legislado sobre a matéria. Mais parece que se legislou mais no abstracto para «alívio de consciência» do que para intervir na realidade, porque nada se fez no entretanto. Nem se regulamentaram as leis! Convém legislar mais para a realidade do que para o abstracto, pois em 2005 o panorama foi muito idêntico e com destruição de casas e haveres, dada a ocorrência de tais incêndios em diversos meios urbanos, o que levou o país ao *top* das notícias televisivas europeias com os vastos incêndios na cidade de Coimbra. Será tema a retomar, porque os membros da ex-CCI fizeram uma proposta no sentido de limpeza das florestas, combate a incêndios e mercado de dióxido de carbono no seu «Relatório de Actualização». Medida apresentada muito mais como instrumento de promoção e muito menos de imposição.

Quando a CCI lidou com o processo de co-incineração foi muito criticada por ter comparado a emissão de dioxinas na co-incineração de RIP em cimenteiras com a formação de dioxinas na madeira queimada em lareiras ou a céu aberto. Nada foi levado sério! Mas já no início de 2006, o país foi surpreendido com uma notícia demonstrando que «afinal as dioxinas na madeira queimada não foi uma invenção nossa». «Abatidos 52 mil frangos contaminados com dioxinas!»[30]. «A Direcção-Geral de Veterinária (DGV) anunciou hoje que abateu cerca de 52 mil frangos numa exploração avícola por terem sido detectadas dioxinas «com teor acima do limite máximo permitido» na carne daquele tipo de ave. Os frangos agora abatidos encontravam-se já «sob sequestro», pelo que «nunca chegaram ao mercado de distribuição e consumo», garante em comunicado aquele organismo do Ministério da Agricultura, Desenvolvimento Rural e Pescas (MADRP). [...] Segundo o comunicado, «no âmbito do Plano Nacional de Controlo de Resíduos e após a realização de análises feitas pelo Instituto Nacional de Engenharia, Tecnologia e Inovação para identificar a origem das dioxinas, efectuaram-se colheitas nas aves e de todos os materiais susceptíveis de constituírem fonte de contaminação, incluindo as respectivas rações e todos os ingredientes usados como matérias-primas no seu fabrico». «Os resultados, já comunicados à União Europeia, identificaram como única fonte de contaminação a cama das aves, ou seja, aparas de madeira queimada», adianta a Direcção-Geral de Veterinária, segundo a qual «todos os procedimentos legais foram realizados de modo a salvaguardar a saúde pública e o cumprimento tranquilo da legislação em vigor»». Como se demonstra, quando levada a sério, a ciência é um bom elemento de previsão e de antecipação de situações que merecem resolução.

Ainda a respeito da questão dos *factores relevantes* e a título de mais um exemplo, como se deve entender que num dado ano Portugal não tenha pago a seu contributo para nos serem fornecidas as imagens de satélite necessárias à navegação aérea; a dita agência internacional que as fornece, fez um empréstimo a um banco, que depois será pago com juros pelo Estado português, mas continuou a fornecer a informação que hoje é imprescindível. Não se voa hoje como há trinta anos.

O meu amigo e colega Prof. Armando Tavares da Silva, que tinha por bom amigo e vizinho de porta um senhor bastante anti-salazarista, disse-me que quando ainda miúdo o interpelou sobre o que era o «fascismo». Este deu-lhe uma definição que julgo preciosa, não tanto em termos desta ideologia, mas como princípio de acção política populista: «É tirar onde faz falta, para pôr onde faz vista». E este mote é também prato forte na nossa sociedade. São os «*custos do contexto* português», os que «o Estado introduz, para além dos que naturalmente já existem pela geografia ou pelo estádio de desenvolvimento do país»[31].

Reducionismo da Química à Mecânica Quântica?

No passado a química estava à associada à medicina e, portanto, diríamos hoje com uma ligação preferencial às ciências biológicas, até que com Lavoisier lhe foi traçado um percurso independente com um conjunto de pressupostos axiomáticos que não provinham nem da mecânica nem do atomismo. A sua quantificação foi feita com base em *pesos* (massas) e não em *forças*; os seus campos de maior produtividade e especificidade foram o da análise e o da síntese química. Mas a partir dos finais do século XIX, a Física foi a ciência imperial reivindicando que todas as outras seriam províncias especializadas do seu vasto império[32].

Será que a Química é inteiramente redutível à Física, ou de forma mais precisa, à mecânica quântica? Ou será que as leis da física só estabelecem fronteiras às leis da química, aquilo que não pode ser violado? Já vimos que no que diz respeito ao core da química tal reducionismo não é possível. E noutros domínios? Adiantando um pouco a resposta, numa perspectiva das leis e das interacções a química é redutível à física (reducionismo ontológico), mas numa perspectiva epistemológica verifica-se que há muitos conceitos químicos que não são redutíveis à física, logo não há um reducionismo epistemológico.

Comecemos por analisar algumas das especificidades da química em relação à física, e que contrariam a possibilidade de reduzir a Química à Física. As «leis» da química não possuem o carácter universal das leis da física. Exemplificando, a Tabela Periódica de Mendeleev, por vezes considerada a 3ª lei da química, reza que «as propriedades dos elementos são uma função periódica do seu número atómico». Se fosse sempre o caso de que a inclusão de um dado elemento num grupo da Tabela fosse fruto da configuração electrónica da última camada, poderíamos ver esta lei inteiramente redutível à física. Mas tal não é condição nem necessária nem suficiente. Mais, não foi ainda possível prever, a partir de *primeiros princípios*, a ordem de preenchimento das orbitais atómicas; o facto de as orbitais 4*s* serem ocupadas antes das 3*d* é um dado empírico, proveniente de estudos espectroscópicos[33]. Cálculos de mecânica quântica padecem das mesmas fraquezas filosóficas, pois tem de ser realizados caso a caso, não se dispondo de nenhuma fórmula geral que governe a ordem de preenchimento das orbitais[34].

A lei periódica exprime uma *tendência* apropriada a respeito das propriedades dos elementos e dos seus compostos. Sendo uma tendência não é, de facto, uma lei no sentido estrito; é mais uma *norma*. Combina o máximo de conteúdo empírico com o máximo de unificação possível. Não obstante tais características, ao longo da história permitiu fazer previsões quase tão significativas como a descoberta do planeta Urano, como a respeito da descoberta do gálio e de outros elementos.

O exemplo da 2ª lei da química, a das «proporções múltiplas» – se dois elementos *A* e *B* se combinam para formar mais do que um composto, as quantidades invariantes de *B* em cada composto, que se combinam com a mesma quantidade de *A* estão na relação de dois número inteiros – é uma trivialidade, porque, com a precisão que se queira, um número real pode ser expresso sempre como uma fracção de números inteiros.

Defende van Brakel[35] que em química todas as leis são claramente *ceteris paribus* (em iguais circunstâncias). O ponto de ebulição da água é de 100 °C, é uma lei *ceteris paribus*. Não é para a água do mar, nem para a água pura no Monte Evereste, nem para a água pesada, etc.; e não há modo de escrever todas as circunstâncias que se têm de manter iguais.

As leis da física aplicam-se a sistemas ideais, tais como gases perfeitos, sistemas fechados, etc., e a esse tipo de sistemas a aplicação das leis físicas é de aplicabilidade universal, portanto muito mais geral do que as leis da química. A aplicação das leis da física a sistemas reais carece, porém, da definição de «condições fronteira»» e de modelizações que, no seu modo próprio, as tornam também *ceteris paribus*. De um modo geral as leis fundamentais da física são abstractas e, portanto, não se aplicam a objectos ou sistemas reais, mas a modelos ideais em condições bem controladas, como as de um laboratório científico.

A prática de produzir novas substâncias é muito diferente da de realizar medidas cuidadosas e experiências cruciais. Nesta componente a química aproxima-se muito mais das Tecnologias e das Artes do que a física, porque está constantemente a enriquecer e alargar o mundo, o mundo em que vivemos, o «espaço químico»[36]. Já o dissemos, o espaço químico visto como uma rede é constituído por substâncias localizadas nos nós de uma tal rede; as relações entre os nós são as reacções químicas associadas com a prática experimental. Portanto, não há definições cuja essência seja de índole metafísica, mas tais definições estão no âmbito dos procedimentos laboratoriais e das práticas experimentais.

As substâncias naturais e artificiais são uma e a mesma substância? Se verificarem os mesmos critérios operacionais da química, então trata-se da mesma substância. E o carvão e o diamante, ambos estruturas diferentes do carbono, serão a mesma espécie química? Se termos como «água» e «H_2O» foram entendidos com designações rígidas, então os dois termos não designam a mesma coisa. Mas se considerarmos que representam uma identidade teórica, água=H_2O, então esta identidade representa um tipo de lei-ponte entre o macroscópico e o microscópico. Sob o ponto de vista macroscópico a água é sempre água, independentemente de ser ou não verdade que a sua estrutura microscópica seja H_2O. Melhor dito, H_2O representa a caracterização *química* da água, mas não a caracterização *física*. Sob o ponto de vista físico a água é uma mistura de várias moléculas com isótopos naturais de oxigénio-16, oxigénio-18 e de hidrogénio prótio-1, deutério-2 e trítio-3, que diferem no número de neutrões dos respectivos núcleos. Afinal as moléculas de água não são todas iguais; há 18 moléculas diferentes, mas quimicamente a diferença é irrelevante. Mas a *essência* é a essência química, H_2O, e já agora também dos seus iões que controlam a acidez e basicidade.

De uma forma pouco precisa, os químicos interpretam as ligações químicas como se os electrões ocupassem regiões do espaço, designadas por *orbitais moleculares*. Mas de acordo com os princípios da mecânica quântica, numa molécula os electrões são indistinguíveis. Recentemente foram observadas directamente mapas de densidade de carga electrónica num composto de cobre, que os *media* atribuíram logo a «fotografias de orbitais», que são abstracções matemáticas. Não obstante, as figuras obtidas mostram bem as formas matemáticas que representam as orbitais *d* dos metais de transição[37].

Este facto vem bem associado ao que Carlos Fiolhais[38] descreve sobre o matemático G. H. Hardy (um matemático puro) a respeito da previsão de eclipses: «Essas pretensões, se levadas à letra, são um completo disparate; não pode ser possível provar matematicamente que haverá um eclipse amanhã, uma vez que eclipses e outros fenómenos físicos não fazem parte do mundo abstracto da matemática». Como assevera Knight[39], a aplicação dos métodos físicos à química não volveu a química num ramo da física, mas conferiu à Química uma maior maturidade científica.

Para além das limitações próprias inerentes à resolução da equação de Schrödinger da mecânica quântica, que criam uma variedade de métodos teóricos computacionais à laia das espectroscopias, não é possível eliminar em absoluto certas intuições químicas e certos argumentos intrinsecamente químicos na química quântica. Exemplificando, determinados métodos quânticos dão bons resultados na optimização da geometria molecular, mas são maus para estimar energias, mormente de estados electrónicos excitados. O inverso também pode ser verdadeiro, dependendo das metodologias utilizadas. Igualmente no que diz respeito às «superfícies de energia potencial», apesar de calculadas por recurso a métodos da mecânica quântica, carecem de ser calibradas com diversos dados empíricos.

Acresce que qualquer tentativa mais profunda de reduzir as explicações da química a «átomos e quanta» torna irreconhecíveis conceitos tão importantes como aromaticidade, acidez e basicidade, grupos funcionais, efeitos de substituintes. A respeito de *grupos funcionais* e das semelhanças e diferenças de comportamento químico, a mecânica quântica é silenciosa e, mais por esta razão, a química não é redutível à física. Claro que os átomos e as moléculas obedecem às leis da mecânica quântica, mas há uma enorme diversidade de formas e de funções no universo químico das moléculas que não cabem na pequena caixa dos entendimentos reducionistas. Em palavras de Roald Hoffmann citadas por Eric Scerri[40], «a maioria do que é interessante em química não é redutível à física».

Podemos dar uma imagem da problemática do reducionismo da química à mecânica quântica nas suas metodologias *ab initio*. É como buscar o conhecimento especializado do «olho do peixe». É conhecimento importante, consegue ser muito profundo, mas se quisermos conhecer o peixe ou os cardumes, é conhecimento que não nos serve. O «olho do peixe» é uma caixa demasiado pequena para bastar à química.

Em suma, a química faz interface entre a física e a biologia. É redutível à física nas suas leis e interacções, isto é, a química é ontologicamente redutível à física, porque os átomos e as moléculas obedecem às leis da física. Porém, tem conceitos próprios, pelo que a química não é epistemologicamente redutível à física[41].

De igual modo também a biologia não é redutível à física e à química. Como ciência da natureza, a biologia distingue-se da física e da química por ser também uma ciência *semiótica*, isto é, uma ciência de signos e significações – *informação*. Uma molécula desprende-se de uma fonte de alimentos, difunde-se até a uma amiba e liga-se e activa um receptor na superfície da amiba. Isto *significa* para a amiba que há ali perto uma fonte de alimentos. A molécula não é a fonte de alimentos, mas é um sinal que indica que por ali perto há comida.

A biologia é uma ciência semiótica, porque possui os mecanismos próprios de uma leitura dos sinais. Virtualmente qualquer *propriedade material* pode estar revestida de informação semiótica (*algo mais*). Ora os organismos vivos desenvolveram uma bioquímica muito sofisticada exactamente para *traduzir* e *interpretar* o significado dos sinais físico-químicos que recebem. Por isso, as doutrinas do iluminismo, derivadas de uma visão científica errónea de que os organismos vivos eram explicáveis somente em termos das leis da física e da química, produziram profundas rupturas nos valores da civilização ocidental[42].

Invenção e descoberta em ciência

Centrámo-nos no valor racionalizador e explicativo das teorias. Mas não basta. O seu maior valor é o carácter heurístico, pois são necessárias para a «descoberta científica». Todo o ser procura conferir um sentido a situações reais com que se defronta, quer numa perspectiva intelectual quer numa perspectiva prática. A «busca de sentido» é fruto de um esforço consciente e rotineiro quando cada pessoa (ou animal) procura ser senhor de si próprio e das situações com que se depara e da necessidade de as resolver o melhor possível. Como bem refere Michael Polanyi, que seguiremos de perto nesta considerações, «reconhecer a existência de um problema» é já em si mesmo um acto de *aquisição de conhecimento*, tal como «ver» uma demonstração matemática ou perceber o sentido de humor de uma anedota[43]. Mas «reconhecer a existência de um problema que pode ser resolvido» ou merece ser resolvido é ir um pouco mais longe; já é em si mesmo um *acto de descoberta* cognitiva. E surge sempre uma tensão psicológica neste propósito de resolução de um problema, quer no homem quer num animal. Por exemplo, muitos animais não se decidem a avançar por um labirinto se não reconhecerem que há um caminho que leva à saída, por exemplo, pela colocação de alguma recompensa alimentar à saída.

Uma descoberta pode ser fruto do acaso, mas quando resulta de um esforço consciente e inteligente, começa numa fase de *preparação* em que o ser inteligente, de uma forma errática, começa a ter consciência de algum propósito interior para delinear operações que conduzam a tentativas para a descoberta. A fase de *incubação*, menos notória nos animais, corresponde à permanência de uma tensão heurística, geralmente por períodos temporais longos; trata-se de uma atitude passiva. Segue-se-lhe uma fase de *iluminação*, na qual o ser inteligente se convence que tem um caminho ou uma estratégia que o pode levar à descoberta, começando a executá-la sem hesitações; passa-se agora a uma fase activa. Realizado o acto de descoberta, segue-se-lhe o acto de *verificação*.

É mediante este acto que o ser inteligente reconhece que ficou habilitado com um novo poder intelectual, morrendo para ele o problema que suscitou o conjunto de actos que conduziu à descoberta. Perante um problema da mesma índole, não mais aquele ser inteligente fica perplexo perante o problema, o que é a prova que adquiriu uma nova capacidade cognitiva.

Há um «hiato lógico» entre os estados antes e após a descoberta ou a invenção, e a amplitude deste hiato é proporcional ao engenho que tem de ser desenvolvido para o ultrapassar. Para saber distinguir se estamos perante um acto de descoberta e invenção ou perante um mero acto de melhoramento técnico, o critério é saber se o resultado poderia ter sido previsto pela aplicação rotineira das «regras da arte», isto é, num caminho de *continuidade lógica*, ou se, de facto, o resultado era imprevisível e, como tal, fonte de *surpresa* quando se alcança. Em todo o acto inventivo há pelo menos um hiato lógico, que uma vez ultrapassado nos conduz a regras novas. Talvez com o conhecimento das novas regras se possa caminhar às arrecuas, e num caminho de continuidade lógica regressar ao estádio inicial. Mas esta irreversibilidade no caminho, revela bem que, mediante um salto lógico, entrámos num mundo com novas regras.

Este caminho é inteiramente distinto da resolução de uma questão matemática ou de um problema de xadrez, que se resolvem pela aplicação sistemática de um conjunto de regras, num percurso de continuidade lógica. As próprias regras são as *sugestões* e *pistas* para a resolução deste tipo de problemas. Mas não há nada de verdadeiramente heurístico nestes problemas; tão-somente o prazer lúdico do desvelar uma solução escondida, já conhecida por outros.

É evidente que todo o investigador que se decide a prosseguir num caminho de descoberta corre *riscos* elevados. O primeiro é ser o problema demasiado difícil para ser resolvido por ele ou mesmo por qualquer outra pessoa. Os seus esforços e os dos seus colaboradores podem ser esforços perdidos.

A escolha de um dado problema a resolver, implica que o investigador não só antecipe que há algo escondido por detrás do problema, ainda inacessível a outros investigadores, como o mesmo investigador está a aceitar o desafio que coloca às suas próprias capacidades. Claro que um estudante que procura resolver um problema que lhe é colocado por um professor, só está a testar as suas capacidades, pois sabe bem que o problema esconde a solução que sabe existir. Mas também neste acto o estudante pode sentir uma obsessão quase compulsiva pela resolução do problema, o que constitui uma das forças motrizes para toda a capacidade inventiva.

Uma das características paradoxais de todo o acto de descoberta é que, se bem que o investigador não tenha encontrado previamente a solução do problema, tem uma certa concepção dessa solução, tal como nós temos a concepção de um nome de uma pessoa conhecida que nos escapa de momento à memória. Também quando sentimos o aproximar da solução, sentimo-la da mesma forma que quando temos um nome esquecido debaixo da língua.

Toda a *descoberta* está intimamente ligada aos esquemas cognitivos da ciência, e abre entendimentos cada vez mais profundos sobre os nossos conhecimentos acerca da natureza e dos seus fenómenos. A *invenção*, que é passível de ser patenteada, também assenta em factos da experimentação e da observação e no entendimento que temos sobre a natureza do mundo. Tal como a descoberta, a invenção também requer um profundo engenho inovador mas, em contraste com a descoberta, pretende somente melhorar a função produtiva, o que depende das condições económicas de um dado tempo e lugar[44].

A descoberta científica em ISM

Reconhecer a existência de um problema passível de solução é claramente mais uma etapa que acrescenta ao nosso conhecimento. É uma descoberta em si mesma. «Um dia à tarde, nos finais do mês de Outubro [1984], encontrava-me em casa a trabalhar sobre o tema [o modelo ISM]. De repente, resolvi parar. Abri uma gaveta da secretária onde tinha a nota de investigação que tinha escrito com o Doutor Varandas e a curta comunicação de Kresge e Koeppl[45]. «Li mais uma vez a nossa nota, começando depois a ler o artigo de Kresge. A meio desta leitura, parei. Veio-me ao pensamento que as intersecções da figura [...] tinham a ver com *distensões* de ligações quando $\Delta E=0$. Quem diz distensões diz *comprimentos de ligações*. Comprimentos de ligações podem ser relacionados com «ordens de ligações químicas» através da relação de Pauling, que bem conhecia. Rapidamente larguei tudo para me debruçar sobre esta pista»[46].

As descobertas são frutos de actos criativos, de centelhas, mas em que o nosso cérebro utiliza os mesmos blocos construtivos que usamos no dia-a-dia, quando descobrimos um atalho para fugir a um engarrafamento de trânsito ou algo de semelhante. Ao começar a preparar aulas para um novo curso, mudei o contexto em que estava a trabalhar e terei activado outras áreas do meu cérebro, onde estaria a resposta que de há muito procurava. Tudo isto, porém, foi uma actividade tácita, muito longe de conseguir ser explicada de uma forma verbal. Claro que toda esta busca cerebral pode ser activada por discussões livres e informais, por um recurso a analogias distantes do nosso foco de interesse e, depois desta geração mais solta de ideias, é avaliá-las e pô-las em execução, assumindo o risco de estar errado ou de defrontar com determinação a opinião vigente dos pares.

O «hiato lógico» que existia no meu propósito de determinar a barreira de energia de uma reacção, somente por recurso a propriedades de reagentes e produtos, começava a dispor de uma pedra importante na construção do «arco lógico» que me faltava. A ideia da «ordem de ligação no estado de transição, $m=2n^\ddagger$, e de uma ordem variável» veio de forma consciente, mas na sua globalidade. A intensidade da surpresa é própria de toda a descoberta. Mas se é verdade que não conhecia a solução que procurava, soube logo que estaria correcta. Uma *intuição*, a solução procurada de há muito, uma solução de uma certa beleza estética, o que lhe confere uma certa aproximação à verdade. Também a invenção, a inovação e a inspiração têm uma elevada dose de conhecimento tácito de que falaremos com mais pormenor no Capítulo 9. Mas intuições são sementes que só podem florescer eficazmente num terreno intelectual de um certo *conhecimento pessoal*. No entanto, quando se resolve um problema, já o dissemos, todo o autor se vê habilitado com uma nova capacidade intelectual.

Para nós foi enorme o hiato lógico entre as intersecções na origem de coordenadas de energia da Figura 5.1 e o conceito de «ordem de ligação alargada no estado de transição». Pelo menos uns sete anos medeiam entre o descobrir as correlações da Figura 5.1 e o descobrir o conceito $n^\ddagger$. Mas, como referi, quando descobri este conceito, pela intensidade da surpresa, pelo alívio da tensão heurística, adquiri a convicção de que estava no caminho certo.

O desenvolvimento de ISM requereu a ultrapassagem de um elevado número de hiatos lógicos, mais de uma dezena, mas cada hiato vencido aproximou-nos cada vez mais da solução final. Por exemplo, o utilizar o *índice de electrofilicidade* de Parr (m) como uma medida de $n^\ddagger$, fruto de uma intuição ou palpite, e da «pista cognitiva» de m variar correntemente entre 1 e 2, é uma fonte de conhecimento, mas correspondeu também a mais um salto de um «hiato lógico». Apesar de não ter sido alcançado pela via da demonstração matemática, isto é, por um caminho de continuidade lógica, não deixa de ser uma conquista de conhecimento novo. Ficámos habilitados com um novo poder intelectual, como teremos oportunidade de apreciar em capítulos seguintes.

Todo o conhecimento assenta numa triarquia estrutural – o conhecimento subsidiário (pormenores), o conhecimento focal e a pessoa. Na correlação da Figura 5.1 estávamos inicialmente focados nas distensões moleculares e na energia de reacção. Contudo, ao atendermos aos detalhes da soma dos comprimentos das ligações das moléculas BC e AB produzimos um novo padrão para a reactividade química, o da mesma Figura 5.1. A nossa percepção é o resultado da integração de muitas *pistas* cognitivas, externas e internas, e nem as diferentes pistas nem o seu processo de *integração* conseguem ser descritas pelo observador, são pois componentes *tácitas* na formação da percepção e do nosso conhecimento. Polanyi denomina-o *conhecimento integrativo*[47]. As pistas externas são integradas do mesmo modo que as internas, isto é, como se fossem os nossos próprios estímulos interiores, ou funcionam como se habitássemos dentro delas.

Neste padrão de reactividade, estiveram escondidas por muito tempo, «debaixo» das intersecções na origem das coordenadas, as «ordens de ligação no estado de transição». Foi a minha interpretação pessoal que as revelou e, desde então, adquiriu-se toda uma nova coerência que parece ter aberto um cadeado a uma porção do mundo da reactividade química. Deixámos de olhar simplesmente para um conjunto de parâmetros estruturais desligados uns dos outros, para passarmos a ver o mundo da reactividade química através desses mesmos parâmetros segundo as ressonâncias e as significações que o padrão do próprio modelo ISM lhes conferiu.

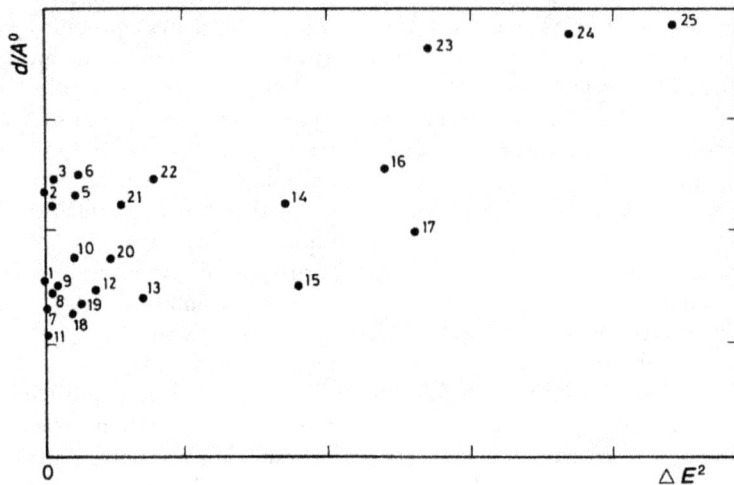

(a)

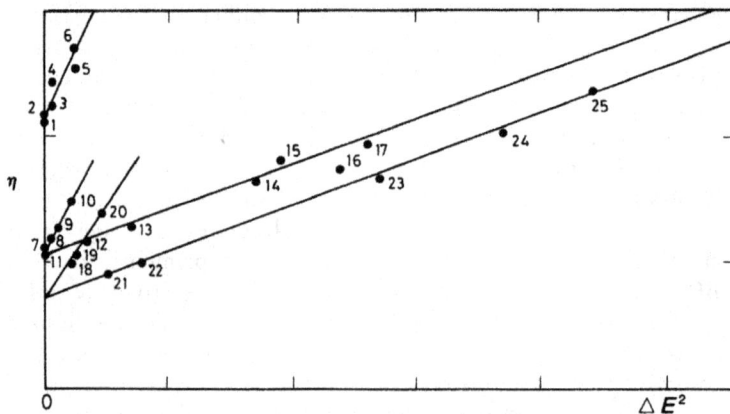

(b)

Figura 5.1 - (a) Estudo da variação da soma das distensões, d, que reproduzem as energias de activação de reacções elementares A+BC→AB+C, em função do quadrado da energia da própria reacção, $(\Delta E)^2$. (b) Valores de d escalados pela soma dos comprimentos das ligações AB e BC, $\eta = d/(l_{AB}+l_{BC})$, em função de $(\Delta E)^2$.

Um primeiro questionamento sobre a objectividade científica

Em 1801, John Locke procurou apresentar a aventura intelectual da ciência como um caminho que não aceita convicções dubitativas. Pela sua natureza, a ciência seria assim um conhecimento positivo e demonstrável, diferindo das convicções religiosas, éticas ou jurídicas. Nesta perspectiva, a fé religiosa não era nenhuma forma de conhecimento; seria persuasão mas não certeza. Neste caminhar, que muito prestigiou a ciência e desprestigiou a religião, o psicólogo americano Clark L. Hull nos seus *Principles of Behavior* publicado em 1943, foi mesmo mais longe ao afirmar que a essência da objectividade científica consiste na criação de relações matemáticas rigorosas entre variáveis mensuráveis, uma espécie de máquina de calcular impessoal.

Michael Polanyi foi um dos cientistas que de forma mais consistente veio a contrariar tais visões[48] por um conjunto diversificado de razões. Primeiro, questiona-se: i) Estudamos uma série de pontos de uma variável dependente X em função de uma outra variável independente Y; ii) Dos valores medidos podemos construir uma função $x=f(y)$; iii) Mas será que esta função matemática é única?; iv) A resposta é negativa, pois os dados experimentais são sempre limitados. É tal como dois elementos de um triângulo que são insuficientes para definir um triângulo específico.

O segundo ponto para que Polanyi chama a nossa atenção, é que toda a construção científica assenta em certas *tradições de pensamento*. Por exemplo, como é que Kepler chegou às suas leis dos movimentos planetários? Derivou a existência de sete planetas mediante especulações do seguinte género: i) O mundo é governado por regras e padrões da perfeição geométrica; ii) Assim Kepler considerou os cinco sólidos regulares – tetraedro, cubo, octaedro, dodecaedro e icosaedro – e comparou os tamanhos relativos das órbitas dos planetas, que cresciam de uma forma progressiva, com os tamanhos dos lados de cada um destes sólidos. Tais especulações, assentes na ideia pitagórica de belo como harmonia e proporção das partes, talvez hoje nos façam sorrir, mas especulações da mesma índole ainda moldam a ciência de hoje.

Atente-se, por exemplo, no papel dos «números mágicos» nos primeiros passos da mecânica quântica e da estrutura electrónica dos átomos. Ou no papel dos valores inteiros e semi-inteiros das intersecções na origem da Figura 5.1 para o desenvolvimento de ISM. Muito especialmente quando se produziu uma ordem nos dados experimentais com a divisão da soma das distensões até ao estado de transição d pela soma dos comprimentos das ligações química, $\eta = d/(l_{AB}+l_{BC})$. Estamos perante uma visão estético-matemática da reactividade química; o número e a regra capaz de limitar a realidade, mas ao mesmo tempo lhe dar existência e realçar a beleza estética.

Por isso Polanyi assevera que a ciência não vai muito para além da «afirmação de certas coisas em que nós cientistas acreditamos!». Isto é, caminhando de justificação em justificação, haverá sempre uma altura em que temos de parar dizendo tão-só: «Isto é assim, porque acredito que assim o é!».

Na famosa questão do caso Lyssenko sobre a genética soviética, por oposição à ocidental baseada nas leis de Mendel, o cientista britânico J. B. S. Haldane escreveu: «Como marxista que sou, não posso aceitar a imutabilidade dos genes». Claramente Haldane aderia a um sistema fiduciário distinto do da genética ocidental[49].

No conhecimento científico moderno há, assim, componentes subjectivas que não são compatíveis com um ideal abstracto de uma pura objectividade. A componente subjectiva não pode ser extirpada do conhecimento científico, porque é uma componente intrinsecamente humana, uma componente de *conhecimento pessoal*. Todo o conhecimento, mormente o conhecimento fruto da descoberta e da invenção, implica um envolvimento pessoal que não conseguimos justificar plenamente por palavras ou proposições na altura em que a ele aderimos, e quando queremos convencer outros das nossas convicções. É um acto de paixão epistémica, de fé, de amor à ciência[50]. É uma assunção de riscos ao sujeitarmos a uma tensão elevada as nossas capacidades perante os mistérios que a natureza esconde, e perante os nossos pares que se nos vão opor. É uma adesão íntegra à verdade que nós mesmos criámos, e não podemos minimizar o *esforço pessoal* que um tal empreendimento implica. Por isso é que um tal empreendimento sai muito fortalecido por uma atitude pessoal de realismo ontológico ou tão-só epistémico.

Na senda de Descartes, o Iluminismo veio dar um excessivo realce ao papel da *dúvida* sistemática na formação do conhecimento científico. Michael Polanyi vem contrariar esta visão, argumentando que a fonte da inovação está enraizada nas convicções e intuições pessoais[51]. Um Cristóvão Colombo céptico nunca teria chegado à América, apesar de erradamente estar convicto que iria em demanda das Índias. Por razões desta índole, Polanyi enfatiza a primazia da *convicção* sobre a *dúvida* e afirmou mesmo que «toda a expressão de uma convicção pessoal honesta pode ser uma mina da qual podemos extrair algumas verdades que de outro modo não estariam acessíveis ao reconhecimento de outros»[52].

Claro que os resultados das intuições e das convicções pessoais têm de ser sujeitos ao escrutínio da restante comunidade científica. «Mas todo o verdadeiro descobridor está sempre pronto a reivindicar a validade universal das suas convicções inovadoras, se bem que reconheça igualmente que uma tal adesão à universalidade inevitavelmente transcende toda a evidência disponível». Polanyi considera um tal salto epistemológico como um apelo de Deus a uma missão pessoal, em que cada um talvez seja bem sucedido por razões que ultrapassam o seu limitado entendimento. Trata-se de um paradoxo de fé; compele-nos a seguir um caminho que em reflexão mais aprofundada nos parece injustificado, pois é absolutamente impossível dispor de tempo e de dados da experimentação para uma demonstração completa das intuições pessoais[53].

O conhecimento proveniente do Iluminismo é também uma versão errada do «anseio de conhecer», porque almeja uma *certeza* que é impossível de alcançar. Nenhuma pessoa, por si só, dispõe do tempo e dos dados experimentais necessários para garantir uma tal certeza. O prosseguir este objectivo conduz a uma *esterilidade* para o acto de conhecer. A alternativa é a *confiança* que temos de ter na nossa capacidade para entrar em contacto com a realidade[54]. Uma confiança que nos leva acreditar num modo de conhecer que vai para além do mero conhecimento-verbal, e assim vemo-nos mergulhados numa inegável consciência-da realidade. Deste modo viveremos tácita e explicitamente a própria realidade.

Acresce que uma ciência impessoal não suscita o *contacto* suficiente do observador com a realidade, para criar «raízes» quer na pessoa quer na própria realidade; limita-se a um contacto frio e tangencial de *robots*.[55] Este modo proveniente do Iluminismo de entender o conhecimento humano é uma «versão truncada» do que é o verdadeiro conhecimento, e leva a um desresponsabilização do cientista.

Mas a verdadeira objectividade não é um desresponsibilizar do observador; comporta um risco, o da assunção de a nossa adesão ao que julgamos ser a verdade ser boa ou má. O acto de conhecer é fruto de termos conquistado, mediante um conhecimento integrativo, um *padrão cognitivo coerente* que nos leva a entrar em contacto com a realidade, e a deixarmo-nos moldar pela própria realidade. Esta, por sua vez, vai exercer, sobre nós, uma certa autoridade. Os artistas e escritores exprimem este modo de acção muito expressivamente quando testemunham que a coerência das suas obras molda todo o seu esforço de criação[56]. Por exemplo, o meu colega químico Prof. Hernâni Maia, exprime este sentir epistemológico de um modo muito persuasivo num dos primeiros versos de uma poesia sua: «Ele trabalhava a pedra e a pedra a ele».

As necessidades heurísticas actuam como qualquer apetite animal que só se satisfaz quando é saciado. O desejo de conhecer só se satisfaz quando convence os outros, e esta é a grande força humana, motor de toda a aventura intelectual da descoberta e da invenção, mesmo contra teorias bem estabelecidas, porque é uma conquista de novos caminhos de racionalidade! A força motriz da descoberta intimamente ligada à ciência, está muito enraizada na beleza das realizações e dos empreendimentos científicos intimamente associados a um «entendimento cada vez melhor da Natureza».

NOTAS

[1] L. Geymonat e G. Giorello, «As razões da ciência», Edições 70, Lisboa, 1986, pág. 226.

[2] J. Echeverría, «Introdução à Metodologia da Ciência», Almedina, Coimbra, 2003, págs. 290-292.

[3] G. Del Re,»Ontological Status of Molecular Structure», Hyle (*Int. J. Phil. Chem.*), 4, nº 2, 81-103 (1998); http://www.hyle.org/journal/issues/4/schumm.htm; 17 Setembro 2004.

[4] Estrutura tem neste exemplo o significado da *conectividade* entre os átomos nas moléculas. Não nos estamos a referir às posições precisas dos átomos que se conseguem obter por estudos de cristalografia de raios-X ou por técnicas similares.

[5] S. J. Formosinho e J. Oliveira Branco, «O brotar da Criação», Universidade Católica Editora, Lisboa, 1997, pág. 31.

[6] Estes dramas humanos encontram-se em muito maior extensão no campo religioso. Não só no século XVII inquisitorial, mas em séculos posteriores registam-se casos como o de Loisy, no século XIX, a quem Pio IX convidou a retratar os seus trabalhos históricos. Loisy escreveu admiravelmente, «*Il n'est pas en mon pouvoir de détruir en moi-même le résultat de mes travaux*» (Sílvio Lima, Notas Críticas à obra «A Igreja e o Pensamento Contemporâneo», em *Obras Completas de Sílvio Lima*, Fundação Calouste Gulbenkian, Lisboa, 2002, pág. 533).

[7] J. van Brakel, «Philosophy of Chemistry», Leuven University Press, Leuven, 2000.

[8] J. Schummer, «Inherent Tensions of Chemistry», *Hyle*, 3, 107-109 (1997); http://www.hyle.org/journal/issues/4/schumm.htm; 17 Setembro 2004.

[9] van Brakel, *ob. cit.*, pág. 47.

[10] D. Knight, «Ideas in Chemistry. A History of the Science», The Athlone Press, Londres, 1995, pág. 128.

[11] R. L. Weber, «More Random Walk in Science», Institute of British Publishing, Bristol, 1984, pág. 80.

[12] J. Macher, ««Inner Chemical Life» of Solids», Chemistry International, IUPAC, Janeiro/Fevereiro, *28*, 4-7 (2006).

[13] J. Schummer, «The Chemical Core of Chemistry I: A conceptual approach», *Hyle*, 4-2, 1-26 (1998); http://www.hyle.org/journal/issues/4/schumm.htm; 17 Setembro 2004

[14] Knight, *ob. cit.*, pág. 159.

[15] Knight, *ob. cit.*, pág. 164.

[16] W. B. Jensen, «Logic, History and the Chemistry Textbook. Part I. Does Chemistry have a Logical Structure?», *J. Chem. Educ.*, 75, 679-687 (1998).

[17] Adaptada de W. B. Jensen, *J. Chem. Educ.*, 75, 679-687 (1998).

[18] W. B. Jensen, «Logic, history, and the chemistry textbook I. Does chemistry have a logical structure?» *J. Chem. Educ.*, 75, 961-969 (1998).

[19] F. L. Holmes, «The evolution of Lavoisier's Chemical Apparatus», em *Instruments and Experimentation in the History of Chemistry*, F. L. Holmes e T. H. Levere (eds.), The MIT Press, Londres, págs. 137-152.

[20] Jensen, *ob. cit.*.

[21] C. R. Bury, «Langmuir's theory of the arrangement of electrons in atoms and molecules», *J. Am. Chem. Soc.*, 43, 1602-1609 (1921).

[22] M. Niaz e M. A. Rodríguez, «Do we have to introduce History and philosophy of science or is it already «inside» Chemistry?», *Chemistry education: Research and practice in Europe*, vol 2, nº 2, 159-164 (2001).

[23] K. J. Laidler, «Lessons from the History of Chemistry», *Acc. Chem. Res.*, 28, 187-192 (1995).

[24] E. F. Caldin, «The Structure of Chemistry in Relation to the Philosophy of Science», *Hyle*, 8 (nº 2), 103-121 (2002); http://www.hyle.org; 17 Setembro 2004.

[25] Knight, *ob. cit.*, pág. 73.

[26] K. Popper, «Conjectures and Refutations: the Growth of Scientific Knowledge», Routledge & Kegan Paul, Londres, 1963.

[27] Echeverría, *ob. cit.*, pág. 57.

[28] Echeverría, *ob. cit.*, pág. 91.

[29] S. J. Formosinho e J. Oliveira Branco, «A Pergunta de Job. O homem e o mistério do mal», Universidade Católica Editora, Lisboa, 2003, págs. 173-176.

[30] http://www.portugaldiario.iol.pt/img/rec.gif.

[31] M. Cadilhe, «O Sobrepeso do Estado em Portugal», Fubu Editores, Porto, 2005, pág. 24.

[32] Knight, *ob. cit.*, pág. 157.

[33] E. R. Scerri, «The new philosophy of chemistry and its relevance to chemical education», *Chemical Education: Research and practice in Europe*, vol. 2, nº 2, 165-170 (2001).

[34] E. R. Scerri, «Just how ab initio is ab initio quantum chemistry?», *Foundations of Chemistry* , 6, 93 (2004).

[35] J. van Brakel, *ob. cit.*, 155-160.

[36] *Ibid.*, págs. 70, 72.

[37] J. M. Zuo, M. Kim, M. O' Raffee e J. C. H.J. Spence, «Direct observation of d-holes and Cu-Cu bonding in Cu_2O», *et al.*, *Nature*, 401, 49 (1999).

[38] C. Fiolhais, *ob. cit.*, pág. 113.

[39] Knight, *ob. cit.*, pág. 164.

[40] E. R. Scerri, «Just how ab initio is ab initio quantum chemistry?», *Foundations of Chemistry* , 6, 93 (2004); pág. 112.

[41] H. Vančik, «Philosophy of chemistry and limits of complexity», *Foundations of Chemistry*, 5, 237-247 (2003).

[42] M. Polanyi, «Science and Man», *Proc. Roy. Soc. Med.*, *63*, 969-976 (1970).

[43] M. Polanyi, «Problem Solving», *British Journal for the Philosophy of Science*, 8, Agosto, 89-103 (1957), http://www.culturaleconomics.atfreeweb.c...yi Problem%Solving20%BJPS 1957.htm; 07/09/2005.

[44] M. Polanyi, «Academic and Industrial», Journal of the Institute of Metals, 89, 401-406 (1960-61); http://www.culturaleconomics.atfreeweb.c...Scientific Beliefs Ethics 1950.htm; 12/09/2005

[45] G. W. Koeppl e A. J. Kresge, «Marcus Rate Theory and the Relationship between Brönsted Exponents and Energy of Reaction», *J. Chem. Soc. Chem. Commun.*, 371 (1973).

[46] S. J. Formosinho, «Nos Bastidores da Ciência», Gradiva, , 1988, pág. 37.

[47] M. Polanyi, «Problem Solving», *British Journal for the Philosophy of Science*, 8, Agosto, 89-103 (1957), http://www.culturaleconomics.atfreeweb.c...yi Problem%Solving20%BJPS 1957.htm; 07/09/2005.

[48] Ver M. Polanyi, «Scientific Beliefs», *Ethics*, 61, Outubro, 27-37 (1950); http://www.culturaleconomics.atfreeweb.c...Scientific Beliefs Ethics 1950.htm; 27/09/2005.

[49] *Ibid.*.

[50] E. L. Meek, Longing to Know. The philosophy of knowledge for ordinary people», Brazos Press, Grand Rapids, MI, 2004, págs. 58, 59, 62

[51] W. T. Scott e M. X. Moleski, S.J., «Michael Polanyi. Scientist and Philosopher», Oxford Univ. Press, Oxford, 2005, pág. 230.

[52] Scott e Moleski, S.J., *ob. cit.*, págs. 188, 177.

[53] Scott e Moleski, S.J., *ob. cit.*, págs. 214, 215, 218.

[54] Meek, «Longing to Know», *ob. cit.*, págs. 181, 182.

[55] Meek, «Longing to Know», *ob. cit.*, pág. 143.

[56] Meek, «Longing to Know», *ob. cit.*, pág. 148.

CAPÍTULO 6

NA BUSCA DA COERÊNCIA EXPLICATIVA

O papel da coerência cognitiva no conflito de teorias

Quando lidamos com uma nova cognição, esta pode ser dissonante com outras cognições que já dispomos na nossa mente e tal cria um desconforto, uma dissonância psicológica, cria mesmo ansiedade[1]. Se o desconforto for muito intenso acabamos por rejeitar a nova cognição. Alternativamente, podemos procurar minimizar a dissonância e deste modo maximizar a nossa *satisfação* perante a nova cognição. A satisfação provém de se conseguir alcançar a maior *coerência* possível entre as diferentes cognições da mente e, mais ainda, conquistar a melhor coerência entre as nossas crenças e convicções e as nossas atitudes. Claro, existem constrangimentos que tem de ser minimizados ou evitados. É através desta busca de coerência que o homem pode actuar de um modo racional e ficar psicologicamente envolvido em «mudanças conceptuais».

Paul Thagard propôs-se estudar o problema da mudança conceptual nas revoluções científicas em termos de instrumentos de Inteligência Artificial. Este domínio dispõe de técnicas para representar o conhecimento e para processá-lo de uma forma inteligente em computadores. A transição de um sistema de conceitos e de proposições para um outro deve-se à maior *coerência explicativa* do novo sistema. Explicativa num sentido amplo, envolvendo raciocínios dedutivos, analógicos, estatísticos, de reconhecimento de padrões, de causalidade, linguísticos e de contexto.

Em termos da «Teoria da Coerência Explicativa» (TCE) de Paul Thagard[2], a escolha da teoria com maior coerência cognitiva corresponde aquela onde se *minimizam* as incoerências e se *maximizam* as coerências entre proposições e factos. De uma forma resumida, e que não corresponde a nenhum processo de optimização, tomo, como a opção de maior coerência explicativa, aquela onde é mais elevado o número de classes de evidências experimentais, E_i, para o menor número de hipóteses explicativas, H_i. Assim, estimo a *coerência explicativa* (CE) como $CE = E_i - H_i$.

A base deste modo simplista de comparar os diferentes sistemas conceptuais em confronto assenta no seguinte entendimento: se são necessárias muitas proposições para fornecer uma dada explicação, então a coerência das proposições explicativas umas com as outras e com as evidências experimentais ou teóricas a explicar é muito diminuta. Tal proposta de Hobbs, designada pelo *Naive Method*, apesar de inferior à de Thagard, tem a vantagem de ser mais transparente para o leitor e ficar mais próxima do comportamento real dos cientistas[3]. Enquanto o *Naive Method* trata de forma global o conjunto de evidências e hipóteses em cada teoria, o método de Thagard consegue avaliar cada hipótese explicativa por si, e contempla a possibilidade de casos em que duas hipóteses explicativas H_1 e H_3 são preferíveis a H_2. O exemplo é este: sejam H_1 e H_2 hipóteses com o mesmo poder explicativo, só que H_1 é explicado por H_3. Então o modelo de Thagard prefere H_1 e H_3, porque uma hipótese, H_1, ao ser explicada pela outra, H_3, está de facto contida nesta última. Há ainda outras vantagens para o modelo de Thagard que não vamos curar de realçar.

Thagard recorre a «redes neuronais» para optimizar as mudanças conceptuais em revoluções científicas, e reivindica que o seu método cognitivo/computacional, baseado na construção de arquitecturas cognitivas de inteligência artificial para o estudo da mudança em ciência, tem vantagens em relação às perspectivas filosóficas e sociológicas, porque consegue levar em conta os factores psicológicos nos mecanismos da descoberta científica[4].

Thagard levanta um criticismo à visão de Giere sobre o critério de *satisfação* cognitiva para tomada de decisões, por não corresponder a uma optimização por parte dos decisores[5]. É duvidoso que um cientista procure (ou possa) sempre optimizar a sua coerência explicativa, por diversos razões: falta de tempo para considerar todas as hipóteses e evidências, mormente quando avalia artigos científicos; não considerar as evidências que não consegue explicar; por haver incoerências que se mantém escondidas durante muito tempo e só se tornam patentes após profunda e demorada reflexão, ou por emergirem fruto do debate científico, etc.. O criticismo que eu posso erguer ao critério de Giere não é desta natureza; é pelo facto de não ser universal, só funcionando para a aceitação do novo, mas não para a sua rejeição. Só que tal não se pode atribuir à menor qualidade do critério, mas ao modo como os cientistas se comportam. Será reflexão que retomaremos um pouco mais à frente.

Antes de aplicarmos o critério simplista $CE= E_i–H_i$. para comparar ISM e a teoria de Marcus (TM), vamos testar a sua eficácia com a revolução química de Lavoisier contra a teoria do flogisto. As Tabelas 6.1 e 6.2 apresentam o conjunto das evidências experimentais e hipóteses explicativas consideradas por Thagard[6] na sua análise da revolução química. O critério de coerência explicativa, expresso em termos de $CE=E_i–H_i$, sumariado na Tabela 6.3, não deixa margem para qualquer dúvida que a opção pela melhor coerência explicativa é a teoria de oxigénio de Lavoisier, como se verificou historicamente com a conversão da grande maioria da comunidade de químicos, durante um arco temporal de menos de vinte anos. Claro que Lavoisier beneficiou da circunstância de o conceito de «oxigénio», de que carecia, estar disponível com Priestley em termos do «ar deflogisticado». Acresce ainda que os tempos eram os de uma «pura competição intelectual», em que não havia químicos profissionais e, portanto, não havia intromissão de interesses profissionais.

A problemática da coerência explicativa no caso da revolução geológica encetada por Wegener, com a sua Teoria da Deriva dos Continentes[7], é mais complexa. Há hipóteses que explicam outras hipóteses e diversas evidências negativas cujo desfecho final tem de ser optimizado computacionalmente, como o fez Thagard. Isto não obsta que nas redes neuronais utilizadas por Thagard, ambas as revoluções surjam optimizadas no mesmo número de ciclos iterativos, cerca de 100, o que, pelo seu valor elevado, mais reforça a ideia de que os cientistas, nas suas mudanças cognitivas, não actuam como optimizadores da coerência cognitiva.

Tabela 6.1 - Classes de evidências experimentais, E_i, e hipóteses explicativas, H_i, para a teoria do oxigénio de Lavoisier.[a]

	Evidências experimentais		Hipóteses de Lavoisier
E_1	a combustão liberta luz e calor	H_1	o ar puro contém o «princípio de oxigénio»
E_2	**a inflamabilidade transmite-se de um corpo a outro**	H_2	o ar puro contém matéria de fogo e de calor
E_3	a combustão só ocorre na presença de «ar» puro	H_3	durante a combustão o oxigénio do ar combina-se com o corpo que arde
E_4	o aumento de peso num corpo que sofre combustão é igual ao peso do «ar» absorvido	H_4	o oxigénio tem peso
E_5	os metais sofrem calcinação	H_5	na calcinação os metais absorvem o oxigénio e transformam-se em cales
E_6	na calcinação há aumento de peso	H_6	na redução liberta-se oxigénio
E_7	na calcinação o volume do ar diminui		
E_8	na redução há efervescência		

[a] Evidências não explicáveis a negrito.

Tabela 6.2 - Classes de evidências experimentais, E_i, e hipóteses explicativas, H_i, para a teoria do flogisto.[a]

	Evidências experimentais		Hipóteses do Flogisto
E_1	a combustão liberta luz e calor	H_1	os corpos combustíveis contém flogisto
E_2	a inflamabilidade transmite-se de um corpo a outro	H_2	os corpos combustíveis contém matéria de calor
E_3	**a combustão só ocorre na presença de «ar» puro**	H_3	durante a combustão liberta-se o flogisto
E_4	**o aumento de peso num corpo que sofre combustão é igual ao peso do «ar» absorvido**	H_4	o flogisto pode transitar de um corpo para outro
E_5	os metais sofrem calcinação	H_5	os metais contém flogisto
E_6	**na calcinação há aumento de peso**	H_6	na calcinação liberta-se o flogisto
E_7	**na calcinação o volume do ar diminui**		
E_8	**na redução há efervescência**		

[a] Evidências não explicáveis a negrito.

Tabela 6.3 - Confronto entre a coerência explicativa das teorias de Lavoisier e do flogisto.

Teorias	E_i	H_i	CE
Lavoisier	7	6	1
Flogisto	3	6	-3

Em 1915, Alfred Wegener publica um livro intitulado «As origens dos continentes e dos oceanos» onde apresentava evidência geológica e paleontológica reivindicando que os continentes haviam estado juntos – Pangeia – numa época primitiva e que agora se encontravam separados – deriva dos continentes. A ideia inicial surgiu-lhe ao reconhecer a congruência de ajustes nas «linhas de costa» de ambos os lados do Atlântico. O livro teve quatro edições em alemão e foi traduzido para inglês e francês. Não obstante, as ideias aí explanadas não tiverem aceitação generalizada, se bem que conquistassem alguns adeptos.

A teoria dominante ao tempo era a que Terra estava em arrefecimento (como uma maçã assada), por tal razão se contraía – teoria de contracção da Terra – e assim se formaram as montanhas. Com um ou outro apoio, a Teoria da Deriva dos Continentes manteve-se longe do cerne das ideias da geologia até cerca de 1960, mas o certo é que levou a teoria rival a também evoluir durante esse período. Com o conteúdo da 4ª edição do livro de Wegener publicada em 1929, a análise de Thagard mostra que as hipóteses explicativas e as evidências experimentais consideradas por Wegener e pelos seus apoiantes são bastante coerentes e usufruíam de uma coerência explicativa melhor que a da teoria rival.

Mas, como referimos, a Teoria de Contracção da Terra também evoluiu sob a pressão das ideias de Wegener. Em 1928, sob os auspícios da Sociedade Americana do Petróleo, teve lugar nos Estados Unidos um simpósio de geologia com um amplo debate sobre as ideias de Wegener e foram apresentadas diversas evidências negativas contra a Teoria da Deriva dos Continentes. Neste contexto, a análise TCE de Thagard[8] favorece a Teoria da Contracção da Terra.

Por altura da 2ª Grande Guerra, graças aos esforços de dois geólogos, Holmes e du Toit, esperava-se que as ideias de Wegener começassem a vencer. Mas a oposição de um eminente geofísico, Sir Harold Jeffreys, teve um peso desproporcionado, empolando outros criticismos, e atrasou esta revolução por mais uma geração[9]. Porque a ideia de Wegener era revolucionária, requeria uma evidência superior ao usual, que não existia durante as décadas de 30 e 40. Só começou a existir na década de 50 e seguintes. Carecia ainda de um mecanismo plausível. Mas a questão de ausência de «mecanismo plausível», que alguns opositores invocaram, parece mais o modo usual de rejeição: para a rejeição vale tudo. Não se pode esperar que uma ideia importante, cuja plausibilidade tem de ser sopesada, se queira, de um só fôlego, passar para uma teoria completa. Aliás conceitos como gravidade, electricidade e geomagnetismo foram aceites no decurso do desenvolvimento da ciência antes de serem bem compreendidos.

A Teoria da Deriva dos Continentes de Wegner evoluiu, em cerca de 50 anos, para a Teoria da Tectónica de Placas. Wegener trouxe o conceito de deriva dos continentes.

A tectónica de placas de 1960 trouxe outros conceitos como o aumento do fundo-dos--oceanos, e de os continentes e as bacias oceânicas terem de ser vistos como entidades diferentes da crusta terrestre. Aliás, a noção de crusta terrestre perde importância em geologia. O que ganha relevo é a noção de que a «crusta dos continentes» e a «crusta dos oceanos» são apenas as superfícies de grandes placas geológicas.

Em resumo, na caminhada histórica desta revolução em geologia, encontramos no percurso sistemas rivais em que os seus defensores foram coerentes no contexto dos sistemas de hipóteses e evidências experimentais que consideram; não têm, necessariamente, de considerar todas as evidências experimentais disponíveis. Daqui se patenteia que a melhor forma de fortalecer a ciência e os seus conceitos é deixá-los demonstrar o seu poder no debate científico, e não suprimir a difusão de conceitos rivais por medo de os não conseguir refutar ou, tão-só, para não ter esse trabalho.

A coerência explicativa na confrontação entre ISM e TM

Vamos regressar ao tema central desta obra, não sem ponderarmos se é vital que, na escolha entre teorias científicas, os cientistas conseguiam alcançar um processo de optimização da coerência cognitiva e, consequentemente, uma solução única. Com esta finalidade, retomemos o caso de Wegener. Indubitavelmente, muitas das ideias centrais de Wegener ficaram no paradigma da Teoria da Tectónica de Placas. A resistência operada pelos «contraccionista da Terra» adiou o triunfo das ideias de Wegener para duas gerações mais tarde. E, no entanto, como Thagard mostrou, fizeram-no de uma forma racionalmente optimizada. Paralelamente, ao tempo, o mesmo se verificou com a perspectiva de Wegener. Portanto, para alcançar uma solução válida, parece ser mais importante o conjunto de evidências e hipóteses explicativas a que cada paradigma recorre do que o processo de optimização da coerência. Dito isto, não deixa de ser relevante recorrer à metodologia da Thagard para sopesar os paradigmas de TM e de ISM, recorrendo, todavia, a um procedimento não optimizado, mas que torna mais transparente o desfecho do confronto.

No caso da aplicação de ISM às reacções de transferência de electrão, o nosso modelo não veio criar «ordem» num campo experimental de dados desprovidos de qualquer ordem e sem qualquer racionalização. Pelo contrário, veio entrar em forte conflito com a ordem proporcionada pelo modelo vigente, a Teoria de Marcus – um paradigma com um nome.

Recorrendo aos pressupostos da «Teoria da Coerência Explicativa» de Thagard, vamos começar por comparar os dois modelos em confronto (ISM e TM) em termos das hipóteses explicativas, H_i, a que recorrem, e aos diferentes tipos de factos experimentais, E_i, que os dois modelos conseguem explicar no contexto dos seus formalismos. As hipóteses explicativas podem implicar hipóteses adicionais e auxiliares, como a Tabela 6.4 apresenta.

Dada a existência de critérios culturais no ajuizamento das controvérsias científicas, com referimos no Capítulo 5, há que reconhecer que não existem posições de neutralidade nem critérios absolutos para a resolução de tais conflitos. Há que reconhecer, igualmente, que os dados experimentais são uma base de comum acordo dos adeptos da TM e de nós mesmos cultores de ISM.

Aliás a teoria de Marcus adquiriu uma validade experimental quando em 1962 Norman Sutin[10] publicou um extenso conjunto experimental de velocidades de reacções de troca electrónica com isótopos radioactivos. Isótopos que passaram a estar disponíveis com o Projecto Manhattan. Foi uma *surpresa* que as expressões da TM para o rearranjo do solvente, associadas a uma expressão oriunda da espectroscopia e devida a Griffith, tenham conduzido a constantes cinéticas em tão bom acordo com a experiência, numa gama de mais de catorze ordens de grandeza. Indiscutivelmente, foi inteiramente legítima a indução experimental que foi extraída de tal resultado e a confiança que criou na sua universalidade. Esta confiança foi traída pelo curso dos acontecimentos, mas não é legítimo culpar os cientistas de então. Não só a TM criou uma ordem num campo que a não tinha, como era uma teoria simples que não dispunha de resultados experimentais para ser testada ao tempo em que foi desenvolvida, pelo que não beneficiou de uma orientação por retrovisão dos factos experimentais.

Tabela 6.4 - Factos experimentais relevantes em transferência de electrão e hipóteses explicativas em ISM e TM até 2000.

Classes de factos experimentais		ISM–hipóteses		TM–hipóteses	
E_1	troca electrónica adiabática	H_1	distorções efectivas de ligações	H_1	reorganização interna
E_2	$Co_{(aq)}^{2+/3+}$	H_2	reorganiz. solvente zero	H_2	reorganização solvente
E_3	troca electrónica diabática	H_3	factor frequência adiabático	H_3	factor frequência adiabático
E_4	teorias de efeitos de solvente	H_4	factor frequência diabático	H_4	equação quadrática
E_5	efeito de solvente em $MeC_2^{0/+}$	H_5	barreira intrínseca (efeito Λ)		
E_6	mecânica quântica em $O_2^{0/-}$				
E_7	alquilhidrazina$^{0/+}$ (Nelsen)				
E_8	efeito de tamanho molecular				
E_9	região normal ΔG^0 (<0)				
E_{10}	região invertida ΔG^0 (<<0)				
E_{11}	Rehm-Weller ΔG^0 (<<0)				

As quatro hipóteses da TM apresentadas na Tabela 6.4 conseguem racionalizar os factos E_1, E_3 (parcialmente) e E_9, mas não explicam as restantes classes de factos experimentais que são indicados a negrito na Tabela 6.5. Para reacções bastante exotérmicas, a Teoria de Marcus previu a existência de uma «região invertida» sob a forma de uma parábola simétrica, mas os dados experimentais mostram, de facto, uma parábola assimétrica e, por vezes, um patamar de velocidades, denominado «regime de Rehm-Weller» em honra dos autores que o estudaram pela primeira vez. Deste último regime a TM não consegue dar qualquer conta, como se ilustra na Figura 6.1.

Tabela 6.5 - Classes de factos experimentais que são explicados e que não são explicados (em negrito) pela Teoria de Marcus.

Factos experimentais		TM–hipóteses	
E_1	troca electrónica adiabática	H_1	reorganização interna
E_2	$Co_{(aq)}^{2+/3+}$	H_2	reorganização solvente
E_3	troca electrónica diabática	H_3	factor frequência adiabático
E_4	**teorias de efeitos solvente**	H_4	equação quadrática
E_5	**efeito de solvente em** $MeC_2^{0/+}$		
E_6	**mecânica quântica em** $O_2^{0/-}$		
E_7	**alquilhidrazina**$^{0/+}$ **(Nelsen)**		
E_8	**efeito de tamanho molecular**		
E_9	efeito ΔG^0 (<0)		
E_{10}	**região invertida** ΔG^0 **(<<0) simétrica**		
E_{11}	**região invertida** ΔG^0 **(<<0) assimétrica**		
E_{12}	**Rehm-Weller** ΔG^0 **(<<0)**		

Contrastando com a Teoria de Marcus, o Modelo de Intersecção de Estados (ISM) consegue racionalizar todos os tipos de factos experimentais da Tabela 6.4. ISM apresenta, assim, um maior conteúdo empírico que TM. Portanto, ISM «*diz mais* acerca do mundo da experiência»[11] do que a teoria de Marcus.

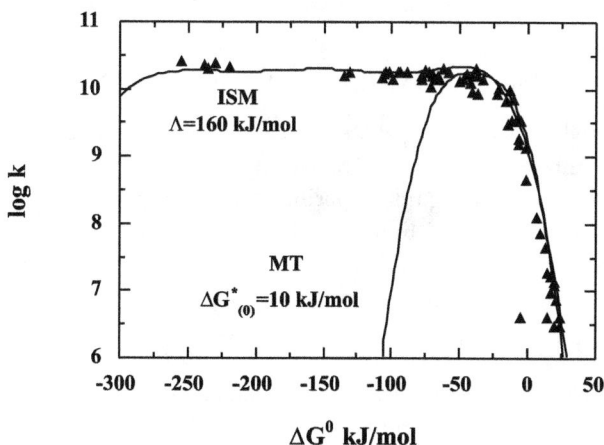

Figura 6.1 - A região de Rehm-Weller em transferência de electrão e a previsão da teoria de Marcus de uma parábola simétrica para a «região invertida». O modelo ISM consegue dar conta dos dois padrões de reactividade pela variação de um único parâmetro – Λ.

Acresce que as diferentes hipóteses dos dois modelos são quase todas contraditórias entre si, como se apresenta na Tabela 6.6. Em termos do modelo simples de coerência explicativa, a escolha da teoria com maior coerência cognitiva corresponde aquela em que é mais elevado o número de classes de factos experimentais para o menor número de hipóteses explicativas, como se ilustra na Tabela 6.7.

Tabela 6.6 - Hipóteses contraditórias no ISM e TM.

ISM–hipóteses		TM–hipóteses	
H_1	distorções efectivas de ligações	H_1	reorganização interna
H_2	reorganização solvente zero	H_2	reorganização solvente
H_4	factor frequência diabático	H_3	factor frequência adiabático
H_5	barreira intrínseca (efeito Λ)	H_4	equação quadrática

Tabela 6.7 - Confronto da coerência explicativa entre a teoria de Marcus e ISM

	E_j	H_j	Coerência explicativa = $E_j - H_j$
Teoria de Marcus	4	4	0
ISM	12	5	+ 7

O sucesso inicial da teoria de Marcus provém do seu acordo com os dados cinéticos de reacções de troca adiabática em complexos de metais de transição. Reacções do tipo

$$MeL_q^{m+} + {}^*MeL_q^{n+} \rightarrow MeL_q^{n+} + {}^*MeL_q^{m+}$$

em que o ião metálico Me, carregado electricamente com uma carga $m+$ ou $n+$, está ligado quimicamente a q átomos L. Trata-se de uma reacção que não forma novos produtos, mas que pode ser seguida experimentalmente quando se recorre ao uso de isótopos radioactivos diferentes, representados por $*$. O acordo inicial da TM com os dados cinéticos experimentais está ilustrado na Figura 6.2 e foi notável para a época. Havia, no entanto, uma excepção, a reacção

$$Co(OH_2)_6^{3+} + {}^*Co(OH_2)_6^{2+} \rightarrow Co(OH_2)_6^{2+} + {}^*Co(OH_2)_6^{3+}$$

em cujo cálculo a TM estima uma constante cinética com um valor 10^8 vezes inferior ao valor experimental. Durante muito tempo os experimentalistas procuraram, sem êxito, o «mecanismo escondido» que levaria esta reacção a ser muito mais rápida do que o que a teoria previa. Mas um resultado anómalo não faz cair uma teoria, porque então perdia-se a ordem estabelecida para as outras classes de reacções. Mas como não se conseguia resolver o problema, os químicos habituaram-se a ele; como diz o próprio Prof. Marcus, «o soldado que marcha com o passo trocado».

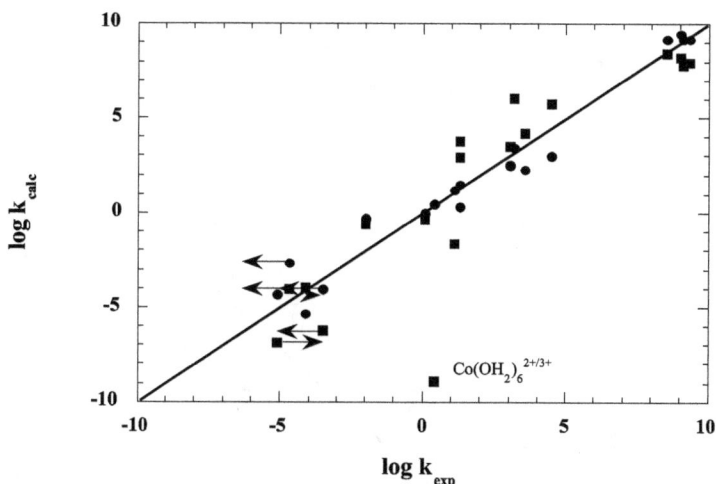

Figura 6.2 - As estimativas da teoria de Marcus (□) e de ISM (•) para as reacções de troca electrónica em complexos de metais de transição. Algumas reacções têm uma certa amplitude de erro experimental, pois os valores observados são limites, uns superiores outros inferiores. A figura indica ainda a anomalia da TM, a reacção $Co(OH_2)_6^{3+/2+}$.

Retomemos uma visão analógica do problema. No contexto da TM, os iões de cargas diferentes habitam apartamentos distintos, ambos no rés-do-chão. O que os distingue, para além de um electrão, são os jardins à volta de casa; digamos, um tem os vasos com flores dispostos em círculo, o outro os vasos dispostos em hexágono. Se se quiser que o electrão salte de uma casa para outra, há que primeiramente fazer arranjos nos jardins. No contexto de ISM, esqueçamos os jardins! Em cada casa há que subir até a um sótão indiviso. Como o sótão é comum aos dois apartamentos, o electrão circula livremente de um apartamento para o outro. Tal equivale à existência de um «estado de transição» em cada ião em que há uma distensão (ou contracção) das ligações metal-átomo(L) até a uma *configuração comum*[12] às duas espécies moleculares, a oxidada (a de maior carga eléctrica positiva) e a reduzida (a de menor carga eléctrica positiva)[13]. A verdade é que Rudolph Marcus sempre recusou a ideia da existência de um «estado de transição» para reacções de transferência de electrão.

Como demonstrámos num artigo científico[14] em estilo de revisão do domínio, o acordo empírico da TM provém de uma compensação de dois erros: a hipótese H_2(TM) estima a reorganização do solvente à volta dos iões (equivalente ao arranjo dos jardins) por *excesso* (Figura 6.3) e a H_1(TM) estima a reorganização interna das ligações metal-ligando por *defeito* (Figura 6.4). Daqui resulta que os valores obtidos para a barreira de energia total (a soma dos dois contributos) permitem obter velocidades de reacção em bom acordo com os dados experimentais. Contudo, quando uma tal compensação não existe, o desacordo experimental é em geral muito elevado. O caso mais notório é o da já citada reacção $Co(OH_2)_6^{3+/2+}$ que, como dissemos, é estimada por defeito em oito ordens de grandeza.

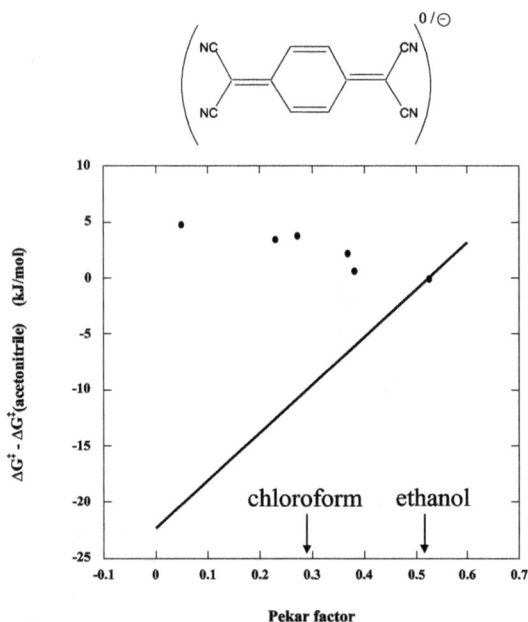

Figura 6.3 - Estimativa da reorganização de solvente em termos da teoria de Marcus (–) para uma reacção de troca orgânica. A TM dá uma variação muito mais acentada entre solventes polares e pouco polares, tomando como referência o etanol, do que as medidas experimentais (•).

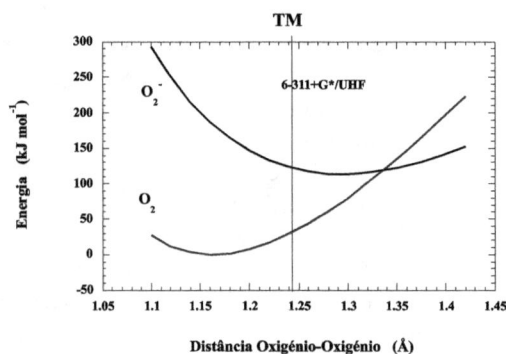

Figura 6.4 - Estimativa das distensões O–O na reacção de troca O_2/O_2^-. Os cálculos de mecânica quântica ilustram um aumento dos comprimentos das ligações em ambas as espécies até a uma configuração comum, l^*, em energia no ponto de cruzamento das duas curvas de energia potencial, a cerca de 1.34 Å. A teoria de Marcus prevê que uma espécie se contrai e a outra se distende até uma configuração intermédia a cerca de 1.245 Å. A distorção efectiva $d=|l^*-l_{ox}|+|l^*-l_{red}|$ em ISM é de 0,157 Å, cerca de 30% superior à estimada pela TM, $d(TM)= 0,123$ Å.

Como ilustra a Figura 6.2, a teoria ISM dá igualmente um excelente acordo para o mesmo conjunto de reacções. Acresce que, com o surgimento de ISM, começámos a saber quando se desenvolveriam as descompensações na TM, e a reacção de troca de electrão nos iões de cobalto, $Co(OH_2)_6^{3+/2+}$, passou a ser um «problema resolvido» no contexto de ISM. De igual modo, o nosso modelo permitiu desenhar experiências em que a TM fracassaria e ISM explicaria bem um novo conjunto de fenómenos[15]: «o efeito da tamanho molecular na velocidade das reacções de troca electrónica (E_8)» com recurso a moléculas de tamanhos tão diferentes como O_2 e C_{60}.

Igualmente os estudos de Nelsen e colaboradores[16] sobre as reacções de troca electrónica em alquilhidrazinas$^{0/+}$ (E_7) revelam que estas reacções têm praticamente a mesma barreira num solvente líquido (acetonitrilo) e em fase gasosa. De facto, o resultado que se esperaria se o efeito de reorganização do solvente fosse desprezável!

As dificuldades da Teoria de Marcus a respeito da assimetria da «região invertida» foram bem explicadas quando as suas hipóteses explicativas foram incorporadas num formalismo mecânico-quântico, o da *golden rule*. Este formalismo é correcto e o seu êxito depende da escolha criteriosa dos cinco parâmetros ajustáveis que contém. Para diminuir a flexibilidade do modelo, alguns dos parâmetros são provenientes da TM. Mesmo nestas condições a nova teoria TM-quântica tem, todavia, dificuldades em explicar o regime de Rehm-Weller para reacções bastante exotérmicas (E_9) e o carácter simétrico da região invertida explicado de forma tão simples e sugestiva pela TM-clássica. Foi nesta área, e para o regime de Rehm-Weller, que um grupo francês, Patrice Jacques e Manuel Dossot, aplicou com êxito ISM à racionalização dos seus dados experimentais[17] e deparou com inúmeras dificuldades para a publicação dos seus artigos. Será tema a retomar nos capítulos finais desta obra.

Obstáculos sociológicos ao ISM no domínio das transferências de electrão

O modelo de intersecção ISM foi comparado com o desempenho da «*golden rule*», para reacções de transferências de electrão e de transferência de energia. Os resultados são idênticos, o que revela que, essencialmente, os dois modelos teóricos são equivalentes. São critérios epistemológicos da mesma natureza que pesam: exactidão preditiva, coerência interna, consistência externa, capacidade unificadora, fertilidade ou fecundidade. O modelo ISM, contudo, parece possuir uma maior capacidade unificadora para o importante domínio das reacções de quebra e formação de ligações, a que já nos referimos e que retomaremos mais à frente. No que diz respeito à coerência externa, a «*golden rule*» está mais de acordo com os princípios da mecânica quântica. Não obstante, em contraste com ISM, foi incapaz de conduzir à *falsificação* da Teoria de Marcus para reacções de transferência de electrão, pois conseguiu-a acomodar no seu interior sem problemas.

A *golden rule*, quando incorporou os conceitos e parâmetros da TM, mascarou as dificuldades existentes e só muito lentamente começou a dar sinais que H_2(TM) estima a reorganização do solvente por excesso. A reacção de alguns nomes importantes da comunidade científica ao modelo ISM e às conclusões a respeito da TM é sintomática. Num congresso de fotoquímica esteve presente OO (iniciais codificadas) que teve a gentileza de me solicitar alguns artigos sobre ISM; enviei-os prontamente. Respondeu-me por escrito que em breve os comentaria; até hoje e já vão uns dez anos. Luís Arnaut esteve numa *Gordon Conference* com LG e falou-lhe na ausência de resposta de OO. Disse LG: «OO não respondeu, mas enviem-me o vosso artigo e esteja descansado que num mês eu lhe respondo». Já passaram sete anos e nada de qualquer resposta. «É sempre melhor ignorar os argumentos incómodos do que refutá-los».

O cientista EL, que quase de certeza foi avaliador de alguns dos nossos artigos, tendo no final sido favorável à publicação de um das versões do nosso artigo do *Prog. React. Kinetics*, e que assistiu a uma conferência que dei em Varsóvia e pela qual me felicitou, compreendeu bem a falsificação da TM. Este eminente cientista passou a recorrer à *golden rule* mas nela não mais incorpora a TM, mas sim valores experimentais de factores de Franck-Condon provenientes de espectros de absorção e de emissão (fluorescência e fosforescência) de moléculas orgânicas.

Claro que tudo isto é um embaraço para a comunidade científica. O Prof. R. Marcus recebeu o prémio Nobel da Química em 1992, o que hoje constitui uma forte dificuldade sociológica à generalização do modelo ISM no seio da comunidade científica. Não que o prémio tenha sido injusto, porque a teoria de Marcus guiou o campo de transferência de electrões durante quase uma trintena de anos, passando pelos estudos de Sutin que permitiram medir valores das velocidades de reacções de troca (Figura 6.2), até à atribuição do Nobel. Em suma, as ideias de Marcus foram mais frutuosas do que correctas. Mas hoje a TM transforma-se num travão para a busca de melhores alternativas teóricas no campo, desde que elas não partam dos fundamentos que o próprio Prof. Marcus propôs.

Igualmente esta controvérsia, e as suas implicações para o grupo de Coimbra, é conhecida de vários químicos, incluindo membros da Real Academia de Ciências da Suécia, incluindo membros do Comité Nobel da Química. O primeiro elemento do Comité Nobel da Química que conheci foi o Prof. Sture Forsén, hoje já jubilado. Quando ambos eramos avaliadores em Bruxelas, numa das reuniões, em Fevereiro de 1996, fomos dispostos por ordem alfabética nas mesas de trabalho. Durante todos os processos de avaliação de bolsas TMR havia tempos mortos que eram aproveitados para conversarmos uns com os outros. Numa dessas ocasiões, começámos por verificar que tínhamos um candidato em comum e que os nossos critérios de avaliação coincidiam, pois um havia concedido uma classificação de 80 e outro de 82 pontos num máximo de cem. Comecei, então, por descrever algumas das dificuldades de publicação dos nossos artigos sobre transferência de electrão. O Prof. Forsén falou-me do efeito de paradigma e eu repliquei com a falta de coerência cognitiva de alguns dos pareceres dos avaliadores, como descrita na Tabela 4.4. Entregou-me o seu cartão pessoal e só então me apercebi com quem tinha estado a falar sobre ciência, com um membro da Real Academia de Ciências da Suécia. Pediu-me alguns dos meus artigos que lhe enviei. Passado algum tempo, intensificaram-se as relações científicas do grupo de investigação de Fotoquímica e Espectroscopia Molecular, de que sou responsável, com o seu colega da Universidade de Lund e seu antigo aluno, o Prof. Björn Lindman, que hoje é professor catedrático convidado do Departamento de Química da Universidade de Coimbra.

Temos recebido algum apoio no sentido de atenuar as dificuldades que a atribuição do prémio Nobel ao Prof. Marcus tem causado à publicação dos nossos artigos. Nesse sentido foi-me proporcionado, em Maio de 1998, uma viagem com conferências nas universidades suecas de Lund, Umeä e Uppsala. Nesta última universidade, um dos seus professores declarou que a «ausência de um estado de transição na transferência de electrão», como advoga o Prof. Marcus, estava errada e eu tinha a coragem de o dizer. Desenhou algo como isto

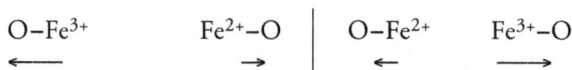

$$O-Fe^{3+} \qquad Fe^{2+}-O \qquad \bigg| \qquad O-Fe^{2+} \qquad Fe^{3+}-O$$
$$\longleftarrow \qquad\qquad \longrightarrow \qquad\qquad \longleftarrow \qquad\qquad \longrightarrow$$

que pictorialmente mostra essa necessidade de haver uma »configuração intermédia». Digamos em abono da verdade que diversos cientistas preferem ver a transferência de electrão como uma «transição não-radiativa». Mas o formalismo aplicado num entendimento ou noutro é o mesmo. Está controlado pelos «factores de Franck-Condon», isto é, pela sobreposição das funções de onda vibracionais das ligações reactivas. Será tema a retomar nos Capítulos finais.

Após cerca de treze anos de controvérsia científica, julgamos ultrapassado o maior perigo que correm os que prosseguem na heterodoxia científica: o descrédito científico dos seus autores. Este perigo foi real, como se pode apreciar, não tanto pelo número de artigos rejeitados (cerca de 30), mas muito mais pela natureza de alguns comentários de *referees*:

«*Em todos os seus artigos os autores têm mostrado uma ignorância chocante sobre os «parâmetros de distância» que são de facto apropriados à construção das superfícies de energia potencial das moléculas complexas dos seus exemplos*» (1986);

«*Se tivesse recebido um manuscrito destes de um estudante, teria ficado desesperado pela sua ingenuidade. De um profissional é indesculpável. Nunca antes tinha sido solicitado por um jornal da ACS para levar a sério uma coisa destas*» (1986);

«*Embora os referees não sustentem que o Professor Marcus tenha dito a última palavra sobre este tema, argumentam que o que ele escreveu está certo e que os desenvolvimentos futuros devem assentar nos alicerces que ele estabeleceu*» (de uma carta de um Editor, 1986);

«*Os referees aconselham que se retire deste campo por um período que seja adequado à reconsideração de toda a sua abordagem. Exemplos dos sentimentos que um autor sente pela da natureza prodigiosa das suas descobertas podem ser encontrados...* » (de uma carta de um Editor, 1986);

«*Este manuscrito não contém ciência séria e nem sequer se aproxima de uma forma publicável!*» (1992);

«*Embora seja refrescante encontrar um manuscrito que tenta desacreditar a Teoria de Marcus para a transferência de electrão poucos meses depois de lhe ter sido atribuído o prémio Nobel por esse mesmo trabalho, isso coloca uma responsabilidade acrescida sobre os autores. Infelizmente (ou felizmente) os autores não estão à altura desta tarefa*» (1993);

«*Enquanto os autores não tiverem a física [do seu modelo] certa não vale a pena preocuparmo-nos com os detalhes da comparação do seu modelo com quaisquer outros*» (1996).

Aquando da rejeição do artigo que submeti ao número de homenagem que a revista *Faraday Transactions* deu a lume por ocasião dos 65 anos de Lord George Porter, o editor Doutor David Young escreveu-me, no final de Agosto de 1986, uma carta manuscrita a comunicar o desfecho e conclui: «*Acredite que estou um pouco triste por ter que tomar esta decisão, mas as pressões do espaço e do tempo são enormes. Não será possível ter o seu manuscrito pronto para o número de Dezembro*». Aliás, conhecia-o pessoalmente e havíamos tido uma longa conversa, a sós, sobre esta problemática na varanda da bela sede da *Royal Society* onde teve lugar a recepção que se seguiu ao encerramento do Simpósio. Durante a nossa conversa havia-lhe antecipado a recusa para publicação do meu artigo em homenagem do Prof. Porter que, aliás, se empenhou em evitar um tal desfecho.

Hoje esta «história mais externa» do modelo no domínio da transferência de electrões parece estar num ponto de estabilidade a respeito da publicação dos nossos artigos menos heterodoxos[18,] mas isto não é válido para outros autores, como referimos com o Prof. Patrice Jacques.

Aliás, a nossa heterodoxia deu-se tão-só no domínio teórico, mas não nos dados experimentais existentes que sempre aceitámos e utilizámos, nem nas metodologias experimentais que os alcançaram. Como aponta Henry Bauer[19], o verdadeiro risco de uma separação completa do investigador heterodoxo da comunidade científica só surge quando o investigador quebra todos os laços com as práticas da ciência normal, nas teorias, nos métodos e nos dados experimentais há muito aceite pelas comunidades científicas. Nós ficámos tão-somente pela teoria.

Em Março de 2003 apresentámos um artigo para publicação no fascículo de uma revista científica de fotoquímica em homenagem ao Prof. Lord George Porter após o seu falecimento. O nosso artigo lida com transferência de energia entre estados tripleto por recurso à *golden rule* e a factores de Franck-Condon[20] espectroscópicos, e também, para efeitos comparativos, por recurso ao ISM. Os avaliadores apresentaram alguns comentários sobre a primeira parte do artigo, mas nada a respeito do próprio ISM e da comparação dos factores de Franck-Condon dele derivados. Não obstante, o artigo foi aceite.

Um dos problemas aqui patente é que «dois cientistas que defendem teorias opostas sobre os mesmos fenómenos, não percebem exactamente a mesma coisa ao observar uma experiência»[21]. Pelo que, para julgar os fenómenos em termos de ISM, qualquer cientista tem, de alguma forma, de colocar-se no interior do próprio modelo ISM.

Como lidar com a atribuição do prémio Nobel ao Prof. Marcus num contexto de uma atitude cognitiva de coerência? Sem dúvida é um tipo de «dado experimental» sociológico, mas como pesá-lo em relação a todos outros de índole cinética? Perante os resultados da Tabela 6.7 poderíamos começar por afirmar que o prémio Nobel teria de triplicar o efeito dos dados cinéticos experimentais que a própria TM consegue explicar, para que esta teoria suplantasse, em termos de coerência, o ISM. Tal não é razoável, porque no seio da comunidade científica tais dados não revelam qualquer peso superior em relação a todos os outros e são os mesmos que ISM também racionaliza. Alternativamente, como facto experimental isolado (E_{13}) o prémio Nobel teria de ter um peso de, pelo menos, sete vezes o de qualquer outra classe de factos experimentais de índole cinética. Julgo este peso excessivo quando se aprecia a duração temporal que nos levou a vencer os obstáculos sociológicos num clima de conflito de paradigmas e na ausência de conflito de paradigmas. Quando houve confronto de paradigmas com a TM, agravado pela atribuição de Nobel, demorámos 13 anos a atenuar o conflito; demorámos 4 anos a solucionar os obstáculos erguidos a ISM numa área em que não havia conflito de paradigmas, como foi no campo das reacções de transferência de átomos que a seguir debateremos. Ou em termos de artigos rejeitados num e noutro caso, temos 30 *versus* 7 artigos. Julgo que um peso de 3 a 4 vezes para o efeito do prémio Nobel parece mais apropriado. Com um tal peso (Tabela 6.8), somente podemos prever que, em termos da «Teoria de Coerência Explicativa», o ISM vencerá sempre o conflito de teorias. Quanto ao lapso temporal em que tal poderá ocorrer, nada é possível afirmar.

Tabela 6.8 - Confronto da coerência explicativa entre a teoria de Marcus e ISM, com a contribuição de um peso de 4 para a atribuição do prémio Nobel a Rudolph Marcus.

	E_j	H_j	Coerência explicativa = $E_j - H_j$
Teoria de Marcus	8	4	+ 4
ISM	12	5	+ 7

Obstáculos sociológicos ao ISM nas reacções de transferência de átomos

Em contraste com o paradigma da teoria de Marcus, que conduz a um certo modo de ver as reacções de transferência de electrão, no domínio das transferências de átomos o modelo subjacente a todas as teorias do campo é o mesmo. O modo de lidar com este domínio é considerar modificações nas ligações químicas reactivas, o que implica um fornecimento de energia às moléculas e é este requisito energético que se volve em barreira de energia à reacção. Neste domínio não há um conflito de paradigmas, mas uma opção por diferentes metodologias.

Os métodos da mecânica quântica, que permitem explicar o funcionamento do mundo microscópico de átomos e moléculas, implicam uma resolução da «equação de Schrödinger» a partir das leis fundamentais da mecânica quântica e de «constantes fundamentais da natureza», a designada aproximação *ab initio*. Dada a complexidade dos sistemas moleculares, isto implica sempre métodos aproximados. Em sistemas moleculares com poucos átomos e poucos electrões os resultados são bons, isto é, dentro de uma ordem de grandeza das constantes de velocidade; ou aceitáveis, dentro de uma gama de duas ordens de grandeza (cerca de cem vezes superior ou inferior aos dados experimentais). Todavia, há sistemas em que o desacordo pode ir a quatro ordens de grandeza ou mais, o que é claramente mau; então tudo é calibrado empiricamente aos dados cinéticos experimentais para se extraírem conclusões válidas de tais estudos.

Alternativamente, outros autores contentam-se com correlações empíricas que permitem prever o comportamento cinético de certas reacções com interesse, a partir do comportamento cinético conhecido para outras reacções químicas.

ISM pretendeu desenvolver uma abordagem intermédia, isto é, uma perspectiva semi-empírica: estimar o comportamento cinético de reacções químicas sem recurso a qualquer dado cinético, mas somente a partir de dados empíricos provenientes de outros campos, como a espectroscopia e a termodinâmica. A constante universal, existente no critério geométrico para d, é medida em relação à geometria do estado de transição H_3 proporcionada pela mecânica quântica.

Desde Setembro de 1999 a Novembro de 2002, o ISM só teve êxito neste domínio após sete tentativas de publicação em revistas tais como *J. Am. Chem. Soc.*, *Chem. Phys.*, *Phys. Chem. Chem. Phys.*, *J. Chem. Phys.*, O artigo veio a ser publicado em Março de 2003 no *J. Am. Chem. Soc.*, a revista de química para artigos científicos correntes com maior Factor de Impacto[22].

No início não dispúnhamos de uma utensilagem operacional para o cálculo do factor electrónico m. O nosso modelo com cálculos cinéticos com $m=1$ e $m=2$ não era melhor que os métodos empíricos. É certo que com o ajuste empírico se mostrava que m não era descontínuo, mas dependia da afinidade electrónica A_X. Não obstante, tal era uma correlação que não deixava de ser empírica, e os *referees* não consideravam tal procedimento como satisfatório. O modelo só valia pelo seu carácter pedagógico, pela clareza dos conceitos. Em suma, no entender dos *referees*, ISM não conseguia competir com os métodos empíricos para as energias de activação e com os métodos *ab initio* para reacções elementares simples (sistemas de 3- ou 4-átomos).

Eis alguns dos comentários dos avaliadores a este respeito:

> «*Calcular as constantes de velocidade e os efeitos cinéticos isotópicos apenas com a natureza dos pontos estacionários, reagentes, produtos e ponto-sela é uma visão ingénua deste problema complexo*» (Setembro 1999);

Por mais ingénua que tenha sido a nossa ideia seminal, contra as ideias vigentes na comunidade científica durante cerca de uns setenta anos, indubitavelmente conseguimos ganhar este pleito! É tema a que voltaremos a respeito da transferência de protões, porque parece ser de uma enorme relevância. Os nossos colegas cientistas só se vão convencer desta possibilidade pela força bruta do número de casos estudados com êxito.

Continuemos a percorrer os comentários descrentes e de descrédito dos avaliadores, tão cedo interrompidos:

> «*Não está provado que a abordagem do ISM será útil para sistemas poliatómicos arbitrários*»;
> «*Em que ocasião é que consideraria o modelo ISM de maior utilidade? Primeiro, enquanto descrição qualitativa, eventualmente num contexto escolar, de factores básicos tais como elongação de ligações, caminho de energia mínima, barreiras de reacção, etc.. Segundo, enquanto «verificação da realidade» dos resultados de um cálculo ab initio de uma SEP para um análogo de um dos sistemas simples para os quais parece funcionar*»;
> «*[Este manuscrito] está completamente ultrapassado*» (Novembro 1999)
> «*Não acredito que este artigo faça progredir a nossa compreensão da reactividade química*»;
> «*O segundo aspecto tem a ver com o parâmetro m, relacionado de uma certa forma com as interacções de ressonância electrónica. Se eu pensar que a intersecção de duas curvas Morse está de alguma forma relacionada com estruturas de VB, então deveríamos ter sempre uma correcção para a interacção de ressonância ... para*

baixar a barreira da energia. Mas não percebo o que significa o valor m=1, já que representa a ausência de qualquer efeito da energia na interacção de ressonância. ... Não vejo muito bem como se pode saber com antecedência que valor atribuir a m» (Julho 2000)

Na *sexta versão* do modelo já se aplicava o parâmetro de electrofilicidade de Parr para o cálculo de *m*. Mas o artigo foi rejeitado, porque essencialmente foi considerado um método empírico:

> «*Os autores obtém um acordo razoavelmente bom com os dados experimentais (≈2 kcal). Porém, como a equação fundamental nunca é justificada, temos que assumir que isto é apenas um ajuste empírico*» (Setembro de 2002);
> «*Este manuscrito oferece uma abordagem interessante à previsão de energias de activação. É uma abordagem totalmente baseada no empirismo baseada nas propriedades moleculares das moléculas diatómicas*»;

Na *sétima versão* do artigo, que é essencialmente igual à sexta nos seus fundamentos, passou-se a incluir um conjunto apreciável de reacções com espécies poliatómicas, inacessível aos métodos *ab initio*. Os comentários dos dois avaliadores passaram a ser muito favoráveis:

> «*Este trabalho descreve o desenvolvimento e aplicação de um modelo semi-empírico que relaciona as propriedades espectroscópicas e termoquímicas das moléculas de reagentes e produtos com as barreiras de energia potencial de reacções de transferência de hidrogénio*»; (Novembro de 2002)
> «*A partir do modelo os autores deduzem alguns princípios gerais com interesse*»;
> «*O modelo será provavelmente interessante para uma audiência alargada*»;
> «*Este é um manuscrito importante e deve ser publicado na revista, mas precisa de uma revisão significativa para ter o impacto que merece*»;
> «*O método merece ser lido e considerado por uma ampla audiência*»;
> «*Uma vez que o objectivo é o de apresentar um método que outros investigadores venham a querer utilizar, é muito importante ser claro e directo na explicação do algoritmo*».

A satisfação cognitiva não é um critério epistemológico. É um critério psicológico, mais humano. Verificamos que a satisfação é uma atitude global (*gestalt*); atente-se no «salto quântico» que se produziu entre a 6ª e a 7ª versões do artigo sobre reacções de transferência de átomos. Em consequência, os argumentos que poderiam ser invocados para rejeitar o artigo, são agora apresentados para facilitar a vida aos seus autores e para que ISM «alcance o impacto que merece». Ainda nesta comparação entre as duas últimas versões do artigo, registe-se somente o maior número de exemplos. Neste contexto favorável por parte dos *referees*, a satisfação leva a reconhecer que o modelo é *semi-empírico*, isto é, que não é ajustado aos dados cinéticos. Foi um dos novos *referees* que o sugeriu, pois havíamos eliminado um tal termo do manuscrito para evitar mais problemas com avaliadores. Note-se que ainda na 6ª versão, um dos *referees*, o mais favorável, viu o modelo como empírico, isto é com parâmetros ajustados aos dados cinéticos. No que concerne a outro elemento de diferenciação – os exemplos de sistemas poliatómicos –, já figurava logo na 1ª versão (tão-só um exemplo na 1ª versão), mas passou-se para 43 sistemas na 7ª versão.

É importante reflectir um pouco mais sobre o *entendimento* da reactividade química proporcionado por ISM. Um dos avaliadores de um dos nossos artigos afirmava em Setembro de 1999,

> «*Do que me lembro, as noções de Polanyi sobre «libertação de energia atractiva» ou «repulsiva» relativas à dinâmica em* SEP *não foram transferidas com sucesso de três para quatro átomos*»

Este comentário lança dúvidas sobre a possibilidade de sermos bem sucedidos na generalização que o ISM pode proporcionar sobre a reactividade química, dado que tentativas anteriores, e muito elegantes de John Polanyi, caíram quando a dimensão dos sistemas atómicos aumentou. Aliás, na *Royal Institution*, tive o grato prazer de assistir a uma conferência sua sobre o tema, com a projecção de um filme.

Mais um átomo implica mais três dimensões no sistema, se outras restrições não existirem. Mas sendo assim, então há que regressar a um menor número de dimensões, como aquelas com que o ISM lida, ao colocar toda a sua racionalização na «coordenada de reacção» que é sempre bidimensional (*energia potencial* versus um *comprimento de ligação* ou uma *ordem de ligação* a variar entre 0 e 1), qualquer que seja a reacção.

Os modelos *ab initio* da mecânica quântica são uma «caixa preta» válida para cada reacção isoladamente, produzindo soluções que encapsulam todos os parâmetros que caracterizam o problema em termos de energia ou de funções de onda. Por vezes, como os cálculos de constantes cinéticas estão longe do valor experimental, o valor da barreira de energia teórica é escalado ao valor experimental, e examinadas as consequências de um tal ajuste. Tais métodos não proporcionam, pois, um verdadeiro entendimento. Acresce, como referiu Miller em 1998 numa *Faraday Discussion*, que: «*a Química Quântica lida com problemas fenomenais. Uma precisão suficiente para, por exemplo, tratar da cinética das moléculas à temperatura ambiente, ainda não está acessível*»[23].

O nosso modelo ISM proporciona, todavia, um *entendimento*, que é naturalmente reducionista: o todo depende do comportamento das suas partes. E só entendemos quando prevemos o comportamento do todo por alteração do valor de cada uma das partes, ou mesmo de alterações de um qualquer número de partes.

Algemados pelo acordo com os dados experimentais, só agora nos encontramos em condições de refinar o modelo, prestando atenção a requisitos formais que os físicos muito prezam, mas que no início do caminho ter-nos-iam desviado do essencial e prejudicado a nossa própria investigação. Muitas vezes nos debates que amiúde tenha com os meus colaboradores Arnaut e Canelas digo: «Ainda bem que não está aqui nenhum sociólogo», pois poderia ficar com a ideia que a ciência era uma construção para alcançar o acordo entre cientistas, sem buscar o acordo com a realidade experimental. Ocasionalmente, tivemos mesmo de trabalhar de «trás para a frente», sabendo o que queríamos alcançar mas não sabendo como lá chegar.

Transferência de átomos de hidrogénio e protão incorporando ligações de hidrogénio

Em Junho de 2004 submetemos a publicação um manuscrito com o título: «*Absolute rate calculations. II Atom and proton transfer in hydrogen-bonded systems*»[24] à revista de química-física europeia *ChemPhysChem*[25]. O estudo incorpora a formação de «complexos prévios» nos reagentes (AH...B), e nos produtos (A⁻...HB⁺), mediante a presença de «ligações de hidrogénio»[26], como se ilustra para a reacção,

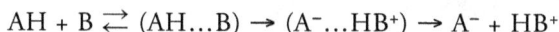

$$AH + B \rightleftarrows (AH...B) \rightarrow (A^-...HB^+) \rightarrow A^- + HB^+$$

As ligações de hidrogénio são modeladas por curvas de energia potencial provenientes dos trabalhos de Lippincott e Schroeder (potencial LS)[27]. A curva de energia-potencial global, que incorpora a barreira de energia da reacção dada por ISM, é fruto de uma combinação do potencial LS com o do nosso modelo. É interessante reflectir na opinião de dois dos *referees* que corroboram opiniões já expressas a respeito da transferência de átomos, publicada no *J. Am. Chem. Soc.*. Nesta ocasião, um deles escreveu: «*O modelo não tem parâmetros ajustáveis, mas dados experimentais sobre energias de dissociação de ligações, potenciais de ionização, afinidades electrónicas, comprimentos de ligação e frequências vibracionais são usados como dados de partida. Considerando a sua simplicidade e o número elevado de simplificações feitas pelo método, o nível de precisão conseguido para as constantes de velocidade é notável*». E um outro *referee* afirma: «*O método proposto poderia ser uma alternativa aos cálculos ab initio caros* ».

Isto não foi suficiente para que um outro avaliador mais preconceituoso, ou mesmo que não goste deste género de estudos, tenha argumentado a respeito da exactidão dos métodos *ab initio* da mecânica quântica: «*Note-se que para a reacção OH+H₂O aparece uma diferença de aproximadamente 5 kcal/mol no estado de transição entre as barreiras de energia do LS-ISM e ab initio. As pessoas que trabalham em cinética química sabem que mesmo um erro de 1 kcal/mol pode ser dramático na determinação da constante de velocidade! (...) as constantes de velocidade calculadas pelo método LS-ISM devem ser um desastre* ». No caso em apreço, de comparação entre os cálculos teóricos e os resultados experimentais, o «desastre» não era a respeito de LS-ISM mas com os cálculos *ab initio*, que conduzem a constantes cinéticas 3 a 12 vezes inferiores ao valor experimental, dependendo da «base de funções» utilizada, enquanto o nosso modelo conduz tão-só a um factor de 1,5 vezes a constante cinética experimental a 300 K. Enfim, eventualidades da «ciência normal» e felizmente sem quaisquer consequências para alguma eventual rejeição do artigo; bem pelo contrário.

Elaborou-se uma relativamente longa e pormenorizada resposta de cinco páginas A₄, esforço que foi bem recompensado. Aliás, a nossa maior força não assenta tanto na capacidade de escrever artigos exaustivos, cobrindo quase todos os sistemas relevantes (porventura os nossos artigos acabam por ser excessivos), mas na nossa capacidade de resposta às críticas dos *referees*. A nossa teoria já se encontra num estado de grande maturidade que nos permite uma posição confortável na controvérsia. Quando, como neste caso, os editores nos deixam entrar em debate com os *referees* aumentam as nossas probabilidades de fazer passar os artigos.

Na versão revista do artigo, o mesmo avaliador que havia proposto a rejeição, acaba por ser convencido e conclui o seu parecer de uma forma muito nobre: «*Porém, na minha opinião, um modelo que utiliza apenas informação sobre os reagentes e os produ-*

tos tem que ser demasiado simples para objectivos cinéticos quantitativos. Apesar disso, acho que a Ciência tem que estar aberta a novas ideias, embora algumas delas pareçam completamente erradas à primeira vista. Esta é a base do progresso em Ciência. Com este argumento e tendo em consideração os pareceres mais favoráveis dos outros dois referees, não desejo impedir a publicação deste manuscrito. Em consequência, recomendo a publicação».

Quando um descrente se converte, vê o mundo de uma forma completamente diferente, acabando por contemplar a possibilidade de um estatuto epistemológico muito elevado para as nossas ideias. Atentemos, porém, em que nesta mudança de atitude não só desempenhou papel de relevo a nossa própria argumentação, mas a posição favorável às nossas ideias de outros dois cientistas que actuaram como *referees*.

Acresce que o encontrarmos adversários às nossas ideias – «o salutar atrito dos pares» – traz benefícios relevantes. São os nossos adversários que têm motivação para despender tempo e esforço na busca de argumentos para as invalidar, contrariar ou enfraquecer. Tal só nos ajuda a depurar o resultado final e a ultrapassar o nosso melhor.

É igualmente gratificante a aceitação do título do artigo, que abre caminho a mais cálculos de «velocidades de reacção absolutas». Vamos ver se cumprimos esta esperança, porque apesar de este trabalho se configurar como ciência normal, traz consigo um efeito importante e subtil. Na transferência de um átomo entre dois radicais,

$$A + BC \rightarrow AB + C$$

a coordenada reacção inicia-se com a ordem de ligação $n=n_{AB}=0$ nos reagentes, e acaba nos produtos com $n_{AB}=1$. Mas quando se incorporam os efeitos da ligação de hidrogénio[28], a barreira ISM forma-se entre as espécies (AH•••B) e (A⁻•••HB⁺), locais nos quais a ordem de ligação da reacção já não varia entre 0 e 1 mas, por exemplo, entre $n=0,2$ e $n=0,8$. Mantendo tudo o resto igual, este simples efeito de redução na dimensão da coordenada de reacção, conduz a um decréscimo da barreira de energia. É que as ligações de hidrogénio já contribuem, parcialmente, para o processo de quebra e formação de ligações, pois constituem uma «transferência-de-protão incipiente».

O facto de ISM dispor desta nova metodologia para contabilizar o efeito ligações de hidrogénio na reactividade química e de ter um critério para estimar a ordem de ligação no estado de transição, $n^{\ddagger}$, permite calcular valores[29] das velocidades absolutas de transferência de protões mesmo para reacções em soluções líquidas[30]. Os progressos assim alcançados tornam-se mais evidentes quando comparamos estudos de 1987 e de 2005 para o ácido cianídrico, H–C≡N. O ácido HCN, que é um ácido de carbono, ao contrário de todos os outros desta família é um ácido rápido, isto é, a transferência do protão para a água é uma reacção rápida. Porquê? Em 1987 argumentámos que tal deveria ser fruto de um aumento de $n^{\ddagger}$, dado que estava envolvida uma ligação química rica em electrões (C≡N) na coordenada de reacção.

Contudo, a estimativa actual de $n^{\ddagger}$ para HCN mostra que este valor é típico dos ácidos de carbono. Logo não há aumento de $n^{\ddagger}$! O que se verifica é que este ácido, ao contrário de outros ácidos de carbono, forma uma fraca ligação de hidrogénio em água (cerca de 3 kcal/mol). Esta ligação, se bem que fraca, é suficiente para o transformar num ácido rápido[31].

Foi estudada a desprotonação em água de vários ácidos de carbono. Os cálculos de ISM conseguem dar conta de uma gama de variação de 12 ordens de grandeza com um coeficiente de correlação de 0,998 para a recta – log k_{ISM} versus log k_{exp}. ISM consegue também dar boa conta de velocidades de reacções de transferência de protão entre compostos aromáticos e enolatos para diversas bases numa gama de variação de 24 ordens de grandeza. Através de cálculos cinéticos a nível absoluto, ISM racionaliza igualmente efeitos sofisticados como os «efeitos cinéticos isotópicos» primários, as relações lineares de energia livre e certas anomalias como uma pseudo região-invertida em transferência de protões. Mormente a capacidade de calcular bem os «efeitos cinéticos isotópicos» ou os efeitos de temperatura, demonstra que o acordo cinético não é fruto de alguma compensação de erros, mas que ISM está a modelar com realismo o mundo experimental da cinética química. Um cuidado a exercer, atendendo à lição que a história nos presta a respeito da TM na transferência electrónica.

O poder de um modelo semi-empírico para reacções de transferência de protões

O manuscrito acima referido foi submetido a publicação ao *J. Am. Chem. Soc.*. Não foi suficientemente «blindado» mediante a apresentação já no formato de publicação desta revista e respaldado por um extenso *Supplementary Material* com os *inputs* e *outputs* para os programas de cálculo, etc., como havíamos feito com o artigo sobre transferência de átomos publicado em 2003 na mesma revista científica. Isto abriu a porta a vendáveis de criticismo. Eis alguns dos comentários de um *referee* que, aliás, foi muito rápido na resposta: «*O ISM é uma teoria empírica que combina correlações estrutura-reactividade com TST para estimar as grandezas das constantes de velocidade. A sua aplicação a reacções de transferência de protão poderia ser bastante útil se fosse possível compreender o artigo [...] Os autores reivindicam que a sua teoria não tem parâmetros ajustáveis e que consegue dar qualquer constante de velocidade correctamente, dentro de uma ordem de grandeza. É impossível verificar esta reivindicação a partir do material fornecido. Talvez os autores pensassem que os detalhes que faltam são supérfluos porque apareceram nas publicações anteriores. Eu penso, pelo contrário, que isso apenas aumenta a responsabilidade de explicar porque é que um artigo adicional é agora necessário[...] Dada a «densidade de comentários» abaixo indicados, decidi de deixar de ler o manuscrito a partir da p. 7*». E o avaliador desdobra o seu criticismo por 36 pontos.

Há algo de estranhamento desmedido em toda a crítica explanada. Não é profícuo argumentar com a estupidez do avaliador, porque não é verdade. Ou contra-argumentar que o *referee* está a «fazer de nós parvos» ou, ele mesmo, está a fazer «figura de parvo». É possível que seja verdade, mas esta posição fecha de imediato o nosso questionamento e, como tal, não é profícua. Quais as razões para o avaliador «pensar uma coisa e escrever outra, aos berros!?». É mais enriquecedor descortinar as razões que o levam a assumir este comportamento. De que é que o *referee* tem medo e o que é que pretendia alcançar com uma atitude que lhe deu muito mais trabalho do que estudar o manuscrito com atenção e mesmo ler um ou outro artigo anterior?

O avaliador sabe que com um grande conjunto de argumentos negativos consegue que o manuscrito seja rejeitado pelo procedimento usual do secretariado, sem voltar ao Editor. Inteiramente fora do comum é que, para atingir algum «número mágico» de comentários negativos para a rejeição, tenha de invocar a falta de definição de um símbolo tão corrente como o de estado de transição (‡) que é uma definição internacional da IUPAC (*International Union of Pure and Applied Chemistry*)! Isto conseguiu-o temporariamente, porque quase de imediato se chamou a atenção do Editor para o insólito de um comentário de um juiz que não leva até ao fim a leitura do artigo! Claro que a esmagadora dos comentários apresentados estão respondidos, mais à frente, no nosso próprio manuscrito. O avaliador actuou com uma *overdose* de criticismo e perdeu as suas boas razões.

Mesmo o editor, ao responder à nossa réplica e ao permitir a ressubmissão do manuscrito ao exame de um outro avaliador, escreveu: «*Também eu fiquei perturbado com o relatório do referee, mas a minha política é enviar os relatórios dos referees sem os editar*».

É legítimo e compreensível que o avaliador tenha uma certa visão preconcebida de ISM – a de um modelo empírico. Poderá mesmo entender que se trata de um padrão científico com utilidade, mas de um nível demasiado baixo para os padrões do *J. Am. Chem. Soc.*. Com um número reduzido de comentários, esta posição era muito defensável. Só que o avaliador leu o suficiente do artigo, talvez mesmo todo o manuscrito de um modo mais apressado, e sabe que o que tem pela frente é um modelo semi-empírico que faz cálculos absolutos. A sua atitude descabida e exagerada, de fugir ao confronto com os sucessos do modelo nas reacções de transferência de protões e de catálise enzimática, compreendo-a bem se sentir medo deste novo-ISM, se sentir que ameaça interesses seus. É óbvio que se os autores necessitam de 25 páginas para explicar as suas ideias, é porque não julgam que o conseguem em apenas 7 páginas, as que o avaliador terá estudado com mais atenção!

Na ressubmissão, um dos avaliadores entende que o artigo não contém suficiente novidade em termos da política editorial da revista, pois já havia sido publicado por nós um artigo numa revista de fotoquímica sobre a transferência de protões em naftóis. Esse estudo, por aplicação de ISM, contudo não levava em conta o papel das ligações de hidrogénio e abarcava muito menos sistemas do que o presente manuscrito.

O parecer do segundo *referee* é muito interessante e merecedor de uma resposta pessoal, através do Editor, porque o avaliador, ao contrário de Cremonini, teve a coragem de olhar pela «luneta». Queixou-se, porém, de que não via nada, ao que houve que replicar que convinha focar a luneta, mas reconhecer igualmente que havíamos deixado as lentes um pouco sujas.

Eis um excerto do início do seu juízo: «*Este manuscrito reivindica um método geral de cálculo de constantes de velocidade para reacções de protões em solução. Se esta reivindicação passasse a um exame atento, seria um feito impressionante e certamente mereceria a sua publicação no JACS. A questão é de saber se a reivindicação está substanciada. O manuscrito em causa não é um caso convincente […] O seu método é complicado e requer um programa de computador para ser executado. Há bastantes dados de entrada que são necessários, e estes não estão normalmente disponíveis para os compostos de interesse. Os autores dão a volta a este problema usando valores de compostos-modelo, o que é bastante legítimo desde que o processo de escolha do composto-modelo seja claro e explícito. Este não é sempre o caso, como de seguida discuto*».

Um dos comentários afirma ser «*o método complicado e requer o uso de um computador para a realização dos cálculos*». A resposta foi apresentada de uma forma pormenorizada em casos simples passíveis de um cálculo com uma máquina de calcular. Isto permite: i) uma familiarização com os procedimentos de cálculos para constantes cinéticas, k, em reacções elementares; a aquisição da sensibilidade dos *outputs* em relação aos diferentes tipos de dados a fornecer como *inputs*; e finalmente iii) reconhecer a necessidade de complementar tais procedimentos com cálculos computacionais para, por exemplo, estimar o efeito de túnel ou efeitos isotópicos, e aferir a grandeza de tais correcções. Baseados numa correlação empírica entre a ordem de ligação para a ligação de hidrogénio, $n_{H...O}$, e a energia da mesma ligação, é possível incorporar este efeito mediante meros cálculos em máquina de calcular.

Mais refere: «*até parece que os modelos foram escolhidos para obter a resposta correcta, quer se ajustassem ao modelo ou não*». Mediante um bem argumentado criticismo, o avaliador tem razão em dúvidas que coloca e que minam a sua confiança. Acresce que se o trabalho tem a possibilidade de ser, verdadeiramente, «*a stunning achievement*», recorrendo às palavras do próprio *referee*, merece um escrutínio mais aturado para evitar que os químicos embarquem numa aventura sem sustentabilidade. O recurso a compostos modelos, mormente a respeito de índice de electrofilicidade de Parr (m), não foi por nós claramente elucidado. Eis um exemplo, o criticismo do uso do benzeno como modelo para os iões do azuleno. Como bem refere o nosso colega Canelas Pais «ISM *is very forgiving*» (perdoa muito). O uso de dados de constantes de força, f, e comprimentos de ligação, l, do benzeno como modelo para o azuleno é aceitável, pois há uma certa compensação de erros entre f e l; em geral a um maior valor de f corresponde um menor l. Contudo, a respeito dos factores electrónicos ISM *perdoa* menos e os dados usados foram os do próprio azuleno. Todavia este tipo de dados não eram descritos no corpo do texto, mas encontravam-se como notas de rodapé em Tabelas, que facilmente passaram despercebidos a um estudioso atento no meio de tantos dados e novas informações. Culpa nossa! Se qualquer investigador interessado se tem de colocar no interior da teoria, o que este *referee* procurou fazer com grande esmero, também os autores se devem colocar no papel do estudante perante conhecimento novo. Neste ocasião não fomos suficientemente pedagógicos.

Mas seguimos de forma consistente o recurso a compostos modelos. Por exemplo, para hidrocarbonetos usámos sempre $m=1$. Concordamos com o *referee* que o trinitrotolueno deveria ter uma afinidade electrónica, E_A, superior a um hidrocarboneto corrente. Com efeito, o nosso cálculo subestima a constante de velocidade para a transferência de protão, mas não escondemos o facto. É um facto que um valor de E_A, superior daria um melhor acordo com a experiência, mas não procurámos dados melhores para alcançar um melhor ajuste experimental, como o *referee* deixa antever.

Este *referee* põe a nu outro dos dilemas com que nos defrontamos quotidianamente – até que ponto é possível equilibrar a simplicidade das ideias conceptuais de ISM com a sua capacidade quantitativa e correcção computacional? Hoz e colaboradores[32] valorizam a simplicidade do nosso modelo, em tema de menor complexidade do que a catálise enzimática, mas antevêem idênticas dificuldades quando se procuram soluções quantitativas: «*Uma explicação interessante foi sugerida por Arnaut (ref.) para o controle da Tabela Periódica sobre as barreiras intrínsecas. Esta explicação, que pela sua simplicidade achamos muito atractiva, baseia-se no conceito clássico de cruzamento de curvas onde o estado de transição se atinge no ponto de cruzamento entre as curvas de Morse dos reagentes e dos produtos. De acordo com este modelo, à medida que descemos ao longo de uma coluna e a constante de força da ligação X–N se torna menor, as parábolas (representando as curvas de Morse) tornam-se mais achatadas. Para uma dada distância entre duas dessas parábolas, o ponto de cruzamento e consequentemente o estado de transição será atingido para uma menor energia (fig.). Por outro lado, à medida que vamos descendo numa dada coluna, os átomos tornam-se maiores e, em consequência, aumenta a distância entre os centros das duas parábolas. Um aumento da separação das parábolas induz um aumento na energia do estado de transição (fig.). [...] A beleza desta explicação está sem dúvida na sua simplicidade e clareza. Porém, argumentos mais sofisticados e complicados serão necessários para explicar porque é que este fenómeno pára na separação entre elementos metálicos e não-metálicos. [...] Infelizmente, a inclusão dos aspectos quantitativos necessários para oferecer uma explicação para estes pontos no modelo referenciado, muito provavelmente fará obscurecer a sua simplicidade*»

O mesmo *referee* concluiu finalmente o seu parecer: «*Parece bom de mais para ser verdade*». Parte desta desconfiança é fruto de este cientista nos ver a trabalhar numa Sildavia, recorrendo a uma linguagem do mundo tintinesco[33]. Se somos tão bons como reivindicamos, interroga-se, possivelmente, das razões que nos levam a não trabalhar nuns Estados Unidos, numa Inglaterra, Alemanha ou França, e nos encontrarmos a desbravar temas de tanto relevo numa comunidade tão pequena e remota, e sem qualquer contributo assinalável na história da química ou da física. Todavia, o nosso modelo teórico está aberto a toda a inspecção, e para melhor estudo e clarificação, como material suplementar deste esclarecimento, pretendíamos enviar a tese de doutoramento da Mónica Barroso que aborda precisamente todos estes problemas e contém o programa computacional de investigação em 30 páginas da dissertação. O tema é complexo e para fomentar a confiança carece de proporcionar a qualquer investigador interessado um programa computacional de fácil utilização e compilação pelos sistemas mais correntes. Questão recorrente entre nós e que nos levou a procurar um apoio profissional neste sentido.

O nosso desejo de proceder a algum intercâmbio de ideias com o 3º *referee* tornou-se inviável perante os critérios de política editorial da revista, que não permitem que os editores actuem como «caixas de correio» entre os autores e os avaliadores anónimos. Compreende-se este normativo por argumentos de eficiência e economia. Mas carece de ser sopesado com o facto seguinte: o modo mais eficaz de solidificar um dado conhecimento científico é recorrer à crítica e à controvérsia. As políticas correntes não o fomentam. Bem pelo contrário, facilitam o tipo de «treino militar» acrítico dos paradigmas científicos.

Dentro da variabilidade das posições dos *referees*, não emerge agora nenhuma dificuldade cognitiva insuperável a respeito do cálculo das velocidades das reacções de transferência de protões em solução e em enzimas. Os obstáculos levantados são fruto de: i) uma menor confiança científica em ISM perante as reivindicações que o modelo ISM assume; ii) uma menor confiança na capacidade científica dos autores; iii) uma menor confiança na capacidade da comunidade científica portuguesa em atacar um «*world problem*»; iv) uma menor incidência retórica e pedagógica por parte dos autores; e v) alguma resistência fruto da vertente do «modo de vida profissional» dos avaliadores.

Em compensação, o *well-reasoned criticism* do terceiro avaliador acaba por reforçar ainda mais a nossa confiança pessoal nas potencialidades e no valor do modelo ISM, pelo que a minha convicção é que este artigo acabará por vir a lume sem dificuldades de maior monta. E a aquisição de confiança da comunidade nunca será fruto dos fundamentos do modelo, fossem eles apresentados sob a forma de um postulado ou sob uma base empírica, mas dos sucessos da sua aplicação a diversos tipos de reacções químicas. Este artigo não virá, pois, a constituir motivo de mais preocupação neste livro.

Apenas direi que suspendemos a apresentação de uma nova versão para publicação até termos disponível uma versão do programa de cálculo computacional em Java, para um cientista poder realizar qualquer aplicação de ISM através da *internet*.

Lições a retirar da cinética da «transferência de protões» em água

O que eu encontro de notável no «novo» modelo ISM, plenamente semi-empírico, é o conseguirmos estimar velocidades absolutas de reacções de transferência de protão em soluções aquosas, sem alterar os valores de m (electrofilicidade, como medida da ordem de ligação no estado de transição) já empregues em fase gasosa, e tendo apenas em conta o efeito da ligação de hidrogénio e os valores de pK em solução (energias livres ou energias de Gibbs)[34]. A transferência de protão em água funciona como em fase gasosa, desde que se usem as energias de reacção, isto é, os pKs apropriados. É que poderia não ser assim — haver necessidade de reproduzir os valores cinéticos experimentais em água com novos m e mesmo com algum ajuste ao efeito de energia de reacção, ΔG^0, na cinética, através do parâmetro de mistura, Λ[35].

Levou-nos 20 anos de carreira científica para, mediante ISM, alcançarmos este entendimento. E o entendimento é tão terrivelmente simples, que quase se torna incompreensível a carga temporal que se ergue por detrás destes resultados: desde Johannes Nicolaus Brönsted, mais de 80 anos de história.

Acresce que ISM foi aplicado ao cálculo de velocidades de reacções absolutas em transferência de protão e de átomos em catálise enzimática, o que mais realça a robustez da nossa teoria, robustez na capacidade de explicação e de previsão mesmo para sistemas biológicos fundamentais. A teoria ISM começa a revelar-se uma boa teoria para a reactividade química (cinética) para sistemas com um apreciável número de átomos como são as transferências de protões em fase gasosa e em soluções aquosas, e na catálise enzimática. Se houvesse boas teorias cinéticas para estes últimos sistemas, tornava-se incompreensível o questionamento que decorre na bibliografia científica se a catálise enzimática obedece aos princípios da Teoria do Estado de Transição[36,37]? A resposta de ISM é a de que sim, desde que se recorram a bons métodos para estimar a energia da reacção. Neste campo, a escolha entre a gama de opções existentes pode caminhar graças à eliminação das que não forem compatíveis com as implicações de ISM para este tipo de catálise. Mas esta é toda uma outra história ainda em muito por fazer e não para contar, pois necessitamos de tempo para conquistarmos mais maturidade no tema.

A partir do ponto de vista que ISM fornece para a transferência de protões em fase gasosa e em água, o que seria de esperar a respeito das reacções de transferência de electrão se obedecessem ao mesmo formalismo? A questão é legítima, pois nas reacções de transferência de protões há «transferência de carga eléctrica» tal como na transferência de electrões. Será que isto é um indício de que a transferência de protões e de electrões são processos da mesma natureza, que seguem o mesmo curso numa coordenada de reacção comum? Ou por outras palavras, será que o fundamento físico para a quebra e formação de ligações é o mesmo da transferência de carga, havendo separação de cargas quando os dois electrões de um par electrónico não prosseguem o seu curso juntos para dar uma ligação química, mas que se separam ficando sob a acção de átomos distintos? Questionamento a retomar para um dos capítulos finais, mas indubitavelmente estamos sob este ponto de vista a lidar com um «efeito histórico» de monta.

Sem dúvida que um solvente modula a energia das reacções e, para a cinética de uma qualquer transformação química, é uma das suas «forças motriz»; trata-se do *contributo termodinâmico*. A questão que nos preocupa agora não é esta, mas a do contributo intrinsecamente cinético, quando $\Delta G^0=0$. Será que para o *contributo cinético*, o solvente – um solvente como a água – será uma «força motriz» da cinética ou o seu papel será passivo, proporcionando apenas o meio ambiente no qual se dá a transformação, ou o seu papel será o de um obstáculo que se opõe à reacção? Para os processos de transferência de electrão, a teoria de Marcus e os seus desenvolvimentos dizem que o solvente constitui-se em «obstáculo». ISM afirma o contrário: no contributo cinético a «força motriz» assenta apenas em certos movimentos internos das moléculas – distensões de ligações reactivas e, em certos casos, alterações angulares. ISM afirma ser o mesmo válido para transferências de átomos e de protões. ISM proporciona, pois, uma visão comum para a cinética de *reacções* – em que há quebra e formação de ligações químicas – e de *processos* químicos – em que não há quebra e formação de ligações químicas. Para ambos os casos, a «força motriz» cinética encontra-se em movimentos internos moleculares.

A visão proporcionada pela teoria de Marcus tem uma certa plausibilidade. A transferência de electrões entre os iões Fe^{2+} e Fe^{3+} é muito lenta em água, mas quando tais iões se encontram colocados em proteínas, a transferência de electrão ocorre rapidamente. Perante resultados desta índole, é aceitável que os químicos admitam ser uma tal lentidão devida ao «solvente água», à necessidade da sua reorganização. ISM, ao atribuir os efeitos cinéticos à estrutura das moléculas, releva, porém, a diferente natureza das ligações químicas existentes entre $Fe^{2+/3+}$ e as moléculas de água ou entre os mesmos iões e os grupos a que se ligam nas proteínas.

Claro que estamos a retrover um filme, que queremos isentar de história. A teoria de Marcus não é falsificada por uma maior ou menos fraqueza nos seus fundamentos físicos; cairá devido às inúmeras anomalias que a afectam. A vantagem de colocar esta perspectiva simples ao meu leitor é atenuar a carga de «preconcebimento» que a teoria de Marcus impõe a todos nós. Em reacções de transferência de electrão, não se espera igualmente que o valor de *m* varie da fase gasosa para solução; nestes casos, *m* é uma mera função das ordens das ligações-químicas reactivas do dador e do aceitador. Por mera inspecção da fórmula do desenvolvimento em série de Taylor das distensões reduzidas do modelo, η, encontramos

$$\eta = \frac{2a'\ln 2}{m} + \frac{a'}{2}\left(\frac{G^0}{\Lambda}\right)^2$$

sendo a' uma constante, ou

$$\eta = \eta(0) + \eta(\ G^0)^2$$

198

Sabendo que, em geral, m é cerca de duas vezes maior para reacções de transferência de electrões do que para transferência de protões, só se espera uma maior sensibilidade das transferência de electrões a variações de ΔG^0, sensibilidade mediada por Λ, entendido como um parâmetro de ajuste[38]. Para transferência de electrões isoenergéticas (ΔG^0=0), ISM prevê o mesmo valor de $\eta(0)$ em fase gasosa e em soluções líquidas, pelo que a velocidade deste tipo de reacções de transferência de electrão (denominadas de troca electrónica) deve ser independente do solvente.

Se tivéssemos arrancado deste ponto de partida, não havia razões para a comunidade científica ser tão crítica contra ISM quando aplicado à interpretação das reacções de transferência de electrão. Será questão a retomar no Capítulo 13.

NOTAS

[1] T. R. Shultz, M. R. Lepper, «A Constraint Satisfaction Model of Cognitive Dissonance Phenomena», internet: http://www.hcrc.ed.ac.uk/cogsci2001/pdf-files/0928.pdf; 17 Setembro 2004.

[2] P. Thagard, «Conceptual Revolutions», Princeton University Press, New Jersey, 1992.

[3] Thagard, *ob. cit.*, pág. 89; J. Hobbs, «Are explanatory coherence and a connectionist method necessary?», *Behavioral and Brain Sciences*, *12*, 476-477 (1989).

[4] Thagard, *ob. cit.*, pág. 247.

[5] Thagard, *ob. cit.*, pág. 176.

[6] Thagard, *ob. cit.*, págs. 82-84.

[7] Como não são apenas os continentes que se movem, hoje a teoria toma o nome de «tectónica de placas».

[8] Thagard, *ob. cit.*, págs. 157-179.

[9] A. Hallam, «Great Geologic Controversies», Oxford Science Publications, Bury St. Edmonds, 1988, pág. 135.

[10] N. Sutin, « Electron exchange reactions» *Annu. Rev. Nucl. Sci.*, 28, 962 (1962).

[11] J. Echeverría, «Introdução à Metodologia da Ciência» (trad.), Almedina, Coimbra, 2003, pág. 100.

[12] A necessidade da transferência de electrão requerer o acesso ao estado de configuração comum, vai ser corrigida posteriormente, em termos de factores de Franck-Condon em estados virtuais. Desempenhou, contudo, um papel heurístico de relevo para ISM.

[13] O contrário para cargas negativas.

[14] S. J. Formosinho, L.G. Arnaut, R. Fausto, «A Critical Assessment of Classical and Semi-classical Models for Electron Transfer Reactions in Solution», *Prog. React. Kinetics*, 23, 1-90 (1998).

[15] C. Serpa e L. G. Arnaut, «Does Molecular Size Matters in Photoinduced Electron Transfer Reactions?», *J. Phys. Chem. A*, *104*, 11075 (2000).

[16] S. F. Nelsen, D. T. Rumack e M. Meot-Ner (Mautner), «Kinetics effects of an unusually large neutral to radical cation geometry change-slow electron-transfer reactions between alkylhydrazines», *J. Am. Chem. Soc.*, *109*, 1373 (1987).

[17] M. Dossot e P. Jacques, «Intrinsic Rate Constants k_{et} of Photoinduced Electron Transfer between Anthracene Derivatives and Aromatic Donors: Does the Intersecting-State Model Challenge *Marcus* Theory When Confronted with an Archetypal Set of Data?», *Helv. Chim. Acta*, 84, 3446-3455 (2001).

[18] Com exclusão da dupla região-invertida, tema dos Capítulos 11 e 12.

[19] H. H. Bauer, «Pathological Science is not Scientific Misconduct (nor is it pathological)», *Hyle*, 8-1 (2002); http://www.hyle.org/journal/issues/8-1/bauer.htm; 17 Setembro 2004.

[20] Os factores de Franck-Condon representam a sobreposição de estados vibracionais em dois estados de natureza electrónica diferente.

[21] J. Echeverría, *ob. cit.*, pág. 83.

[22] O Factor de Impacto de uma revista científica é uma medida da probabilidade de os artigos publicados nessa revista virem a ser citados. No ambiente de competição da ciência hodierna, na medida do possível, os investigadores procuram publicar os seus trabalhos de pesquisa nas revistas com maiores Factores de Impacto.

[23] W. H. Miller, «Quantum and semiclassical theory of chemical reaction rates», *Faraday Discussion*, 110, 1-21 (1998).

[24] A 1ª parte desta série é o artigo «Absolute rate calculations for atom abstractions by radicals. Energetic, structural and electronic factors», L. G. Arnaut, Alberto A. C. C. Pais, S. J. Formosinho, M. Barroso, *J. Am. Chem. Soc.*, 125, 5236-5246 (2003).

[25] M. Barroso, L. G. Arnaut e S. J. Formosinho, «Absolute rate calculations: Atom and proton transfer in hydrogen-bonded systems», *Chem. Phys. Chem.*, 6, 363-371 (2005).

[26] Uma classe de interacções específicas de origem electrostática entre dois átomos polares e com um átomo de hidrogénio de permeio ($A^{\delta+}H...B^{\delta-}$) e ($A^{\delta-}...HB^{\delta+}$). É, por exemplo, um tipo de ligação presente entre as moléculas de água na água líquida e no gelo. Trata-se de uma ligação de carácter direccional, pelo que consegue manter as moléculas na configuração de uma estrutura tão aberta como é a estrutura do gelo ou nas proteínas para as manter na sua conformação própria, responsável pela sua actividade.

[27] E. R. Lippincott e R. J. Schroeder, *J. Chem. Phys.*, 23, 1099-1106 (1955).

[28] A definição original da «ligação de hidrogénio» invoca a interacção que surge entre dois átomos X e Y electronegativos através de um átomo de hidrogénio, H: representa-se por X–H•••Y. A interacção electrostática é o factor dominante neste tipo de ligação, $X^{\delta+}-H•••Y^{\delta-}$. Presentemente, o conceito é mais vasto. Abarcando, por exemplo, o complexo que se forma entre o radical CH_3 e uma molécula de água H_2O em matrizes sólidas a baixas temperaturas; a «ligação de hidrogénio» é representada por C•••HO. Propositadamente exagerámos na representação da ligação de hidrogénio para a tornar mais evidente a um leitor alheio às nomenclaturas da química.

[29] Cálculos de constantes cinéticas, *k*, sem utilização de «parâmetros ajustáveis», isto é, sem recurso a dados cinéticos. Os parâmetros utilizados no cálculo são provenientes de dados empíricos espectroscópicos, termodinâmicos, electroquímicos e estruturais.
O programa de investigação de cálculos de «velocidades de reacção absolutas» remonta aos começos da Teoria do Estado de Transição. Este objectivo não foi alcançado, porque à teoria faltava estimar, a nível absoluto, a energia de activação das reacções. Com Norman Sutin, a teoria de Marcus retoma este importante objectivo para as reacções de transferência de electrão. Falha, em parte, devido ao seu aparente sucesso ser devido a uma compensação de erros. ISM retoma este mesmo objectivo quer para reacções de transferência de electrões e de protões, quer em fase gasosa quer em solução. «Aprende-se mais quando se falha rotundamente», mas no caso da TM o falhanço não é rotundo para muitas situações.

[30] M. Barroso, L. G. Arnaut e S. J. Formosinho, «Absolute rate calculations: Proton transfer in solutions and in enzymes», *J. Am. Chem. Soc.*, submetido a publicação e rejeitado. «Absolute Rate Calculations. Proton Transfers in Solution», *J. Phys. Chem. A, 111*, 591-602 (2007).

[31] S. J. Formosinho e V. M. S. Gil, «What Makes Hydrocyanic Acid a Normal Acid?», *J. Chem. Soc. Perkin Trans. 2* 1655-1658 (1987).

[32] R. Yi, H. Basch e S. Hoz, «The Periodic Table and the intrinsic barrier in S_N2 reactions», *J. Org. Chem.*, 67, 5891-5895 (2002).

[33] José Cardoso Pires haveria preferido que tivéssemos optado por temas do seu mundo, tais como «República dos Corvos» ou «Reino do Mexilhão». Mexilhões negros como os corvos mas menos movediços; contudo sempre atraídos pela luz do litoral na fuga contra a fome negra do interior. «Já ensinavam os mexilhões-avós que fingir de cego é virtude de quem vê demais».

[34] O solvente afecta o pK dos ácidos e das bases. Para reacções não simétricas, o facto de uma reacção ser atérmica num dado solvente não significa que o seja num outro. O cálculo de pK por recurso à mecânica quântica está votado ao fracasso, pelas inúmeras aproximações que requeria, os elevados custos que implicava e nunca oferecendo aos investigadores maior confiança do que a medida experimental, na maioria dos casos disponível. Ao recorrer aos pKs experimentais, o modelo ISM suprime muitas dessas dificuldades e incertezas.

[35] Em transferência de protões em fase gasosa, Λ pode ser estimado, mas em soluções de água ou de outros solventes não é necessariamente assim.

[36] J. P. Klinman, «Dynamic barriers and tunneling of hydrogen transfer in enzyme reactions», *Pure Appl. Chem.*, *75*, 601-608 (2003).

[37] W. Siebrand, Z. Smedarchina, «Temperature dependence of kinetic isotope effects for enzymatic carbon-hydrogen bond cleavage», *J. Phys. Chem. B*, *108*, 4185-4195 (2004).

[38] Por exemplo, com $\eta(0)=2$ (a' ln$m$)=0,108 em transferência de electrão e $\eta(0)=0,216$ para transferência de protão, uma variação em $\eta(\Delta G^0)$ de 0,05, conduzirá a variações de 46% em $\eta(0)$ para reacções de transferência de electrão e metade em transferências de protão. Cálculos com ajuste de Λ são, efectivamente, cálculos de «velocidades de reacção relativas».

CAPÍTULO 7

A SOCIEDADE PORTUGUESA E A CIÊNCIA NO RENASCIMENTO

A decadência dos povos peninsulares

Em Maio de 1871, escrevia um grupo de intelectuais portugueses ao apresentar o programa das Conferências Democráticas: «Não pode viver e desenvolver-se um povo, isolado das grandes preocupações intelectuais do seu tempo; o que todos os dias a humanidade vai trabalhando, deve ser também assunto das nossas preocupações»[1]. A decadência dos povos peninsulares que Antero de Quental nos aponta, centra-a na perda do espírito de independência local e do espírito inventivo tão presente entre os portugueses na época romana, na Idade Média e no Renascimento. É que a perda deste espírito, pelo menos nas elites nacionais, vai condicionar o relacionamento do país com a ciência moderna. Há que tentar «perceber» as causas desta nossa decadência, para sermos realistas no que hoje podemos exigir da ciência em Portugal. Que caminhos deveríamos ter percorrido e nos desviámos, por que veredas nos metemos sem saída ou com más saídas, que obstáculos se ergueram de permeio entre as nossas Descobertas e a ciência moderna? Talvez conhecendo tais obstáculos, colectivamente os possamos evitar, corrigir e combater para dar um alento novo a Portugal. Eis o objectivo deste Capítulo e do Capítulo 9.

Como refere Antero, «o instinto político de descentralização e federalismo patenteia-se na multiplicidade de reinos e condados soberanos em que se divide a Península [Ibérica]» em consonância com «o nosso génio criador e individualista»[2]. Realça ainda o espírito de tolerância que chegou a existir entre cristãos, judeus e muçulmanos, o esplendor da arquitectura, a renovação do aristotelismo, o prestígio de el-rei D. João I, árbitro em várias questões internacionais. Tudo isto nos preparava para, segundo ele, «um papel glorioso e preponderante». «Esse movimento da Renascença só foi entre nós representado [e preparado] por uma geração de *homens superiores*, a primeira. As seguintes que o deviam consolidar, fanatizadas, entorpecidas, impotentes, não souberam compreender nem praticar aquele espírito tão alto e tão livre: desconheceram-no ou combateram-no»[3]. As razões para tal vê-as no centralismo político uniforme e esterilizador, num catolicismo tridentino intolerante, excessivamente ortodoxo que, através da Inquisição, sufocava a heterodoxia religiosa e qualquer pensamento inovador, mesmo entre bons católicos.

«Deste mundo brilhante, criado pelo génio peninsular na sua livre expansão, passamos quase sem transição para um mundo escuro, inerte, pobre, ininteligente e meio desconhecido. Dir-se-á que entre um e o outro se meteram dez séculos de decadência: [não], pois bastaram para essa total transformação de 50 ou 60 anos [o tempo de duas gerações]!»[4]. «Basta erguer os olhos para essas lúgubres moles de pedra, que se chamam o Escurial e Mafra para vermos a ausência de sentimento e invenção»[5]. Como elas contrastam, entre nós, com a Batalha, Tomar, o gótico escalabitano, Belém, os Jerónimos. E também «não saiu da Península uma só das grandes obras intelectuais, que são a maior obra e a maior honra do espírito moderno». «Foi sobretudo pela falta de ciência que nós descemos, nos degradámos, que nos anulámos»[6].

Se de entre nós, portugueses e espanhóis, não saiu grande pensamento sobre a «filosofia e as suas «ramificações», as ciências», saiu, porém, a ideia de Império através dos mares. Império do espírito, do solo e das gentes, que moldou a Europa do passado[7].

O Portugal do Renascimento e a «Navegação Astronómica»

Em linguagem moderna, «a expansão ultramarina portuguesa foi um caso exemplar da demonstração do papel que um consistente investimento no conhecimento pode desempenhar no desenvolvimento autónomo de uma nação»[8]. E que conhecimento foi esse? O aperfeiçoamento das técnicas de construção naval, a orientação astronómica e o mapeamento cartográfico.

A cultura astronómica de Toledo e de Salamanca desempenhou um papel de relevo na criação dos primeiros regimentos náuticos portugueses. Mas em Espanha, o marinheiro ignorava o astrónomo. Cabe a Portugal o exclusivo de ter unido esses dois conhecimentos antigos, o da astronomia e o da navegação. E a inovação proveio desta nova ligação, a da Navegação Astronómica[9]. Um dos técnicos que o Infante D. Henrique chamou para alargar os meios de acção dos portugueses foi o judeu catalão Jácome de Malhorca; outro foi o judeu salamantino Abraão Zacuto, que apesar dos notáveis serviços prestados às navegações portuguesas, com o advento da Inquisição teve de abandonar Portugal e foi viver para a Síria. Outro técnico de D. João II foi ainda espanhol, o bispo D. Diogo Ortiz, um dos membros da «Junta dos Matemáticos».

Segundo Celso Melo, Portugal foi líder na fase inicial da navegação oceânica, embora imperfeita e limitada, pois só se baseou no conhecimento da latitude. A conquista de Ceuta colocou problemas práticos de logística e orientação que levaram ao aperfeiçoamento dos barcos e à incorporação da trigonometria para navegar em mar aberto. Acresce que no nosso «ciclo histórico dos reis», como o define António Telmo[10], a organização administrativa do Estado estava intimamente associada à Ordem da Milícia de Cristo, criada por D. Dinis após a extinção da Ordem dos Templários para lhe suceder e dar cobertura.

Para as tarefas da navegação o Infante D. Henrique criou a Escola de Sagres, não uma escola com uma expressão física para o ensino e o estudo na acepção corrente, mas um modo de levar a experiência prática de homens do mar e de técnicos navais a dialogar com astrólogos e cartógrafos para estudar certas questões de navegação e geografia, resolver problemas, e fornecer elementos aos mareantes para o aperfeiçoamento da arte náutica: ciência náutica, roteiros e cartografia[11]. Segundo Semedo de Matos, «não terá sido um diálogo muito consistente – porque os conhecimentos de uns e outros eram muito desequilibrados –, mas para alguma coisa terá servido a presença desses homens em Portugal»[12]. É que deste modo se estabeleceu uma certa rede de «relações mestre-aprendiz», indispensável para o desenvolvimento do conhecimento tácito e explícito nos navegadores e cientistas do tempo.

Para Portugal avançar nas suas navegações africanas carecia de progressos técnicos na arte de navegação em alto mar. Os instrumentos disponíveis ao tempo eram muito grosseiros, a bússola e a carta, pelo que não permitiam navegação longe de terra; por exemplo, a bússola necessitava de magnetizações frequentes e não dispunha de uma suspensão adequada[13]. Portanto, em 1400 o que se dispunha era de uma navegação costeira, «baseada sobretudo no bom conhecimento das costas e na identificação dos *sinais* e *conhecenças* das terras»[14]. Foi deste modo que começaram a navegar os homens do Infante, acrescentando no portulano as costas descobertas e escrevendo o seu roteiro. Mas cedo surgiram obstáculos de monta.

Dado o regime de ventos, os *alisados*, e das correntes, começou a verificar-se ser muito difícil regressar à metrópole ao longo da costa. Requeria-se regressar pelo largo. Ir ao alto mar, amarando-se profundamente a cortar os alisados, ganhar latitude e entrar na zona dos gerais do oeste, já ventos favoráveis para o regresso[15]. Ora isto implicava saber navegar durante muitos dias em alto mar, orientando-se pelos astros. «A nação triunfou no mar, porque tinha um adequado nível de cultura científica»[16]. E como consequência desta cultura científica, pois o país dispunha dos melhores sábios – matemáticos, astrónomos, e geógrafos – e dos melhores técnicos – construtores navais, pilotos, roteiristas, cartógrafos –, alcançou-se o verdadeiro apogeu da «ciência náutica» com Pedro Nunes e D. João de Castro. D. João de Castro foi considerado pelo grande sábio sueco Nordenskiöl como o maior representante do espírito científico dos Descobrimentos no século XVI[17]. Depois sucedeu-se o declínio da matemática entre nós. O último grande matemático foi João Batista Lavanha, matemático de D. Sebastião, que tal como Pedro Nunes ensinou príncipes[18].

Os aperfeiçoamentos alcançados podem avaliar-se com alguns exemplos. Em 1497, «Vasco da Gama chegou à Baía de Santa Helena; acompanhado pelo piloto Pero de Alenquer desembarcou com um grande astrolábio de madeira de três palmos e verificou que se encontravam a trinta léguas do Cabo da Boa Esperança, e errou apenas em duas léguas»[19]. Uma exactidão de cerca de 6%, mas o facto de terem de vir a terra firme para tomar a latitude mostra que a esquadra vinha com um erro apreciável e que o uso dos instrumentos a bordo não era fácil[20]. A carta de Mestre João Físico a D. Manuel I é elucidativa sobre as dúvidas existentes quanto à melhor técnica a seguir a bordo: Físico recomenda que se «pese o sol» com o astrolábio. «Quando Pedro Álvares Cabral fundeou em Porto Seguro desceram os pilotos a terra e determinaram a latitude do lugar. Acharam que eram 17°, errando em cerca de 1/2°; a descrição deixada por Pêro Vaz de Caminha permite reconhecer, nos mais pequenos pormenores, os locais por onde andaram os portugueses»[21]. Uma comparação coeva pode fazer-se com Cristóvão Colombo que não era um bom navegador de latitudes. Colombo julgou-se na latitude da Madeira quando estava na ilha de Santa Maria nos Açores, e em Cuba errou a latitude em 20°, apesar de ter feito observações para medidas da latitude por diversas vezes[22].

As explorações portuguesas faziam-se em contacto directo com a observação, com os problemas do mundo da navegação e da lida com novos climas, novas gentes, animais e plantas. Conhecimentos para a navegação com base na orientação norte-

-sul, compreensão do regime de ventos e das correntes oceânicas. Digamos, com um certo anacronismo de linguagem e conceitos, estávamos perante uma investigação estratégica e, mesmo a mais curto prazo, também perante uma investigação aplicada funcional. Por isso, o conhecimento de valor estratégico era secreto, a salvo de espiões e adversários. E a exactidão alcançada na posição do mar vai permitir a colonização das ilhas e de outros locais descobertos, pois implica viagens com gentes e diversos meios técnicos agrícolas e de construção. Mediou algum tempo entre a aventura da descoberta e a colonização planeada, o tempo necessário para a aquisição de uma navegação segura[23].

Ainda na síntese de Celso Melo, as «técnicas de construção naval envolviam complexos procedimentos de escolha, corte e selecção das madeiras a serem usadas em diferentes partes das embarcações, a concepção das naus progressivamente evoluía em resposta a diferentes necessidades e aos sucessivos estágios das viagens de exploração e conquista, e os mapas tornavam-se cada vez mais precisos e detalhados»[24]. Por exemplo, a navegação nos mares austrais passou a ser de rotina, quando Mestre João Físico (astrónomo a bordo da expedição cabralina) identificou o Cruzeiro do Sul como ponto fixo no céu a sul do Equador.

O conhecimento adquirido passou a ser codificado em regimentos de marinharia. Uma vez identificado um erro nas cartas ou manuais, os sábios eram convocados a examinar a questão e propor alternativas. Resolvem-se problemas de navegação até ao Equador e na capacidade de entrar decididamente no hemisfério sul, trabalho de compilação e sistematização no «Regimento das Léguas» de Mestre Vizinho, ou de algum dos seus pares, Diogo de Ortiz ou Mestre Rodrigo, já no tempo de D. João II[25]. Acumulação de experiências diversas, falhadas ou bem sucedidas, sucessivamente recolhidas, analisadas, corrigidas e perspectivadas. De novo presente o espírito de escola e de uma relação de mestre-aprendiz. E como tudo isto começa a contrastar com o espírito das «escolas medievais que pouco ou nada inventam que não tenha sido legado pela Antiguidade: apenas coleccionam, associam, resumem e tentam conjugar»[26]. Segundo Luís Filipe Barreto[27], trata-se da «formulação sistemática de uma teoria científico-filosófica em torno e a partir do conceito de experiência que é designada por experiencialismo». Experiencialismo que se desenvolve à volta de dois paradigmas: o de um «experiencialismo como empirismo sensorial» e o de um «experiencialismo como racionalismo crítico». Como teremos ocasião de ver em tempo oportuno, haverá um inevitável e natural conflito de paradigmas: o primeiro sustentado pelos homens das artes de marinharia, empiristas e pragmáticos como Lopo Homem, *mestre de cartas de marear* de D. Manuel I, ou Fernando Oliveira, humanista, historiador e autor de tratados sobre navegação e construção naval; o segundo por «cientistas» como Pedro Nunes, D. João de Castro e o Infante D. Luís.

A missão de Portugal na Dinastia de Aviz

Qual a missão que moldou toda esta saga? Segundo António Telmo, «Portugal é a Ordem do Templo até D. Manuel I e desde a sua origem»[28]. E esta poderia ter tido por missão principal assegurar a comunicação entre o Oriente e o Ocidente, cujo alcance se avalia melhor quando se reconhece que o centro do mundo sempre foi descrito como situado no Oriente.

A civilização europeia foi uma «civilização isolada até ao fim do século XIV», tal como o próprio reino de Portugal em 1400. Apesar dos contactos estabelecidos através do Mediterrâneo e com o oriente via países eslavos, o conhecimento que a Europa daí obtém sobre o que se passa noutros continentes é «escasso, incorrecto e inadequado»[29]. Como em todas as civilizações sedentárias, o conhecimento está dominado pelo princípio da territorialidade. Acresce a compartimentação medieval a nível local, nas aldeias e nas vilas, e social. Por exemplo, os pescadores e os navegantes fazem vida à parte dos camponeses, formam comunidades distintas. Só muito lentamente os seus conhecimentos se volvem em património cultural da cristandade[30].

Por esta ordem de razões, bem se compreende que o Prof. Luís de Albuquerque, em «Os Descobrimentos Portugueses», escreva: «Os descobrimentos marítimos constituem, na história de Portugal, um «salto» de significativa importância. Podemos defini-los como a charneira em torno da qual a evolução da sociedade portuguesa procura um novo sentido e, em consequência, os homens de um pequeno país do Ocidente europeu irão alterar irreversivelmente o seu destino – levando atrás de si também o destino de uma Europa até então fechada em si mesma, como se fosse o centro de todo o mundo. O século XVI irá ser para o Europeu uma época de enriquecimento cultural e de um rasgar de horizontes, em grande parte devido às viagens marítimas (...)»[31].

O mundo cristão medieval é o espaço ocupado pela Igreja Católica, onde reina a harmonia e a ordem divinas. Fora deste espaço reina a desordem cósmica, mas Deus preside a todo o mundo apesar do pecado, da desordem social, da idolatria e do caos que por lá reinam. O mar é a fronteira deste mundo ordenado para o do caos, e deve estar povoado por monstros; a própria água, tão fecunda no mundo cristão, por acumulação excessiva no mar, levanta ondas e montanhas de água. A estes horrores junta-se a conotação negativa dada ao lugar onde o Sol se põe; Ocidente, lugar das trevas e mundo dos mortos. O Oriente, pelo contrário, é o lugar onde nasce o Sol, o mundo da luz, «o lugar onde há que voltar para recuperar a pureza das origens ou conseguir a regeneração que a velhice e a decrepitude natural do mundo traz consigo». Esta é, pois, uma visão teológica do mundo e, nesta visiva, «navegar em direcção contrária à terra era como tentar viajar para lá da morte»[32].

As navegações dos portugueses do século XV, ao longo da costa africana e depois até à Índia e ao Brasil, representam uma grande vitória sobre as concepções medievais do mundo e do mar, só mantida por um sentimento nacional de inspiração divina. Sentimento que se vai alimentar na missionação, no comércio, no novo saber, na troca e transplantação de plantas e de animais, no contacto com novas gentes. Quando os povos do norte vêm ocupar o nosso lugar no mar, têm a cautela de vir buscar entre nós os elementos indispensáveis para a sua expansão[33].

A questão do conhecimento no renascimento português

Portugal fez tudo bem na saga dos Descobrimentos. Aliou teoria à prática, ingrediente indispensável para o sucesso de uma ciência; foi o que faltou em dose adequada na civilização helénica, que já havia trilhado o caminho da «filosofia e das ciências puras» e nos legou a tradição da «honestidade intelectual». Quando se estabelece uma separação entre o homem da teoria e o homem da prática, todo o progresso material da ciência se torna muito mais difícil, incerto e sujeito a hiatos[34]. Há, porém, dois domínios em que esta ligação é quase natural, o da astronomia e o da medicina. A astronomia, desde Ptolomeu, foi um campo que se mostrou passível de uma explicação do firmamento em termos de uma matemática relativamente elementar, pois o movimento das estrelas é de uma grande regularidade geométrica. Ora bem, segundo Bernal[35], é precisamente a interacção entre a teoria e a prática que fornece a chave de compreensão da história da ciência.

Já ao tempo das descobertas se justificava a prática da ciência «para glória de Deus e benefício do homem». Sem dúvida que nesta visão está contido um dos grandes objectivos da ciência, o objectivo *psicológico* da satisfação da curiosidade natural do homem. O prazer intelectual que a prática da ciência e a descoberta de novos conhecimentos cria no homem e que é o mesmo tipo de satisfação que nos dá o resolver «palavras cruzadas» ou ler contos policiais. Mas para além deste objectivo lúdico há mais dois: o *racional*, a descoberta de uma compreensão integrada do mundo exterior, e o *social*, a aplicação de uma tal compreensão na criação de bem-estar para o homem[36]. Foi precisamente esta função social geral que nós desenvolvemos para os conhecimentos de marinharia – a glória de Deus e o conferir maior riqueza e melhor modo de vida à classe burguesa emergente. E também de matar a fome que grassava entre nós, dada a falta de cereais no Reino. Com este nobre e arriscado empreendimento ganhámos em pleno a nossa consciência nacional, mais através do relacionamento com outras gentes, culturas e ambientes do que com a posse da terra.

A ciência da astronomia cresceu nos observatórios dos templos. A existência de astrónomos, que trabalhavam em diferentes lugares e numa actividade global por períodos muitos superiores ao da vida humana, requeria a estabilidade de uma instituição, igrejas, reinos, impérios, estados[37]. Ora Portugal associa o empreendimento dos Descobrimentos a uma ordem religiosa, a Ordem de Cristo, e foi uma acção coordenada pelo Rei e, por conseguinte, pelo Estado. Ora tudo isto conferiu ao empreendimento uma estabilidade de um século, impossível sem tais condições.

Poderia Portugal ter mantido o espírito da busca do novo saber, «pelo espírito da dúvida e o princípio da experiência e da observação rigorosa», e assim desenvolver uma «ciência moderna»? É que a questão do conhecimento, num enquadramento de uma nova relação entre o homem e a natureza é, segundo os historiadores da época, «a vertente mais dinâmica do pensamento renascentista português»[38].

Destacam-se no domínio do novo tipo do conhecimento alguns intelectuais de vulto. O primeiro é Duarte Pacheco Pereira, nascido pouco depois de meados do século XV (c. 1460-1533) e, um pouco mais tarde, Pedro Nunes (1502-1578), D. João de Castro (1500-1548) e Garcia da Orta (1490-1568). Entre 1505 e 1508 Pacheco Pereira escreve, logo após as grandes descobertas marítimas, uma obra de síntese, *«Esmeraldo de situ orbis»*. Uma síntese de quase um século de tradição de viagens e quase meio século de expansão marítima e de descrições de países longínquos. A obra traduz a emergência de uma nova cultura: o comércio, as navegações e a ciência moderna avançavam em paralelo, impondo modos de vida, profissões, e novos ambientes sociais, culturais e económicos. Era a burguesia, e uma «burguesia marítima», a ascender na sociedade, sem disso ter inteira consciência, mas pautando um ritmo de vida a que a própria nobreza não escapava. E Pacheco Pereira surge, pela sua profissão e actividades, como um intelectual da burguesia comercial do seu tempo[39].

Em consonância com a visão de Alexandre Herculano, em 1383 teria ocorrido, na história da humanidade, a primeira «revolução da burguesia» à escala de uma nação, a portuguesa. É neste contexto que se compreende melhor uma conquista como a de Ceuta, muito mais um empreendimento da burguesia comerciante do que um acto de cavaleiros da nobreza medieval, que também esteve presente pois nela os Infantes foram armados cavaleiros. «A nova dinastia reinante, a de Avis, tivera origem na anterior mas por via bastarda e tal constituía uma sombra que diminuía a sua força política no contexto internacional, com óbvias repercussões no exercício de autoridade no interior do país»[40]. Acresce que, na mesma linha, a nova coroa era menos rica que outras casas senhoriais do reino. Bem consciente desta circunstância de linhagem, D. João I resolveu a dificuldade de uma forma brilhante. Pelo casamento ligou-se à casa inglesa de Lencastre. Pela conquista de Ceuta deu expressão aos anseios da burguesia marítima comercial que o tinha levado ao poder, abre novas portas de rendimentos à coroa e a algumas ordens militares, satisfez as pressões da nobreza portuguesa na busca de novos rendimentos e de feitos heróicos e, acima de tudo, dá resposta aos projectos acalentados pela Igreja e o Papado para uma reconquista do Norte de África. Esta África banhada pelo Mediterrâneo havia sido o berço de muitos santos e mártires do cristianismo. E a mobilização dos efectivos necessários à conquista de Ceuta preparou o terreno para a expansão marítima portuguesa: i) requereu a reparação e manutenção de um grande exército no ataque e depois na defesa da praça conquistada; ii) impôs a organização de uma frota de transporte, para levar as tropas e substituir regularmente as guarnições; iii) implicou requisitos de abastecimento regular em víveres, armas e munições entre a metrópole e o norte de África; iv) implicou uma supremacia marítima para evitar os ataques marítimos e da pirataria, e o cerco por terra e por mar[41].

Na sequência da crise política dos fins do século XIV, que levou ao trono D. João I, no entender de Joaquim de Carvalho[42], «Portugal gerou a mais profunda revolução da sua vida histórica», que foi consolidada ao longo de décadas. Segundo José Gama[43], tais mudanças sociais e políticas exigiam uma acção moral e cultural que foi desenvolvida com notoriedade pela própria família real, como o atestam as obras escritas de D. João I, D. Duarte e do Infante D. Pedro. Afinal, o que se exigia era desenvolver igualmente uma autonomia cultural face a Castela, incluindo a autonomia da língua, e desenvolver uma política de afirmação de Portugal no contexto europeu. O «rei-filósofo» D. Duarte, no seu «Livro dos Conselhos», «associa o saber ao agir, de acordo com a razão, na prática da virtude». No seu pensamento filosófico, a razão é chamada a decidir, dentro do princípio geral de obediência à verdade revelada, mas sem menosprezo da capacidade natural no exercício da racionalidade. Para D. Duarte, tal com para S. Tomás, «a virtude é racional».

Outra característica de relevo no pensamento estruturado e original deste rei português é «a valorização da experiência, sobretudo como garantia do saber prático virtuoso» e como critério de avaliação do certo e do verdadeiro[44]; a experiência empírica, pessoal e alheia. A novidade da insistência na «experiência empírica» como fundamento do saber está ainda bastante longe do «experimentalismo moderno», pois é mais demonstrativa que inventiva, mais uma confirmação do saber do que uma fonte de novos saberes. O seu significado é mais antropológico do que epistemológico. Mas vai desbravando o caminho no sentido epistemológico que outros, como Duarte Pacheco Pereira, vêm reconhecer.

Com Pacheco Pereira, em «*Esmeraldo de situ orbis*» desponta um discurso sobre a natureza que se apoia no ver e no ouvir, numa vertente eminentemente geográfica e antropológica, que corrige e transcende o saber dos geógrafos antigos. Duvida e é capaz de estabelecer a verdade perante a observação individual e directa. Os antigos não disseram tudo e não souberam tudo, pelo que a sua autoridade no conhecimento é limitada. A consciência deste facto vem permitir instalar a «dinâmica do não-saber», pois «a experiência é a madre de todas as coisas; por ela soubemos radicalmente a verdade». A experiência vem aportar à mente humana hábitos de positividade e de liberdade de pensamento, e a capacidade de suspender um juízo quando a observação não é possível. Em Pacheco Pereira o experiencialismo – a filosofia da ciência da cultura da expansão portuguesa – é essencialmente um empirismo sensorial.

Segundo Pedro Calafate, com a passagem da geração de Pacheco Pereira para a de Pedro Nunes e D. João de Castro «dá-se um dos passos mais importantes que se tem revelado na história da física: a passagem do universo do imediato da percepção e do quotidiano do homem para o fundo do pensamento»[45]. Ou, em palavras de Luís Filipe Barreto, dá-se a emergência de um «experiencialismo com racionalismo crítico». Vejamos como D. João de Castro, o mais importante dos homens de ciência português do século XVI, aborda o problema da queda dos graves mediante uma articulação entre a observação e a razão. No cumprimento da missão científica que lhe fora atribuída pela coroa portuguesa, a respeito da variação das agulhas magnéticas, das correntes marítimas, do regime de ventos, da variação das longitudes, escrevia, no «Tratado da Esfera»: «A vista dos olhos nos perdoe, dê-se por vencida, e confesse nesta parte sua cegueira, por mais aguda que seja, fica sempre nesta parte (a queda dos graves) mui grosseira». Referia-se à ilusão que fazia crer que os graves, na sua queda, descreviam linhas paralelas entre si[46].

Outra fase relevante no desenvolvimento do conhecimento é a da alteração da utensilagem aritmética que se vinha a delinear nos almanaques dos comerciantes portugueses, com a substituição dos números romanos pela numeração árabe, que já permite a realização das operações aritméticas, mesmo tão simples como a soma, que a numeração romana não possibilita. Os números árabes surgem em Portugal pela mão do Infante D. Pedro e, por razões óbvias, difundiram-se em quem mais os necessitava, navegadores, comerciantes associados à navegação e homens de ciência[47].

Trata-se da transição de uma «pré-história da matematização do real» que corresponde a uma lenta transformação dos hábitos mentais e de utensílios aritméticos, que conduzirá posteriormente a hábitos de cálculo e à rectidão no modo de demonstrar. Mas é com D. João de Castro que se começa a admitir a correcção da *experiência empírica* pela *razão* e se vislumbra uma «matematização do real»: «É cousa que se possa saber quantas léguas tenha a redondeza de todo este globo do mar e da terra? Cousa é que se tem alcançado assi por ciência como por experiência»[48]. Vejamos alguns exemplos em D. João de Castro: «hoje experimentei de novo a altura do sol a todos as horas do dia» e «como tenho grande interesse nos eclipses do sol e da lua, quis experimentar os relógios de sol e de areia a ver se concordam entre si». «Na cidade de Lisboa, como experimentei muitas vezes, as agulhas magnéticas viram de 7 graus para norte». «Como se sabe cada grau corresponde a 17 léguas e meia?». «Sabe-se pela grande experiência dos matemáticos»[49].

Barradas de Carvalho compulsou um conjunto de termos em textos portugueses publicados entre 1055 e 1580. Um desses termos foi *experiência* tomada em diversos sentidos. Um dos sentidos refere-se a «homem experimentado» ou «homem que tem experiência»; tais termos estão implicados e admitem algum tipo de relação entre mestre e aprendiz, relação essencial para a propagação e sustentação do conhecimento científico. No conjunto dos termos encontrados, este sentido corresponde a cerca de 27% dos termos, o que é significativo. Excluímos outros termos que podem implicar o mesmo tipo de relação, como «homem experimentado na guerra» que abarca também a navegação e que poderiam levar, na globalidade, a uma fracção ainda mais significativa (40%). Mas, como chama a atenção Barradas de Carvalho, não podemos esquecer que nessas épocas «só podemos conhecer a mentalidade das classes ou dos grupos dominantes»[50].

Os nossos homens da ciência dos séculos XV e XVI, «sem ambições de ruptura com os modelos da ciência antiga, procuraram alargar e depurar os horizontes da filosofia natural»[51]. Associaram a técnica à ciência, passo que historiadores deste período histórico, como Frédéric Mauro, julgam não dado por verem ainda a técnica distante da ciência[52]. Mostra-se igualmente a existência de algumas relações importantes entre mestre e aprendiz, como entre Pedro Nunes e D. João de Castro. Aliás D. João de Castro foi o técnico com quem Pedro Nunes teve mais contacto[53]. Não fruto da existência de uma escola onde tais relações fossem fomentadas, mas pela circunstância de D. João III ter chamado ao reino Pedro Nunes que, após estudos superiores na Universidade de Salamanca, exercia carreira médica nesta cidade. O pretexto da chamada seria o de ensinar matemática e filosofia na corte aos infantes D. Luís (1506-1555) e D. Henrique e a D. João de Castro, um dos fidalgos de renome que o rei escolhera para condiscípulo de seu irmão; o outro foi Martim Afonso de Sousa. Mas, segundo Vicente Gonçalves, a chamada do rei poderá ter mais a ver com o acompanhamento médico da rainha D. Catarina[54].

As lições na corte iniciaram-se em 1527 no Paço Real de Coimbra e, com o regresso da corte a Lisboa, aqui prosseguiram até 1531. Refere Vicente Gonçalves que D. Luís e D. João de Castro «aproveitaram no máximo as lições do mestre, pois sem demora as editavam e debatiam após tê-las ouvido». Martim Afonso só frequentou o curso até Junho de 1530, pois o rei entregou-lhe o comando integral de uma expedição que se realizou ao Brasil e partiu de Lisboa a 3 de Dezembro desse ano. «Presumivelmente, nos dois primeiros anos Pedro Nunes ensinou aritmética, geometria e álgebra, com inúmeros exercícios como lhe era peculiar, no terceiro devotou-se à cosmografia e reservou o quarto e último para as aplicações da cosmografia à arte de navegar conscientemente».

D. João de Castro apreendeu bem as lições do seu professor, deixando três roteiros importantes, de Lisboa a Goa, de Goa a Diu e o terceiro do Mar Roxo. Também ele partilhava com Pedro Nunes a opinião que faltava à náutica portuguesa a ligação às ciências matemáticas. Uma tal ligação seria uma nova revolução que permitiria transformar a náutica portuguesa numa verdadeira ciência, «libertando-a das causalidades, dos imponderáveis, dos erros repetidos e corrigidos com truques práticos, que resolviam um problema mas que não projectavam o saber para a plataforma do científico»[55]. O problema era este: nas cartas, as posições que se alinhassem leste/oeste não podiam estar correctas com as diferenças de longitude que indicavam os meridianos que entre elas existiam; se sobre o equador um grau tinha o valor de 17,5 léguas, sobre um paralelo teria um valor dado por 17,5 cos φ; 17,5 é o valor do grau no círculo máximo e φ o valor da latitude do lugar. Para remediar este problema, Pedro Nunes propôs que se fizessem cartas por quarteirões onde este erro se desvanecesse, um método de «longitudes decrescidas». Isto era complicado para ser lido pelos marinheiros, como também não era prático navegar por derrotas por segmentos de círculos máximos, excepto nas navegações norte/sul.

Pedro Nunes ainda foi chamado a dar aulas de formação aos pilotos, mas sem grande sucesso. Só com D. Filipe I a formação de pilotos e de oficiais do mar recomenda aulas de matemática e cria exames obrigatórios em tais matérias, e João Batista Lavanha parece ter sido mais bem sucedido na formação dos pilotos[56].

Houve uma pré-história de «matematização do real e da experiência», e sinais da passagem de uma mentalidade do qualitativo para o quantitativo. Todos passos correctos e seguros na senda da «ciência moderna». Então, por que parámos no caminho? Em grande medida, porque o nascimento da «ciência moderna» requer um ambiente de uma grande audácia intelectual que se havia perdido entre nós.

Poderia a Universidade Portuguesa do renascimento ter passado o testemunho da ciência?

Como refere José Mattoso[57], com o fim do século XIII «terminara a fase em que a universidade [europeia] representará um dos mais prodigiosos motores da renovação intelectual na Europa medieval; iniciara-se agora aquela em que se tornou um poderoso instrumento de reprodução social e mental da sociedade de então, mas sujeito a críticas e com um prestígio intelectual abalado». Durante o século XIII «o grande impulso intelectual dado aos estudos universitários resultara da reflexão teológica»[58]. Mas posteriormente as ordens religiosas assumiram o controlo da defesa da fé e «redobraram de zelo para que os estudos que asseguravam não redundassem em viveiros de hereges ou inspiradores de doutrinas suspeitas»[59]. A Universidade Portuguesa, criada no fim do século XIII, já não beneficia deste clima inovador em que nasceram as suas congéneres europeias. Vem a sofrer as dificuldades do clima social da época em fomes, epidemias e pestes, guerras civis, dificuldades financeiras, mudanças de cidade onde funcionava, etc.. Todo este conjunto de circunstâncias criou condições adversas para a regularidade da transmissão do saber.

Apesar da universidade ter o apoio da Igreja e de ser dotada de vários benefícios e de rendas de igrejas paroquiais, a verdade é que a Igreja e o Povo consideram a Universidade como uma instituição da qual só o Rei era responsável[60]. Todos os reis e príncipes prezavam o valor da cultura universitária «para a manutenção da fé e o exercício da justiça», mas em graus variados: D. Dinis considerava-a «aquele admirável tesouro de ciência, que, quanto mais se derrama, mais aumenta a sua uberdade, ilumina espiritual e temporalmente o Mundo»; testemunho análogo só se vem a encontrar muitas dezenas de anos depois na pessoa do infante D. Pedro; D. Afonso IV não parece ter mantido as melhores relações com a Universidade, pois o rei retomou a luta anti-senhorial e concentrou-se, ao contrário do pai, na restrição dos poderes temporais da Igreja, e a falta de simpatia para com a instituição universitária reconhece-se no diploma em que a transfere para Lisboa; D. Fernando interessou-se pela universidade e concedeu privilégios quer a estudantes quer a mestres; D. João I, ainda como Defensor do Reino, reforçou a posição social e política da universidade, mesmo no foro judicial que havia sido repetidamente contestado no reinado do seu antecessor, mas tal não surpreende pois as relações dos estudantes com o Mestre de Aviz eram de molde a ter levado Marcello Caetano a considerá-la, talvez com um certo exagero, como o «centro intelectual da Revolução»; D. Duarte confirmou os privilégios anteriores mas não lhe concedeu novos; D. Afonso V não só manteve privilégios dos seus antecessores, mas concedeu-lhe novos, tal como certas isenções de impostos de importação para livros, e permitiu que mestres e doutores usassem vestes como os cavaleiros, bem como lhes concedeu o privilégio de poderem cavalgar em besta de muar; D. João II, ainda como Príncipe Regente, não concede à Universidade a mais alta prioridade, pois não se mostra disposto a custear a aristocratização dos universitários em «vestuário e ornamentos de seda», tal como os cavaleiros, e em outros luxos; as coisas mudaram com D. Manuel I que foi um rei protector das artes e das letras, e empenhado em as utilizar para fomentar o poder régio, tendo mandado construir «edifícios notáveis» para a Universidade; D. João III reforma a Universidade e transfere-a para Coimbra cedendo-lhe o Paço Real[61].

Dada a debilidade da Universidade Portuguesa face a instituições universitárias europeias, não causa surpresa que portugueses que estudaram no estrangeiro hajam exercido cargos políticos de importância no reino, o que não se verifica com os que estudaram na Universidade Portuguesa, com a notável excepção de Rui Boto, chanceler-mór e membro do conselho régio[62]. O papel social da Universidade Portuguesa é muito lacunar e fragmentário e, notoriamente, muito mais modesto do que noutras partes da Europa, mormente na Itália e na Europa do Norte. O ensino universitário foi sempre, desde os seus começos, um espaço internacional europeu e a universidade portuguesa não se tornou internacional na época em análise.

Já causa alguma surpresa que, em 1466, o Doutor Pedro Nunes haja deixado à cidade de Lisboa alguns livros de Direito Civil para neles aprenderem escolares filhos de cidadãos e parentes seus. Como aponta José Mattoso, «sinal de que Pedro Nunes considerava a Câmara de Lisboa mais idónea do que a própria universidade ou uma casa religiosa para cuidar deste património e o colocar ao serviço de estudantes necessitados»[63].

Nos séculos XIV e XV a universidade em Portugal não teve uma significativa produção teológica ou filosófica; um dos poucos domínios em que se nota algum trabalho, se bem que não de grande originalidade, é no campo do Direito[64]. O início do século XVI marca o desenvolvimento pelo interesse das «ciências positivas» entre nós. Os movimentos intelectuais de separação entre a fé e a razão nos finais do século XIII teriam a «vantagem de libertar as ciências «naturais» da preocupação de se integrarem no domínio das construções teológicas, e portanto de se desenvolverem por si mesmas»[65]. Na Universidade Portuguesa houve alguma expressão do ensino das «ciências naturais», pois os estudos universitários contemplavam o ensino da astronomia. Mas a imagem habitual do universitário não é muito elogiosa na pena de Gil Vicente, que os vê como seres bizarros «pela mania das citações ou pelos seus estranhos conhecimentos astronómicos ou médicos»[66]. Em 1498 é referida no Estudo Geral de Lisboa a *Escola da Nave* que José Marques[67] não dissocia do regresso de Vasco da Gama da sua primeira viagem à Índia e que parece apontar para «estudos de náutica» no ensino universitário português. Quanto à Aritmética, a carta de doação do Infante D. Henrique à Universidade faz-lhe menção quando explicita as sete artes liberais. Isto releva do interesse científico do Infante para o desenvolvimento das ciências náuticas. Este interesse implica a ligação entre cálculos matemáticos e astrologia – no campo da observação –, bem como da instrumentação e da organização de tábuas para as coordenadas dos astros para cada dia do ano e, finalmente, da astronomia – de carácter científico –, em ordem a constituir uma ciência náutica. Observa Maria Cândida Monteiro Pacheco, que «em meados do século XV Frei João Galo é referido como lente de matemática na Faculdade de Artes, persistindo, no entanto, a dúvida sobre a continuidade do ensino universitário da disciplina»[68].

Só a partir do século XVI as estruturas universitárias parecem ter adquirido alguma solidez, mas a Universidade fica sujeita a uma escolástica rejuvenescida que vem «lesar a inovação», como ilustra de modo abundante Oliveira Ramos[69]: «Ante os efeitos devastadores da Reforma na Europa, a realeza contará, desde o princípio e à distância, com o apoio da Inquisição para depurar mestres com heterodoxas simpatias». E acrescenta logo de seguida: «A coesão religiosa, a fidelidade do país à ortodoxia tridentina cristalizará as tendências defensivas por via das quais a universidade desliza rumo ao integrismo peripatético e à falta de inventiva no campo do saber». Com o ensino universitário entregue aos jesuítas, os lentes «ignoraram ou opuseram-se às filosofias de Galileu, Copérnico, Descartes, etc.»[70]. Isto não obstante D. João III ter procurado reformar a universidade e adaptá-la a um mundo mais secularizado, ao fazê-la transitar para Coimbra[71]. Há que realçar que «D. João III, antes mesmo de acudir à universidade, pensou, contra o parecer de D. Diogo de Sousa, recrutar e formar um conjunto de escolares de mentalidade europeia, pois só assim seria possível encarar e resolver a questão do ensino superior, cujo atraso era notório, já em relação à Europa, já à vizinha Espanha»[72].

Em suma, pelo que ficou dito a Universidade Portuguesa não surge como instituição capaz e idónea para passar o testemunho da ciência nascente da Época dos Descobrimentos e assumir o pesado encargo de levar Portugal à «ciência moderna».

A fragilidade da ciência

A ciência, apesar de todos os sucessos que conquistou, é um processo frágil e delicado. Bernal[73] coloca mesmo a questão: qual a dose de restrições e ineficiências que o processo científico consegue aguentar, porque ao longo da história temos visto o florescimento da ciência, mas de uma ciência que acaba por morrer?

A China foi um dos quatro grandes centros civilizacionais do mundo antigo, com um enorme desenvolvimento tecnológico, muito superior ao da Europa e, todavia, não evoluiu para a construção da «ciência moderna». Bernal admite que o equilíbrio muito satisfatório alcançado no desenvolvimento da agricultura permitia a uma classe governante educada fazer com que a sociedade dispusesse de uma abundância de bens e de mão-de-obra. Esta carência de necessidades não estimulava a inovação e o desenvolvimento tecnológico para além de um certo nível[74]. Contudo, outra ordem de razões também se ergueu contra o desenvolvimento científico chinês e quiçá de maior monta. As filosofias chinesas negavam que se pudessem estudar partes do mundo isoladas do resto; esta visão holística não estava incorrecta, simplesmente foi prematura e ergueu-se como «hipótese forte» em demasia para permitir desenvolver a ciência.

O Museu de Alexandria foi uma combinação judiciosa de biblioteca, universidade e investigação. Os próprios cientistas eram uma espécie de pensionistas do «estado», dispensados de terem de andar um pouco por todo o lado em busca de patronos. Apesar do elevado nível científico alcançado, o trabalho do museu acabou por degenerar bem cedo em trivialidade, ostentação e misticismo. A abundância de escravos não incentivava a realização de actividades práticas. Como o desenvolvimento económico cessou, não houve abundância de capital para sustentar tais actividades científicas e esmoreceu, igualmente, o espírito de curiosidade pelos países estrangeiros que havia sido uma das forças motrizes do mundo helenista de Alexandre[75].

A ciência islâmica e helénica também teve dificuldade em difundir-se e exercer acção eficaz no mundo medieval europeu. É que durante muito tempo não tinha qualquer função relevante a exercer num mundo de bárbaros, porque a Idade Média havia construído um sistema social estável, baseado, é certo, numa economia muito primitiva. Não é que se não tivessem produzido invenções técnicas, mas a sociedade não favorecia o seu desenvolvimento. Por exemplo, na Itália do século XIII foi inventada uma máquina de fiação que até chegou a ser usada, mas foi travada pelas guildas e outras corporações medievais por ser demasiada destrutiva do modo de vida dos comerciantes e dos artesãos[76]. O sucesso da Idade Média ao criar uma estabilidade social gerou a instabilidade para o progresso da ciência. A ordem e a segurança fomentaram a actividade comercial, mas a acumulação de riqueza, que seria o estádio de desenvolvimento subsequente, era incompatível com o sistema feudal.

O crescimento da técnica foi necessariamente lento, não por, individualmente, os artifices medievais não serem capazes de criar (inventar) melhorias, mas por não terem meios fáceis de transmitir estes inventos aos seus sucessores. A necessidade de preservar o «segredo da arte», as dificuldades de transmissão das aptidões e capacidades dos artesãos uns aos outros, as invejas entre oficiais do mesmo ofício, tudo contribuía para reforçar o poder das corporações e reduzir o progresso ao mínimo – ainda hoje isto se verifica entre nós. Acresce a tudo isto a carência de capital para se começar qualquer nova técnica numa escala adequada[77].

As novas oportunidades só vêm a surgir na Europa quando escolares treinados em filosofia e em matemática começam a adquirir um entendimento da história, e recolhem o apoio de patronos para as suas actividades e ideias. É que o académico não era afligido pelas dificuldades do artífice e o seu papel de conselheiro de reis, príncipes ou mecenas, permitia-lhe sugerir novos esquemas de acção, mesmo que levantassem uma oposição corporativa. Os frutos destes estudos académicos dos séculos XVI e XVII não se revelaram em técnicas novas até à revolução industrial, com uma excepção notável, a da navegação marítima dos portugueses e, mais tarde, dos espanhóis.

A impossibilidade do nascimento da ciência moderna nos países peninsulares

Perante os cenários descritos, não nos deve surpreender que a Era das Descobertas e da navegação astronómica no nosso país não tenha conduzido à «ciência moderna». O que seria necessário para alimentar um projecto do saber pelo saber, da investigação pura como se designa hoje? Uma concepção abstracta do conhecimento sem aplicação imediata não cabia nos quadros mentais da época. Sem dúvida que o século XV português preza os saberes técnicos pelo aumento do conhecimento e pelas melhorias que traz à vida colectiva; são divisas como a do Conde de Ourém «há que fazer» ou a do Infante D. Pedro «a virtuosa bemfeitoria» a apontarem nesse sentido[78]. Mas estava ainda longe o reconhecimento do valor do conhecimento científico no desenvolvimento da nação, noção que só surge associada à indústria por meados do século XIX, ou do valor que ele traria ao poder da razão, que só veio plenamente com o Iluminismo.

A matematização das práticas náuticas começou a deparar com dificuldades entre nós no período de Pedro Nunes e de D. João de Castro, e tais dificuldades só começam a ser vencidas depois de uma geração, o que comprometeu o sucesso da sustentabilidade científica do projecto por se ter dado já sob o domínio castelhano. No meu entender, esta teria sido a melhor estratégia para alimentar a nossa progressão no conhecimento científico ou, pelo menos, para não nos afastarmos em demasia da «ciência moderna» em nascimento. Pois nunca recusámos incorporar inovação técnica nos nossos navios, como a da «artilharia embarcada» que nos deu uma enorme vantagem competitiva nos mares, e que constituiu uma das grandes inovações nacionais, depois alargada por D. Manuel I a toda a armada, equipada com berços mais fáceis de carregar pela culatra[79].

Matematização da náutica

As dificuldades iniciais da matematização das práticas náuticas, ainda no reinado de D. João III, foram de índole cognitiva e corporativa, mas foi o projecto científico que esteve mais próximo das nossas possibilidades imediatas. Era o que teria o apoio da Coroa com D. João III e o Infante D. Luís, «tempos em que entre nós a casa do infante D. Luís era um centro de estudos astronómicos e náuticos!»[80]. Era o que menos ruptura faria na área de saber com maiores implicações políticas e económicas no Reino, «do saber para fazer e lucrar»[81]: a Sabedoria do Mar. Bem pelo contrário, poderia trazer-lhe um valor acrescentado. Era o que satisfazia as necessidades de uma navegação em alto mar com maior segurança e precisão.

Vejamos como se exprime o conflito de paradigmas entre um «experiencialismo como empirismo sensorial» e o de um «experiencialismo com racionalismo crítico», a propósito do ensino das matemáticas aos marinheiros. Fernando Oliveira no seu «Livro da Fábrica das Naus» desenvolve um ataque pessoal a Pedro Nunes, cosmógrafo-mor do Reino que, entre 1547 e 1578, dava uma aula de Matemática aos pilotos: «Algumas pessoas que presumem ensinar esta arte de navegação sendo tão rudes nela que não sabem qual é a popa nem a proa, porque nunca entraram em navio para navegar»[82]. Ou noutra obra sua, «Ars Náutica», onde escreve: «Tanto a instrução como a experiência são valiosas no mar. Mais importante, porém, é a experiência (...) adquirindo a náutica mais firmeza pela experiência» ou ainda «mais confiança merece a experiência dos navegantes que a fantasia dos matemáticos»[83]. Por parte dos marinheiros era a evidência do «quotidiano especializado e normalizado» que Pacheco Pereira também advogava: «Não souberam esta província nem a praticaram como nós a temos praticado, portanto não é maravilha caírem em erro»[84]. Os inevitáveis obstáculos epistemológicos por parte dos marinheiros: i) uma resistência cognitiva à *compreensibilidade* da matemática; ii) uma falta de *plausibilidade* cognitiva do mestre matemático em levá-los a navegar melhor, pois nem sabia o lado da proa e da popa; iii) uma clara *insatisfação* cognitiva e corporativa pelo risco de perderem a posição de domínio que exerciam nos navios e pelo mestre, sem experiência na arte de navegar e com muita «fantasia», os poder induzir em erro.

Como esta posição contrasta com D. João de Castro no «Tratado da Esfera por Perguntas e Respostas»: «Se requer concorrerem assim demonstrações dos matemáticos como a prática e opinião dos pilotos e dos homens do mar» ou noutra passagem, «*Discípulo* – Satisfazem-me estas experiências. *Mestre* – Pois muito mais acaba de satisfazer a razão (...). *Discípulo* – Pois qual é a razão que convence o entendimento? *Mestre* – É a que se toma da experiência dos instrumentos matemáticos»[85]. A experiência surge agora já enquadrada em formulação teórico-prática. Mas D. João de Castro, que foi discípulo de proveito de Pedro Nunes, reconhece estas dificuldades cognitivas; por exemplo, no «Roteiro de Goa a Diu» quando escreve: «Isto que observei por estes meios [matemáticos] é fora da opinião comum dos marinheiros»[86].

Até ao fim da vida, Pedro Nunes ensinou matemática a pilotos e marinheiros durante trinta anos, mas sem grande êxito dada a resistência cognitiva com que deparou. Mas poderia tal incontornável conflito ter sido solucionado no período de uma geração? A não haver outros critérios epistemológicos para dirimir a controvérsia, temos de nos socorrer da perspectiva de Max Planck: «As novas teorias vingam não porque se convençam os adversários, mas porque eles morrem». No caso vertente um dos eminentes defensores do «experiencialismo como empirismo sensorial», Lopo Homem faleceu em 1565, mais de uma dezena de anos antes de Pedro Nunes, mas outro dos apoiantes do mesmo paradigma, Fernando de Oliveira (1507-1582), faleceu quatro anos depois de Pedro Nunes, e muito depois de D. João de Castro e do Infante D. Luís defensores, tal com Pedro Nunes, do paradigma de um «experiencialismo com racionalismo crítico». O conflito não poderia, pois, ter solução fácil ainda no período da Coroa Portuguesa. Acresce que Oliveira tinha um espírito polémico que desaguava em críticas pessoais como o faz a respeito da antiguidade de Évora em pleito com André de Resende. José Eduardo Franco[87] afirma: «Ao considerar que Évora é mais antiga «do que a faz mestre Resende», Oliveira deixa-se cegar pelos ressentimentos pessoais e ironiza, menosprezando a competência história daquele que é apresentado como «amigo das antiguidades e curioso de ler pedras romanas»: «Porém, porque tinha entendimento duro como as mesmas pedras, não se sabia desapegar delas e cuidara que em Roma se compreendiam todas as antiguidades»».

Já o dissemos, só com D. Filipe II de Espanha, I de Portugal, a formação de pilotos e de oficiais do mar recomenda aulas de matemática e cria exames obrigatórios em tais matérias. Neste campo João Batista Lavanha (1550-1624) parece ter sido mais bem sucedido na formação dos pilotos e na preparação e leitura de cartas náuticas sem os erros que apresentavam no passado[88]. Já havia passado uma geração e o paradigma do «experiencialismo com racionalismo crítico» passou a englobar o do «experiencialismo como empirismo sensorial». Este relativo sucesso vem tardio, pois já nos encontrávamos sob o domínio castelhano e sujeitos a outras prioridades. A «estreita porta» que nos poderia ter levado à ciência moderna demorou a abrir-se. Às dificuldades cognitivas do processo de «matematização da sabedoria do mar», e que correntemente demoram cerca de uma geração a vencer ou requerem aguardar a morte dos defensores do paradigma perdedor, acresce a falta de uma mais extensa relação de mestre-aprendiz que permitisse a Pedro Nunes ter um ou outro discípulo mais novo que D. João de Castro, que faleceu trinta anos antes de Pedro Nunes, e pudesse ter continuado a acção deste eminente matemático no campo da marinharia.

Mesmo o jesuíta alemão Cristovão Clávio (1539-1612) que foi dos maiores responsáveis pela divulgação da obra de Pedro Nunes na Europa, e que estudou nos colégio dos jesuítas em Coimbra, entre 1556 e 1560, atraído pela fama do filósofo Pedro da Fonseca, terá provavelmente conhecido Pedro Nunes, mas quase com boa certeza não foi seu discípulo.

João Lavanha, de família de judeus portugueses, nasceu em Madrid. Foi matemático de D. Sebastião e, com Portugal sob o domínio castelhano, caiu na graça dos novos reis, tendo sido professor de matemática dos reis de Espanha: Filipe II, Filipe III e Filipe IV. Em 1609 Lavanha entra para a Ordem de Cristo, apesar da sua ascendência judaica lhe ter causado alguns dissabores que foram resolvidos pela intervenção directa de Filipe III[89]. Ao tomar consciência do avanço português na matematização das ciências náuticas, Filipe II, rei de Espanha e de Portugal, nomeou Lavanha como professor de cosmografia na Academia criada por si em Madrid em 1583. Lavanha foi o último grande cosmógrafo português, mas já ao serviço dos dois reinos. Depois começamos a marcar passo e a acompanhar com uma lentidão exasperante os progressos do exterior. «Os nossos melhores cartógrafos de seiscentos, os Teixeiras, produzem obras não só muito aquém das cartas holandesas, *mas ainda inferiores, sob certos aspectos, às nacionais do século anterior. É um período de decadência*, na Cartografia como em tudo o mais»[90].

A leitura do «livro da Natureza»

Em princípio, talvez também tivesse sido possível um projecto científico de índole religiosa, uma missão para o cristão ler o «livro da Natureza» em paralelo com o «livro da Revelação», cujas raízes remontam ao pensamento escolástico: «É assim necessário recorrer à razão natural, a que todos são obrigados a dar a sua anuência», como afirma S. Tomás de Aquino na «Suma Contra os Gentios» a propósito do modo como todas as coisas saem de Deus e do que o homem pode conhecer a partir de «baixo», no quadro do seu horizonte de experiência[91].

Este foi, de facto, um projecto cristão dos países do protestantismo do século XVII. Foi um projecto que se manteve em voga até ao século XIX, a denominada *teologia natural*, da busca na natureza das «provas da existência de Deus». O projecto da teologia natural foi muito do gosto britânico, porque ajudou a difundir um tal conhecimento como uma verdadeira popularização da ciência moderna. Na «carta de princípios» da *Royal Society* inglesa se determina aos seus membros que dirijam os seus estudos «para glória de Deus e benefício da humanidade»[92]. Francis Bacon (1561-1626) escrevia que o surgimento da ciência experimental não só era sancionado pela religião, como era incentivado pelo próprio Deus nesta passagem da Bíblia: «E tu, Daniel, guarda isto em segredo e conserva selado este livro até ao tempo final. Deixa que muitos errem por aqui e por ali, mas o conhecimento crescerá» (Dn 12, 4).

O famoso químico Robert Boyle (1627-1691) afirmava que a ciência é uma tarefa religiosa: «O revelar a admirável obra que Deus nos expõe no universo»[93]. Daí o empenhamento apaixonado de tantos cientistas na descoberta do «mundo escondido» de ideias e fenómenos presentes na natureza. Newton entende que o universo proclama a presença de um Criador todo-poderoso. No mesmo domínio há outros nomes a reter como o de John Wesley (1703-1791), sacerdote anglicano e o fundador do Metodismo, que revelou um grande interesse pela prática da ciência no contexto da relação entre a religião e a ciência. Outros nomes relevantes são o bispo Butler que escreveu *Analogy of Reason* em 1736 e William Paley com *Natural Theology* (1802).

Como aponta Catone[94], a força motriz para o desenvolvimento da ciência moderna não pode ter sido, apenas, a de «uma avenida intelectual» de matriz judaico-cristã proposta por Jaki[95]. Tem que suscitar no homem um apelo ético de busca pela verdade e por um melhor conhecimento de Deus e, quiçá, o satisfazer no próprio homem o desejo de encontrar uma legitimidade para intervir na natureza. O carácter trans-sensível da natureza pode ser penetrado pela mente humana e fornece-nos conhecimento que é uma certa expressão da realidade. E o conhecimento impele à acção, porque o homem atribui valor, melhor *significações*, à informação que constrói. Como refere Álvaro Miranda Santos, «a significação é o princípio da acção ou expressão pessoal»[96]. É a acção que nos leva a intervir no mundo para melhorar as condições de vida da humanidade, mas tal requer uma verdadeira convicção de realismo.

Acresce que a ciência moderna é uma actividade social, pública, que só podia florescer num meio cultural – o cristianismo – que estivesse disposto a entender e alimentar os esforços iniciais dos seus pioneiros[97]. Estes apelos da matriz cultural judaico-cristã estão presentes na própria Bíblia, entre outros, no livro do Génesis e em S. Paulo. No Génesis se afirma: «Crescei e multiplicai-vos, enchei e dominai a terra» (Gn 1, 28). E numa carta de S. Paulo aos romanos: «Porquanto, o que Deus se pode conhecer está à vista deles, já que Deus lho manifestou. Com efeito, o que é invisível nele – o seu eterno poder e divindade – tornou-se visível à inteligência, desde a criação do mundo, nas suas obras» (Rm 1, 19-20).

S. Tomás de Aquino também admite que há certas verdades acerca de Deus que são acessíveis à razão natural, mesmo sem a revelação divina. Se alguém descobre, por recurso à razão, que Deus existe, não pode, ao mesmo tempo, afirmar que a mesma verdade lhe foi revelada por Deus. Teologia natural é aquilo que podemos conhecer a respeito de Deus sem recurso à fé, mas para os tomistas daqui não decorre nenhuma base para a fé religiosa. Há verdades, porém, que só podem ser conhecidas mediante a Revelação.

O crente pode encetar uma busca de teologia natural, precisamente em resposta ao desafio colocado por S. Paulo. A própria teologia natural pode remover obstáculos ao aparecimento da fé no homem. No mundo católico, como era o peninsular, todavia tais apelos não foram tão directos como no mundo do protestantismo, pois estavam mediados por um clero balizado pelo espírito tridentino, muito contrário à inovação por poder ser fonte de heterodoxias.

«A reforma católica não proveio de Roma, mas de Espanha»[98]. O rude catolicismo espanhol, marcado pela Reconquista Cristã, após a tomada de Granada em 1492 toma consciência de que viveu numa sociedade «poluída» e decide uma limpeza religiosa para se purificar. O que anteriormente se aceitava – o pluralismo religioso – deixou de se aceitar. É talvez arrogância excessiva julgar a História com a vantagem do tempo, mas para mim é difícil compreender uma tal intolerância quando os lugares de culto a Deus pelos muçulmanos são reconvertidos em igrejas cristãs, mas não destruídos. Na essência, a manifesta expressão que o Deus é o mesmo.

Na época, criou-se a ideia que era necessário construir uma sociedade religiosamente limpa, porque a convivência com crentes de outras religiões era uma fonte de pecado. Havia que varrer o reino dos impuros muçulmanos e judeus que recusavam converter-se, expulsando-os sem piedade. Imediatamente após a irrupção da reforma luterana, o jovem rei de Espanha torna-se imperador com o nome de Carlos V e tenta restaurar a monarquia universal medieval. Poderoso e com relações familiares com os reis de Portugal, exerce influências para que tais movimentos de extrema intolerância também se acentuem em Portugal.

Os judeus haviam sido expulsos de Inglaterra em 1290 e de França em 1394, mas fechados nos seus guetos e com a sua própria organização haviam logrado permanecer com uma certa tranquilidade em Portugal. A questão reacende-se, porém, com a conquista de Granada. D. Manuel I, rei de Portugal, procurava noiva em filha de rei. Poucas eram as alternativas nas casas reais europeias. Isabel filha dos Reis Católicos foi a escolhida. Uma das cláusulas do contrato matrimonial prendia-se com a expulsão dos judeus e mouros de Portugal. Isabel «só aceitava ser rainha de um reino habitado exclusivamente por cristãos»[99]. D. Manuel não desejava perder a importante e numerosa comunidade judaica, na maioria artífices e comerciantes, com um papel importante na economia do reino – na linguagem de Alexis de Tocqueville, um «corpo intermédio», pois representava um estrato essencial da sociedade portuguesa da época. Pelo que o rei insistiu, contra várias pressões populares, na conversão dos judeus – os cristãos-novos – e, querendo evitar que permanecessem um corpo social segregado, proibiu que cristãos-novos casassem entre si, bem como lhes concedeu diversos privilégios. A política era correcta em termos económicos, mas só seria bem sucedida se correspondesse a um desejo social de tolerância religiosa, actuando o rei como mero catalisador. As pressões sociais internas e as políticas oriundas de Espanha e a intolerância religiosa da Península acabaram por comprometer os desejos do rei português.

A expulsão dos judeus e dos mouros, em 1497, obrigou o rei a disponibilizar anualmente mais de 5.000.000 reis para indemnizar os fidalgos pela perda de rendimentos consignados a rendas de judiarias e mourarias[100]. Não nos podemos esquecer que no século XII e XIII, época da Renascença Judaica, a «Espanha» se havia volvido no maior pólo judaico do mundo, chegando o povo hebreu representar 25% da população da Península Ibérica[101]. A sua expulsão e silenciamento teve consequências de monta na coesão social do nosso país no tocante a uma elite, muito fruto de uma «educação superior» oriunda do estudo regular da Bíblia a que, por motivos religiosos, todos os judeus se submetiam. Elliot escreveu:

«*O presente e o passado*
estão ambos talvez presentes no futuro
e o futuro está contido no passado»

Esta asserção faz-nos reflectir sobre uma «pegada de intolerância» particularmente marcada no caso dos Povos Peninsulares. O que talvez ainda fosse um problema conjuntural nos tempos de D. Manuel I – a carência de um volume crítico das elites nacionais –, amplificou-se inesperadamente com a expulsão dos judeus. Com o massacre em Lisboa de uns milhares de cristãos-novos em Abril de 1506, «Portugal perdeu nessa altura a sua elite financeira e cultural»[102] e o posterior silenciamento dos cristãos-novos que permaneceram no reino, e veio a sedimentar-se numa questão estrutural da sociedade portuguesa ao longo de inúmeras gerações. Reflexão que será retomada, inevitavelmente, no próximo Capítulo. Mas se se pode reconhecer nesta descontinuidade histórica uma fonte do declínio português, havemos por bem realçar que não foi imediato. As forças motrizes ainda foram adequadas para levar o nosso país a empenhar-se na colonização do Brasil, sob o comando de D. João III.

Numa época em que o poder religioso se confundia com o poder real, o Papa Gregório IX, em 1233, editou a bula *Licet ad capiendos* que verdadeiramente marca o início da Inquisição, pois exortava os cristãos «a privar os pecadores, que defendem a heresia, dos seus benefíos espirituais e proceder contra eles, solicitando se necessário a ajuda das autoridades»[103]. Nos processos da Inquisição a denúncia era prova de culpabilidade, cabendo ao acusado a prova da sua inocência; muitas vezes os acusados nem sabiam os crimes que lhes apontavam. Mas o que eram casos isolados na Igreja antiga, passa a ser uma instituição regular da Idade Média. O que repugnava à Igreja do século IV, passa a ser uma obrigação da Igreja dos séculos XII-XIII e assim continuará, ao ponto de, segundo Küng, a «Inquisição se ter volvido numa característica do paradigma católico romano medieval»[104]. Sem dúvida que na Idade Média «toda a heresia representava uma ameaça contra o fundamento comum e a pureza da fé da sociedade medieval», mas pela bitola evangélica de Cristo, mesmo nessa época, poderia ter sido reconhecida como profundamente anti-cristã. Uma Inquisição que tantas vezes conduziu à «tortura espiritual e à fogueira psíquica», terá a ver alguma coisa com a mensagem e o modo de vida de Jesus Cristo? Nada, como é evidente hoje e em qualquer época, e é um insulto ao Evangelho[105]. A Inquisição é, pois, uma «patologia da religião» que descambou numa «vingança organizada» em nome de Deus.

Acresce um sentimento de infalibilidade nas coisas de Deus, o que é natural e compreensível, mas também nas coisas de César, o que se veio a revelar muito prejudicial. Galileu exprime bem este sentir das forças da Igreja de Roma, quando escrevia a um amigo francês, após a condenação pela Inquisição: «Se eu me tivesse enganado, então teria obtido desculpa e perdão, porque quando os súbditos transgridem a lei, os príncipes têm a oportunidade de exercer a sua clemência. Mas quando a condenação foi um erro, os homens sentem-se na obrigação de actuar com maior severidade para mascarar o seu próprio engano»[106].

Na Espanha de Carlos V, as práticas inquisitórias passam a adquirir um carácter sistemático. A pretexto da difusão do judaísmo na Península Ibérica, criam-se tribunais da Inquisição em Espanha e em Portugal, que dão expressão a um repressão feroz e repugnante em Espanha, e só um pouco melhor em Portugal. Enquanto na Península Itálica a Inquisição moderna tem muitos traços de continuidade com a Inquisição medieval, em Espanha e Portugal «trata-se de uma nova estrutura que se procura estabelecer, construída sobre relações de fidelidade completamente diferentes»[107]. Na essência é «uma polícia e uma justiça de Estado secretas que seviciaram principalmente os judeus e os mouros muçulmanos convertidos (não raro apenas superficialmente) ao cristianismo e que se voltaria, mais tarde, contra os humanistas erasmianos»[108]. Não que D. Manuel I sentisse a necessidade de limpar religiosamente Portugal, que de há muito tinha as suas fronteiras definidas sem reinos muçulmanos e com uma convivência útil e tolerante com os judeus.

As clivagens na corte sobre o «projecto imperial e de cruzada» de D. Manuel I e os seguidores do futuro D. João III criaram instabilidade na corte e pressões no sentido de um maior fanatismo religioso. Aos 16 anos pensaram casar o príncipe com a juvenil infanta D. Leonor filha do imperador. D. Manuel I, que tinha enviuvado, agradou-se, porém, da noiva destinada a seu filho, e escolheu-a para as suas terceiras núpcias. No entender de João Paulo Oliveira e Costa[109], terão pesado mais razões de Estado do que de amor, pois o *Venturoso* receava ter de enfrentar uma revolta chefiada pelo seu filho e «dissimuladamente, com manha, matou a revolta que lhe parecia lavrar na corte roubando a noiva ao filho».

O príncipe ressentiu-se muito com o procedimento de el-rei, que considerou ofensivo, e desde então ficou sombrio e melancólico, tornando-se fanático em extremo, o que deu causa às maiores atrocidades que se praticaram no seu reinado. Para além destas circunstâncias, surgem as pressões de Carlos V a respeito da limpeza religiosa não só de Espanha como da Península Hispânica, a que se somou, no espírito do nosso rei, a necessidade de não colocar Portugal numa menor fidelidade do que a espanhola perante Roma. De facto, «D. Manuel I prometera não pressionar os cristãos-novos durante 20 anos, mas encarregou-se de eliminar rapidamente a memória material de existência da comunidade hebraica»[110].

Um projecto de uma leitura por missão religiosa do «livro da natureza, o livro das obras de Deus», paralelamente ao «livro da Revelação, o livro das palavras de Deus», está assim excluído no mundo católico. Até a leitura da Bíblia era restringida e reservada ao clero para só ele ter o poder de a interpretar. As Bíblias em linguagem popular estavam no *Index*. E esta sombra de uma inquisição está presente desde muito cedo entre nós. D. João de Castro bem a refere em 1538, no prólogo do seu *Roteiro de Lisboa a Goa*, dois anos após a instauração do Tribunal do Santo Ofício em Portugal, já no reinado de D. João III: «Neste roteiro vão escritas muitas cousas que parecem estranhas e impossíveis, as quaes escrevi medrosamente, não porque delas não fosse muito certificado, mas por receio que tive de sair de fora da opinião comum»[111].

Com o advento do protestantismo, a Igreja Católica empenha-se noutra missão: impedir a expansão do protestantismo e procurar reconquistar o terreno perdido na Europa, para ganhar novas terras de missão nos novos continentes[112]. Aplica «uma dupla estratégia de reforma e contenção». E a estratégia teve sucesso: a América do Norte ficou protestante, mas as Américas Central e do Sul ficaram católicas. Em 1564 foi publicado o *Index* tridentino dos livros proibidos, que lançou «os fundamentos da desastrosa rejeição das ciências pela Igreja Católica»[113]. Perante estas novas missões religiosas da Igreja, mais longínquo fica um qualquer projecto de missão religiosa para o desenvolvimento da ciência moderna em Portugal.

Como aponta Küng, «a Roma da Contra-Reforma ergue-se desde o início contra a filosofia moderna, contra as ciências modernas, contra a teoria do Estado Moderno e, naturalmente, contra a divisa 'Liberdade, igualdade, fraternidade'». «Em Roma e no Estado do Papa – o Estado mais retardatário da Europa no século XIX, política e socialmente – manifestava-se uma recusa intrínseca de todos os movimentos modernos»[114]. «Pio IX dedica toda a sua energia a reforçar a fortaleza católica legada pela Idade Média e a Contra-Reforma, e rejeita-se toda a ideia moderna»[115]. Excluiu-se a novidade e os seus simpatizantes!

A Igreja de Espanha, e mais tarde toda a Igreja Católica, ergue-se contra o desenvolvimento da ciência, por o reconhecer como um sintoma de liberalismo, como «uma vida intelectual independente da Igreja e cada vez mais contra ela»[116]. Por esta ordem de entendimento, também não se desenvolveu qualquer ciência de vulto em Espanha até ao século XIX, com a notável excepção de Santiago Ramón y Cajal[117]. Foi o célebre anatomista alemão Albert von Kölliker, colega de Röntgen na Universidade de Wurzburg, que abriu as portas da fama universal a Ramón y Cajal ao reconhecer e divulgar os estudos deste investigador espanhol sobre o sistema nervoso no Congresso da Sociedade Anatómica de Berlim em 1889[118]. O sucesso científico da novidade requer, muitas vezes, a adesão empenhada de um cientista mais sénior e de maior prestígio.

Como bem refere Oliveira Ramos, «não se conhecem na Península Ibérica, como sucedeu na França, na Itália, na Holanda, por exemplo, universidades tolerantes e muito menos universidades abertas a gentes de qualquer credo»[119]. Esta influência espanhola também teve consequências negativas em Itália. Os grandes cientistas dos séculos XV, XVI e XVII, com a excepção de Kepler, foram italianos ou treinados em Itália, em universidades como Pádua e Bolonha ou em academias como a Academia Lincei, fundada em Roma em 1601. Mas em trinta anos a Itália havia de perder a sua independência política e espiritual para Espanha e com ela a supremacia científica e comercial para os países do norte da Europa. Portugal não poderia ter melhor sorte sob o regime filipino que, com excepção de Filipe II de Espanha, I de Portugal, trouxe mau governo para o Reino de Portugal.

A carência de elites

O esforço em recursos humanos e financeiros empenhados por Portugal nos Descobrimentos e colonização foi demasiado elevado para que pudéssemos encetar outra aventura, a de uma escola de inovação de conhecimentos por contacto directo com a observação e a matematização da natureza e dos seus fenómenos. A título exemplificativo, veja-se o que nos precisa Russell-Wood: i) o esforço financeiro no norte de África obrigou a abandonar muitas fortalezas já no reinado de D. João III; ii) entre 1497 e 1570, seiscentos e treze navios partiram de Portugal com destino a Goa ou Cochim; iii) o número hipotético de todas as pessoas que partiram de Portugal para o ultramar, incluindo Marrocos, entre 1415 e 1570 pode ter sido de trezentos e cinquenta mil, cerca de 35% da população; iv) em diferentes fases do empreendimento português no ultramar, os conselheiros dos nossos reis recomendaram cautela contra o investimento de recursos limitados, incluindo os humanos; v) «o esforço social foi tão elevado que os comentadores sociais do século XVI denunciaram violentamente políticas e práticas que levaram ao enfraquecimento dos valores tradicionais e morais, puseram em perigo a base agrícola nacional e causaram o abandono dos campos e a vida social enraizada nas comunidades aldeãs»[120].

Os problemas que Portugal já enfrentava com a sua escassez de elites estão bem patentes desde cedo, quando em 1450, para a colonização de novas terras, o Infante D. Henrique teve de conceder a capitania da ilha Terceira a um flamengo, Jácome de Bruges, com a missão de colonizar a ilha e manter a fé[121]. No Congo, a missão dos portugueses correspondeu mais a um esforço bilateral em que os portugueses actuavam como conselheiros militares e de assistência técnica e espiritual, efectuando uma transferência tecnológica, o que requeria o envolvimento de elites qualificadas[122]. Nisto distingue-se bem a expansão portuguesa da espanhola. Como refere Sérgio Buarque da Hollanda, «a nossa expansão foi mais pacífica, porque foi de comerciantes enquanto a do país vizinho foi de conquistadores»[123].

Outra indicação para a nossa carência de elites requerida pelo esforço solicitado pela Coroa encontra-se com as viagens de Pedro Álvares Cabral e de Vasco da Gama. Pedro Álvares Cabral (1467?-1520?) comanda a segunda expedição à Índia com 1500 homens. Durante a expedição aporta ao Brasil em 1500, e depois de cumprir a sua missão na Índia, regressou a Portugal tendo perdido 6 das 13 naus com que partiu. D. Manuel I quis que ele realizasse a terceira expedição à Índia em 1502, mas Alvares Cabral recusa, quiçá por que teria de partilhar o comando da armada, e retira-se para as suas terras em Santarém. Só em 1515 o rei lhe perdoa. Vasco da Gama (1469-1524) teve de realizar três viagens à Índia a primeira das quais de 8 de Julho de 1497 a 20 de Maio de 1498, a 1ª expedição à Índia. A segunda viagem, em 1502, corresponde à 3ª expedição que deveria ter sido comandada por Álvares Cabral. Parte com o seu tio Vicente Sodré e o seu sobrinho Estêvão, e com uma armada de 20 naus, para assegurar os interesses comerciais estabelecidos por Álvares Cabral. A sua terceira viagem, realiza-a já com a idade de 54 anos, a mando de D. João III e pelo facto do Vice-Rei daqueles estados D. Duarte de Meneses, estar a desonrar o nome português com as suas piratarias. Um daqueles tipos de vice-reis que levaria o Senado de Goa, já em 1597, a pedir ao rei a nomeação de «um vice-rei que venha mais a merecer que a enriquecer»[124]. D. Vasco da Gama pouco tempo governou pois faleceu em 1524 em Cochim. Apesar de tudo, conseguiu restabelecer a moralidade com a sua austera energia.

No reinado de D. Manuel I, em oposição ao sucesso da colonização portuguesa no Estado da Índia, os começos da colonização do Brasil foram pouco prometedores devido à má selecção de donatários, alguns dos quais nunca foram ao Brasil, à falta de capital individual para investimento e à ausência de apoios financeiros da Coroa[125]. A decisão de D. João III ao criar um governo da Coroa foi decisiva para o sucesso posterior da colonização portuguesa no Brasil e na nova missão de cristianizar os seus habitantes, através de uma nova Ordem Religiosa recentemente criada, a Companhia de Jesus, mas criou uma nova sangria de elites na metrópole.

Houve nomes importantes de «cientistas» no império português, já referidos: Duarte Pacheco Pereira (1460-1533), Garcia da Orta (1503?-1568), fugido para a Índia para escapar à Inquisição por ser judeu cristão-novo, D. João de Castro (1500-1548), Pedro Nunes (1502-1578), João Lavanha; e outros nomes que agora se referem, Cristóvão da Costa (1525-1593), Amato Lusitano e Tomé Pires no campo da farmacopeia, Fernando Oliveira, André Homem, João de Lisboa, Diogo de Sá na sabedoria do mar e na arte de guerrear[126]. Não muitos nomes durante um século para produzirem uma suficientemente densa teia de relações mestre-aprendiz entre «cientistas» e marinheiros. E sem esta teia de relações não há sustentabilidade para qualquer projecto científico e, sem um limiar crítico de elites, nunca surgirá um espírito de competitividade.

Houve esporádicas excepções, como entre D. João de Castro e Pedro Nunes, mas pouco expressivas para conduzirem a um esforço sustentado como foi o dos Descobrimentos. E mesmo estes dependeram em muito da «visão estratégica global» do Infante D. Henrique e de D. João II, porque nos períodos intermédios, conduzidos por homens de menor visão, pouco se avançou[127]. Acresce que durante o século XV, na perspectiva de Rafael Moreira, «o resultado dessa cultura estava assente no voluntarismo e no improviso, será naturalmente a falta de 'escola' e de continuidade, florescendo de súbito para desaparecer logo a seguir, até soçobrar em arcaísmos e no empobrecimento dos modelos, quando da saída de cena dos génios únicos sobre que se haviam erguido»[128]. A saga dos Descobrimentos não segue este padrão de falta de sustentabilidade, porque, como afirmámos, dispôs de dois líderes reais de grande visão estratégica do futuro. Mas os nossos poucos cientistas do renascimento foram deixados com uma tarefa impossível, a de preparar caminho para uma «ciência moderna» aos seus vindouros.

Apesar da atitude moderna de atender à experiência empírica, quer como empirismo sensorial quer como racionalismo crítico em ordem a alcançar «um saber verdadeiro-objectivo», e de se ter começado a desenvolver uma «matematização da natureza», em Portugal não poderia ter nascido a ciência moderna. Por a tal se opor um diversificado conjunto de razões: i) falta de um projecto religioso católico nesse sentido, projecto que vai ser tomado pelo protestantismo; ii) uma Inquisição atenta à supressão da heterodoxia e às novas ideias, mormente à «força da razão autónoma»; iii) carência de uma massa crítica de elites de portugueses; iv) diluição por um vasto Império das insuficientes elites existentes, o que impediu a criação de uma sustentada rede de relações mestre-aprendiz, indispensável para a sustentação da ciência moderna; v) novas missões da Igreja Católica para não perder para o protestantismo os territórios dos novos mundos, o que vai envolver recursos portugueses e espanhóis; vi) ausência de uma visão estratégica do futuro em líderes investidos de poder, indispensável para poder conduzir a um desenvolvimento sustentado. Dado este vasto conjunto de obstáculos, não só Portugal falhou os começos da ciência moderna como ficou afastado dela por muitos séculos.

NOTAS

[1] Antero de Quental, «Causas da Decadência dos Povos Peninsulares», Ulmeiro, Lisboa, 7ª ed., 1996, prefácio.

[2] Quental, *ob. cit.*, págs. 15, 16.

[3] Quental, *ob. cit.*, pág. 20.

[4] Quental, *ob. cit.*, págs. 21, 22.

[5] Quental, *ob. cit.*, págs 26.

[6] Quental, *ob. cit.*, pág. 27.

[7] J. Gil, «A Europa não é uma ideia», *Visão*, nº 637, 19 a 25 de Maio 2005, pág.130.

[8] C. P. Melo, «A ciência por trás dos descobrimentos»; http://www.tropicologia.org.br/conferencia/2000ciencia.html; 17 Setembro 2004.

[9] A. Teixeira da Mota, «Mar, Além Mar. Estudos e ensaios de história e geografia», Junta de Investigações do Ultramar, Lisboa, 1972, págs. 28, 29.

[10] A. Telmo, «História Secreta de Portugal», Vega, Lisboa, sem data, pág. 27.

11 Teixeira da Mota, *ob. cit.*, pág. 30.

[12] L. J. Semedo de Matos, «A Navegação: os Caminhos de uma Ciência Indispensável», em *História da Expansão Portuguesa*, F. Bethencourt e K. Chaudhuri (coords.), Vol. 1, Círculo dos Leitores, Lisboa, 1997, págs. 72-87; pág. 75.

[13] Teixeira da Mota, *ob. cit.*, pág. 55.

[14] *Ibid.*.

[15] *Ibid.*.

[16] Teixeira da Mota, *ob. cit.*, pág. 57.

[17] Teixeira da Mota, *ob. cit.*, pág. 43.

[18] Teixeira da Mota, *ob. cit.*, pág. 63.

[19] Teixeira da Mota, *ob. cit.*, pág. 37.

[20] Semedo de Matos, *ob. cit.*, pág. 81.

[21] Teixeira da Mota, *ob. cit.*, pág. 37.

[22] Teixeira da Mota, *ob. cit.*, pág. 36.

[23] Semedo de Matos, *ob. cit.*, pág. 76.

[24] Melo, *ob. cit.*.

[25] Semedo de Matos, *ob. cit.*, pág. 79.

[26] J. Mattoso, «Antecedentes medievais da expansão portuguesa», em *História da Expansão Portuguesa*, F. Bethencourt e K. Chaudhuri (coords.), Vol. 1, Círculo dos Leitores, Lisboa, 1997, págs. 12-25; pág. 14.

[27] L. Filipe Barreto, «Do experiencialismo no Renascimento português», em *História do Pensamento Filosófico Português. Renascimento e Contra-Reforma*, vol. II, (Pedro Calafate, coord.), Círculo de Leitores, Lisboa, 2002, págs. 23-34; pág. 24.

[28] Telmo, *ob. cit.*, pág. 14, 36.

[29] Mattoso, *ob. cit.*, pág. 12.

[30] Mattoso, *ob. cit.*, pág. 15.

[31] L. de Albuquerque, Os Descobrimentos Portugueses», Publicações Alfa, Lisboa, 1985, pág. 1.

[32] Mattoso, *ob. cit.*, págs. 15, 16.

[33] Teixeira da Mota, *ob. cit.*, pág. 60.

[34] J. D. Bernal, «The Social Function of Science», George Routledge & Sons, Londres, 1939, pág. 15.

[35] Bernal, *ob. cit.*, pág. 13.

[36] Bernal, *ob. cit.*, págs. 94, 95.

[37] Bernal, *ob. cit.*, pág. 16.

[38] Pedro Calafate, «Duarte Pacheco Pereira», Filosofia Portuguesa, http://www.instituto-camoes. pt/cvc/filosofia/ren1.html.

[39] J. Barradas de Carvalho, «A la Recherche de la Specificité de la Renaissance Portuguaise», Fundação Calouste Gulbenkian, Paris, 1983, págs. 776-778.

[40] A. Dias Farinha, «Norte de África», em *História da Expansão Portuguesa*, F. Bethencourt e K. Chaudhuri (coords.), Vol. 1, Círculo dos Leitores, Lisboa, 1997, págs. 118-136; pág. 120.

[41] Dias Farinha, *ob. cit.*, págs. 118, 121.

[42] J. de Carvalho, «Obra Completa», Fundação Calouste Gulbenkian, Lisboa, vol. III, pág. 290.

[43] J. Gama, «D. Duarte», em *História do Pensamento Filosófico Português*, Pedro Calafate (Direcção), Círculo de Leitores, Lisboa, 2002, vol. I, págs. 379-411.

[44] J. Gama, *ob. cit.*, págs. 398-399, 401.

[45] Calafate, «Duarte Pacheco Pereira», *ob. cit.*.

[46] Pedro Calafate, «D. João de Castro, Filosofia Portuguesa, http://www.instituto-camoes.pt/cvc/filosofia/ren3.html; 23 Setembro 2004.

[47] Barradas de Carvalho, *ob. cit.*, págs. 794, 795.

[48] Barradas de Carvalho, *ob. cit.*, págs. 793, 801 (nota 79).

[49] Barradas de Carvalho, *ob. cit.*, págs. 679.

[50] Barradas de Carvalho, *ob. cit.*, págs. 674-677.

[51] Calafate, «D. João de Castro», *ob. cit.*.

[52] Barradas de Carvalho, *ob. cit.*, págs. 679, 758 (nota 152).

[53] Barradas de Carvalho, *ob. cit.*, pág. 679.

[54] J. Vicente Gonçalves, «Passos de Pedro Nunes ao serviço do Rei», em *História e Desenvolvimento da Ciência em Portugal*, Academia das Ciências de Lisboa, I volume, 1986, págs. 13-42.

[55] Semedo de Matos, *ob. cit.*, pág. 84.

[56] Semedo de Matos, *ob. cit.*, págs. 86, 87.

[57] J. Mattoso, «A Universidade Portuguesa e as Universidades Europeias (1290-1536)», em *História da Universidade em Portugal*, I volume, Tomo II, Universidade de Coimbra e Fundação Calouste Gulbenkian, Coimbra, 1997, págs. 3- 29; pág. 7.

[58] Mattoso, «A Universidade Portuguesa e as Universidades Europeias (1290-1536)», *ob. cit.*, pág. 14.

[59] Mattoso, «A Universidade Portuguesa e as Universidades Europeias (1290-1536)», *ob. cit.*, pág. 7.

[60] J. Mattoso, «A Universidade e a Sociedade», em *História da Universidade em Portugal*, I volume, Tomo II, Universidade de Coimbra e Fundação Calouste Gulbenkian, Coimbra, 1997, págs. 305- 335; pág. 324.

[61] Mattoso, «A Universidade e a Sociedade», *ob. cit.*, págs. 309-319.

[62] Mattoso, «A Universidade e a Sociedade», *ob. cit.*, pág. 332.

[63] Mattoso, «A Universidade e a Sociedade», *ob. cit.*, pág. 326.

[64] Mattoso, «A Universidade Portuguesa e as Universidades Europeias (1290-1536)», *ob. cit.*, págs. 15, 18.

[65] Mattoso, «A Universidade Portuguesa e as Universidades Europeias (1290-1536)», *ob. cit.*, pág. 14.

[66] Mattoso, «A Universidade e a Sociedade», *ob. cit.*, pág. 334.

[67] J. Marques, «Os corpos Académicos e os Servidores», em *História da Universidade em Portugal*, I volume, Tomo II, Universidade de Coimbra e Fundação Calouste Gulbenkian, Coimbra, 1997, págs. 71-127; pág. 78.

[68] M. C. Monteiro Pacheco, «O Saber: dos Aspectos aos Resultados», em *História da Universidade em Portugal*, I volume, Tomo II, Universidade de Coimbra e Fundação Calouste Gulbenkian, Coimbra, 1997, págs. 155- 177; pág. 176.

[69] L. A. De Oliveira Ramos, «A Universidade Portuguesa e as Universidades Europeias (1537-1771)», em *História da Universidade em Portugal*, I volume, Tomo II, Universidade de Coimbra e Fundação Calouste Gulbenkian, Coimbra, 1997, págs. 361-393; pág. 364.

[70] Oliveira Ramos, *ob. cit.*, pág. 378.

[71] Oliveira Ramos, *ob. cit.*, pág. 375.

[72] Oliveira Ramos, *ob. cit.*, pág. 370.

[73] Bernal, *ob. cit.*, pág. 121.

[74] Bernal, *ob. cit.*, pág. 209.

[75] Bernal, *ob. cit.*, págs. 17, 18.

[76] Bernal, *ob. cit.*, pág. 19.

[77] Bernal, *ob. cit.*, pág. 20.

[78] Rafael Moreira, «Cultura Material e Visual» em *História da Expansão Portuguesa*, F. Bethencourt e K. Chaudhuri (coords.), Vol. 1, Círculo dos Leitores, Lisboa, 1997, págs. 455-486; pág. 463.

[79] Moreira, *ob. cit.*, pág. 467.

[80] Teixeira da Mota, *ob. cit.*, pág. 64.

[81] Filipe Barreto, «Do experiencialismo no Renascimento português», em *ob. cit.*, pág. 26.

[82] Filipe Barreto, «Do experiencialismo no Renascimento português», em *ob. cit.*, pág. 27.

[83] Citado por Filipe Barreto, «Do experiencialismo no Renascimento português», em *ob. cit.*, pág. 28.

[84] Citado por Filipe Barreto, «Do experiencialismo no Renascimento português», em *ob. cit.*, pág. 27.

[85] Citado por Filipe Barreto, «Do experiencialismo no Renascimento português», em *ob. cit.*, págs. 27, 28.

[86] Citado por Filipe Barreto, «Do experiencialismo no Renascimento português», em *ob. cit.*, pág. 29.

[87] J. Eduardo Franco, «Fernado Oliveira. O Construtor do Mito de Portugal», http://www.triplov.com/ista/cadernos/franco_1.html; 17 Setembro 2004.

[88] Semedo de Matos, *ob. cit.*, págs. 86, 87.

[89] Paulo Monteiro, «João Baptista Lavanha», http://nautarch.tamu.edu/shiplab/treatisefiles/tt-lavanha-pmonteiro.htm; 17 Setembro 2004.

[90] Teixeira da Mota, *ob. cit.*, pág. 63.

[91] H. Küng, «O Cristianismo. Essência e História», Círculo de Leitores, Lisboa, 1994, págs. 393-395.

[92] I. G. Barbour, «Religion and Science», Harper Collins Publishers, S. Francisco, 1997, pág. 19.

[93] *Ibid.*.

[94] E. Catone, »The Christic Origination of Science», internet,http://www.asa3.org/ASA/PSCF/1985/JASA12-85Cantore.html; 17 Setembro 2004.

[95] S. L. Jaki, «The Road of Science and the Ways to God», Scottish Academic Press, Edimburgo, 1980.

[96] A Miranda Santos, «Apostar na Ciênciapsicologia», *Psychologia*, 30, 487-510 (2002); págs. 507, 510.

[97] Catone, *ob. cit.*.

[98] Küng, *ob. cit.*, pág. 446.

[99] J. P. Oliveira e Costa, «D. Manuel I», série: Biografia dos Reis de Portugal, Circulo de Leitores, Lisboa, 2005, pág. 83-86.

[100] Oliveira e Costa, *ob. cit.*, págs 101 e 61; a título comparativo, em 1484, a casa senhorial mais rica do reino, a de Beja-Viseu, tinha um rendimento anual de cerca de 27.591.000 reis.

[101] M. Miranda Guimarães, «Caberia um pedido de perdão ao povo judeu pela Inquisição?; »http://www.ensinandodesiao.org.br/Abradjin/perdao_inquisicao.htm; 26 de Abril de 2006.

[102] «Judeus assinalaram 500 anos de massacre «esquecido» em Lisboa », http://www.publico.clix.pt/shownews.asp?id=1254595; 30 de Abril de 2006.

[103] «Inquisição», http://www.internext.com.br/valois/pena/1233.htm; 23 Setembro 2004.

[104] Küng, *ob. cit.*, pág. 382.

[105] Küng, *ob. cit.*, págs. 382, 383.

[106] S. J. Formosinho e Oliveira Branco, «O brotar da Criação», Universidade Católica Editora, Lisboa, 1997, pág. 59.

[107] F. Bethencourt, «História das Inquisições. Portugal, Espanha e Itália», Círculo de Leitores, Lisboa, 1994, pág. 22.

[108] Küng, *ob. cit.*, págs. 446, 447.

[109] Oliveira e Costa, *ob. cit.*, pág. 244.

[110] Oliveira e Costa, *ob. cit.*, pág. 142.

[111] Barradas de Carvalho, *ob. cit.*, págs. 793, 801 (nota 82).

[112] Küng, *ob. cit.*, pág. 451.

[113] Küng, *ob. cit.*, pág. 458.

[114] Küng, *ob. cit.*, pág. 469.

[115] Küng, *ob. cit.*, pág. 471.

[116] Küng, *ob. cit.*, pág. 623.

[117] Bernal, *ob. cit.*, pág. 203.

[118] J. M. Sánchez Ron, «Marie Curie y su tiempo», Ediciones Folio, 2003, pág.45.

[119] Oliveira Ramos, *ob. cit.*, pág. 368.

[120] A. J. R. Russell-Wood, «Fluxos de emigração» em *História da Expansão Portuguesa*, F. Bethencourt e K. Chaudhuri (coords.), Vol. 1, Círculo dos Leitores, Lisboa, 1997, págs. 224-237; págs. 227, 229, 237.

[121] A. J. R. Russell-Wood, «Fronteiras de Integração» em *História da Expansão Portuguesa*, F. Bethencourt e K. Chaudhuri (coords.), Vol. 1, Círculo dos Leitores, Lisboa, 1997, págs. 238-255; pág. 241.

[122] Russell-Wood, «Fronteiras de Integração», *ob. cit.*, págs. 242, 243.

[123] Citado por Barradas de Carvalho, *ob. cit.*, pág. 783.

[124] A. J. R. Russell-Wood, «Grupos Sociais» em *História da Expansão Portuguesa*, F. Bethencourt e K. Chaudhuri (coords.), Vol. 2, Círculo dos Leitores, Lisboa, 1997, págs. 169-191; pág. 171.

[125] Russell-Wood, «Fronteiras de Integração», *ob. cit.*, pág. 250.

[126] Filipe Barreto, «Do experiencialismo no Renascimento português», *ob. cit.*, pág. 25.

[127] Semedo de Matos, *ob. cit.*, pág. 78.

[128] Moreira, *ob. cit.*, pág. 460.

CAPÍTULO 8

A Sociedade Portuguesa e a Ciência nos finais do Século xx

Os povos peninsulares nos começos do século XXI

A visão global da decadência dos povos da Península Hispânica que Antero traçou no século XIX, quebra-se nos últimos 50 ou 60 anos do século XX. A Espanha, saída de uma feroz guerra civil, a que seguiram as carências da 2ª Grande Guerra e o isolamento a que ficou sujeita durante um certo período da «ditadura franquista» por parte dos regimes democráticos vitoriosos, era um país muito mais pobre do que Portugal. Graças a um tecido económico rejuvenescido, hoje a Espanha é uma das fortes potências da União Europeia, com um desenvolvimento económico e social, uma produtividade e uma capacidade e saber na exportação que nos deixa em muito para trás. O IMD classifica a Espanha no 13º lugar mundial de desempenho global, enquanto Portugal se situa num mais modesto 28º lugar.

Em profundo contraste com a nossa vizinha Espanha, culturalmente muito próxima de nós, Portugal encontra-se na cauda da União Europeia, ultrapassado pela Irlanda, que não é exemplo representativo da situação europeia, mas em muitos indicadores de desenvolvimento também pela própria Grécia, o que já é forte motivo de preocupação. A produtividade portuguesa é cerca de 60% da média europeia, de longe a mais fraca da UE.

Teremos que encontrar novas explicações para a nossa inércia. Os efeitos da Inquisição já não pesam, pois a Espanha teve uma Inquisição muito mais feroz do que a nossa. Permanece, contudo, o centralismo burocrático português, enquanto os diversos governos autónomos da Espanha asseguram a este país uma maior descentralização e, acima de tudo, autonomia na governação regional, e trouxeram-lhe um maior progresso e uma redução das assimetrias regionais.

Entre nós mantém-se, em muito, o que na sociedade portuguesa do século XIX perpassa em «As Farpas»: «Ninguém na Europa sabe menos, ninguém trabalha[1] [produz] menos do que nós na Europa. Parece que só não foi para nós que os pensadores meditaram, que os historiadores escreveram, que os naturalistas pesquisaram, que os químicos descobriram, que os filósofos averiguaram!»[2].

No *ranking* da competitividade das nações, em 2002 Portugal figurava na 33ª posição com uma pontuação de 49,3% estando os Estados Unidos no topo com 100%; a Espanha figura em 23º lugar com 61,5%. Mas em 2003 Portugal já figura como o país mais pobre da União Europeia, o mais pobre do «clube dos ricos». Há alguma prática de o nosso país recorrer ao conselho de peritos económicos, como foi o caso do famoso Relatório de Michael Porter de 1993, para aumentar a competitividade de Portugal. Mas sem sucesso! E em dez anos, o que é que foi implementado do relatório Porter? Praticamente nada; o país está basicamente na mesma, mas os outros países avançaram muito. Portanto, estamos piores. Não obstante, o governo português voltou a pedir mais um novo relatório ao *McKinsey Global Institute* tarefa conduzida por um grupo liderado por Robert Solow, prémio Nobel da Economia, e Olivier Blanchard. Sobre mais este estudo diz Peter Wise, no *EuroBusiness*[3], que têm sido os «fortes interesses estabelecidos a bloquear o progresso».

Com o mesmo problema se mostra preocupado nos finais de 2004 o Prof. Silva Lopes: «O perigo [para a economia portuguesa] é o de a vida económica e política portuguesa ser excessivamente dominada por grupos de interesse que se opõem às transformações susceptíveis de beliscar os seus privilégios. E a influência desses grupos tem vindo a tornar-se cada vez mais forte. Os grupos económicos têm hoje mais peso na política económica dos governos do que no tempo do Estado Novo, que era um «estado corporativo». E há muitos grupos de interesse com que devemos preocupar-nos, incluindo alguns dos sindicatos mais poderosos do sector público»[4].

Ainda a este respeito interessa referir um artigo de opinião[5] dos economistas Teodora Cardoso e Manuel Pinho sobre défices orçamentais do Estado Português: de 1990 até 2003: dos seis maiores défices orçamentais, quatro são devidas a governos de «direita» e dois a governos de «esquerda». Estes economistas respondem metaforicamente pela boca de um recém «marciano» chegado a Portugal, afirmando que há «uma indisciplina na gestão das finanças públicas, mas a «direita» tem sido menos rigorosa e mais despesista do que a «esquerda», sabe-se lá se por ter maior dificuldade em resistir à pressão das corporações».

Outro dos factores para a nossa ineficiência, já apontados no relatório da *McKinsey*, é «sermos demasiados institucionais». Daí o papel tão relevante que desempenham as «instituições» no nível e desempenho económico do país. Somos demasiado institucionais, fugindo da iniciativa individual, ou mesmo bloqueando-a, e tomando refúgio em comissões e burocracia de formalidades e papéis. Já o dissemos, «uma verdade é mais facilmente descoberta por um homem [ou por uma mulher] do que por uma nação». Como povo não mantemos o adequado equilíbrio entre a iniciativa individual e o poder institucional. Uma instituição só tem valor quando assume o projecto de um líder e lhe empresta todo o seu empenhamento, mas tal é raro entre nós. As instituições enrolam-se entre os seus diversos membros num rol de argumentos contraditórios e a resultante global ou é nula ou vence a própria asneira, porque são sempre mais os argumentos errados do que os correctos. «A mãe do erro está permanentemente prenha!». Acresce que a salutar alternância do poder democrático leva muitas vezes, entre nós, a uma troca de sinal das funções e frutos da governação, o que mais acentua o carácter errático do nosso caminhar como país.

Michael Porter argumenta que, dado existir este «predomínio do institucional», Portugal centra-se mais na condução da oferta do que em reformas guiadas pela procura. Assim «distribui-se capital que ninguém sabe como bem usar, constroem-se laboratórios que realizam experiências que ninguém quer, plantam-se árvores que ardem porque não há incentivos para os agricultores as bem cuidarem». Acresce a tudo isto, como apontou Valadares Tavares, um défice enorme de cultura tecnológica em Portugal. Razões de sempre e de ontem.

A complexidade e a acção política

Foi com o objectivo de repor a ordem e a autoridade e solucionar a crise financeira do Estado que os militares levaram a cabo uma revolução em 28 de Maio 1926, «o Estado Novo». Salazar foi chamado ao Governo como Ministro das Finanças e graças a uma acção eficiente e a uma eficaz propaganda política, em muito conduzida por António Ferro, surge como o Chefe e a figura providencial para salvar o país; divulgar Salazar e o seu pensamento político era a linha orientadora do Secretariado de Propaganda Nacional. Salazar chefe, não só político mas da própria nação, o que não agradou aos militares nem ao presidente da República, General Carmona. De alguma forma, Salazar busca um tipo de legitimidade social acima da legitimidade militar. Mas os militares não podiam prescindir de Salazar, que chegou a apresentar a demissão a Carmona em 16 de Abril de 1934. Carmona, ao ler a carta que lhe fora entregue em mão por Assis Gonçalves[6], terá afirmado: «Há aqui um grande equívoco! Preciso de falar com o Dr. Salazar»[7]. Para a necessidade de continuação no poder havia que afirmar-se e praticar a fórmula de «a mais inteira concordância» ao ponto de, neste jogo de equilíbrios e tensões, se ter alcançado a equação: «Salazar é o ditador; o sr. general Carmona a Ditadura»[8].

Esta bipolaridade do poder mantém-se até à morte de Carmona em 1951, se bem que o exército tenha perdido poder. Os militares foram afastados do poder político e de exercer cargos administrativos, e o reforço político de Salazar completa-se com a Guerrra Civil de Espanha e os primórdios da 2ª Grande Guerra. Em Janeiro de 1934, Salazar discursa sobre o controlo da economia pelo Estado e sobre a livre concorrência que entende poder ser regulada por órgãos corporativos, enfatizando: «Queremos o Estado suficientemente digno e forte para não ser corrompido por eles [plutocratas]»[9]. Salazar exercia a sua acção política lidando de forma magistral com o que hoje chamamos «sistemas complexos» mas, ao tempo, tratava-se de uma complexidade excessivamente estática. Era exímio no equilíbrio de forças, quer institucionais quer de forças de mudança e de organização social – Forças Armadas, Igreja Católica, Universidade, Maçonaria, monárquicos, republicanos, engenheiros industrialistas, corporativistas, conservadores liberais, fascistas, empresários, grémios, etc. – e pautava-se por conduzir a «revolução» do Estado Novo a um ritmo muito lento. Um verdadeiro «político adiabático»[10], como diríamos a respeito das transformações cinéticas.

Sendo um ruralista, era muito avesso ao desenvolvimento industrial e urbano, como se torna bem patente na troca de correspondência com o Prof. Eng. Daniel Barbosa[11]. Em 1 de Outubro de 1948, diz o então Ministro da Economia numa das suas cartas a Salazar, o Presidente do Conselho, reclamando da «inércia» do Ministério das Finanças sobre a electrificação do país: «Meses e meses se vieram passando, e apesar de todas as diligências, de telefonemas, de entrevistas e de cartas, esta Base importantíssima da lei da nossa electrificação não foi ainda publicada. Não se destaca já a falta de sensibilidade que se notou para o problema que se levantava, mas faz-se destacar uma das duas coisas: ou a falta de coragem para se dizer peremptoriamente que não (o que, embora desagradável, demonstra personalidade e envolve consideração), ou a falta de consideração com quem se trata, senão mesmo a falta de consideração por si próprio, que leva a formular garantias, a dar prometimentos, que continuamente se repetem, mas que, afinal, nunca se chegam a cumprir»[12]. E Daniel Barbosa pede a demissão do lugar, apesar de ser um indefectível do regime. Como bem refere António Trabulo em «Diário de Salazar»: «A electrificação, a indústria, as grandes obras públicas ... Tudo se há-de fazer, mas devagar»[13].

Vasco Pulido Valente aponta o dedo a este mesmo circunstancialismo de «adiabaticidade» governativa, ao escrever: «De resto, das grandes potências da Europa (excluindo a Itália) a França foi a última e a que mais fracamente se industrializou. Portugal nem se chegou a industrializar. Não admira que dos dois lados predomine *uma cultura camponesa de segurança e rotina*, que através do Estado e à medida que ele cresceu infectou a sociedade inteira. Existiram ontem como existem hoje 'ilhas' de inovação e risco. Com certeza. Só que são 'ilhas' e lhes falta a massa crítica para influenciar ou determinar o conjunto»[14].

Fernando Dacosta, por outras palavras, afirma o mesmo a respeito de Salazar: «A sua filosofia governativa assentava num pressuposto básico: as massas não gostam de mudança. Comungando-o, imobilizou o País, imobilizou-se no País»[15]. Com alguma ironia há quem o defina como o «primeiro grande ecologista português»[16]: «Que pena me fazem, a mim, filho do campo, criado ao murmúrio das águas de rega à sombra dos arvoredos, que esta gente de Lisboa passe as horas e dias de repouso, acotovelando-se tristemente pelas ruas estreitas, e não tenha um grande parque, sem luxo, de relvados frescos e árvores copadas, onde brinque, ria, jogue, tome o ar puro e verdadeiramente se divirta, em íntimo convívio com a natureza»[17]. Contudo, permitia a alguns colaboradores, mas por tempo limitado, alguma inovação, a necessária para não deixar cair na fome o seu povo.

A inovação não é todo e qualquer conhecimento novo, isto é, a *inovação* é distinta da *descoberta* e mesmo da pura *invenção*. Em linhas gerais, a inovação é conhecimento que alarga os nossos sentidos, o nosso modo de pensar, o nosso modo de vida e de convivência, o nosso modo de curar as doenças, etc. Tem assim quatro componentes[18]: i) social, porque muda as atitudes da sociedade e os seus padrões de consumo; ii) económica, porque tem impacto no PIB e na facturação das indústrias; iii) financeira, porque cria alvos para o investimento; iv) científica, porque abre novas áreas de *know-how* e de *know-what* através de avanços no nosso entendimento sobre a natureza; é nesta última componente que estão essencialmente concentrados os esforços de pesquisa dos académicos. E o *progresso* que a inovação vai gerando, implica uma melhoria do nível de vida das pessoas a um menor custo social, fomenta novos modos de pensar e abre fronteiras novas ao conhecimento.

Quem percorrer a lista dos 10 ou 20 *tops* da inovação, encontra nomes com Henry Ford, Edison, os Wright, Einstein, Bill Gates, etc.. Inovações no campo da mecânica, da electricidade, da computação. Mas o que é feito da química e dos químicos? Mais de 90% da química que hoje temos foi desenvolvida no século XIX. Então, porque não figuram mais químicos no edifício das nossas inovações? Será que uma ciência central como a química não é transparente para o grande público? Ou será fruto da má imagem que hoje a química tem na sociedade? Não é tanto assim; a natureza das inovações é que não é a mesma de tantas outras inovações, mecânicas, eléctricas ou informáticas. Os avanços em química são incrementais; a génese de um trabalho começou há uma década ou mais e foi envolvendo pessoas umas a seguir a outras. Nestas camadas sucessivas de pequenos avanços e pequenos passos em frente, torna-se muito mais difícil para o grande público reconhecer os inventores[19], um pouco como nos «motores de busca» na *net* – por exemplo, yahoo, altavista, google – que, de facto, não têm um inventor.

Todos os computadores têm um tipo de «motor de busca». Os motores de busca da *net*, porém, incorporam certas melhorias. Não são apenas «directórios de páginas amarelas», mas fazem buscas com base em termos de *thesaurus* e mesmo uma busca mais difusa (*fuzzy*) em relação às palavras-mãe, admitido alguma flexibilidade ortográfica.

A inovação tem sempre um germe de revolução social, pois apresenta descontinuidades, saltos e é mais intenso o intercâmbio entre a ciência, a tecnologia e a sociedade. Naturalmente, isto constituía um obstáculo de monta para o regime político do «Estado Novo» que surgiu como reacção ao caos e à anarquia social e política e bancarrota dos primeiros tempos da República portuguesa.

No tempo do salazarismo, havia a esperança de que com a queda do regime «a liberdade cresceria no horizonte» e a vinda da democracia abriria novas possibilidades ao país e ao seu progresso – é que o nosso referencial era a própria ditadura. Melhorou-se, evoluiu-se, começámos a comparar-nos com a Europa. Retornam, porém, os velhos fantasmas da nossa periferia geográfica, mas acima de tudo da periferia histórica iniciada no século XVII. Como diriam Eça e Ramalho nas suas «Farpas»: «Fomos outrora o povo do caldo da portaria, das procissões, da navalha e da taverna. Compreendeu-se que esta situação era um aviltamento da dignidade humana: fizemos muitas revoluções para sair dela. Ficamos exactamente em condições idênticas. *O caldo da portaria* não acabou»[20]. Hoje, em 2006, começamos a reconhecer que a conquista do progresso não era assim tão simples e que os problemas da sociedade portuguesa são bem mais profundos – mentalidades erradas, falta de lideranças e de uma visão estratégica a prazo, tibiezas, incapacidade de antecipar problemas e prever soluções, invejas; como refere Miguel Cadilhe não premeditamos, improvisamos[21]. Não bastava a conquista da liberdade de expressão, de reunião e de associação, com a garantia das liberdades públicas e individuais, duas grandes causas de combate de políticos oposicionistas anteriores ao 25 de Abril. O «caldo da portaria» adormeceu durante muitos anos a nossa sociedade e tardamos a acordar, mas não adormeceu os pequenos interesses e a procura da sua satisfação à «mesa do orçamento».

Regressemos de novo ao pensamento de Vasco Pulido Valente. Para o espírito lúcido deste historiador e jornalista: «Estamos imersos numa cultura de pobreza, para usar a palavra noutro sentido, numa cultura que valoriza a segurança e a rotina e que é hostil à mudança, à instabilidade, à concorrência. Isto não desaparece de um dia para o outro, nem de uma geração para a outra. A ambição dos portugueses é um emprego certo, de preferência no Estado, não é enriquecer. Somos funcionários, não somos empresários»[22].

Portugal o país da não-inscrição: a sociedade portuguesa dos começos do século XXI

António Barreto, um dos sociólogos que melhor estuda e retrata a sociedade portuguesa dos nossos dias, afirma: «O país mudou muito [...] e está muito melhor do que há 40 anos. Os cidadãos são mais iguais, o Estado de protecção social [...] é universal, o analfabetismo está praticamente erradicado. Embora as desigualdades sociais tenham aumentado, todos conheceram significativos aumentos de rendimentos»[23]. Hoje encontramos «uma população com expectativas próprias de país rico e desenvolvido, mas com capacidades de povo pobre, inculto e periférico». Mas comparado com quase todos os outros países europeus revela «um enorme e persistente atraso económico, social, cultural e tecnológico. Há uma crónica desorganização da vida colectiva. E uma insuportável falta de disciplina e de brio. Assim como existe o mais profundo abismo entre as aspirações da população e as capacidades para as satisfazer».

Eis como a Fronteira do Caos Editores apresenta, em 2005, a obra «O Presente e o Futuro de Portugal» de Augusto Fuchini, companheiro de Eça de Queiroz, de Ramalho Ortigão e de Antero de Quental e um dos Conferencistas do Casino: «Com certeiras e acutilantes pinceladas, Augusto Fuschini, escrevendo em 1899, retrata os caracteres principais da sociedade portuguesa do seu tempo – que representa afinal, ainda hoje, as debilidades e os vícios da portugalidade. O que mais impressiona neste luminoso fresco do final do século XIX é, com efeito, a sua espantosa – e deveras preocupante – actualidade: a imoralidade dos governantes, sempre escondida na impunidade; a resignação fatalista e a subserviência medrosa dos governados; a falta de verdadeiros estadistas, assim como o cinismo e a inépcia dos poderes públicos; a inveja e o egoísmo; a repugnância pelo trabalho, mas também a profunda indiferença pelo pensamento e pela discussão crítica».

A ditadura do Estado Novo e o salazarismo que se lhe seguiu em continuidade lógica, parece ter preservado bastante das características sociais e culturais da portugalidade do século XIX, filtradas da luta política dos partidos e das associações cívicas.

Nos finais de 2004, o filósofo português José Gil dá a lume uma notável reflexão sobre o «Portugal, Hoje»[24]. Em Portugal «nada acontece (que marque o real, que o transforme e o abra), quer dizer, nada se inscreve – na história ou na existência in- dividual, na vida social ou no plano artístico. [...] A *não-inscrição* portuguesa difere da de outros países pela sua generalidade e pelos mecanismos com que procede. [...] Porque inscrever implica acção, afirmação, decisão com as quais o indivíduo conquista autonomia e sentido para a sua existência»[25]. «Não é tal ou tal acontecimento que não se inscreve, é a própria existência»[26]. Segundo Gil, no Portugal dos primórdios do século XXI não há a exterioridade de um «espaço público» – plano de expressão, de contaminação e de circulação de forças que permitem que o «dentro» respire –, porque o que o caracteriza é o «poder de se transformar, de devir, de se tornar múltipla através de uma infinidade de forças»[27]. Entre nós, o horizonte de possíveis é extraordinaria- mente limitado e, assim, «raramente no nosso pensamento se exprime um máximo da nossa potência de vida»[28]. Mais enfatiza, que «o empobrecimento do horizonte dos possíveis explicaria, assim, a apatia, a anestesia da sociedade portuguesa»[29].

O *medo* é a estratégia para nada inscrever, para não afrontar o mundo e as mudanças que ele comporta. Um medo de agir, de criar, de arriscar, de competir, em suma, de viver. «A prudência é a lei do bom senso português»[30]. Reforçando este seu modo de reflectir sobre o mundo português hodierno, José Gil confronta-nos com o «medo de não estar à altura» que arruína as nossas potencialidades criativas. Mormente num mundo em que tudo se avalia, se compara, se confronta. Não o estamos a fazer nós com os indicadores de desempenho já mostrados e muitos outros a apresentar nos capítulos seguintes? E estas avaliações, longe de dispararem competências e o desejo de melhoria profissional, apoucam ainda mais o português[31].

Fernando Pessoa que nos conhecia bem, dizia que «individualmente nunca o português tem uma acção sua, sente sempre em grupo, pensa sempre em grupo. Está à espera dos outros para tudo. E quando tem um gesto seu, por milagre de desnacionalização temporária, a sua audácia nunca é completa, porque não tira os olhos dos outros»[32]. Ao contrário dos espanhóis que é um povo de intensidades, como o caracterizava Pessoa, nós, portugueses, somos sentimentos e medos[33].

Não é só o medo, a burocracia, o apego a privilégios antigos que nos tolhe. A *inveja* é outra das nossas microdoenças sociais – um verdadeiro *sistema*, dada a vastidão da sua acção e o carácter de transcendência que assume ao difundir-se e circular entre «grupos de inveja» – que pode comprometer todo o trabalho de um grupo, porque além de não inscrever, *marca* o contrário da inscrição no real. Existe em todo o homem, mas de modo demasiado evidente está presente na sociedade portuguesa, que a alimenta de ressentimentos, ódios, queixumes. Assim a caracteriza José Gil: «Forças poderosas de ressentimentos resultantes do esmagamento das forças da vida e da transformação em forças de morte». E um exemplo impressionante da sua acção deletéria é a «ausência de intensidade na admiração, em Portugal ou, talvez melhor, na falta de verdadeira admiração na relação com uma obra, um autor, um acontecimento. Ora, precisamente, a admiração dá força, induz intensidades: por osmose, o admirador participa das virtudes do admirado»[34]. Em suma, parafraseando Pulido Valente, «não criamos concorrência séria, sobretudo na sociedade».

Ruben Eiras[35] aponta a necessidade de criarmos uma «elite de ruptura», porque um dos motores de desenvolvimento das nações, e da maior consequência, são as elites. Olhando a história dos países europeus que conseguiram criar e reter «cérebros» empresariais, administrativos e científicos de qualidade, vemos que conquistaram uma competitividade sustentada, mesmo após a queda dos seus impérios. Através de quê? De uma educação e formação exigente que premeia o mérito e rejeita a mediocridade. É sem dúvida uma condição necessária, mas digo eu não ser suficiente. As elites actuam num meio social que as tem de compreender e ajudar a implementar as suas ideias, bem como a concretizar os seus projectos. Sendo certo que o meio social não pode constituir-se num travão à actuação das mesmas elites.

Soumodip Sarkar[36] vai mesmo mais longe ao apontar «razões da mediocridade». «Há algo de errado com a economia quando 708 milhares de portugueses são trabalhadores do sector público, quase 15% da população trabalhadora nacional. Os salários do sector público representam 15% do PIB, comparados com os 10% da média europeia. Sabemos que não estamos a promover a excelência quando a média do salário do sector público é 45% mais alta do que no sector privado, contra um diferencial de 27% em Espanha e apenas 10% em França. Quando o salário é determinado pela idade ou pela antiguidade, e não pelo desempenho, não se está a promover a excelência. Não há incentivos. Ser medíocre e promover a mediocridade torna-se na coisa mais racional a fazer». Não é isso que se tem passado na universidade portuguesa? Na mesma categoria académica, cada professor ganha o mesmo, independentemente de ter uma investigação activa e produtiva ou não fazendo nada de pesquisa e limitando-se a ministrar o mínimo de aulas que a lei exige. Sintomas de mudança neste capítulo apontam no caminho correcto, mas trata-se de um longo «caminho a caminhar».

Com um peso de 15% da administração pública na nossa economia, agravado pela baixa eficiência da mesma máquina administrativa – o sector público português gasta mais 20% do que a média comunitária[37] – e com um efeito ampliado pelo centralismo do Terreiro do Paço ou de Lisboa – como queiram – não admira o nosso distanciamento de Espanha. Agrava que a Administração Pública portuguesa funciona numa base muito compartimentada, com tarefas pré-definidas e estandardizadas mas sem flexibilidade. Uma máquina inadequada para lidar com um mundo de complexidade e que requer acções e procedimentos muito mais holísticos. Eis, pois, um conjunto de causas claramente a combater, pois o «custo deste contexto» é muito elevado, mormente para as empresas, e não fomenta o investimento estrangeiro entre nós.

Portugal é um organismo social com um peso de gordura pública excessivo, causando enormes dificuldades ao funcionamento do seu «coração». Tal como um médico diria a uma pessoa que teria de perder peso, também no país o peso do sector público carece de ser aliviado, pois é excessivo para ser dinamizado por um sector privado ainda não suficientemente competitivo. Acresce ser profundamente injusto que seja o sector privado o único a pagar pelas consequências da crise económica, mediante a instabilidade do emprego e mesmo o desemprego. É difícil justificar o poupar o sector público a tais agruras. Em 2005 e 2006 começam a descortinar-se medidas *articuladas* para conter ou mesmo reduzir os custos do sector público.

A história tem ensinado que nas sociedades ocidentais os salários crescem com a produtividade, e quando este realismo salarial não é tido em conta cedo se paga. Esta é a situação presente entre nós, porque forçámos a realidade.

Na sociedade portuguesa, o forçar a realidade, sob muitos outros pontos de vista, sugere-me um automóvel onde, por qualquer razão mecânica, nos vejamos forçados a passar da 3ª mudança directamente para a 5ª; a viatura perde muita potência, tal como a sociedade portuguesa, se não tomarmos essa deficiência em devida consideração na nossa condução.

Emigração Portuguesa

A emigração portuguesa esteve sempre presente como uma «constante estrutural» da sociedade portuguesa, desde o reinado de D. João I com a época das conquistas do Norte de África e dos Descobrimentos. Portugueses ao serviço do rei, soldados, homens na busca de melhores condições de vida, burgueses empreendedores e comerciantes, famílias empenhadas nas tarefas da colonização, por demasiadas vezes recorrendo à escravatura. Localizados, no início da nossa saga marítima, mais nos territórios do Império e depois também fora dele. Povoando Ilhas Atlânticas, África, Índias, Ásia, Brasil e América Latina. Já no século XX através de emigrações transoceânicas e igualmente intra-europeias.

«D. João de Castro, ao queixar-se ao rei D. João III das dificuldades que encontrara para reunir homens para a defesa de Diu, diria ao soberano de modo intencionalmente exagerado que, daqueles que eram mandados todos os anos nas armadas que seguiam de Lisboa para o Oriente, só um em cada cem se quedavam na Índia; todos os outros desapareciam em lugares tão remotos e desconhecidos que, acrescentava o governador, nem Ptolomeu nem Plínio deles tinham tido notícia! As lendas diziam que nesses países desconhecidos e sempre inacessíveis se encontravam com facilidade as maiores riquezas, e a atracção por elas tornava-se assim irresistível. (...) Este interesse pela aquisição fácil de bens que permitissem a fuga a uma vida medíocre era, aliás, partilhado pelos familiares que ficavam; quando o desventurado marinheiro do Auto da Índia regressa a Lisboa, a pergunta com que a sua mulher, leviana e interesseira, o recebe é esta: «Porém vindes vós muito rico?»»[38]. Uma riqueza fácil, eis a perspectiva incorrecta com que ficaram os portugueses que permaneciam na metrópole.

Razões de sempre: miséria, tradição, fuga a perseguições religiosas e políticas, missão histórica, abertura de horizontes. Segundo Carlos Fontes[39], neste aspecto a emigração portuguesa pouco difere da europeia. Entre os séculos XVI e meados do século XX, da maioria dos países europeus saíram regularmente importantes contingentes de emigrantes para regiões menos povoadas e para as colónias; em geral trabalhadores excedentários das zonas rurais. Entre 1800 e 1935 cerca de 50 milhões de europeus emigraram. Foi preciso esperar por um forte desenvolvimento económico e urbano, que só se verificou nos países mais industrializados após a 2ª Grande Guerra, para que tais excedentes pudessem ser absorvidos. Mas em Portugal isto continuou a verificar-se, pelo menos até inícios da década de oitenta, dado o nosso baixo desenvolvimento. Foi precisamente no pós-guerrra que o Estado Novo se volveu num obstáculo ao desenvolvimento do país. Só nos finais do regime, Marcello Caetano vem retirar o país do passado, pois era um desenvolvimentista. O país atingiu o seu mais elevado crescimento económico no século XX, o mais elevado da Europa nesse período e um dos mais elevados do mundo, não obstante as elevadas despesas militares. Tardiamente, pois dada a pressão interna e externa sobre o problema colonial, Portugal carecia de uma solução política que Marcello não teve tempo ou possibilidade de procurar eficazmente.

Presentemente a dimensão da «Diáspora Portuguesa» é enorme: cerca de 4,6 milhões de cidadãos de origem portuguesa nos cinco continentes[40], isto é, 45% da população metropolitana. Valor tão alto que retirou uma fracção excessivamente elevada das nossas elites sociais. Uma verdadeira sangria de «elites»! Porque as elites são as pessoas que fazem circular os valores, as atitudes, os comportamentos, o bom senso, as ideias, a inovação, os projectos, e contribuem para alargar os nossos horizontes, porque algumas conseguem ver mais longe que o comum do cidadão. Os nossos emigrantes, com educação formal ou sem ela, fazem, de um certo modo, parte das nossas «elites», claramente das nossas «elites intermédias». Os emigrantes são a parcela da sociedade portuguesa geralmente mais inconformada e com o espírito mais empreendedor, os que aceitam o risco em detrimento da segurança e buscam a mudança. Com valores de emigração tão elevados, bem superiores a 37% nos termos de coesão (ou não-coesão) de estruturas proposto por Carvalho Rodrigues, a nossa sociedade é mais inercial do que se eles estivessem entre nós.

Esta proporção, difícil de quantificar no passado, foi sempre muito elevada: atente-se a que nos tempos de D. João I a nossa população era inferior a um milhão de almas. Este facto social é tão relevante entre nós que levou um professor alemão a afirmar: «Os portugueses não serem descendentes dos descobridores mas dos que ficaram»[41].

Portanto, somos um povo que, ao longo de quase toda a sua existência, foi sempre sujeito a uma sangria de «elites», que não ignora a dolorosa e sangrenta expulsão dos judeus no reinado de D. Manuel I. Somos socialmente um «leite desnatado». Ou numa analogia química, tal como o petróleo, fomos um povo sempre sujeito a uma destila-ção fraccionada: em cada classe social, os produtos mais nobres emigraram em larga medida; o que ficou foi o «alcatrão». Que não é inútil; serve para asfaltar as estradas e preservar certos materiais, mas não serve de combustível para mover o motor social.

Somos uma sociedade muito viscosa e resistente à mudança que privilegia a segurança – característica de povos pobres que temem perder o pouco que têm e que lhes permite sobreviver – e rejeita o risco e a perseverança que tanto caracterizou as classes dominantes na época dos descobrimentos, em busca da riqueza pessoal, naturalmente, mas não de uma riqueza fácil. Acresce que hoje todos queremos ser iguais mas, com pouca produtividade, acabamos por nos pautar por baixo. E nisto diferimos em muito dos espanhóis, que recuperaram do seu atraso em duas gerações.

Uma historieta em forma de parábola é apresentada por Saumodip Sarkar[42], professor de Gestão na Universidade de Évora. Em miúdo lembra-se de ter lido uma história sobre uma galinha que queria fazer um bolo e decidiu pedir ajuda aos companheiros. Todos se recusaram a preparar o delicioso bolo [...], mas na hora de o comer, todos fizeram fila para o provar. Esclarece seguidamente que em Portugal há poucos «cozinheiros de bolos». Quem vai assumir o risco? É tão mais fácil comer o bolo do que prepará-lo. No mesmo artigo de opinião relata que, através de uma multinacional, conseguiu umas bolsas para estudantes que quisessem criar empresas. Quando divulgou esta possibilidade através do Núcleo de Estudantes não apareceu ninguém. Mas quando mudou de táctica e anunciou: «Professor precisa de um aluno para trabalhar em *part-time*» apareceram-lhe 15 currículos. Como bem refere, «trata-se de um país caracterizado por uma postura passiva», atitude ainda por cima fomentada pela política educativa do salazarismo – «educar para a passividade» – durante cerca de duas gerações.

A sociedade portuguesa é demasiado providencialista, ainda procura «el-rei D. Sebastião». Quiçá porque este rei arriscou demasiado em Alcácer-Quibir, arriscou a nossa independência, hoje os que ficaram não querem arriscar nada. Claro que ao longo da história os problemas da nossa economia foram-se resolvendo: a escravatura, as especiarias da Índia, a cana-de-açúcar e o ouro do Brasil, o cacau de S. Tomé e Príncipe, Angola e Moçambique, os fundos europeus. Mas se queremos ganhar a lotaria, devemos pelo menos jogar um bilhete. Fazendo eco de Antero de Quental sobre o nosso atraso, «conheço quanto é delicado este assunto», mas «é uma desalentadora evidência». «É que nada há no homem mais delicado, mais melindroso do que as ilusões: e são as nossas ilusões o que a razão crítica, discutindo o passado, ofende sobretudo em nós»[43].

Se as moléculas se comportassem como muitas instituições portuguesas, poucas transformações de matéria havia e lá se ia a capacidade que a natureza e o homem têm de inovar. São as moléculas mais ricas em energia que começam a produzir as transformações, tal como o podem fazer as elites nacionais. Todavia carece de ser permitido e incentivado pela média social, pelas próprias instituições, que seguidamente beneficiam com o acesso a novos caminhos e todos acabamos por sermos elevados com os precursores.

Mais recentemente Valadares Tavares[44] apresenta dois resultados importantes para a nossa reflexão. O primeiro é que a produtividade dos portugueses a trabalhar em Portugal é 60% da média europeia. O segundo é que a produtividade dos portugueses a trabalhar noutros países europeus está acima da média europeia. Isto não demonstra, mas está de acordo com o carácter de «elite social» da nossa emigração.

Valadares Tavares informa ainda que a baixa produtividade em Portugal se deve ao não cumprimento das obrigações financeiras, à desordem na organização do território e ainda à burocracia da Administração Pública. Em suma, nós, os portugueses que ficámos, somos responsáveis pelo caos no ordenamento legal e fiscal, no ordenamento urbanístico e na burocracia estatal. Quando, a esparsos momentos, somos eficazes e de excelência, a inveja encarrega-se de erodir os resultados de tais esforços. E a inveja cria a desconfiança, como a vê Helena Matos nos anos trinta, «no pequeno grande mundo de invejas que era Portugal nesta época»[45] que, afinal, foram todas as épocas. A inveja[46] esteve sempre presente entre nós em todos os tempos, mesmo no das Descobertas. Bem o sabia Luís de Camões.

A propósito deste invariante nacional, vem bem a propósito uma pequena fábula de cobras e pirilampos que me contou o meu filho Pedro, tendo-a ouvido de um senhor brasileiro:

Cobra – (dirigindo-se ao pirilampo) Vou-te comer!
Pirilampo – Posso fazer-te três perguntas?
Cobra – Está bem, já que vais morrer.
Pirilampo – Estou na tua cadeia alimentar?
Cobra – Não, não estás!
Pirilampo – Fiz-te algum mal?
Cobra – Não, não fizeste!
Pirilampo – Então, por que me queres matar?
Cobra – É que não suporto ver ninguém brilhar!

Perspectivas para a sociedade portuguesa do século XXI

As transformações químicas só são possíveis quando as condições termodinâmicas o permitem. Isto não quer dizer que ocorram, pois podem ter uma barreira cinética que a isso se opõe. É nestas circunstâncias que a acção de catalisadores se torna importante, ao abrir novos caminhos de transformação de menores barreiras cinéticas, para que as reacções se dêem num tempo razoável. Contudo, se a energia termodinâmica não for favorável, nada há a fazer; não há catalisador que valha. Ora o mesmo se passa com as mudanças sociais que não ocorrem a médio e longo prazo (possíveis numa ou duas gerações). Efeitos de catalisadores sociais correspondem quase sempre a transformações a curto prazo.

Um governo português do início do século XXI, presidido pelo Dr. Durão Barroso, queria colocar Portugal acima da média europeia numa década. Tal era impossível por implicar uma profunda mudança de mentalidades e de atitudes sociais – profissionalismo, capacidade de luta por uma alta produtividade nacional, eficiência administrativa e de gestão – numa cultura de uma sociedade desnatada de há muito. As forças termodinâmicas (sociais) não o permitem; não há pois catalisadores que o consigam no curto prazo, quer governantes quer outras elites empresariais, administrativas ou científicas. Há que reconhecer tal desiderato como um legítimo e salutar objectivo político, cujo horizonte temporal nunca se poderia situar nos limites mais realistas de uma ou duas gerações. Mas tem de assentar nalguma base, e não há base sólida enquanto – retomo Pulido Valente – «o Estado «fizer» e sustentar a classe média em Portugal: não há finanças que resistam»[47].

Desde já estas considerações suscitam-me outras sobre sistemas complexos como é o das relações económicas. Mas antes, vamos a uma pequena história. Numa das suas sempre interessantes crónicas na revista *Visão*, António Mega Ferreira[48] fala-nos do pensador Isaiah Berlin a propósito de um fragmento de um poeta grego do século VII a. C. Arquíloco: «A raposa sabe muitas coisas, mas o ouriço sabe uma coisa muito importante». «Diz Berlin que os ouriços são os que remetem tudo para uma perspectiva central e única, [...] e função da qual compreendem, pensam e sentem». Uma bela economia de pensamento e de acção, mas que não se coaduna com a complexidade do mundo e da sociedade em que vivemos. Como moral da sua crónica, Mega Ferreira conclui: «Há ouriços que tendem a ver as finanças públicas como o princípio exclusivo ou condutor de toda a organização social; e há raposas que, reconhecendo embora que as finanças públicas são 'coisa muito importante', introduzem na sua análise 'muitas coisas', como a economia, a política, a psicologia e, sobretudo, o bem-estar das pessoas».

No ano de 2002 e de 2003 houve quase uma exclusiva preocupação por parte do Ministério das Finanças português em controlar o défice do Estado em níveis inferiores a 3% do PIB. Tratando-se de um *sistema complexo*, como referimos, não é possível lidar com ele em termos de uma única variável, o défice público. Aliás o lidar com uma única variável, pode fazer-nos cair em modos de ver com um carácter absoluto, que fomentam práticas de fundamentalismos. É que os fundamentalismos não surgem unicamente nas religiões!

O sistema da economia do país e do Estado deve ser atacado em, pelo menos, três variáveis, para se manter com as suas características de um mínimo de complexidade. Outras variáveis poderiam ser indicadores sobre o estado da economia e sobre a coesão social, tal como a taxa de desemprego. Reconhece-se que o capitalismo hodierno quer taxas de desemprego altas para erodir o poder dos sindicatos e dispor de trabalhadores, qualquer que seja a cor do colarinho, mais flexíveis a condições de trabalho mais exigentes. Mas o desemprego cria instabilidade social e os governos devem procurar coordenar «a política de rendimentos» de modo a defender o «direito ao trabalho».

Uma economia menos arrefecida é útil, porque gera mais receitas em impostos cobrados. Neste campo, há que atender a que os sistemas complexos são aqueles que não se conseguem separar do seu ambiente. Já não me refiro à globalização da economia, sobre a qual pouco há a fazer para um país como o nosso, no sentido de regulamentar a circulação do capital financeiro. Mas refiro-me ao ambiente mais próximo, o país vizinho. Quando Portugal sobe a sua «taxa de valor acrescentado» (IVA) acaba por fomentar a economia espanhola em detrimento da sua, mormente no comércio a retalho das regiões fronteiriças. Sem dúvida que nem todas as variáveis mostram a mesma sensibilidade às medidas tomadas pelo Governo, mas como ao Estado resta sempre o cumprimento do défice por venda de património, como tem vindo a fazer, então uma visão mais diversificada para atacar o problema do mesmo défice seria mais eficaz.

Concretamente o IVA mostrou-se um imposto pouco elástico no aumento das receitas do Estado; as receitas decresceram com tal medida. Quiçá tal medida teria uma «agenda escondida», a de travar o consumo. Neste objectivo foi eficaz. Mas, como aponta Miguel Cadilhe, o mais grave é ser uma política orçamental agravante do ciclo macroeconómico em que se encontra o país, quando as políticas orçamentais devem ser anti-cíclicas! E, claro, como a taxa do IVA voltou a subir em 2005, o panorama voltou a repetir-se em 2005 e 2006, agravado por uma economia excessivamente arrefecida devido à subida do custo do petróleo. Inevitavelmente, a economia espanhola voltou a beneficiar destas atitudes portuguesas de reforço do ciclo macroeconómico.

Nos finais de 2003, aparentemente o Governo Português opôs-se na União Europeia à penalização da Alemanha e da França por reiteradamente não cumprirem o Pacto de Estabilidade e Crescimento (PEC) em que o défice orçamental dos diferentes países não pode ser superior a 3% do PIB. Esta atitude está correcta numa perspectiva económica nacional, quando se tem em conta uma necessidade de imediata retoma das exportações portuguesas, em especial para a Alemanha. A economia portuguesa depende do estado de saúde das economias alemã e francesa. A incoerência política é que Portugal fez o oposto internamente, não por não cumprir o Pacto, mas por o fazer em termos de objectivo único. A ideia euclidiana que a «linha recta é a distância mais curta entre dois pontos» não é muito apropriada para sistemas complexos. Daí os comentários na imprensa que o desemprego era importante na Alemanha e na França, mas não em Portugal.

Quem sugeriu o PEC foi a Alemanha, pelo que é difícil compreender a construção de uma União Europeia com base no cumprimento dos países pequenos e do não-cumprimento dos países grandes. Se a UE reconhece que na actual conjuntura não é bom cumprir integralmente o PEC, então uma tal medida devia ser reexaminada para todos os países. É necessária uma contenção nas despesas públicas dos diferentes países, mas hoje já se reconhece ser preferível um PEC com mais alternativas em função da situação económica e tendo em conta investimentos com metas estratégicas quer europeias quer mundiais, como a do desenvolvimento sustentável.

O PEC ainda é demasiado simplista para lidar com o mundo de «complexidade» dos nossos dias. Não tem em conta se o ciclo económico está em aquecimento ou em arrefecimento; contabiliza tudo de forma igual, se é um investimento que tem um período de validade de uns 50 anos ou tão só de 4 anos; privilegiou a disciplina da gestão financeira, mas não prevê a coordenação da política orçamental dos vários países membros, etc.[49]. Ainda por cima, quando a economia americana desacelerou, a resposta foi uma política orçamental expansionista. Estando a União Europeia a competir com os Estados Unidos não se pode dar ao luxo de tomar políticas exactamente opostas, porque vai perder ainda mais na corrida com os seus competidores americanos ao tempo a crescer 4% ao ano e a UE a crescer tão-só 1%. A perspectiva de que o PEC vai ser revisto em meados de 2005 é naturalmente bem vinda. Assim saibamos aproveitar a margem temporal conferida ao Estado Português para controlar as suas contas e catalisando, sem inibições e tibiezas, o desenvolvimento da economia no tecido industrial e empresarial.

Mais uma palavra sobre o crescimento económico para um desenvolvimento sustentável. Não é possível continuar a crescer sempre à custa de mais recursos de matérias-primas e recursos energéticos. O futuro terá de conter tais gastos e impactos no meio ambiente e contentar-se com um crescimento mais baseado no valor acrescentado pela incorporação do «conhecimento» no produto acabado e nos serviços. Porque o conhecimento é inexaurível. Há, pois, que privilegiar cada vez mais uma «engenharia de produto» para a equilibrar com a «engenharia de processo», que continua a desempenhar um papel relevante na inovação. Eis outra das nossas carências, patente na fracção do PIB industrial dedicado à investigação e ao desenvolvimento: Portugal, 21,3%; Espanha 48,9%; Alemanha 65%[50]. A carência não está tanto no indicador, mas no que ele reflecte numa perspectiva microssocial.

Que a nível interno a política seguida foi inapropriada tornou-se logo evidente nos finais de 2003. As despesas do Estado aumentaram em cerca de mil milhões de euros, e pouco em investimento de impacto na inovação. As receitas do Estado registaram uma quebra idêntica, pelo que o défice orçamental real foi, segundo dados do Banco de Portugal, superior a 5% do PIB. Por exemplo, no tocante ao Imposto sobre o Rendimento de Pessoas Colectivas (IRC) o Governo tinha previsto um acréscimo de pelo menos 4% no ano 2003. O que se verificou foi uma quebra de 23%; isto é o que dão economias arrefecidas e sem estratégias de investimento do Estado para contrariar o arrefecimento, não de modo directo na economia, pois não tem expressão quantitativa para tal (3,5% PIB), mas na flexibilização e qualificação da máquina administrativa. Claro que o Estado Português cumpriu o PEC mediante medidas especiais, por venda de património e de «créditos», mas tal não resolve a essência do cumprimento do PEC a bem da economia portuguesa: o controlo das contas do Estado. Por isso, em 2004 e 2005, repetiu a dose com estimativas de défices ainda mais elevados.

O Governo pretende igualmente «obrigar a administração pública a mudar com uma pressão de natureza financeira». Mas a ineficiência da administração pública não é monocausal. Por isso, um garrote financeiro é insuficiente, porque uma tal mudança só ocorrerá a médio prazo e é insustentável manter o «garrote financeiro» por muitos anos; aliás os efeitos do garrote já estão aí. De novo repito, um sistema complexo como este, requer a acção de, pelo menos, três factores de pressão, todos a actuar no mesmo sentido. Este tipo de objectivo carece, pois, de ser suportado com uma acção mais radical, como será a proveniente das transformações que um governo-electrónico implica, e que pode actuar durante vários anos. Quando se enfraquecerem as estruturas de coesão da administração pública é imprescindível injectar nela elementos jovens com outra formação educativa. Aliás o sucesso da cobrança de impostos para o ano de 2004, graças à informatização e a um Director-Geral muito qualificado constituiu uma revolução de sucesso.

A respeito de novas admissões na administração pública surge, porém, uma aporia de monta, fruto de não se terem operado reformas no tempo próprio. Devido à evolução etária da população portuguesa, não é possível alcançar a idade da reforma generalizada aos 65 anos, porque se decresce imenso a força trabalhadora para pagar as pensões de reforma. Mas sem aposentar os menos aptos à mudança, não será possível alcançar uma «mudança na administração pública». Acresce ainda o efeito negativo da pressão social nestes quadros. Um funcionário a prazo é normalmente um bom funcionário; mas quando adquire um «lugar definitivo», seguro, ganha os vícios do sistema. É algo a evitar em absoluto, porque perpetuaria a resistência à mudança.

Dizem que o slogan que melhor traduziu a ocidentalização do mundo foi o do «o tempo é dinheiro». Claramente isto não o é entre nós. Uma questão cultural, a que se soma a incapacidade de agilização da administração pública; a nossa burocracia administrativa é 26 vezes superior à da Irlanda[51]. Já sem falar na lentidão do sistema de justiça português. Reafirmo, é neste tocante que uma administração e gestão electrónicas poderão permitir alcançar progressos temporais significativos e romper com certas rotinas burocratizantes. E as medidas que o Governo português tomou em 2006 para implementar a gestão electrónica na administração pública e as medidas já assumidas para iniciar a desburocratização da nossa administração estatal, são claramente bem vindas e podem dar um contributo valioso para o desenvolvimento futuro do país.

A acção política do governo requer uma dupla explicação e acções de persuasão. Explicação, quer perante a sociedade quer perante a própria administração pública. Um governo não actua por uma simples acção de comando numa hierarquia militar. Há funcionários públicos competentes, bons profissionais, que uma vez envolvidos de uma forma convincente nas políticas governativas devidamente explicadas, são elementos *pivots* para a implementação das políticas do governo. Se já era assim em 1980 quando fui Secretário de Estado do Ensino Superior, por maioria de razão se requer hoje um tal modo de acção política, pois o mundo complexificou-se muito mais. E estamos a lidar com uma *complexidade dinâmica* e não estática.

Não poderemos dizer que fazer política em ambientes de complexidade dinâmica seja tarefa fácil. Com efeito, hoje não é possível fazer-se política como no século XIX ou nos inícios do século XX, isto por um conjunto diversificado de razões: i) em termos de um papel muito mais dominante da ciência e da tecnologia na economia e no desenvolvimento dos países e das sociedades; ii) a respeito de uma melhor compreensão e capacidade para se lidar com sistemas complexos dinâmicos, muitos sensíveis a pequenos efeitos; iii) na premência de uma maior necessidade explicativa da acção política e dos seus objectivos, perante quem a executa e perante quem a recebe; iv) no melhor conhecimento das forças sociais e económicas que actuam no mundo global e nos países; v) numa maior interpenetração dos interesses públicos e privados em jogo em cada medida política; vi) num melhor reconhecimento do papel dos problemas ambientais na qualidade de vida e na economia; etc.

Claro que continua a ser válido o procedimento habitual nos governos: «As questões que preocupam os estrategas do topo da hierarquia são, em geral, complexas; as matérias simples, incontroversas, são resolvidas por consenso a níveis mais baixos do governo»[52]. Mas enquanto os ciclos democráticos são de uns quatros anos, muitas acções de governação têm efeitos a prazos muito mais longos; casos do ambiente, da educação, da saúde pública, da investigação científica, etc. Esta incompatibilidade temporal poderá requerer, para certas medidas, uma «governação parlamentar» que solucione um tal problema através de uma governação regular compósita – do governo no poder articulado com um mini-governo sombra da oposição que, de certo modo, também intervém no poder. Não para procurar consensos sem senso, mas para se implementarem medidas que restrinjam a nossa periferia na Europa à da geografia. Medidas que, regularmente, deparam entre nós com atritos corporativos ou de grupos económicos ou de clientelas político-partidárias. Em resumo, há que assegurar a estabilidade de medidas governativas relevantes que ultrapassem os ciclos das maiorias parlamentares, sem necessidade de tomar a figura de Pacto de Regime.

Como foi o Estado que «fez» a classe média, não há mudança possível para este tipo de Estado no contexto democrático. Uma mudança por «ruptura financeira» é sempre de precaver, pois foi o que trouxe a ditadura militar do Estado Novo e Salazar. E Miguel Cadilhe bem nos alerta para tais riscos e nossos dias: «Situações desregradas de despesa, de défice e dívida, quando persistentes, podem desaguar em *ditaduras financeiras*[53]. Hoje o risco de uma ditadura militar – que não o de uma ditadura financeira – é inexistente enquanto nos mantivermos na Europa democrática da moeda única. Mas tal exige que o Estado português controle o seu défice, para que os portugueses vivam de acordo com as reais possibilidades do país e o mesmo país se credibilize perante capitais e investidores estrangeiros.

Depois dos esforços dedicados à diminuição do défice do Estado, o facto de, em meados de 2005, após um estudo do Banco de Portugal, se prever que o mesmo défice iria disparar facilmente para valores próximo dos 6,8% do PIB, patenteia que o sistema político português está longe de assegurar os necessários equilíbrios e controlos internos. Um regime mais presidencialista e menos parlamentar? Um regime de directores-gerais mais independentes do poder político-partidário e controladores da máquina do Estado? Com efeito, é muito mais a máquina administrativa do Estado que é responsável pela organização do país. Facilmente repetimos os erros do passado da 1ª República, pelo que cada vez mais carecemos da Europa para reforçar a nossa sociedade com a empena da «elite social» que os tempos históricos nos têm sistematicamente vindo a retirar.

A questão não é tanto, de momento, a existência de um «estado social» em Portugal. A opção por este tipo de modelo estatal é, de facto, uma questão europeia que está em declínio com a perda dos «baldios» de que a Europa dispôs em África, no Médio Oriente, na Ásia do Pacífico e mesmo no Leste Europeu. O nosso problema mais premente é que o «estado social» português está muito mais gordo do que o europeu e/ou está muito mais mal governado. À doença dos gastos públicos em Portugal, foi aplicado, em 2003, um «antibiótico» forte. Mas tendo o doente parado com o antibiótico verificou-se, por meados de 2005, que se encontrava muito pior. O estudo do Banco de Portugal sobre as doenças económicas do Estado português revela que a origem do problema remonta aos inícios da década de 90 e, num caminhar veloz – com um passo iterativo anual –, cada vez gasta mais, porque cada Governo quer governar, fazer e cumprir promessas, e tudo isto custa dinheiro, sem haver nunca uma avaliação dos resultados alcançados ou como os alcançar com um mínimo de custos e, portanto, sem nunca alijar a carga dos serviços existentes, mesmo que tendo já perdido relevância. Assim sendo, todas as forças partidárias de governo alimentaram a doença das finanças públicas mas, segundo um antigo ministro das finanças, Miguel Cadilhe, a origem do «descalabro» situa-se num «novo sistema retributivo da função pública» – as promoções automáticas, ao estilo «café para todos»[54]. Um sistema retributivo que deixou de estar, em muito, limitado por «quadros» e, através do qual, as promoções passaram a ser virtualmente determinadas pela antiguidade e não pelo desempenho. Engorda sem promover a qualidade profissional e alguma excelência. Talvez surpreendente seja que «quem mandou servir mais café para todos» venha agora alertar que se está a «servir uma monstruosidade de cafés». Em larga medida, fruto da natureza dos sistemas complexos – pequenas medidas podem conduzir a efeitos de grande monta se não tiverem mecanismos reguladores –, se não tivermos capacidade de prever e antecipar soluções e tão-somente nos limitarmos a improvisar perante as pressões sociais e as circunstâncias.

Acresce que muitas vezes se procuram resolver as ineficiências com mais financiamento, sem quaisquer contrapartidas em produtividade e fomento de competitividade. Como casos exemplares temos o sistema educativo básico e secundário, e o sistema de justiça que, em análise do Conselho da Europa, mostra ser a justiça portuguesa cara e muito morosa (ver Tabela 8.1).

Tabela 8.1 - Desempenho da justiça em países da União Europeia[55].

Países	despesa pública com tribunais[a]	duração de processos[b]	
		roubo	divórcio
Áustria	69,6	100	260
Portugal	47	310	350
Espanha	23,5		245
Letónia	6,7	400	165

[a] Despesa por habitante em €.
[b] Em dias para a 1ª instância.

Nos finais de Maio de 2005, a revista *Visão*[56] entrevistou sete eminentes economistas e gestores portugueses e recolheu as suas opiniões de como «salvar as finanças públicas e deste modo relançar a economia portuguesa?». O elenco dos remédios preconizados é diversificado e impossível de aplicar na íntegra ao »doente», mesmo em ambiente hospitalar. Permito-me agrupar um ou outro em função de algumas doenças mais específicas. Na redução das despesas públicas encontramos: i) despedimentos na função pública; ii) congelamento de salários; iii) encerramento de alguns serviços públicos; iv) reestruturação da Segurança Social, atribuindo menos benefícios e aumentando a idade de reforma; v) cancelamento de eventos grandiosos ou equipamentos muito vultuosos. Na redução do consumo privado surge o aumento do imposto do IVA. No aumento das receitas do Estado é apontado: i) o aumento de impostos; ii) pagamento de portagens em certas vias rápidas; iii) combate à evasão fiscal.

Surgem também medidas para diminuir os *factores de amortecimento* ou dissipação de esforços da sociedade portuguesa, fruto das «mentalidades» e da má organização. São medidas com efeitos a muito mais longo prazo e que carecem de ser assumidas para sempre, numa acção e vigilância permanentes. Nesta classe foram apontados, por exemplo: i) simplificação do sistema fiscal; ii) informatização de serviços públicos, o que leva sempre a uma simplificação burocrática e à modernização dos serviços; iii) flexibilização das leis do trabalho e abertura de todos os mercados; iv) acabar com o emprego vitalício; v) uma educação mais reguladora, facilitadora e fiscalizadora.

Finalmente há medidas para um *enriquecimento social* via as mais valias geradas por uma adequada aplicação do conhecimento. É um tipo de medidas que carecem igualmente de ser prosseguidas de uma forma sustentada, tais como: i) criação de um fundo extraordinário de investimento; ii) criação de comissões independentes para avaliação da reprodutividade dos principais investimentos do Estado, acima de um certo montante, e verificação do respectivo cumprimento financeiro; iii) aumento de competitividade e de produtividade, que são objectivos gerais e que carecem de ser desdobrados numa sucessão de objectivos mais específicos e focalizados; iv) redução da taxa de Imposto sobre o Rendimento das Pessoas Colectivas (IRC) para dinamização da indústria; v) formar pessoas que se adaptem à realidade do país.

O sobrepeso do Estado Português

Cônscio das dificuldades nacionais, Miguel Cadilhe vêm a publicar em 2005 a reforma do Estado Português mais equilibrada e articulada até hoje apresentada ao público, em obra intitulada «O sobrepeso do Estado em Portugal. Uma proposta de reforma conceitual e administrativa». O que é reconhecido como o melhor Ministro das Finanças da era democrática portuguesa, expõe-nos uma reforma conceptual e administrativa do Estado – razões substantivas – para distinguir da reforma do sistema político que é conceitual, mas não é administrativa[57]. Eis em síntese o programa que nos propõe: «Que o Estado se auto-reforme, se modernize, se reconceitue, se redimensione se contenha»[58].

Uma reforma conceitual, mais do que administrativa, porque se trata de mudar conceitos e regimes públicos. Mas também uma reforma administrativa, mais do que conceitual, porque se trata de mudar modos de gestão – mudar procedimentos, modernizar, desmaterializar, reestruturar[59].

O Estado português consome 40% do PIB em despesas correntes primárias! Um verdadeiro gigante que carece de emagrecer a todo o custo. Um tal emagrecimento deveria dar-se em cerca de 1/3, segundo diversos critérios todos a apontar no mesmo sentido. Um dos indicadores da dimensão do Estado é a *despesa corrente primária* (DCP), ou seja, a despesa pública total menos os juros da dívida e menos os investimentos públicos. Quando normalizada pela dimensão da economia, o rácio DCP/PIB, rondava os 27% a 28% entre 1985 a 1990 mas em 14 anos descolou para níveis acima dos 40% em 2004[60], graças, entre outras razões, a um «novo sistema de remuneração da função pública» que não foi «amparado com sistemas de racionalidade nos seus efeitos despesistas»[61].

O outro indicador da dimensão do Estado é o *nível de fiscalidade*, receitas fiscais e parafiscais (RF), que também carece de ser normalizado pelo PIB, RF/PIB. Igualmente este indicador deveria ser diminuído, de uma forma articulada com a regra da redução do défice: o rácio RF/PIB articulado com défice/PIB, funcionando como os dois braços de uma tenaz a comprimir o rácio DCP/PIB[62].

Cadilhe propõe uma modernização que resulte, igualmente, de reconceituações de regimes, através da «antecipação de problemas e soluções, e da transmutação de ameaças em oportunidades»[63]. São muitos os exemplos de má despesa pública, umas vezes corrente, outras pseudo-investimento, outras de real investimento mas de baixa produtividade. A má despesa pública agrava o indicador DCP/PIB, se bem que este indicador não fale, nem tem de falar, da despesa pública. E Miguel Cadilhe defende que o bom investimento público, as boas reformas estruturais e a má recessão são as três razões de um bom défice[64].

Entre nós, o excessivo DCP/PIB vem exercendo uma espécie de *crowding-out* intra sector-público. Não tem deixado muito espaço para um bom investimento público e para reformas de fundo. Contudo, as políticas orçamentais devem ser anti-cíclicas, o que pouco tem sido seguido. Assim, actue-se em reforço dos «estabilizadores automáticos»: em recessão com mais despesa de investimento público e menos receita fiscal; em expansão, com menos despesa pública e mais receita fiscal[65].

Este economista recorda-nos que a nossa produtividade depende de muita coisa: organização das empresas, do investimento, do conhecimento; da educação e formação dos trabalhadores; dos «custos-de-contextos». Levanta-nos a questão de um «Estado robusto, pequeno, eficiente, moderno, Estado pessoa de bem, contido e cumpridor, Estado pessoa de boas contas. Antíteses do que Portugal hoje é». Recorda-nos que em Portugal a «administração pública é, em geral, pesada, lenta, cara, sobre-regula-mentada, empapelada, desconfia do cidadão e desconsidera a produtividade própria e a alheia»[66].Um dos nossos grandes males é, pois, o Estado excessivo. «Um Estado fraco, gastador, negligente, gigante pés-de-barro, que faz medrar custos-de-contexto»[67]. Sobrecarrega-nos uma carga fiscal elevada e anticompetitiva e uma economia amea-çada do exterior e enredada em «custos do contexto» no interior[68]. E tranquiliza-nos que no nosso país se pode justificar uma política de défice público por três ordens de razões: i) investimento público reprodutivo; ii) reformas estruturais; conjuntura de recessão[69]. Claro que os desequilíbrios financeiros do Estado se resolvem com um bom crescimento económico.

A depressão portuguesa e como combatê-la

A dura realidade económica do início do novo milénio, o conjunto de escândalos sexuais e de corrupção que surgiram na sociedade portuguesa e os sintomas de que o Estado português funciona mal, levaram o jornal espanhol *El Pais* de 12 de Outubro de 2003 a apresentar um artigo sobre a «depressão portuguesa», por que se havia desfeito o sonho criado de um Portugal moderno no contexto da União Europeia.

Apesar de devermos ser realistas, não podemos ser um país sem esperança. Por isso sou radicalmente contrário a uma certa definição de «português» que corre em alguns círculos espanhóis: «Português – um espanhol em estado de coma profundo». Veja-se a capacidade do povo português em fases críticas. Na segunda metade da década de 1970, soubemos absorver os mais de 600 mil retornados vindos do Ultramar – uma fracção das nossas «elites» que haviam emigrado da metrópole. «Ao fim de três ou quatro anos todos os retornados activos estavam absorvidos no mercado de trabalho e estavam a contribuir muito positivamente para a economia nacional»[70]. Durante umas duas décadas não perdemos, de forma significativa, elementos da população para emigração. Pelo contrário, estamos a receber imigrantes do Brasil, da França provenientes de famílias portuguesas, e dos países do Leste Europeu, que são elites nos respectivos países. Com vista a aumentar o carácter de elite da nossa sociedade, devemos fomentar o seu acolhimento e integração; uma integração já para a 1ª geração e, por maioria de razão, para as gerações subsequentes.

Carecemos de fomentar uma política de absorção de imigrantes estrangeiros. O ob-jectivo é responder a uma necessidade real do país em mão-de-obra, em rejuvenescimento etário e no incremento das elites nacionais. Mesmo assim os efeitos serão lentos e, se por um lado há que manter um tal acolhimento de uma forma sustentada, por outro há que procurar desacelerar a emigração das nossas melhores elites para outros países europeus ou para a América do Norte. É igualmente neste campo que a actual crise económica e a consciência de uma perda de bem-estar social podem erodir legítimas expectativas, gerando novos surtos de emigração, agora sobre o rótulo de mobilidade europeia.

Há que procurar igualmente incentivar uma maior diferenciação social, não necessariamente económica, mas no espírito de inovação e capacidade de mudança ou de uma predisposição para a aceitação de um ritmo mais veloz de mudança. Inovação que assenta no tripé da investigação, da educação e do empreendorismo, e que inevitavelmente comporta um certo risco. E correr riscos requer perseverança e estabilidade de acção, quer dos parceiros públicos quer dos privados.

Mais do que começar por incentivar a virtude da perseverança, no entender de Sarkar e de tantos outros, «chegou a hora de promover e premiar a excelência». «Um sistema que não promove a excelência e que não recompensa quem toma iniciativas e assume riscos só pode fomentar a mediocridade»[71].

A inovação é uma atitude dos países que investem na ciência para preparem hoje, e de forma sustentada, o seu futuro de amanhã. A inovação é um processo, uma cultura de investimento de capital de risco: a materialização de ideias em produtos ou sistemas. Mas só se paga a prazo, e quando ela mesmo se retroalimenta da própria inovação.

Quando hoje reconhecemos que a riqueza dos países assenta na defesa das suas «propriedades intelectuais», nas suas *patentes*, não podemos deixar de nos preocuparmos com a debilidade portuguesa. Portugal regista anualmente muito menos patentes de alta tecnologia do que qualquer boa universidade americana[72]. Esta é a dura realidade, fruto das debilidades que se vêm apontando e também da nossa cultura. Por vezes animamo-nos quando surgem inovações que nos surpreendem, como a «via verde» ou do pré-pagamento nos telemóveis ou o multi-banco. Mas será que culturalmente as valorizamos e, como riqueza nacional, as protegemos adequadamente?

Os serviços da administração do Estado português estão demasiado próximos da inércia alcatroosa da nossa sociedade, para serem eficazes como motor social. Uma mudança radical na mentalidade da administração da «coisa pública», que o governo quer implementar, deve sê-lo no sentido de fomentar um maior elitismo político e social, nos termos que acima foram definidos. Como referimos, no que concerne à administração pública poderá ser impulsionada pelo governação-electrónica e será bem vinda, essencialmente porque quebra as redes estabelecidas de uma grande ineficácia.

Mas é necessário ser justo e lançar sementes de esperança. Mesmo nas condições descritas para a nossa sociedade, há alguns exemplos, poucos é certo, de uma elevadíssima qualidade e produtividade. O exemplo que vou apresentar é o da Auto-Europa, fábrica do grupo Volkswagen, que representava em 2003 cerca de 1,9% do PIB português. Foi entre nós «o puxa e empurra» do *cluster* das Pequenas e Médias Empresas da indústria automóvel portuguesa. O seu elevado desempenho permitiu manter a fábrica em Portugal, não obstante a abertura da Europa ao Leste, e expandi-la com novos modelos de automóveis. Claro que operar um tal desempenho em Portugal requer a *elite das elites*. Justo foi pois o reconhecimento que a Universidade de Coimbra prestou ao seu Director, por ocasião da sua aposentação, ao conferir-lhe o doutoramento «honoris causa» no início de 2004, o Eng. Doutor Gerd Georg Heuss. «Um forte rei faz forte a fraca gente». Claramente a Auto-Europa é uma «ilha de excelência» no nosso país, mas felizmente há outras no sector industrial, nas tele-comunicações e no sector bancário. Para se conseguirem tais desempenhos há que tomar «vistas largas à Rossio» e não «vistas tacanhas à Betesga», infelizmente ainda demasiado frequentes entre nós, ou, como aponta Miguel Cadilhe, «o pior é a tibieza e a falta de visão»[73]. Infelizmente, o país carecia de outras «auto-europas» e só agora se reconhece essa premência para desenvolver e sustentar a economia.

A realidade industrial portuguesa – aquela que tem uma quota muito elevada no mercado de emprego – é fundamentalmente de pequenas e médias empresas (PME). Neste domínio estamos longe de alcançar uma excelência que permita uma eficaz competitividade internacional. Em larga medida, pecamos por falta de formação qualificada. O sector educativo português é, em termos relativos europeus, muito ineficiente e com pouca qualidade, mormente nos níveis gerais do ensino. Daí que no já citado artigo de opinião[74] de Teodora Cardoso e Manuel Pinho se refira que o peso da despesa pública no PIB nacional está próximo do das dez economias mais competitivas do mundo; portanto, não estamos a gastar pouco. O problema, diz o marciano, é que vocês «não gastam os fundos públicos de forma eficiente». «Olhem com atenção, por exemplo, para as instituições, para o nível de formação dos recursos humanos, para o vosso atraso tecnológico».

A competição com os países do Leste Europeu não é só a nível de salários mais baixos do que em Portugal, mas, acima de tudo, de uma enorme qualidade do sistema educativo daqueles países, que se reforçou durante o regime comunista. Uma indústria que pretenda mudar de tecnologia prefere, inevitavelmente, mudar-se para leste, porque encontrará mais sucesso em alcançar tal objectivo. Em Portugal, pelo contrário, defrontará uma elevada resistência à mudança a nível dos operários, de muitos engenheiros e de muitos empresários.

O sistema educativo português a nível do ensino básico e secundário é hoje considerado «um *case study* de ineficiência de investimento público na Educação» como refere o *Diário Económico* de 9 de Fevereiro de 2005. «Os rumos prosseguidos pela Educação têm levado Portugal a aproximar-se do 3º Mundo e não da Europa»[75]. A Tabela 8.2 ilustra bem, no campo da Educação, quão Portugal está distante da vizinha Espanha, de um país de Leste como a Polónia e da média da União Europeia.

Tabela 8.2 - Indicadores educativos em percentagem (*Diário Económico*, 9 de Fevereiro de 2005)

	investimento % PIB	taxa escolarização	licenciados	abandono escolar	sem formação no trabalho
Portugal	5,7	19,8	9	45	2,9
Espanha	4,4	51,6	23,5	29	5
Polónia	5,2	80,4	11,7	7,6	4,3
UE*	5	63,8	21,6	18,9	8,4

* Valores médios

O medo da perda do bem-estar social e dos esforços ambientais da UE ficaram bem patentes com o «não» para o referendo do novo Tratado da UE em meados de 2005. A Europa é um estado social e ambiental, pouco competitivo para uma abertura do comércio internacional. É não só o custo da mão-de-obra que favorece a deslocalização das indústrias europeias, como os inerentes custos de boas práticas ambientais. Acresce que uma política ambiental também está associada a uma política de uma agricultura subsidiada, como fomento da ocupação do solo. Desafios enormes que se colocam à Europa nos começos do século XXI e, por maioria de razão, a nós portugueses.

Debilidades no ambiente científico do país durante o Estado Novo

São agora apropriadas breves palavras sobre algumas das raízes profundas do nosso débil ambiente científico e que enfraquecem a acção de todos os cientistas que trabalham em Portugal. Sendo o sector das ciências químicas um dos de maior qualidade e produtividade em Portugal, representará um dos sectores de melhor desempenho[76]. Não obstante, a comunidade científica internacional não tem uma opinião altamente elevada da química portuguesa. A maior fraqueza da nossa química é, para além de um passado histórico sem visibilidade, a ausência de uma indústria química com expressão, porque a actividade industrial é sempre o *pull and push* (o puxa e empurra) da ciência de um país.

Portugal perdeu o início da revolução industrial no século XIX devido a diversos conflitos internos. O século seguinte foi dominado pela política do Estado Novo conduzida por Oliveira Salazar que, como referimos anteriormente, era avesso ao desenvolvimento industrial. Claro que depois, no seu espírito de equilibrar forças e tendências, lá foi permitindo a certos ministros algumas estratégias de desenvolvimento industrial, mas muito tardia e lentamente. Permitiu mesmo o desenvolvimento de algumas políticas estratégicas de investigação científica no domínio da energia nuclear, dado o nosso país, ao tempo, ser dos maiores produtores mundiais de urânio.

No campo da educação pode afirmar-se que o Estado Novo, oriundo da revolução de 28 de Maio de 1926, buscava formar um «homem novo», com base na imagem do «velho homem rural», mediante várias estratégias, entre elas a de um sistema educativo que, segundo João Formosinho, «educava para a passividade»[77]. Por outras palavras, o Estado Novo salazarista educava para atitudes e práticas de conformismo que não desencadeassem qualquer tipo de participação quer cívica, quer política, quer em associações, quer em campanhas, etc. Isto implicou a aplicação de diversos estratégias que evitassem a criação de dinâmicas de massas ou de grupos, quer de índole política quer cívica.

O Estado Novo caracteriza-se por ser um regime autoritário, que requeria uma participação das elites na governação, mas que evitava dinamizar as massas – despolitização, em oposição a mobilização de massas – e limitava o pluralismo dos grupos e tendências que apoiavam o regime. As comunicações políticas raramente se destinavam às massas, mas sim às elites. «Não sabemos o que ele diz, mas sabemos muito bem o que ele quer», dizia o povo. E Salazar afirmava: «Sei muito bem o que quero e para onde vou». O que traduz uma apreciável lucidez do regime. De facto as suas estratégias e objectivos foram bem alcançados, pois foi Ministro e Presidente do Conselho de Ministros sem interrupções durante mais de 40 anos. Mas fomentou pouco uma educação e uma indústria dinâmicas para o país. Aliás, para evitar a democracia liberal, haveria que travar a evolução educativa e económica. Os sucessos da democracia assentam num sucesso económico, num rendimento *per capita* acima dos 6000 dólares por ano[78]. Há, pois, factores históricos que condicionam o papel da ciência, da educação e da inovação na sociedade portuguesa dos nossos dias.

A actividade de investigação universitária durante o Estado Novo, que pretendia levar alguma elite universitária aos moldes da universidade de Humboldt do século XIX, foi sempre entre nós uma actividade supra-universitária e nunca esteve sob o governo directo de cada uma das universidades e faculdades. O seu financiamento regular provinha do Instituto de Alta Cultura e instituições que lhe sucederam, da Junta de Investigações do Ultramar e de algumas Fundações privadas como a Fundação Calouste Gulbenkian. Em consonância com esta realidade, a universidade portuguesa foi, durante o período em estudo, uma escola de bacharelato e licenciatura mas nunca uma «universidade de graduados». Mas durante este período foram lançadas, paralelamente às universidades, algumas infra-estruturas de investigação que vieram a fomentar a formação de quadros qualificados para as próprias universidades, inicialmente no estrangeiro e posteriormente no país. De forma notória, as Universidades de Luanda e de Lourenço Marques, imbuídas de um maior dinamismo de inserção social para o desenvolvimento de Angola e de Moçambique, acabaram, após a independência destas colónias portuguesas, por dar grande impulso ao corpo docente doutorado das universidades portuguesas[79].

A ciência no Portugal dos começos do século XXI

Portugal demorou séculos a chegar à ciência moderna, com a sua inevitável produção de conhecimento através da investigação científica regular. Não admira! A Universidade Portuguesa foi sempre periférica em relação ao espaço universitário europeu. Mesmo nos tempos áureos da Era das Descobertas e após o esforço notável de D. João III em convidar mestres estrangeiros já consagrados. Atente-se no caso do Doutor Navarro que se havia notabilizado nas Universidades de Cahors e Toulouse e que veio para Portugal com autorização especial de Carlos V; mercê do seu prestígio «chegou a receber em Coimbra um vencimento quatro e mais vezes superior ao de outros lentes seus contemporâneos»[80].

A partir de 1990 a universidade começa a recuperar na sua ligação à ciência, pois a *investigação científica* tem sido recentemente das áreas de maior crescimento no nosso país[81]: o total de I&D (investigação e desenvolvimento experimental) cresceu no nosso país 0,42% em 1988 para alcançar os 0,77% em 1999, comparado com a UE que neste período tem oscilado no seu investimento em I&D entre 1,8% e 2% do PIB. A UE estabeleceu um *benchmark* para 2010 de 3% do PIB aplicado em I&D. Entre nós a taxa de crescimento da produtividade científica, em 1999, atinge os 15,1%, valor muitíssimo superior ao do crescimento económico. O crescimento anual de investigadores situa-se em 7,6% em 2001, comparado com 2,89% da UE.

Hoje também começa a haver consciência que a própria Europa não está a dar o devido valor social à ciência e que isto pode vir a ser causa do seu declínio. Os jovens vão, cada vez mais, fugindo das ciências. Por isso, o *Education Council* da UE aprovou práticas de *benchmarks*, uma das quais implica um acréscimo no número de graduados em matemática, ciências e tecnologias no mínimo de 15% até 2010. Nos Estados Unidos esta fuga é muito menos notória. No tocante à investigação científica, ainda é reforçada pela emigração de jovens cientistas chineses, indianos, russos e de outros países. Mas o panorama está a mudar, porque a China e a Índia já começam a retomar os seus doutores e a oferecer-lhes boas condições de trabalho científico. Claro que estes horizontes sociais a nível europeu e americano, a não serem corrigidos, farão perder competitividade a estas regiões do globo, mas com efeitos num horizonte temporal bastante alargado.

Regressando de novo ao panorama português, o financiamento da despesa total em I&D é tão-só de 21,3% para o sector de empresas comparado com o valor de 56% na UE (dados 1999); em termos do PIB industrial, as empresas portuguesas investem 0,2% enquanto na UE este valor alcança os 1,42% (1999); os valores mais elevados verificam-se na Suécia (3,98%) e na Finlândia (3,18%). Esta é uma das nossas fragilidades estruturais que se reflecte, por exemplo, na proporção de químicos existente na indústria alemã (cerca de 90%), que cuidam do desenvolvimento do produto, *versus* engenheiros químicos (cerca de 10%), que estão responsáveis pelo processo industrial. No nosso país é praticamente o inverso. Não obstante, em Portugal a indústria química representa 12% do PIB industrial, que com a indústria paraquímica, do cimento, da pasta do papel, tintas e solventes, etc., ascende a 40%.

E a respeito das universidades? O Instituto de Educação Superior da universidade chinesa Jiao Tong de Shangai produziu um *ranking* das 500 melhores universidades do mundo[82]. Só a Universidade de Lisboa está nesta lista, porque foram contabilizados os prémios Nobel e, no caso de Lisboa, está o Nobel da Medicina de 1949 atribuído a Egas Moniz, um riquíssimo «tesouro científico». A miopia e as perseguições políticas do Estado Novo, contudo, muito prejudicaram a Escola Médica de Lisboa. A ciência é muito frágil para poder sobreviver bem com a cegueira dos homens. No que diz respeito à situação das nossas universidades em relação à pontuação no *Science Citation Index* e em termos de publicações nas revistas *Nature* ou na *Science*, as cinco melhores universidades têm a pontuação que se indica na Tabela 8.3 que deve ser complementada com a informação das Tabelas dos Capítulos 10 e 11.

Tabela 8.3 - Pontuação das melhores universidades portuguesas no *Science Citation Index* e em artigos nas revistas *Nature* ou na *Science*.[83]

	SCI	Revistas top
Lisboa	22,7	3
Aveiro	24,7	3,6
Coimbra	25,5	1,6
Porto	27,1	0
Nova de Lisboa	20,8	3,6

Retire-se uma lição. As universidades portuguesas, durante a sua história, não acumularam «tesouros científicos». Apesar de nos encontrarmos numa «era de competição por recursos escassos» que não favorece a preservação de escolas científicas, será um cuidado elementar que o país terá de ter se quiser fazer hoje o que devia ter feito mais intensamente no passado. Portugal não se pode dar ao luxo de perder valioso *know-how*, quer explícito quer tácito, acumulado em alguns grupos científicos de impacto das suas instituições universitárias. Portugal tem pois uma necessidade premente de preservar «escolas científicas» e formar algumas novas. Isto requer uma visão iluminada para a política científica do país. As escolas nascem, crescem e vivem à custa de relações mestre-aprendiz, o que implica a manutenção de um nível mínimo de entrada e saída de estudantes de pós-graduação e, a montante, de estudantes de graduação. A política científica nacional, sem descurar os objectivos das políticas científicas europeias – vocacionadas para a investigação mais aplicada e estratégica, dado que florescem num terreno científico já adubado com muitos tesouros de saber –, carece de estratégias nacionais para colmatar atrasos seculares, alheios à competitividade.

Havemos por bem reconhecer que nós portugueses não partimos do nível das estruturas científicas da esmagadora maioria dos países europeus, e que carecemos de amealhar tesouros próprios que nos creditem cientificamente. De outro modo, não passaremos de uma «colónia científica da Europa», com recursos naturais que são os nossos melhores estudantes. Todos os indicadores apontam para esta realidade e a criação de um espaço universitário europeu – Processo de Bolonha –, mais reforçará esta tendência. Estamos longe dos níveis europeus em termos de impacto da ciência na economia e em indicadores absolutos de produtividade e desempenho. Veja-se, por exemplo, em artigos científicos publicados por milhão de habitantes: Portugal 248; UE 613; Suécia 1431 (dados 2001). É natural que assim seja, pois o desenvolvimento científico é um processo lento. Contudo, as ciências cujos esforços com a investigação mais cedo começaram, são as que maior produtividade alcançam hoje entre nós: Física, Química e Ciências da Terra 29% da produtividade nacional; Ciências da Vida 22% (1981-2002).

Centremo-nos de novo na química. Mais do que a produtividade bruta anual – em química passou da gama da centena de publicações científicas no início de 80 para o milhar no início do novo século –, talvez seja mais relevante a evolução de indicadores de qualidade. Atentemos na evolução do número de artigos publicados na melhor revista desta ciência para artigos correntes, o *Journal of the American Chemical Society*. A Tabela 8.4 apresenta a evolução deste indicador. Verifica-se que o valor absoluto é baixo, mas o ritmo de crescimento tem sido muito elevado, quase duplicando cada quinquénio[84].

Tabela 8.4 - Publicações com morada de Instituições Portuguesas no *Journal of the American Chemical Society*[85].

Quinquénio	Média anual de artigos publicados
1980-84	0,6
1985-89	1,2
1990-94	1,2
1995-99	3
2000-03	7,2

A aposta na investigação científica paga, mas carece de permear todo o tecido económico; não pode estar confinada à Universidade e a Institutos de Investigação. A investigação tem de corresponder a uma necessidade de modernização dos objectivos das indústrias nacionais e a uma naturalidade de objectivos de acção. Nada se faz por decreto. Acções legislativas são meros catalisadores sociais, mas não mudam de um dia para o outro as nossas empresas e a nossa sociedade. Não queiramos dar «saltos de corça» para os quais não temos pernas.

A gestão dos dinheiros públicos e dos fundos para a investigação merece ainda uma palavra. As regras da administração pública portuguesa são claramente inadequadas para o ritmo competitivo da pesquisa científica; carecemos de requisitos de «boas práticas» na gestão da ciência, que se deve pautar por critérios de maior universalidade, porque a ciência está sempre em competição a um nível global.

Infelizmente as regras da administração pública também parecem inadequadas para outros domínios que não só o da ciência. A melhor prova desta inadequação é que o próprio Estado recorre a outros modos de gerir quando é necessário imprimir ritmos mais velozes e mais flexíveis. A cultura da nossa burocracia ignora os *objectivos* que gere, acarretando graves prejuízos e ineficiências. Andamos aos zigue-zagues como «baratas tontas» em política fiscal, em reformas para uma aplicação atempada da justiça, em programas educativos, em ordenamento do território, em política ambiental, etc.. Sem um programa estável definido para o médio prazo, não progredimos. A «fábula» do marciano sugerida por Teodora Cardoso e Manuel Pinho resume tudo isto do seguinte modo: «Sem um quadro de estabilidade financeira e um programa claro de crescimento no médio prazo, os problemas da vossa economia não se vão resolver, estúpido!»[86].

Estas regras da administração pública foram surgindo com Salazar quando, a partir de 1928, teve de resolver a grave crise financeira do Estado Português. Em 1929, Ivans Ferraz ao tomar posse como chefe do Governo, declarava: «A acção da Ditadura exercer--se-á pelo tempo necessário à execução dum programa que englobará, principalmente, os problemas vitais da Administração Pública»[87]. E quais eram os seus objectivos mais longínquos? O título de um dos discursos que Salazar profere em 1930 é claro a tal respeito: «Ditadura administrativa e revolução política»[88]. Por isso Salazar manteve tais procedimentos após a resolução económica e financeira da crise, porque era um bom meio para controlar o ritmo do desenvolvimento do país – «o melhor meio de adiamento e paralisação da acção, [...] mas criando a ilusão da sua efectuação»[89]. Estratégia que ainda encontramos muito presente na vida nacional na administração pública e em certas instituições quer públicas quer privadas.

Mas o próprio regime da «ditadura política e administrativa» sempre reconheceu que o financiamento da investigação, através do Instituto para a Alta Cultura (IAC), tinha objectivos específicos que implicavam uma gestão de fundos públicos em moldes de uma maior flexibilidade. Não direi que todas as verbas para a investigação tenham de seguir as regras tão flexíveis do IAC e da agência que lhe sucedeu, o INIC. Todavia, o espesso nevoeiro que presentemente vai descendo no modo como são «geridos» entre nós os fundos de investigação, mais nos afasta de qualquer competitividade com outros países europeus. E compromete o sucesso já alcançado no crescimento da nossa produtividade científica e nos fundos públicos nela aplicados.

A tudo isto acresce a instabilidade no ritmo do financiamento da investigação científica pelos poderes públicos, muito dependente de ciclos político-partidários. Dentro da mesma categoria académica, outro obstáculo de vulto é a igualdade salarial de todos os professores nas universidades estatais portuguesas. Isto não se verifica nas universidades europeias e americanas, que discriminam os vencimentos em função da qualidade e desempenho do professor. Talvez não tenha de ser sempre assim o nosso destino, que nos afasta intrinsecamente dos sistemas universitários de qualidade. Há que mudar radicalmente se queremos atrair alguns investigadores portugueses a trabalharem no estrangeiro, como «parecia» ser o desejo do Governo português em

2004. Mas não bastam as «Medidas de Excelência» que carecem de ser prosseguidas de um modo sustentado. Referimos de modo particular a questão do ritmo seguro do financiamento da investigação, a questão salarial e a atenuação da «ditadura administrativa» na gestão dos fundos de investigação e no sistema universitário.

Mais! Neste período de inserção de Portugal na União Europeia teríamos carecido de uma máquina eficiente do Estado Português em disponibilizar os fundos financeiros de um modo atempado. O grande pecado do Estado foi o não cumprir *em tempo* os seus compromissos, os financeiros e outros. Ao fazê-lo com meses ou anos de atraso, consoante os casos, compromete o nosso futuro colectivo e o de muitas instituições e empresas portuguesas. Como o Estado é a imagem simétrica da sociedade portuguesa, é, se me permitem o pleonasmo, um auto-suicídio nacional.

É a consciência aguda desta nossa debilidade que afasta muitos portugueses de regressaram para trabalhar connosco. Mas não só. Erda Inönü, em trabalho recente[90], procura classificar os países de acordo com as influências económicas e não-económicas na produtividade científica. Nos factores não-económicos encontramos as influências culturais e, nomeadamente, as da educação. Nos países em que predominam os factores culturais e educativos estão o Reino Unido e quase todos os países do antigo Império Britânico, os países da ex-União-Soviética, a Suíça e os países Escandinavos. A Espanha é o país onde estes dois tipos de factores se encontram mais equilibrados. Portugal encontra-se na classe dos países nos quais os factores económicos são mais relevantes, não pela pujança da nossa economia, mas pela debilidade da educação em Portugal e por uma cultura pouco pautada pela ciência.

O autor realça que os Estados Unidos se encontram na mesma classe de Portugal, obviamente a todo um outro nível. Inönü coloca três hipóteses para explicar este facto: i) a relativa debilidade do sistema educativo americano; ii) o facto de os Estados Unidos não estarem a fazer uso pleno da sua capacidade científica; iii) o efeito catalítico da produção científica ter criado um forte efeito sinergético na economia americana. Quiçá, o primeiro e o último serão os mais relevantes, dado o facto de 73% das citações nas patentes americanas, entre 1993 e 1994, serem de artigos de «investigação pública» e ser tão-só de 27% as de investigação industrial[91]; acresce ser elevada a proporção de professores universitários e investigadores a trabalhar nos Estados Unidos que não são naturais deste país.

Agora, para o nosso país, a questão mais relevante é a desproporção da influência cultural que se verifica em relação à Espanha, porque este é o nosso real termo de referência.

Com o Euro 2004, fizemos quase tudo bem, fugindo da nossa incapacidade habitual; falhámos por excesso no número de estádios que não foram positivamente avaliados em análises custos-benefícios. Mas tivemos um *projecto*, bom ou menos bom, e cumprimo-lo. Fugimos da burocracia esterilizante construindo os estádios em tempo. Pagámos atempadamente. Fomos profissionais na organização e na segurança, etc., etc. Isto dá-nos esperança de que podemos fazer como os outros, assim tenhamos projectos e objectivos a cumprir. E esta esperança levou a um grande aumento de coesão nacional e a acréscimo de confiança. Ao ponto de num comboio, ouvir alguém a trautear o Hino Nacional, como se de uma canção da moda se tratasse. Tudo isto resume a grande lição a extrair do Euro, e não tanto a nossa capacidade futebolística, apesar de ter sido bastante boa.

Mas há ainda um outro ensinamento a recolher, este infelizmente o reverso da medalha. Portugal, como país, consegue *sprintar* bem, mas é incapaz de realizar tudo o que requeira um esforço de longo prazo. O país está sempre a fazer *reset*, e muitas vezes *resets* profundos não só no domínio político mas em toda a actividade governativa. Parece que Portugal perdeu a «memória autobiográfica» ou a tem muito enfraquecida – não-inscreve e não se lembra.

Carecemos de esforços a prazo e a longo prazo, como o de cerzir um novo ordenamento florestal e urbano no país para atenuar o ciclo de incêndios que todos os verões nos assolam. É o preparar em tempo os nossos requisitos de energia para não dependermos tão exclusivamente do petróleo e penalizarmos excessivamente a nossa indústria. É o construir mais uma ou outra barragem para dispormos da água de que tanto carecemos já hoje e ainda mais no futuro. Sem dúvida que há impactos ambientais que afectam a biodiversidade, mas a falta de água produzirá o mesmo efeito.

É o lidar adequadamente com uma política de tratamento de resíduos quer banais quer perigosos, urbanos ou industriais. É o dispormos em tempo de um aeroporto adequado para Lisboa, suficientemente longe da cidade por razões de segurança, para minorar os seus impactos ambientais de ruído e poluição atmosférica e para permitir um escoamento rápido de pessoas e de bagagens. Contudo, em todos estes temas e em muitos outros perdemo-nos sempre em discussões infindáveis. Para toda a «acção individual ou colectiva é indispensável a certeza»[92], e é a certeza e a confiança que nos faltam, mormente em questões de alguma complexidade como as que se vivem numa «era tecnológica». Carecemos de alguma cultura científica, presente nas sociedades modernas para se compreender um pouco do deslizar nos labirintos ramificados da ciência e da tecnologia. Claro que o futebol não requer explicações complicadas.

NOTAS

[1] Portugal é o quarto país da Europa onde mais se trabalha mas menos se produz. Requer-se do trabalhador português uma ética profissional e objectivos bem definidos, para saberem por que razão trabalham. (*Expresso*, ed. nº 1743, 20 de Janeiro de 2006, Caderno Emprego, «Como lidar com a incompetência», pág. 8).

[2] Eça de Queiroz e Ramalho Ortigão, «As Farpas», (M. F. Mónica, coord.), Principia, S. João do Estoril, 2004, pág. 113.

[3] P. Wise, «Gripped by the gurus», *EuroBusiness*, vol. 5, nº 3, Agosto/Setembro 2003, págs. 42-44.

[4] Entrevista a José da Silva Lopes, *Montepio*, Setembro 2004, págs 19-25.

[5] T. Cardoso e M. Pinho, «É a economia, estúpido!», *Visão*, 29 de Julho de 2004, pág. 104.

[6] Secretário de Salazar. Um dos jovens oficiais apoiantes do golpe militar do 28 de Maio que havia sido aluno de Salazar em Coimbra. Segundo o seu testemunho (Assis Gonçalves, «Intimidades de Salazar», Bertrand, Lisboa, 1971, pág. 51): «Convidou-me para o secretariar, e acompanhei-o durante os sete primeiros anos da sua difícil governação administrativa e financeira, mais como órgão de ligação com o Exército do que como burocrata de Gabinete».

[7] Helena Matos, «Salazar. Propaganda», vol. 2.», Círculo de Leitores, Lisboa, 2002, p. 27.

[8] Helena Matos, *ob. cit.*, p. 46.

[9] Helena Matos, *ob. cit.*, p. 12.

[10] «Será preciso caminhar devagar, sem permitir desequilíbrios nem rupturas». A Trabulo, *ob. cit*, pág. 109.

[11] F. Rosas, R. Carvalho e P. Aires Oliveira, «Daniel Barbosa, Salazar e Caetano. Correspondência política 1945-1966», Círculo dos Leitores, Lisboa, 2002, ver particularmente a Introdução e os Documentos 59 (págs. 125-138) e 110 (págs. 255-271).

[12] Rosas *et al.*, *ob. cit.*, pág. 127.

[13] A. Trabulo, «O Diário de Salazar», Parceria A. M. Pereira, Lisboa, 2004, 6ª ed., pág. 107.

[14] V. Pulido Valente, «Thatcher, França e Portugal» em jornal *O Público*, 3 Novembro 2006; itálico meu.

[15] F. Dacosta, «Salazar. Fotobiografia», Editorial Notícias, 2000, pág. 132.

[16] Dacosta, *ob. cit.*, pág.101.

[17] H. Matos, «Salazar. A construção do mito», vol. 1, Círculo de Leitores, Lisboa, 2003, págs. 389-390.

[18] J. A. Kopytowski, «Innovation in the chemical industry», *Chemistry International*, 26, nº 5, 3-6 (2004).

[19] M. J. Block, «All innovation is not created equal», *Chemical Innovation*, 30, Fev.,1 (2000).

[20] Eça de Queiroz e Ramalho Ortigão, «As Farpas», *ob. cit.*, pág. 29.

[21] M. Cadilhe, «O Sobrepeso do Estado em Portugal. Uma proposta de reforma conceitual e administrativa», Fubu Editores, Porto, 2005, pág. 79.

[22] Entrevista a Vasco Pulido Valente, em *Visão*, nº 635, 5 a 11 Maio 2005, pág. 66.

[23] «Pergunta & Resposta», António Barreto, *Visão*, nº 620, 20 a 26 Janeiro 2005, pág. 27.

[24] J. Gil, «Portugal, Hoje. O Medo de Existir», Relógio D'Água, Lisboa, 6ª reimpressão, Março 2005.

[25] Gil, *ob. cit.*, págs. 15, 17.

[26] Gil, *ob. cit.*, pág. 134.

[27] Gil, *ob. cit.*, pág. 29.

[28] Gil, *ob. cit.*, pág. 41.

[29] Gil, *ob. cit.*, pág. 46.

[30] Gil, *ob. cit.*, pág. 79.

[31] Gil, *ob. cit.*, págs. 79-82.

[32] M. M. Cruzeiro e M. M. Baptista «Tempos de Eduardo Lourenço. Fotobiografia», Campo das Letras, Porto, 2003, pág. 118.

[33] Gil, *ob. cit.*, pág. 84.

[34] Gil, *ob. cit.*, págs. 92-96, 99.

[35] R. Eiras, «Criar uma elite de ruptura», *Expresso*, 18 de Outubro 2003, Caderno de Emprego, pág. 1.

[36] S. Sarkar, «As razões da mediocridade», *Executive Digest*, Lisboa, nº 112, Fevereiro 2004, págs. 10-13.

[37] *Público*, Economia, 9 de Fevereiro de 2004, pág. 4

[38] L. de Albuquerque, Os Descobrimentos Portugueses», Publicações Alfa, Lisboa, 1985, pág. 1.

[39] C. Fontes, «Porque emigram os portugueses?»; http://imigrantes.no.sapo.pt/page6razoes.html; 17 Setembro 2004.

[40] J. Carvalho Arroteia, «Aspectos da Emigração Portuguesa», *Scripta Nova*, nº 94, 1 de Agosto 2001; http://www.ub.es/geocrit/sn-94-30.htm; 17 Setembro 2004.

[41] Este dito foi-me transmitido pelo Arq. José Cornélio da Silva.

[42] S. Sarkar, «Quem vai fazer o bolo?», *Executive Digest*, Janeiro de 2004, ano 10, nº 111, págs. 10-12.

[43] A. Quental, «Causas da Decadência dos Povos Peninsulares», Ulmeiro, Lisboa, 7ª ed., 1996, pág. 12.

[44] L. Valadares Tavares, «Custos do Caos», *Diário Económico*, 4 de Fevereiro de 2004.

[45] H. Matos, «Salazar. A construção do mito», vol.1, Círculo de Leitores, Lisboa, 2003, pág. 383.

[46] No mundo de hoje exercem-se muitos lóbis positivos enaltecendo as qualidades e os desempenhos de uma instituição ou de uma pessoa. A inveja equivale a uma acção de lóbi negativo que procura denegrir as qualidades e os desempenhos dos possíveis competidores.

[47] Entrevista a Vasco Pulido Valente, em *Visão*, nº 635, 5 a 11 Maio 2005, pág. 66.

[48] A. Mega Ferreira, «O partido da raposa», *Visão*, nº 575, 11 a 17 Março 2004, pág. 19.

[49] M. Pinho, «Sobre a reforma do PEC: simples ou enganador?», *Expresso, Caderno de Economia & Internacional*, 31 Janeiro 2004, pág. 18.

[50] Dados do Observatório da Fundação para a Ciência e Tecnologia; internet.

[51] Sérgio Rebelo; dados apresentados em S. J. Formosinho e J. Oliveira Branco, «A Pergunta de Job», Universidade Católica Editora, Lisboa, 2003, pág. 129, nota 48.

[52] H. Kissinger, «Diplomacia», Gradiva, Lisboa, 1996, pág. 610.

[53] Cadilhe, *ob. cit.*, pág. 67.

[54] Em «Cavaco é o pai do 'monstro'», *Expresso*, 28 Maio de 2005; ver também H. Roseta, «O pai do monstro», *Visão*, nº 638, 25 Maio a 1 Junho, 2005, pág. 154.

[55] Dados em *Expresso*, 28 Maio de 2005, págs. 16, 17.

[56] «Como salvar a economia portuguesa?», *Visão*, nº 637, 19 a 25 Maio 2005, págs. 98, 99

[57] Cadilhe, *ob. cit.*, pág. 8.

[58] Cadilhe, *ob. cit.*, pág. 15.

[59] Cadilhe, *ob. cit.*, págs. 38 e 39.

[60] Cadilhe, *ob. cit.*, págs. 11 e 12.

[61] Cadilhe, *ob. cit.*, pág. 54.

[62] Cadilhe, *ob. cit.*, pág. 89.

[63] Cadilhe, *ob. cit.*, pág. 46.

[64] Cadilhe, *ob. cit.*, pág. 13.

[65] Cadilhe, *ob. cit.*, pág. 14.

[66] Cadilhe, *ob. cit.*, págs. 36-38.

[67] Cadilhe, *ob. cit.*, pág. 80.

[68] Cadilhe, *ob. cit.*, págs. 43 e 49.

[69] Cadilhe, *ob. cit.*, pág. 69.

[70] Silva Lopes, *ob. cit.*.

[71] Sarkar, *ob. cit.*.

[72] Número de patentes de alta tecnologia por milhão de habitantes, dados de 2002: Portugal, 0,8; Finlândia 120; Espanha 3,5; USA 48.

[73] Cadilhe, *ob. cit.*, pág. 81.

[74] T. Cardoso e M Pinho, *ob. cit.*.

[75] *Diário Económico*, 9 Fevereiro 2005, pág. 34.

[76] Nos prémios de «Estímulo à Excelência» 45% dos contemplados são químicos («Estímulo à excelência distingue sócios da SPQ», *Bol. Soc. Port. Quim.*, 95, Outubro-Dezembro, 6-8 (2004)), a mesma percentagem que se verifica a nível da Universidade de Coimbra. Outros indicadores a apontar no mesmo sentido serão apresentados nos Capítulos 10 e 11.

[77] J. Formosinho, «Educating for Passivity. A Study of Portuguese Education (1926-1968)», Ph. D. Thesis, University of London, 1987.

[78] F. Zakaria, «O Futuro da Liberdade. Democracia liberal nos Estados Unidos e no mundo», Gradiva, Lisboa, 2004, págs. 66, 67.

[79] V. Crespo, «Uma Universidade para os Anos 2000. O ensino superior numa perspectiva de futuro», Editorial Inquérito, Mem Martins, 1993, pág. 73.

[80] S. Tavares de Pinho, «A mobilidade dos Universitários», em *.História da Universidade em Portugal*, I vol. Tomo II, Universidade de Coimbra/Fundação Calouste Gulbenkian, Coimbra, 1997, pág. 995.

[81] Dados do Observatório da Fundação para a Ciência e Tecnologia; internet.

[82] http://ed.sjtu.edu.cn/ranking.htm; 8 Setembro 2004.

[83] C. Nabais Conde, comunicação pessoal.

[84] Entre 2000 e 2003 a revista cresceu, em média, 10% ao ano em número de artigos publicados e o seu Factor de Impacto cresceu ligeiramente: 6,025 (2000), 6,21 (2003).

[85] Dados extraídos do *Web of Knowledge*.

[86] T. Cardoso e M Pinho, *ob. cit.*.

[87] H. Matos, «Salazar. A construção do mito», vol. 1, Círculo de Leitores, Lisboa, 2003, pág. 66.

[88] H. Matos, *ob. cit.*, pág. 98.

[89] Gil, *ob. cit.*, pág. 87.

[90] E. Inönü, «The influence of cultural factors on scientific production», *Scientometrics*, 56, 137 (2003).

[91] W. Lepkowski, «Public Science drives innovation», *Chem. Eng. News*, Setembro, 24-26 (1997):

[92] A. Trabulo, *ob. cit.*, pág. 78.

CAPÍTULO 9

A ARTE DO CONHECIMENTO E DA RETÓRICA

A ciência como uma actividade humana e a necessidade da retórica

Num regime de competição por recursos escassos e de uma maior relevância económica para o desenvolvimento dos povos, a actividade científica está a ser cada vez mais uma actividade humana. É-o sob o ponto de vista de uma competição por recursos escassos, e também sob outros pontos de vista associados à necessidade de «vender o entusiasmo da investigação» e divulgar a ciência aos seus pares e à sociedade. Amor à verdade e aos valores de honestidade intelectual que a paixão da descoberta e da inovação suscitam a nível individual, mas que se quer partilhar com a sociedade, porque é enormemente enriquecedor o aprofundamento da natureza que a ciência nos aporta.

Como nos elucidou Michael Polanyi[1] em 1958, a *paixão heurística* não almeja a posse individual dos segredos da natureza. Bem pelo contrário, vai bem para além desta conquista pessoal. Pretende enriquecer o mundo com tais entendimentos. Mas com que meios pretendem os cientistas convencer a sociedade a partilhar com eles a beleza e os frutos de um tal enriquecimento cognitivo? Por *demonstração*, com certeza, mas suplementando-a com formas de *persuasão* que podem induzir a *conversão*.

Como se torna evidente, os cientistas têm de se envolver emocionalmente nas suas actividades de pesquisa e nas metas conquistadas, para começarem por interessar outros cientistas no exame mais atento dos resultados alcançados. É que, no mundo actual, a quantidade de informação é cada vez maior e há necessidade de se operar uma selecção no estudo com base em algum critério, como o de uma boa exposição e de respostas criteriosas por parte de um colega. Hoje, o critério de desinteresse e indiferença do *observador neutro* da ciência académica, de facto, não consegue convencer, se é que foi convincente no passado. Com efeito, em todas as acções humanas, aparece primeiro o impetuoso e o impreciso; depois, vem o calmo e o exacto, e é necessário tempo para desenvolver e apreciar todas estas fases.

A ciência é herdeira da tradição helénica da honestidade intelectual. Mas em nossos dias tem de fazer forte apelo a uma outra das heranças da mesma civilização – a *retórica*. A retórica, um dos traços fundamentais e distintivos do génio grego, é a técnica (ou a arte) de convencer o interlocutor através da oratória. Classicamente, o discurso ao qual se aplica a retórica é o discurso verbal, mas há também, e de igual relevo em ciência, o discurso escrito e o discurso visual. Atenas foi a cidade que descobriu a civilização assente nas palavras, e soube retirar da capacidade da linguagem as consequências decorrentes dessa superioridade humana. Mas para a ciência a «palavra pública» é muito vasta, abarcando artigos, conferências, seminários, etc., e nos dias de hoje a *Internet*.

Ainda antes de Michael Polanyi, se bem que sem a sua profundidade fruto de um pensamento amadurecido por uma longa prática científica e reflexão filosófica, encontramos entre nós, em 1924, na obra de Manuel Gonçalves Cerejeira, *Igreja e Pensamento Contemporâneo*, um contributo seminal sobre a necessidade de humanização da ciência. Numa ulterior edição da mesma obra, em 1944, afirma contra a visão positivista do seu tempo: «Fez da razão frio sol de inverno, iluminando cadáveres da realidade humana, a que faltava justamente a vida. E, quebrada a unidade da vida espiritual do homem, o pensamento torna-se uma coisa impessoal, abstracta, unilateral, sem vida, o pensamento «em si», a ciência «em si»; não brota como a faísca da pedra, das profundezas e do conjunto do ser»[2].

Citando D. Carlos Pinheiro, Bispo Auxiliar de Braga que, como pároco de Ponte de Lima acompanhou o Cardeal Cerejeira numa viagem de barco a um Congresso Eucarístico no Rio de Janeiro, escrevia em carta a agradecer-me a oferta de um livro sobre o pensamento epistemológico deste eminente escolar e insigne figura da Igreja Católica portuguesa: «Senti a presença e a alegria da sua presença amiga e bondosa; gostava de ouvir as suas intervenções entusiastas». Com os seus gestos largos e o seu modo de pregar, Cerejeira sempre foi capaz de transmitir um forte carácter de emoção humana às suas mensagens como Pastor da Igreja. Era um homem de boa retórica.

Intrigou-me que, após ter concluído o seu curso de Teologia na Universidade de Coimbra, Gonçalves Cerejeira haja frequentado a Faculdade de Direito até quase completar o segundo ano, e a haja abandonado para acabar por se matricular na Faculdade de Letras em Histórico-Geográficas onde se veio a licenciar, a doutorar em História e a ser Professor Catedrático. Terá descoberto que o Direito não era a sua vocação, mas conjecturo que se lhe repugnava a falta de humanização da Ciência, por maioria de razão havia de rejeitar um sistema legal no Direito que lhe pareceu demasiado abstracto, neutro e mecanicista para lidar com as acções e actividades da pessoa humana.

Digamos que, de alguma forma, esta conjectura ganha algum suporte a partir de uma entrevista que o Doutor Figueiredo Dias, Professor Catedrático da Faculdade de Direito da Universidade de Coimbra, deu à revista *Visão* nº 544 de Agosto de 2003 sobre o Código Penal e o correspondente sistema penal português. Bem como da carta aberta que, na semana seguinte, o Dr. José Miguel Júdice, na qualidade de Bastonário da Ordem dos Advogados, lhe escreve no mesmo local. Na essência, «as leis portuguesas são boas demais para os seres humanos que as aplicam, os juízes e magistrados do Magistério Público». Mas replicou Miguel Júdice: «As leis são feitas para Homens e não para Abstracções. Leis magníficas podem revelar-se péssimas se não ponderarem a realidade humana com que têm de viver».

Tal como a Ciência é uma actividade humana que pretende intervir no mundo, também o Direito é uma actividade humana que pretende intervir na sociedade mediante um certo conjunto de normas éticas e de regulação de comportamentos entre pessoas. *Mutatis mutandis* a problemática é a mesma, a humanização do Direito (português). É digno de realce que esta problemática venha a ser apontada por João Bilhim, professor no Instituto Superior de Ciências Sociais e Políticas da Universidade Técnica de Lisboa: «Os juízes são formados para serem máquinas aplicadoras de leis, estando completamente desligados da realidade social e económica do país. [...] formam-se juízes-máquinas e não juízes-homens»[3]. O conhecimento jurídico também requer uma contextualização, tal como o conhecimento científico. «Onde existe a liberdade de contrariar a realização do nosso ser, é precisamente onde se quebra a lei do progresso»[4].

O conhecimento tácito

«Uma verdade é mais facilmente descoberta por um homem do que por uma nação». A partir desta afirmação de Descartes, podemos agora reconhecer onde estão as raízes de todo o conhecimento público. As raízes do conhecimento público, enfatizou-o Michael Polanyi[5], estão no *conhecimento pessoal.* Portanto, antes de prosseguirmos com a nossa história, temos de nos debruçar um pouco mais sobre esta fonte primária do conhecimento, o conhecimento na pessoa humana.

O termo «conhecimento tácito» ou «saber tácito» foi introduzido pela primeira vez por Michael Polanyi na sua magna obra «*Personal Knowledge, Towards a Post Critical Epistemology*»[6]. Antes de avançarmos um pouco mais neste conceito, vou falar de uma historieta de cães que me foi contada pelo meu tio José Teodoro, que era médico. O meu tio tinha uma casa de praia no Baleal que ainda está na família. Havia um cão, o Snick, que quando estavam a veranear ou a passar uns tempos de repouso no Baleal, vadiava pelo lugar com um outro cão, que nunca tinha entrado lá em casa. Como todo o cão que convive com o homem tem um nome, vou apelidá-lo de Jamor. Um domingo de manhã, o meu tio ainda não estava arranjado e viu, com espanto, os dois cães dentro de casa. Verificou que o Jamor estava ferido numa pata. Lá o tratou, dando-lhe uns dois ou três pontos, e o cão nunca mais voltou a aparecer dentro de casa; esperava pelo Snick à porta da casa, bebendo água ou fazendo algo para se entreter enquanto estava de espera. Questionava-se o meu tio: «Como é que o Snick explicou ao outro cão? – O meu dono sabe resolver o teu problema. Tens é de vir comigo lá a casa». Trata-se de conhecimento tácito, presente nos animais e também no homem. Muito importante no bebé e na criança, e imprescindível para nós humanos adquirirmos a nossa linguagem.

O «conhecimento tácito» opõe-se a «conhecimento explícito» ou conhecimento articulável, o ideal de todo o tipo de conhecimento que emergiu com a revolução científica do século XVII. Recordemos a famosa frase de Galileu: «O livro da Natureza está escrito em linguagem matemática». No enquadramento do positivismo lógico, conhecimento e linguagem estavam tão cerzidos um ao outro, que a possibilidade de haver conhecimento que não pudesse ser articulado nalguma forma de linguagem era incompreensível. Foi esta visiva que começou a ser posta em questão por um conjunto de filósofos após a 2ª Grande Guerra.

Na historieta de cães que acima referi, há conhecimento que foi transmitido: i) por parte do Snick, o reconhecimento da capacidade do seu dono para lidar com feridas; ii) a necessidade de o Jamor ter de ir a sua casa; iii) dado que o Jamor nunca lá tinha entrado em casa, digamos que houve um convite do Snick ao seu companheiro para o fazer. E tudo isto que nós humanos explicitamos, foi transmitido entre cães de uma forma não-explícita, mas possivelmente de uma forma global. Já não se trata somente de um cão a ladrar para chamar a atenção do dono; este já sabe, dentro de um espectro limitado de alternativas, o que é que o seu cão quer.

Quando alguém está empenhado na prática de uma actividade, como tocar piano, andar de bicicleta, nadar, etc., tem de basear-se num *conhecimento de fundo* – uma certa forma de conhecimento tácito holístico (*gestalt*), porque o praticante entende-o na *globalidade* – que não consegue explicitar enquanto está a praticar a actividade. Quando se toca piano, o pianista concentra-se na pauta de música da peça, mas não se preocupa com o trabalho das mãos. É que se o fizesse não conseguia tocar com fluência. Depois de tocar a peça, o pianista já consegue verbalizar o seu trabalho de mãos. A percepção de um «todo» pode ser destruída pela atenção que se preste aos seus elementos constitutivos[7].

É uma das características mais surpreendentes da mente humana, que uma pessoa possa prosseguir, de forma consistente, um percurso de acção criadora e de intervenção, sem ter consciência dos princípios condutores que a balizam[8] – o conhecimento tácito.

Dada a vastidão do campo do conhecimento, haverá sempre alguns elementos específicos do nosso conhecimento que não poderemos articular quando pensamos ou agimos. O escritor António Lobo Antunes descreve a sua actividade de escrita como «ditada por um anjo» ou por outras palavras, «sei que fiz o melhor que pude, que faço o melhor que posso, que tenho uma *confiança* cega na minha mão e na minha parte de trevas que é aquela que escreve»[9]. E a «parte de trevas» é precisamente o inarticulável. Não que não sejam necessárias palavras para descrever esta zona de trevas, mas as palavras são claramente insuficientes.

Eu gostava de escrever a lápis. Conseguia acompanhar melhor o curso do pensamento que é global e não sincopado em palavras. Mas a letra, com o ritmo da escrita, começou a «resistir a várias leituras», mesmo para mim, e o tempo que perdia a decifrar o que havia escrito à mão, fez-me desistir e passar a escrever directamente no computador. Direi que este modo de trabalho ainda mais dificulta a verbalização das ideias e só se adquire alguma qualidade de escrita, por muitas e muitas leituras e revisões do texto.

O conhecimento tácito não é articulável de forma verbal, mas pode ser articulado, por exemplo, através da *acção*. Assim o conhecimento tácito pode ser transmitido e transferido mais simplesmente através de uma relação mestre-aprendiz. Para se avaliar e criticar este tipo de conhecimento, há pois que fazer apelo à acção ou à prática.

A necessidade de uma prévia «visão global», muito presente no conhecimento tácito, está para mim bem presente na leitura de um artigo científico. Requer pelo menos duas leituras: a primeira confere a visão na globalidade, indispensável para a melhor compreensão de toda a verbalização do artigo. Encontra-se aqui um processo iterativo, pelo menos em duas etapas, imprescindível para ser o mais justo possível para com os autores.

Todo o conhecimento humano está enraizado em conhecimento tácito, no seu sentido mais profundo e mais forte. Coetzee, prémio Nobel da Literatura de 2003, na sua obra «Ilha», exprime-o de uma forma sublime na personagem de *Friday*, a quem cortaram a língua. Que reflexão profunda sobre o essencial de cada ser. Primeiramente na acção, que é uma outra forma de conhecimento. Perícia no saber e destreza manual são dois elementos da arte do conhecimento. Dança e música são expressões desse conhecimento tácito, muito globais quando a vemos como expressão da pessoa, como um todo, por exemplo, na religiosidade das mulheres e dos homens africanos.

A aquisição da própria linguagem, na hipótese de Robin Dunbar, pode ter surgido como um substituto do «cuidar físico» entre hominídeos, o tratamento, a alimentação e a limpeza. A vida em comunidades, que leva à cooperação entre os animais, traz vantagens competitivas na evolução das espécies, mormente no cuidar dos filhotes, como se de pequenas creches animais se tratasse. Para manter estas ligações sociais (inter-animais) Duncan sugere que poderá ter havido uma forma verbal do «cuidar» e que veio a permitir o desenvolvimento da capacidade de um animal figurar o que os outros estão a pensar e, mais ainda, o que os outros estão a pensar sobre o próprio[10].

A inteligência humana não é muito diferente da dos animais mais evoluídos antes de uma pessoa adquirir uma linguagem. A partir dessa ocasião, a inteligência evolui enormemente e destaca-se da dos animais. Mas a utilização da linguagem é uma operação cognitiva tácita que se passa no nosso cérebro e não por manipulação de símbolos ou letras num papel. Igualmente a capacidade criativa do homem, mediante a descoberta da novidade, continua a ser da mesma índole que a de animais, como os ratos, para aprenderem a mover-se num labirinto[11]. Carecemos de dar um sentido às nossas situações quer no plano intelectual quer no plano prático para a acção.

O papel da retórica nas controvérsias científicas de ISM

Todas as intuições geradoras de fortes *convicções* pessoais nunca se encontram plenamente justificadas pela razão objectiva. Apesar de assentarem em convicções são, contudo, a grande inspiração para todo o planeamento científico das inovações e descobertas[12].

Como referimos, a paixão heurística que é inerente a toda a descoberta científica e leva o inovador a procurar convencer os pares do valor da sua descoberta, requer a mobilização de recursos retóricos. Inevitavelmente, fomos compelidos a percorrer o mesmo caminho de tantos outros nas controvérsias científicas em que esteve e está envolvido o modelo ISM.

Bruno Latour na sua obra «*Science in Action*»[13] coloca em confronto dois modos de ver a ciência em acção quando surgem as controvérsias: «a ciência contém em si verdades que a autoridade não pode derrubar; a ciência não verga à opinião da multidão ou de um grande número de pessoas». Aqui a retórica opõe-se à ciência, tal como a autoridade se opõe à razão. No pólo oposto a perspectiva é diferente: «como é possível ser-se mais forte do que um milhar de políticos ou de filósofos [ou de cientistas]?; como ser mais forte e ganhar sobre a opinião de uma multidão?». Neste pólo a retórica julga-se suficientemente forte para que uma pessoa ganhe a umas 2000 autoridades de prestígio.

Qualquer cientista não é um «autor isolado». Mesmo no caso presente, em que estamos a trabalhar num país europeu periférico e numa comunidade científica que também o é, procuramos reforçar as nossas reivindicações com o recurso a outros artigos científicos da bibliografia, mediante «citações». Alguma bibliografia científica é mobilizada para apoiar os nossos interesses. Esta é uma faceta geral, mas é particularmente notória no artigo em que se faz uma extensa revisão de toda a bibliografia no domínio das reacções de transferência de electrão[14]. Começa-se por realçar as contradições internas da TM, seguidamente mobilizam-se as forças científicas aí referidas contra o próprio paradigma de Marcus e, finalmente, movimentamos tais forças a nosso favor. Como bem realça Latour, «o destino dos factos e dos instrumentos científicos está nas mãos dos seus subsequentes utilizadores»[15]. Na medida do possível, em todo este movimento de forças da bibliografia procurou-se construir um texto científico que resistisse aos assaltos futuros de um ambiente hostil. E fomos particularmente surpreendidos, com muito agrado, quando o vimos como uma das três referências bibliográficas de uma disciplina de um curso de mestrado da Universidade de Newcastle upon Tyne.

Como a actividade científica se está a tornar cada vez mais humana, a *retórica* começa a desempenhar um papel de maior relevo em ciência. No seio das comunidades científicas, a *argumentação*, vinculada à velha tradição da retórica e da dialéctica, renasce em ruptura à concepção cartesiana da razão e do raciocínio. «O campo da argumentação é o do verosímil, do plausível, do provável, na medida em que este último escapa às certezas do cálculo»[16]. Já Pascal realçava que o homem não é unicamente um ser de razão: «O coração tem razões que a razão desconhece». Opor o coração à razão, e a arte de persuadir à de convencer. «Mas o erro é conceber o homem como constituído por faculdades completamente separadas»[17].

Tomemos o ponto de partida da argumentação no domínio das reacções de transferência de electrão. Nós, com o ISM, partimos de premissas sobre o real, *factos*; os *referees*, adeptos de TM, partem de premissas sobre o *preferível*, os valores e as hierarquias[18], apesar de todos concordarmos sobre o interesse dos factos. Só que a TM já se converteu num «valor científico», que os *referees* presumem universal e permanentemente válido nos seus fundamentos. Há também uma presunção de qualidade e credibilidade científica conferida pela atribuição de um prémio Nobel que se impõe a todos. Como eu e os meus colaboradores não aceitamos a TM, somos nós mesmos que estamos merecedores de descrédito. Em suma, para todos os outros surge como mais sensato utilizar a TM do que ISM.

A retórica é por vezes acusada de irracionalidade, porque ao dissociar a forma de fundo do argumento parece desumanizar o próprio método. Mas, de facto, o ponto de vista argumentativo, se bem que possa abordar questões consideradas unicamente referentes à expressão, introduzirá mesmo nestas visões a sua secreta racionalidade[19].

«Uma técnica inversa, muito eficaz, será a de restringir o alcance de uma argumentação [...]. O leitor, tornado confiante por esse excesso de moderação, vai espontaneamente mais longe nas conclusões de que se o autor tivesse desejado conduzi-lo à força a elas»[20]. De alguma forma foi o que se passou com um *referee* quando num dos artigos insinuámos que a TM não estaria de acordo com a mecânica quântica a respeito de factores *não-adiabáticos*. O *referee* replicou que «a teoria de Marcus tem o apoio da mecânica quântica». Claro que visava, através do discurso escrito, obter uma acção eficaz sobre os espíritos dos autores de ISM procurando a sua adesão. Todavia foi longe demais, porque o acordo da TM com a mecânica quântica era uma mera presunção do *referee*, que se verificou não ter sustentabilidade. Demonstrou-se que a TM nem tem o apoio da mecânica quântica a respeito dos factores não-adiabáticos, nem, por vezes, na distensão dos comprimentos das ligações reactivas na reorganização interna, nem tão pouco na reorganização do solvente que requeria flutuações de grande magnitude não compatíveis com os estudos de mecânica quântica em modelos microscópicos de rearranjo do solvente. Isto é, o *referee* abriu uma porta que, para os adeptos da TM, mais valia estar fechada.

Recordo também que na primeira fase dos estudos de ISM sobre transferência de electrão, fomos aconselhados pelos *referees* a abandonar o campo. Como «o objectivo da argumentação é obter um assentimento [...], mas como a prova retórica nunca é coerciva, o silêncio imposto não deve ser considerado como definitivo se, por outro lado, são realizadas as condições que permitem uma argumentação»[21]. Foi este o nosso entendimento, pois, passados dois anos de reflexão, entendemos que estavam criadas as condições para regressarmos com melhores argumentos e com uma equipa de pesquisa reforçada.

Perelman e Olbrechts-Tyteca bem afirmam: «Os autores de comunicações ou memórias científicas costumam pensar que lhes basta relatar certas experiências, mencionar certos factos, enunciar certo número de verdades, para suscitar infalivelmente o eventual interesse dos seus ouvintes ou leitores. Tal atitude resulta da ilusão, muito difundida em certos meios racionalistas e científicos de que os factos falam por si e imprimem uma marca indelével em todo o espírito humano, cuja adesão forçam, sejam quais forem as condições».[22] Mas os factos não falam por si; alguém tem que falar por eles! E o verdadeiro auditório resume-se quase aos que queremos influenciar com a nossa argumentação.

«Quando somos convencidos, somos sempre vencidos por nós mesmos, pelas nossas ideias. Quando somos persuadidos, sempre o somos por outrem»[23]. Se a argumentação dirigida ao auditório universal não convence a todos de boa-fé, é porque não mudaram suficientemente as suas ideias pessoais. Mas lidando nós com cientistas de créditos firmados e em boa-fé[24], não é válido desqualificar os recalcitrantes, porque não são pessoas estúpidas.

É óbvio que «ouvir alguém é mostrar-se disposto a aceitar eventualmente o seu ponto de vista». Não obstante a resistência que encontrámos à publicação dos nossos artigos sobre transferência de electrão, a vinda de Rudolph Marcus e tantos outros cientistas famosos (Hush, Sutin, Jortner, Miller, Balzani, Endicott, Ratner, Hynes, De Schryver, Verhoeven, Scandola, Chanon entre outros) a um «Congresso sobre Reacções de Transferência de Electrão Fotoinduzidas», organizada pelo Luís Arnaut em Setembro de 1993 na Praia da Falésia no Algarve, revelou que muitos estariam dispostos a aceitar ouvir o nosso ponto de vista. Aliás eu próprio dava uma conferência plenária que foi objecto de um intenso debate. Mais surpreendente foi verificar que muitos dos intervenientes conheciam o essencial de ISM e conseguiam explicá-lo uns aos outros ao longo do debate.

No dia seguinte, e quando falava com Mark Ratner junto à porta de um elevador, juntou-se-nos o Prof. Marcus que disse: «*Sebastian I should have said, you were very good*». Foi a única referência mais explícita à ciência que foi feita entre nós. Nesse dia jantámos juntos com as respectivas esposas e passeámos pelos jardins do hotel. Uns dias depois, e a seu pedido, dei-lhes boleia para Lisboa. Durante a viagem falámos sobre as famílias, a cerimónia da atribuição do prémio Nobel, o Museu da Fundação Gulbenkian, mas nada sobre a ciência de interesse comum. Nesse ano, em 1993, a sua esposa Laura e o próprio Prof. Marcus enviaram-nos um bonito cartão de Natal, que é uma expressão de simpatia e consideração, mas também revelador da implícita divergência científica que nos separa:

[...] *We hope everything is going well for you both – at work and with the family. I enjoyed hearing about your activities, Maria, and admire your many abilities and energy. What a busy life!*

Rudy found the miles went quickly in the front seat, too, Sebastian, talking with you [...].

-2- (azulejos?)

Since we both like tiles and wanted to know more about the different styles and their history, I was an especially interesting collection. (The Church, too!)

We hope everything is going well for you both – at work and with the family. I enjoyed hearing about your activities, Maria, and admire your many abilities and your energy. What a busy life!

Rudy found the miles went quickly in the front seat, too, Sebastião, talking with you. We look forward to seeing you both in California whenever you can come. Best good wishes, Rudy & Laura Marcus

Dear Maria and Sebastão,

Rudy and I enjoyed so very much our ride with you up to Lisbon from the meeting.

Best Holiday Greetings

We greatly appreciated your taking us with you. I shall never forget the view of the city as we crossed the river. When we went to the Gulbenkian museum, it was closed because of the Director's death. So we took a taxi to the tile museum you told us about, and liked it very much.

Cartão de Natal, 1993 de Rudy e Laura Marcus

O meu primeiro contacto com Rudolph Marcus havia ocorrido em Lisboa em Abril de 1986, graças a um convite do António Xavier para participar num seminário informal que ele organizou em Lisboa. Na mesma ocasião o Prof. Marcus visitou a Universidade de Coimbra e ficou instalado no Palácio de S. Marcos. Tivemos algum convívio pessoal pois teve a gentileza de aceitar o convite que lhe fiz para vir a minha casa. No dia seguinte acompanhei-o numa visita aos arredores da cidade e jantámos algures a caminho da Figueira da Foz.

Após o encontro científico no Algarve, escrevi ao Prof. Porter dando conta da publicação de um número especial do *J. Photochem. Photobiol.* onde iriam figurar, entre muitos outros, um artigo do Prof. Marcus e outro meu com o Luís. Como anotava nesta carta, foi o melhor que se havia conseguido em relação a uma sugestão que o Prof. Porter me havia feito em tempo, a de «procurar publicar um artigo com Marcus». Escreveu-me passado algum tempo, em 30 de Novembro de 1994:

«*Sebastião, lamento ter levado tanto tempo para responder à tua carta, mas queria ter um pouco de tempo para ler o artigo que me mandaste. Fiquei mesmo feliz de ver que tinhas finalmente conseguido publicar as tuas ideias sobre o intersecting-state model. Sei que foi uma longa luta, mas se for uma consolação para ti, já reparei muitas vezes que os trabalhos mais originais e mais importantes são precisamente aqueles que os referees do domínio mais combatem. Também fiquei feliz de ver que Rudy Marcus apreciou mesmo a tua conferência; uma pessoa muito simpática, não achas?»*

Quando vejo que se começa a criar uma situação incómoda sobre o nosso modelo, mudo de tema. Não pressiono as pessoas para discutir ISM ou o conflito de ideias com o paradigma vigente. E por que actuar deste modo? Porque «no modo de procedimento diplomático inventam-se procedimentos para evitar que a incompatibilidade apareça ou para remeter para momento mais oportuno as decisões a tomar»[25]. A simpatia é algo que se deve manter a todo o custo com os nossos adversários. Ao suscitar anti-patia erguemos mais uma barreira à aceitação de ISM, porque se rejeita a pessoa que incarna o modelo e o humaniza. Michael Polanyi vai mesmo mais longe ao afirmar que o crescimento intelectual, na aceitação de novas concepções, tem de começar sempre pela *simpatia*[26].

O Prof. Marcus teve a gentileza de enviar um artigo para ser publicado no nú-mero especial do *J. Photochem. Photobiol.* dedicado a esta conferência e em que Luís Arnaut era o Editor-Convidado. Retomando argumentos antigos, o artigo procurava demonstrar que não havia um «estado de transição» nas reacções de transferência de electrão. A construção de uma dada versão, por Marcus, é, simultaneamente, uma forma de negar a versão oposta do ISM.

Como é frequentemente lembrado pela retórica, «torna-se necessário quando se pretende persuadir, partir de princípios aceites por todos, para que a adesão do auditório às propostas se possa propagar às conclusões»[27]. Ora a mecânica quântica é aceite por todos os intervenientes. Por isso em artigo já referido[28], procurámos dirimir a questão do «estado de transição» em termos da mecânica quântica para a reacção,

$$O_2 + {}^*O_2{}^- \rightarrow O_2{}^- + {}^*O_2$$

Trata-se de um sistema relativamente simples para que os resultados dos cálculos da mecânica quântica sejam de alguma confiança. As espécies O_2 e $O_2{}^-$ têm compri-mentos de ligação diferentes nas configurações de equilíbrio. A questão a dirimir é a seguinte: como advoga a TM, o comprimento O-O para a transferência de electrão é intermédio entre os dois valores ou, alternativamente, como advoga ISM, ambos os comprimentos têm de aumentar (ou diminuir) até uma configuração de igual energia e depois regressam a novas posições de equilíbrio? A resposta da mecânica quântica foi crucial, porque negou a versão da TM e deu suporte à visão de ISM (ver Tabela 9.1).

Tabela 9.1 - Modificações nos comprimentos das ligações oxigénio-oxigénio na reacção de troca electrónica O_2 e $O_2{}^-$.[29]

Teorias	comprimentos de equilíbrio/Å		configuração do complexo activado	distensão reduzida
	O_2	$O_2{}^-$		
TM	1,207	1,33	1,247	0,049
mecânica quântica UHF/6-311+G*	1,16	1,29	1,30	0,061
ISM	1,207	1,33	1,347	0,062

Convencer é o que permite obter a adesão de todo o ser racional, alcançar o auditório universal. «Para quem se preocupa com o resultado, *persuadir* é mais do que *convencer* [...] . Em contrapartida, para quem está preocupado com o carácter racional da adesão, convencer é mais do que persuadir»[30]. «Vinculamos a persuasão à acção e a convicção à inteligência»[31]. Assim, os congressos, com maiores audiências, são mais para convencer do que para persuadir; de alguma forma, o mesmo se aplica aos artigos científicos. Como a persuasão requer estratégias pessoais e de benefício mútuo, é mais passível de ser alcançada em ambientes com menos participantes, que fomentam o contacto pessoal e mesmo em ambientes de índole mais pedagógica. Ao pretendermos conquistar alguns aderentes ao nosso modelo, recorremos de preferência a *workshops*. Foram realizados dois apoiados pela *European Science Foundation* em Junho de 2002 e de 2003, em Vila-Moura no Algarve, e houve um outro no mesmo local em Junho de 2006.

Sempre tive uma grande relutância em procurar falsificar *à la* Popper a TM, isto é, refutá-la empiricamente. Com certeza, na Praia da Falésia seria uma grosseria para com o Prof. Marcus. «A sua presença actua de um modo directo sobre a nossa sensibilidade»[32]. Acresce que se eu não conhecesse pessoalmente o Prof. Marcus teria tido mais facilidade em proceder à falsificação da sua teoria. É que, «trazer a lume a incoerência de um conjunto de proposições é expô-lo a uma condenação inapelável»[33]. E o meu desejo era que ISM pudesse tão-só conviver com o paradigma vigente. Mas a história das ciências dá pouco apoio a tais convivências e as exigências dos *referees* de alguns dos artigos acabaram por me levar a procurar falsificar a TM. A primeira vez que testei os argumentos de falsificação da TM desenvolvidos no grupo foi numa conferência na Universidade de Amesterdão, proferida em 20 de Fevereiro de 1996, em que fui a convite do Prof. Jan Verhooven, numa altura em que me havia deslocado a Bruxelas para actuar como avaliador de projectos europeus.

Um dos colegas do Jan ficou muito perturbado com o que eu disse e, no final da minha apresentação, perguntou-me: «qual era a experiência crucial que faria para provar o meu modelo contra o de Marcus?». Repliquei: «Uma experiência em fase gasosa. Se o solvente tem importância, e se o Prof. Marcus tem razão, a barreira há-de ser maior em líquidos do que em fase gasosa», e ainda acrescentei: «Já foi feita uma experiência assim, pelo Prof. Nelsen». Ao descrever o resultado dos estudos de Nelsen, em que as barreiras eram comparáveis e não eram superiores em solução, ele ainda argumentou «que a reorganização interna era importante», mas eu repliquei «que teria sempre o solvente», e dei o valor da barreira do solvente. Aí os estudantes começaram a rir-se, ele ficou furioso e desapareceu. Verificou-se o que afirmam Perelman e L. Olbrechts-Tyteca: «é o ridículo, e não o absurdo, a principal arma da argumentação»[34].

Este professor, como dos mais graduados na casa, tinha de ir jantar comigo. No jantar eu não tratei nada de ciência, e ele gentilmente ainda me acompanhou a conversar até próximo do hotel. Tenho alguma diplomacia, porque já basta esta inevitabilidade. Trata-se de um problema sociológico complicado que tenho tentado perceber; ter a capacidade de o mudar, porém, não é fácil.

Nesse ano ainda pensei participar numa *Gordon Conference* nos Estados Unidos sobre reacções de transferência de electrões. Comecei, porém, a reflectir que encontraria muito dos intervenientes que rejeitavam as ideias veiculadas por ISM no campo e que mais se poderia agravar incómodos e irritações.

Um caso similar vem-nos de uma previsão feita por George Gamow em 1948 sobre a existência de uma «radiação de fundo» no cosmos proveniente do *Big Bang*. Por essa ocasião Gamow e os seus colaboradores fizeram uma série de conferências para divulgarem o trabalho. Infelizmente, este resultado profético foi simplesmente ignorado. Ralph Alpher, o aluno de doutoramento de Gamow envolvido no projecto, escreveu: «Gastámos uma porção de energia fazendo conferências para divulgar o nosso trabalho. Ninguém reagiu; nem ninguém disse que a temperatura podia ser medida. … E, assim, de 1948 a 1955 não voltámos ao assunto»[35]. Em ambos os casos a lição a colher é a mesma: quando as ideias científicas não parecem plausíveis, há que «dar tempo ao tempo e às pessoas».

«Para poder influenciar mais o auditório, pode-se condicioná-lo por diversos meios»[36]. Um dos meios a que recorremos na última versão do artigo sobre transferência de átomos, e que foi publicada em *J. Am. Chem. Soc.*, foi apresentar o manuscrito já num formato idêntico ao da própria revista científica. Tal poderá conferir ao manuscrito uma credibilidade visual ao nível da dos artigos já publicados, o já mencionado discurso visual.

Uma estratégia de algum modo similar foi a de incluir aplicações de ISM a reacções de transferência de protões em dois importantes «artigos de revisão» do domínio, publicações que tiveram grande impacto[37]. É que os artigos de revisão suscitam sempre maior interesse, porque fazem uma síntese da matéria e facilitam a vida a quem trabalha no domínio, numa época em que há excesso de informação. No caso em apreço beneficiamos de um efeito comparativo. Em 1993 publicámos estes dois artigos de revisão sobre reacções intermoleculares e intramoleculares de transferência de protão. Menos de um ano depois, em 1994, outro grupo de investigadores de uma universidade inglesa publicou no *Progress Reaction Kinetics*, dois artigos de revisão sobre o mesmo tema. Trata-se de dois artigos excelentes que concitaram, cada, uma média de mais de 60 citações em termos de artigos que os citam (dados no final de 2003). Não obstante, os nossos dois artigos até à mesma altura são 2,7 vezes mais citados. Julgamos que o respaldo da teoria ISM, ainda numa formulação empírica para a transferência de protões, em muito contribui para este sucesso relativo.

O meu leitor reconhecerá que recorremos com abundância à retórica para nos apoiar no combate travado com os pares, em defesa da visão que ISM traz para o entendimento da reactividade química. Mas só até ao limite de não quebrarmos as relações pessoais e de simpatia. O peso do contexto português, todavia, vai avançando cada vez mais como um nevoeiro à medida que esta controvérsia científica se intensifica. Alastra mesmo para temas que no passado eram pacíficos. Um contexto cultural que pesa no sistema científico, nas instituições, nos praticantes da investigação.

Ameaças e oportunidades para a universidade portuguesa do começo do século XXI

A Universidade é desde a Idade Média uma força intelectual institucionalizada, a instituição central do saber. Por isso tem constituído, até aos nossos dias, um dos pilares estruturais da civilização do homem.

Começou por ser uma Congregação de Mestres e Alunos, baseada nas possibilidades comunicacionais da época: leitura e debate. Em confronto com a visão da escola depositária e transmissora do saber, surgiu no seu seio a contestação desse mesmo saber estabelecido, e a universidade veio a associar-se à criação do próprio saber, volvendo-se na Universidade dos Investigadores. O êxito desta universidade de Humboldt assenta na união da investigação e do ensino que fomentou a eficiência de ambos.

O conhecimento volveu-se simultaneamente num meio e num produto da universidade. Com a evolução da investigação académica – do saber pelo saber – para um investigação estratégica – do saber pela sua aplicação em ordem a resolver problemas que preocupam a sociedade num horizonte temporal de cerca de uma década –, a universidade veio a converter-se marcadamente numa instituição de grupos e de projectos de investigação.

No Ocidente, durante mais de um milhar de anos a universidade foi guardiã e arauto do conhecimento. E a *Alma Mater* de políticos, magistrados, médicos, professores, investigadores, arquitectos, engenheiros, advogados, empresários, industriais, comerciantes, altos funcionários da administração pública, para além de ser fonte complementar na formação de religiosos, sacerdotes, militares, artistas, etc.

Na segunda metade do século XX a instituição universitária conheceu uma expansão sem precedentes. Dos 13 milhões de estudantes que havia nas universidades de todo o mundo em 1960, cresceu para 82 milhões em 1995, a uma taxa de crescimento de quase dois milhões de alunos por ano.[38] Este fenómeno tem claramente grande importância, porque não se criam nações se não se mobilizarem ao mais alto nível os talentos de todos os cidadãos. Não obstante, apesar de todo este desenvolvimento, foi também o período em que mais se acentuou o fosso entre países ricos e países pobres. No mundo, o bilião de habitantes mais ricos era, em 1992, cento e cinquenta vezes mais rico que o bilião mais pobre e esta disparidade havia duplicado nos últimos trinta anos[39].

O crescimento do ensino universitário não gera automaticamente progresso social e económico. Tem de ser acompanhado por um conjunto muito mais diversificado de políticas que conduzam a um modo mais equilibrado de viver em sociedade. Que em alternativa a um fomento do *brain drain*, desenvolva ambientes sociais e culturais a nível regional e nacional para um *brain gain*. De outro modo, os países e regiões mais desenvolvidos estarão somente a alargar o seu campo de recrutamento universitário à escala mundial.

Quais são hoje as ameaças e as oportunidades com que se defrontam as universidades europeias? A criação de um espaço universitário comum a nível europeu, vai, de um modo inevitável, fomentar a competitividade entre as instituições. Fruto de uma história educativa em ambiente muito fechado, as universidades portuguesas são das instituições europeias as que estão menos preparadas para este mundo de *ranking* académico de universidades do mundo. Entre nós, cultiva-se o *rating*, mas através da janela vemos uma Europa de *rankings* universitários.

Outra grande fonte de mudança no panorama universitário é oriunda das tecnologias da informação, que desencadeiam as forças do mercado de uma forma muito mais intensa do que no passado. As tecnologias da informação não são uma panaceia universal, mas como eliminam as barreiras de espaço e de tempo, podem ser um instrumento que auxilie e fomente a construção de uma melhor sociedade mundial, assim se equilibrem as forças do mercado com medidas políticas apropriadas.

A universidade vive num mundo de intensa mudança e fortemente globalizado, e encontra um desafio imparável, o de ela mesma se adaptar e mudar para continuar a servir a sociedade. Sociedade que parece mudar mais rapidamente que a própria universidade, graças à acção da ciência e da tecnologia de que, um pouco ironicamente, a universidade foi motor primordial. Um pouco por todo o mundo, as políticas universitárias assumem um modo de governo mais próprio para se protegerem do futuro do que para o prepararem.[40] As mudanças nas universidades, mesmo nas americanas que têm uma governação partilhada por *trustees* – responsáveis pelo bem-estar da instituição – e académicos, são sempre lentas, lineares e por pequenos passos, compatíveis com o modo de estabelecer consensos entre os académicos. Uma atitude empresarial é muito mais arrojada e radical, pois as empresas têm de sobreviver à competição e até parece que as universidades não.

Outra forte ameaça para as universidades portuguesas é o decréscimo actual do número de estudantes, que foi o motor de desenvolvimento e sustentação das nossas universidades em passado recente. É modelo que morreu e que requer, para sustentar algumas das instituições portuguesas, um melhor ajuste de dimensão do sistema de ensino superior público e privado. O Estado está fortemente implicado na expansão de todo o sistema de ensino superior nacional, mas, como revelou incapacidade para antecipar o futuro, não pode, por razões éticas e de alguma coesão social, encerrar instituições com uma simples penada.

Na história humana encontramos períodos que marcaram mudanças profundas no nosso modo de viver, de pensar, de ver o mundo, de conviver e de comunicar, etc.. A Renascença, a Época das Descobertas, a Revolução Industrial foram algumas delas.

Hoje a sociedade está a viver uma dessas mudanças. Estamos a evoluir de uma sociedade baseada na revolução industrial para uma sociedade baseada no conhecimento. Deixaram de ser tão importantes a terra, os recursos naturais e a mão de obra agrária ou de proletariado, para ser mais relevante a sociedade-de-conhecimento que assenta nos recursos humanos qualificados, quer a título individual quer como organização social. E se a sociedade muda, paralelamente carecem de mudar as instituições sociais que a servem e nomeadamente a universidade que tem sido uma «indústria de produção de informação e de conhecimento».

Como referem Encarnação *et al.* «o conhecimento é uma matéria-prima e o resultado de um longo processo. Neste processo estão inseridas as pessoas, a sua formação, o seu pensamento e as suas descobertas, do mesmo modo que a cooperação e a competição em toda a sociedade científica, mas também políticas e financiamentos dos representantes públicos ou privados, assim como, não por último, as possibilidades comunicativas, técnicas e científicas de cada época. A universidade reflecte também a forma de vida da sua época».[41]

Vivemos presentemente um fenómeno de globalização na economia, na circulação da informação, na produção industrial, na circulação de capitais, na formação do conhecimento, etc.. A mobilidade, a informação, a tecnologia, a informática, o carácter não-linear das relações políticas e sociais não são fenómenos de hoje. O que é verdadeiramente novo é a sua *intensidade*, gerada pelo denso e fértil campo de relações cruzadas de ideias, de sistemas e de fenómenos, a todos os níveis da vida humana e das suas construções materiais e intelectuais. Em muito, as tecnologias da informação têm catalisado todo este processo.

Caminhamos em marcha acelerada para a sociedade científica global, a sociedade global do conhecimento e do saber. Numa «Era do Conhecimento» são as pessoas com educação superior e as suas próprias ideias e o seu saber que são os bens estratégicos que vão definir a prosperidade, a segurança e o bem-estar social[42]. O conhecimento passa a ser a riqueza das nações e, em muito, a chave da prosperidade e da qualidade de vida pessoal. Compete às sociedades democráticas fornecerem tais condições educativas, pelo que o futuro aponta cada vez mais para um apoio directo ao estudante, num esquema de «bolsas-para-aprender».

Nesta nova sociedade, «o conhecimento não é mais um corpo estável e o exclusivo de uma qualificação pessoal, mas é o mais importante factor de produção, que se transforma contínua e rapidamente num processo globalizado. As actividades mais importantes conseguem-se só com o recurso a computadores e redes digitais de alta velocidade: informar, planear, conceber, construir, simular, transformar, conduzir, controlar e comunicar. E as redes permitem uma disponibilidade e uma intervenção imediata»[43].

A tecnologia da informação modifica, fortifica e acelera todas as actividades das «instituições do saber», cria redes de colaboração e cooperação entre indivíduos e instituições que suplantam as estruturas formais de governos e de estados e são geradoras de mais conhecimento[44].

O ensino universitário

A preservação do conhecimento foi e ainda continua a ser o foco intelectual de toda e qualquer escola – a Biblioteca –, tão intensamente vivida pela pena de Umberto Ecco em o *Nome da Rosa*. Um manuscrito da Idade Média com suas belas iluminuras tinha um custo equivalente a um automóvel nos dias de hoje. Compreendemos bem quão limitadas e preciosas eram essas bibliotecas conventuais e o labor manual que implicava a duplicação de cada obra.

A grande revolução surge com Gutenberg. Pelo acentuado decréscimo de custo e pela facilidade da preparação de um elevado número de exemplares, «a imprensa de caracteres móveis veio oferecer recursos idênticos à inteligência de todos»[45]. Pois bem, a revolução das tecnologias informáticas (computadores, telecomunicações e redes) virá trazer-nos uma revolução tão importante como a do livro das tipografias. Não que a preservação em papel não seja mais duradoura que as dos meios informáticos. Mas trata-se da «convergência digital» dos vários *media*: impressão-de-texto/imagem-visual/sons/impressões-sensoriais-tácteis, e no futuro de gosto e de cheiro, que irão muito para além do livro tradicional[46]. Textos, gráficos, algoritmos, simulações de mundos reais e virtuais darão uma enorme riqueza à preservação da informação e do conhecimento de cada época. E a Biblioteca está a ficar cada vez menos uma livraria, para se converter num centro de navegação no mar dos conhecimentos, e numa facilidade para a extracção, a replicação e a disseminação da informação. Isto vai naturalmente alterar profundamente o conceito de propriedade intelectual, pois perde muito do seu fundamento quando os produtos digitais podem ser reproduzidos um número infinito de vezes de uma forma sempre exacta e praticamente a custo-zero[47].

À universidade não compete somente a preservação do conhecimento. Cabe-lhe igualmente funções de geração, integração, difusão e aplicação do conhecimento. Todas elas estão presentes na missão do que designamos por «ensino universitário». Mas que é tão-só a missão de ensinar os seus estudantes e diplomados a aprender cada vez mais por si mesmos.

O ensino possui sempre uma base tecnológica como, por exemplo, a fabricação do papel ou a imprensa. Hoje possuímos um novo instrumento de comunicação, o *computador*, e a sua logística de bancos de dados, de bibliotecas digitais e de arquivos de computador. Com uma enorme utilidade, a da fusão do trabalho e da informação no próprio computador, e com grande rapidez e flexibilidade[48].

As novas tecnologias da informação estão a criar novos ambientes para a aprendizagem, ambientes abertos ao estudante e a toda a pessoa que a eles queira recorrer. Uma verdadeira indústria para a aprendizagem, em que o monopólio das universidades tradicionais começa a ser posto em questão. Através de tais tecnologias ICT (*Information and Communication Technology*) torna-se possível integrar ensino, auto-educação e mesmo especialização. A questão central é saber seleccionar a informação e sabê-la interpretar para lidarmos com problemas e com situações. Na *world wide web* e noutras redes está disponível um conjunto universal de produtos educacionais que carecem de ser creditados e adequadamente seleccionados para todo o consumidor de educação que se quer instruir.

O ensino universitário tradicional é um ensino sequencial que vai construindo uma pirâmide de formação. Mas qualquer estudante ávido de saber, não terá muita *paciência e motivação* para este tipo de formação fragmentada, quando tem à mão um universo imenso de informação que pode alcançar em sua casa ou numa biblioteca informática. As instituições hierárquicas e estáticas defrontam-se agora com redes de comunidades dinâmicas, interactivas e mais igualitárias, muito apetecíveis para estudantes de um nível etário acima dos cerca de 25 anos e que pretendem colmatar a obsolescência do seu mundo profissional.

Há necessidade de uma mudança de paradigmas que da mera transmissão de conteúdos se deve converte em *aprendizagem pessoal*. Que do aluno mais passivo há-de transitar para o estudante activo na busca do seu próprio conhecimento e da estruturação cognitiva do mesmo. Que do grupo ou da turma se vai focalizar no indivíduo. Mudança em que o professor se volve no *tutor* que guia e aconselha cada estudante no caminho da sua auto-aprendizagem, lhe suscita as atitudes correctas de compreensão e avaliação, e sustenta a sua motivação. Depois, tem de o guiar em saber o que fazer e para onde ir com o conhecimento que adquiriu. É que a tradicional «sala de aula» ou «anfiteatro» é, geralmente, um cemitério para a motivação.

Os instrumentos disponíveis são muitos e variados: *electronic mail*, teleconferência, simulação computacional para ilustrar fenómenos naturais e situações clínicas, tecnologias colaborativas e interactivas a uma, a duas e a três dimensões, etc.. Tudo no sentido «*just in time*» e, sempre cada vez mais «*just for you*». Mas se os instrumentos de *Information and Communication Technology* e de *flexible and interactive learning* permitem lidar selectivamente com a vastidão e complexidade dos conhecimentos actuais, afastam o estudante da aprendizagem tácita que se colhe na vivência do aprendiz com o mestre. Daí a necessidade imprescindível do tutor, para colmatar tais lacunas e rentabilizar no aluno o acesso aos conhecimentos através dos meios informáticos.

Ao tutor não compete, em geral, a criação dos próprios conteúdos de ensino, mas compete manter o estudante motivado.

As universidades actuais estão organizadas segundo os eixos intelectuais do século XIX, escolas e colégios, departamentos e faculdades, e os saberes agrupam-se segundo a divisão de Augusto Comte. Na universidade portuguesa já é notório o desajuste de uma tal divisão quando confrontada com os estudos de pós-graduação e com o enfoque que a ciência pós-académica impõe à investigação científica.

As lealdades à liberdade académica e à autonomia da instituição vão transitar para colégios de saber mais globais e para uma responsabilização social, em formas mais empresariais e sensíveis à inovação tecnológica e às forças do mercado. E o ensino terá de atender mais ao que os estudantes querem aprender do que ao que as faculdades querem ensinar. Por outro lado, os alunos universitários ficarão cada vez mais profissionais de aprendizagem, isto é, verdadeiros *estudantes*. Aquele que aprende conhecimentos, exerce atitudes e mostra saberes. Cada vez terá menos lugar o aluno que não mostre produtividade.

Há um desequilíbrio inevitável entre procura educativa e recursos disponíveis em sociedades complexas e com uma densa rede de outras prioridades sociais, a que as universidades não podem ser alheias, por ter consequências nos custos do ensino e na competição inter-institucional. Ou será que as universidades do futuro evoluirão para formas mais empresariais, com *holdings* e nichos de mercado? Ou cooperarão num certo tipo de *franchising* segundo esquemas mais federativos ou de alianças estratégicas com recurso a nomes de marca, como o MIT em tecnologia e a Wharton nas áreas empresariais? Ou teremos empresas de ensino que recorrem a professores que actuam como *free-lancers*? Muitos destes consórcios construíram redes mundiais assentes em «estações de chão», que poderão ser algumas escolas universitárias de segundo nível. Um exemplo actual é a Universidade de Michigan que criou campos na Europa, na Ásia e na América Latina, num modelo do tipo *core-in-cloud*. São estas redes que possuem um mercado de formação contínua, destinado, para já, às pequenas e médias empresas e às instituições e administrações que não possuem dimensão para organizar a sua própria formação.

«Em contraste com o livro, os novos produtos de ensino ICT oferecem uma nítida mais valia em vertentes distintas: actualização, reutilização, flexibilidade na adaptação aos desejos do cliente, opções multimedia, elevado valor de conservação, e integração de uma variedade de funções técnicas (pesquisa, hipertexto, interactividade, simulação, etc.)»[49].

Afirmam os especialistas para o desenvolvimento de escolas superiores das Fundação Bertelsmann e Heiz Nixford que, num prazo de 10 a 20 anos, mais de metade de todos os estudantes utilizarão as ofertas de ensino-virtual, a grande maioria de índole privada[50]. O mercado educativo torna-se pois muito atractivo em termos de investimento. Combina dimensão, praticamente idêntica à dos cuidados de saúde, e importância estratégica, e os actuais gestores do «negócio» encontram-se adormecidos à sombra do seu monopólio de séculos.

Se os Governos não estiverem atentos a estas necessidades de formação de um mercado global para a educação, as forças do mercado tomarão conta do processo. Tais forças já estão a posicionar-se no mercado americano com investimentos privados de cerca de quatro biliões de dólares em 1999 e cem milhões em 2000, como as

Universidades de *Phoenix*, com os seus 80.000 estudantes em mais de cem centros de tele-educação em 32 dos Estados americanos, ou o *Sylvan Learning Systems* com subsidiárias como a *Unext.com*, a *Caliber Learning* e a *Jones International*. Não é só a oferta de «produtos de formação» que está acessível na *internet*, a esmagadora maioria em língua inglesa, mas é o próprio estudo na totalidade, mediante centros de estudo locais. Por isso já se fala em tele-aprendizagem. Estatísticas recentes indicam que, em cidades industrializadas, o número de estudantes que se matriculará numa das novas formas das tele-universidades triplicará cada ano, a partir do ano 2000. Para tais universidades o mercado não é somente a região ou o país, mas o mundo.

Tais universidades conseguem reduzir custos da educação tradicionais em 60%, porque evitam custos de viagens, acomodação e empregados. Mormente tais «universidades não-residenciais» poderão tornar-se populares em tempos em que a vontade de viajar diminui. Ou as residências universitárias e a aprendizagem tutorada, pelos custos que comportam, ficarem só acessíveis a filhos de famílias ricas. Acresce que as forças de mercado estão marcadas pela necessidade do lucro e, quando abandonadas a si próprias, conduzirão a um abaixamento da qualidade. Atente-se aonde as puras forças do mercado levaram a televisão e o jornalismo.

Compete aos Estados preservarem sensatamente as universidades neste período de profunda transformações, definindo os papéis-chave que carecem de desempenhar e os valores que devem preservar. Foram e são instituições que serviram a civilização ocidental durante séculos, não só nas suas actividades de ensino e de criação de conhecimento, mas igualmente na herança cultural e nos valores que preservam e transmitem ao longo de gerações. Valores de rigor científico, de originalidade, de racionalidade na pesquisa do conhecimento, de espírito crítico, de procura da excelência, de objectividade e de independência e imparcialidade.

Universidades de Investigação

Neste mundo novo, o que será possível prever para o modelo de universidade-de-investigação que dominou durante quase dois séculos o modelo mais evoluído de formação universitária? As tecnologias ICT vão tornar a educação superior ainda mais democrática, acessível a qualquer estudante em qualquer ponto do mundo e portanto menos elitista.

As universidades-de-investigação serão reduzidas em número, perderão o seu papel de monopólio e de referência, mas procurarão manter o *status quo*, numa forma um pouco conservadora, à custa de um prestígio que se irá erodindo com o passar dos tempos. No campo educativo as forças de mercado apontam em sentido oposto. Primeiro porque o prestígio universitário decorre de actividades de elite mas em domínios académicos, muitas vezes, de pequena abrangência e muito vocacionados para satisfazer o espírito de curiosidade académica. Em segundo lugar, porque o monopólio das universidades provinha de uma base geográfica e das autoridades de credenciação, factores que se desvanecem num mundo globalizado para a educação superior. O vigor das «velhas universidades» está nas condições de estudo melhoradas e na proximidade pessoal dos alunos com cientistas eminentes. A *Alma Mater* vai evoluir ainda mais para uma instituição privilegiada de elites[51].

Aliás, a universidade-de-investigação contém em si uma profunda contradição. Os professores são pagos para ensinar e são avaliados e promovidos pela qualidade da investigação produzida. Daqui decorre o seu menor interesse pelo ensino e pela aprendizagem dos estudantes da graduação. E interesse ainda bastante menor pela prestação de serviços especializados à sociedade, a denominada «torre de marfim».

No tocante à investigação o modelo industrial será mais apropriado na formação de vastas equipas, no cumprir objectivos e nos recursos financeiros disponíveis. O modelo de treino de graduados, já o referimos, cada vez mais parece inapropriado às necessidades e desejos da sociedade. Os custos da formação de elites e o financiamento da investigação nas universidades começa a ser demasiado elevado, e são longínquos os interesses sociais mais imediatos da investigação produzida, para que a sociedade deseje financiar com abundância este modelo.

Não nos podemos esquecer que, por exemplo, na Alemanha, o país onde nasceu a universidade-de-investigação, só 2% das patentes provém das escolas superiores[52]. Em consonância com uma sociedade e uma economia conduzidas pela tecnologia, assiste--se nos países desenvolvidos a um decréscimo relativo do financiamento público para a investigação. Hoje, nos Estados Unidos o financiamento privado suplanta em 2,8 vezes o público, tendo-se dado o ponto de viragem na transição dos anos 70 para os 80.[53] Na investigação, a indústria vai tomar a posição dominante que a universidade ocupou durante bem mais de um século e meio. As forças apontam novamente para uma separação do ensino e da investigação.

A universidade-de-investigação poderá enveredar pelo caminho da prestação de serviços altamente especializados e contratos de investigação, isoladamente ou em associação com instituições de cariz industrial ou educativo de maior flexibilidade. E seria bem vinda na preparação de novos ambientes educativos que a sociedade de conhecimento procura. Porque, no passado, tem sido a partir dela que têm surgido os melhores tratados e manuais escolares. Mas para entrar na preparação de «novos ambientes educativos» requer-se um investimento em tecnologias ICT e investigação dedicada no domínio, o que está longe dos objectivos deste tipo de universidade.

Como refere Jim Duderstadt, professor emérito da Universidade de Michigan, muito provavelmente o século XXI assistirá ao aparecimento de um conjunto diversificado de modelos universidades: ciber-universidades, universidades de adultos, universidades de laboratório para experiências mais arrojadas de ensino e aprendizagem (universidades-protótipo), outras serão mais ubíquas em serviços indo mesmo até à produção de produtos de multimedia no campo do cinema, das artes e da televisão[54]. A universidade-de-investigação poderá ficar reservada a Escola de Graduados ou tão-só a uma Escola de Post-Docs. Retomaremos estas preocupações ainda neste capítulo, não sem antes examinarmos a evolução que o conhecimento científico tem sofrido sob a pressão das tecnologias ICT e decorrente de uma realidade social cada vez mais complexa.

Os modos do conhecimento científico

O conhecimento humano é uma partilha de significados entre pessoas. Esta partilha poderá dizer respeito a conhecimentos tácitos, explícitos e disciplinares, isto é, a sistemas de conhecimentos organizados, mas que, na sua essência, são ou tácitos ou explícitos. Sir Graham Hills e o seu colaborador D. Tedford debruçaram-se sobre os novos modos de conhecimento organizado para ser ministrado em instituições de ensino a nível superior[55].

A palavra escrita dominou toda a cultura ocidental e o expoente máximo de uma tal cultura tem sido a Universidade. Mas reconhece-se cada vez mais, após a invenção do computador pessoal e da *World Wide Web* e da *Internet*, que o conhecimento explícito, articulável e codificável – designado por *modo-1* do conhecimento – está cada vez mais acessível através das tecnologias de informação. A internet está, de facto, a inundar o mundo de conhecimento explícito, e a permitir o seu manuseamento, organização e difusão.

Vejamos, a título exemplificativo, como está a mudar o nosso modo de lidar com as bibliotecas científicas. Poucos investigadores vão hoje às bibliotecas para consultar em livro o *Chemical Abstracts* em busca de informação química. A sua versão electrónica, ou outras bases como *Science Citation Index*, permitem buscas rapidíssimas. E se nessa pesquisa electrónica encontrar um artigo de que necessita, pode pedi-lo por via electrónica aos seus autores que geralmente lho enviam, também pela mesma via, num PDF. Igualmente a avaliação dos artigos científicos também recorre a estes meios. O folhear uma revista científica, o sentir o papel das suas folhas, passou a ser, cada vez, menos frequente.

Em Setembro de 2003 encontrava-se disponível com acesso livre e gratuito uma das primeiras revistas científicas na Internet: *PLoS Biology* e seguidamente haverá uma outra de medicina[56]. Já há uma revista científica de química editada no Brasil por meios electrónicos (*Tchê Química*; www.tchequimica.tk), à qual dei recentemente uma entrevista por via electrónica.

E o *modo-1* de conhecimento vai-se ramificando e fragmentando cada vez mais em especialidades e super-especialidades. Um domínio como a química, que ainda há poucas décadas era ensinado como um todo coerente, tem hoje cerca de 55 especialidades diferentes, com nomenclatura, vocabulário técnico e revistas científicas próprios.

Ciente deste «mundo novo», a *Google Book Search* pretende criar um catálogo virtual de livros digitalizados que podem ser encontrados mediante palavras-chave, autores, citações de frases ou de autores, etc. e que, em articulação com casas Editoras e Bibliotecas, possa permitir o *down-load* de algumas páginas relevantes das obras (não mais de 10%).

A mensagem do novo paradigma de ensino-aprendizagem neste novo mundo ICT é bem simples: «deixemos para os computadores aquilo que as máquinas podem fazer e para os docentes aquilo que só as pessoas podem gerir no ensino[57]. O modo de conhecimento que se vem revelando como o mais carente de ensino-aprendizagem a nível universitário é o conhecimento do implícito, do inarticulável e do experiencial – o *modo-2* do conhecimento. Ninguém aprende a andar de bicicleta por um manual, mas sim vendo os outros andar. Trata-se de um conhecimento inarticulável, tal como é o tipo de conhecimento que fica no subtexto de uma conversa ou de uma história que nos contam. São as intuições pessoais que se ganham através da experiência e do contacto pessoal com a realidade. É o sentido de competência e de espírito crítico que se conquista numa relação interactiva entre o mestre e o aprendiz. Aquele modo de conhecimento a que Michael Polanyi deu tanto relevo.

Todo o acto de descoberta não é fruto de um conjunto explícito e articulado de regras ou algoritmos, mas sim de intuições e convicções. Todo o conhecimento é público e também, em larga medida, é conhecimento pessoal, pois é fruto de uma construção humana com as suas emoções e mesmo paixões. Mas ao ter uma componente social, o conhecimento amalgama-se com a experiência individual da realidade. O conhecimento inarticulável antecede em nós o articulável e por isso é mais fundamental. O *know-how* por oposição ao *know-what* e ao *know-how-to-do* (Tabela 9.2), que, de certo modo, percorrem os objectivos que a Unesco traçou para o ensino: aprender a saber, aprender a fazer, aprender a ser.

Tabela 9.2 - O conhecimento científico manifesta-se sob diversas formas[58]:

o *know-what*	o conhecimento científico que permite descrever o mundo material e os seus fenómenos, bem como as suas representações teóricas.
o *know-how*	a aplicação de todos os tipos de conhecimentos à resolução de problemas – a tecnologia.
o *know-how-to-do*	as competências (*skills*) práticas e intelectuais de conhecimento aplicado – técnicas.

A arte do *know-how*, por não conter conhecimento explícito, não é normalmente cultivada nos sistemas educativos, mas a verdade é que um *know-how* polivalente é a forma mais elevada das realizações do homem. A *tecnologia* situa-se algures entre a ciência e a engenharia, mas só adquire o seu devido valor e significado no interior de «contextos». Em suma, a tecnologia é a arte de reorganizar e mobilizar todos os componentes de um «problema» e transformá-los nos componentes de uma «solução», recorrendo aos conhecimentos e capacidades necessários para tal.

Tabela 9.3 - O *etos* da ciência académica e princípios epistemológicos do *modo-1* do conhecimento[61].

Práticas sociais	Princípios epistémicos
especialização	fragmentação do conhecimento
revistas científicas de especialidade	fundamentos de conhecimento homogéneo
desinteresse e atitudes impessoais	objectividade e realismo
criticismo sistemático, avaliação por pares	consistência e refutação
universalidade	leis gerais e abstracções unificadoras
critério de decisão	está correcto?

A Tabela 9.3 apresenta um certo conjunto de práticas sociais vigentes nas comunidades académicas e os fundamentos epistemológicos do *modo-1* do conhecimento – o *etos* académico –, que a ciência académica tem vindo a gerar ao longo de mais de três séculos. Não obstante os muitos sucessos que alcançou, a ciência académica apresenta diversas fraquezas: i) a excessiva fragmentação do conhecimento que gera; ii) um «sistema de avaliação por pares» que não está isento da corrupção sociológica[59] e do favorecimento de amigos; iii) a ausência de contextos e uma demasiada separação da realidade; iv) uma objectividade que levada a extremos desumaniza a ciência; v) atitudes de dogmatismo como se o conhecimento fosse definitivo, e atitudes de autoritarismo como se a autoridade fosse a única fonte de saber; vi) um predomínio da teoria versus a prática, do conhecer em detrimento do saber-fazer; vii) nos seus modos extremos, fomenta a obstipação intelectual, a resistência à inovação no conhecimento científico e práticas de fundamentalismo[60].

Em contraste, o *modo-2* do conhecimento: i) é holístico e não reducionista; ii) é guiado pelo contexto e não pelo tema; iii) lida com a complexidade e não com caminhos de menor energia e de simplificação de ambientes e contextos, suscitando uma filosofia reflexiva em detrimento de proposições objectivas; iv) requer mais um trabalho em grupo do que individual; v) e o seu critério decisivo é o de «se funciona?». Requer competências (*skills*) pessoais, de personalidade, intelectuais, de espírito crítico, profissionais, manuais e de artes e ofícios como se descreve na Tabela 9.4. O *modo-2* do conhecimento tem que ser sempre contextualizado e focalizado na resolução de problemas, e o mesmo contexto também salvaguarda a heterogeneidade do próprio conhecimento. Quem fala em contexto, fala em realidade. E a realidade nunca é sim ou não, branco ou preto. Em suma, enquanto o *modo-2* é um processo, o *modo-1* é essencialmente um produto.

Tabela 9.4 - Competências (*skills*) para o *modo-2* do conhecimento[62].

competências pessoais	falar, escrever, debater, apresentar e divulgar resultados
competências de personalidade	avaliação, criticismo, capacidade de ajuizamento
competências intelectuais	matemática, línguas, filosofia
competências profissionais	computação, dactilografia, marketing, financeira, concepção, gestão
competências artesanais	desenho, pintura, técnica, música

Está-se a lidar com um modo de abordagem de sistemas complexos, porque a realidade é complexa e não pode ser simplificada a nosso belo prazer. Tais sistemas reais apresentam dados mal definidos, para os quais é apropriada a denominada «lógica difusa» (*fuzzy logic*). Esta mostra que, afinal, as nossas regras formais do raciocínio, estabelecidas por Aristóteles, são demasiado rígidas e não permitem uma abordagem correcta de problemas complexos. Todos sabemos que, em geral, a resposta a um problema complexo pode não ser exactamente binária – «branco» ou «preto» – mas talvez que a cor melhor seja um «cinzento», e dentro deste existe uma infinidade de tonalidades com um contínuo de percentagens de branco e de preto.

Actividades de tanto relevo e sobre as quais nos debruçámos anteriormente, como a «concepção» (*design*) e a «inovação» são muito mais fruto do exercício do *modo-2* de conhecimento do que do *modo-1*. Nomeadamente a concepção é um exercício de «tentativas e erros» do *modo-2*. O *modo-1* é o inimigo da complexidade, da heterogeneidade e da inovação, exactamente as características mais nobilitantes do *modo-2*. Toda a inovação beneficia de um *cocktail* de ideias em conflito, de conceitos e contexto que acabam por gerar o impensável[63].

O cultivo e ensino do *modo-2* do conhecimento é altamente desejável, porque alarga em muito a base da aprendizagem, é mais envolvente para os estudantes porque os leva a comprometerem-se muito mais com as próprias tarefas de aprendizagem pessoal. É persuasivo, atraente, rico em situações reais, e fomenta-lhes atitudes de confiança pessoal para defrontar o mundo profissional.

Nalgum ponto desta caminhada vai emergir o *especialista*. O engenheiro de precisão, o cirurgião cardíaco, o físico de partículas. Todos são indispensáveis porque os seus treino e aprendizagem são fruto de um longa sequência de uma «educação profissional» à maneira da Tabela 9.4. Mas tais especialistas são uma minoria que vai ser convocada para tarefas muito específicas. O erro educativo, um pouco por todo o mundo, talvez tenha sido o de procurar formar especialistas de forma massiva e não generalistas que combinam as virtudes dos *modo*-1 e *modo-2* do conhecimento.

NOTAS

[1] M. Polanyi, «Personal Knowledge», Routledge & Keegan, Londres, 1983, págs. 150, 151.

[2] M. G. Cerejeira, *Igreja e Pensamento Contemporâneo*, Coimbra Editora, Coimbra, 4ª ed., 1944, pág. 264.

[3] Ruben Eiras, «Formação dos juízes tem de ser humanizada», *Expresso*, Caderno de Emprego, 31 de Julho de 2004.

[4] C. D. Auretta, «No Jardim com Roald Hoffmann: químico e poeta», *Bol. Soc. Port. Quim.*, *90*, 11-18 (Julho/Setembro 2003).

[5] W. T. Scott e M. X. Moleski, S.J., «Michael Polanyi. Scientist and Philosopher», Oxford Univ. Press, Oxford, 2005, pág. 245.

[6] M. Polanyi, «Personal Knowledge», Routledge & Keegan, Londres, 1983; 1ª ed. 1958.

[7] Scott e Moleski, *ob. cit.*, pág. 188.

[8] Scott e Moleski, *ob. cit.*, pág. 187.

[9] A. Lobo Antunes, «Um terrível, desesperado e feliz silêncio», *Visão*, nº 575, 11 a 17 Março 2004, pág. 15; itálico meu.

[10] http://www.newscientist.com/article.ns?id=dn7898; 30/01/2006.

[11] Y. Zhenhua, «Tacit knowledge/knowing and the problem of articulation», *Tradition & Discover*, The Polanyi Society Periodical, vol. XXX, nº 2, pág. 11 (2003-2004).

[12] Scott e Moleski, *ob. cit.*, pág. 178.

[13] B. Latour, «Science in Action. How to follow scientists and engineers through society», Harvard University Press, Cambridge, Massachusetts, 1987, pág. 32.

[14] S. J. Formosinho, L.G. Arnaut, R. Fausto, «A Critical Assessment of Classical and Semi-classical Models for Electron Transfer Reactions in Solution», *Prog. React. Kinetics*, *23*, 1-90 (1998).

[15] Latour, *ob. cit.*, pág. 59.

[16] C. Perelman e L. Olbrechts-Tyteca, *Tratado da Argumentação. A Nova Retórica*, Martins Fontes, São Paulo, 1999, pág. 1.

[17] Perelman e Olbrechts-Tyteca, *ob. cit.*, pág. 53.

[18] Perelman e Olbrechts-Tyteca, *ob. cit.*, pág. 74.

[19] Perelman e Olbrechts-Tyteca, *ob. cit.*, pág. 574.

[20] Perelman e Olbrechts-Tyteca, *ob. cit.*, pág. 530.

[21] Perelman e Olbrechts-Tyteca, *ob. cit.*, pág. 65.

[22] Perelman e Olbrechts-Tyteca, *ob. cit.*, pág. 20.

[23] Perelman e Olbrechts-Tyteca, *ob. cit.*, pág. 46.

[24] O pressuposto de boa-fé tem de se compatibilizar com os interesses profissionais em jogo.

[25] Perelman e Olbrechts-Tyteca, *ob. cit.*, pág. 224.

[26] D. W. Rutledge, «Conquer or Die?: Intelectual Controversy and Personal Knowledge», *Tradition & Discovery*. The Polanyi Society Periodical, XXIX, nº 2, 12-25 (2002-2003); pág. 18.

[27] Castro e M. Luísa Lima, «Discursos sobre a ciência num debate ambiental», em *Os Portugueses e a Ciência*, M. Eduarda Gonçalves (editora), Dom Quixote, Lisboa, 2002, pág. 115; C. Perelman, «O Império Retórico e Argumentação», Edições Asa, Lisboa 1993.

[28] S. J. Formosinho, L.G. Arnaut, R. Fausto, «A Critical Assessment of Classical and Semi-classical Models for Electron Transfer Reactions in Solution», *Prog. React. Kinetics*, 23, 1-90 (1998).

[29] *Ibid.*.

[30] Perelman e Olbrechts-Tyteca, *ob. cit.*, pág. 30.

[31] Perelman e Olbrechts-Tyteca, *ob. cit.*, pág. 32.

[32] Perelman e Olbrechts-Tyteca, *ob. cit.*, pág. 132.

[33] Perelman e Olbrechts-Tyteca, *ob. cit.*, pág. 221.

[34] Perelman e Olbrechts-Tyteca, *ob. cit.*, pág. 233.

[35] Citado por M. Kaku, «Mundos Paralelos», Bizâncio, Lisboa, 2006, pág. 77; K. Croswell, «The Universe at Midnight: observations illuminating the Cosmos», New York, The Free Press, 2001, pág. 41.

[36] Perelman e Olbrechts-Tyteca, *ob. cit.*, pág. 26.

[37] L.G. Arnaut, S.J. Formosinho, «Excited-state Proton Transfer Reactions. I. Fundamentals and Intermolecular Reactions», *J. Photochem. Photobiol. A: Chem.* 75, 1-20 (1993); S.J. Formosinho, L.G. Arnaut, «Excited-state Proton Transfer Reactions. II. Intramolecular Reactions», *J. Photochem. Photobiol. A: Chem.* 75, 21-48 (1993).

[38] «World Declaration on Higher Education for the Twenty-First Century: Vision and Action», Unesco, http://www.unesco.org/education/educprog/wche/declaration_eng.htm; 3 de Fevereiro de 2006.

[39] F. Pearce, «Last chance to save the planet?», *New Scientist*, 30 Maio (1992), pág. 24.

[40] J. J. Duderstadt, «Fire, Ready, Aim! University-Decision Making During an Era of Rapid Change» University of Michigan, 5 Janeiro, 2000, Millenium Project, http://milproj.ummu.umich.edu/publications/decision/; 3 de Fevereiro de 2006.

[41] J. Encarnação, W. Leidhold e A. Reuter, «A universidade no ano 2005», *Informatik Spektrum*, 23 Agosto, pág. 264.

[42] J. J. Duderstadt, «A Tale of Two Futures», http://milproj.ummu.umich.edu/publications/Future_of_University_3/sld003.htm .

[43] J. Encarnação, W. Leidhold e A. Reuter, «A universidade no ano 2005», *Informatik Spektrum*, 23 Agosto, pág. 264.

[44] J. J. Duderstadt, «A Tale of Two Futures», http://milproj.ummu.umich.edu/publications/Future_of_University_3/sld003.htm; 3 de Fevereiro de 2006.

[45] Alexis de Toquecville, «Da democracia na América», Principia, Lisboa, 2001, pág. 42.

[46] J. J. Duderstadt, «The future of the research university in the Digital Age», University of Michigan 29 November, 2000, Millenium Project; internet, *site* citado.

[47] J. P. Barlow, «The economy of ideas. A framework for rethinking patents and copyrights in the digital age», Wired, 2.03 (Março 1994); J. J. Duderstadt, «The future of the research university in the Digital Age», University of Michigan 29 November, 2000, ref. 11, Millenium Project, *site* citado.

[48] J. Encarnação, W. Leidhold e A. Reuter, «A universidade no ano 2005», *Informatik Spektrum*, 23 Agosto, pág. 264.

[49] *ibid.*

[50] *ibid.*

[51] *ibid.*

[52] J. J. Duderstadt, «The future of the research university in the Digital Age», University of Michigan 29 November, 2000, Millenium Project, *site* citado.

[53] J. Duderstadt, «Federal research policy and the future of the american research university», http://milproj.ummu.umich.edu/publications/ResearchPolicy/sld033.htm; 4 Fevereiro, 2000.

[54] J. J. Duderstadt, «A Choice Transformation for the 21st-Century University», Millenium Project, http://www.milproj.ummu.umich.edu/publications/choice/; 4 Fevereiro, 2000.

[55] G. Hills e D. Tedford, «The Education of Engineers: The Uneasy Relationship between Engineering, Science and Technology», *Global J. Eng. Educ.*, @ 2002 UICEE.

[56] http://www.publiclibraryofscience.org

[57] Hills e Tedford, *ob. cit.*.

[58] Hills e Tedford, *ob. cit.*.

[59] Um exemplo infeliz foi-me contado por um amigo que não é químico. Um Editor escreveu-lhe a enviar os pareceres dos *referees* de um artigo científico dizendo que estava aceite, desde que incluísse duas ou três referências de artigos publicados na revista em questão. Uma corrupção sociológica para aumentar o Factor de Impacto da revista.

[60] Hills e Tedford, *ob. cit.*.

[61] Hills e Tedford, *ob. cit.*.

[62] Hills e Tedford, *ob. cit.*.

[63] Hills e Tedford, *ob. cit.*.

CAPÍTULO 10

CUSTOS DE CONTEXTO PARA A CIÊNCIA PORTUGUESA

Foi Miguel Cadilhe quem trouxe para a linguagem comum a expressão «custos-de-contexto», entendida como um dos principais entraves à competitividade da economia. Mas tais entraves estão também presentes no interior da sociedade portuguesa na competitividade da ciência produzida em Portugal e das suas instituições universitárias onde ela está enraizada. Um modo de os apreciarmos é mediante o estudo de alguns casos, mais ao *modo-2* do conhecimento, isto é, recorrendo a exemplos e contra-exemplos no contexto da sua realidade.

O «estudo de casos» é importante, porque nos relaciona sempre o conhecimento com a realidade. Contextualiza quer o conhecimento explícito quer o implícito. Convoca pessoas e opiniões. É motivador, interessante e inclusivo.

Mobiliza juízos, ética, riscos, prémios, responsabilidades pessoais e institucionais, abarca questões ambientais e debate político da luta pelo bem comum. Depois, aprendemos melhor com os nossos erros e com os dos outros, e sempre foi uma nobre tarefa do homem, das sociedades e dos governos a eliminação de erros.

As universidades portuguesas no espaço universitário europeu: *rankings* científicos

Como saber se uma comunidade científica de uma dada instituição ou de um país está a ter uma produtividade científica adequada à competição do mundo hodierno? A ciência é uma actividade social, pelo que será no interior da comunidade científica que um tal desempenho tem de ser aferido. Não no interior da comunidade científica global, mas nas comunidades de cada uma das especialidades científicas, Medicina Clínica, Física, Química, Ciências do Ambiente, etc.. Socorramo-nos, então, de alguns indicadores de *ranking* presentes no *Essential Science Indicators* (ESI) do *ISI Web of Knowledge* que abordaremos em mais pormenor no Capítulo 11. Se percorrermos os *ranking* por diferentes domínios científicos de uma das melhores universidades do mundo, a Universidade de Harvard, encontramos representados vinte domínios científicos desde a «Medicina Clínica» às «Ciências da Computação»; podemos definir um *índice-Rk* para esta universidade, $Rk=20$. Uma excelente universidade europeia, como a de Cambridge, também regista o mesmo número de domínios, vinte ($Rk=20$), sendo a Física o *top* das suas áreas científicas. O mesmo se verifica com a Universidade de Oxford, em que a área de topo é a Medicina Clínica. Trata-se de um critério de

287

bastante exigência, pois só entram neste tipo de *ranking* o *top* 1% das instituições com mais elevado índice de citações em cada área de especialidade científica, e são contempladas 22 áreas.

Uma fortíssima universidade espanhola, como é a Universidade de Barcelona tem um *Rk*=17; os domínios de topo são a Medicina Clínica, a Química, a Física, e a Biologia/Bioquímica. A Universidade de Santiago de Compostela, que é uma instituição mais afim ao panorama português, tem no seu *ranking* mundial sete áreas científicas, com a Química, a Física e Medicina Clínica no topo.

Tabela 10.1 - Domínios científicos no *ranking* mundial de universidades portuguesas. Dados de ESI (acesso Janeiro 2006)[1].

IST/UTL	Coimb.	Porto	Aveiro	N. Lisboa	Minho	Algarve	Lisboa
Fis.	Quim.	Med-Clínica	Quim.	Quim.	Mater.	Plantas/Animais	Med-Clínica
Quim.	Eng.	Quim.	Mater.	Bio/Bioqui			Faun/Flora
Eng.		Eng.	Eng.	Med-Clínica			Eng.
Mater.		Agrária					
Rk=4	*Rk*=2	*Rk*=4	*Rk*=3	*Rk*=3	*Rk*=1	*Rk*=1	*Rk*=3

Como se ilustra na Tabela 10.1, as melhores universidades portuguesas, em termos do número de áreas científicas colocadas num *ranking* mundial (o indicador que designámos por *Rk*), são o Instituto Superior Técnico e a Universidade do Porto. O IST regista quatro domínios fortes para figurarem num *ranking* mundial: Física, Química, Engenharias (como um todo) e Ciência dos Materiais. A Universidade do Porto, com o mesmo índice-*Rk*, tem como áreas fortes a Medicina Clínica, a Química, a Engenharia e as Ciências Agrárias. Portanto, algumas das nossas universidades dispõem de *motores de competitividade*, mas em número relativamente limitado. Realce-se o desempenho da Universidade de Aveiro que, apesar de muito mais jovem do que o IST e o Porto, beneficiou, desde cedo, de uma estratégia sustentada, das suas sucessivas Reitorias, de apoio significativo à investigação com verbas do orçamento, quer do orçamento do Estado quer do orçamento privativo. Acresce que brotou agregada ao Centro de Investigação e Inovação das Telecomunicações, ao tempo os Correios de Portugal, o que foi, ao tempo, uma boa força motriz de desenvolvimento.

Com todo o realismo, será pois com tais áreas científicas que as instituições nacionais têm de contar para a competitividade universitária no espaço criado pela Convenção de Bolonha. Mas vejamos igualmente o panorama de universidades em países com uma cultura próxima da nossa, porque toda a competição é-o sempre em termos relativos.

Há uns 30 anos, a maioria das universidades espanholas encontrava-se em condições menos competitivas do que as melhores universidades portuguesas. Todavia, no lapso de uma geração, a Espanha rompeu com a política do «café para todos». Os professores vêem o seu vencimento acrescido em função do número de artigos que publiquem anualmente em revistas científicas com um Factor de Impacto igual ou superior a dois, IF>2. O resultado foi muito benéfico, como se torna bem patente na Tabela 10.2, que inclui mesmo algumas universidades privadas.

Tabela 10.2 - Número de áreas científicas colocadas no *ranking* mundial (índice-*Rk*) em universidades de Espanha. Dados do ESI; Janeiro 2006.

Universidade	índice-*Rk*	Universidade	índice-*Rk*
Alcala de Henares	3	Malaga	4
Alicante	3	Murcia	5
Autonoma Barcelona	10	Navarra	1
Autónoma Madrid	12	Oviedo	6
Barcelona	17	Pais Vasco	6
Cadiz	2	Politecn Catalunya	5
Cantábria	2	Politecn Madrid	3
Castilla la Mancha	3	Politecn Valencia	5
Complutense Madrid	15	Pompeu Fabra	2
Córdoba	5	Salamanca	3
CSIC	16	Santiago de Compostela	7
Extremadura	4	Sevilla	8
Girona	1	Toledo	4
Granada	10	Valencia	11
Illes Balears	2	Valladolid	5
La Laguna	1	Vigo	5
Leon	2	Zaragoza	6
Lleida	1		

Ao definirmos um *ranking* de universidades em função do seu índice-*Rk*, estamos a recorrer a um indicador do tipo macro, pois universidades com o mesmo índice-*Rk* podem diferir na qualidade, função da posição de *ranking* de cada um dos seus domínios científicos fortes. Mas não nos esqueçamos, mesmo que tais universidades difiram nas posições relativas, qualquer delas está no topo 1% da correspondente especialidade. Não obstante, o panorama universitário português que emerge deste estudo comparativo já é mais do que preocupante.

A Tabela 10.3 permite uma comparação equivalente com universidades italianas.

Tabela 10.3 - Número de áreas científicas colocadas no *ranking* mundial (índice-*Rk*) em universidades de Itália. Dados do ESI; Janeiro 2006.

Universidade	índice-*Rk*	Universidade	índice-*Rk*
Ancona	2	Padua	17
Aquila	3	Parma	7
Bari	7	Pavia	10
Bologna	15	Perugia	7
Brescia	4	Pisa	12
Cagliari	7	Reggio Calabria	1
Cassino	1	Salerno	4
Catania	8	Siena	6
Ferrara	6	Trento	3
Florence	12	Trieste	5
Messina	4	Turin	11
Milan	17	Udine	6
Modena	7	Venice	2
Naples	5		

Como exemplo de uma «universidade de investigação» tomemos a universidade de Caltech que tem um $Rk=17$. Admitindo um Rk um pouco inferior para universidades europeias, arbitrariamente consideremos uma universidade de investigação, uma escola de ensino superior com $Rk \geq 15$. Espanha e Itália têm, cada um, duas universidades nestas condições: Barcelona e Complutense de Madrid, Bolonha e Milão, respectivamente. Acresce em Espanha o CSIC, que é o equivalente a uma instituição de investigação para investigadores residentes e para alunos graduados e pós-graduados. Portugal não dispõe de nenhuma universidade com tais requisitos de $Rk \geq 15$, o que não admira. Mas verdadeiramente preocupante é que o nosso país não possua nenhuma universidade do 2º e do 3º nível!

Portugal só conta com «universidades de ensino» que consideramos escolas com um $Rk<5$. Uma universidade como a *Open University* do Reino Unido, que é claramente de ensino, tem um $Rk=3$. Claro que há institutos de investigação, especializados num número restrito de temas científicos, cujo Rk é relativamente baixo. Um bom exemplo é a instituição onde preparei o meu doutoramento, a *Royal Institution of Great Britain* com um $Rk=2$ – Química e Ciências dos Materiais – que já eram as áreas cultivadas no tempo em que aí estive. Mas a verdade é que o meu doutoramento foi concedido pelo *University College* da Universidade de Londres. A tais instituições não se aplica verdadeiramente o conceito de «universidade de investigação».

Outra faceta que convém realçar é a diferença nos modelos de desenvolvimento em Portugal e em Espanha. Na revista *Visão* nº 559 de 20 a 26 de Novembro de 2003, António Mega Ferreira ao escrever: «Sobre um caso de descentralização» fala do Museu Grão e do Teatro Viriato em Viseu. «Alguém imagina, hoje, que Viseu pudesse deixar de ter o Teatro Viriato?».

A questão da descentralização do país, com a ameaça de praticamente metade da população portuguesa se vir a concentrar na região de Lisboa é, em meu entender, uma questão crucial para o país que somos. Precisamos de um país mais continentalizado graças a cidades do interior que exerçam uma acção de desenvolvimento, fruto de alguns serviços de alta qualidade incluindo o campo da saúde. E Viseu é a cidade melhor posicionada para começar um tal política descentralizada e verdadeiramente nacional, mormente no campo da saúde, que requer uma zona de influência conferidora de uma massa crítica populacional para um ensino clínico eficaz.

Baseado em estudo sobre «Perspectivas de Urbanização no Mundo» pelo Departamento de Assuntos Económicos e Sociais das Nações Unidas, saiu num dos números do semanário *Expresso*[2] a notícia de previsão, em 2015, que quase metade da população portuguesa (45,3%) virá a habitar na Grande Lisboa (região de Lisboa e Vale do Tejo). Que notícia preocupante e suicidária. Já não é só o risco de, com uma excessiva urbanização, se perderem economias locais e toda a vida social das comunidades locais, bem como das suas tradições – o «sobrepeso» de Lisboa – ou, e ainda de maior monta, o risco de não se ocupar o território do Estado-Nação que é Portugal, tudo agravado pela nossa baixíssima natalidade. Unamuno sempre nos reconheceu esta tendência suicidária. Mitologicamente Portugal arrumado na região mais ocidental da Europa, onde o sol se põe e as trevas nos encaminham para o reino dos mortos, como na visão da Idade Média. Preocupante por vivermos tantos numa zona com um risco natural elevado, e com acréscimos de níveis de construção que agravam os problemas de escoamento de águas e os riscos de inundações e mesmo de poluição atmosférica.

Não se procura na biodiversidade garantir o património genético da vida contra doenças imprevisíveis e outras calamidades? Em Portugal, numa perspectiva social será precisamente o contrário. E a percentagem de tal ocupação é tão elevada (bem superior a ($1/e$=37%) que, extrapolando de coesão de estruturas militares e outras organizações[3], a sociedade estará em risco de perder a sua coesão social como país, para adquirir uma estrutura mais insular. Aliás verifica-se que as atitudes de ajuda mútua e solidariedade decrescem em populações que habitam cidades grandes quando comparadas com populações que vivem em meios de menores dimensões[4]. Já não é o Portugal ilha isolada da Europa, mas Lisboa ilha isolada do país.

Finalmente, resta um problema ético. O abandono do interior que vai sendo ocupado, por omissão nossa, por serviços e cuidados de saúde espanhóis e que, perante tais perspectivas, se terá de alargar de forma natural a outras actividades quotidianas da vida. Talvez haja mesmo necessidade de, no interior, a acção policial de rotina ficar a cargo de entidades espanholas. Mas um país que se arruma numa ou duas cidades, que moral tem para reclamar como seu um território que não ocupa e cuida, quando há gentes que gostariam de ter tão-só um território para viver uma vida tranquila sem guerras permanentes e terrorismo quotidiano?

Em meu entender tal requeria políticas de governação contra esta atracção suicida. Numa Comunidade Ibérica em que países como a Catalunha e o País Basco irão dispor, a prazo, de uma autonomia ainda maior que a actual, como reflecte Eduardo Lourenço sobre «os sinais dos tempos e do território» no mesmo número da *Visão*: «A Espanha não está nada interessada em separar-se da Europa em que retomou o seu antigo lugar imperial, mas apenas atenta a não se perder de si mesma. Esta paradoxal situação, pouco pensável em si ou absurda para muitos espanhóis, deve interessar-nos mais do que qualquer outro sinal de mudança na Europa ou fora dela, pois, queiramo-lo ou não, nós não podemos ser apenas espectadores interessadamente distraídos duma «implosão virtual» da Espanha. Somos espectadores da primeira fila». É pois uma evolução que nos convém, assim nós tivéssemos cabeça pensante. Mas não é um país litoralizado, cada vez mais periférico em relação à Europa, que terá uma voz ibérica e uma voz como Estado-Nação multissecular. Aliás esta «comunidade ibérica» será uma comunidade de «nações» bem continentalizadas e não de cidades, mesmo que tais metrópoles tenham a dimensão de Paris ou de Londres. Aliás Eduardo Lourenço, com o seu pensamento muito clarividente, pois vê o seu Portugal de um ponto arquimediano do mundo, afirma isto mesmo: «O futuro da Espanha interessa-nos vitalmente. [...] Todas as «nações virtuais» do espaço ibérico se sonham, ou já vivem, como *portugais frustrados* ou *portugais futuros*. Tanto mais que, à parte essa incomum coerência identitária que nos é própria, qualquer destas autonomias ou regiões à procura de serem nações são, objectivamente, mais ricas e mais poderosas que o nosso pequeno país». E agora, acrescento eu, portugueses futuros de um Portugal ainda mais pequeno, porque se encolheu junto ao mar. País litoralizado junto ao mar, com os melhores portos atlânticos de águas profundas nesta Ibéria onde vivemos, mas, nos tempos de hoje, sem grande proveito em termos do uso dos recursos do mar, e que agora se quer encolher ainda mais em Lisboa. Sem dúvida que a litoralização do país tem fortes razões históricas, dado o papel do litoral no processo formativo do país, o que leva Veríssimo Serrão a designar o Portugal medievo por uma «monarquia agro--marítima»[5]. Mas hoje exagerou-se neste despovoamento do interior.

O Painel Intergovernamental das Alterações Climáticas em Março de 2006 vem rever em alta as suas previsões para a subida das águas dos oceanos. De valores de subida inferiores a 1 m até 2100, que não constituíam uma preocupação em relação aos custos da protecção do nosso litoral, surgem agora previsões de subidas do mar de valores de 4 m a 6 m que tornam economicamente inviável a protecção do litoral português como hoje existe, acrescido das sempre constantes pressões populacionais de movimentação para o litoral. Haverá tempo, pois o ritmo da subida será cerca de meio metro por década, mas o país carece de se deslitoralizar, mediante políticas de incentivos fiscais, ou mediante outros tipos de incentivos, para uma maior interiorização. Igualmente, mas como maior premência, requerem-se incentivos à natalidade.

Regressando ao despovoamento do nosso interior, refira-se que a carência de médicos de clínica geral e em certas especialidades um pouco por todo a país, mormente no interior, é arrasadora. Dizem que temos médicos suficientes só que estão mal distribuídos, quiçá por estarem só a ser formados em cidades do litoral. Então vamos distribui-los à força ou deixamos actuar o mercado? Restam-nos os médicos espanhóis que, um pouco surpreendentemente, estão a ser considerados no Minho e no Porto um tipo de médico mais próximo do paciente do que os nacionais. Será que estamos, de facto, perante um novo tipo de médico ou, por estarem colocados num ambiente cultural diferente, tentam compensar com uma maior proximidade das pessoas?

Dizem-me que estão a despontar alguns «corredores de desenvolvimento» ibéricos que fazem quebrar a polaridade portuguesa entre litoral e interior. É de louvar, porque tais rios de desenvolvimento e progresso poderão conduzir a uma malha mais equilibrada de ocupação do território português.

Retomemos ainda a questão da descentralização vista através dos sistemas universitários de Portugal e de Espanha. O de Portugal muito centralizado, muito em especial na Grande Lisboa; lá encontramos três grandes universidades estatais e, praticamente todas na margem direita do Tejo, com excepção da Faculdade de Ciências e Tecnologia da Universidade Nova de Lisboa[6]. Não obstante, não produziu nenhuma universidade acima do nível de ensino (nível-4, o mais baixo). A Espanha, com um desenvolvimento muito regionalizado e autónomo, tem sempre uma universidade de nível-3 ou acima em nove das suas «regiões». Se outro mérito não tivesse a obra de Miguel Cadilhe sobre o «Sobrepeso do Estado em Portugal»[7], que os tem e muitos, teve o de me convencer sobre a premente necessidade da regionalização em Portugal. O risco da regionalização é bem inferior ao da falta de coesão social entre nós! E a articulação do financiamento orçamento do Estado Português e dos fundos europeus, quando o país já dispõe de uma região com um nível de desenvolvimento que a impossibilidade de ser financiada pela Comunidade Europeia – Região de Lisboa e Vale do Tejo –, não segue caminhos que nos tranquilizem a respeito do fomento de uma maior coesão social em Portugal.

A mensagem de Miguel Cadilhe, numa linguagem enxuta, é muito rica e exprime uma urgência nacional. Precisamos de nos aliviar do peso excessivo do Estado, para respirarmos e vivermos como os outros, ao ponto de Cadilhe sentir que devermos sacrificar o nosso ouro para prepararmos o futuro. Claro que a redução do funcionalismo público em 25% ou 30%, seria óptima numa época de acentuado crescimento económico e de abundância de empregos, para dar oportunidades de reconversão aos que o quisessem. Mas a mensagem de incapacidade da nossa competitividade universitária urge e, sem ser tão relevante como a da qualidade do tecido industrial português e do investimento estrangeiro entre nós, nela encontramos a mesma premência.

Outra preocupação menor, esta muito interior ao sistema universitário português, é fruto do desaparecimento da área da Física do *ranking* mundial em quase todas as nossas universidades, ao contrário do que a evolução histórica faria prever. Quais as razões?

Quiçá uma certa falta de problemas na área da Física, ao contrário dos domínios da Química onde não há carência de problemas a resolver, estará presente no declínio desta área em Portugal? A percepção desta realidade veio-me de duas conversas com cientistas estrangeiros. Uma com um físico dinamarquês, familiar de Niels Bohr, que se iria reconverter a domínios das ciências bioquímicas. A outra com um eminente membro do Comité Nobel da Química. Mas esta razão não basta, pois a Física em Portugal está a crescer quase ao mesmo ritmo da Química.

Uma outra razão pode prender-se com uma menor tensão para a promoção ao topo da carreira académica, fruto de alguns alargamentos de quadros em passado recente numa ou noutra instituição. Em artigo recente sobre a produtividade científica nas universidades espanholas, Buela-Casal escreveu: «*universidades que facilitan el acceso a cátedra de universidad de sus titulares se caracterizan por una menor productividad en tramos de investigación,* [...]»[8].

Verifiquei no caso da Universidade de Coimbra se havia alguma afiliação de publicações em que não figura a própria universidade. Em casos muito limitados encontrei um ou outro artigo em que se menciona tão-só o laboratório onde se realizou a investigação, mas não a Universidade de Coimbra. Fui informado, porém, que um tal efeito foi esporádico e de muito pequena monta para dar conta deste problema na sua globalidade. Com efeito, há muita investigação em Física realizada em Portugal em alguns centros de investigação inter-universitários e que referem a afiliação do centro de investigação, mas igualmente a da universidade a que pertencem os investigadores.

Acresce às dificuldades apresentadas uma certa compactação (em cerca de 75%) da área da Física (585 instituições) quando confrontada com a área da Química (762 instituições). Tal deve-se ao papel da *Big Science* das altas energias em Física, que inevitavelmente conduz a uma maior produtividade e que pesa no percentil das publicações e citações. Uma comparação do desempenho do Instituto Superior Técnico nas áreas de Física e de Química poderá esclarecer melhor esta problemática. Em termos de citações o desempenho na área de Física é 15% superior ao da Química. Contudo, na lista do *ranking* de instituições a posição é inversa – Inst. Super. Tecn.: Quim. no *top* 45% (340 em 762); Fis. no top 58% (338 em 585).

Para escapar à atroz burocracia financeira do Estado, muitas instituições portuguesas criaram «Associações Sem Fins Lucrativos» para gerirem os seus projectos de investigação. Contudo, em alguns casos não houve o cuidado de afiliarem os artigos publicados às respectivas universidades. Tal conduz a uma redução de massa crítica e tal poderá fazer sair tais universidades dos *rankings* mundiais em certas áreas científicas. Um outro efeito prende-se com as áreas multifacetadas que podem ser cultivadas, por exemplo, numa escola de Agronomia: Ciências da Agricultura, Ciências do Ambiente; Ciências das Plantas e dos Animais. É óbvio que, em comunidades de pequenas dimensões como as nacionais, a dispersão das publicações por revistas científicas de domínios considerados distintos leva a uma quebra de dimensão em cada uma das correspondentes áreas científicas e poderá implicar que esta escola não alcance o nível de *ranking*, o tal *top* 1% de citações numa dada área científica, por exemplo, em Ciências da Agricultura. Conscientes em «segunda aproximação» que em Portugal haverá um efeito de dimensão escondido no nosso desempenho, por comparação com outros países europeus, teremos de reconhecer a necessidade de políticas públicas e institucionais muito correctas para não sairmos muito penalizados das comparações internacionais que o *Essential Science Iindicators* vai determinar em muito no futuro da ciência mundial. Teremos de ir abandonando a nossa política de «capelinhas».

Será que o panorama português presente na Tabela 10.4 seria diferente se a universidade portuguesa tivesse adoptado o modelo da «Escala de Graduados» implementado em 1980 pelo VI Governo Constitucional? A propósito do Processo de Bolonha, foi este o questionamento que Vitor Crespo coloca em obra alusiva ao centenário do nascimento do Prof. António Jorge Andrade de Gouveia[9]. Sem dúvida que «A Escola de Graduados» era um modelo de desenvolvimento e de competividade muito ligado à investigação, para o qual seria nomeado pelo Ministro da tutela um Vice-Reitor, durante o «regime de instalação». Isto criou algumas dificuldades com os reitores, mas que foi equilibrada ainda na fase de consulta do diploma. A Escola de Graduados não foi implementada por nenhuma das universidades, por reacções muito nacionais de pequenos interesses. Interesses de curta distância que acabam por se encaixar uns nos outros – denomino-os de «interesses de fecho-éclair». Não estão presentes apenas na universidade, mas em todos os níveis da sociedade, pelo que, fechando as instituições e a sociedade, não as deixam respirar e olhar para horizontes mais distantes. Bem o afirma o filósofo José Gil. É óbvio que em todas as sociedades sempre estão presentes «interesses de fecho-éclair», mas a questão é que noutras culturas e ambientes não são estes os interesses que conduzem a marcha dos países e das regiões para o progresso e desenvolvimento.

Tabela 10.4 - Valor médio de *Rk* em universidades de Portugal, Espanha e Itália das Tabelas 10.1 a 10.3 e distribuição de universidades em função do índice-*Rk* (Dados de Janeiro de 2006).

País	índice-*Rk* médio	nº de universidades			
		Rk ≥15	15 > *Rk* ≥ 10	10 > *Rk* ≥ 5	5 > *Rk*
Portugal	2,6	0	0	0	8
Espanha	5,6	3	4	11	16
Itália	7	2	4	11	9

Estive dois anos lectivos como Secretário de Estado do Ensino Superior. Foi este o meu compromisso para como Ministro e meu colega universitário, Prof. Vitor Crespo. Como o diploma da Escola de Graduados era dos últimos a ser implementados, já não dispus de tempo para exercer alguma acção de persuasão junto de escolas mais receptivas a este modelo. O Ministro veio a sair do Governo, poucos meses após eu ter regressado à Universidade de Coimbra. Não houve assim tempo para estas acções de retórica. E o Governo de então, bem como o anterior de que também fiz parte, manteve sempre uma atitude de equilíbrio entre os modos de acção impositiva e promocional. As instituições universitárias, deixadas muito aos seus próprios interesses do «café para todos», não se auto-reformam, mas também não podem ser forçadas a fazer aquilo para o que não encontram em si mesmas algumas forças anímicas, mesmo que seminais.

Esta nossa análise merece uma palavra cautelar. O ESI não é um motor de busca tão *fuzzy* como os correntes motores de busca da *internet*, pelo que poderá ter escapado à busca alguma universidade cuja abreviatura correcta não tenha sido encontrada. As Tabelas 10.2 e 10.3 indicam as instituições como figuram naquela base de dados. Não procurámos, de forma exaustiva, incluir todas as instituições de cada país nesta análise, mas as lições fundamentais permanecem. O panorama traçado parece demasiado incerto para o sistema universitário nacional. Uma coisa é certa, porém, não viremos a ter Universidades-de-Investigação. Viremos a ter, com certeza, algumas escolas universitárias de investigação. Poderemos vir a ter redes nacionais de escolas--de-investigação para algumas áreas temáticas, propulsionadas por *motores científicos* como os da Tabela 10.1 ou redes ibéricas onde a posição portuguesa não será de forte liderança. Mas mesmo o sucesso deste tipo de escolas dependerá dos modelos de governança e de desenvolvimento que foram implementados nas universidades. Uma palavra cautelar: deixemos de tomar «vidraças por lentes»[10].

A problemática dos motores das áreas científicas portuguesas colocadas no *ranking* mundial requer uma palavra adicional. O sistema universitário português está sobre dimensionado e subfinanciado. No contexto presente de restrições financeiras nas universidades, fruto da necessária diminuição da despesa pública em Portugal, há que fazer opções e recorrer ao «efeito de Mateus». Há que investir em áreas de maior rentabilidade como são os *motores* no *ranking* mundial. O risco é não se perspectivar adequadamente a indispensável relação mestre/aprendiz através de um equilíbrio de gerações. É que se o não fizermos, e esta é tarefa do Estado, tudo se poderá perder em qualidade e competitividade porque, mesmo limitada, é a que nós temos como país.

As universidades portuguesas no espaço universitário europeu: *rankings* universitários

Em 2004 a Universidade de *Shanghai Jiao Tong*, através do seu Instituto de Estudos Superiores, produziu um *ranking* mundial de universidades, segundo os critérios apresentados na Tabela 10.5. Neste *ranking* mundial os Estados Unidos ocupam o primeiro lugar com 170 instituições, Itália ocupa o 6º lugar com 23 universidades, Espanha o 12º lugar com 9 universidades, Portugal em 35º lugar com uma universidade, a de Lisboa. O panorama não é muito distinto do que decorre dos indicadores do *Essential Science Indicators*, se bem que estes últimos são mais elucidativos para a evolução no espaço universitário europeu do Processo de Bolonha. Acresce que os indicadores de «desempenho científico» das instituições vêm desagregados por áreas científicas, permitindo descobrir onde se encontram os «motores de desenvolvimento» das instituições, e correspondem a um período mais recente (1995-2005) que traduz melhor o panorama do presente.

Tabela 10.5 - Critérios para o *ranking* mundial de universidades criado pela Universidade de Xangai[11].

Critério	Indicador	Código	peso
qualidade da educação	alunos da instituição que ganharam um Prémio Nobel ou honras de Academias	alunos	10%
qualidade da Faculdade	membros da instituição que ganharam um Prémio Nobel ou honras de Academias	distinções	20%
	investigadores mais citados em 21 domínios	Inv.+Cit.	20%
produção da investigação	artigos publicados em *Nature* e em *Science*	*Nat+Sci*	20%
	artigos em *Science Citation Index*	*SCI*	20%
dimensão da instituição	rendimento académico normalizado à dimensão da instituição	dimensão	10%

Outro fonte de *rankings* de universidades é o *THES-QS World University Rankings* disponível na internet[12]. Os critérios utilizados para o estabelecimento deste *ranking* constam da Tabela 10.6 e neles já figura a empregabilidade dos diplomados. No que concerne a critério da «qualidade de investigação: citações por Faculdade» esta metodologia recorre ao ESI. O objectivo desta base de dados é dar resposta ao crescente desejo dos estudantes universitários, um pouco por todo o mundo, em «estudar no estrangeiro». Este instituto proporciona igualmente informações adicionais sobre propinas, requisitos de acesso, os investimentos de cada universidade em bibliotecas, etc.. A Tabela 10.7 indica a posição de universidades portuguesas e espanholas que figuram no *top*-520.

Tabela 10.6 - Critérios para o *ranking* mundial de universidades criado pela *THES-QS World University Rankings*.

critério	indicador	peso
Qualidade da investigação	avaliação pelos pares	40%
	citações por Faculdade	20%
Empregabilidade dos diplomados	avalição dos empregadores	10%
	baseado na proporção de estudantes estrangeiros	5%
Imagem internacional	baseado na proporção de professores estrangeiros	5%
Qualidade do ensino	ratio docente/discente	20%

Tabela 10.7 - Universidades portuguesas e espanholas em *THES-QS World University Rankings* em 2006.

posição	universidade	posição	universidade
190	Barcelona	368	Salamanca
239	Autónoma Barcelona	398	Valencia
239	Complutense Madrid	424	Sevilha
261	Autónoma Madrid	465	Saragoça
266	Coimbra	476	Santiago de Compostela
277	Nova de Lisboa	484	Granada
288	Navarra	490	ESADE School of Management
321	Pompeu Fabra	507	Murcia
338	Universidade Católica Portuguesa	518	Politécnica Valencia

Como pudemos verificar, a posição das universidades portuguesas nos *rankings* mundiais depende apreciavelmente dos indicadores, critérios e respectivos pesos com que são avaliadas as instituições. Um outro modo de hierarquizar as instituições universitárias surge no motor de busca Google. O *ranking* é estabelecido com base na visibilidade e no impacto de *webpages*, medidos em termos do número de vezes que são consultadas (*site citations*) ou pelos *links* em que estão envolvidas. Este tipo de análise complementa o acima apresentado, mas não deixa de revelar o bom desempenho actual de muitas universidades espanholas. Um bom exemplo é a Universidade de Vigo, universidade muito recente (cerca de uma dezena da anos) e que se desenvolveu de uma forma surpreendente muito graças à regionalização espanhola e a estratégias apropriadas a um desenvolvimento regional, aproximando-se neste *ranking* de universidades bem mais antigas. Com um *Rk*=5 ultrapassou qualquer universidade portuguesa!

Tabela 10.8 - *Webometrics ranking* mundial de universidades americanas (*top*) espanholas e portuguesas.

ranking	Universidades	dimensão	visibilidade	impacto cientif.
1	MIT	1	1	8
2	Calif Berkeley	2	2	2
3	Stanford	4	5	1
4	Harvard	3	3	13
269	Open Univ UK	456	174	465
282	Complutense Madrid	217	394	136
288	Autónoma Barcelona	316	359	150
301	Barcelona	249	388	260
308	Politecn Madrid	336	342	334
327	Politecn Catalunha	334	369	351
333	Valencia	347	431	129
351	Porto	275	418	492
371	Granada	532	358	307
375	Autonoma Madrid	152	573	226
385	Saragoça	440	457	179
386	Coimbra	454	392	415
391	Politecn Valencia	304	523	217
393	Univ Tecn Lisboa	400	472	249
493	País Basco	712	460	443
620	Minho	570	805	417
627	Santiago de Compostela	459	830	582
653	Lisboa	856	621	778
770	Salamanca	999	853	474
792	Vigo	736	1066	251
969	Aveiro	806	1205	867
1095	Evora	595	1455	1236

Se os *ranking* que decorrem do ESI, que de certo modo também estão incluídos no *webometrics ranking* de Google, terão mais impacto para universidades de investigação, o do Google aponta mais para o futuro do ciber-espaço e das ciber-universidades.

A base da ideia é simples: medir a importância de um artigo ou de uma dada peça de informação, em termos do número de vezes que é mencionado – a essência da *bibliometria*. Claro que na *web* os critérios de medida diversificam-se, através do número de visitas, do número de *links* entre páginas da *web*, e de *links* de *links*. O Google não pesquisa a *internet*; tal levaria cerca de um mês. Por isso a informação de que dispõe, por vezes, pode ter uma desactualização de alguns dias. O Google tem a *net* dentro de si, em cerca dos 100.000 computadores PC ligados apropriadamente entre si. Este motor de busca cria um índice para cada palavra na *web*, quer surja em relação com outras palavras quer em títulos de peças quer em função da frequência com que é citada. São cerca de cem critérios para criar este tipo de dicionários.

O negócio do Google e de outros operadores de sites da net, como o MySpace ou o Hi5, processa-se mediante o patrocínio de *links*, «*sponsored links*», que são de factos anúncios pagos, os denominados «ads» (*advertisements*). A «publicidade *on-line*» pretende alcançar públicos-alvo mais específicos em termos geográficos e demográficos e que tendem a não prestar a atenção à publicidade nos meios tradicionais. As perspectivas são que, por 2007, a publicidade via internet deverá ultrapassar a publicidade em *outdoors* e, por 2008, alcançar a publicidade na rádio. A convicção emergente é de que a Internet é um meio de comunicação mais importante que os meios tradicionais, e muito apropriado a um mundo de economia acentuadamente globalizada.

Mas o grande objectivo do Google é «organizar a informação existente no mundo e torná-la disponível e útil de um modo universal». Acresce que os seus engenheiros dedicam 20% do seu tempo laboral a investigar e testar ideias novas, porque a busca da informação, por muito surpreendente que tal nos pareça, só tem cerca de 5% dos seus problemas resolvidos; ainda há muita informação existente na *net* que não está acessível nas buscas. O plano actual do «*Google Book Search*» é digitalizar todos os livros existentes no mundo; presentemente está a digitalizar milhões de livros nas universidades de Michigan, de Stanford e de Oxford. Já disponibiliza o acesso a obras que já não estão cobertas por direitos de autor. Começou a digitalizar livros ainda cobertos por tais direitos, mas tal foi-lhe proibido. No entanto, só dá acesso a um fracção pequena do conteúdo das obras (<10% do conteúdo total de cada obra). O que impedirá o Google de não dar o acesso completo, uma vez tendo a obra digitalizada? Afirma não o pretender fazer, e tem avançado com prudência nesse campo. Mas tem o potencial de destruir a indústria das editoras, dos jornais. Não o faz por razões legais, éticas e comerciais, mas tem a capacidade tecnológica para o fazer.

John Lancaster apresenta uma poderosa analogia sobre este novo mundo, a do aparecimento dos caminhos-de-ferro. Todos sabiam que os caminhos-de-ferro e os comboios iriam mudar o mundo, mas ninguém previu que iriam conduzir a um novo arranjo de organização social: «os subúrbios». Ora neste novo mundo do Google ainda não estamos nos subúrbios[13].

Surgiram notícias recentes sobre algumas ameaças que pairam sobre a privacidade pessoal quando governos querem informações sobre consultas nos «motores de busca». John Lancaster em comentário recente escreve: «*Google will realise it has to protect users' privacy in order to protect its own share price. The alternative is a future that would have given Big Brother himself wet dreams».* O Google tem de lutar pela privacidade dos seus utilizadores, porque se o não fizer, o mercado penaliza-o, para não cairmos num mercado mundial de espias e detectives.

O Google vai entrar na China, mas neste mundo novamente avança com prudência, pois vai exercer censura sobre alguns temas políticos que o Governo chinês não deseja que os seus cidadãos tenham acesso em alguma língua do país.

Um caso de inovação fracassada

Entre 1975 e 1976, muitas universidades portuguesas sofreram uma vaga de saneamentos nos seus quadros docentes produzida por forças estudantis ligadas a uma extrema-esquerda radical e anárquica, e que surgiram libertas após a Revolução do 25 de Abril de 1974. Uma das escolas que mais sofreu foi a Faculdade de Direito da Universidade de Lisboa. Alarmado com a situação vivida na Faculdade de Direito, o Ministro da Educação do tempo, Dr. Sottomayor Cardia – um estadista que nos tempos conturbados dos «saneamentos» de professores universitários conseguiu restabelecer a ordem e algum senso no seio da Universidade Portuguesa; diga-se que «cumpriu seu nome», Sotto mayor –, solicitou à Universidade Católica Portuguesa (UCP), oficializada em 1971 ao abrigo da Concordata existente entre Portugal e a Santa Sé, que procurasse desenvolver estudos universitários de Direito dado que dispunha de um elenco de distintos professores saneados na Universidade de Lisboa. O Estado passou a financiar a UCP de forma a permitir-lhe este desenvolvimento, que passava a constituir quase uma «missão de estado», a da preservação do futuro dos estudos jurídicos de qualidade em Lisboa.

Com grandes preocupações a respeito da qualidade de ensino, a UCP veio a desenvolver mais tarde outras áreas ainda não cultivadas nas instituições portuguesas ao tempo, como a Gestão e a Biotecnologia. Em 1980 no seu processo de regionalização, a universidade veio a criar estudos universitários em Viseu. Mas as forças políticas locais, através da autarquia, reivindicaram sempre uma «universidade pública», perdida de forma irremediável no início da década de 70, aquando da criação de novas universidades em Portugal. As forças políticas de Aveiro foram mais dinâmicas na ocasião. Quiçá por sentir as necessidades e potencialidades da região, a de Viseu, que D. José Pedro da Silva vem procurar promover a extensão da UCP à sua diocese.

O motor de desenvolvimento desta escola universitária foi uma Faculdade de Letras, mas devido ao abaixamento da natalidade em todo o país, e mormente nas regiões mais interiores, cerca de 1990 era notório que este Centro Regional requeria outros *motores de desenvolvimento e sustentação*. A posição da autarquia colocava ainda fortes incertezas quanto ao futuro desta escola universitária, não obstante as suas diligências não terem dado fruto, mesmo quando havia consonância partidária entre o Governo do país e a autarquia.

Por finais de 1998, um governo socialista, em resposta às pressões locais e fruto de algumas promessas eleitorais, sendo Ministro da Educação o Prof. Eduardo Marçal Grilo, procurou encontrar uma solução equilibrada para os vários interesses em jogo, recorrendo a um instrumento legal: a celebração de «contratos-programa». Assim a UCP através do seu Reitor, Prof. Manuel Isidro Alves, e com aprovação do seu Conselho

Superior, assinou em Setembro de 1999 um Contrato-Programa com o Ministério da Educação para o seu Pólo de Viseu. O contrato conferia aos estudantes da UCP em Viseu condições idênticas às das universidades estatais em termos de propinas. Tal contrato compensava a universidade do diferencial da propina que a UCP cobraria em cada ano, tendo como referencial a propina que o Estado exige nas suas instituições.

Obrigou-se a universidade a lançar as licenciaturas de Medicina Dentária e de Arquitectura, para alargar o espectro de áreas educativas disponíveis na região. O cumprimento do contrato-programa seria acompanhado por uma comissão mista de elementos representando o Ministério da Educação e a UCP, a Comissão de Acompanhamento. Logo o contrato-programa foi contestado por outras instituições e deu-se a circunstância de o Ministro da Educação ter saído do governo passado alguns meses da assinatura do referido contrato-programa.

Dizem-me que houve um parecer de uma entidade jurídica que advoga dever ser a concessão de um Contrato-Programa ou para todas as instituições não-estatais ou então não é para nenhuma. Por vezes fico mesmo com a convicção que a igualdade das instituições é uma abstracção legal, fruto de uma duradoira escola de pensamento jurídico. Diga-se em abono da verdade que o Ministério da Educação já pratica, em função de certos requisitos, uma modalidade equivalente para algumas escolas básicas e secundárias, mas, como é óbvio, não para todas. Mas, infelizmente, algumas das instituições nacionais comportam-se como nos reza este conto de origem russa, mas muito universal: «A um homem foi concedido um desejo. Podia pedir tudo o que quisesse que isso lhe seria concedido. Só havia uma condição: ao seu vizinho seria concedido o dobro daquilo que ele tivesse pedido. O homem pôs-se a pensar. Podia pedir um carro novo, mas o seu vizinho iria ter dois. Podia pedir muito dinheiro, mas o seu vizinho iria ter o dobro. O homem pensava e ... pensava. Até que encontrou uma solução. Pediu que lhe fosse tirado um olho!». A velha política do «café para todos», altamente deletéria de toda uma cultura de competitividade.

O Contrato-Programa entre o Ministério da Educação e a UCP tinha uma contrapartida, por parte da universidade, a abertura de duas novas licenciaturas em Viseu, uma em Medicina Dentária e outra em Arquitectura. Mas para tal o Estado proporcionaria apoio via concurso a programas europeus para a construção de um edifício e respectivo equipamento. A orientação da universidade foi a de que se devia alcançar um nível de *excelência*. Tal implica a criação de uma «escola de fronteira» no ensino/aprendizagem das respectivas áreas, mas como suficiente inovação para se manter a esse nível num período de uns 10 a 15 anos. Acrescia que a qualidade do empreendimento seria determinante do nível de financiamento das infra-estruturas, por uma avaliação internacional acompanhada pelo «Grupo de Missão» das licenciaturas de Medicina em Portugal.

Reconhecendo que, com o Processo de Bolonha, nos encontramos num ponto de viragem do que vai ser a universidade no século XXI, a que acresce o papel cada vez mais relevante do ensino universitário do *modo-2* do conhecimento, haveria que construir uma escola-piloto com um horizonte temporal de uma quinzena de anos. Tínhamos, pois, de ser guiados por uma visão de rasgados horizontes. Neste contexto, aplica-se bem uma frase de Salazar: «Um momento histórico interessante que será pena, por falta de coragem ou de visão, deixar perder»[14.]

Será, de facto, um «momento histórico interessante»? Primeiro, com o Processo de Bolonha vai criar-se um espaço universitário europeu que estabelece uma maior competitividade internacional entre instituições universitárias. A Universidade Portuguesa, já o disse, foi sempre periférica em relação ao mundo europeu das universidades e academias, e assim continuará a sê-lo; porém, poderá ter alguns «cursos de referência» ou *motores de excelência*. O segundo ponto de viragem prende-se com o modo de fazer o «ensino universitário», fruto do espaço intercomunicacional da *internet*. Com os novos meios da comunicação veio o nascimento de universidades de «ensino à distância», com grande projecção e dinâmica na conquista de alunos, mormente por parte de algumas universidades americanas. Finalmente, a baixa natalidade europeia veio criar uma redução no número de estudantes regulares, deixando os diferentes países com sistemas universitários sobredimensionados. Ou se criam alternativas de novos tipos de ensino, de prestação de serviços ou de investigação paga, ou algumas das instituições morrem. Perspectiva-se uma mudança de paradigma social no campo universitário. De uma competição num rectângulo de 90.000 km^2 passamos a ter de nos confrontar com uma competição no espaço europeu e a pensar e planear em conformidade.

Acresce ainda que toda a inovação carece de ser ensaiada em pequenas dimensões, a nível de projecto-piloto, para, posteriormente, se passar ao *scale-up* da implementação em escolas de maiores dimensões e a uma outra escala de intensidades. Na educação carece de se proceder de modo idêntico ao industrial.

Então como proceder? Guiado por este enquadramento e por, ao tempo, ter responsabilidades qualificadas nas escolas de Viseu da UCP, propus ao Reitor, Prof. Manuel Isidro Alves, escolher professores responsáveis pela instalação de tais cursos. Para a Medicina Dentária a escolha teria de ser um professor de uma universidade escandinava. Já o lançamento das licenciaturas de Medicina Dentária em universidades públicas portuguesas havia recorrido a universidades dos países nórdicos, as mais reputadas no domínio. Disto tinha eu bom conhecimento fruto da minha passagem pelo Governo.

Havia que conciliar, contudo, este requisito com o do papel dominante das tecnologias ICT em domínios da saúde e no ensino universitário em geral. A escolha recaiu numa professora da Universidade de Uppsala, a Prof.ª Verónica Wagner. Médica de formação, professora na área de medicina dentária com artigos publicados e patentes neste domínio, e muito centrada na aplicação de tecnologias e meios de comunicação ICT à prática em clínica dentária e ao ensino universitário. Hoje, porque dispomos de indicadores do ESI, a escolha torna-se mais objectiva, mas a informação já estava presente na bibliografia científica e foi reforçada por um longo contacto pessoal. A Universidade de Uppsala tem como área de topo a «Medicina Clínica» e no *ranking* mundial em Ciências da Computação é a universidade escandinava mais credenciada; ocupa neste domínio o 41º lugar em 279 instituições do topo 1%, acima, por exemplo, da Universidade de Harvard (53º no *ranking*).

Quanto ao curso de Arquitectura a escolha foi mais difícil mas, graças a uma certa sincronicidade das coisas, acabei por receber uma boa sugestão de um colega na Universidade de Coimbra, que havia sido meu colega de turma no liceu, e tinha um filho arquitecto. A Universidade de Note Dame nos Estados Unidos tem um prestigiado curso de Arquitectura. Trata-se de uma escola católica da Companhia de Jesus e que ficou famosa a nível mundial com a síntese do neopreno pelo seu professor e sacerdote jesuíta Julius Nieuwland. Ora a Universidade de Notre Dame tem uma escola residencial em Roma, com corpo docente próprio, para os estudos dos seus alunos durante o seu 4º ano de licenciatura. A nossa escolha recaiu no Arq. José Cornélio da Silva que era professor desta escola e que trouxe para o corpo docente em Viseu outro dos seus colegas em Roma, o Arq. Lucien Steil, discípulo do arquitecto Léon Krier, um homem da «arquitectura tradicional»:

> «*Traditional architecture and urbanism require a sense of modesty and humility from the individual creator towards the sacred creation of the universe, as well as a basic intuition that concepts of beauty, harmony, justice, truth, and rightness are permanent and universal*» – Lucien Steil.

Trata-se de uma arquitectura que regressa a uma tradição, fruto de uma selecção da sabedoria popular e da inteligência e experiência de gerações sucessivas de artistas, artesãos e do cidadão comum. É uma arquitectura de uma beleza apolínea emergente em algumas boas universidades e mais condizente com as orientações da Igreja Católica, em que se faz apelo ao belo como expressão da verdade e de valores estáveis e eternos.

A arquitectura conduz sempre a uma visão holística porque está alicerçada em três vertentes: a *estrutura*, a *tectónica* e o *urbanismo*[15]. Daria, pois, uma boa combinação com a Medicina Dentária, dada a tendência moderna de uma conquista mais holística para a prática clínica da medicina humana e da medicina dentária, bem como do respectivo ensino. Acresce que o ensino e a prática da Arquitectura estão a recorrer com abundância a tecnologias ICT e a própria Universidade de Notre Dame está no *ranking* mundial em Ciências da Computação; 261º lugar. *En passant* refira-se que nenhuma instituição universitária portuguesa figura no *ranking* mundial em Ciências da Computação.

Portugal é muito dado a «humores políticos» e a *resets* históricos – antes de mim e depois de mim. Após a assinatura do Contrato-Programa, passado uns três ou quatro meses, saiu o Ministro Marçal Grilo e, com outra equipa ministerial para a Educação e para as Universidades, o Contrato-Programa que estava a ser cumprido pontualmente pelo Estado entre Outubro e Dezembro de 1999, passou a ter meses de atraso, até nove meses de atraso nos pagamentos. Como os vencimentos são pagos mensalmente e o Pólo de Viseu vivia em cerca de 80% das propinas pagas pelos seus estudantes, todos compreendemos que isto causou, naturalmente, dificuldades financeiras. «O Estado como legislador incansável e um nutrido cobrador de impostos»[16], julga-se pessoa de bem se acaba por pagar. Mas, como bem realça Miguel Cadilhe, o que se requer é um «Estado pessoa de bem, contido e cumpridor, Estado pessoa de boas contas»[17]. Infelizmente, antíteses do que Portugal hoje é, e que o exemplo vertente bem testemunha.

O Contrato-Programa tinha uma vigência de quatro anos e nos subsequentes anos lectivos o panorama foi o mesmo, com atrasos mais próximos dos seis a sete meses. Acresce às dificuldades financeiras outra faceta proveniente da mudança de «humor político». O subsídio que o Estado vinha concedendo anualmente à UCP fruto do seu serviço ao país, foi drasticamente reduzido. A universidade viu-se na contingência de, no ano lectivo seguinte, aumentar as suas propinas acima da taxa de inflação. O mesmo teria sucedido ao Pólo de Viseu, se não estivesse abrangido pelo Contrato-Programa, sofrendo assim uma dupla penalização: o de manter uma propina só actualizada pela taxa de inflação e não receber o que lhe era devido pela distribuição interna decorrente do subsídio do Estado à UCP. Claro que esta circunstância cabia no âmbito das correcções que poderiam ser introduzidas pela Comissão de Acompanhamento para o Contrato-Programa. Mas os altos funcionários do Ministério da Educação que a compunham, desgostosos com o «humor político» do momento, foram para outras paragens e não mais houve efectiva Comissão de Acompanhamento.

Como «não se pode ter ópera por dois tostões», construiu-se em Viseu um edifício pequeno mas tecnologicamente avançado em ICT (*informatics and communication technologies*) para proporcionar os requisitos referidos para o *modo-2* de conhecimento. O custo do edifício com o respectivo equipamento laboratorial e uma clínica dentária orçou em doze milhões e quinhentos mil euros, o que foi bom considerando que um edifício com área idêntica, mas sem equipamento, construído pela universidade noutra cidade custou dezoito milhões de euros. Não obstante, o que se não compreende é que só já no decurso do 4º ano do curso de medicina dentária o Estado tenha começado a disponibilizar o correspondente contributo financeiro correspondente ao investimento feito. O Estado já não actua como travão ao desenvolvimento, mas como verdadeiro coveiro dos esforços de qualidade realizados no país. O Estado português é hoje um paradigma europeu da anti-ocidentalização, quando vemos a marca da ocidentalização sob o slogan de «o tempo é dinheiro». Portanto, no mundo ocidental ser «pessoa de bem» é pagar em tempo oportuno, e não só a respeito do devido aos custos do edifício, mas em relação às compensações anuais de propinas actualizadas. Um conjunto de questões políticas entre a UCP e o Ministério da Educação.

Fiquei particularmente orgulhoso por ter apoiado e fomentado o desenvolvimento de uma plataforma educativa em tempo real denominada HEINET – *human education interactive networking*. Aliás era uma excelente resposta aos desejos do Reitor que lançou este curso, o saudoso Prof. Manuel Isidro Alves, para um desenvolvimento qualificado da universidade em Viseu. A plataforma surgiu como resposta ao reconhecimento da necessidade de colocar todos os estudantes nas mesmas condições, a *ver* o que o professor está a fazer, por exemplo, num tratamento dentário. As imagens são de qualidade médica e a plataforma permite uma interacção em tempo real entre estudantes e professor e o inverso; do professor para um estudante ou para todos os alunos numa turma, no máximo 15 alunos, para que na divisão do ecrã em 16 imagens (uma a do professor) não se perca qualidade. Os materiais informativos – voz, som e imagem – postos em interacção em tempo real podem ser provenientes do professor ou da *internet*, ou ainda de uma gravação em CD ou em vídeo, ou até do que o professor escreve no quadro ao modo mais clássico de ensino.

O que daqui ressalta é que se operou uma *ruptura educativa* no tocante à relação mestre-aprendiz. Hoje dispõe-se de um meio muito poderoso e eficaz para melhorar a relação mestre-aprendiz essencial para o *modo-2* do conhecimento que vai dominar o ensino universitário neste século. Acresce que o HEINET pode funcionar mesmo à distância com «professores estrelas», mas então mediado por tutores; é que o contacto pessoal é imprescindível para o exercício de um controlo ético. Quão importante poderá ser este meio para países dos PALOP, evitando que sejam retirados ao meio cultural africano futuros quadros que são essenciais ao desenvolvimento destes países e se poderiam perder entre nós.

O sistema estava em processo de patente e em funcionamento no curso de Medicina Dentária desta universidade, mas é claramente uma plataforma universal para fomentar o *modo-2* do conhecimento. Interessou enormemente o grupo finlandês Planmeca, um grande grupo mundial de materiais dentários e de clínicas dentárias. Naturalmente, tal trouxe a Viseu muitos visitantes estrangeiros, mormente de escolas universitárias que pretendiam renovar o seu ensino em medicina dentária.

E surge na área médica, porque são nestes domínios onde se sentem as maiores necessidades educativas e, ao longo da história, mais premente foi o requisito de uma boa relação mestre-aprendiz. Obviamente que para o sucesso de um tão complexo empreendimento, que outras universidade americanas e inglesas ainda não alcançaram, é preciso ter convicções; uma fé que permeia não só a atitude religiosa mas também a científica. E é esta fé que falha, por vezes, entre nós. Talvez porque se entenda que «a fé deve ser como o sal na comida, nem demais nem de menos». Portanto nunca excessiva, e para alguns a medicina dentária em Viseu foi considerada excessiva, porque desenquadrada da sua faceta de projecto-piloto e de que uma nova tecnologia faz toda a diferença. É que cientes como estamos da imagem de periferia de Portugal em quase todos os domínios, para ter um verdadeiro impacto internacional, a conquista da «excelência», entre nós, requer um suplemento de qualidade. No caso concreto, até para compensar das deficiências típicas em Portugal, como a da falta de estudos epidemiológicos de qualidade no campo da saúde oral.

Na senda do fomento da relação mestre-aprendiz no *modo-2* do conhecimento, a etapa seguinte será a de desenvolver uma plataforma educativa que não só incorpore o sentido da visão mas também o do tacto. Tal já não será no seio da Universidade Católica Portuguesa, porque a equipa de investigação que produziu o HEINET foi desmembrada. Resta saber se o próximo passo será ainda dado no nosso país ou noutro país do mundo? Hoje sabemos que a resposta foi toda em negro! Com efeito, passado quase um ano de eu ter deixado as funções que exercia na Universidade Católica em Viseu, a Escola de Medicina Dentária foi visitada, em 28 de Junho de 2004, pela mesma Comissão de Avaliação internacional. Nas suas conclusões e recomendações pode ler-se:

> «*We wrote last time that it was unthinkable that this outstanding institution, with enviable quality of staff and facilities and ideas, should not be allowed to continue. We now think otherwise. Unless there is a rapid return to the previous innovative pedagogical approach, we cannot recommend that this school is recognized by the Government.* [...]».

Caminhemos um pouco para trás no tempo, para atentarmos no 1º Relatório da Comissão de Avaliação Internacional, elaborado aquando de uma visita em 30 de Maio de 2003, comigo ainda com responsabilidades qualificadas nesta escola. Como em certas ocasiões a Universidade Católica Portuguesa é tratada como uma instituição privada em termos de financiamento por fundos europeus, foi sugerido pelo Secretário de Estado do Ensino Superior em funções que houvesse uma avaliação do curso de Medicina Dentária para atestar da sua *relevância pública*, uma nova «missão de estado», com objectivos de desenvolvimento regional e de coesão social mediante o recurso a fundos europeus. Esta avaliação foi realizada por uma comissão internacional e, como referido anteriormente, teve lugar em Maio de 2003. Eis algumas das passagens relevantes do relatório produzido:

i) Ficámos surpreendidos por encontrar uma escola magnificamente equipada e inteiramente funcional, com laboratórios, auditórios, clínica, instalações de esterilização, etc. do topo de gama e inteiramente computorizadas e com tecnologias de comunicação informática ao nível do ensino, da avaliação dos estudantes, do registo e fichas de pacientes, da administração. A universidade não dispõe de uma escola de medicina, mas nas vizinhanças existe um Hospital Geral que figura como um recurso educativo essencial para este curso.

ii) A escola de medicina dentária dispõe-se a preparar líderes no mundo dentário e acreditamos que dispõe de uma boa possibilidade de alcançar este desiderato. Não obstante, recomendamos que o Governo se debruce sobre o número de dentistas necessários ao país, tendo em vista a possibilidade de fechar ou reduzir números em instituições de qualidade inferior.

iii) É de louvar o modo criativo como está desenhado o curriculum de ensino/aprendizagem, baseado numa filosofia de base holística centrada nos cuidados a prestar ao paciente e no serviço à sociedade. Este desenho aplica-se durante os 6 anos de curso e para actividades de ensino/aprendizagem ao longo da vida. O ensino está orientado na corrente moderna de um ensino baseado na resolução de problemas e evidências clínicas.

iv) A escola pretende preparar profissionais que liderem o campo, e pretende exercer uma acção particular nos países da diáspora portuguesa. Estão muito bem colocados para esta acção, graças à posição bem avançada que têm nos domínios e tecnologias de ensino à distância.

v) Uma vez estabelecida, esta escola tem boas possibilidades de atrair estudantes de países estrangeiros mormente da União Europeia, o que requer um ensino em inglês para o qual a escola está preparada.

E o relatório conclui: «É impensável que esta escola de excelência, com um corpo docente, meios e ideias todos de invejável qualidade, não continue a funcionar».

Um dos conselheiros para assuntos económicos da Reitoria da UCP afirmou, numa dada ocasião, que as dificuldades financeiras do Pólo de Viseu resultavam de «um investimento excessivo». Se assim fosse, o modelo de desenvolvimento que contemplava uma área de investimento mais acentuado, a Medicina Dentária, e outro de baixo investimento, a Arquitectura, deveria ter levado a acelerar o *motor* de desenvolvimento e sustentabilidade da escola com o menor investimento. Portanto, alguma coerência cognitiva nesta leitura económica e financeira implicava o reforço da componente do curso de Arquitectura, mas um ano após eu deixado de dar o meu contributo à UCP em Viseu, os professores com responsabilidades de instalação dos dois cursos abandonaram a UCP. A professora Veronika Wagner regressou a Uppsala e os dois arquitectos à escola de Notre Dame em Roma. A escola ficou desprovida de bons motores de desenvolvimento futuro.

Mas examinemos o que economistas acreditados pensam sobre défices. Miguel Cadilhe escreve: «Pode-se justificar no nosso país uma política de défice público por três ordens de razões: i) investimento público reprodutivo; ii) reformas estruturais;

iii) conjuntura de recessão»[18]. Tal é válido para países mas também para instituições. O sistema universitário encontra-se numa recessão de alunos. O investimento feito tinha um apreciável apoio de fundos europeus, foi fruto de uma profunda reconceituação da estrutura de ensino/aprendizagem e da prática clínica da Clínica Dentária na UCP em Viseu. Quer pela via da prática clínica, quer de *royalties* ou outros proventos provenientes de uma boa patente, quer por uma prática de ensino pós-graduado internacional, seria muito provável um investimento reprodutivo.

Sem uma visão apropriada para um mundo universitário do futuro, com um aconselhamento baseado em modelos de desenvolvimento com uma baixa coerência cognitiva, compreende-se facilmente que se tenha caído nas facetas mais correntes da portugalidade: o medo à mudança; a aversão ao risco; invejas. Acresce possivelmente aos custos-de-contexto, o conservadorismo corrente em instituições da Igreja e as seculares invejas eclesiásticas.

Com a saída do saudoso Prof. Isidro Alves de Reitor da UCP em 2000, foi nomeado um professor universitário leigo como reitor. Medida em si mesma correcta, mas que levou a alguma perda de memória das aspirações da instituição. Acresce que o modelo da UCP, uma universidade única a nível nacional, não é muito usual. Compreende-se no ambiente de baixa competitividade existente na sociedade portuguesa aquando da sua criação. Mas em países e culturas onde a competitividade universitária sempre foi mais intensa, as instituições universitárias da Igreja Católica ou dependem de ordens religiosas ou de uma diocese. Este é o modelo espanhol; assim se atenuam também as seculares invejas eclesiásticas. Em circunstâncias de profundas mudanças, um leigo encontra-se naturalmente menos apto a lidar com tais tensões.

Claro que as dificuldades financeiras do tipo das que ocorreram em Viseu, costumam lidar-se com a conversão de empréstimos de curto prazo para o médio ou longo prazo, ou mediante um *sales leasing-back* do próprio edifício. Apesar de tal ter sido acordado, nunca veio a ser posto em prática. Convém referir, todavia, que tais medidas implicam sempre o pressuposto de um desenvolvimento futuro.

O curso de Arquitectura em Viseu também arrancou com um excelente nível internacional, pois a «arquitectura tradicional» que foi o modelo adoptado para o curso, está hoje muito competitiva nos Estados Unidos e na Europa. Pretende ensinar uma arquitectura e um urbanismo mais humano que veja a beleza, a dignidade, a mágica e a poesia de certos locais e não busque alcançar tão-somente uma originalidade que só tenha impacto nos «pares» e não nas comunidades. Como expressão desta qualidade basta referi que, em três anos, e com os meios disponíveis na escola, produziu uma revista electrónica de arquitectura clássica e tradicional, intitulada *Katarxis*, que figura nos Top 50 *websites* mundiais escolhidos pela primeira vez em 2003 pela *Planetizen*. A *Katarxis* foi seleccionada na área das publicações onde figuram mais sete publicações de outros países, e hoje conta com mais de 180.000 leitores de 70 países que a consultam regularmente. Isto para além da eficaz rede de relações internacionais que a Escola estabeleceu com universidades italianas, inglesas e americanas, bem patentes no Congresso Internacional que organizou em Maio de 2004 em Viseu[19].

Graças aos meios ICT, o impacto e visibilidade internacionais das actividades educativas é muito mais rápido do que no passado, o que requer um cuidado especial das instituições na sua manutenção, pois quer os erros quer os sucessos têm reflexos e visibilidades mais imediatas do que no passado da «universidade fechada em torre de marfim», como se pode depreender das reacções internacionais que a substituição dos seus professores coordenadores suscitou[20].

Quiçá o «humor político» continha algum excesso de jacobinismo, mas era equilibrado pela exigência técnica de uma relevância pública para o ensino da medicina dentária. O mais gravoso nos dias de hoje, contudo, é que se faça política muito mais ao *modo-1* do conhecimento, do que à maneira do *modo-2*, mais apropriado para lidar com sistemas sociais, económicos e educativos complexos, dada a contextualização da realidade com que opera. O peso-de-contexto português, por um conjunto diversificado de circunstâncias negativas, transformou-se num custo-de-contexto para esta inovação universitária. Eis um problema para o Estado e para a própria universidade, mas acima de tudo para o país, pois se «investiu em conhecimento» – inovação, investigação, software, qualidade do ensino universitário –, e a relevância pública que o Secretário de Estado desejava, e bem, foi sugada num vórtice, o que muito surpreendeu os nossos pares europeus.

Revisitando o tratamento de RIP

Sobre o tratamento de resíduos industriais perigosos a Agência Portuguesa de Investimento (API) apresentou a seguinte *nota-bene*: «O tratamento de RIP teima em não ter, entre nós, solução apresentável a investidores que vêm, aliás, interpelando a API com inteira razão»[21]. Sobre o tratamento de RIP explanámos algumas das dificuldades da implementação dos processos de valorização térmica em Portugal, num livro que publicámos à laia de síntese final[22]. Parafraseando Miguel Sousa Tavares, para todos nós «o incómodo de sermos o centro de uma polémica pública pareceu-nos sempre maior do que a eventual fama que daí colhemos». A objectividade científica, porém, é um bem pessoal e social que qualquer cientista não deve dar de mão beijada. Aliás era para «salvaguardar a independência e a imparcialidade de julgamento» que foram nomeados cientistas[23]. Agora, pela mão da API, reconhece-se a ausência de certos métodos de tratamento de RIP como um dos custos-de-contexto para investidores estrangeiros.

Vamos analisar este custo-de-contexto em termos do *relativismo científico*, porque é bastante elucidativo sobre a fraqueza construtiva desta atitude epistemológica. Correntes neomarxistas retomaram o velho relativismo social para nos apresentarem hoje uma visão pós-moderna da ciência como construção cultural, em que a evidência experimental desempenha um papel irrelevante ou de pouca importância. Sem dúvida que os cientistas constroem as suas teorias com uma base limitada de dados empíricos, seleccionados em função da teoria que os examina. O carácter *limitado* dos dados tem uma implicação lógica – um conjunto finito, e daí limitado, de dados empíricos não pode garantir uma relação de unicidade[24] entre os dados empíricos e uma teoria que deles logicamente se infira[25]. Daqui decorre uma fraqueza epistemológica que não atormenta os cientistas praticantes, mas preocupa os filósofos e sociólogos das ciências. O pós-modernismo reconheceu este extremo de debilidade do «motor do racionalismo». Em vez de lubrificar o motor do racionalismo com um óleo compósito – misturando o contributo social da comunidade científica com princípios epistémicos –, resolveu desmontar o motor e hoje não sabe como montá-lo e pô-lo a funcionar eficazmente.

Perante a fraqueza decorrente do número limitado de dados empíricos utilizados na construção teórica, certas correntes pós-modernas optaram por construir teorias alheias a qualquer relevância de dados experimentais. Daqui decorre uma debilidade ainda mais profunda e desconstrutora.

A ciência moderna nasceu do ventre da religião, como uma leitura das «obras de Deus na natureza». Tais obras têm uma inteligibilidade acessível ao homem e a constância da acção divina exprime-se nas leis do mundo físico, na reprodutibilidade das observações, na *validade universal* da ciência. Foi com esta base que o homem – o homem-abstracto, descontextualizado, fruto do progresso do positivismo – têm vindo a construir a ciência moderna. Inicialmente, com base na religião cristã, o homem-concreto convenceu-se da inteligibilidade do mundo, da existência de uma realidade exterior a si mesmo, e da capacidade que uma compreensão do mundo lhe oferece oportunidades para nele intervir em ordem a remover certos obscurantismos e a resolver problemas que afligem a humanidade. O homem convicto dos poderes da razão defrontou-se com os dramas de duas Grandes Guerras. Estes dramas convencem-no que o progresso humano e social não é uma inevitabilidade histórica. Pelo que o último pós-guerra vê surgir um homem já profundamente descrente das capacidades da razão humana.

O pós-modernismo, através do relativismo científico, apresenta-nos hoje não uma ciência assente em Deus, mas sim neste homem racionalmente enfraquecido. A construção da ciência passa a privilegiar, em exclusividade, o *contexto* – as diferenças linguísticas, culturais e mesmo as diferenças de etnia – e numa atitude extrema acaba por nada ter a ver com a realidade exterior. Uma ciência assim construída perderia validade universal, para passar a ter, quando muito, uma validade local.

Se, como aflorámos no Prefácio desta obra, a epistemologia científica navegar entre o Cila de um realismo ingénuo, o dos nossos sentidos, e o Caribdes de um relativismo sistemático, o do pós-modernismo, a ciência navega em águas mais seguras. Mas se fugir de Cila para cair em Caribdes, a ciência perde o seu carácter de universalidade e depende do contexto em que foi construída, cessando a necessidade da busca pela verdade e pela conquista da objectividade científica. O pós-modernismo vai mesmo mais longe: «ao homem não está acessível qualquer verdade objectiva; a verdade é algo que cada um constrói individualmente ou em grupo[26]» numa *Flatland*.

O *Kruger Park* na África do Sul tem hoje cerca de três mil elefantes a mais do que devia. Há pois que os abater ou movê-los para outras paragens. Os ambientalistas mais fundamentalistas – apelidados por vezes de *bunny huggers* (abraçadores de bonecos de peluche) – opõem-se ao abate dos animais e chegam a sugerir que os guardas dêem pílulas anti-conceptivas aos elefantes! Vem tudo isto a propósito da necessidade de apresentar um exemplo desta «ciência de contexto local», como a que alguns ambientalistas postularam na «guerra da co-incineração».

Como um exemplo desta «ciência» sem um carácter universal e fortemente dependendo do contexto local, retomamos o caso da co-incineração de resíduos industriais perigosos (RIP) em Portugal. Comecemos por enquadrar o problema no contexto português. Este contexto com impacto social abarca, predominantemente: i) a comunicação social; ii) grupos ambientalistas e iii) políticos nacionais e locais (autarquias).

Resíduos são substâncias, produtos ou objectos, que ficaram incapacitados para os fins para que foram produzidos, ou são restos de um processo de produção, transformação ou utilização e, em ambos os casos, pressupõem que o detentor se tenha de *desfazer* deles. Ser resíduo não descreve nenhuma propriedade específica, mas sim uma situação de perda de utilidade. Por isso os resíduos têm de ser reciclados para outros usos, destruídos ou dispostos no ambiente de forma relativamente segura, tal como a colocação em aterro após estabilização para resíduos inorgânicos ou orgânicos de baixo poder calorífico. A perigosidade de um resíduo é fruto do modo como é manuseado, mormente quando perde toda a utilidade e se torna perigoso para o ser humano e outros seres vivos se abandonado de forma descuidada ao ar, num curso de água, ou queimado de forma doméstica ou simplesmente escondido debaixo da terra.

Há uma carência de métodos de tratamentos seguros para resíduos industriais perigosos em Portugal, especialmente os de carácter predominantemente orgânico. Para os de carácter inorgânico, o país já dispõe de duas unidades de tratamento.

A polémica mais recente em torno da opção governamental para o tratamento de RIP começou a desenhar-se em 1995, quando o governo do Partido Socialista (PS) suspendeu a opção do governo anterior, do Partido Social-Democrata (PSD), baseada numa incineração dedicada a ser localizada em Estarreja. A necessidade de uma nova opção, a da co-incineração, surgiu muito fruto das dúvidas que se instalaram nos quantitativos de RIP destinados a tratamento térmico. Seriam os RIP produzidos em Portugal suficientes para alimentar uma incineradora dedicada ou teríamos de importar resíduos?

Face à decisão do governo do PS pela opção da co-incineração de RIP, as reacções são imediatas e enérgicas, tal como houve a respeito da opção pela incineração dedicada, com a diferença que esta dispunha do apoio da autarquia local. Após uma fase de clima mais reactivo, seguiu-se um período mais sereno e de negociação. O Primeiro-Ministro veio a comprometer-se em nomear uma Comissão Científica Independente (CCI) para conferir uma credibilização e fiscalização científicas ao processo. Enquanto a CCI não era nomeada e entrava em funções, a Assembleia da República aprova uma iniciativa do PSD para suspender o processo.

Após os Relatórios da CCI e de um Grupo de Trabalho Médico constituído por um professor de cada uma das cinco Faculdades de Medicina e pelo Bastonário da Ordem dos Médicos[27], favoráveis à co-incineração, a contestação prossegue. Foram realizados testes com RIP na cimenteira do Outão iniciados em Fevereiro de 2002. Após umas eleições autárquicas com resultados desfavoráveis ao PS, de forma inesperada o Primeiro-Ministro apresentou a demissão. Seguiram-se eleições legislativas, e um novo Governo com base no PSD e no Partido Popular (PP) foi nomeado. Este governo suspendeu o processo de co-incineração e dissolveu a CCI que, no entanto, ainda teve ocasião de apresentar publicamente os resultados dos testes efectuados no Outão.

O novo governo PSD/PP não retomou a opção pela incineração dedicada para o tratamento de RIP e não conseguiu implementar uma solução alternativa, devido a um conjunto diversificado de vicissitudes políticas. A Assembleia da República foi dissolvida pelo Presidente da República em Dezembro de 2004 e foram convocadas novamente eleições legislativas para 20 de Fevereiro de 2005.

Na campanha das eleições legislativas de Janeiro e Fevereiro de 2005 surgiram líderes de alguns partidos políticos a proporem salvar o país do «fantasma» da co-incineração e salvá-lo com uns CIRVER (Centro Integrado de Reutilização, Valorização e Eliminação de Resíduos Industriais Perigosos) que não queimarão nada e varrem muitos resíduos orgânicos perigosos, com conteúdo energético, para o fundo de aterros. O problema não está nos CIRVER, bem pelo contrário, pois já havia sido objecto do 2º Relatório da CCI. A dificuldade assenta em não se querer apoiá-los com uma destruição térmica em incineradoras ou preferivelmente, sempre que possível, com uma valorização energética por co-incineração.

É sempre possível reciclar qualquer resíduo. Mas se o resíduo estiver bastante contaminado com outras substâncias, tal pode requerer tantos recursos materiais e energéticos que a opção é mais lesiva para o ambiente do que a mera destruição térmica do resíduos ou a sua colocação em aterros controlados. As estimativas dos quantitativos de RIP a queimar, tendo em conta que cerca de 20% dos óleos usados não devem ser reciclados, por demasiado contaminados, poderão ascender às 80.000 toneladas/ano[28].

O que a «solução» do Governo PSD/PP contempla é a *exportação* dos RIP para queimar! Nada, pois, de modernidade na metodologia CIRVER ou de que a co-incineração está ultrapassada, como se chegou a propalar. E que métodos serão usados noutros países? A esmagadora maioria dos resíduos será co-incinerada, como questionado reconheceu o Ministro de Ambiente durante a campanha eleitoral e, alguns, mormente os com concentrações de elementos halogéneos elevados, serão incinerados em incineradoras especiais.

No contexto português dos inícios de 2005, a proposta para o tratamento de RIP alarga o sentimento *nimby* a todo o país! Patenteia uma profunda falta de solidariedade entre os portugueses e outros povos. A opção só seria eticamente aceitável se o nosso país não dispusesse de cimenteiras, ou se tecnologicamente não conseguíssemos transferir eficazmente *know-how* e os testes de queima não cumprissem as normas europeias. Mas não é o caso! Será que uma atitude de exportação de elevadas quantidades de RIP, para serem destruídos termicamente por valorização energética, dignifica o nosso país e credita-o sob o ponto de vista tecnológico e científico?

Um dos cartazes da campanha eleitoral para as eleições legislativas de 2005 associava a co-incineração a um maço de cigarros e afirmava «não à co-incineração» e «votar no PS faz mal à saúde».

Na Europa e nos Estados Unidos há muitas unidades cimenteiras a valorizarem energeticamente os RIP e, mais por razões energéticas e de redução dos impactos do dióxido de carbono no efeito de estufa, este uso vai aumentar. Veja-se o caso recente da maior permissão para a co-incineração em Inglaterra, ao permitir co-incinerar resíduos com conteúdos energéticos de 10 MJ/kg – o limiar de um rendimento energético positivo na queima – quando antes os seus limites rondavam os 20 MJ/kg, quase idêntico ao do carvão. Mas no contexto português – dos *media*, de meios políticos e de certos ambientalistas –, a co-incineração está a ser abandonada a nível mundial.

Em Portugal a co-incineração é perigosíssima – queimar perigoso é perigosíssimo! No resto do mundo a emissão de dioxinas pela queima de RIP em cimenteiras que pratiquem tecnologias BAT (*best available technologies*) associadas a práticas BEP (*best environmental practices*) não constitui qualquer motivo de preocupação.

Durante a campanha eleitoral, ninguém ouviu falar nos resultados dos testes da queima de RIP que foram realizados numa unidade cimenteira em Portugal. Aqui os políticos foram coerentes; pois esta «ciência» não tem nada a ver com a realidade. Seria alienante falar sobre uns testes de queima de RIP em cimenteiras, mesmo que realizados em Portugal por especialistas alemães. Pertencem a uma outra ciência que nada tem a ver com esta «ciência portuguesa» e são uma expressão do toque de relativismo científico – a irrelevância dos dados experimentais. Quiçá fazendo ainda concessões a uma velha ciência alienante, uma das nossas associações de *bunny huggers* moveu junto dos tribunais uma acção inibitória para impedir a realização dos ensaios de queima, invocando que constituíam um perigo para as populações. Perante os resultados divulgados, procuraram que os tribunais considerassem nulos os resultados dos testes, porque diziam se «tinha queimado essencialmente água»!

Acresce que como os limites de emissão de dioxinas são inferiores ao *limite de quantificação* de 0,01 ng TEQ/m^3, quer nos ensaios em branco, com o combustível normal, quer na queima com o combustível de substituição preparado a partir de RIP em fluxos de 3 ton/h e de 6 ton/h, para eles nunca se poderia afirmar que «na queima de RIP por co-incineração não há emissões acrescidas de dioxinas»[29].

Quando foi aprovada em Maio de 2001 a Convenção de Estocolmo sobre Poluentes Orgânicos Persistentes (POP), logo um jornalista português descobriu que esta Convenção havia proibido a co-incineração de RIP! O contexto português proclamou esta «descoberta» em grandes parangonas[30]. No resto do mundo recomenda-se, sob certas condições, que a co-incineração em cimenteiras seja utilizada na destruição de POPs.

Até entre nós as moléculas perderam a sua universalidade. Pelo menos em Coimbra, ouvi afirmar que as dioxinas emitidas pelas incineradoras hospitalares eram as «boas dioxinas» enquanto no caso das cimenteiras eram dioxinas más.

No *site* de um dos partidos ambientalistas da campanha legislativa portuguesa dos começos de 2005, escreveu-se: «por que motivo uma cimenteira seria tecnicamente mais eficiente do que uma instalação dedicada?». Mais se afirmou que «o problema dos resíduos não pode ser visto apenas «no fim-de-linha» e se defende que a análise do ciclo de vida dos resíduos, desde a raiz até ao seu aproveitamento final, é a solução mais eficiente e a que garante mais valias em investigação, conhecimento e emprego». A nível internacional existem disponíveis diversas Análises de Ciclo de Vida que mostram ser a co-incineração de RIP melhor para o ambiente que a incineração dedicada e mesmo que certas reciclagens. Perante isto, interrogo-me se todo este parafraseado é fruto do contexto português ou de uma dupla ruptura epistemológica em que o discurso do senso-comum e o discurso científico já se aproximaram profundamente um do outro[31].

O que todo este exemplo nos mostra à saciedade é que um «conhecimento científico» tão contextualizado localmente, e sem nada ter a ver com a realidade física, é não só trivial, como, acima de tudo, não tem qualquer préstimo, nem como ciência nem como tecnologia, melhor dito, é uma *pseudo-ciência*. Muito dele foi «construído» no nosso país por alguns políticos, por *bunny huggers* e pelos *media* que os difundiram, interpretaram e lhe deram foros de «verdade local», mas não foram os únicos construtores.

Apesar de já se falar no nosso país em tratamento de RIP há cerca de 20 anos, o tratamento de RIP orgânicos ainda não está operacional no final de 2005. Espera-se que se possa começara praticar em 2008. Noutras sociedades houve debates e contestações, mas tudo se resolveu em muito menos tempo. E um bom exemplo foi a nossa vizinha Espanha. É que nessas sociedades a ciência desempenha algum papel social. Os Capítulos anteriores lançaram alguma iluminação sobre as razões históricas das nossas dificuldades colectivas e não admiraria que, nalgum enquadramento desta «realidade» construída, se «provasse» que na co-incineração de RIP em cimenteiras «houvesse emissões acrescidas de dioxinas e metais pesados» e se condenasse quem afirmou o contrário. Ao convocar a história, vem-nos logo ao pensamento um Galileu a ser condenado pela Inquisição – *Epur si Muove*!

A problemática do co-incineração de RIP em Portugal tem um significado mais profundo do que a mera escolha de um método adequado para o tratamento de certos tipos de RIP. O senso-comum, por estar articulado com o modo de vida experiencial do quotidiano, tem um pequeno poder de abstracção, mas é a base de toda a partilha social. Encontro alguma similitude deste conflito entre o senso-comum das populações e a linguagem da ciência mediada pelas comunidades científicas, com o que a sociedade portuguesa se defrontou, no século XIX, a respeito do enterramento dos corpos em cemitérios, por uma necessidade de saúde pública.

Eis como Eça de Queiroz e Ramalho Ortigão abordam a «questão dos cemitérios» no início de 1872 nas suas famosas «Farpas»: «Fazer recolher cadáveres ao cemitério – que o clero queria afastar para as estrumeiras – é já um progresso moral, de bom senso, de dignidade civil e de positivismo higiénico[32]. A câmara municipal não vê almas, vê corpos: ora perante a morte nem todas as almas se celestiam, mas o que sabemos de positivo é que todos os corpos apodrecem – e os cemitérios são a supressão administrativa desta infecção fatal»[33]. O povo estava habituado a ver os seus mortos sepultados nas igrejas e confortava-os o sentimento de que assim estavam mais próximos do paraíso.

Como julgaremos hoje o dilema de um médico português do século XIX que, instruído nos progressos do tempo, tivesse de lidar com a questão dos cemitérios. Será que deveria advogar o enterro dos mortos no cemitério público num meio mais evoluído como Lisboa, e o enterro nas igrejas se estivesse a exercer a medicina numa aldeia do Minho?

A este mesmo propósito não resisto a transcrever os excertos da apresentação do meu colega de trabalho na CCI, Prof. José Cavalheiro, aquando da cerimónia da apresentação pública do «Relatório da Actualização dos Processos de Co-incineração de Resíduos Perigosos em Articulação com os CIRVER» em 3 de Março de 2006 no Auditório António Cupertino de Miranda no Porto. «Em Portugal, já pelo menos desde o terramoto de 1755 que *os médicos e políticos mais esclarecidos chamavam a atenção para os riscos que representava, para a saúde pública, a prática do enterramento nos templos* e se tomavam as primeiras medidas com vista à construção de cemitérios públicos». «O Governo de Costa Cabral... para *além da proibição expressa de enterrar os mortos nos lugares de culto*, dispunha-se que nenhum cadáver podia ser sepultado sem a prévia apresentação do competente «bilhete de enterramento» e da emissão do «bilhete de verificação da morte por um Facultativo» (Graça L. «A Assistência Pública e Filantropismo Privado no Séc. XIX»). «O campesinato vai criar uma forte e violenta onda de contestação, especialmente na zona do Minho], [...] as desordens agravam-se e onde em 1846 *rebentou a revolta da Maria da Fonte*. No final, conseguiram manter as suas práticas fúnebres e *adiar a construção dos cemitérios até aos finais do século XIX*, até porque havia uma tolerância clerical e das *autoridades locais*, fazendo-se muitos enterros» («Família, morte e herança: a dinâmica familiar no Minho», Sara Vidal).

E o que é curioso é que uma contestação popular profundamente obscurantista e reaccionária, venha a ter sido co-optada pela esquerda portuguesa, em louvor do «poder popular» na letra de uma canção de José Afonso:

«Viva a Maria da Fonte
com as pistolas na mão
para matar os Cabrais
que são falsos à nação»

«As Sete Mulheres do Minho»
(Popular / José Afonso)

A propósito da co-incineração de RIP em Portugal, um dos diários regionais dizia algo como isto: a co-incineração até pode não ser fisicamente prejudicial à saúde, mas se as pessoas pensarem que o é, então sê-lo-á inevitavelmente Nada mais propício há construção de uma «realidade social» nesse sentido.

No relativismo científico que aflige a epistemologia do pós-modernismo, podemos ver uma comunidade (científica ou de outra natureza) a construir uma «realidade». Durante a Ditadura Militar e no período salazarista do Estado Novo foi construída, graças a uma eficaz propaganda política, toda uma realidade social, política e económica à volta de um Império Colonial. Uma realidade construída à medida de um povo é mais aconchegante para uma sociedade muito periférica e fechada sobre si mesma. Esta «realidade» construída manteve-se válida e operacional por mais de uns 40 anos, mas a realidade exterior permaneceu sempre à espreita de uma oportunidade para se sobrepor à construída, e assim aconteceu. Este medo do português em defrontar uma realidade mais exterior e universal já vinha de séculos anteriores. Daí o sucesso temporal do Salazarismo, porque se baseou em sentimentos naturais entre nós, do «orgulhosamente sós». Os perigos do relativismo científico são mais marcantes em sociedades fechadas do que em sociedades abertas, pois parece haver uma apreciável coincidência entre certas atitudes do Portugal pré-moderno e do pós-moderno.

Outras construções de realidade sociais, e com muito mais graves consequências, encontraram-se na Alemanha, mesmo em plena democracia política, durante o período do nazismo. A democracia não gera sempre a liberdade do homem e só a luta pelos valores éticos é seu garante.

Quem tivesse aterrado em Portugal durante o período de campanha eleitoral dos inícios de 2005 poderia julgar que o «medo da co-incineração de RIP» era uma característica do povo português, tão empenhados estavam diversos políticos em o salvar deste Adamastor[34]. Os resultados eleitorais de 20 de Fevereiro de 2005 em Portugal, demonstraram, porém, que a «construção social de temor» à volta da co-incineração de RIP não foi acolhida de modo nenhum nos resultados eleitorais. O partido que a defendia ganhou as eleições com maioria absoluta, e os que a «aboliam para sempre» perderam, quer a nível nacional quer a nível local, de freguesia e de concelho. Felizmente, a sociedade portuguesa revela ser hoje muito mais aberta do que nos tempos do Estado Novo. Infelizmente, o mesmo não se pode dizer de algumas das suas «corporações» instituídas.

O relativismo científico leva o papel do contexto a posições tão extremas que nele se perde a objectividade científica. Mas a inserção em moldes apropriados do papel do contexto é essencial ao *modo-2* do conhecimento. Contudo este modo de conhecimento faz um duplo apelo: ao contexto e à Natureza. É precisamente este duplo apelo que o retira da debilidade epistemológica do relativismo científico. Mas vai ser essencial o contexto português para poder transformar a co-incineração, como ameaça, numa oportunidade de contribuir para a limpeza das florestas e combater os incêndios florestais que tanto desmoralizam os portugueses. A este respeito, há que procurar equilibrar instrumentos legais de promoção em vez de imposição. Não é realista simplesmente obrigar os proprietários a limpar as suas matas, muitas vezes de pequenas propriedades, quando o próprio Estado não limpa as suas.

Em virtude da aplicação do protocolo de Quioto, várias fontes de energias alternativas começam a tornar-se competitivas à energia de combustíveis fósseis, energia praticamente toda importada. Uma dessas fontes de energia é a biomassa, quer pelo valor energético[35], quer pelo facto de as suas emissões em dióxido de carbono não serem contabilizadas para o efeito de estufa. É que a biomassa coloca o ciclo de carbono a uma escala de poucas centenas de anos, pois é renovável neste período e, graças à fotossíntese presente em períodos diurnos na flora, promove o sequestro do CO_2.

A proposta que apresentámos ao Governo no relatório de Dezembro de 2005[36] sobre a «Articulação dos Processos de Co-incineração de Resíduos Industriais com os CIRVER», foi a da criação de um mercado estável e abrangente de biomassa, estrategicamente incentivado pelo Estado durante um período transitório. O incentivo teria em conta uma certa fracção dos custos que os incêndios florestais causam ao país e que seria pago por biomassa entregue. A limpeza das matas terá de ser um processo progressivo e, dados os custos de transporte, funcionar com centros de recolha e compactação para um raio de cerca de 40 km. A compactação conduzirá à produção de peletes e briquetes que poderão entrar nos circuitos comerciais. A vantagem da co-incineração é que permite acelerar todo o mercado, pois as cimenteiras podem, sem problemas técnicos, obter 1/3 da sua energia à custa da queima de biomassa nos seus fornos, isto é, garantem um arranque para 36% da produção anual de biomassa (730.000 ton/ano). Tal equivale a sete centrais termoeléctricas como a de Mortágua.

Outras vantagens podem apontar-se nesta medida: i) associar as actividades de co-incineração à implementação de um processo de viragem na fileira energética nacional; ii) contribuir de forma significativa para a implementação das energias renováveis, com diminuição da importação de combustíveis fósseis e do pagamento de taxas de carbono; iii) contribuir para assegurar a limpeza das florestas com previsíveis reflexos importantes na diminuição dos fogos florestais; iv) aumentar a segurança da implementação de novas florestas integradas em programas monitorizados de fixação do carbono; v) conduzir a uma significativa redução das taxas de emissão de carbono; vi) contribuir para uma melhor vigilância das matas; vii) contribuir para o desenvolvimento do meio rural; etc..

Em 11 de Março de 2004 deu-se um grave atentado terrorista em Madrid na estação ferroviária de Atocha. O governo presidido por José Maria Aznar geriu, desastrosamente, a primeira fase do inquérito ao atentado e aos seus perpetradores, subtraindo aos partidos políticos e aos espanhóis o conhecimento das pistas que detinha. Com o intuito encapotado de manipulação eleitoral, culpando a ETA da autoria dos atentados e usando-o como forma de pressão sobre o sector de indecisos que lhe poderia dar a maioria absoluta, como tudo faria prever antes deste acontecimento. Mas o mundo novo que a *internet* e os MSN criaram levaram a uma reacção quase instantânea da sociedade em blogues, mensagens electrónicas, *e-mails*, etc.. Só a este novo mundo foi possível fazer fracassar a reeleição do Partido Popular (PP). Como foi evidente, a vitória do Partido Socialista espanhol (PSOE) é um reflexo directo do fracasso do PP e não uma vitória, por mérito próprio, ou decorrente da mudança das preferências dos eleitores.

O novo mundo das *internets* mostra que através dele é possível conquistar outras fontes de credibilidade para além dos *media*. Não foi ainda o caso com a CCI que, não obstante, manteve sempre uma página na *internet* com os seus relatórios e forum de debate, como fonte alternativa aos *media*. Sem grande sucesso, é certo, mas este mundo ainda está em emergência.

Mas estes factos trazem-nos à mente outras reflexões sobre o mundo de hoje. O relativismo moral do pós-modernismo, que muitas vezes anda a par com o relativismo científico, enfraquece as certezas e as convicções, que são relativas ao contexto em que foram geradas. Paradoxalmente, todavia, desenvolvem-se muitas vezes em buscas de *universalidades* que negam, e adquirem foros de *carácter absoluto* que rejeitam em termos filosóficos. Vem tudo isto a propósito da publicação e reacções aos «cartoons sobre Maomé» já em Fevereiro de 2006, se bem que a publicação tenha ocorrido uns quatro meses antes. Após o 11 de Setembro de 2001 verificámos que o mundo se tornou mais inseguro, a sua complexidade amplificou a sensibilidade a pequenos efeitos. Neste sentido não será de todo surpreendente a reacção politicamente orquestrada, mas de grande ressonância, à publicação de tais cartoons, tida como ofensiva dos valores religiosos do mundo muçulmano. A liberdade de imprensa é um valor, mas é também como uma «licença de condução». Não se pode conduzir à velocidade que nós queremos, e devemos reduzir a velocidade em piso molhado. O mundo do pós-11-de-Setembro comporta-se como um piso molhado e a condução da liberdade de imprensa do mundo ocidental não se pode fazer à mesma velocidade com que se fazia no passado. Tudo isto, porém, não nos deve levar a abdicar de pugnar pelos valores da liberdade de imprensa e de rejeição da violência em nome de uma qualquer religião, bem como da defesa dos valores do Ocidente.

Como nos propõe Fareed Zakaria – homem de transição entre as raizes culturais indianas e o paradigma da modernidade da sua formação universitária americana –, numa breve história da liberdade humana, «toda a ênfase dada à transformação do Islão é um mal entendido. A transformação para tornar o Cristianismo compatível com a modernidade não foi forçar a Igreja a aceitar rapidamente as interpretações teológicas liberais. Modernizar as sociedades foi o que obrigou as Igrejas a adaptarem-se ao mundo no qual viviam»[37]. Na sua prática o Islão é menos hostil à liberdade e à democracia do que se pensava. A questão mais relevante é o encontrarem-se valores comuns aos dois mundos e serem devidamente defendidos e salvaguardados dos problemas do Médio Oriente, que parece congregar todas as disfunções que se associam ao Islão[38]. O próprio Zakaria reconhece que na Índia, onde cresceu, ainda viveu um «Islão rico, colorido, pluralista e generoso» que se veio a transformar numa «fé austera e puritana, policiada por teocratas medíocres e comissiários religiosos»[39].

Regressando ao tema da co-incineração de RIP em articulação com os CIRVER, após a apresentação pública acima referida, alguns intervenientes estiveram presentes num programa de televisão intitulado «O Expresso da Meia Noite». O que mais me marcou, foi a debilidade de argumentos defendidos pela Autarquia de Coimbra. A defesa da precaução, o desejo de não correr qualquer risco, mesmo perante as garantias da ciência europeia e portuguesa. Esta é uma característica bem portuguesa que começa cada vez mais a ser incompatível com a vida social no mundo de hoje.

A co-incineração de RIP, aplicando tecnologias BAT e BEP, é um «risco trivial», como bem ilustrou na apresentação pública do nosso relatório o Prof. Hans-Jürg Reinhart da comunidade de Wildegg em Basileia, na Suiça, pois têm uma prática quotidiana de co-incineração em cimenteiras em ambiente urbano. Poderemos não gostar, mas quando se começam a discutir, por razões económicas e ambientais, riscos menos triviais, como o da energia nuclear, claramente que tais atitudes políticas dificultam a percepção real dos problemas e são alienantes para as populações sobre o futuro que se avizinha.

Que a prática da co-incineração em condições BAT e BEP é um *risco trivial* é uma verificação científica, baseada no consenso científico vigente sobre o qual alicerçámos o nosso relatório. Por isso, afirmações que proponham o contrário, mesmo na boca de outros cientistas, não são ciência. Só poderão ter um começo de validade científica, numa perspectiva de «controvérsia científica», se forem publicadas em revistas com avaliação por pares. Como esta obra bem ilustra, quando um cientista procura contrariar o consenso científico vigente, tem de procurar apoio numa fonte independente – a Natureza. Digo independente, mas não neutra, porque a natureza só responde a hipóteses sobre que é questionada.

Outra das convicções que se procurou apresentar é que os resíduos sobrantes são resíduos demasiado clorados para serem valorizados por co-incineração. Tal não é verdade. Um dos concorrentes ao concurso dos CIRVER pretende mesmo «oxidar a 850 °C» cerca de 13.000 ton anuais de resíduos orgânicos compatíveis com a co-incineração. O país gastou num ano cerca de 12 milhões – para tratamento e valorização de 90.000 ton de RIP, dos quais 18.000 ton foram co-incinerados em Espanha e na Bélgica. Os valores futuros poderão estabilizar pelas 20.000 ton com os CIRVER em pleno funcionamente e não contabilizando óleos usados e solventes. Uma certa fracção (20%) destes resíduos deverá ser co-incinerada, por se encontrarem demasiado contaminados para uma regeneração ou reciclagem economicamente viável.

Outra das dificuldades com que se defrontam muitos políticos e fazedores de opinião é a visão que têm da ciência e dos cientistas, oriunda do Iluminismo. Pretende-se o cientista *neutro*, que não se deixe influenciar pela realidade com que contacta e para a qual cria padrões coerentes de interpretação e acção. O slogan é «trabalho isento, sereno e equilibrado de cientistas». Um cientista com uma tal anemia nunca descobrirá ou inventará algo valioso, e se a sorte o favorecer, nunca lutará pelas suas ideias e convicções, porque as não têm. Para ele, a realidade nunca exerce qualquer autoridade. É sempre a perspectiva desumanizada da ciência sobre a qual tanto temos escrito nesta obra. Mas quando se tem uma tal perspectiva, a realidade dos resíduos vai-se infiltrando no ambiente, vai-o conspurcando e vai deixando um país pouco saudável.

É relevante referir que, com grande elegância e cortesia, o Doutor Sílvio Lima levanta a mesma dificuldade, em crítica à obra a «Igreja e o Pensamento Contemporâneo» do Cardeal Cerejeira: «Pretendia evidenciar, não que o Dr. Cerejeira fosse «treva espessa» como escreve, em linguagem metafórica, o hierofante, mas que o Dr. Cerejeira, tão inteligente, sugestivo e calmo no Clenardo, se deixara na Igreja arrastar pela sua fé álacre a ponto de cometer erros científicos, melindrar a fé e a não-fé dos outros, parcializar questões, etc.»[40]. Em abono de Sílvio Lima, refira-se que nessa época o próprio Cardeal Cerejeira era um dos precursores desta nova epistemologia para uma ciência humanizada que só emergiu definitivamente com Michael Polanyi, cerca de trinta anos depois. Decorridos que são sessenta anos sobre este criticismo do Doutor Sílvio Lima, a mesma ideia continua presente na sociedade portuguesa. Gonçalves Cerejeira e Sílvio Lima já viviam em mundos epistemológicos distintos. Hoje, nós cientistas da CCI, vivemos em mundos epistemológicos distintos dos que nos considerem portadores de uma ciência arrogante por fortemente impregnada da realidade com que lidamos. Mas tal não me impede de ter boas relações pessoais com muitos deles.

Precauções e Certezas

Com que nível de *certeza científica* se deve trabalhar para avaliarmos os riscos/benefícios da tomada de uma dada medida ambiental ou de saúde pública, como seja no tratamento de resíduos, no controlo de organismos geneticamente modificados, no controlo das emissões de dióxido de carbono no aquecimento global, nas medidas para evitar uma pandemia de gripe das aves, ou quais os riscos acrescidos que se correm se não se tomarem tais medidas?

A prova científica baseia-se na escala de certeza do *«beyond a reasonable doubt»*, para além de toda a dúvida razoável. Um critério de prova irrefutável que juridicamente se aplica nas condenações criminais. Será que este forte critério de prova científica se pode transferir para questões ambientais ou de saúde pública para orientar as políticas dos Governos e da Administração? Nem sempre, pois a conquista de tais níveis de certeza é em geral demasiado morosa. Uma questão é trabalhar em laboratório, outra é no ambiente.

Mas vejamos tais critérios aplicados à co-incineração de RIP, pois uma cimenteira, não sendo um laboratório à escala piloto, é contudo um sistema que se pode controlar. Emite poluentes como dioxinas que saem pelas chaminés dos fornos. Casos houve, nos Estados Unidos, em que os processos da queima de RIP não recorriam às *melhores técnicas disponíveis* (BAT) e às *melhores práticas ambientais* (BEP). Segundo a EPA americana, o facto de haver casos de emissões mais elevadas de dioxinas na co-incineração de RIP nos EstadosUnidos, quando comparados com os resultados na Europa, terá sido a consequência de os americanos terem posto os fornos a queimar mal de propósito para o caso dos resíduos perigosos, mas não para o combustível normal. Criaram o *worst cenario* para avaliar das suas consequências.

O inventário dos Estados Unidos para a produção de dioxinas em 2004, mesmo nestas condições, é o seguinte: os fogos naturais florestais contribuem com 54% do total; o tipo de queima incontrolada, como a «queima no fundo do quintal», contribui com 24%; a indústria contribui com 15%, dos quais 2% derivam da queima de resíduos[41]. Mesmo no *worst cenario*, o contributo global de formação de dioxinas por co-incineração de RIP nos Estados Unidos é bem inferior a 2% e portanto o seu contibuto para a incerteza no processo de co-incineração não afecta o critério do «*beyond a reasonable doubt*» que equivale a uma certeza subjectiva de uns 99%, como Charles Weiss[42] apresenta em termos de certezas subjectivas (probabilidade de Bayes). Tal permite afirmar que a carga de dioxinas/furanos recebida pela cidade de Coimbra no verão de 2005, devido aos incêndios florestais que durante dias grassaram na cidade e cercanias, é em muito superior a 50 anos de co-incineração em Souselas.

Em questões ambientais, como bem refere Weiss, o recurso à «evidência científica» não se pauta sempre por uma certeza tão forte como a da co-incineração. A critérios de «prova clara e convincente», com cerca de 90% de probabilidade de certeza subjectiva, recorrem os tribunais para, por exemplo, acções do direito civil com implicações quase penais. E para um exame médico, como um raio-X ou cintigrama cardíaco, que implicam uma certa exposição do paciente ou a raios-X ou a radioactividade, que níveis de certeza se requerem? O nível de «indícios claros», algo que se situa em cerca de 40%-50% de certeza. É com este grau de certeza ou mesmo já um pouco inferiores, «convicção razoável» (cerca de 20-33%) ou «indícios razoáveis» (cerca de 10%-20%), que se deverá exercer o Princípio da Precaução em questões ambientais, como no aquecimento global, ou em questões alimentares de saúde pública. Não é pelo facto de em todo o processo de queima haver formação de dioxinas, mesmo no acender de um fósforo as há, que os processos de co-incineração ou da queima controlada de resíduos em incineradoras devem ser combatidos. É que tal equivale a impedir uma medida de gestão ambiental com base numa conjectura sem um fundamento razoável, pois se exerce na ausência de qualquer inventário.

Bem sei que nos estudos de impacto ambiental de uma central nuclear se podem levar em consideração «impactos psicológicos», mas na co-incineração é caso único. A atitude da rejeição da co-incineração em Portugal por certas autarquias, alguns intelectuais e grupos da população, excede em muito a atitude expectável de qualquer ambientalista extremo, que compreensivelmente poderia rejeitar o processo quando o seu nível de certeza fosse de 30-40%, o de haver «indicações claras» de efeitos negativos produzidos pelas quantidades de poluentes emitidos na co-incineração de RIP algures no mundo.

Merece ainda uma palavra de reflexão, a atitude mais arriscada sob o ponto de vista ambiental, nos Estados Unidos, da busca do *worst cenario*. Como elementos da CCI, pudemos bem apreciar como esta política ambiental america contrasta com a política honesta dos ambientalistas europeus. O consultor da CCI foi o Doutor Joachim Lohse, que no início do debate, quando foi constituída a própria CCI, veio a convite da Quercus para um debate «científico» em Coimbra. Aquando da preparação dos testes a realizar nas cimenteiras de Souselas e do Outão, colocou-se a questão da estimativa da eficiência de destruição (DE) das moléculas orgânicas: conspurcar os resíduos com alguma molécula sonda? O nosso consultor recomendou que os resíduos são o que são e devem ser queimados tal com são. Ter-se-á que recorrer a alguma teoria para estimar o DE e extrapolar para outras condições, mesmo mais adversas do que as testadas empiricamente. E assim se fez, se bem que tivéssemos de recorrer a um maior engenho teórico do que o usual para alcançar os valores de DE.

A política ambiental europeia procura os *best cenario*. Por isso é que na co-incineração de RIP se requerem combustíveis alternativos (CSS, combustível sintético de substituição), preparados a partir dos resíduos, com uma granulometria uniforme (2 a 5 mm para o queimador principal e inferior a 300 mm para o queimador secundário), a não admissão de CSS ao forno durante o arranque e encerramento para fecho das operações de queima pois então a queima resultaria num *worst cenario*; e o controlo do conteúdo em metais pesados voláteis e não voláteis nos resíduos a queimar, etc., etc.

Para uma reflexão final sobre os custos-de-contexto a respeito dos RIP, basta mais uma vez compararmo-nos com Espanha. Marca-me muito a diferença de comportamentos sociais perante a co-incineração de RIP, e no fundo na confiança ou desconfiança perante a ciência, em Espanha e em Portugal. Esta questão começou a ser lidada quase simultaneamente nos dois países, mas em Espanha já entrou numa rotina, ao ponto de ser objeto de um controlo sistemático de 2000 a 2003 sobre a emissão de dioxinas pela indústria cimenteira, cujo contributo total anual se situa tão-somente em 1,07 g I-TEQ/ano[43] – a Espanha controla e monitoriza, mas não rejeita! Trata-se de um país moderno.

Assim resíduos industriais perigosos portugueses têm vindo a ser tratados em Espanha, e mesmo valorizados energeticamente por co-incineração. Mas a Natureza exerce, por vezes, «vinganças» inesperadas. Todos fomos surpreendidos com a notícia de que camiões portugueses que transportam RIP para a zona de Huelva, regressam, após serem lavados, com produtos alimentares. É evidente que é de todo impensável pelos custos que comporta, que haja camiões dedicados ao transporte de RIP e que regressem a Portugal vazios. Porém, há cargas de muito menor impacto na saúde pública para serem transportadas na volta. A ironia disto tudo é que os grupos de cidadãos e autarquias que se opõem à co-incineração invocam a saúde pública. Mas, quando por qualquer razão, as metodologias deixam de estar sob controlo, riscos muito mais gravosos são despoletados. E de quem é a culpa? Não é da ciência.

Time is money

Constança Cunha e Sá no seu blog.o-espectro escreveu: «Não é por acaso que Portugal não é um país de sucesso. Em Portugal não se perde tempo: desperdiça-se criteriosamente o tempo, com ciência e dedicação»[44]. O custo-de-contexto que trazemos agora à colação, com as reservas apropriadas a uma ciência proprietária, prende-se com a patente que registámos sobre «uma nova molécula com possível interesse em terapia fotodinâmica para o tratamento do cancro».

Miguel Cadilhe numa entrevista à revista de pessoas, ideias e negócios, «Ed.»[45], aponta mais uma das razões do custo-de-contexto: a atitude de «desconfiança» do funcionário público. «Refiro-me à atitude que, por regra, o Estado assume perante os cidadãos e as empresas. Antes de mais há que desconfiar, há que exigir declarações, comprovações, certidões, certificados, há que convocar presencialmente, há que empapelar, há que aplicar regulamentos com zelo, leia-se desconfiança. [...] A cultura da desconfiança alimenta-se das regulamentações, das burocracias, da dimensão dos serviços, das ineficiências e incompetências».

A utilização de uma nova molécula como um potencial fármaco requer estudos de toxicidade e fototoxicidade, biodisponibilidade, actividade biológica anti-tumoral em células e modelos animais. Este programa tem vindo a ser desenvolvido em colaboração com investigadores polacos com os quais se assinou um «*Material Transfer Agreement*». As bacterioclorinas, contudo, requerem uma irradiação com luz a cerca de 750 nm, com lasers apropriados, difíceis de encontrar no mercado. Enquanto os nossos parceiros polacos prosseguem este programa com irradiação por fontes tradicionais, pareceu-nos útil desenvolver as mesmas competências na Universidade de Coimbra, para podermos acompanhar tais estudos de irradiação com lasers e com a nossa *expertise* fotoquímica e, deste modo, criar algum *know-how* no país. Com este objectivo, concorremos a um Programa Operacional Regional do Centro numa parceria que envolve o proprietário da patente, a Universidade de Coimbra, os investigadores e autores, um empresa da indústria farmacêutica de Coimbra e a Câmara Municipal de Coimbra. Apesar de todos os intervenientes serem unânimes no seu apoio e empenhamento, desde que se encetaram os primeiros contactos até à aprovação do projecto decorreram dez meses. Muito, pouco? Veremos.

Uma patente tem de ser renovada ao fim de um ano ou vendida. Apesar de toda a nossa antecipação, bem antes do registo da patente em França, bastante deste tempo foi consumido com a habitual carapaça administrativa e burocrática nacional. Como o tempo pode ficar mais curto para a realização do programa estabelecido, ao fim do citado prazo, ou a Universidade renova o registo da patente para prolongar o prazo dos ensaios, o que custa dinheiro, ou, com menos ensaios e testes, a patente vale menos e perde-se dinheiro. Ou as moléculas não se revelam como potenciais fármacos e, então, a patente não tem valor económico; se for assim, quanto mais cedo se souber melhor.

Em menos de um mês após o envio do processo pela entendidade competente, a nossa proposta foi homologada superiormente mesmo no início de Março de 2006, apenas com um mês de atraso em relação aos nossos desejos e planificações. Magnífico!; eu serei dos primeiros a afirmá-lo. O deslizar em apenas um mês é surpreendente no nosso país. E no entanto teve consequências.

A investigadora polaca que viria trabalhar connosco neste projecto e com muita experiência do domínio, dado a «morosidade» da resposta acabou por ter uma proposta do NIH nos Estados Unidos e para lá irá investigar. Uma outra investigadora preparada em Coimbra, e a prosseguir os trabalhos no projecto, acabou por ir para Itália. Estamos a competir à escala mundial, e um pequeníssimo deslizar temporal teve nefastas consequências. Esquecia-me de mencionar que a investigadora polaca também havia concorrido previamente a uma bolsa da Fundação para a Ciência e Tecnologia; sem sucesso em Portugal mas útil para o NIH.

Uma *invenção* é uma *descoberta* com interesse económico, o que a torna muito dependente do contexto local e da ocasião. Numa descoberta, como com ISM e suas aplicações, o custo-de contexto cifra-se na falta de confiança da comunidade científica perante as nossas ideias. É o meu grupo que tem de fazer todos os desenvolvimentos em ISM, quer científicos quer pedagógicos, tal como Michael Kasha o fez durante 10 anos com os seus estudantes para a aceitação dos estados tripleto. Mas o decurso temporal corre a nosso favor, se bem que não se consiga prever quando se dê o ponto de viragem. E alguns investigadores estrangeiros que quiseram seguir e avançar com as nossas ideias, como Patrice Jacques e Manuel Dossot, ainda são fortemente penalizados pela comunidade nas suas tentativas de publicação.

Com uma invenção, como na descoberta de uma nova classe de moléculas estáveis para PDT, o tempo corre sempre contra nós. O *stress* que tal coloca é enorme. Felizmente é o Luís Arnaut que tem a responsabilidade deste programa e sobre ele recaem as maiores ansiedades e pesam as maiores dificuldades. Eu só as partilho como co-inventor e membro da equipa. Contudo, avalia-se melhor o custo-de-contexto temporal quanto tão-somente um mês tem consequências tão penalizantes.

Em qualquer caso menos bem sucedido temporalmente, o que é o comum, não escapa ao meu leitor que toda esta morosidade nacional é um fortíssimo custo-de--contexto que nos afasta muito de uma salutar competitividade internacional. Para o combater requer-se um excesso de qualidade, um excesso de antecipação e um excesso de trabalho, e muitas vezes não chegamos lá. Desejo que neste caso, «a etapa determinante» do sucesso ou do fracasso seja somente a das moléculas.

Em súmula, reafirmo que a Universidade Portuguesa foi sempre periférica em relação ao panorama universitário europeu. Para nos aproximarmos dele e suprimos condições naturais e sociais adversas, careceremos sempre de um *suplemento* de desempenho e de estratégia. Quiçá, muitos dos custos-de-contexto com que os cientistas portugueses a trabalhar em universidades portuguesas se confrontam diariamente prendem-se em muito com a ausência de *estratégias* profundas para a criação do conhecimento científico ao longo de toda a nossa história ou, ocasionalmente, com a rejeição por parte das comunidades científicas portuguesas das poucas que lhes foram propostas.

NOTAS

[1] As áreas no *ranking* mundial são fixadas em termos do número de citações e são revistas periodicamente. Assim, em Maio de 2006 houve alterações no *Rk* de algumas universidades. No caso de universidades portuguesas houve subidas nos casos seguintes – Aveiro: *Rk*=4, passa a incluir a área de Ciências Agrárias; Coimbra: *Rk*=3, passa a incluir a área de Medicina Clínica; Porto: *Rk*=5, passa a incluir a área de Materiais. A Univ. Porto passa a ser a universidade portuguesa com o índice-*Rk* mais elevado. A Medicina Clínica na Univ. Coimbra volta a não figurar no *ranking* nas actualizações de Julho e de Setembro de 2006 para voltar a surgir no *ranking* em Novembro de 2006.

[2] 13 de Setembro de 2003.

[3] F. Carvalho Rodrigues, «As nova tecnologias, o futuro dos impérios e os Quatro Cavaleiros do Apocalipse, Discórdia, Lisboa, 1991.

[4] S. G. Post, «The kindness of strangers: Measuring love from Rio to New York», *Research News & Opportunities in Science and Theology*, vol. 4, nº 1, 12, Setembro 2003,

[5] J. Veríssimo Serrão, «A Universidade Técnica de Lisboa. Primórdios da sua história», vol I, Universidade Técnica de Lisboa, Lisboa, 1980, pág. 1.

[6] Merece uma palavra de louvor e apreço o Prof. Carlos Lloyd Braga, tão prematuramente desaparecido de entre nós, que desempenhou com grande eficácia esta missão estratégica contra interesses corporativos, missão que lhe havia sido cometida pelo Ministro da Educação em 1981, o Prof. Vitor Crespo. Não nos esqueçamos que a Universidade Nova de Lisboa havia sido concebida para se localizar na margem sul de Lisboa.

[7] M. Cadilhe, «O Sobrepeso do Estado em Portugal. Uma proposta de reforma conceitual e administrativa», Fubu Editores, Porto, 2005, pág. 77.

[8] G. Buela-Casal, «Situación actual de la productividad científica de las universidades españolas», *Int. J. Clin. Health Psych.*, 5, 175-190 (2005).

[9] Em «Um pedaço da química portuguesa», obra em preparação. A escola de graduados foi designada por «Instituto Coordenador de Estudos Graduados».

[10] A propósito de «lentes» recordo um comentário de fina ironia de um lente catedrático de matemática da minha *Alma Mater*, o Doutor Manuel dos Reis (1900-1992): «hoje não há lentes, é tudo vidraça». Este comentário foi-me transmitido pelo meu colega Prof. Ribeiro Gomes que foi assistente de Manuel dos Reis.

[11] Buela-Casal, *ob. cit.*.

[12] http://www.topuniversities.com/worlduniversityrankings/2006/tables/201_520/; acesso em 4 de Novembro de 2006.

[13] J. Lancaster, «Engine Trouble», *The Guardian*, 26 de Janeiro de 2006, págs. 6 a 11; publicada em *London Review of Books* na mesma data; www. lrb.co.uk.

[14] H. Marques, «Salazar. A construção do mito», vol.1, Círculo de Leitores, Lisboa, 2003, pág. 216.

[15] A estrutura é a origem da própria construção, isto é, a expressão formal, artística e técnica que almeja satisfazer as necessidades do homem em abrigo e vida cívica; a tectónica é a arte da construção propriamente dita, com as suas dimensões práticas e poéticas, materiais e seus usos, técnicas de construção de telhados, portas, janelas, etc., tipologia de edifícios, práticas vernaculares. O urbanismo é a expressão social da arquitectura; um edifício não se encontra isolado. Nem os edifícios estão de costas virados uns para os outros, ou não se ajuntam como um mero mostruário de arquitectos.

[16] Cadilhe, *ob. cit.*, pág. 22.

[17] Cadilhe, *ob. cit.*, pág. 37.

[18] Cadilhe, *ob. cit.*, pág. 69.

[19] http://www.ceunet.org/reportfromviseu.htm; 17 Setembro 2004.

[20] Uma melhor apreciação do mérito do curso decorre dos protestos que a nível internacional tiveram lugar aquando da saída dos Arq. José Cornélio da Silva e Lucien Steil, com cartas do directores do curso de Arquitectura em Notre Dame e em Roma, entre outras, e que só vieram ao meu conhecimento já numa fase mais tardia do fecho deste livro: http://omnibus.blogs.sapo.pt/arquivo/245963.html; http://arauto. com/viseu/pages/home/protest_carrol.htm; http://arauto.com/viseu/pages/home/protest_samir.htm; http:// arauto.com/viseu/pages/home/protest_jaap.htm; http://arauto.com/viseu/pages/home/protest_buchanan. htm; acesso 9 de Outubro de 2006.

[21] http://www.investinportugal.pt/CmsAPI/PresentationLayer/Resources/Docs/PDF/Boletim_4T03_ 1T04; 21/01/2006

[22] C. Pio, H. Barros, J. Cavalheiro, R. Dias, M. Rodrigues (CD) e S. Formosinho, «Co-incineração. Uma Luta para o Noticiário das Oito», Campo das Letras, Porto, 2003.

[23] M. Eduarda Gonçalves, «Imagens Públicas da Ciência e a Confiança nas Instituições: os casos de Foz Côa e da Co-incineração», em *os Portugueses e a Ciência*, «M. E. Gonçalves (ed.), Dom Quixote, Observatório das Ciências e da Tecnologia, Lisboa, 2003, págs. 157-97.

[24] Poderá haver mais do que uma teoria que satisfaça ao mesmo conjunto de dados experimentais, como com a TM e ISM para um vasto conjunto de reacções de transferência de electrão. Todavia, a TM estava tão enraízada em dados empíricos que conseguiu guiar o campo e valeu o Prémio Nobel ao Prof. Marcus.

[25] S. J. Formosinho e M. D. Formosinho, «Desafios a uma Ciência Pós-moderna», *Brotéria*, *153*, 665-682 (2001); pág. 668.

[26] E. Lightcap Mesker, «Longing to Know. The Philosophy of Knowledge for Ordinary People», Brazos Press, Grand Rapids, M.I., 2003, pág. 21.

[27] «Parecer Relativo ao Tratamento de Resíduos Industriais Perigosos. Relatório do Grupo de Trabalho Médico», vol II, Principia, S. João do Estoril, Dezembro 2000.

²⁸ A estimativa depende da fracção de óleos usados que se conseguir recolher.

²⁹ Trata-se de algo como a medida de um comprimento com uma régua cuja escala está em milímetros. Tenho um objecto muito pequeno que, com aquela régua, verifico ser inferior a 1 mm. Mas será que é 0,1 mm, 0,5 mm? Não sei, nem o posso afirmar com aquele limite de quantificação que a régua fornece.

³⁰ Ver J. Cavalheiro, «Resíduos industriais: os perigos da palavra «perigoso» e do totalitarismo da recicla-gem», em *Co-incineração. Uma guerra para o noticiário das oitos*, (autores. C. Pio, H. Barros, J. Cavalheiro, R. Dias, S. J. Formosinho, M. Rodrigues), Campo das Letras, Porto, 2003, págs. 111-115.

³¹ O senso-comum entende que uma instalação *dedicada* será sempre melhor e mais eficiente do que uma não-dedicada, como uma cimenteira.

³² Por vezes, alguns sacerdotes denegavam a sepultura de cadáveres, por razões da vida privada da pessoa; por exemplo, «não frequentar os sacramentos» ou «ter um amor ilegal».

³³ Eça de Queiroz e Ramalho Ortigão, «As Farpas» (coord. Maria Filomena Mónica), Principia, Lisboa, 2004, págs. 443 e 349.

³⁴ Um dos titãs mitológicos que se rebelaram contra Júpiter, por quem foram vencidos. Camões concebe-o como um gigante disforme que ameaçava os navegadores portugueses no caminho para a Índia, junto ao cabo das Tormentas, hoje denominado Cabo da Boa Esperança.

³⁵ O poder calorífico das várias espécies de mato existentes em Portugal é idêntico ao do pinheiro ou do eucalipto.

³⁶ S. Formosinho, J. Cavalheiro e C. Pio, «Relatório de actualização dos processos de co-incineração de resíduos em articulação com os CIRVER», Porto, Dezembro 2005.

³⁷ Fareed Zakaria, «O Futuro da Liberdade. A democracia Iliberal nos Estados Unidos e no Mundo», Gradiva, Lisboa, 2004, pág. 145.

³⁸ Zakaria, *ob. cit.*, pág. 123.

³⁹ Zakaria, *ob. cit.*, págs. 140, 141.

⁴⁰ Notas Críticas à obra «A Igreja e o Pensamento Contemporâneo», Obras Completas de Sílvio Lima, Fundação Calouste Gulbenkian, Lisboa, 2002, págs. 528 e 529.

⁴¹ Fontes de dioxinas nos EUA em 2004; http://www.dioxinfacts.org/dioxin_health/dioxin_tissues/bio_overview.html; acesso 22 Novembro 2006.

⁴² C. Weiss, «Can there be science-based precaution?», *Environ. Res. Lett.*, *1*, 1-7 (2006); agradeço ao meu amigo e colega Prof. Casimiro Pio o envio deste artigo.

⁴³ B. Fabrellas, D. Larrazabal, M. A. Martinez, P. Sanz, M. L. Ruiz, E. Abad e J. Rivera, «Global Assesment of PCDD/F Emissions from the Spanish Cement sector. Effect of Conventional/Alternative Fuels», *Organohalogen Compounds*, 66, 905-911 (2004).

⁴⁴ C. Cunha e Sá, «Tempo Perdido (II)», http://o-espectro.blogspot.com/; 05/ 02/2006.

⁴⁵ Fevereiro 2006.

CAPÍTULO 11

A OBJECTIVIDADE CIENTÍFICA

A essência da objectividade científica

A objectividade científica tem as suas dificuldades, mas é problemática que atravessa toda esta obra. Michael Polanyi considerava que as teorias cognitivas do tempo – racionalistas – representavam erradamente o conhecimento como um ideal puramente explicitável e apreendido por *mentes neutras* de uma sociedade ideal, que rejeita a autoridade de uma qualquer tradição, quando, na sua base, requerem um convencimento pessoal sobre o valor e eficácia das próprias teorias. A *Polanyi Society* resume o pensamento científico e filosófico de Michael Polanyi do seguinte modo: «O acordo tácito e as paixões intelectuais, a partilha de uma língua e de uma herança cultural, a filiação a uma comunidade que pensa do mesmo modo: tais são os impulsos que moldam a nossa visão da natureza das coisas em que nos apoiamos para dominarmos as próprias coisas. Qualquer inteligência, mesmo crítica e original, tem de operar dentro de um tal quadro fiduciário». Assim operou uma reconceptualização do conhecimento humano, na tensão bipolar de uma atitude *mental* de uma «correspondência à realidade» e de uma *internalização* pessoal do «contacto com a realidade».

Todo o pensar e conhecer estão sempre incarnados de um modo situado, em locais específicos, em contextos de histórias pessoais e através de relações pessoais, num determinado tempo epocal, em tradições de pensamento e acção. E não há qualquer acto ou método de conhecimento que não exija de cada um uma adesão e um risco – entre vários o do erro –, com o intento universal de se confrontar pessoalmente no seu conhecimento numa relação com os outros[1].

Assim, o que impele o cientista na senda da exploração da «verdade científica» não é a busca quixotesca da certeza, mas a adesão a uma atitude de suspeição crítica e dúvida metodológica como garantes de uma respeitável reivindicação de conhecimento, especialmente prevenida contra a tendência muito humana para a subjectividade, a distorção e a coloração do facto objectivo. Igualmente não é a capacidade da sua mente científica em lidar com uma racionalidade abstracta, mas o *convencimento pessoal* que uma dada teoria tem capacidade para explorar a verdade e descrever um certo conjunto de fenómenos.

Há um certo sentido de uma racionalidade holística que uma boa teoria científica nos confere. Critérios muito tácitos de satisfação pessoal, simplicidade, elegância, potencialidade são uma componente importante do sucesso da teorização em ciência. «Há um deslizar de uma ênfase num cepticismo metodológico para uma ênfase numa metodologia de fé»[2]. Como advoga Michael Polanyi, a «verdade científica é algo que só podemos pensar e prosseguir na sua exploração se acreditarmos na sua existência». Esta atitude aproxima inexoravelmente o conhecimento científico do conhecimento religioso. Uma fé religiosa (Fé) é o abandono confiante de qualquer pessoa a Deus, a Fé confiante que reserva a glória apenas a Deus. A outra é a fé secular (fé), a adesão a verdades intelectuais sejam elas religiosas, científicas ou de outra índole.

Esta aproximação já havia sido apontada pelo Cardeal Cerejeira em obra já citada, *A Igreja e o Pensamento Contemporâneo*, e publicada em data bastante anterior à de Michael Polanyi. Gonçalves Cerejeira centrava o seu argumento na *fé* que era requerida por parte de um cientista no trabalho dos outros cientistas: «A ciência tem [...] carácter colectivo, o que implica por parte de cada um a fé no trabalho dos outros. Para progredir, a Ciência há mister de tomar como base a experiência vulgar anterior; aliás se tivesse de ser refeita por cada um, seria apenas a repetição inútil da experiência vulgar. A parte da autoridade aumenta até na razão directa do progresso científico: quanto mais avultado é o capital de saber, mais se impõe a divisão de trabalho, a especialização – e maior, portanto, o raio da extensão da fé do sábio, fora da sua especialidade». «O biólogo admite por autoridade a química, o químico a física [...]».

A ciência não é apenas uma estrutura explícita de leis, teorias, metodologias, procedimentos. Nem é tão-só um conhecimento descritivo, explicativo, preditivo ou compreensivo. É também uma actividade que procura *intervir no mundo* através de uma dimensão social: universidades, instituições de investigação, relações de ensino-aprendizagem em grupos de investigação, sociedades científicas e profissionais, revistas científicas, agências de financiamento, estruturas que exercem a autoridade, todos a trabalhar conjuntamente para assegurar e manter a vitalidade do pensamento científico.

Tal como Cerejeira, Polanyi contrariava a visão da objectividade científica reinante ao tempo. Uma objectividade de uma ciência indutivista, em que as metodologias são alimentadas por factos, tal como se introduzem dados num computador. Uma tal perspectiva reduz o papel do cientista ao de um mero técnico cuidadoso[3]. Perante uma tal perspectiva desumanizada, Polanyi contrapõe o papel do *conhecimento pessoal*. Tem de ser o sistema fiduciário pessoal e social que nos permite escapar às distorções da subjectividade e alcançar o contacto crédulo com a realidade, na busca crítica de uma verdade, consciente de que é falível, que pode ser parcial, mas, por isso mesmo, exercendo um cuidado especial de distanciamento e aproximação sucessivos; através de uma relação interactiva, mas de índole tácita e de familiaridade, entre o que vai conhecer e o território do conhecimento[4]. Digamos em palavras de Perelman e Olbrechts-Tyteca, o exercício da «deliberação consigo mesmo». «Por outro lado é essencial prever uma possibilidade de dissociar as nossas convicções dos nossos interesses e das nossas paixões»[5].

Merece apontamento que Salazar, formado em Coimbra, tal como Cerejeira, no pensamento do Centro Académico da Democracia Cristã (CADC), tem uma perspectiva que o aproxima do pensamento de Michael Polanyi: «Existe a verdade. Simplesmente custa a encontrar. Ai do homem público cujo espírito fosse preso de eterna dúvida!

Se é necessária a indiferença intelectual no decorrer da investigação científica[6], para a acção individual ou colectiva é indispensável a certeza, ponto de apoio do mando, alicerce da decisão»[7]. E não se veja neste modo de pensar a causa de erros políticos que cometeu na sua acção governativa.

«Todo o conhecimento é conhecimento pessoal», diga-se mesmo um verdadeiro *empreendimento pessoal,* como bem realçou Michael Polanyi. Mais afirmou, «toda a teoria que reputamos de racional está dotada de *poderes proféticos* [...]. Assim sendo, o sentido mais profundo da objectividade que se atribui a uma teoria científica assenta precisamente na *incerteza* do alcance das suas verdadeiras implicações». É esta capacidade de uma entidade (uma realidade) se revelar, no futuro, através de propriedades para nós inesperadas, e amiudadas vezes *surpreendentes,* que mostra possuir uma «espécie de vida própria» fora da mente do homem, que se pode desenvolver por modos que nós não controlamos nem antecipamos no presente. Portanto, não são simples produtos da fantasia das nossas mentes[8].

Em suma, «um conhecimento validado pelas suas próprias implicações», mas que só existe se continuarem a existir cientistas educados para se empenharem na exploração dos terrenos da investigação e da tradição científicas[9].

A conquista da objectividade na determinação da carga do electrão

Nesta análise da objectividade científica com exemplos e contra-exemplos, comecemos pela longa controvérsia sobre a carga do electrão, entre Robert Andrews Millikan e Félix Ehrenhaft. Através das medidas da relação massa/carga-eléctrica dos raios catódicos, Sir Joseph John Thomson anunciava numa das *Friday Evening Discourse* na *Royal Institution* em 30 de Abril de 1897 que existiam partículas carregadas electricamente de massa muito menor que a dos átomos. Um dos alunos de Thomson, John Townsend, foi o primeiro a apresentar um valor para a carga do electrão $(1,57 \times 10^{-19}$ C), conseguindo que electrões se agregassem a gotas de água e estudando a sua queda no campo gravítico.

Millikan e Ehrenhaft foram dos cientistas que mais se empenharam nesta questão, um na busca do valor da «carga elementar» outro em reivindicar que não havia cargas eléctricas elementares. Millikan melhorou a técnica experimental recorrendo a gotas de óleo para diminuir a evaporação e combinou a acção da gravidade com a de um campo electrostático. Na essência, os resultados experimentais de Millikan e de Ehrenhaft eram os mesmos, mas o primeiro rejeitou quase 60% dos dados recolhidos e tomou como válidos os que davam suporte à sua hipótese da existência de uma partícula elementar, o electrão. Ehrenhaft, por seu lado, indutivista e imbuído de um espírito do positivismo da época que o conduziu a uma posição filosófica de instrumentalismo, rejeitava a existência real de átomos e de partículas elementares e encontrava cargas fraccionais e «sub-electrões». Os dados eram os mesmos, mas as conjecturas interpretativas ou a ausência delas é que os conduziram a conclusões opostas. A controvérsia durou 15 anos (1910-1925) e quem ganhou foi Millikan, apesar dos seus critérios de rigor na selecção de dados experimentais não serem os de hoje. Se podemos dizer deste modo, a fé na existência de uma partícula como o electrão é que lhe fez ganhar na história. A mesma falta de fé foi o que fez perder Ehrenhaft, apesar de talvez o seu rigor experimental na selecção de dados ter sido mais próximo do actual.

Sem dúvida há razões experimentais que levam a rejeitar alguns dados da experiência. Esta só dá bons resultados se todas as gotas forem iguais e cada uma só agregar um electrão e não dois ou mais. O que Millikan admitiu, perante tais dificuldades, é que havendo a partícula elementar «electrão» os dados experimentais se haveriam de condensar à volta de um único valor de carga eléctrica; se houvesse «sub-electrões» as cargas medidas deviam-se espalhar estatisticamente sem qualquer padrão definido. Também neste campo, a confiança (fé) em algo, a existência de uma partícula de carga negativa, desempenhou o seu papel na geração do novo conhecimento.

Sem este papel desempenhado pela fé, seria difícil compreender que os estudos de «fusão fria» ainda estejam a ser prosseguidos por tantos cientistas, ao ponto de se ter realizado em Agosto de 2003 a 10ª «Conferência sobre Fusão Fria» em Cambridge, Massachusetts, e apesar das observações de Martin Fleischman e Stanley Pons, anunciadas com grande pompa e circunstância em Março de 1989, não terem um carácter reprodutível[10] e estarem bastante desacreditadas desde então[11]. A ortogonalidade entre metodologia e conhecimento científicos e religiosos não é absoluta. Bem pelo contrário, a fé aproxima as duas racionalidades e foi esta percepção que levou o Cardeal Cerejeira a desenvolver uma tão moderna epistemologia científica, muito antes de tantos outros. O homem é um animal de fé, e esta é uma das facetas da humanização da ciência. Esta fé secular é um pressuposto metafísico para a prática eficaz da ciência, tal como o é também a convicção da existência de um mundo exterior. Quiçá «a ciência não está assim tão enxuta dos valores metafísicos da fé» como ela mesma apregoa. Inquestionável é que se o tecido da ciência encontra fé nas suas pregas, é sempre uma «fé pensada».

Hoje, estudos de neurobiologia via mapeamento do cérebro reconhecem que, ao longo da evolução da espécie humana, operaram mecanismos de selecção natural que favoreceram estruturas localizadas na metade direita do cérebro e que possibilitam quer a Fé religiosa quer a fé secular[12]. As raízes da corporalidade da crença e da fé religiosa e secular.

Contra-exemplos sobre a objectividade científica

O caso de Lyssenko

Michael Polanyi, profundamente imbuído dos ideais do liberalismo do século XIX, recusava aceitar a realidade dos sistemas totalitários – comunismo, nazismo e fascismo –, que nasceram no período entre as duas Grandes Guerras. Hesitou bastante em mudar-se para Manchester no período 1932-33, mas o seu interesse pela investigação filosófica proveio, não só da sua investigação científica, como dos dramas que presenciou na Alemanha nazi, onde viveu, e do conhecimento dos horrores de Estaline na Rússia, bem como das frustrações que teve como cientista[13].

Já em 1937 Michael Polanyi se dedicava profundamente ao estudo da «natureza da ciência» e da economia, e havia decidido abandonar a investigação em química.

A tal ponto levou a sua decisão que um dos seus estudantes de pós-doutoramento, um futuro prémio Nobel da Química em 1961 por estudos sobre a fotossíntese, Melvin Calvin, queixava-se que, para o final da sua estadia em Manchester em 1937, se tornava difícil dialogar com Polanyi, porque o seu pensamento estava concentrado em problemas de economia e filosofia e exprimia-se numa linguagem já muito distante da de um químico[14].

No mesmo ano de 1937, Michael Polanyi foi o verdadeiro hospedeiro de um congresso da *Faraday Society* realizado em Manchester sobre cinética química, e ainda teve de lidar com temas científicos que tanto o haviam interessado em passado recente. Por isso este desinteresse parece estranho, quando dois anos antes Polanyi havia publicado o importante artigo sobre TST. Compulsei a publicação alusiva a este evento, *Reaction Kinetics. A General Discussion held by the Faraday Society* 1937, em que na abertura oficial o Presidente, Prof. M. W. Travers pronunciou as seguintes palavras:

> «*O tema desta reunião é de grande importância na química. Depois de termos feito alguns progressos no estudo da cinética química chegámos virtualmente a um* **impasse**. *Há alguns obstáculos ao progresso futuro, e com a perspectiva de os ultrapassarmos são sugeridos novos métodos exploratórios. Se estes métodos estão ou não solidamente fundamentados é uma questão cuja consideração releva mais do domínio da filosofia do que da química, e pode ser necessário chamar um especialista desse domínio da ciência para nos aconselhar nesta matéria. Entretanto, podemos prosseguir aplicando-lhes testes práticos, e tentar perceber se nos permitem relacionar fenómenos conhecidos e alargar os nossos conhecimentos*».

Verifiquei que o Prof. Michael Polanyi cumpriu bem as obrigações de membro do Comissão Organizadora. Foi, juntamente com o seu colaborador Dr. M. Evans, o cientista que mais interveio nos debates, pois as correspondentes intervenções estão impressas[15], e se inseriu bem na problemática desta *Discussion*. A respeito de uma crítica do Prof. E. A. Guggenheim aos métodos de cálculo das energias potencial, considerados inteiramente empíricos devido a um pressuposto considerado arbitrário, Polanyi responde com uma visão pragmática:

> «*O que podemos dizer sobre o mecanismo de uma qualquer reacção se nos recusarmos a utilizar essas superfícies de energia? Tomemos a reacção*

$$H + D_2 \rightarrow HD + D$$

> *A única previsão que pode ser feita segundo esta lógica é que a reacção procede através da prévia dissociação do D_2 em átomos, ou seja, com uma energia de activação de 101 kcal[/mol]. Porém, dado que a verdadeira energia de activação é muito menor, o mecanismo de dissociação deve estar errado, e ficamos sem nenhuma explicação para a reacção*».

Em 1867 o químico austríaco Leopold Pfaundler, num artigo sobre dissociação de gases a altas temperaturas, reconhecia que só as moléculas que possuíssem uma certa energia crítica podiam reagir. Sugeria, porém, que a energia interna de tais complexos activados, como HDD na reacção acima referida, era suficiente para manter os átomos ligados durante algum tempo, mas *próximo* dos níveis de dissociação de D_2. Passado cerca de 70 anos reconhece-se, contudo, que os complexos activados não estão próximos dos níveis de dissociação (101 kcal/mol), pois a sua energia ronda os 12 kcal/mol. Bem pelo contrário, estão muito abaixo de tais níveis, pelo que uma explicação alternativa teve de ser procurada segundo quatro planos: o termodinâmico, a teoria cinética dos gases, a mecânica estatística e, posteriormente, a mecânica quântica com as «superfícies de energia potencial».

É um facto que, após o ano de 1937, esmorece o interesse de Michael Polanyi pela química. O abandono da ciência em Polanyi resultou da controvérsia entre Trofim Lyssenko com Nikolai Vavilov. Vavilov não havia conseguido convencer os seus acusadores soviéticos que a ciência genética ocidental, baseada nas ideias de Mendel, era superior às ideias de Lyssenko. A Rússia passava por uma grave crise na agricultura em 1935. Lyssenko passou a atacar a genética clássica que se opunha à biologia do proletariado oriunda de práticas artesanais que, em certas circunstâncias, levavam a alguns aumentos de produção sob determinadas condições. Os caracteres hereditários não provinham dos genes e dos cromossomas, mas de qualquer «gota de vida» tal como as sementes, o pólen, o óvulo, a «hereditariedade dos caracteres adquiridos», mas que servia os interesses ideológicos e nacionalistas de Estaline. Esta «doutrina científica» era a única que estava de acordo com o marxismo-leninismo, assim propagandeavam[16]. O predomínio *esmagador* do contexto político e cultural na construção do conhecimento científico!

O embate deu-se em 1936 numa sessão da Academia Lenine onde Lyssenko apresentou uma comunicação sobre «Tendências na ciência genética». Vavilov, que inicialmente havia apoiado Lyssenko, deplorou que a biologia soviética se dissociasse da ciência mundial. Vavilov veio a ter problemas com o regime. Foi preso pela polícia política, condenado a prisão perpétua e acabou por morrer de desgosto em 1943.

Michael Polanyi entendeu que a ciência requer uma aprendizagem tácita mediante uma prática com outros cientistas, numa relação mestre-aprendiz, e não através de um qualquer conjunto de regras lógicas e de metodologias rigorosas escritas em livros de texto. Portanto, só aqueles aprendizes que trabalharam o seu caminho neste sistema socialmente organizado da ciência, podem ter o conhecimento e a competência que os qualifica para o exercício da autoridade no seu domínio científico e em domínios afins. Desta forma, Polanyi não reconhecia Lyssenko como uma autoridade em ciência[17], pois a sua formação não tinha ido além da de um «técnico de jardinagem». A objectividade científica das doutrinas de Lyssenko foi nula; só cresceu graças a uma propaganda política de um regime totalitário, que queria transformar a ciência em senso-comum do proletariado.

A avaliação de um centro de investigação

Em Março de 2003 chegou a Portugal um painel internacional de químicos para avaliar os Centros e demais unidades de Investigação em Química. Deu-se a circunstância de no dia aprazado para a visita de avaliação ao Cento de Química da Universidade de Coimbra, de que eu era coordenador, a grande maioria dos professores do Centro ter sido convocada para o Tribunal para o começo de um julgamento que, passados uns anos da ocorrência dos factos, iria ter lugar. A visita voltou a ser reprogramada para uns dias depois, em que, ainda por coincidência, havia uma outra avaliação, esta agora dos cursos das licenciaturas em Química do Departamento.

Claro que dada a sobreposição de tarefas, o acompanhamento do Painel e a preparação da visita não ocorreu como desejado. Houve professores que não puderam comparecer e não se dispunham das melhores salas para o efeito. Não houve a tradicional apresentação geral das actividades, que antecede a visita às instalações e ao diálogo com investigadores. Tudo isto transmitiu uma impressão desfavorável, que devia ter sido ponderada e atendida pelo Painel, conhecedor deste circunstancialismo da sua visita. Em suma, elementos importantes de retórica não puderam ter lugar, porque não houve grande possibilidade de os programar e exibir.

Acresce que o painel internacional não escondeu a inconveniência que decorreu fruto da alteração da visita e que os obrigou a ir novamente a Coimbra. Um dos avaliadores chega mesmo a escrever no seu relatório individual: «a visita criou uma impressão extremamente negativa, conduzindo à conclusão que a unidade tem um padrão muito inferior ao que os materiais escritos (artigos científicos, etc.) indicavam». O que é que isto quer dizer? O melhor exemplo que posso dar desta opinião é o de ir à ópera para ouvir uma *diva* cantar. A *diva* ou por estar mal disposta ou constipada não canta ou canta mal. Será que vou concluir que a *diva* não sabe cantar?! Claro que é um aborrecimento, mas pareço estar fora de qualquer bom senso se disser que a *diva* não tem qualidade e canta muito pior do que discos que gravou davam a entender. E mais, recomendar que a *diva* deixe de gravar CDs.

No relatório escrito geral, em que metade do conteúdo nada tem a ver com ciência, o painel começa bem cedo por afirmar que para a visita deles não houve uma preparação adequada por parte deste Centro de investigação e que o «Coordenador não tinha a chave da sala». Qual é a relevância de uma chave numa avaliação científica? As senhoras que estão encarregadas de fazer a limpeza no nosso Departamento têm essa preocupação para poder entrar nos gabinetes.

Quando em Portugal se construiu a barragem do Alqueva, houve uma aldeia (Aldeia-da-Luz) que ficou submersa e foi replicada de forma exacta num sítio próximo. A televisão procurou um dia colher opiniões da população sobre as novas casas. Uma senhora de alguma idade achava tudo igual, mas só que a sua nova casa tinha um degrau à entrada, enquanto a outra não tinha qualquer degrau. Factores não relevantes hão-de ser sempre uma infinidade. Mas dito isto, temos de ver o outro lado da moeda. O sacrifício que tais gentes fizeram em prol do bem comum, para que até a presença de um degrau à entrada de casa lhe causasse saudades. Assim outras povoações se soubessem sacrificar pelo bem comum, como seja o do tratamento de resíduos. «A ausência de valores leva ao irracionalismo», mas aqueles que cultivam os valores éticos podem mais facilmente deixar orientar-se pela atitude racional e objectiva em ordem ao bem social comum.

No caso da avaliação científica, que vamos retomar, não há sacrifício pessoal em prol do bem comum; os cientistas são remunerados como profissionais, pelo que não há necessidade de atender em demasia a circunstâncias de sacrifício pessoal. Durante a visita, os avaliadores apresentaram-se azedos, *stressados*, mal dispostos. Concluíram no seu relatório que a «impressão geral foi extremamente negativa» e ao escreverem no relatório geral que o «Centro tem muito menor qualidade que os elementos escritos permitiam antever», são eles mesmos que rejeitam os elementos que permitem conquistar a objectividade na sua avaliação.

O Centro desceu de classificação e os avaliadores entendem que, passados três anos, os conflitos não se solucionaram e que o «investimento no centro é uma perda de dinheiro». Como é que se pode comparar uma visita apressada, como os próprios avaliadores reconhecem, com mais de 150 artigos científicos publicados no período e em que, para cada um deles, um ou dois cientistas (*referees*) passaram, cada um, cerca de uma hora para o estudar e emitir o seu parecer?

A Tabela 11.1 seguinte faz uma comparação dos elementos de produtividade relevantes do Centro durante os dois períodos de avaliação. O que objectivamente se verifica é que este Centro aumentou a sua produtividade científica em 2002, em relação ao período anterior, em cerca de 45%, num só ano; a produtividade anual no período 1999/2002 havia crescido de 19%. Um tal ritmo de crescimento maravilharia qualquer industrial ou economista. Acresce ainda o maior número de citações científicas.

Ironia das circunstâncias. O painel de avaliação considerou que «o investimento da Fundação para a Ciência e a Tecnologia neste centro é um desperdício». Precisamente num ano (2003) em que dos 11 artigos científicos publicados por instituições portuguesas no *J. Am. Chem. Soc.*, a revista de química de maior impacto em artigos correntes, quatro foram-no pelo grupo de investigação que dirijo, o Grupo de Fotoquímica e Espectroscopia Molecular.

Se o que os avaliadores escreveram fosse verdade, apressadamente se podia concluir que o conflito tinha sido estimulante para a produtividade científica e para o fomento da qualidade. Há casos em que uma pressão psicológica fomenta a criatividade humana. E se um conflito institucional levasse a uma maior criatividade e produtividade científica, o que privilegiar? O problema não é assim tão empolgante, porque a verdade é que o conflito vem do passado e só agora vai a tribunal pela morosidade da justiça portuguesa.

Tabela 11.1 - Número de artigos em revistas do *Science Citation Index* por doutor e por ano para o Centro de Química de Coimbra.

Linhas de investigação	1996/98	1999/2001	2002
Termodinâmica	0,6	1,02	
Fotoquímica	1,37	2,76	
Orgânica	1,2	1,6	
Electroquímica/electrólitos	0,67	0,8	
Química teórica	1,9	2,72	
Química Biológica	0,67	1,25	
Total	1,04	1,62	2,37

A questão de fundo é esta: O que é mais ciência, o número de artigos publicados e citações recolhidas ou a opinião dum azedo painel de avaliadores que se deixou tomar pelas suas impressões em menos de duas horas de visita? Sabemos bem que a ciência é uma actividade humana, por ser realizada por homens e por mulheres e, como tal, permeável a emoções e irracionalidades. Por outro lado, sabemos igualmente que os cientistas são treinados ao longo das suas carreiras para exerceram uma actividade racional e controlada nas emoções em ordem a alcançar a objectividade científica. Objectividade científica que é o maior contributo que a ciência deu, e deve continuar a dar, à sociedade.

Uma avaliação tem sempre duas peças: as do relatório e as da visita. Os avaliadores só lidam com a visita e de forma medíocre. A avaliação científica não é só feita do número de artigos, de citações, e dos «factores de impacto» das revistas científicas onde se publica. Se os avaliadores só atendessem a isso, estavam a ser tão-só «técnicos cuidadosos». Mas quando se omitem todos estes indicadores quantitativos, cai-se no arbitrário, no irracional, em suma perde-se a oportunidade de alcançar a objectividade científica. Não se está a avaliar a ciência! Os cientistas estrangeiros foram pagos para fazerem um trabalho profissional que contribua objectivamente para melhorar a ciência produzida em Portugal e para conduzir a uma mais eficiente alocação de fundos. Sendo generoso nas minhas palavras, direi que os «avaliadores» do painel não foram pagos para fazerem um trabalho de «amadores».

Os avaliadores não exerceram a virtude da moderação. Estamos, pois, entre dois limites. Ou se regressou à pré-história da avaliação científica, ou só conta a retórica. Mas quando a ciência cai nos extremos da retórica cai-se em casos como os de Schön dos *Bell Labs*. A retórica é importante para «vender» melhor a ciência produzida. Ninguém melhor que Schön vendeu a sua ciência a revistas tão prestigiadas como a *Science* e a *Nature*. Chegou a receber em 2001 o prémio *Breakthrough of the Year*. Só que tal ciência simplesmente não existia!

Teria sido uma experiência sociológica interessante comparar os modos de uma avaliação em que a retórica desempenhou um papel relevante com uma outra em que, devido às circunstâncias apontadas, a retórica esteve ausente. Infelizmente este painel frustrou tais expectativas. Ao falar com outros coordenadores de centros, mesmo classificados com «excelente» (classificação máxima), surgem razões de queixa. O que mais nos surpreende é a completa ausência de «indicadores de desempenho» na apreciação da química portuguesa, pelo que me inclino mais a que, com este painel, tenhamos regressado à pré-história da avaliação.

O Centro teve uma classificação geral de 3 numa escala de 1 a 5. Com esta classificação, e de acordo com os critérios da Fundação da Ciência e Tecnologia (FCT), o Painel informou a comunidade e a FCT que este Centro tem, maioritariamente, uma actividade científica sem qualidade internacional. Como é que tal é possível quando os investigadores mais creditados academicamente deste Centro têm um nível médio de citações superior a 800?! Trata-se de citações do trabalho do autor e não das citações por artigo cujo número é superior[18]. O número de citações dos nove investigadores mais seniores do Centro situa-se entre cerca de 150 e 1600, com uma média de 10 citação/artigo numa gama entre 6 cit/art., nos domínios da termodinâmica, e 24 cit./art. em química biológica[19], o que patenteia à saciedade a elevada qualidade, impacto e visibilidade *internacionais* da investigação realizada.

Isto é, todos os indicadores do desempenho do CQC apontam no mesmo sentido: «excelente». O Centro de Química de Coimbra reclamou da decisão para a FCT (Fundação para a Ciência e a Tecnologia) e teve vencimento o seu protesto, porque subiu de classificação para o nível superior imediato (muito bom, nível 4). Trata-se de uma decisão inteiramente justa, porque a retórica também deve pesar na avaliação e o CQC não deve ser igualado a outros centros com desempenho científico semelhante, mas cujas visitas de avaliação decorreram a contento dos avaliadores internacionais.

O número de citações por artigo é um indicador da qualidade intrínseca do trabalho publicado, mas depende acentuadamente do domínio: mais elevado nos domínios biológicos e mais baixo nos domínios mais clássicos da química-física. Não obstante, foi através deste tipo de indicador que se compararam, em 1992, os 49 melhores químicos orgânicos do mundo durante um período de 14 anos (1965 a 1978): o melhor foi, naturalmente, Robert Woodward com 74 citações/artigo; o segundo melhor tinha 35 citações/artigo e o quadragésimo nono tinha cerca de 6 citações/artigo. Aliás o propósito deste estudo bibliométrico foi precisamente o de encontrar um indicador que revelasse a incontestada genialidade de Woodward no seio da química orgânica[20]. Posteriormente, Woodward abdicou de um tão estrito valor de qualidade, passando a publicar mais artigos também com colaboradores na Suiça e o seu desempenho situou-se a nível dos 40 cit./art.

Woodward foi galardoado com o prémio Nobel da Química em 1965 e, na ocasião da sua conferência Nobel, apresentou a síntese completa da cefalosporina C. Woodward e os seus grupos de investigação sintetizaram um elevado número de moléculas naturais como o quinino, a patulina, o colesterol, a cortisona, a estricnina, a clorofila, as tetraciclinas, a colchicina e, muito especialmente, a vitamina B12. Determinou a estrutura de moléculas tão complexas como a penicilina, a estricnina, a terramicina, a aureomicina, etc.. Indiscutivelmente a melhor e mais imaginativa mente na síntese orgânica do século XX e um dos maiores químicos orgânicos de sempre: síntese, elucidação estrutural, química-orgânica teórica. As famosas regras de Woodward–Hoffman ter-lhe-iam conferido um segundo prémio Nobel em 1981 se não tivesse falecido prematuramente com 62 anos. Um verdadeiro génio da química, licenciado aos 19 anos pelo MIT e tendo alcançado o grau de doutor um ano depois. Contudo, quando se comparavam os melhores 49 químicos orgânicos do mundo num dado período temporal, Woodward era o 49º em número de artigos publicados e o 17º em número de citações. Só mediante o número de citações por artigo se tornou patente a sua incontornável superioridade. Woodward ignorou as modas da época, «publica ou morres» ou «sê citado ou morres», e pautou-se sempre por critérios de qualidade, afinal o mais meritório na actividade científica.

A Tabela 11.2 faz a comparação do valor médio do número de citações/artigo para cientistas seniores (responsáveis de linha de investigação e professores associados com agregação) do Centro de Química de Coimbra (CQC) com cinco outros centros de química do país com a classificação de excelente (5). O Centro de Coimbra encontra-se no topo da Tabela. É relevante referir, como referência de topo, que um químico famoso americano de uma das prestigiadas universidades da Califórnia e da área de química-física tem cerca de 15 citação/artigo.

Ainda sobre a qualidade deste Centro de Coimbra, acrescento outro indicador. Em Abril de 2004, o Governo apresentou uma medida destinada a atrair ao país prestigiados investigadores portugueses a trabalhar no estrangeiro, medida que viria a conceder também mais verbas para investigadores já residentes em Portugal e que satisfizessem um dado critério: i) ter 100 publicações em revistas científicas referidas no *Science Citation Index* ou no *Social Citation Index.*, ou ii) ter 50 publicações e ter orientado, pelo menos, dez doutoramentos. O jornal *Público* de 22 de Abril de 2004 chegou mesmo a afirmar que António Coutinho e António Damásio «parecem ser os únicos portugueses a preencher o [primeiro] requisito» e «o certo é que não se encontraram em revistas indexadas na base do ISI outros cientistas portugueses com 100 artigos científicos». A verdade é, como se veio a verificar posteriormente, não ser assim[21]. O que é relevante neste contexto é que a cinco dos professores do CQC e do Departamento de Química da Universidade de Coimbra foi atribuído o prémio de «Estímulo à Excelência» em Novembro de 2004. Como descreve a página da Internet do Ministério da Ciência e Ensino Superior: «O «Estímulo à Excelência» pretende projectar a figura do investigador na sociedade portuguesa, ajudando-o a reconhecer a importância do seu trabalho cuja produtividade se encontra ao nível dos padrões internacionais». Foram 73 investigadores a ser contemplados a nível nacional, sendo 11 da Universidade de Coimbra (a Tabela 11.3 apresenta o número de investigadores contemplados por universidade). Neste elenco, e por razões do desenvolvimento da ciência em Coimbra, 5 são de química, 4 de física, um de bioquímica e um de medicina.

Pessoalmente prefiro indicadores de qualidade e não tanto de quantidade, mas há que reconhecer a exigência destes critérios. Admitindo, como é o caso, que o Governo pretende reforçar as verbas de investigação para cientistas portugueses que tenham um ritmo de produtividade idêntico aos de muito bom nível da comunidade internacional, uma crítica legítima é que este índice não pode ser cego. Carece de ser normalizado à taxa de produtividade das diferentes áreas científicas, que não é a mesma para, por exemplo, Química e Física, Ciências da Vida ou Matemática como referimos anteriormente.

Num país em que não é habitual a avaliação objectiva dos desempenhos individuais, esta medida governativa vai contra o irrealismo ou os cenários ficcionados da «admiração» pessoal. Como reflectiu José Gil, quando problematiza os «queixumes, ressentimentos e invejas» na sociedade portuguesa: «Um exemplo impressionante porque geral: a ausência da intensidade na admiração, em Portugal ou, talvez mesmo, a falta de admiração na relação com uma obra, um autor, um acontecimento. Se alguém exprime uma admiração desmedida, ou «excessiva», o seu entusiasmo é logo considerado suspeito. Como se aquela expressão elevasse o sujeito admirativo a um nível superior intolerável. Ora, precisamente, a admiração dá força, induz intensidades: por osmose, o admirador participa das virtudes do admirado. Por isso a admiração é sempre de fachada. Os portugueses não sabem admirar, porque não sabem perder a cabeça de admiração. [...] O elogio excessivo cumpre a função de *desrealizar* a obra que pretende caracterizar, colocando-a em píncaros tão altos que se torna uma pura figura de retórica – o que realmente é»[22]. Quiçá por tais profundas razões, este tímido incentivo à qualidade científica em Portugal parece ter mergulhado em hibernação em 2006.

Tabela 11.2 - Número cumulativo de citações e de artigos dos investigadores seniores, bem como valores médios de citações por artigo, para o Centro de Química de Coimbra (CQC) e outros centros de investigação em química do país com a classificação de excelente.

Centros de investigação	Nº cumulativo de citações	Nº cumulativo de artigos	Citação/artigo	
			Média por investigador [a]	Média global [b]
CQC	7435	775	10,0	9,6
CQE	5204	826	6,6	6,3
CQFM	1341	254	5,7	5,3
RMN Coimbra	2082	243	9,1	8,6
CQB	3095	346	7,8	9,0
CIQUP	929	179	10,6	5,2

[a] $\Sigma(cit./art.)_i/n$ sendo n o número de elementos considerados em cada centro de investigação;
[b] $\Sigma(citações)_i/\Sigma(artigos)_i$.

Tabela 11.3 - Número de Cientistas contemplados com o prémio «Estímulo de Excelência» por instituição

Instituição	Número de cientistas
Univ. Nova de Lisboa	16
Univ. do Porto	12
Univ. Técnica de Lisboa	11
Univ. de Coimbra	11
Univ. de Aveiro	11
Univ. de Lisboa	4
Instituto Tecnológico Nuclear	3
Instituto Gulbenkian de Ciência	2
Univ. do Minho	2
Univ. Católica Portuguesa	1

A conclusão final que emerge desta avaliação do Centro de Química pela Comissão de Avaliação internacional é ficou muito próxima de uma «construção social», no mesmo sentido em que o relativismo científico pretende «construir» a ciência sem a relevância dos factos experimentais ou observacionais.

Contra-exemplos em exames

Um jovem professor realizou o seu exame para provas de agregação em 2001. Trata-va-se de um candidato com 40 artigos publicados com cerca de 370 artigos que citam os trabalhos do autor e uma média de 10,2 citações/artigo para os artigos passíveis de serem citados (36). Por esta altura os meus leitores já estarão em condições de saber o valor de tais indicadores, mas na área de química-física trata-se de indicadores de um desempenho de excelente qualidade. Quantificando com mais rigor, um conjunto de quinze cientistas de maior reconhecimento no domínio do candidato, membros de «corpos editorais» de revistas científicas da área, apresenta um valor médio de 11,0 cit./art. com um desvio padrão de 3,5. Dois dos meus colegas do júri, porém, aproveitando o anonimato da votação, colocaram duas «bolas pretas» votando assim contra a aprovação do candidato, para espanto dos diversos membros do júri dada a qualidade do *curriculum vitae* do candidato e das provas realizadas.

O homem, em posição de autoridade, pode deslizar para exercício, de forma gra-tuita, de pequenas ou grandes arbitrariedades, se não procurar arrimo numa *realidade* com que o seu conhecimento pessoal tem de lidar e que o protege de si mesmo. Mais um exemplo de carência de objectividade científica por rejeição da própria realidade. Diz-se que «Deus perdoa sempre, o homem às vezes, a natureza nunca». Neste caso, o homem até perdoou, mas a natureza prende-se ao corpo como uma mata de silvas de que não nos conseguimos livrar nunca. E a moral é um dos melhores arrimos de que o homem e a mulher dispõem para evitar estas «vinganças da natureza». Mas acima de tudo, o mais importante é não errar segunda vez.

Finalmente mais um contra-exemplo sobre a objectividade (ou falta dela) agora do professor universitário perante um aluno de licenciatura. Um aluno tinha uma «cunha» para passar numa exame oral, e o professor da cadeira queria-o reprovar por tal facto. Durante a oral o professor lá foi fazendo as suas perguntas. O outro colega do júri, que já lhe conhecia bem tais desejos, precaveu-se e foi tomando apontamento de todas as perguntas e respostas do jovem estudante. Quando da decisão da nota, e não concordando com a proposta de reprovação, contra-argumentou com os dados que havia recolhido. O outro insistiu no »chumbo», mesmo perante a evidência, e então o precavido elemento do júri disse que faria «declaração de voto» contra a reprovação. Os mestres têm um medo atávico das declarações de voto que expõem as suas irraciona-lidades e desejos de vingança, e o rapaz lá passou na oral. É que o professor não teria dúvida que a declaração de voto do seu colega exporia o seu desvio em relação a uma tradição de avaliação de alunos a que ele mesmo aderia em circunstâncias normais.

O levar em conta a realidade é uma condição necessária, mas obviamente não é suficiente, para um exercício correcto de objectividade científica.

Objectividade e subjectividade

Como afirmou Michael Polanyi, «tem de ser o sistema fiduciário pessoal que nos permite escapar às distorções da subjectividade e alcançar o contacto crédulo com a realidade». O que se verificou em todos os exemplos referidos em que a objectividade científica não foi exercida, foi precisamente a ocultação ou o ignorar da realidade, que nem chegou a ser filtrada pelo sistema fiduciário pessoal. É que a retórica é destinada a filtrar a *realidade* através da lente que é o conhecimento pessoal; não se destina a ignorar a própria realidade e não deixar chegar à mente nenhuma da luz que a própria realidade emite. Podemos aceitar que em mentes pouco iluminadas a realidade não consiga fazer nenhuma luz. Porém não são estes os casos, porque estamos a lidar com pessoas inteligentes.

Uma analogia poderá reforçar esta faceta essencial da objectividade. Um médico recorre a análises clínicas, radiografias, TAC, etc. realizadas por técnicos competentes. E fá-lo porque estes dados objectivos emprestam realismo à elaboração do seu diagnóstico, que ele pretende ser o melhor possível. Quando no meio académico se rejeitam indicadores bibliométricos numa avaliação científica, invocando que para tal basta um mero técnico, compreende-se que, muito provavelmente, os académicos não pretendem realizar a melhor avaliação possível.

Há uma dimensão ética na objectividade científica, como se infere das palavras de Stephen Gould: «a objectividade deve ser definida de modo operacional enquanto tratamento *justo* dos dados, e não como consequência de preferências. Além disso, é necessário compreender e reconhecer inevitáveis preferências, de modo a conhecer as suas influências – para conseguir um tratamento justo de dados e argumentos! (...) É necessário identificar as nossas preferências, de modo a limitar a influência que possam ter no nosso trabalho»[23]. Também no campo das preferências há que procurar a virtude da moderação, para não contrabalançar a «cunha» com uma reprovação.

A sociedade moderna assiste, por vezes, a uma manipulação excessiva da informação nos meios de comunicação social no grande *carrefour* de poderes que é a televisão, mormente no âmbito da actividade política[24]. Os conselheiros de tantos presidentes dos Estados Unidos e os de Tony Blair para o marketing político são os chamados *spin doctors*. *Spin* no sentir de «fazer girar», mas neste caso com o sentido de «dar efeito a uma bola» para esta mudar de trajectória e enganar o adversário; *doctor* no sentido de especialista. A bola neste caso é informação dos *media*, que no caso do guerra do Iraque pretendia criar a imagem da existência de um perigo iminente através da presença de armas de destruição maciça que não foram encontradas. Claro que quando tal *spin* acontece, é porque há interesses escondidos que foram a verdadeira causa da guerra. Mas isto significa que, em si mesmos, os factos não são passíveis de toda e qualquer interpretação; oferecem uma certa resistência, tal como em ciência. Trata-se, na sua essência, de uma questão de objectividade *tout court*.

O papel dos indicadores bibliométricos

A objectividade científica, como Stephen Gould bem realça, carece de evitar a excessiva interferência das preferências pessoais no tratamento de dados. Há institutos de tratamento bibliométrico de dados, como o *Thomson/ISI Web of Knowledge*, que através do *Science Citation Index*, dão garantias que tais dados não estão moldados aos nossos interesses e gostos pessoais ou mesmo a interesses de países, regiões ou grupos económicos. Por esta ordem de razões, a «economia do conhecimento» recorre a indicadores científicos baseados no *Thomsom ISI*, que incorpora o *Science Citation Index*, para medir a produção científica de diferentes regiões europeias e assim avaliar das suas potencialidades nesta «nova economia», tal como se mostrou numa avaliação de *European Futures*, resumida no semanário *Expresso* de 30 de Agosto de 2003. Mais uma vez se confirma que Portugal se afasta cada vez mais do clube dos ricos. É que a famosa super-região baptizada por «Banana» (entre o Noroeste de Itália, os Alpes, a bacia do Reno, a Ilha de França/Paris, o Benelux e o sudeste do Reino Unido) dos anos 80 viu-se acrescentada dos países nórdicos e do Mar Báltico e novas regiões, longe de uma tal geografia, emergiram na Catalunha, na região de Madrid, na Áustria e na Irlanda. Há pouca margem para que alguma região portuguesa ascenda aos escalões superiores das economias regionais europeias, hoje em muito moldadas por uma economia do conhecimento[25].

Na sociedade portuguesa a ciência ainda não desempenha qualquer papel sustentado nas políticas do Estado Português, para além das do ensino universitário. Terão de ser alguns dos «motores universitários» referidos na Capítulo 10, em articulação com algumas indústrias em busca da inovação e de excelência, que poderão ser os germens de inovação e excelência nacionais. Neste sentido foi importante que no final do ano de 2005 passasse a estar disponível a assinatura nacional da plataforma *ISI Web of Knowledge* que permite o acesso aos conteúdos adicionais do *ISI Essential Science Indicators*[26] e do *Derwent Innovations Index*. O *Essential Science Indicators* (ESI) é uma ferramenta analítica na construção de indicadores bibliográficos e bibliométricos de ciência, desde as denominadas «ciências duras» até às mais «moles». O ESI disponibiliza *rankings* de investigadores, de instituições, de países e de revistas científicas, durante 10 anos (1995-2005) e agrupados por 22 áreas científicas. Esta plataforma bibliométrica contabiliza e analisa o número de artigos científicos publicados, o número de citações, bem como o número de citações/artigo, a partir das bases de dados da *Thomsom ISI*. São inspeccionadas mais de 8.500 revistas científicas periódicas de todo o mundo; estão excluídos livros, capítulos de livros ou artigos publicados em revistas periódicas não-indexadas por *Thomson Scientific*. O ESI sofre uma actualização de dois em dois meses.

A base organiza quatro tipos de *ranking* de citações com dois limiares: para instituições e cientistas disponibiliza o *top* 1% de maior nível; para países e revistas científicas são disponibilizados o *top* 50%. Exemplificando com a área de química, das pouco mais de 76000 instituições de química a nível mundial, a base do ESI regista as 762 universidades e outros tipos de instituições com melhores desempenho em termos de contagens do número de citações na correspondente área. Em termos de países na área de química, o *ranking* regista 88 países o que significa que o universo mundial, considerado em países ou territórios, é de 176 países.

O ESI foi concebido para dar resposta a um conjunto diversificado de questões. Exemplificando, um Reitor deseja alocar fundos de investigação para áreas que mais contribuirão para aumentar o prestígio da sua universidade. Esta plataforma permite-lhe confrontar o desempenho dos seus Departamentos com os congéneres de outros universidades e assim seleccionar os que tenham o maior potencial no respectivo domínio científico.

No Capítulo 10 já lidámos com alguns dos indicadores de desempenho de universidades portuguesas e de outras universidades europeias, bem como do desempenho de Portugal em diferentes áreas científicas. Comecemos agora por apresentar o panorama do *ranking* das áreas científicas cultivadas no nosso país (Tabela 11.4), confrontando a posição a nível interno com o panorama mundial. Em Portugal a Química e a Física figuram no topo, seguidas pela Engenharia e pela Medicina Clínica. São também estas as áreas de topo a nível mundial, se bem que por uma ordem diferente.

Enquanto nas áreas científicas mais relevantes o panorama no nosso país não difere apreciavelmente do panorama mundial, não devemos deixar de apontar que a nível mundial (*ranking* para número de artigos) as Ciências Sociais figuram em 8º lugar a nível mundial e em 19º em Portugal; a Psiquiatria/Psicologia figura em 12º lugar a nível mundial, mas Portugal não consta no *ranking*, porque o seu desempenho se situa já na metade inferior do panorama mundial.

A Tabela 11.5 aponta-nos a posição de *ranking* a nível mundial das áreas científicas cultivadas em Portugal, quer em termos do número de citações quer de artigos. Destaca-se o nosso elevado *ranking* em Ciências dos Materiais (25º), com três instituições nacionais colocadas na lista de *ranking* de instituições: Universidade de Aveiro (114º), Universidade do Minho (225º) e Instituto Superior Técnico (331º); todas estão no *top* 1% das instituições que a nível mundial cultivam a área de Ciências de Materiais. Na área de Biologia & Bioquímica só a Universidade Nova de Lisboa figura no *ranking* mundial: 554º lugar em 579 instituições. Trata-se de uma área muito competitiva, em que o valor médio de citações/artigo é de 14,7 no referido período de dez anos (1995/2005).

Tabela 11.4 - *Ranking* de áreas científicas em Portugal e a nível mundial. Dados do *ISI* ESI. *Ranking* por número de artigos[27].

ranking		área	artigos	citações
mundial	**Portugal**			
2º	1º	Química	5.584	34.922
3º	2º	Física	4.385	30.107
4º	3º	Engenharia	3.662	10.141
1º	4º	Medicina clínica	3.651	36.149
7º	5º	Ciências dos materiais	2.768	10.192
6º	6º	Ciências das Plantas e dos Animais	2.684	12.628
5º	7º	Biologia e Bioquímica	2.219	17.778
13º	8º	Matemática	1.271	2.787
15º	9º	Ciências da computação	1.232	1.556
14º	10º	Ambiente e Ecologia	1.209	6.439
8º	19º	Ciências Sociais	309	621

Tabela 11.5 - *Ranking* de Portugal em diferentes áreas científicas. Dados do ESI de Janeiro 2006.

Área	posição no *ranking*	
	citações	artigos
Ambiente e Ecologia	33	33
Biologia e Bioquímica	35	35
Biologia molecular e Genética	35	35
Ciências Agrárias	29	35
Ciências da Computação	35	29
Ciências do Espaço	36	37
Ciência dos Materiais	25	25
Ciências das Plantas e dos Animais	34	35
Ciências Sociais	46	48
Economia e Negócios	30	34
Engenharia	33	31
Farmacologia e Toxicologia	32	34
Física	32	34
Geociências	40	38
Imunologia	38	39
Matemática	34	32
Medicina Clínica	37	42
Microbiologia	33	34
Neurociências e Ciências do Comportamento	35	36
Psicologia e Psiquiatria	39	40
Química	29	34

Atentemos agora no *ranking* de universidades portuguesas para todos os domínios científicos, de uma forma agregada (*All Fields*), num panorama mundial que regista, no *top* 1%, 3284 instituições. A título comparativo incluímos na Tabela 11.6 a Universidade de Santiago de Compostela e a de Salamanca, porque se situam em regiões de características semelhantes ao Norte de Portugal e às Beiras, mas inseridas num país com outro ritmo de desenvolvimento. Nas instituições nacionais, o melhor *ranking* é o do Instituto Superior Técnico, seguido da Universidade de Coimbra. O *ranking* da Universidade do Porto é afectado pelo facto de figurar com duas entradas: Univ Porto e Univ Oporto. As citações (artigos) das duas instituições não são aditivas; um artigo de colaboração de diferentes grupos de investigação da Universidade do Porto surge duplicado se as moradas forem distintas: Porto e Oporto. Feito o reparo, isto justifica que as instituições uniformizem o respectivo endereço ou consigam que a base de dados passe a considerar Univ. Porto ≡ Univ. Oporto, o que se veio a verificar em Maio de 2007. O caso é particularmente notório na área de Medicina Clínica, pois quer a Universidade do Porto quer a de Oporto figuram como «*most cited institutions in* ...»:

Univ Porto com uma posição de *ranking* nº 1098 em 2259 instituições do topo 1%; Univ Oporto no *ranking* nº 1532. Atente-se que a Universidade do Porto tem efectivamente duas Faculdades de Medicina.

Tabela 11.6 - *Ranking* de universidades portuguesas e de duas universidades espanholas em *All Fields* em termos do número de citações. Dados do ESI; 3284 instituições, acesso 16 de Janeiro 2006.

Instituição	*ranking*	citações	artigos
Univ Santiago de Compostela	606	41.665	6.722
Univ Salamanca	717	31.468	4.061
Inst Super Tecn	736	29.810	4.688
Univ Coimbra	893	23.191	4.131
Univ Lisbon	940	21.493	3.575
Univ Porto	946	21.294	4.084
Univ Nova Lisboa	1001	19.611	2.752
Univ Aveiro	1198	15.132	3.411
Univ Oporto	1532	10.559	1.013

Para os propósitos desta obra, mais relevante são os *ranking* de Portugal no domínio da química. Em artigos científicos o nosso país encontra-se em 34º lugar no *ranking* da CHEMISTRY num total de 88 países do topo 50% e no 29º lugar em citações (Tabela 11.7); em termos de cit./art. Portugal figura no 31º lugar com 6,25 cit./art.; o nível médio de citações/artigo em química é de 7,7. A título comparativo, a Tabela 11.7 fornece o *ranking* de outros países em química. Por exemplo, em número de citações a Itália figura em 6º lugar e a Espanha em 7º lugar.

Tabela 11.7 - *Ranking* de países na área da química. Dados do ESI; 88 países (Janeiro de 2006).

ranking (art.)	artigos	país	citações	*ranking* (cit.)
1º	216.344	USA	2.836.059	1º
2º	116.709	Japão	929.941	2º
3º	95.619	Alemanha	907.602	3º
7º	57.321	Inglaterra	592.530	4º
5º	63.680	França	560.521	5º
10º	38.278	Itália	338.567	6º
9º	38.592	Espanha	315.799	7º
34º	5.584	Portugal	34.922	29º

Uma análise com uma perspectiva mais realista a nível de países pode ser produzida se dividirmos a produtividade de cada país pela população respectiva. Esta produtividade per capita (Tabela 11.8), normalizada ao valor português, mostra a nossa proximidade em relação a Itália.

Tabela 11.8 - Produtividade per capita na área de Química, normalizada à produtividade portuguesa (Janeiro de 2006)

País	População/milhões	Produtividade relativa
Alemanha	82,2	2,04
França	58,5	1,91
Grã-Bretanha	58,2	1,73
Espanha	39,7	1,71
Japão	125,6	1,63
USA	271,6	1,4
Itália	57,2	1,17
Portugal	9,8	1

Como bem referimos, esta plataforma bibliométrica permite obter ainda o *ranking* de instituições por área científica. Para a Engenharia, como um todo, o *ranking* da Universidade de Coimbra é o 488º em 887 instituições no *top* 1%. Para a área da Química, onde temos focalizado o nosso interesse, no que concerne as universidades portuguesas, os *ranking* encontram-se na Tabela 11.9 onde se registam cinco instituições nacionais no *top* 1%, incluindo a Universidade de Coimbra. Em química, no lugar cimeiro das universidades, a nível mundial, está a Universidade de Harvard com 85.891 artigos e 26,34 cit/art.

Tabela 11.9 - *Ranking* de universidades portuguesas no domínio da Química numa lista de 752 instituições. Dados do ESI (Janeiro de 2006).

Universidades	indicador	quantitativo	*ranking*
Instituto Superior Técnico	nº artigos	1.202	285
	citações/artigo	7,1	567
Coimbra	nº artigos	907	390
	citações/artigo	6,82	591
Nova de Lisboa	nº artigos	731	462
	citações/artigo	8,47	454
Aveiro	nº artigos	723	469
	citações/artigo	5,6	663
Porto	nºartigos	711	484
	citações/artigo	4,28	730

Como referido no Capítulo 10, um pouco surpreendentemente para Portugal, na área de Física, que seguiu um desenvolvimento paralelo ao da Química na história das universidades portuguesas, só figura uma instituição nacional no *ranking*: o Instituto Superior Técnico (IST) em Lisboa em 295º lugar, pelo número de artigos, numa lista de 578 instituições no topo 1%. De facto, em termos do número de artigos, o *ranking* de Portugal em Física (o 34º), é só um pouco inferior ao da Química; em termos de citações o *ranking* da Física é o 32º e em cit./art. é o 34º. Este último indicador é pouco útil no *ranking* de países, porque alguns deles publicam poucos artigos, mas com bom nível de citações, o que leva a profundas alterações no seu *ranking*, sem grande significado. Na área de Matemática, em que o *ranking* só lista 156 instituições do topo 1%, não figura nenhuma instituição nacional.

Para avaliarmos melhor o desempenho do nosso país na área de Química reveste-se de interesse a comparação com o desempenho das universidades espanholas na mesma área científica (Tabela 11.10). Em Espanha realce-se o bom desempenho das Universidades de Barcelona, Valência e Autónoma de Madrid. O *Consejo Superior de Investigaciones*, como grande instituição dedicada à investigação e ensino pós-graduado, figura num *ranking* muitíssimo elevado.

Na lista do *ranking* mundial da química figuram 762 instituições. Mesmo nesta área científica na qual o desempenho nacional é de bom nível, só o Instituto Superior Técnico figura acima do meio da tabela dos *rankings*. Em Espanha figuram 13 instituições em tais posições.

Tabela 11.10 - *Ranking* mundial (citações) de instituições universitárias portuguesas[*] e espanholas para a área de Química (Dados de ESI, Janeiro de 2006).

Universidade	*ranking*	Universidade	*ranking*
CSIC	23	Coimbra*	448
Barcelona	51	Cordoba	454
Valencia	88	Vigo	471
Complutense Madrid	170	Murcia	495
Zaragoza	172	Politecn Catalunya	497
Autónoma Madrid	181	Alcala de Henares	519
Santiago de Compostela	247	Castilla La Mancha	551
Politecn Valencia	255	La Laguna	558
Pais Vasco	272	Girona	570
Oviedo	276	Aveiro*	600
Alicante	326	Malaga	608
Inst Super Tecn*	340	Extremadura	629
Sevilla	344	Salamanca	634
Granada	357	Toledo	640
Valladolid	403	Cadiz	744
Nova Lisboa*	446	Porto*	749

Para concluir este modo de análise bibliométrica, poderemos ainda examinar a evolução produtividade da área da Química e de algumas outras áreas mais antigas, com a Física e a Matemática, e outras mais recentes, como a Informática e as Ciências do Materiais, em Portugal entre 1995 e 2005. As Figuras 11.1 e 11.2 apresentam esta evolução para o número de artigos publicados, e mostra ser a química portuguesa uma área em acentuado crescimento sustentado e a de elevada produtividade. A Figura 11.2 mostra que, para além do seu crescimento e produtividade, a Química representa em Portugal a área dominante na actividade científica. Outras áreas mais recentes ainda apresentam crescimentos mais acentuados, como a Informática, mas a sua produtividade global ainda é, naturalmente, baixa.

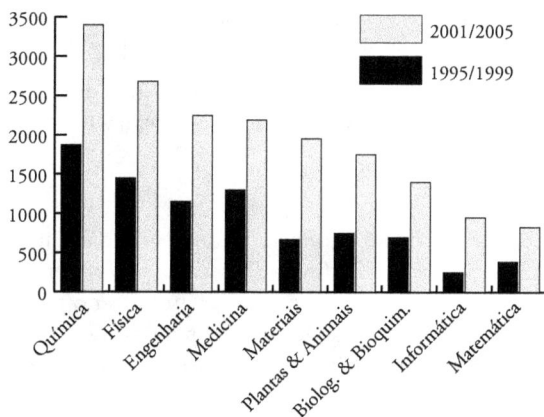

Figura 11.1 - Evolução do número de artigos de áreas científicas em Portugal no período de 1995/99 a 2001/05. Dados do ESI.

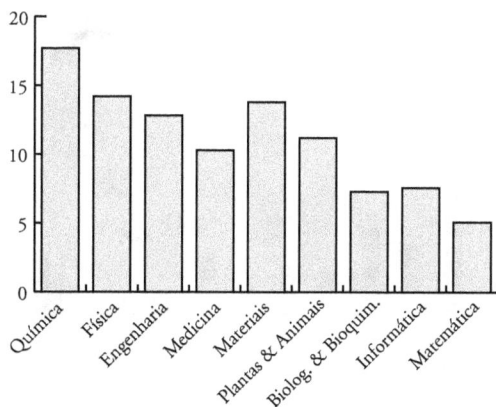

Figura 11.2 - Evolução da percentagem de cada área científica no crescimento total de publicações em Portugal no período de 1995/99 a 2001/05. Dados do ESI.

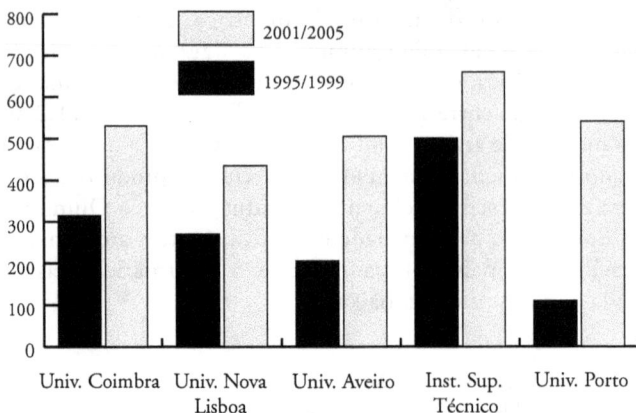

Figura 11.3 - Crescimento no número de publicações na área de Química em cinco universidades portuguesas, no período de 1995/99 a 2001/05. Dados do ESI.

A Figura 11.3 compara ainda a evolução de produtividade nas cinco universidades portuguesas em que a área de Química figura no *ranking* mundial. Destaca-se a Universidade do Porto com o crescimento mais acentuado no período em análise. As figuras seguintes apresentam comparações com o panorama mundial. A Figura 11.4 para os países com uma grande produtividade (cerca de 10.000 artigos ou superior no quinquénio 2001/05); em muitos deles a Química é uma área já muito estabilizada, como, entre outros, a Alemanha, a Inglaterra e a França. A Figura 11.5 diz respeito a países em que produtividade da área da Química é globalmente inferior, mas todos se encontram ainda em acentuado crescimento, com excepção da Hungria.

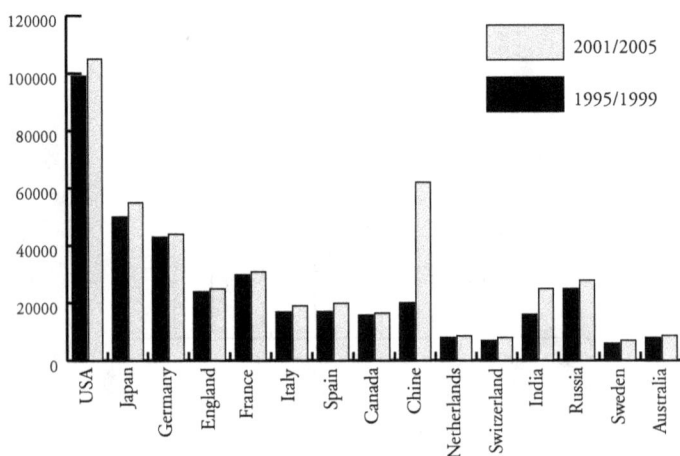

Figura 11.4 - Crescimento no número de publicações na área de Química em países com elevada produtividade no período de 1995/99 a 2001/05. Dados do ESI.

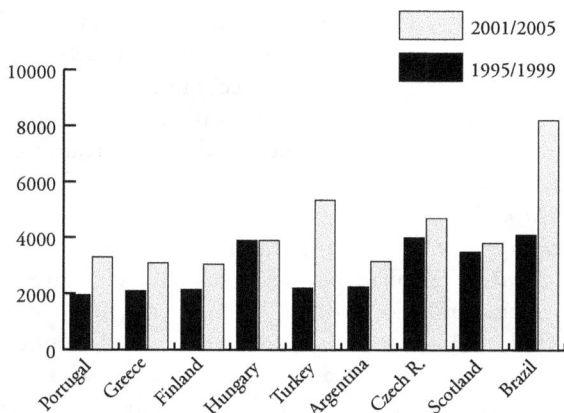

Figura 11.5 - Crescimento no número de publicações na área de Química em países com uma produtividade inferior a 7.000 artigos por quinquénio, no período de 1995/99 a 2001/05. Dados do ESI.

Uma pergunta final se nos coloca neste estudo comparativo. Se a área de Química parece tão bem implantada no nosso país em cinco universidades, será que o seu desempenho suplanta o das respectivas universidades medidas em índices Rk, e tomando como referencial o país vizinho? Tomando os valores médios de índice Rk das Tabelas 10.1 e 10.2 e os valores médios dos *rankings* de Química das mesmas instituições[28], podemos apresentar a seguinte analogia. Um país teria de percorrer uma certa distância nesta hierarquia de desempenhos. O valor máximo corresponderia a percorrer 100 km de distância. Ora bem, no que concerne ao desempenho das respectivas universidades em termos de índices-Rk, Portugal teria percorrido tão-só um pouco mais de 17 km enquanto a Espanha caminhou o dobro, cerca de 35 km. No que diz respeito ao domínio da Química, quer Portugal quer Espanha já caminharam muito mais (Figura 11.6); mais de 32 km para Portugal e a Espanha quase 47,5 km. Não só ambos os países estão mais à frente na área de Química, como a Espanha já não se encontra ao dobro da distância à frente de Portugal; um pouco mais de metade dessa distância já foi encurtada.

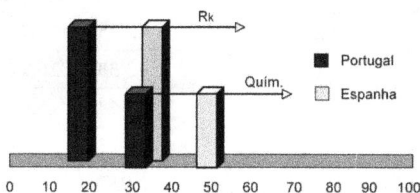

Figura 11.6 - Valores médios do desempenho de universidades portuguesas e espanholas em termos de índices-Rk (Rk) e de «*rankings* mundiais» na área de Química (Quim). Os desempenhos estão apresentados em termos de distância percorrida num percurso de 100 km. Dados do ESI no início de 2006.

347

Claramente em Portugal, a Química é a área científica com o melhor desempenho e com um mais equilibrado desenvolvimento no país; trata-se da área científica mais forte em Portugal. Poder-se-ia mesmo dizer que em química há alguma coesão científica no país, pois encontramos cinco pólos distintos de desenvolvimento no topo 1% a nível mundial e com um desempenho merecedor de algum realce: um no Norte, dois no centro e dois na região de Lisboa.

Como explana Roald Hoffmann, prémio Nobel da Química, no seu excelente livro *The Same and Not The Same*[29], a química é das ciências que mais suscita uma tensão ambivalente entre a racionalidade e a irracionalidade, entre os seus benefícios e malefícios, entre o natural e o artificial, entre a criação e a descoberta, entre o evidente e o escondido; em suma, uma verdadeira pedra de toque de humanização. A química agarra todo o quotidiano do homem, nunca suscitando o absurdo. Não admira pois a sua explosão de crescimento na China que está a emergir na ciência e na economia mundiais. Saibamos nós em Portugal aproveitar do desempenho ímpar desta área científica.

Uma actualização sobre dados de ESI para instituições portuguesas

Graças a uma aplicação informática desenvolvida por João Almeida e Canelas Pais, a quem agradeço a presente informação, é possível consultar as instituições que figuram no ESI, de modo a ultrapassar as dificuldades de acesso quando não se consulta nos termos exactos desta base. Por exemplo, o ESI em busca directa só responde a «Univ Rovira & Virgili» e não a «Univ Rovira i Virgili» ou a «Univ Jaume 1» e não a «Univ Jaume I». Assim foi possível seleccionar as instituições universitárias e hospitalares que figuram no *ranking* mundial, a nível de todas as suas publicações. A Tabela 11.11 indica tais instituições bem como o número de áreas científicas em que figuram no *ranking* mundial para *All Fields*.

Tabela 11.11 - Lista completa de instituições portuguesas (abreviaturas como na base de dados) no *ranking* do *Essential Science Indicators* por ordem decrescente do número total de citações (acesso em 28 de Setembro de 2006).

lugar	instituição	artigos	citações	cit./art.	*Rk*
721	Inst. Superior Técnico	4.805	31.792	6,62	4
806	Univ. Porto	4.733	26.723	5,65	5
849	Univ. Coimbra	4.363	25.409	5,82	2
894	Univ. Lisbon	3.778	23.712	6,28	3
958	Univ. Nova Lisboa	2.932	21.166	7,22	3
1073	Univ. Aveiro	3.788	18.023	4,77	4
1592	Univ. Minho	2.372	10.028	4,23	1
1659	Univ. Oporto	842	9.272	11,01	1

Cont.

1884	Univ. Algarve	1.261	7.393	5,86	1
2011	Univ. Tecn. Lisbon	1.349	6.482	4,81	1
2158	Hosp. Santa Maria	483	5.648	11,69	1
2546	Inst. Portugues Oncologia Francisco Gentil	235	3.793	16,14	1
2900	Hosp. São João	294	2.699	9,18	1
3015	Univ. Catolica Portuguesa	485	2.411	4,97	1

Registam-se algumas dificuldades decorrentes dos nossos modos de afiliação: Univ. Oporto, Universidade Técnica de Lisboa que abarca o Instituto Superior Técnico, mas que contudo figura como instituição independente.

NOTAS

[1] D. Cannon, «Longing to Know if our Knowing Really is Knowing», *Tradition & Discovery*. The Polanyi Society Periodical, XXXI, nº 3, 6-20 (2004-2005); pág. 8.

[2] D. Cannon, «Construing Polanyi's Tacit Knowing as Knowing by Acquaintance Rather Knowing by Representation: Some implications», *Tradition & Discovery*, XXIX, nº 2, 26-43 (2002-2003); pág. 29.

[3] D. W. Rutledge, «Conquer or Die?: Intelectual Controversy and Personal Knowledge», *Tradition & Discovery*. The Polanyi Society Periodical, XXIX, nº 2, 12-25 (2002-2003), pág. 13.

[4] Cannon, «Construing Polanyi's Tacit Knowing as Knowing...», *ob. cit.*, pág. 30, 32,33.

[5] C. Perelman e L. Olbrechts-Tyteca, *Tratado da Argumentação. A Nova Retórica*, Martins Fontes, São Paulo, 1999, pág. 68.

[6] Indiferença intelectual no pensamento mas certeza pessoal para a acção de interacção com a comunidade científica.

[7] A. Trabulo, «Diário de Salazar», Parceria A. M. Pereira, Lisboa, 6ª edição, pág. 78.

[8] T. Clark, «Polanyi on religion», *Tradition & Discovery*, XXXII, 25-36 (2005-2006).

[9] M. Polanyi, *Personal Knowledge*, Routledge & Kegan Paul, 1962, p. 5; P. Hammond, «Personal Knowledge and Human Creativity», *Tradition & Discovery*, XXX, nº 2 (2003-2004).

[10] Dificuldades com a detecção de neutrões, partículas que, por não possuírem carga eléctrica, não interaccionam fortemente com a matéria. Fruto de tais dificuldades, alguns laboratórios apresentaram «falsos positivos» de detecção em número elevado.

[11] S. K. Ritter; «Science, Religion, and the Art of Cold Fusion», *Chem. & Eng. News*, 25 Agosto 2003, pág. 33.

[12] P. Jean-Baptiste, «La Biologie da la Foi», *Sciences et Avenir*, Setembro 2003, págs. 7-11.

[13] T. Frank, «Cohorting, Networking, Bonding: Michael Polanyi in Exile», *Tradition & Discovery*, XXVIII, nº 2, 5-19 (2001-2002); pág. 29.

[14] W. T. Scott e M. X. Moleski, S.J., «Michael Polanyi. Scientist and Philosopher», Oxford Univ. Press, Oxford, 2005, págs. 165, 166.

[15] Para além dos 21 artigos publicados, estão registadas 102 intervenções de 42 participantes. M. Polanyi tem oito intervenções sobre os artigos apresentados para debate.

[16] V. Dobson-Sanderson e M. Sahlin, «When Wool Socks grow on Trees»; http://heiwaco.tripod.com/lyssenko.htm; 17 Setembro 2004.

[17] M. Jo Nye, «Michael Polanyi (1891-1976)», *Hyle*, *8*, 2 (2002); http://www.hyle.org/journal/issues/8-2/bio_nye.html; 6 Abril 2006.

[18] Um artigo científico de um cientista Ω pode citar diversos artigos (1, 5, 9, …) de um mesmo autor Π; tal conta como uma citação. Porém, se quisermos conhecer os artigos que citam, por exemplo, os artigos 5 e 9, temos que contar separadamente todos os artigos de diferentes autores, incluindo Π, que citam o artigo 5 e o artigo 9. Assim sendo, aquele artigo do cientista Ω conta uma vez para o artigo 5 e outra vez para o artigo 9. Este último modo de contagem conduz a um número total de citações superior ao primeiro.

[19] Um valor de 24 cit./art. é um caso ímpar. Uma normalização em função dos Factores de Impacto entre ciências fundamentais no campo da vida e as ciências físicas e químicas revela que o domínio do biológico tem cerca de 2 vezes mais citações. Os melhores cientistas portugueses na área da bioquímica e da química dos sistemas biológicos, com uma carreira académica inteiramente no país, apresentam valores de 15 cit./art.. Há outra faceta a ter em conta neste índice de qualidade. Um cientista tem artigos mais citados e outros menos citados. Se retirarmos o «artigo com maior número de citações», qual o decréscimo que deve ser admitido sem viciar o valor indicativo deste indicador. Por exame destes índices em cientistas de renome, poder-se-á admitir uma variação de 50%. Porém, se ao ignorarmos o «artigo mais citado» o número de cit./art. decrescer por uma ordem de grandeza, é mais representativo este último valor e deverá estudar-se em pormenor as razões do alto impacto do «artigo mais citado». Quiçá um novo procedimento experimental ou teórico. Uma palavra cautelar sobre os critérios bibliométricos das citações: não dão boa conta da ciência heterodoxa.

[20] J. T. Edward, «Be cited or perish?», *ChemTech*, *22*, 534 (1992).

[21] Andava aqui de novo a mãozita dos interesses corporativos. A Espanha contrariou política do «café para todos» nas universidades no segundo lustre da década de 80 do século XX, com medidas do tipo do «estímulo à excelência» mas incorporadas, obviamente, no vencimento dos professores. Constituiu uma verdadeira revolução que em muito dinamizou e avolumou a comunidade científica espanhola na última década. Não se pode exigir competitividade se não se estimular o mérito e a excelência. E não carecem de ser estímulos vultuosos, pois o reconhecimento do mérito também conta.

[22] J.Gil, «Portugal Hoje. O medo de existir», Relógio d' Água, Lisboa, 2005; págs. 98, 99.

[23] S. J. Gould, «A Falsa Medida do Homem», Círculo de Leitores, Lisboa, 2004, pág. 39.

[24] No caso da co-incineração tivemos de lidar com alguns *spin doctors*. Mas não é uma «espécie rara»; encontra-se presente em muitas áreas e locais onde não se esperaria existir.

[25] J. Nascimento Rodrigues, «Adeus ao Clube dos Ricos», *Expresso*, Economia, 30 de Agosto de 2003, pág. 10.

[26] Dados recolhidos entre 4 e 12 de Janeiro de 2006.

[27] Os dados apresentados estão referidos a 3/Jan/2006. A plataforma bibliométrica do *Essential Science Indicators* tem uma actualização periódica. Em 11 de Abril de 2006 os valores apresentados na Tabela 11.4 aumentaram, mas a ordem relativa das áreas científicas mantém-se.

[28] Uma escala de *ranking*s por países na área da Química abarca 88 países. Já a escala para instituições envolve, para a Química, 762 instituições. Trata-se, pois de uma escala muito mais expandida e será esta escala a ter de ser usada quando se estão a considerar as universidades, quer em temos de índice-*Rk* quer em termos de desempenho nos *rankings* das universidades na área de química da Figura 11.4. Nesta figura, como é evidente num *ranking* de instituições, não podem estar todas em primeiro lugar. Consideramos, por exemplo, o *ranking* de nível-1 quando as instituições estão entre o 1º e o 10º lugar; nível-2 entre os 11º e 20º lugar e assim por diante. Os resultados apresentados são virtualmente independentes do tamanho do passo considerado: 10 instituições.

[29] R. Hoffmann; «The Same and Not The Same», Columbia University Press, New York, 1995.

CAPÍTULO 12

A PREVISÃO COMO PERSUASÃO

A previsão da «região invertida» por Marcus

No Verão de 2003 saiu um número da revista *The Spectrum* com uma extensa entrevista ao Prof. Rudolph Marcus[1]. A sua teoria desenvolveu-se entre 1956 e 1965, mediante o recurso à polarização electrostática do solvente em redor de iões metálicos segundo um caminho de termodinâmica de não-equilíbrio. Mostrou que um cruzamento de duas parábolas descreve a relação entre a barreira de energia ($\Delta G^{\ddagger}$) de uma reacção de transferência de electrão e a energia de reacção (ΔG^0), energias expressas em «energias de Gibbs» *G*. À medida que a reacção se torna mais exotérmica a sua energia (ΔG^0) é mais negativa, a barreira de energia ($\Delta G^{\ddagger}$) vai diminuindo, passa por zero e depois volta a aumentar[2]. A Figura 12.1 seguinte ilustra bem este facto.

Marcus theory

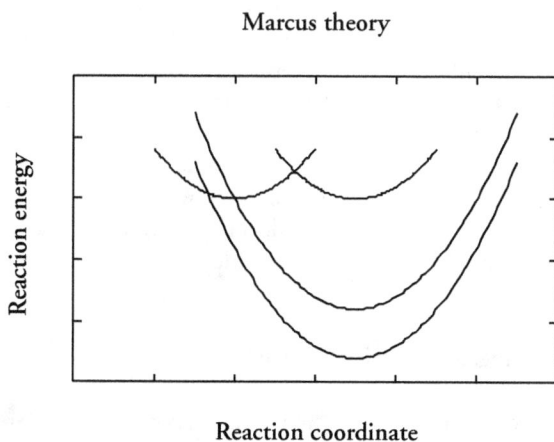

Reaction energy

Reaction coordinate

Figura 12.1 - O aparecimento da *região invertida* prevista por Marcus, através de um modelo de intersecção de parábolas iguais, em que a separação vertical dos seus mínimos vai variando como expressão de modificações na energia da reacção, ΔG^0, mas a separação horizontal das curvas mantém-se constante.

Daí decorre que numa *família de reacções*, em que só varia a energia da reacção ΔG^0, à medida que ΔG^0 se torna cada vez mais negativa, a constante de velocidade de reacção, k, há-de aumentar, passar por um valor máximo e depois diminuir. É quando a velocidade da reacção começa a decrescer que surge a denominada *região invertida*. O sucesso da Teoria de Marcus não dependeu desta previsão arriscada, mas a sua confirmação valeu a Rudolph Marcus a atribuição do prémio Nobel da Química em 1992.

Marcus acreditou sempre na validade da previsão, apesar de diversas equipas de investigação terem procurado em vão, durante cerca de 25 anos, a sua confirmação. E conseguiu transmitir essa «fé» a muitos cientistas que procuraram experimentalmente provar uma tal existência durante tão longo lapso temporal. Como compreender esta persistência sem uma «fé secular» nesta teoria? Se esta busca fosse tão-só uma actividade racional, teria parado muito antes. Tal como cessou a busca do «mecanismo escondido» de uma das anomalias da Teoria de Marcus, a reacção $Co(OH_2)_6^{2+/3+}$, de que já falámos.

A previsão da «região invertida» só foi confirmada de forma inequívoca por Closs e Miller em 1984[3], para reacções de transferência de electrão intramoleculares. As espécies dadoras e aceitadoras de electrão estão quimicamente ligadas entre si por uma cadeia de átomos de carbono, o que evita o controlo da velocidade por efeitos de *difusão* quando a reacção se dá em soluções líquidas e as moléculas do dador e do aceitador têm de se difundir no meio e colidir entre si, ou aproximarem-se muito uma da outra.

A previsão da existência de uma região invertida suscitou muito cepticismo na comunidade química. Houve mesmo um conhecido químico teórico que escreveu um artigo científico demonstrando que tal era impossível. Ao fim de 25 anos a previsão foi confirmada, mas não exactamente como Marcus previra: a dependência entre o logaritmo da constante de velocidade, log k, e a energia de reacção, ΔG^0, haveria de ser também uma parábola. De facto, o que se obteve foi uma «parábola assimétrica» no ramo da região invertida[4]. Fazendo eco das palavras do Prof. Marcus: «A beleza reside no facto de uma ideia relativamente simples ter captado a essência do fenómeno». Isto é inteiramente verdade. A teoria de Marcus possui conteúdo empírico suficiente para não perder esta essência do fenómeno, mas deixa por explicar por que não ocorre em muitas outras situações. Como veremos, é na abertura a novos padrões de reactividade que ISM suplanta TM, sem deixar perder a beleza e a simplicidade das ideias que fundamentam a estrutura deste problema de reactividade.

A previsão da «dupla região-invertida» por ISM

Na segunda fase de ataque de ISM ao tema das reacções da transferência de electrão, e já com a colaboração de Luís Arnaut, encontro-me um dia a colocar em gráfico um estudo da variação da constante de velocidade de reacção (k) com a energia de reacção (ΔG^0) e, surpreendentemente, verifiquei que obtinha uma *dupla região-invertida*, a que na altura chamei uma «curva em camelo» pelas duas bossas que revelava. O estudo de tal curva foi um fruto acidental do valor de Λ utilizado, mas era algo que se descobriria ou hoje ou amanhã. Não me marcou a memória o facto de estar a utilizar aqueles parâmetros, pelo que se trataria de um estudo mais sistemático, com um conjunto diversificado de valores, para encontrar os padrões de reactividade que ISM proporciona.

No dia seguinte mostrei ao Luís o resultado teórico e passámos a procurar alguns resultados experimentais, já existentes na bibliografia científica, que se aproximassem desse padrão. Havia uns resultados antigos de Kadhum e Salmon sobre ligação de electrões solvatados[5] a compostos aromáticos. Tratou-se de uma retrovisão de dados existentes e não de uma verdadeira previsão, que nasce, desde início, como uma selecção, guiada pela teoria, dos sistemas a estudar. Mesmo assim, toda a nova perspectiva de padrões de reactividade proporcionado pelo nosso modelo e a previsão da dupla região-invertida, com a respectiva retrovisão racionalizadora de dados antigos, foram publicadas em 1991[6].

Quando comparamos os tempos de desenvolvimento da teoria de Marcus e o do modelo ISM, registados na Tabela 12.1, verificamos que o nosso modelo demorou o dobro a desenvolver-se até uma formulação satisfatória. Em parte, pela maior complexidade e por ter um âmbito de aplicação muito mais vasto, nomeadamente para reacções de transferência de átomos. Não tivéssemos nós abandonado por cerca de dois anos o domínio da transferência de electrões, teríamos alcançado no mesmo tempo que o Prof. Marcus o desenho de uma previsão arriscada para ISM. Todavia, o que se verifica é que a confirmação experimental da previsão da «dupla região-invertida» demorou metade do tempo que levou à comunidade científica a encontrar, de forma clara, a «região invertida» de Marcus.

A situação ideal, como referiu um dia o Prof. Roald Hoffmann, é que sejam os outros cientistas a mostrar que as nossas ideias estão certas. Tal implica, porém, que outros cientistas acreditem nas nossas ideias, e depois que tenham nelas uma fé pessoal que lhes permita persistir na busca da previsão por muitos anos. Nestas condições, também não nos restava outro caminho senão o de sermos nós a fazer esta verificação. Mas também em larga medida esta possibilidade é fruto de termos um grupo de investigação que concilia o carácter experimental e o teórico. Só o meu grupo de investigação domina suficientemente o ISM, tem fé na sua validade e esperança na confirmação da sua veracidade. Neste enquadramento, é de relevar o facto de, mercê de uma eficaz «engenharia paralela», ao cabo de vinte anos de duros esforços e muitas lutas, termos conseguido conquistar um profundo e eficaz esclarecimento sobre as reacções de «transferência de átomos», «transferência de electrões» e «transferência de protões» sem e com efeitos da ligação de hidrogénio.

Tabela 12.1 - Comparação entre os tempos (em anos) de desenvolvimento e de confirmação das previsões mais significativas da teoria de Marcus e de ISM

	TM	ISM
desenvolvimento da teoria	9	19
desenvolvimento da previsão arriscada	4	6
confirmação da previsão arriscada	25	13

O apelo à Natureza: estratégias de desenvolvimento experimental

A natureza é o último *referee*, o último aliado, quando as controvérsias cessam. Mas a natureza nunca pode ser invocada como árbitro, porque ninguém sabe o que ela é e o que ela diz. Eis como Bruno Latour[7] coloca a ambiguidade do apelo à natureza nas controvérsias científicas. Isto mostra que, não obstante ser incerto o recurso do apelo à natureza no fechar de uma controvérsia científica, se o não fizermos, a própria controvérsia nunca poderá ser dada como finda. Aliás é mediante o apelo à natureza que o conhecimento dos cientistas pode escapar aos efeitos perniciosos do *relativismo científico*.

Bernadette Bensaude-Vincent e Isabelle Stengers[8] colocam a mesma problemática por outras palavras. «A ciência desenvolve-se sem parar: necessariamente mais cedo ou mais tarde, produz-se um desacordo entre a multiplicidade real dos factos observados e a multiplicidade artificial da teoria. A maior parte do tempo, tenta-se primeiro adaptar os factos se a teoria, a partir da qual é mais fácil abarcar num certo relance todas as possibilidades, já não puder ceder mais. Mas os factos são mais resistentes que as teorias ou, pelo menos, que os homens que as defendem».

Há uma década atrás foi possível ao grupo de Fotoquímica que dirijo mudar-se do 4º piso do edifício do Departamento para o 2º andar, o que permitiu circular diferentes montagens experimentais existentes entre diversos equipamentos de espectroscopias e de cinética de reacções rápidas. A maioria é instrumentação comercial, mas há alguns equipamentos que foram desenvolvidos no grupo por razões económicas e, acima de tudo, por flexibilidade experimental. Entre estes está o equipamento de calorimetria fotoacústica (*photoacoustic calorimetry*, PAC), as medidas de tempos de vida de fluorescência por técnica de fotão único (*single photon counting*, SPC) e a instalação para estudos cinéticos em dióxido de carbono em condições supercríticas (CO_2-sc).

Esta medida teve ainda outra vantagem: fomentou a coesão entre um grupo de fotoquímica e de espectroscopia com seis linhas de acção mais independentes e que careciam de colaborar fortemente entre si em projectos estratégicos. Um tal espírito de coesão e motivação alastrou a outros grupos de investigação do Departamento, e aumentou-se significativamente o desempenho e a produtividade da casa.

Sempre entendi um pós-doutoramento no estrangeiro como um investimento para qualquer grupo de investigação nacional e uma fonte de mobilidade temporária. Novas metodologias, novos conceitos, outros ambientes, enfim a possibilidade de produzir no nosso país uma fertilização cruzada de ideias conducentes à inovação. Após um pós-doutoramento (*postdoc*, de um modo abreviado do inglês) em Dallas com o Prof. Richard Caldwell, Luís Arnaut adquiriu competência na técnica de PAC e, ao fim de uns três anos, dispunha de um excelente equipamento em Coimbra que, com sucessivos aperfeiçoamentos, atingiu o recorde de medida de sensibilidade energética de 8 ncal/mol (8×10^{-9} cal/mol). Hoje o Luís é uma das autoridades mundiais no domínio.

Este aparelho, contudo, requeria um complemento cinético da fotólise por relâmpago (*flash photolysis*) que fornece dados cinéticos indispensáveis para reduzir o número de parâmetros ajustáveis utilizados no PAC. Adiantemos de forma breve as razões para tal. Se a excitação de uma molécula fosse instantânea, o estado excitado formado declinava logo a partir do valor máximo de concentração, e daria uma curva de declínio pura. Mas a excitação não é instantânea, demora um certo tempo, pelo que a curva de declínio do estado excitado vem «enrolada» com a curva da própria excitação ou, como se exprime matematicamente, as duas curvas vêm convoluídas. Há pois que proceder a um processo matemático de desconvolução, para se dispor tão-só da curva de decaimento do estado excitado. Tal é operado directamente pelo *software* do instrumento, por adaptação de curvas com um certo número de parâmetros ajustáveis. O objectivo das medidas de fotólise por relâmpago é retirar flexibilidade a alguns desses parâmetros de ajuste, pois são medidos de forma independente. Com tais requisitos de qualidade experimental e de exactidão cinética, após o seu *postdoc*, o Luís demorou oito anos a começar a publicar regularmente neste domínio.

Durante algum tempo pensou-se em que também «montasse» em Coimbra o sistema experimental de fotólise por relâmpago, mas tal levaria muito tempo, com pouco «valor acrescentado». Optou-se por adquirir um bom instrumento comercial, de uma firma oriunda de estudantes de doutoramento do Prof. Porter. O director de desenvolvimento experimental é o Doutor Mike Carey que foi meu colega na *Royal Institution*. Nesta perspectiva, foi definida uma estratégia de publicação para pessoas fora do grupo. Em solicitações para o uso de aparelhagem comercial, mesmo que recorrendo a um dos membros do nosso grupo, basta um agradecimento no artigo a publicar pelo grupo exterior; a não ser que haja um envolvimento extenso e as medidas colhidas representem uma fracção significativa da publicação. Em solicitações para uso de equipamento com alto valor acrescentado, como o PAC, deve figurar o nome do seu responsável em artigos a publicar por outros grupos. É um modo de valorizar o elevado tempo investido no seu desenho, implementação, aperfeiçoamento e análise de resultados que estão implicitamente incorporados nas medições experimentais.

Após a publicação do artigo de 1991, decidimos que iríamos procurar testar a previsão da existência da dupla região-invertida em reacções de transferência de electrão. Uma previsão inacessível à teoria de Marcus e às suas modificações quânticas. Dadas as altas exotermicidades que são requeridas, teríamos de nos socorrer de reacções fotoquímicas, em que a luz fornece a energia necessária. Tal não implicava qualquer aprendizagem adicional, pois o domínio do meu grupo é a Fotoquímica. Igualmente nas nossas reuniões regulares, entendemos que se teria de recorrer a um fluido super-crítico, porque se consegue variar, em larga gama, a viscosidade do meio e o seu índice de refracção por um simples ajuste de pressão. Acresce que deste modo se ultrapassaria o controlo do limite de difusão em líquidos por uma ordem de grandeza, e se conferia maior flexibilidade às propriedades do meio reactivo para se poder variar o parâmetro de dissipação de energia, $\Lambda(ISM)$, que controla os padrões das relações das constantes de velocidade de reacção em função da energia de reacção. Acrescenta-se ainda que a TM prevê um efeito de polarização do solvente que depende criticamente do índice de refracção do meio e num fluido supercrítico tal variação é enorme, em função de uma moderada variação de pressão. Como se torna patente, a preparação da experiência não implica tão-só o aspecto tecnológico; envolve igualmente uma componente que é essencialmente teórica.

Uma tal confirmação experimental poderia actuar ainda como uma *experiência crucial* para dirimir a controvérsia entre ISM e as teorias correntes de transferência de electrão, nomeadamente a respeito da TM e as suas formulações quânticas em termos da «regra de ouro» (*golden rule*)[9]. Filósofos das ciências tão eminentes como Karl Popper e Imre Lakatos, reconhecem que resultados experimentais inovadores dispõem de um efeito de persuasão que falta às teorias. Técnicas experimentais bem aceites na comunidade dispõem de uma credibilidade universal que a teoria ISM não dispõe de momento. Não esquecendo que toda a observação experimental tem uma marca teórica e que a própria teoria intervém na preparação da experiência, refira-se que, no contexto da presente controvérsia, os dados experimentais são válidos quer para TM quer para ISM, mesmo que tenham sido sugeridos por uma só das teorias.

Em princípio qualquer cientista pode duvidar do artigo científico sobre a dupla região-invertida e dos resultados experimentais apresentados. É que a «natureza» não está directamente por detrás do «artigo científico»; está-o de uma forma indirecta[10]. Manda a verdade que qualquer grupo de cientistas pode encontrar este mesmo padrão de reactividade, se dispuser da mesma instrumentação e a quiser utilizar para confirmar ou infirmar as reivindicações apresentadas.

Como bem alerta Lakatos, as «experiências cruciais» não existem se as entendermos como experiências capazes de destruir instantaneamente um programa de investigação. Quando muito, isto poderá ocorrer ao longo do tempo através de um conjunto de evidências experimentais todas a apontar no mesmo sentido. Mais, para Lakatos não há falsificação sem a emergência de uma teoria melhor. A existência da dupla região-invertida poderia ser o tal tipo de «experiência crucial» que revelasse a melhor teoria – o ISM.

O trabalhar com o dióxido de carbono supercrítico (CO_2-sc) requereu uma aprendizagem adicional demorada e o desenho de células apropriadas para medidas de espectros de emissão e medidas com SPC e com PAC. Esta aprendizagem foi possível graças a um projecto de investigação que tivemos e em que publicámos um ou dois artigos já após o termo do projecto, dadas as dificuldades encontradas e a morosidade em adquirir certos componentes vindos dos Estados Unidos. O Carlos Serpa foi o estudante de doutoramento do Luís Arnaut que se envolveu neste tema aliciante. Com muita determinação e competência, revelou amplamente ter as qualidades para conduzir a bom termo este projecto motivador mas arriscado. Beneficiou ainda da energia, experiência científica genérica, dinamismo e vontade de publicar do Doutor Nitin Chattopadhyay que esteve connosco quase dois anos num pós-doutoramento muito profícuo, pois publicou oito ou nove artigos.

Merece igualmente justo realce todo o apoio oficial do Senhor João Paiva do Departamento de Engenharia Mecânica da Universidade de Coimbra, e sem o qual nunca teríamos sido bem sucedidos. Já vamos na quinta ou sexta geração da célula de fluidos supercríticos fabricada por ele, sob desenho do Luís Arnaut e com posteriores sugestões do Carlos e de um aluno de licenciatura que se revelou muito competente nesta técnica, o Paulo Gomes. Acresce que todo o sistema é solicitado a fortes tensões mecânicas e requer reparações relativamente frequentes operadas pelo Sr. Paiva.

As relações com o Sr. Paiva remontam aos tempos em que o Departamento de Engenharia Mecânica da Universidade de Química estava instalado no edifício do Departamento de Química. Para uma das últimas gerações da célula que permite estudos de variação de temperatura, havia que evitar coeficientes de dilatação térmica diferentes entre as janelas de safira e o metal pois, de outro modo, criavam-se «orifícios» por onde escaparia o fluido. Solicitámos conselho a um amigo e colega da Engenharia Mecânica, o Prof. António Morão Dias, que recomendou o uso de Kovar, uma liga metálica de Ni, Fe, Co.

Que reacções estudar? Uma boa hipótese era o estudo de reacções intramole-culares muito exotérmicas, de facto, ultra-exotérmicas. Pedimos a colaboração do Doutor Arménio Serra do grupo de orgânica que sintetizou algumas destas moléculas. Encontrar-nos-íamos com uma dupla segurança na competição internacional: o de sermos os *experts* mundiais na teoria ISM e o de dispormos de moléculas únicas para a demonstração da existência da dupla região-invertida. Mas o tempo de vida das emissões era demasiado curto para as capacidades de resolução temporal do SPC da responsabilidade do Doutor Sérgio Melo (cerca de 2 ns). Concorremos a um programa de apetrechamento experimental que nos permitisse adquirir um laser pulsado com uma resolução temporal na gama dos picossegundos (10^{-12} s). A evolução tecnológica permite que hoje possamos dispor de lasers com pulsos de grande fiabilidade e facili-dade de operação, o que não se verificava há alguns anos. Justifica-se pois recorrer a esta tecnologia no meu grupo de investigação.

Outra instrumentação recente que se torna imprescindível num grupo que pretende lutar na fronteira do conhecimento no domínio da reactividade de estados electróni-cos excitados, como o fizemos até hoje, é a aquisição de um OPO (*Optical Parametric Oscillator*) que, com amplificadores e acessórios apropriados, permite dispor de um sistema de irradiação de luz monocromática de laser ajustável entre cerca de 250 nm no ultravioleta, passando pela região do visível e indo até à zona do infravermelho. Um tal dispositivo permitirá excitar um qualquer tipo de molécula, o que presente-mente não é possível; presentemente temos sempre necessidade de encontrar sistemas moleculares que absorvam luz no comprimento de onda do laser existente.

É óbvio que o ritmo da investigação não pode estar inteiramente dependente de novos instrumentos para observar experimentalmente a dupla região-invertida. Se não conseguirmos fazê-lo, mesmo sem as melhores condições, corremos o risco de ser ultrapassados por algum grupo de investigação americano ou mesmo europeu. Devido a mudanças governativas e a restrições orçamentais, o programa de apetrechamento científico a nível da Agência de Financiamento da ciência nacional só avançou em 2004 e, ao tempo do concurso, também não havia garantias de sermos financiados na plenitude do solicitado.

Há sempre um custo para os cientistas de um país poderem apresentar as suas rei-vindicações e defenderem os seus argumentos. A controvérsia é cara, diz-nos Latour[11], mormente quando se pretende dispor de laboratórios que produzam resultados expe-rimentais, isto é, definam uma «realidade» que cada vez suscite menos controvérsia. E o objectivo não é aumentar a controvérsia e a disputa, mas bem pelo contrário é diminui-la. Os países mais industriosos a respeito do valor da ciência jogam aqui os seus trunfos e estratégias.

Há sistemas laser com uma resolução temporal de picossegundos sem OPO em universidades de Lisboa, mas está fora de questão deslocar toda a nossa instalação experimental até lá. Não são sistemas que se permitam viajar; passeia alguns metros no 2º andar do nosso edifício num carrinho móvel, com o sistema cheio de CO_2-sc preparado em laboratório dedicado. Em boas condições, o equipamento aguenta um dia sem grande perda de pressão ou de fluido. Portanto, o recurso ao equipamento disponível em Lisboa poderá fazer-se pontualmente nalgum sistema mais crítico, mas nunca com características de rotina num tema tão complexo como este.

Optou-se por um estudo com reacções fotoinduzidas que levam à formação de um complexo excitado entre dador (D) e aceitador (A) com uma significativa transferência de carga ($A^{\delta-}$ $D^{\delta+}$) (cerca de 90%), mas que não corresponde a uma transferência e separação completa dos iões; tais complexos excitados são designados por *exciplexos*.[12] Os exciplexos assim formados, quer em heptano quer em CO_2-sc, são fracamente luminescentes, mas mesmo assim podem ser seguidos no seu declínio através desta emissão de luz. Aliás se forem muito luminescente, tal só revela que a desactivação do exciplexo não é dominada pela recombinação de cargas, mas sim pela emissão de luz.

Tais exciplexos decaem por transferência de electrão, fazendo regressar as espécies ao estado fundamental (ver Esquema). Trata-se da denominada transferência-reversa de electrão (ou recombinação de cargas, *charge recombination* CR, do inglês). A dificuldade foi encontrar exciplexos emissivos que produzissem reacções ultra-exotérmicas. Ensaiaram-se mais de vinte sistemas: uns não eram emissivos ou eram tão fracamente emissivos que não permitiam medidas de tempos de vida de fluorescência; outros tinham demasiada fluorescência que passava a dominar a desactivação das espécies excitadas e não a recombinação de cargas, como se pretendia. Houve uns cinco exciplexos que satisfizeram os nossos requisitos e nos permitiram mostrar a existência de uma dupla região-invertida. Com dois deles conquistou-se um recorde de exotermicidade de cerca de –85 kcal/mol. E a técnica de PAC permite medir os valores da energia libertada na transferência-reversa do electrão (CR) e garantir que estamos, de facto, a seguir esta transferência electrónica e não qualquer outro tipo de transformação fotofísica ou fotoquímica, mormente para um estado electrónico excitado intermédio de mais baixa energia.

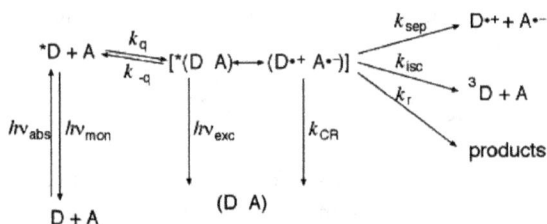

Esquema - Formação de uma molécula dadora de electrões que é electronicamente excitada (D*), forma um exciplexo com um aceitador A e, entre vários processos de desexcitação, sofre um processo de recombinação de cargas (CR).

Alguns destes sistemas experimentais estão nos limites da detecção da emissão luminosa e da resolução temporal da instrumentação existente, agravado num ou noutro caso por problemas de solubilidade dos compostos em CO_2-sc. Perante tais dificuldades, a história das ciências instrui-nos. Em casos difíceis de detecção experimental, a história tem revelado que as expectativas psicológicas e a marca teórica da observação experimental induziram em erro honestos investigadores como, por exemplo, no caso dos raios-N ou da poliágua. Isto obriga-nos a particulares cuidados na obtenção do «facto-bruto», para atenuar a subjectividade pessoal na observação experimental e para que esta obedeça ao princípio geral de reprodutibilidade por um observador independente. Os nossos cuidados prendem-se com o recurso a técnicas experimentais diferentes para a obtenção do mesmo tipo de observações cinéticas, com a realização de um apreciável número de experiências nas mesmas condições experimentais, e com o recurso a alguns investigadores que não tenham qualquer *expectativa* dos resultados a alcançar.

Mas encontramo-nos em melhores condições que investigadores que procuraram confirmar a existência de novos tipos de radiação, novas estruturas da água, novas partículas fundamentais, etc., porque eles estavam a lidar com o que poderemos designar por um «facto-bruto» único. Na pesquisa da dupla região-invertida estamos em busca de uma relação reactividade-estrutura, envolvendo um conjunto diversificado de pontos experimentais que, conjuntamente com a teoria, adquirem uma certa sustentabilidade mútua, atenuadora dos efeitos da subjectividade pessoal.

O primeiro gráfico da dupla região-invertida foi apresentado num *European Science Foundation Workshop* sobre «*Molecular Basis of Fast and Ultrafast Processes*» em Junho de 2003 em Vila Moura (Figura 12.2). De alguma forma, a previsão da teoria ISM sai reforçada com resultados de um ou outro investigador pois vêm cair na nossa curva teórica, o que mais reforça a objectividade dos nossos resultados. Como assevera Latour[13], o facto-bruto e a correspondente reivindicação saem «endurecidos». Mas será faceta que virá a ser reforçada no futuro.

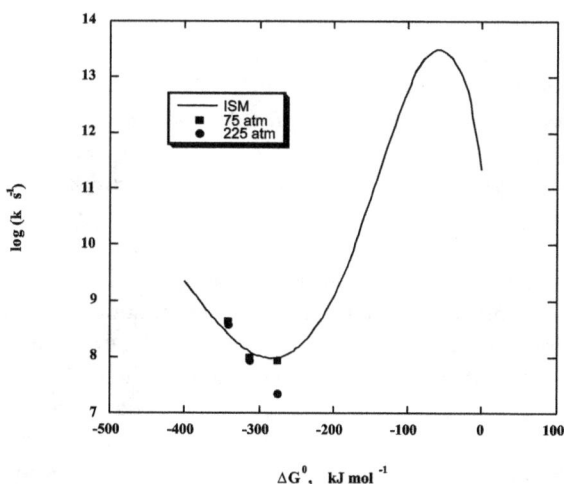

Figura 12.2 - O primeiro gráfico da «dupla região-invertida» apresentado no *European Science Foundation Workshop* sobre «*Molecular Basis of Fast and Ultrafast Processes*» em Junho de 2003 em Vila Moura. Dados em CO_2-sc a pressões de 75 atm (■) e 225 atm (●). A previsão de ISM está representada pela curva continua.

Só no início de Julho de 2004 nos foi comunicado o desfecho do concurso de reapetrechamento científico a que o «Grupo de Fotoquímica de Espectroscopia Molecular» havia concorrido sob a responsabilidade do Luís Arnaut. Viemos a ser bem contemplados nas solicitações apresentadas, para fazermos evoluir toda a nossa instrumentação de uma escala de nanossegundos para picossegundos. Merece simples apontamento a opinião do painel internacional de avaliação: «*O grupo tem um instinto competitivo muito vivo, e procura ser reconhecido internacionalmente pela qualidade do seu trabalho. Trabalha em problemas que são uma combinação interessante de ciência fundamental e de aplicações possíveis. Tem uma abordagem muito estratégica à selecção de problemas, que serve bem os propósitos de manter visibilidade internacional*».

Um pouco de história das relações entre reactividade-estrutura

Com Auguste Laurent, em meados do século XIX, os químicos começaram a adquirir o conhecimento tácito que as moléculas contém na sua estrutura a informação necessária ao entendimento do seu comportamento químico. Os químicos deviam propor *estruturas* para as moléculas, deduzir consequências destes modos de organização dos átomos nas moléculas, e testar tais consequências experimentalmente[14].

Em 1940, Louis Hammett um dos cientistas que modernamente mais contribuiu para a racionalização de tais estudos de relação entre reactividade-cinética e estrutura-molecular, escreveu no prefácio da sua obra *Physical Organic Chemistry* que herdei do meu saudoso mestre Fernando Pinto Coelho: «*Uma vez, um colega de física a gozar, referiu-se a este tipo de investigação como sendo o estudo do fabrico de sabão, numa altura em que qualquer químico respeitável deveria estar ocupado com o estudo da química do núcleo. Este comentário subestima a importância prática do fabrico do sabão. O sabão não é de todo um factor negligenciável na civilização humana; não tenho a certeza que saibamos mais sobre os fundamentos do fabrico do sabão, o que é o mesmo que dizer da hidrólise dos ésteres, do que sobre o núcleo; eu acho que os problemas envolvidos são bastante interessantes; e estou convencido que uma compreensão do mecanismo pelo qual algumas moléculas complexas que ocorrem na natureza, as enzimas, aceleram a hidrólise levaria a um grande avanço na interpretação dos fenómenos da vida*»[15].

Em 1886 Jean-Auguste Muller, professor na Faculdade de Ciências da Universidade de Argel, publicava o primeiro artigo[16] do seu programa de investigação sobre o denominado «princípio da menor deformação molecular»[17]. O seu maior contributo foi mostrar que a velocidade de decomposição térmica de aminas, álcoois, aldeídos e outras moléculas orgânicas depende do calor da reacção (energia da reacção) e de um *contributo intrinsecamente cinético* que corresponde à «menor deformação molecular».

Depois, já nos começos do século XX, houve diversos contributos, uns qualitativos outros quantitativos, de relações entre velocidade de reacção e energia de reacção, com Snethlage (1912), Taylor (1914), Brönsted e Pederson (1924), Bell, Evans e Polanyi (1936). O conjunto das duas últimas relações quantitativas entre constantes cinéticas e energia de reacção são relações do tipo linear. Em 1940 Hammett vem racionalizar, em livro de texto, o campo da química-orgânica física também em termos de *relações lineares*[18]. Há, assim, uma longa tradição em química do estudo de *famílias de reacções* em termos do efeito cinético das energias de reacção.

Com Rudolph Marcus surge uma *relação quadrática* para a relação entre barreira de energia de uma reacção, $\Delta G^{\ddagger}$, e a energia de reacção, ΔG^0,

$$\Delta G^{\ddagger} = \Delta G(0)^{\ddagger} \left(1 + \frac{\Delta G^0}{4\,\Delta G(0)^{\ddagger}} \right)^2$$

Trata-se de uma expressão matemática de grande simplicidade. Esta relação resulta de Marcus representar a evolução de uma reacção em termos da intersecção de duas parábolas de igual curvatura (ver Figura 12.1). Na relação quadrática surgem dois termos: um da energia da reacção, ΔG^0, e outro da «barreira intrínseca», $\Delta G(0)^{\ddagger}$, que seria a barreira que a reacção teria se tivesse uma energia de reacção nula, $\Delta G^0 = 0$, isto é, se a reacção não libertasse ou absorvesse energia. O formalismo da teoria de Marcus que permite estimar a barreira intrínseca, designamo-la por teoria de Marcus do *tipo-1* (TM-1). O formalismo expresso pela equação quadrática e que permite estimar o efeito da energia de reacção ΔG^0 na velocidade da transferência electrónica, designamo-lo por teoria de Marcus tipo-2 (TM-2), e que veio a ser aplicado, com sucesso, no estudo de reacções de transferência de protão,

$$AH^+ + B \rightarrow A + BH^+$$

ou de reacções de transferência de grupos metilo (CH_3)

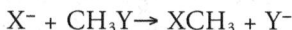

$$X^- + CH_3Y \rightarrow XCH_3 + Y^-$$

A *equação quadrática de Marcus* permite com facilidade estimar a barreira de energia de uma «reacção cruzada», como a da reacção anterior, desde que se conheça a energia da reacção, ΔG_{XY}^0, e as barreiras intrínsecas das reacções simétricas ($\Delta G(0)_{XX}^{\ddagger}$ e $\Delta G(0)_{YY}^{\ddagger}$),

$$\Delta G_{XY}^{\ddagger} = \frac{\Delta G_{XX}(0)^{\ddagger} + \Delta G_{YY}(0)^{\ddagger}}{2} + \frac{\Delta G_{XY}^0}{2}$$

Estas barreiras intrínsecas são obtidas empiricamente, como, por exemplo, estudando a reacção,

$$^*X^- + CH_3X \rightarrow {}^*XCH_3 + X^-$$

Este procedimento de *relações cruzadas* deu grande popularidade à teoria de Marcus no domínio das transferências de electrão. Porém esta componente da TM-2 é um caso particular de ISM.

Mas Rudolph Marcus e Noel Hush foram mais longe, ao proporem factores estruturais que dessem conta da barreira intrínseca para reacções de transferência de electrão. Esta faceta é inteiramente distinta da anterior, designada por teoria de Marcus *tipo-1*. É precisamente este modo de cálculo de $\Delta G(0)^{\ddagger}$ para a transferência de electrão que nós mostrámos ser incorrecto, pois o seu relativo sucesso é devido a uma compensação de dois erros.

Já a estratégia de explicitar quais os factores estruturais que controlam as «barreiras intrínsecas» é, de facto, uma estratégia de grande utilidade e mérito. O nosso modelo também a contém, mas em moldes inteiramente diferentes de TM-1, e o nosso procedimento é válido quer para transferência de átomos quer para transferência de electrões.

ISM um modelo universal para a reactividade química

Em contraste com os modelos *ab initio* da mecânica quântica que seguem estratégias de desenvolvimento *top-down* (de cima para baixo), o modelo ISM foi desenvolvido segundo uma estratégia *bottom-up* (de baixo para cima). Em ciência, como sucede com uma tal estratégia, as teorias ficam muito mais próximo da experiência e dos seus fenómenos. ISM criou um novo esquema de pensamento que permite examinar a barreira das reacções sem energia (reacções iso-energéticas)[19] em termos de factores estruturais: i) as curvas de energia potencial dos reagentes e dos produtos; ii) a electrofilicidade de átomos das ligações químicas reactivas; iii) a soma dos comprimentos das mesmas ligações reactivas.

ISM é, em si mesmo, um tipo de modelo reducionista da química, porque pretende criar um quadro de compreensão da reactividade química em termos de um «modelo mecânico» para uma ligação química (ou equivalente) nos reagentes, uma outra nos produtos e duas no estado de transição. Para reacções exo- ou endo-energéticas surge um outro factor estrutural de grande importância, a *energia da reacção*, que o nosso modelo tem em boa conta, bem como um parâmetro de acoplamento de energia, Λ, que modula o efeito da energia da reacção na barreira $\Delta G^{\ddagger}$.

ISM situa-se na interface entre a mecânica quântica e a riquíssima tradição do estudo de *famílias de reacções* em termos das energias de reacção e, portanto, das *relações de energia* em cinética química. Do lado deste domínio, Pompe e Veber[20] mostram que um modelo preditivo para reacções entre o ozono e compostos orgânicos voláteis, estabelecidos em termos de validade estatística, requer *seis* parâmetros descritores. Ora o próprio modelo ISM também contém seis parâmetros: i) energia de reacção, ii) constante de força do reagente, iii) constante de força do produto, iv) soma de comprimentos de equilíbrio do reagente e do produto, v) parâmetro de electrofilicidade *m* e vi) parâmetro de acoplamento de energia, Λ. E convém, na medida do possível, que a maior parte destes parâmetros não sejam ajustáveis a dados cinéticos. De outro modo caímos numa crítica que Poincaré aplicou a um dado modelo teórico: «O senhor não pode ter tantas constantes arbitrárias quanto o número de fenómenos a explicar; não é este o papel de uma teoria em física [ou em química]»[21].

Só que nos casos estudados por Pompe e Veber as reacções não são necessariamente processos cinéticos elementares, mas o modelo ISM só se aplica a processos cinéticos elementares. Reacções mais complexas podem ocorrer em várias etapas e através de intermediários, mas todas serão mais rápidas que a velocidade estimada por ISM para o possível caminho elementar. É que as reacções prosseguem sempre através dos caminhos que lhe proporcionam uma maior velocidade de transformação. Sobre a existência de tais intermediários, ISM é silencioso, com excepção do intermediários estabelecidos à base de «ligações intermoleculares de hidrogénio». Será também neste contexto de mecanismos mais complexos que os métodos da mecânica quântica poderão proporcionar mais informação. Reacções que experimentalmente são mais rápidas que o estimado por ISM serão um campo de estudo interessante para a mecânica quântica.

Em artigo recente, Agmon[22] considera ISM como a forma mais desenvolvida dos modelos teóricos que estabelecem «*correlações entre estrutura e reactividade*», na sequência do modelo de Marcus (TM-2) e do de Agmon e Levine. Sem dúvida que os dois últimos modelos analisavam tais correlações em termos de uma barreira intrínseca e da energia de reacção, em formulações quadráticas ou de formas matemáticas mais complexas. Mas ISM vem enriquecer em muito tais correlações ao considerar factores estruturais como comprimentos de equilíbrio, electrofilicidade, constantes de força e acoplamento de modos reactivos e não-reactivos, Λ.

Modernamente, a mecânica quântica, com os seus vários sistemas de cálculo, comporta-se como um «campo experimental» de fornecimento de resultados. Mas dá sempre uma resposta global para cada reacção química, sem grande possibilidade de os resultados de uma reacção serem úteis para prever o comportamento de outros sistemas reactivos. John Polanyi[23] procurou estabelecer relações entre a forma das superfícies de energia potencial (PES, *potential-energy surface*) tridimensionais e certas características da dinâmica dos sistemas reactivos. Tais generalizações perdem-se, todavia, com o aumento da dimensão de 3-dimensões para 4-dimensões das PES.

Por um lado, em ISM está presente o conceito de «família de reacções» e das «relações de energia». Por outro, preserva-se uma das características essenciais da química, a da semelhança ou dissemelhança do comportamento químico das substâncias avaliada através das suas transformações. Esta ideia perde-se nos estudos mais profundos da mecânica quântica.

Acresce que ISM é um modelo com transparência de conceitos, aberto à inspecção nos seus diferentes factores estruturais, e pode ser comparado, quase passo a passo, com resultados da mecânica quântica (PES) para sistemas químicos mais simples. A comparação tem dado muito bom acordo com a mecânica quântica: i) quer nas distensões de ligações químicas reactivas; ii) quer nos perfis de energia potencial clássico e vibracionalmente adiabático; iii) quer em barreiras de energia potencial; iv) quer, quando associado à TST semi-clássica, em constantes cinéticas em função da temperatura; v) quer ainda em factores cinéticos isotópicos primários.

A passagem do nível microscópico, de ISM, ao nível macroscópico, em solução líquida, não é uma questão trivial. Quer a velocidade de reacção quer a constante cinética são conceitos fenomenológicos ao nível da manifestação das substâncias, isto é a nível macroscópico, como se indicou na Tabela 5.1. O mesmo se passa com o enorme efeito que a temperatura tem nas velocidades de reacção e nas constantes cinéticas k que, em termos de uma «lei» devida a Arrhenius[24], se pode atribuir à maior ou menor magnitude de uma «energia de activação», E_a, que é também um conceito fenomenológico.

Quando falamos em barreira de energia da reacção (energia potencial), $\Delta E^{\ddagger}$, entramos no domínio do submicroscópico, digamos da molécula tipo isolada, mas em interacção eléctrica reagente-produto. A passagem ao domínio do macroscópico traz implicações. Enquanto a variação de energia potencial é válida para qualquer ponto do caminho de reacção, a energia molar, como a energia de Gibbs, só é definível em três pontos que correspondem a regiões de equilíbrio mecânico: equilíbrio estável nos reagentes e produtos e metaestável no estado de transição. Normalmente ignora--se esta circunstância e considera-se o perfil de energia como se fosse o da molécula isolada. Se tal poderá ser uma boa aproximação em fase gasosa, em meios líquidos não é necessariamente assim.

Uma aproximação com resultados eficazes é admitirmos que, verdadeiramente, não há nenhuma barreira de reacção intrínseca, $\Delta G(0)^{\ddagger}$, mas considerar que esta barreira varia com a própria energia de reacção, ΔG^0, em termos de um parâmetro de dissipação de energia Λ. Uma tal variação corresponde à circunstância de a distância horizontal, d, entre as duas curvas de potencial não ser constante, como na equação quadrática de Marcus. Bem pelo contrário, em ISM d tem uma dependência aproximadamente quadrática da energia da reacção, $d \propto (\Delta G^0)^2$ [25].

A Figura 12.3 ilustra bem a variedade de padrões de reactividade em termos da energia de reacção (relações de energia), que se obtêm para diversos valores de Λ, incluindo o padrão da «dupla região-invertida» e todos os outros padrões bem conhecidos em reacções de transferência de electrão. Recordamos que a equação quadrática de Marcus é tão-só um caso particular de ISM quando matematicamente se tem $\Lambda \gg |\Delta G^0|$.

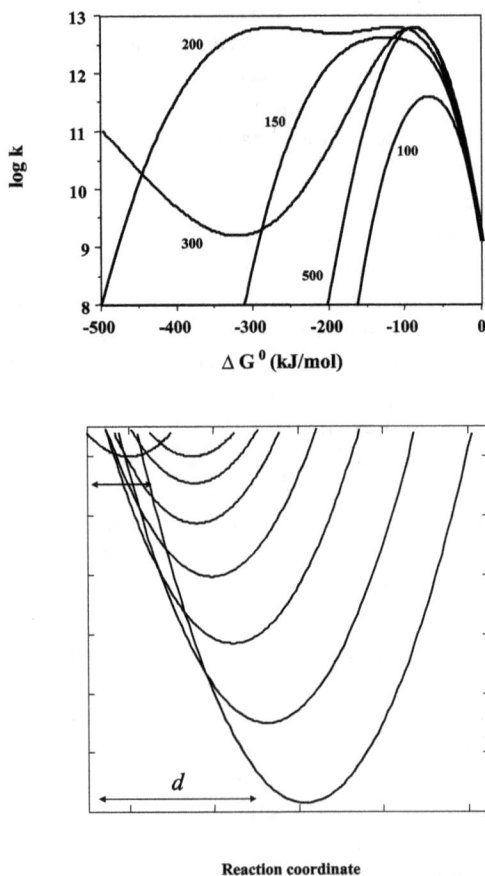

Figura 12.3 - (a) Padrões de reactividade de ISM em função do parâmetro de dissipação de energia Λ (100 a 500 kJ/mol), e (b) sua interpretação em termos do cruzamento de duas parábolas em que a separação vertical e horizontal variam com a energia da reacção; atente no aumento da separação horizontal das parábolas em função do deslocação vertical das duas parábolas.

O valor pedagógico de ISM

Qual a razão que explica o facto de a reacção $H+H_2 \rightarrow H_2+H$ ser muito mais rápida que $CH_3+CH_4 \rightarrow CH_4+CH_3$? Os modelos *ab initio* da mecânica quântica não conseguem responder a este tipo de questão. Em contraste, ISM dá uma resposta clara e inequívoca: a razão estrutural é a de ser o comprimento da ligação H–H bastante inferior ao da ligação C–H. Outras questões deste género podem ser formuladas, a respeito de efeitos de constantes de força, electrofilicidade, energia de reacção, sem contrapartida nos modelos *ab initio*.

Todo o esquema de pensamento de ISM foi posto à prova pedagógica num dos problemas exemplares da cinética química, os mecanismos das reacções entre moléculas diatómicas de hidrogénio e de halogéneos. Reacções como $Cl_2+H_2 \rightarrow 2HCl$ com um mecanismo de reacção em cadeia de tamanho elevado, até $I_2+H_2 \rightarrow 2HI$ com um mecanismo muito mais molecular. Tão semelhantes e tão diferentes, e ISM consegue interpretar estas facetas de forma quantitativa em termos estruturais: electrónicos, espectroscópicos e energéticos.

A Universidade tem duas missões primordiais, a de transmitir e partilhar conhecimento através do ensino e a de criá-lo através da investigação. Fruto da combinação destas duas missões, raramente se adquirem novas perspectivas no conhecimento científico com reflexos na formação básica de alunos universitários. Com Samuel Glasstone[26], desde 1940 o ensino da cinética química processou-se através da Teoria do Estado de Transição (TST), a base de entendimento da velocidade de processos cinéticos elementares. Em meados do século XIX, os químicos já haviam reconhecido que a velocidade das transformações químicas depende da estrutura molecular de reagentes e produtos. Mas esta importante ligação entre TST e estrutura molecular não permitia o entendimento da reactividade, porque a «barreira de energia» da maioria das reacções químicas não podia ser estimada teoricamente a partir das estruturas moleculares. E variações neste parâmetro fenomenológico dão conta de mudanças de velocidade de reacção na ordem das 30 ordens de grandeza!

A partir de uma preocupação pedagógica de índole explicativa, que remonta aos inícios da década de 70, os progressos pedagógicos conduziram a um programa de investigação a partir de 1985 que só se completou entre 2003 e 2004. O grande arco temporal que foi percorrido para se alcançar a maturidade no campo, revela que, nos primórdios, o problema da cinética das reacções químicas estava muito longe de ser uma questão suficientemente amadurecida. Acresce que por maior que sejam os *flashes* de inovação, eles só produzem efeitos quando semeados no terreno intelectual em que as comunidades se encontram mergulhadas.

Assim se criou uma teoria ISM que, a associada a TST, permite dar conta da formação e quebra de ligações químicas, o mais essencial da transformação química. Havia pois que rever todo ensino da Cinética Química à luz deste novo entendimento. Com um tal objectivo, ao longo destes anos fui com Luis Arnaut construindo um manual universitário[27] com interesse para estudantes da licenciatura e de pós-graduação, que fizemos vir a lume mal se completou o nosso programa de investigação em 2003. Era um mandato imperioso da nossa missão como professores.

De novo a física em confronto com a química

A questão com que Marcus se defrontou a respeito das reacções de transferência de electrão como, por exemplo, a reacção conceptual em água[28],

$$Fe(aq)^{3+} + {}^*Fe(aq)^{2+} \rightarrow Fe(aq)^{2+} + {}^*Fe(aq)^{3+}$$

era a seguinte: esperava-se que esta classe de reacções fosse muito rápida, pois os iões só se teriam de difundir e colidir em solução para que uma partícula tão leve como o *electrão* saltasse de uma espécie para outra. Pelo menos era esta a proposta de Keith Laidler[29]. No entanto as reacções eram lentas! Ao ler os trabalhos apresentados a um simpósio sobre polielectrólitos e electrostática, temas que tinha de ensinar como professor, Rudolph Marcus viu um comentário de Willard Libby[30] sobre o papel de «factores de Franck-Condon» nestas reacções.

Marcus visualizou um modelo de iões rodeados de moléculas de água e reconheceu que a distribuição das moléculas de água à volta de um ião de Fe^{3+}, haveria de ser diferente da que teria à volta do ião Fe^{2+}. A reacção era lenta, por que antes de o electrão poder saltar, teria de haver um ajuste das moléculas ao ambiente de carga que as esperava. Por exemplo, se em $Fe(aq)^{3+}$ as moléculas de água estivessem mais próximas do ião, então, antes de haver transferência do electrão, as moléculas ter-se-iam que afastar um pouco do ião $Fe(aq)^{2+}$ de onde o electrão se transferia. Um modelo à físico, de iões rodeados de agregados de água como se fosse uma «gota de líquido». É o mesmo tipo de visão física presente num estudo de reacções de transferência de electrão com indicação das constantes dieléctrica dos solventes empregues, mas sem mencionar nunca os seus nomes químicos. Foi com esta base excessivamente física que Marcus desenvolveu a sua teoria, iniciada quando tinha 33 anos.

As ligações químicas entre os átomos conferem às *moléculas* uma persistência própria. Claramente exibem propriedades que, por exemplo, não são explicáveis em termos físicos por outros modelos de agregados atómicos, como o modelo da «gota de líquido». As moléculas são distintas de todas as outras entidades microscópicas e caracterizam a química a este nível de complexidade.

Ora os iões de ferro formam verdadeiras moléculas com as moléculas de água. Tais espécies contêm seis moléculas de água ligadas por ligações químicas a partir dos átomos de oxigénio. Podem-se isolar em cristais; é possível medir as frequências de vibração das suas ligações Fe–O (ferro/oxigénio) bem como os respectivos comprimentos. No caso de iões de cobre, tais espécies dão a cor azul à solução. Então a reacção anterior deverá ser vista como

$$Fe(OH_2)_6^{3+} + {}^*Fe(OH_2)_6^{2+} \rightarrow Fe(OH_2)_6^{2+} + {}^*Fe(OH_2)_6^{3+}$$

Quase simultaneamente com Marcus, Hush vem considerar o problema em termos de espécies moleculares, mas as suas expressões envolviam termos não directamente acessíveis a medidas experimentais, pelo que Norman Sutin tomou a ideia de um rearranjo interno das moléculas $Fe(OH_2)^{n+}$, mas segundo uma outra expressão. A este rearranjo interno adicionou o rearranjo externo de Marcus, pelo que viu a reacção como

$$Fe(OH_2)_6{}^{3+}(aq) + {}^*Fe(OH_2)_6{}^{2+}(aq) \rightarrow Fe(OH_2)_6{}^{2+}(aq) + {}^*Fe(OH_2)_6{}^{3+}(aq)$$

Os resultados deram bem, mas repito, devido a uma compensação de erros! Conceptualmente podemos simplificar o problema e considerar que há apenas uma ligação Fe–O,

$$Fe(OH_2)^{3+} + {}^*Fe(OH_2)^{2+} \rightarrow Fe(OH_2)^{2+} + {}^*Fe(OH_2)^{3+}$$

Então as reacções de transferência de electrões são lentas porque a ligação Fe^{3+}–O e a ligação Fe^{2+}–O tem de distender até um valor comum para o comprimento. Comprimento em que as duas espécies moleculares têm a mesma energia, como se ilustra na Figura 12.4. Junto a essa configuração comum, o electrão pode saltar livremente entre uma espécie e outra sem mais requisitos de energia.

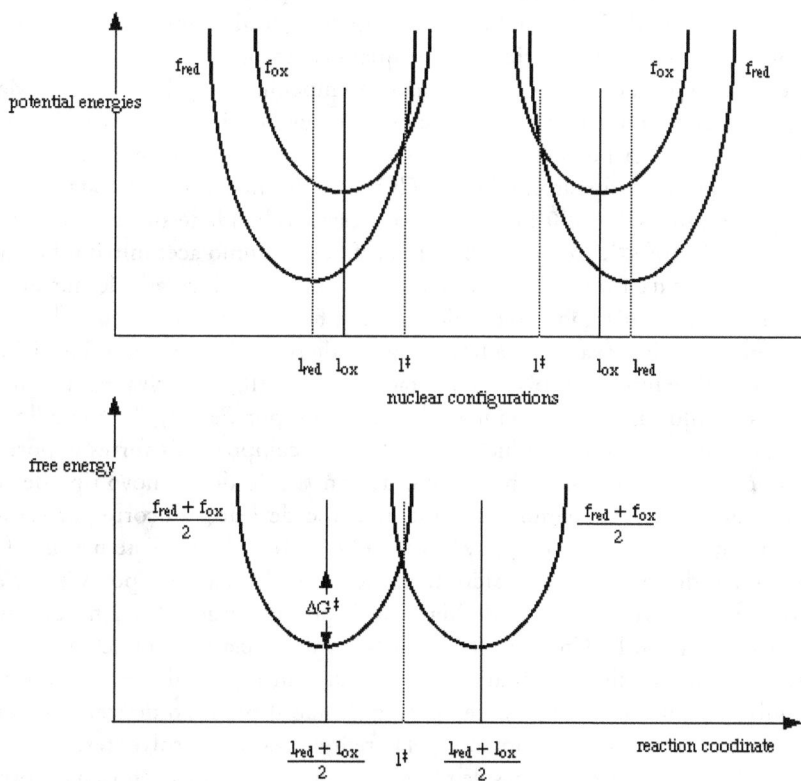

Figura 12.4 - Curvas de energia potencial para a reacção hipotética $Fe(OH_2)^{3+}$ $+{}^*Fe(OH_2)^{2+}$ para ilustrar que a transferência de electrão pode ocorrer para uma configuração comum das ligações Fe–O e *Fe–O.

A vantagem de ISM é que proporcionou um critério geométrico simples para a medida de tais distensões até à «configuração comum» e dá resultados em bom acordo com a experiência, melhor que os da teoria de Marcus-Hush.

E o «rearranjo externo» das moléculas à volta $Fe(OH_2)^{n+}$, terá sido um acidente histórico ou tem importância? Isto é, tem relevância considerar $Fe(OH_2)^{n+}$ ou
$Fe(OH_2)^{n+}$(aq)? Uma experiência conceptual em fase gasosa, onde haveria $Fe(OH_2)^{n+}$
mas não $Fe(OH_2)^{n+}$(aq), resolveria o problema. Não com estas espécies, mas uma
experiência equivalente, a que nos referimos no Capítulo 6, foi realizada por Nelsen
e colaboradores com uma molécula orgânica (alquilhidrazina), e o resultado é que o
rearranjo do solvente não é significativo. Retomaremos de novo esta questão crucial
no próximo capítulo.

Como bem sabemos desde Kuhn, os defensores de paradigmas opostos percebem
e interpretam de modo diferente os resultados desta experiência. Mas outras considerações teóricas pugnam no mesmo sentido de uma baixa reorganização do solvente.
Nós mesmos, comparámos constantes de força, f, na primeira e na segunda camada
de hidratação à volta de iões metálicos e a reorganização da segunda camada é cerca
de uma ordem de grandeza inferior à da primeira camada.

Em reforço da ideia de que o solvente não desempenha o papel que o Prof. Marcus
sugeriu para a transferência de electrão, temos uma evidência recente: As reacções de
recombinação de carga nos exciplexos 2,6,9,10-tetracianoantraceno/mesitileno em
acetonitrilo, e perileno/fumaronitrilo em CO_2-sc e em heptano têm todas a mesma
energia de reacção $\Delta G^0 = -60$ kcal/mol e a mesma velocidade de transferência de
electrão, $k_{CR} = 8{,}5 \times 10^7$ s^{-1}. Com solventes tão diferentes como acetonitrilo, heptano e
CO_2-sc, em termos da TM nunca seria de esperar a mesma velocidade de transferência
de electrão se a reorganização externa do solvente fosse relevante!

Recentemente veio novamente à liça a reacção de troca do ferroceno (bis(ciclopentadienil)ferro (II)) e ferriceno (bis(ciclopentadienil)ferro (III)) e derivados substituídos
com grupos metilo que representamos simplesmente por $Fe(Cp)_2^{0/+}$. Swaddle e colaboradores[31], usufruindo da evolução do RMN com campos mais fortes e, portanto,
com melhor resolução temporal, bem como da construção de um novo tipo de célula
para altas pressões, vieram demonstrar que este tipo de reacção ocorre por *activação
térmica* e não que era controlada por *efeitos dinâmicos do solvente*. Este mecanismo de
efeito dinâmico do solvente havia sido defendido em várias artigos por Weaver e colaboradores[32], para «salvar a teoria de Marcus». E porque razão a TM-1 necessitava de
ser salva para a reacção $Fe(Cp)_2^{0/+}$? Nesta reacção, a distância Fe/Cp (ciclopentadienil)
é a mesma na forma oxidada e reduzida, pelo que, em termos da teoria de Marcus,
a «reorganização interna» é praticamente nula. Então o processo de transferência de
electrão terá de ser controlado somente pela «reorganização do solvente».

Mas as variações das velocidades de troca, k_{ex}, em diferentes solventes não correlac-
cionavam com a expressão do efeito do solvente da TM. Nos estudos de Weaver *et al.*
em seis solventes, o coeficiente de correlação é $r = -0{,}49$, o que significa que não há
correlação. Como não havia possibilidade de invocar a «reorganização interna» para
salvar TM, surgiu um enigma que preocupou a comunidade durante alguns anos, e
que hoje regressa como uma anomalia.

Para ISM, como todo o processo é entendido como reorganização interna, o modelo
dá resultados satisfatórios: $k_{ISM} = 2 \times 10^6$ M^{-1} s^{-1} e $k_{exp} = 7.5 \times 10^6$ M^{-1} s^{-1}.[33] Há que atender
à circunstância de ser conhecida com algum erro a constante de força da ligação Fe/
Cp, dada a frequência vibracional ser baixa e difícil de estudar espectroscopicamente.

Acresce que variações de velocidade na gama de uma ordem de grandeza em função do solvente são toleradas no contexto de ISM e, no caso vertente, a gama encontrada é, tão-só, de um factor de 4 vezes.

Sendo desprezável a «reorganização do solvente» para reacções de troca electrónica, então não há efeitos de solvente em reacções que sejam endo-energéticas ou exo-energéticas? Claro que há, só que têm de ser avaliados em termos dos seus efeitos nas ligações químicas no estado de transição. Mantendo um dos exemplos, há que estudar o efeito do solvente nas distensões das ligações $Fe(OH_2)^{n+}$. Primeiro há um efeito da energia da reacção, ΔG^0, que depende do solvente. Segundo, há um efeito do solvente no parâmetro Λ. Conceptualmente, ainda se poderá contemplar um efeito na ordem de ligação no estado de transição, $n^{\ddagger}$, quando houver interacções específicas do solvente com grupos reactivos.

O prefixo *bio* tem sempre um profundo significado psicológico e social. Por isso, as reacções de transferência de electrão serão um tema de moda por muito tempo. A transferência de electrão é uma reacção de enorme importância nos processos da vida. Convém saber bem o que se passa a nível dos seus fundamentos, *better have it right*. No caso da dupla região-invertida há um bio-bónus. É que parece ser de relevância nos processos da fotossíntese, ao garantir a separação de cargas eléctricas no Fotossistema II.

A comensurabilidade da «regra de ouro» e de ISM em transferência de electrões

A comunidade científica, mormente Joshua Jortner e o seu grupo, veio a aplicar formulações da mecânica quântica ao estudo das reacções de transferência de electrão. A formulação utilizada foi a *golden rule* (regra de ouro) de validade incontestável, praticamente de índole metafísica. O estatuto epistemológico da *golden rule* lembra-me o das teorias axiomatizadas. Não ajudam à promoção de novas investigações, nem sugerem uma explicação para os fenómenos estudados. Este papel está reservado aos *modelos científicos*. Por isso, a TM, que na sua essência é um modelo teórico, vem a ser incorporada na *golden rule*; designemo-la por *golden-rule*/TM. Acresce, como apontou Popper, que as teorias de probabilidade unitária não fornecem qualquer informação sobre a empíria. Dado o estatuto epistemológico da *golden rule*, é baixo o seu conteúdo empírico, muito inferior ao da própria teoria de Marcus.

Nas actuais formulações da mecânica quântica para reacções de transferência de electrão (teorias quânticas não-adiabáticas), k pode ser expresso como um produto de dois factores: um factor electrónico, V_{el}, e outro nuclear (factores de Franck-Condon (FC)). Mas os factores FC incluem *quatro* parâmetros que não estão acessíveis a um cálculo de mecânica quântica. Seguindo o princípio da minimização da arbitrariedade em ciência, há que evitar que tais factores tenham de ser ajustados aos dados experimentais; por isso, alguns destes parâmetros provêm, de forma independente, da TM clássica. O facto da TM (TM-2) prever que a barreira intrínseca, $\Delta G(0)^{\ddagger}$, é constante e independente da energia de reacção, ΔG^0, conduz a graves dificuldades na interpretação dos resultados experimentais e as conclusões mais recentes, provenientes do ajuste aos dados experimentais com recurso à *golden-rule*/TM, é que $\Delta G(0)^{\ddagger}$ aumenta com o aumento do valor absoluto da energia de reacção, $|\Delta G^{\circ}|$. Simplesmente, as teorias não-adiabáticas não dispõem de nenhum modo independente de estimar este aumento.

ISM também pode ser expresso no mesmo formalismo da *golden rule*. Acresce que o nosso modelo proporciona a dependência funcional de d e, consequentemente, de $\Delta G(0)^{\ddagger}$ em função de $|\Delta G^{\circ}|$. Esta dependência está controlada pelo parâmetro de acoplamento Λ, que é o único parâmetro ajustável. Por outras palavras, ISM surge como um modo operacional de estimar factores de Franck-Condon para reacções de transferência electrónica. Carece de ser verificado se esta capacidade pode ser confrontada e testada perante dados recolhidos a partir de espectros de absorção e de emissão. Tema a retomar no capítulo seguinte.

Como veremos oportunamente, a teoria *golden-rule*/TM não consegue racionalizar a existência da dupla região-invertida, a não ser que as «energias de reorganização» sejam ajustadas «à mão» para cada reacção. Como comentou Poincaré, já o dissemos, não é este o propósito de uma qualquer teoria em ciência. Alternativamente, as teorias não-adiabáticas podem incorporar a dependência funcional da energia de reorganização interna dada por ISM e, deste modo, dão boa conta da dupla região-invertida. Mas se o passarem a fazer, é o reconhecimento que os conceitos da TM para a barreira intrínseca já não são úteis, e cessa a controvérsia com ISM!

Perante as graves dificuldades em a *golden-rule*/TM lidar com a «dupla região-invertida», este mesmo facto experimental pode, potencialmente, vir a consistir numa grave anomalia para estas teorias. E, segundo Kuhn, a acumulação de anomalias pode conduzir a uma *crise* que, por sua vez, pode levar à transição de paradigmas. Encontramo-nos numa situação ímpar neste confronto científico. Sob o ponto de vista sociológico, os obstáculos estão maximizados pela transição que a ciência sofreu a partir da década de setenta, entre um «regime da pura competição intelectual» para uma «era da competição por recursos escassos», e sobretudo pela atribuição do prémio Nobel da Química ao Prof. Marcus. Pelo contrário, sob o ponto de vista cognitivo, está minimizada a incomensurabilidade dos paradigmas, pois a base experimental é a mesma para TM, *golden-rule*/TM e ISM. Portanto, a dúvida que se coloca é, se mergulhados neste oceano sociológico, os factores de racionalidade desta controvérsia científica conseguem emergir para convencer alguns dos cientistas da comunidade de químicos contemporâneos?

Até quando é que teremos de ser «navegadores solitários» neste domínio da reactividade química? Perante a confirmação da existência da «dupla região-invertida» algumas modificações poderão operar-se na comunidade. Será que este fenómeno vai ser entendido: i) como uma grave anomalia (*à la* Kuhn) que põe em causa os fundamentos da teoria de Marcus; ii) ou, em alternativa, a TM pode ser substituída por ISM na *golden rule*; iii) ou, ainda mais simplesmente, será que se vai passar a utilizar o nosso modelo ISM? Estas hipóteses põem muito em questão projectos de investigação, publicação de artigos, convites para conferências, etc. em que a comunidade científica tem estado envolvida. Claro que este contexto profissional pode levar ao simples «ignorar» da dupla região-invertida, porque «é sempre melhor ignorar os argumentos incómodos do que (procurar) refutá-los». A não ser que a mudança cognitiva se opere na comunidade de uma forma muito concertada. O modo mais eficaz para tal acontecer é haver um cientista eminente que se converta à nova teoria e funcione como uma espécie de «líder de opinião». E haverá alguém?

Em larga medida isto ocorreu com o uso de ISM em reacções de transferência de protão. Keith Yates era um dos líderes nas reacções de transferência de protão em estados electrónicos excitados. Havia sido avaliador do nosso primeiro artigo no campo[34] e gostou do trabalho, porque dava um contributo explicativo para se compreender a existência de «ácidos lentos e ácidos rápidos». Não era um problema energético; ambos os tipos de ácidos cobriam a mesma gama de variação de energias de Gibbs. A ordem de ligação no estado de transição, $n^{\ddagger}$, era a resposta, e os seus valores eram razoavelmente conhecidos para as duas classes de ácidos. Acresce que nos encontrámos pessoalmente em 1989 num congresso em Budapeste. Passeámos juntos, Keith ofereceu-me um magnífico jantar num bom restaurante da cidade, criámos uma relação de credibilização científica e pessoal. Falou-me que estava a escrever um artigo de revisão onde comparava criticamente as teorias existentes (TM, ISM, modelo de Kreevoy, etc.). O artigo[35] veio a concluir que ISM era um dos melhores modelos[36]. Tudo isto contribuiu, logo desde o início, para o impacto do nosso modelo neste domínio. Esta circunstância está bem presente quando se comparam os perfis de citações dos nossos melhores artigos de aplicação de ISM a reacções de transferência de protão[37] e de transferência de electrão[38], aliás ambos artigos de revisão. Tais perfis elucidam ainda os reflexos do efeito de ortodoxia e heterodoxia científicas nos indicadores bibliométricos (Figura 12.5).

A plataforma ESI fornece ainda os percentis da distribuição a nível mundial das citações dos melhores artigos publicados em cada ano, entre 1995 e 2005, e por área científica. No caso vertente destes dois artigos em confronto, verifica-se que o melhor artigo de transferência de protões se encontraria no *top* 0,3% dos artigos publicados em 1993[39], enquanto que o de transferência de electrões se situa no *top* 10% do ano de 1998 em que foi publicado.

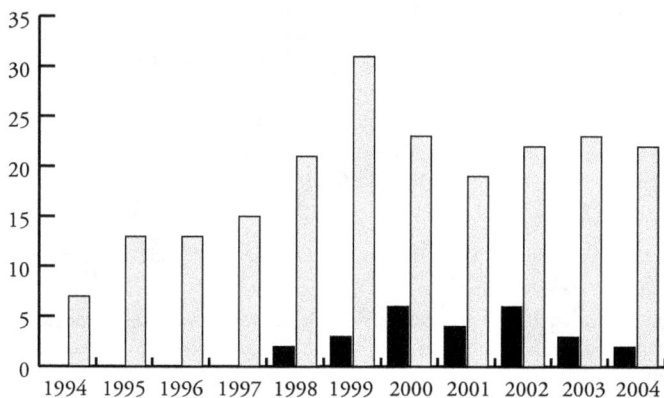

Figura 12.5 - Citações dos melhores artigos de ISM sobre transferência de protão (cinza) e de transferência de electrão (preto).

Com a dupla região-invertida surge uma *descontinuidade histórica*, que poderá suscitar uma viragem. Haverá possibilidade de dispormos da influência de alguns líderes de mudança, como na transferência de protão? Dois cientistas eminentes haviam sido expostos ao nosso modelo por diversas ocasiões e haviam adquirido alguma percepção da sua metodologia e objectivos. Porém, já não poderão actuar como líderes de mudança: um aposentou-se antecipadamente há uns dois ou três anos e outro ocupa hoje uma posição administrativa de destaque mas abandonou este tipo de ciência, pelo menos de momento. Nestas circunstâncias, desenha-se mais uma mudança conceptual por uma *mudança de geração*, do que por uma súbita conversão de uma certa fracção da comunidade científica relevante.

Na essência, o que se requeria era um ambiente de tranquilidade de publicação para qualquer cientista que quisesse recorrer ao ISM. O caso de Patrice Jacques e Manuel Dossot com revistas de química americanas é bem elucidativo das dificuldades presentes. Tratando-se de uma teoria europeia, o expectável é que tal pudesse ser conseguido nalguma revista científica de sociedades químicas europeias. Não obstante, como tais desenvolvimentos não são espontâneos, careciam de uma estratégia europeia, para a qual ainda não há verdadeiros mecanismos de coordenação. Há sempre a hipótese de apoio de alguns cientistas não especialistas no domínio, que julgando excessiva a dificuldade de publicação de ISM, exerçam pressões, de uma forma mais implícita, a bem do progresso científico.

NOTAS

[1] Entrevista com R. A. Marcus, *The Spectrum*, 16, issue 2, págs. 4-7 e 21 (2003).

[2] Os símbolos têm um significado científico. Para o leitor menos interessado neles, entenda-os como um modo abreviado de não estarmos a escrever por extenso o que eles representam.

[3] J. R. Miller, L. T. Calterra e G. L. Closs, «Intramolecular long-distance electron-transfer in radical-anions. The effect of free-energy and solvent on the reaction rates», *J. Am. Chem. Soc.*, *106*, 3047-3049 (1984); ver ainda G. L. Closs, L. T. Calterra, N. J. Green, K. W. Penfield e J. R. Miller, «Distance, stereoelectronic effects, and the Marcus inverted region in intramolecular electron-transfer in organic radical-anions», *J. Phys. Chem.*, *90*, 3673-3683 (1986).

[4] Só muito recentemente foi observada uma região invertida de parábola simétrica por S. Fukuzumi, K. Ohkubo, H. Imahori, D. M. Guldi, «Driving force dependence of intermolecular electron-transfer reactions of fullerenes», *Chem. Eur. J.*, *9*, 1585-1593, (2003).

[5] Electrões gerados mediante a técnica de «radiólise por impulsos».

[6] L.G. Arnaut, S.J. Formosinho, «Free-Energy Relationships in Organic Electron Transfer Reactions», *J. Mol. Struct. (Theochem.) 233*, 209-228 (1991).

[7] B. Latour, «Science in Action. How to follow scientists and engineers through society», Harvard University Press, Cambridge, Massachusetts, 1987, pág. 97; agradeço ao meu amigo e colega Prof. João Carlos Reis o gentil empréstimo desta obra.

[8] B. Bensaude-Vincent e I. Stengers, «História da Química», Instituto Piaget, Lisboa, 1996, pág. 296.

[9] Alguns autores denominam este formalismo de teoria de Marcus/Jortner.

[10] Latour, *ob. cit.*, pág. 67.

[11] Latour, *ob. cit.*, pág. 69.

[12] Espécies moleculares estáveis num estado electrónico excitado e instáveis no estado fundamental.

[13] Latour, *ob. cit.*, pág. 209.

[14] A. Laurent, «Chemical Method, Notation, Classification & Nomenclature», tr. W. Odling, Londres, 1855; ver T. H. Levere, *Ambix*, *17*, 111 (1970), e D. Knight, «Ideas in Chemistry. A History of the Science», The Athlone Press, Londres, 1995, pág. 122.

[15] L. Hammett, «Physical Organic Chemistry. Reaction Rates, Equilibria and Mechanisms», McGraw-Hill, New York, 1940.

[16] A. Muller, «Sur la decomposition pyrogénée des amines de la série grasse«, *Bull. Soc. Chim Fr.*, *45*, 438 (1886); este autor mudou de primeiro nome de Auguste para Jean-Auguste entre 1886 e 1887.

[17] Sobre o estudo histórico deste programa de investigação ver S. J. Formosinho, «Jean-Auguste Muller um precuror das relações termodinâmicas e extratermodinâmcias em cinética química», *Revista da Universidade de Coimbra, XXXV*, 137-153 (1989).

[18] J. Shorter, «The prehistory of the Hammett equation», *Chem. Listy*, *94*, 210-214 (2000).

[19] Barreiras intrínsecas na terminologia TM-1, se bem que o conceito de barreira intrínseca perca relevância em ISM. Só se mantém válido quando $|\Delta G^0| << \Lambda(ISM)$.

[20] M. Pope e M. Veber, «Prediction of rate constants for the reaction of O_3 with different organic compounds», *Atmospheric Environment, 35*, 3781-3788 (2001).

[21] R. L. Weber, «A Random Walk in Science», Institute of Physics Publishing, Bristol, 1992, pág. 92.

[22] N. Agmon, «Elementary steps in excited state proton transfer», *J. Phys. Chem.*, *109*, 13-35 (2005).

[23] Químico, filho de Michael Polanyi, que foi galardoado com o Prémio Nobel da Química em 1986 pelos seus estudos sobre dinâmica molecular e distribuição de energia nos produtos de certas reacções elementares.

[24] Mais propriamente a equação foi primeiramente proposta por van't Hoff em 1884.

[25] Qual a razão mais profunda deste comportamento? Numa reacção química a diminuição de ΔG^0, leva o estado de transição a aproximar-se dos reagentes e a afastar-se dos produtos. Havendo conservação da ordem de reacção, isto implica que a distensão da ligação química dos reagentes vai tender para zero e a dos produtos para infinito. Como o infinito prevalece sobre o zero, haverá um aumento de d com $|\Delta G^0|$. O inverso verifica-se com as reacções endotérmicas. Um modo complementar de entender este comportamento é o seguinte: i) na reacção protótipo A+BC→AB+C, quando isoenergética, tem praticamente a mesma distensão para o reagente, d_{BC}, e o produto d_{AB};ii) porém, se a reacção é exoenergética, o estado de transição tende para o reagente; iii) esta tendência leva a distensão d_{BC} do reagente a diminuir, mas não pode tender para zero ($d_{BC}>0$), porque há necessidade de um mínimo de distensão para cindir a ligação BC; iv) a curtas distâncias interatómicas o átomo C sente um potencial repulsivo de B; que acaba por se fazer sentir também no átomo A que, consequentemente, se tem de afastar um pouco mais de B; v) para compensar estes efeitos, a distensão do produto tem de aumentar mais do que a do reagente, para que o estado de transição continue mais próximo do reagente do que do produto, isto é, $d_{BC}/(d_{BC}+d_{AB})$ tende para um valor «próximo» de zero quando $|\Delta G^0|$ aumenta; vi) dado que $d_{BC}>0$ então a soma das distensões, $d=d_{BC}+d_{AB}$, aumenta com o aumento de $|\Delta G^0|$.

[26] S. Glasstone, «Textbook of Physical Chemistry», D. Van Nostrand Company, Inc., Princeton, 1ª ed., 1940; S. Glasstone, K. J. Laidler e H. Eyring, «The Theory of Rate Processes», McGraw-Hill Book Company, New York, 1941.

[27] S. J. Fo1rmosinho e L. G. Arnaut, «Cinética Química. Estrutura Molecular e Reactividade Química», Imprensa da Universidade de Coimbra, Coimbra, 2003, 640 págs. Assinámos, juntamente com o nosso colega Hugh D. Burrows um contrato com a Elsevier para publicar uma versão em inglês: Luis Arnaut, Sebastiao Formosinho and Hugh Burrows, *Chemical Kinetics – From Molecular Structure to Chemical Reactivity*, Elsevier, Amsterdam, 2007, 549 págs.

[28] *aq* uma forma simbólica de representar a presença de moléculas de água à volta do iões de ferro; o asterisco (*) destina-se a distinguir os átomos de ferro.

[29] K. J. Laidler, «Some theoretical aspects of electron-transfer processes in aqueous solution», *Can. J. Chem.*, *37,* 138 (1959).

[30] Cientista galardoado com o Prémio Nobel da Química em 1960 pela invenção do método de datação do carbono-14.

[31] A. Zahl, R. van Eldik, M. Matsumoto e T. W. Swaddle, « Self-exchange reaction kinetics of metallocenes revisited: insights from the decamethylferricenium-decamethylferricene reaction at variable pressure», *Inorg. Chem.*, *42,* 3718 (2003).

[32] G. E. McManis, R. M. Nielson, A. Gochev e M. J. Weaver, »Solvent dynamical effects in electron transfer: evaluation of electronic matrix coupling elements for metallocene self-exchange reaction», *J. Am. Chem. Soc.*, *111,* 5533 (1989).

[33] L. G. Arnaut, A. A. C. C. Pais e S. J. Formosinho, «The intersecting-state model: a link between molecular spectroscopy and chemical reactivity», *J. Mol. Struct.*, *563-564,* 1-17 (2001).

[34] S. J. Formosinho, «Theoretical Studies on Proton Transfer Reactions», *J. Chem. Soc. Perkin Trans. 2,* 61-66 (1987).

[35] K. Yates, «Application of Marcus theory to photochemical proton-transfer reactions. 2 Modifications based on intersecting state models» *J. Phys. Org. Chem.*, *2,* 300-322 (1989).

[36] Na transferência de protões Yates comparou ISM com TM-1 e, matematicamente, é fácil demonstrar que TM-1 é caso particular de ISM. No caso da transferência de electrão há incompatibilidades de ISM quer com TM-1 quer com TM-2.

[37] S. J. Formosinho e L.G. Arnaut, «Excited-state Proton Transfer Reactions. II. Intramolecular Reactions». *J. Photochem. Photobiol. A: Chem.*, *75,* 21-48 (1993).

[38] S. J. Formosinho, L.G. Arnaut e R. Fausto, «A Critical Assessment of Classical and Semi-classical. Models for Electron Transfer Reactions in Solution», *Prog. React. Kinetics*, *23,* 1-90 (1998).

[39] Os dados foram extrapolados para o ano 1993.

CAPÍTULO 13

UM NOVO PADRÃO DE REACTIVIDADE

Até quando poderemos navegar no mar das «transferências de electrão»?

Uma primeira versão do artigo sobre a «dupla região-invertida» foi submetida a publicação ao *Journal of American Chemical Society* (*J. Am. Chem. Soc.*) em Março de 2004. Qual foi, na essência, o parecer dos *referees*? Ambos os *referees* não recomendam a publicação do artigo, um de uma forma mais ténue e o outro de uma forma mais veemente, pelo que o artigo foi rejeitado! Recordo a frase de Perelman e Olbrechts--Tyteca: «Os autores de comunicações ou memórias científicas costumam pensar que lhes basta relatar certas experiências, mencionar certos factos, enunciar certo número de verdades, para suscitar infalivelmente o eventual interesse dos seus ouvintes ou leitores. Tal atitude resulta da ilusão, muito difundida em certos meios racionalistas e científicos, de que os factos falam por si sós e imprimem uma marca indelével em todo o espírito humano, cuja adesão forçam, sejam quais forem as condições».

O artigo tinha duas ideias centrais: uma ligada à observação, pela primeira vez, da região invertida de Marcus para reacções bimoleculares fotoinduzidas (separação de cargas), numa gama de energias que vai até cerca de $\Delta G^0 = -50$ kcal/mol. A outra sobre a recombinação de cargas para reacções ultra-exotérmicas, com a observação do padrão da «dupla região-invertida» propriamente dita. Sobre a primeira ideia julgam-na demasiado pouco significativa no efeito observado e datada para merecer publicação no *J. Am. Chem. Soc.*; indicam os avaliadores dois ou três casos anteriores, mas verdadeiramente, só há um digno deste nome em que o decréscimo nas constantes cinéticas ronda um factor de 4 vezes. Um dos *referees* afirma mesmo:

> *«Em segundo lugar, receio que este tema seja demasiado datado para o JACS. O que é necessário para atrair a atenção e o interesse da audiência do JACS é a observação de uma enorme (várias ordens de grandeza) variação na velocidade com o aumento da exotermicidade para um sistema com difusão livre, pois isto seria inesperado e excitante. Não percebo porque é que as pessoas não procuram este efeito na transferência de energia, onde a energia de reorganização do solvente deveria ser mínima (...). Em terceiro lugar, tenho pena, mas simplesmente não vejo a necessidade do uso de ISM para explicar os resultados (...). Sei que os autores investiram muito esforço neste trabalho, as experiências parece terem sido feitas cuidadosamente, mas não consigo ver isto publicado no JACS em 2004. Sugiro que os autores tentem uma revista especializada em fotoquímica».*

De facto, os efeitos registados na região invertida para as espécies que difundem são tão-só de cerca de 4 a 5 vezes na diminuição da constante de velocidade. E quando à dupla região-invertida que vai até $\Delta G^0 = -85$ kcal/mol[1]? Aqui os efeitos são de ordens de grandeza como o *referee* gostava: 3 a 4 ordens de grandeza em relação ao máximo de difusão. Só que não envolve difusão das espécies; pois são processos de recombinação de carga unimoleculares, o que simplifica o problema. Todavia, o *referee* nada diz sobre a dupla região-invertida, como se um vento electrónico tivesse espalhado dois terços do artigo e esta parte não tivesse chegado até si.

Claro que nós mesmos cometemos um erro de retórica: misturámos duas ideias de relevo no mesmo artigo, se bem que a explicação fosse comum, a da variação da «barreira intrínseca» com ΔG^0. Em suma, demos ao *referee* a oportunidade de uma saída airosa.

Aliás o *referee* vai um pouco mais longe: apliquem os vossos esforços em estudar a «transferência de energia» onde o papel do solvente deverá ser mínimo, pelo que é um tema muito mais «fixe» (*cold*). E, implicitamente, sugere que deixemos a «transferência de electrões» que é um tema muito «quente». Porém, será que as variações de cerca de três ordens de grandeza nas velocidades na dupla região-invertida já não são fixes? Bem sei que a ciência não busca a verdade, nem quiçá a eliminação do erro, mas tão-só a «satisfação cognitiva». E pôr em questão as ideias de Marcus sobre o papel do solvente na transferência de electrão coloca uma grande insatisfação cognitiva na comunidade científica de hoje. Dificuldades decorrentes da existência em ciência dos «dogmas de alguém», mas que são uma expressão da humanização da ciência.

Já começámos a estudar a problemática da «transferência de energia», mas com prioridade menor do que a das reacções ultra-exotérmicas de recombinação de carga[2]. Esta é a nossa ordem de prioridades, e não pretendemos fugir ao estudo de qualquer dos domínios. Abandonar o tema da dupla região-invertida seria faltar à verdade, para evitar incómodos.

O segundo *referee* ataca o problema de outro modo:

> «A ideia de utilizar o CO_2 supercrítico como solvente para aumentar o limite difusional e consequentemente observar mais da região invertida de Marcus nas reacções de transferência de carga bimoleculares é louvável. (...) As figuras contêm pontos para as velocidades de reacções de transferência de carga bimoleculares do estado excitado do hidrocarboneto aromático para nitrilos (em unidades de $M^{-1}s^{-1}$) e para as recombinações de carga nos exciplexos assim formados (em unidades de s^{-1}). Isto é não só enganador como também completamente desapropriado e qualquer análise teórica das respectivas velocidades baseada nestes dados é inválida. Os autores, porém, usam estes dados numa tentativa polémica de promover o seu intersecting state model, *em vez de outros modelos geralmente aceites. Este argumento não é válido pois baseia-se em dados contendo tanto reacções unimoleculares como bimoleculares de transferência de electrão, e não há evidência em qualquer um dos conjuntos de dados para apoiar a utilização de um dos modelos em detrimento do outro».

As velocidades de reacção dependem das *barreiras de energia* e dos *factores de frequência*. Dá-se a circunstância de, para os dois tipos de reacção, os factores de frequência serem numericamente iguais (com unidades diferentes), pelo que ambos os tipos de reacção podem ser comparados na mesma figura. Aliás, o manuscrito advertia o leitor para esta circunstância. Basicamente, o que se está a comparar são «barreiras de energia», pelo que a comparação é inteiramente válida. E qualquer dos modelos teóricos apresentados calcula constantes cinéticas para processos unimoleculares e para processos bimoleculares.

Assevera o *referee* que os dados experimentais não permitem dar apoio a um modelo em relação a outros. Isto pressupõe, pois, que a teoria de Marcus consegue prever a existência de uma «dupla região-invertida». Nunca tal me constou! A razão profunda da rejeição confessa-a o próprio avaliador: «numa tentativa polémica de promover o seu *intersecting-state model*, em vez de outros modelos geralmente aceites». A visão de Planck parece continuar a ser válida: «as novas teorias vencem não porque se convencem os adversários, mas porque eles morrem». Se o problema da transferência de electrões tivesse aplicações práticas imediatas e com consequências económicas, a indústria não protelaria o uso do modelo que tivesse maior conteúdo empírico. Do mal, o menos, os avaliadores já não põem em questão a nossa credibilidade científica.

Na minha universidade há uma história de um doutoramento que julgo apropriada ao nosso caso. Com certeza tem um fundo de verdade, mas já romanceada pelo passar dos tempos e da oralidade estudantil. Um candidato a doutor, com a matreirice beirã, escreve as primeiras vinte páginas da sua dissertação de doutoramento de modo a irritar o seu examinador:

Examinador – Tenho a dizer a Vª Ex.ª que as primeiras vinte páginas da sua dissertação são uma verdadeira nódoa e merecem ser rasgadas.
Candidato – Concordo inteiramente com Vª Ex.ª. Com um gesto teatral o candidato rasga as vinte páginas!
Examinador – ... fica embaraçado com a reacção do candidato e hesita.
Candidato – Queira Vª Exª rasgar as primeiras páginas da minha tese. Eu já o fiz!
Examinador – ... inibido – mas sem margem de manobra para recusar a própria sugestão que o candidato tão prontamente aceitou –, acaba por rasgar as tais páginas.
Candidato – Agora queira V.ª Exª prosseguir a arguência!

Cheque mate! Menos preparado para discutir o resto da tese, o examinador acaba por ficar numa posição de inferioridade perante o candidato.

Regressemos ao parecer do segundo avaliador e concedamos, generosamente, que tem razão: uma mistura de reacções bimoleculares e unimoleculares é passível de confundir o leitor. «Rasguemos» tais dados, retirando da curva da figura os pontos correspondentes aos processos bimoleculares. Mas ficando no novo gráfico tão-somente os dados unimoleculares de reacções ultra-exotérmicas, a curva teórica mantém-se invariável. O que é que sucede nessa região com a TM? As velocidades continuam sempre a decrescer com o aumento de exotermicidade. E com a *golden rule* o decréscimo é mais suave mas não pára. Os dados experimentais unimoleculares revelam, todavia, que as velocidades estabilizam e, depois, começam a aumentar para reacções cada vez mais exotérmicas. E o que é que fornece o modelo ISM? Como a Figura 13.1 ilustra, a teoria de Marcus não consegue reproduzir os dados experimentais, para uma ampla gama de valores de reorganização, λ. Como veremos oportunamente o nosso modelo ISM reproduz bem os dados da experiência.

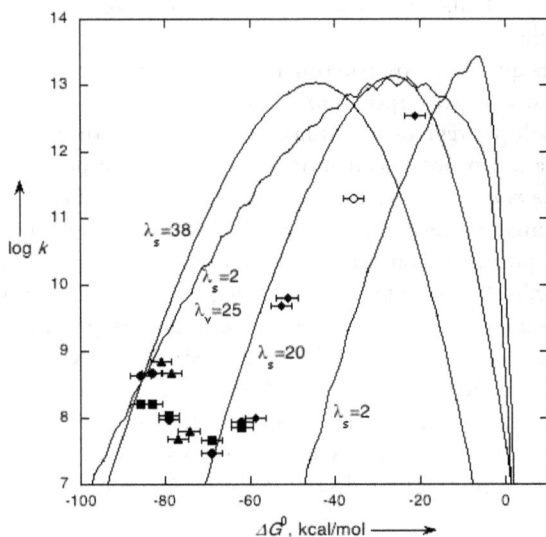

Figura 13.1 - Aplicação da teoria de Marcus/Jortner às reacções ultra-exotérmicas de recombinação de carga. A teoria não consegue dar boa conta simultaneamente do padrão de todos os dados experimentais. Apresentam-se tentativas de «ajustes à mão» com diversos valores do parâmetro de reorganização da teoria de Marcus: entre λ_s=2 kcal/mol e λ_s=38 kcal/mol.

Será que uma figura desta índole não permite falsificar a TM? E se tivermos em mente a Figura 13.2, será que as duas figuras não permitem distinguir os dois modelos teóricos? O meu leitor ajuizará. Para «salvar» as teorias correntes e o «modo de vida profissional» da comunidade, o *referee* mostra-se como um garoto apanhado a fazer uma asneira: não sabe para onde fugir. De facto, o modo de «treino militar dos estudantes» que um paradigma científico implica, e já referido no Capítulo 1, não prepara para a controvérsia. Mais avisado andou o primeiro avaliador que não se meteu a contra-argumentar sobre a região ultra-exotérmica, pois aí sabe que não tem bons argumentos. Nem invocou, sem argúcia, que a mistura dos dois tipos de reacção é enganadora, pois é frequente na bibliografia científica do tema.

Diga-se em abono da verdade que o primeiro avaliador só rejeita a publicação no *J. Am. Chem. Soc*. Sugere que se publique numa «revista de fotoquímica», o que está de acordo com o desejo de dar uma menor expressão de visibilidade a tais dados experimentais embaraçosos.

Talvez seja agora apropriado modernizar um diálogo entre Galileu e o seu Inquisidor:

Inquisidor – Galileu, deixa que seja Júpiter a andar à volta do Sol.

Galileu – E a Terra, Eminência?

Inquisidor – Vamos devagar, um planeta por cada geração. O ser Júpiter não põe em questão o papel central do homem no cosmos.

Galileu – E a verdade?!

Inquisidor – Mas o que é a verdade? E não está em questão que daqui a umas duas ou três gerações não possamos dizer que também a Terra anda à volta do Sol!

Galileu (de uma forma imperceptível) – E no entanto ela move-se há uns largos milhões de anos, e ... desde já.

Uma segunda tentativa de publicação

Somos muito resilientes e decidimos re-submeter o artigo ao *J. Am. Chem. Soc.*. Separámos as duas ideias para apresentação em artigos distintos: uma relativa à re-combinação de cargas, a outra relativa à separação de cargas, a abordar em tempo oportuno. A prioridade na apresentação destes projectos de artigos foi debatida entre nós, mas acabou por pesar o efeito mais inesperado e com dados experimentais menos sujeitos a «controvérsia experimental».

Começámos pela recombinação de cargas e foi submetido a publicação um artigo relativamente extenso (oito páginas ao formato da revista) intitulado «*Electron transfers in supercritical CO₂*. *Ultra-exothermic charge recombinations at the end of the 'Inverted Region'*», descrevendo o padrão da «dupla região-invertida». É difícil resistir ao apelo escaquístico de um bom combate de ideias e verificar se, desta vez, conseguiríamos dar xeque-mate aos *referees* ou pelo menos, colocá-los em posições de forte desconforto cognitivo, levando-os a cair em profundas contradições.

Qual é o cerne do problema? A velocidade de recombinação de cargas no exciplexo do pireno/fumaronitrilo[3] é 2.9×10^7 s^{-1} em CO_2-sc para uma energia de reacção $\Delta G^0 = -67.5$ kcal/mol, enquanto que para o exciplexo do *orto*-xileno/fumaronitrilo é cerca de 16 vezes mais elevada (4.3×10^8 s^{-1} em CO_2-sc) e para uma energia de reacção ainda mais negativa, $\Delta G^0 = -84.4$ kcal/mol (Tabela 13.1). O que é que era expectável? Em termos da teoria de Marcus/Jortner (TM(2)/*golden rule*) estas reacções deviam encontrar-se plenamente na região invertida. Então, a reacção mais exotér-mica (exciplexo *orto*-xileno/fumaronitrilo) devia ser mais lenta do que a do exciplexo pireno/fumaronitrilo, e não 16 vezes mais rápida como se verifica experimentalmente. A teoria ISM explica este facto e até previu a sua existência. Mas haverá alguma ex-plicação alternativa no contexto da teoria de Marcus/Jortner? Eis a questão com que lida este nosso artigo[4].

Tabela 13.1 - Velocidade de recombinação de carga em exciplexos de aromáticos com fumaronitrilo

dador	tamanho(D)/Å	ΔG^0/kcal mol^{-1}	k /s^{-1}	
			TM/Jortner	experimental
pireno	3.98	–67.5	6.2×10^1	2.9×10^7
orto-xileno	3.64	–84.4	1.5×10^{-3}	4.3×10^8

Um dos *referees* é contra publicação do manuscrito, outro é favorável à publicação e um terceiro reserva a posição definitiva para posterior análise da versão corrigida do artigo. Atentemos em alguns dos comentários do *referee* que recomenda a rejeição do artigo:

> «*Arnaut e Formosinho promovem o intersecting-state-model desde há vários anos[5]. O seu problema básico é que a teoria de Marcus/Jortner[6] funciona mesmo bem. [...] A mesma consistência não foi demonstrada no intersecting-state-model*».

De facto isto não é assim, pois o nosso artigo publicado no *Prog. Reaction Kinetics* demonstra precisamente a consistência de ISM no campo de transferência de electrões, para quase umas 280 reacções de diferentes famílias e classes de reacções. Contudo, a revista onde o artigo foi publicado, apesar de muito antiga, não é muito difundida, pelo é admissível que o *referee* não conheça este nosso artigo. De outro modo, talvez não argumentasse com a falta de consistência de ISM neste domínio.

Continuando, afirmou este avaliador:

> «*É uma pena, porque Arnaut et al. trabalharam duramente ao longo dos anos e obtiveram dados tão interessantes quanto muitos outros. [...] Os autores, de facto, aparentemente observam uma dependência invulgar na termodinâmica, mas observações semelhantes já foram feitas no passado (apesar de, reconheçamos, não serem tão extremas!). A explicação corrente é que a energia de reorganização depende do tamanho molécula. Mostrem-me porque é que a abordagem de Marcus/Jortner não tem hipótese de funcionar, e então ficarei surpreendido e prestarei toda a atenção!*».

É de louvar que o *referee* reconheça que, ao longo dos anos, temos vindo ao obter resultados experimentais com uma qualidade tão boa como a de outros grupos internacionais. Para quem trabalha em Portugal, isto já é notável para um domínio na fronteira do conhecimento. É um custo-de-contexto que não pesa para este *referee*.

Resolvido este problema de paridade na qualidade das observações experimentais, caímos no problema de toda a heterodoxia. Os mesmos investigadores, com as mesmas metodologias de pesquisa, conseguem fazer investigação normal (de que eu gosto, pensa o avaliador) e investigação heterodoxa que abomino (diz consigo mesmo o *referee*). E critica-nos por não avaliarmos o efeito do tamanho molecular nas energias de reorganização e nas constantes cinéticas.

Vejamos dois casos extremos assinalados por este avaliador: pireno e *orto*-xileno. Recorrendo a massas molares e a densidades obtém-se as dimensões dos raios moleculares[7] e calculam-se as velocidades de recombinação de carga em termos da teoria Marcus/Jortner (Tabela 13.1). Comparando com os dados experimentais, o valor teórico TM/Jortner para o par pireno/fumaronitrilo está 5 ordens de grandeza abaixo do valor medido por nós, enquanto que o do par *orto*-xileno/fumaronitrilo é 11 ordens de grandeza inferior ao valor observado! Isto mostra, de um modo quantitativo, que a teoria de Marcus/Jortner não funciona na «dupla região-invertida»[8].

É uma contradição surpreendente que o mesmo *referee* considere «muito perigoso» o recurso à expressão de Marcus para estimar a energia de reorganização do solvente, $\Delta G^{\ddagger}_{ext}$. De facto, esta expressão sobreestima $\Delta G^{\ddagger}_{ext}$ em solventes polares e subestima-a em solventes pouco polares. O que patenteia falta de coerência, é o avaliador mostrar tantas reservas ao uso da expressão central da TM e, noutro local do seu parecer, afirmar que a «teoria de Marcus/Jortner funciona muito bem». Acresce que esse tal bom ou mau funcionamento deve-se à componente marcusiana e não à componente da *golden rule*, cuja aplicação a este tipo de reacções foi sugerida por Jortner.

Na região invertida, a teoria de Marcus/Jortner prevê sempre um decréscimo das constantes cinéticas com o aumento da exotermicidade, mas nunca o aparecimento de um patamar e, muito menos, uma subida (ver Figura 13.1).

Apesar destas e de outras considerações, o *referee* conclui não recomendar a publicação:

> «*Eu entendo a necessidade de publicar; porém, talvez devessem voltar a submeter as vossas observações a um jornal mais especializado no contexto de uma exploração mais profunda dos detalhes da transferência de electrão em pares iónicos?*».

O segundo *referee*, pelo contrário, toma uma posição completamente oposta:

> «*Os autores propõem que para grandes variações de energia livre, os tempos de vida dos exciplexos se comportam de uma forma inconsistente com as previsões da teoria de Marcus, mas consistentes com o ISM dos autores. Caso isso seja confirmado, constitui uma descoberta fundamental que deveria ser publicada no JACS*».

O terceiro avaliador começa o seu parecer do seguinte modo:

> «*Este trabalho apresenta dados experimentais que parecem determinados de um modo cuidadoso e bem (se bem que eu [referee] não seja um especialista no domínio)*».

O artigo foi revisto em função dos comentários dos *referees* e, como é usual, a versão modificada foi enviada de novo pelo Editor aos mesmos avaliadores. Um dos avaliadores mantém a sua posição de aceitação. Os outros dois avaliadores opõem-se à publicação, pois ficaram desiludidos com a nossa resposta sobre o «efeito do tamanho». Presumo que gostariam de um cálculo mais sofisticado.

Uma terceira tentativa de publicação

Em condições normais teríamos tentado publicar o artigo noutra revista científica. Não obstante, os *referees* que se opõem à publicação convergem para um único argumento de rejeição – «o efeito do tamanho molecular». Para ajuizar do efeito do tamanho molecular na velocidade das reacções de transferência de electrão, criticam não termos recorrido a uma metodologia mais sofisticada. Sugerem ainda que o artigo seja publicado no *Journal of Physical Chemistry* (*J. Phys. Chem.*), porque sendo uma revista mais especializada permitiria uma discussão mais pormenorizada. Todavia um estudo sobre o «efeito do tamanho molecular» já havia sido publicado por Carlos Serpa e Luís Arnaut[9] em 2000 para esta mesma revista científica.

Nesse artigo mostrava-se que as velocidades de recombinação de electrão entre pares de iões – i) C_{60}^-/N,N,N',N'-tetrametilbenzidina$^+$; ii) benzoquinone$^-$/1,2,4-trimetoxibenzidine$^+$ – seguiam quer o formalismo da *golden-rule* (TM-Jortner) quer o de ISM, ao contrário dos pares indicados na Tabela 13.1 que não verificam a teoria de Marcus/Jortner. Tal deve-se ao facto de ser muito menor a gama de exotermicidade, ΔG^0, entre −15 e −55 kcal mol^{-1}.

Sob a questão do efeito do tamanho molecular, um dos *referees* escreve «não acreditar que o pireno e o *orto*-xileno só difiram 10% em tamanho». O avaliador enganou-se ao confundir raio molecular com volume molecular. Na nossa estimativa, em volumes molares o pireno (264 Å^3) e o *orto*-xileno (202 Å^3) diferem em cerca de 24%. No trabalho de Serpa e Arnaut recorreu-se também a estimativas em termos de superfícies de Connolly^{10} e as geometrias moleculares foram optimizadas em energia por recurso a métodos de mecânica quântica. Com estas metodologias mais sofisticadas o decréscimo do «tamanho molecular» do pireno (194 Å^3) para o *orto*-xileno (137 Å^3) permanece próximo do anterior (passa de 24% para 29%).

Mas vejamos a questão ao invés. Que redução de tamanho molecular teria de se verificar no *orto*-xileno para, em termos da teoria Marcus/Jortner, dar conta das variações experimentais por nós observadas? Pasme-se: o tamanho do *orto*-xileno teria de ser de 10 Å^3, inferior ao da molécula^{11} mais pequena que se conhece, o hidrogénio H_2 (40 Å^3)! Para dar conta das alterações na reorganização do solvente, teríamos de invocar tamanhos sub-moleculares, o que é perfeitamente absurdo. Algo tão absurdo como o peso negativo do flogisto! Foi isto que se argumentou junto do editor.

Não ficámos pelo absurdo a que se é conduzido pela posição dos *referees*. Argumentámos com o potencial heurístico de ISM. Guiou a nossa investigação: i) na busca de um novo padrão de reactividade; ii) apresenta a mais exotérmica reacção de recombinação de carga alguma vez medida; iii) mostra que se pode conseguir uma separação completa de carga em reacções fotoinduzidas em CO_2-sc; iv) demonstra o fracasso do modelo do dieléctrico contínuo para reacções de transferência de electrões; v) mostra que em reacções de transferência de electrão a «energia de reorganização» aumenta com a exotermicidade da reacção. Eis um progresso científico conquistado mediante novas racionalidades.

As escolhas de teorias, segundo Kuhn^{12}, têm uma base partilhada – critérios de exactidão, consistência, simplicidade, alcance, fecundidade – mas a diversidade e flexibilidade de tais critérios permite que a resistência às novas teorias não se torne inteiramente ilógica ou não-científica. A vantagem da convergência dos *referees* na rejeição do nosso artigo – argumentando que os efeitos da dupla região-invertida poderão ser devidos a «efeitos de tamanho molecular» – estreita muito a margem de argumentação dos mesmos *referees*. Assim, pareceu-nos útil voltar à carga para o artigo regressar aos mesmos avaliadores. Perante o tipo de resposta, poderemos verificar se estamos a lidar com uma genuína dificuldade cognitiva, ou com pretextos para salvar a qualquer preço a TM/Jortner.

Um dos *referees* conclui o seu novo parecer deste modo:

«Os dados continuam a estar dispersos, mas são interessantes e provocativos. Deveriam serem publicados num jornal mais especializado».

Perpassa neste argumento um certo sentimento *nimti*[13] e ainda um mais evidente menosprezo pelo potencial heurístico de ISM, que previu a existência da «dupla região--invertida» e, segundo o avaliador, consegue produzir dados experimentais – «escassos mas estimulantes» – que apontam para a sua existência. Perante este modo conservador de actuar, é legítimo interrogarmo-nos se tais cientistas pretendem mesmo o *progresso* da ciência ou tão só o crescimento do paradigma Marcus/Jortner?

Um dos avaliadores distingue entre o «fracasso do modelo do dieléctrico contínuo» e o «fracasso da teoria Marcus/Jortner», que para ele não existe; o primeiro não implica o segundo. A análise histórica do sucesso da teoria de Marcus, levou-nos a reconhecer que a admissão do «fracasso do modelo do dieléctrico contínuo» importa, em continuidade lógica, o «fracasso da reorganização interna Marcus/Sutin» e, consequentemente, o «fracasso global da teoria de Marcus». Bastou o exame atento das reacções de transferência de electrão de troca (atérmicas) e exotérmicas. Não foi necessário recorrer a reacções ultra-exotérmicas para alcançar uma tal conclusão. Mas o recurso a estas últimas reacções mais acentua a inadequação da TM/Jortner para lidar com transferência de electrões.

Dado que no seio de um paradigma não se questionam os respectivos fundamentos, o *referee* entende que se pode prosseguir em frente, mesmo perante o «fracasso do modelo do dieléctrico contínuo». A teoria de Marcus/Jortner é mais flexível que a simples teoria de Marcus, mas as debilidades permanecem, não obstante terem sido camufladas com a inclusão da *golden rule* em todo o formalismo teórico. Como já referimos, a *golden rule*, em si mesma, tem um baixo conteúdo empírico, mas o suficiente para demonstrar o absurdo de certas situações quando se lidam com reacções ultra-exotérmicas. Foi desta circunstância que os *referees* e o editor não se aperceberam e para a qual nos competia chamar a atenção.

O editor responde com brevidade, afirmando:

> «Há alguns anos este tipo de artigo seria apropriado para o JACS. Mas, presentemente, para o leitor corrente do JACS, a transferência de electrões em pares iónicos é considerado – bem ou mal – como um domínio já suficientemente acabado [...] Com certeza que há assuntos interessantes, e mesmo estimulantes, para serem discutidos, mas apenas os especialistas ficarão entusiasmados com mais trabalho nesta área».

Não se pronuncia sobre o debate científico com os *referees*, mas o que realça é que este domínio já é considerado um domínio suficientemente «maduro e o debate encerrado». A transferência de electrão em iões radicais deixou de estar na moda, e uma revista de *top* como o JACS cuida de publicar temas mais apelativos.

As nossas tentativas de publicação estão ainda sujeitas a outra dificuldade: «não soprámos o trombone da revolução das nossas ideias em *fortissimo*», como hoje se requer na comunidade americana. O artigo não foi escrito deste forma para não irritar desesperadamente os *referees*. Mas deste modo também não se faz um *marketing* suficientemente apelativo para as nossas ideias, mais ao gosto do corpo editorial da revista.

O Editor ainda assevera que «sob diversas perspectivas experimentais, o falhanço do modelo do dieléctrico contínuo começou a ser debatido por volta de 1970». Escreveu Karl Popper (cito de cor) que a ciência é como uma construção palafita em solo lodoso ou em areias movediças – as estacas são enterradas até o terreno parecer firme. Foi o que se verificou com a teoria de Marcus para a transferência electrónica, pois tinha um bom acordo empírico para inúmeras «reacções de troca electrónica». Mas a firmeza do terreno devia ter sido abalada quando se reconheceu que o «modelo do dieléctrico contínuo» era inadequado para lidar com o «rearranjo externo» para a transferência de electrão. Este abalo leva a rever igualmente o complemento do «rearranjo interno» que a TM contempla. Trata-se de um caminho de racionalidade suficientemente claro para que qualquer dos meus leitores entenda a sua necessidade.

Uma analogia, todavia, poderá enriquecer a nossa argumentação. Coze-se peixe com água de um poço. Descobre-se que a água está contaminado com óleo, o que poderá explicar um certo sabor do peixe cozido. O bom senso manda utilizar uma água de melhor qualidade ou, se tal não for possível, mudar o modo de cozinhar o peixe. É um pouco o que se passa com a TM, sendo a «água contaminada» tomada pelo «modelo do dieléctrico contínuo» simplificado.

Os cientistas têm um «compromisso» com a racionalidade – procurar novas vias de racionalidade e explorá-las em diálogo com a natureza procurando convergir em «soluções satisfatórias». Até surgir ISM, não se conhecia qualquer alternativa teórica válida para a estimativa de um novo «rearranjo interno» para as reacções de transferência de electrão. Compreende-se pois a atitude da comunidade científica em procurar, através do recurso a várias hipóteses auxiliares, não pôr em questão toda a TM. Quando inventámos ISM, só nos competia averiguar se esta nova teoria preservava o sucesso empírico da TM. Fizemos o que a racionalidade lógica nos exigia, e verificámos que ISM preservava o sucesso empírico da TM para reacções de troca electrónica e para reacções exo- e endo-energéticas[14]. Digo mesmo, alargou em muito este sucesso empírico.

Recorrendo à terminologia do filósofo José Gil, podemos asseverar que a tal capacidade de ISM «não se inscreveu» na comunidade científica. Qual a razão para esta ausência de inscrição? A «não-inscrição» surge quando se pretende evitar a *mudança* ou, pelo menos, remetê-la para futuro longínquo. Quando há medo da própria mudança.

O último comentário do Editor ainda carece de ser avaliado como um modo de elegância retórica para lidar com o problema da rejeição. No nosso projecto de artigo, a questão essencial foi sempre a da estimativa do «rearranjo interno». Mas mesmo a questão do «fracasso do modelo do dieléctrico contínuo» não está encerrada, como se poderia depreender das palavras do Editor. De outro modo tornavam-se incompreensíveis as dificuldades que o Prof. Li Xian-Yuan teve para publicar uma alternativa ao modelo do dieléctrico contínuo e as razões do fracasso da TM a este respeito. Ou as ilações mais recentes sobre estudos de dinâmica de solvatação. Abordaremos este tema mais em pormenor no final do Capítulo.

Uma quarta tentativa de publicação

Como referido anteriormente, as escolhas de teorias, segundo Kuhn[15], têm critérios padronizados – exactidão, consistência, simplicidade, alcance, fecundidade – mas a diversidade e flexibilidade de tais critérios permite que a resistência às novas teorias não se torne irracional. Tomemos um exemplo, o da resistência de Priestley à «teoria do oxigénio» de Lavoisier. A teoria do oxigénio era universalmente reconhecida como explicando as relações de peso nas reacções químicas, mas a teoria do flogisto, a sua rival, podia explicar que os metais eram muito mais semelhantes entre si do que dos minerais de onde provinham. Neste exemplo, «uma teoria combinava-se melhor com a experiência numa área, e a outra noutra área»[16].

Conjecturo que a fixação de Priestley pelo flogisto podia assentar ainda noutras razões. A primeira, o desgosto pelo modo como Lavoisier apresentou a descoberta do oxigénio no seu *Traité Elémentaire de Chimie*: uma descoberta quase simultânea por Scheele, Priestley e Lavoisier. Joseph Priestley era um dos «caçadores de diferentes ares» (gases), utilizando muitas vezes uma planta ou um animal que colocava sob uma retorta repleta do novo ar a caracterizar. É assim que, desde 1771, «considera a respiração animal como uma espécie de putrefacção: uma flogisticação que corrompe o ar»[17]. Quando numa viagem a Paris, em Outubro de 1774, Priestley encontra Lavoisier e lhe fala sobre a sua experiência da redução da «cal de mercúrio», Lavoisier, que também conhece os trabalhos de Scheele, refaz a experiência de Priestley, considerando-a como um meio de dar resposta ao seguinte problema: «Existirão diferentes espécies de ar? Os diferentes ares que a natureza nos oferece ou que conseguimos formar, serão substâncias à parte, ou modificações do ar da atmosfera?»[18]. Em 1775, tal como Priestley, Lavoisier não está em condições de reconhecer o oxigénio que preparou. É certo que questionou o rótulo de «ar nitroso» que Priestley lhe tinha dado. É apenas quando Priestley o rebaptizou como «ar deflogisticado» que Lavoisier refaz as experiências com a cal de mercúrio e conclui que o «ar deflogisticado é a porção mais pura do ar atmosférico». Lavoisier abre então uma polémica contra Priestley, questionando a sua teoria da combustão e da respiração. Scheele isolou a substância, Priestley caracterizou algumas das suas propriedades, mas só Lavoisier caracterizou o oxigénio como um reagente da combustão.

Em 1840, Humphry Davy escreveu que um «químico devia comportar-se como um geómetra moderno na amplitude das suas perspectivas e pela profundidade das suas investigações, mas devia sentir-se como um alquimista do passado no engenho e na piedade», mas acrescentou que tal não comportava o fazer orações ou encantamentos aos instrumentos utilizados nas experimentações[19]. Priestley era um pastor unitarista a quem um nobre protector ofereceu um laboratório. Quiçá, um sentimento de perda pelo carácter alquímico e místico que a teoria do flogisto possuía, também contribuiu para o afastar da revolução científica do oxigénio operada por Lavoisier.

Com o benefício da visão histórica, a atitude de Priestley parece-nos hoje claramente excessiva. O mesmo pensam os geólogos sobre a resistência às ideias de Wegener sobre a deriva dos continentes. Isto ficou bastante claro num congresso da *American Geophysical Union* realizado em Montreal em 1992 para comemorar os «25 Anos da Teoria da Tectónica de Placas». Segundo Oliver[20], na sessão comemorativa, cinco dos oito oradores, todos cientistas que participaram activamente nesta revolução científica, enfatizaram facetas da revolução que foram injustamente adiadas ou impedidas pelo sistema de «revisão pelos pares»: ideias-chave para o desenvolvimento da revolução emergente que foram, ao tempo, rejeitadas sob a forma de artigos submetidos a publicação. Oliver afirma que ficou tão marcado pelo dramatismo deste evento, que desde aí ficou bem consciente de que o sistema de *peer review* não funciona nada bem ou, pelo menos, que está longe da melhor eficácia quando uma revolução científica está emergente. Conclui mesmo que o sistema de *peer review* pode impedir o progresso da ciência em certas ocasiões de ruptura!

As razões que Oliver aponta para este mau funcionamento prendem-se com o facto de estarmos a lidar com uma organização centralizada e única, operada por um número restrito de administradores e conselheiros. Na ausência de competição com outros outras organizações alternativas, perde-se a flexibilidade e a inovação. E as grandes inovações estruturantes surgem como surpreendentes mesmo para os melhores cientistas – saem muito fora da sociedade normalizada que são as comunidades científicas – que rejeitam os esforços feitos para as alcançar.

Mas o que é que o «tempo» pode trazer à controvérsia científica, de modo a que alguns cientistas venham hoje a reconhecer como injustas as rejeições que se operaram num dado momento do passado? O tempo vai volatilizar os interesses e atenuar ou suprimir as afeições psicológicas individuais e de massas por certas teorias ou metodologias. Podem surgir conceitos e fenómenos novos que vão aplanando os «hiatos cognitivos» que a assimilação do novo comporta. Por outro lado, a teoria heterodoxa, se fizer parte de um programa em progresso e não em degenerescência, vai-se fortalecendo com a controvérsia, ao ser capaz de explicar as objecções colocadas pelos adversários.

É precisamente isto que verificamos com ISM: vai sendo capaz de resolver os enigmas e anomalias com que se vai deparando e, por contraste, cada vez mais a teoria de Marcus/Jortner se vê afligida pela incapacidade de os explicar. A própria oposição que a ortodoxia ergue à inovação fortalece a própria heterodoxia e o desfecho final é inevitável, se bem que num horizonte temporal que ninguém consegue prever.

Os *referees* ergueram como obstáculos o efeito do tamanho molecular ou a descrição da dupla região-invertida com um número insuficiente de «pontos experimentais». Respondemos a estes argumentos com cálculos teóricos e por recurso a dados experimentais de outros autores no patamar da região mediamente exotérmica. É óbvio que de todo este debate brota um artigo mais fortalecido.

O conceito de *progresso* é inexoravelmente temporal, enquanto a racionalidade é correntemente tomada como atemporal[21]. Segundo a perspectiva do filósofo das ciências Imre Lakatos, o conflito de ISM com a teoria Marcus/Jortner é na essência uma profunda rivalidade entre duas metodologias de investigação. Uma rivalidade teórica e empírica, com problemáticas esgotadas ou em degenerescência – a de Marcus/Jortner –, versus problemáticas progressivas como a gerada por ISM, que vem assegurando uma maior efectividade na resolução de problemas. Perante esta noção bem ciente entre nós, escreveu-se de novo ao Editor do *JACS*. Os nossos argumentos procuravam contrariar a ideia de que o padrão da «dupla região-invertida» estava empiricamente determinado com poucos sistemas experimentais. Incluímos desta vez a recombinação de carga em cinco exciplexos já estudados por outros autores, numa gama de energia entre −30 e −75 kcal/mol. A questão da «subdeterminação empírica» da «dupla região-invertida» cessa.

Põe-se agora a exame o segundo argumento do Editor: a ciência apresentada não é suficientemente *sexy* para o *JACS*. Tê-lo-ia sido há alguns anos atrás. Mas poderá ser esta a verdadeira razão da rejeição? Presentemente os estudos em CO_2-sc, como um novo «meio reactivo», estão populares. É surpreendente que num solvente de tão baixa polaridade se processem reacções exotérmicas de transferências de cargas eléctricas: protões e electrões! E para realçar este interesse do momento, no dia seguinte submetemos a publicação ao *JACS* um artigo de colaboração com o professor americano Laren Tolbert[22] sobre transferência de protões em CO_2-sc. Este artigo acabou por cair nas mãos do mesmo Editor e foi aceite para publicação. Portanto, a verdadeira razão para a rejeição do artigo sobre a dupla região-invertida não se encontra na desactualização do tema, mas no facto de não ter congregado uma unanimidade de opinião dos *referees* para ser publicado no *J. Am. Chem. Soc.* e o Editor não desejar prolongar o debate científico entre dois dos *referees* já sem argumentos e os autores excessivamente cáusticos na racionalidade da sua argumentação.

Alguns dos meus leitores acharão mesmo que estamos a exercer uma pressão psicológica excessiva sobre o Editor. Diga-se em abono da verdade que, enquanto o trabalho com o Prof. Tolbert nos terá ocupado cerca de 5 a 6 meses, o da «dupla região-invertida» levou-nos quase 5 anos, já depois de adquirido o domínio das técnicas de preparação e manipulação do CO_2-sc.! Há pois que lutar pela verdade ou por aquilo que julgamos como tal, bem como pelo reconhecimento do tempo investido e, também, pelo suplemento de valor que a publicação no *J. Am. Chem Soc.* – o equivalente a uns minutos de horário nobre na TV – fortalece as nossas ideias sobre transferência electrónica e enfraquece a Teoria de Marcus/Jortner, nomeadamente perante a comunidade americana. Pelo menos transformaria a controvérsia de uma conversa e escrita de bastidores, para uma controvérsia científica na ribalta. Apesar da controvérsia ser o melhor meio para a descoberta científica e para fortalecer as teorias vigentes, como qualquer sociedade normalizada, as comunidades de cientistas preferem evitar ou adiar o conflito.

A nova versão do artigo sobre a «dupla região-invertida» surge, sem falsa modéstia, com o toque de genialidade como Michael Polanyi a vê: «a aplicação do espírito de originalidade da juventude associado com a experiência da maturidade»[23].

Destilados que foram os obstáculos científicos colocados pelos *referees* e pelo Editor, resta, no fundo desta operação de destilação das frases e das ideias, um compósito de razões psicológicas e culturais para a rejeição do nosso artigo. Será que existe alguma metodologia que atenue os factores psicológicos, sociais e mesmo culturais para realçar o fundamento de progresso ou racionalidade do conhecimento na controvérsia científica? Platt[24] sugere que o uso formal, regular e explícito de *hipóteses alternativas*, que permitem inferir da experiência conhecimento já sujeito a tensões prévias, é este tipo de método, que além disso faz progredir rapidamente os domínios em que é utilizado. Platt denomina o *método das hipóteses múltiplas* ou da *inferência forte*. O método consiste no seguinte: a) criar várias hipóteses alternativas de solução; b) idealizar uma experiência que permita excluir uma ou várias alternativas; c) executar a experiência de forma que os resultados permitam excluir, sem grande dúvida, algum hipótese; d) repetir o ciclo com as hipóteses remanescentes.

O método das hipóteses múltiplas foi proposto no final do séc. XIX por um geólogo americano T. C. Chamberlin. Num artigo para estudantes adverte do perigo da *hipótese única*, ou *teoria dominante*, à qual ficamos emocionalmente ligados, o que impede ou dificulta um julgamento imparcial. Escreveu: «Há uma pressão sobre a teoria para que se ajuste aos dados e uma pressão sobre os factos para que se ajustem à teoria. Quando surgem tais pré-juízos, a mente rapidamente degenera num autoritarismo de parcialidade. A teoria rapidamente ascende a uma posição de controlo dos processos mentais e a observação, indução e interpretação são guiados por este procedimento. [...] Sendo os fenómenos, em larga medida, subjectivos, são muito moldáveis nas mãos da teoria dominante. O *método da teoria dominante* ocupou uma posição central durante a infância da investigação. É expressão de uma condição mental de uma certa infantilidade. Infelizmente, este método não morreu de todo com a infância da investigação. Aparece em muitos sítios onde o seu domínio era insuspeitado. Os defeitos são óbvios e os seus erros graves. A maior das falhas psicológicas está no permitir uma «afeição intelectual» em campos no quais devia reinar apenas o juízo imparcial e a rectidão intelectual. O *método das hipóteses múltiplas* difere do da hipótese única, na medida em que é usado apenas como um meio de descobrir factos e não como uma proposição a ser verificada. Quando seguimos o método das hipóteses múltiplas, distribui-se o esforço e divide-se a afeição. Neutraliza-se assim, o mais possível, a parcialidade do juízo emocional. A mente parece ficar possuída de um poder de visão simultânea a partir de diferentes pontos de vista. A busca leal deste método conduz a hábitos mentais bem característicos»[25].

A afeição psicológica pela teoria dominante é uma razão plausível para a rejeição de ISM. Esta nossa teoria não foi contemporânea da Teoria de Marcus, pelo que tem de se confrontar com o seu sucesso no passado e as afeições geradas.

Todavia, há outras afeições psicológicas mais compulsivas. Por razões humanamente compreensivas, as pessoas não desejam criar desgostos a pessoas que muito prezam e a quem se sentem devedoras. É o que também podemos reconhecer em muitos cientistas que não desejam causar desgosto ao Professor Rudolph Marcus, a quem todos nós químicos estamos muito devedores. Mas como cientistas, temos um dever ainda superior perante a sociedade: o de lutar pela verdade e pelo progresso científico, e a melhor forma de o fazer é procurando eliminar os erros científicos.

Se a rejeição que defrontamos é de índole psicológica, se bem que indizível, carece de ser colocada, também de forma indizível, perante o Editor no mesmo plano psicológico. Este, ao sentir a dissonância psicológica que o confronto com a nossa posição lhe suscita, procurará encontrar uma solução satisfatória para melhor compatibilizar todas estas incoerências – optar pela senda de progresso científico que ISM abre quer no domínio teórico quer no campo experimental; poupar a comunidade ao incómodo de se defrontar com uma nova visão estruturante para a transferência de electrões; respeitar o Professor Marcus poupando a sua teoria a um controvérsia pública na revista de maior impacto para artigos correntes em química? Será que as reacções de transferência de electrões e de protões em CO_2-sc têm o mesmo tipo de interesse para a química de hoje, ou a de protões terá um maior impacto? Ou suscitam o mesmo tipo de interesse, mas o que as divide são as interpretações teóricas com que estão revestidas? Eis alguns dos dilemas de coerência com que o Editor se terá de defrontar.

De novo o papel da experiência

«As condições de possibilidade da experiência enquanto tal são condições de objectividade do conhecimento do Mundo»[26]. De facto, o sucesso da Teoria de Marcus decorre do acordo experimental com as reacções de troca electrónica em complexos de metais de transição. Mas com o passar do tempo, a própria realidade experimental vai evoluindo. Atente-se, por exemplo, no carácter assimétrico da parábola da região invertida que levou à incorporação da TM numa formulação quântica para dar conta dessa mesma assimetria. Recentemente, contudo, foi observada uma parábola simétrica para a região invertida na transferência intermolecular de fullerenos[27].

Ora a «dupla região-invertida» é um efeito experimental de muito maior monta e muito mais inesperado do que a assimetria da região invertida[28]. Carece pois de uma explicação! Mas o reconhecimento deste facto, no contexto de um paradigma que o não admite, também carece de um «tempo histórico» para ser assimilado. É admissível que os cultores do paradigma de Marcus procurem protelar para bem longe o confronto directo e revolucionário com ISM. Poderá levar uma geração a encontrar um desfecho positivo a favor de ISM, desfecho a nosso favor como prevê a «Teoria da Coerência Explicativa» de Thagard. É sempre muito complicado «ter razão antes do tempo».

Estarão os fundamentos químico-físicos da transferência electrónica resolvidos com a teoria de Marcus? Em nossa opinião não. E não o estão perante o seguinte conjunto de razões: i) as reacções de transferência de electrão requerem uma distorção efectiva, d, das ligações reactivas bem superior às proporcionadas por TM; ii) a soma das distorções das ligações reactivas, d, aumenta com a assimetria energética da reacção, isto é, com o aumento de $|\Delta G^0|$; iii) o efeito de solvente na velocidade de reacção tem de ser interpretado em termos do efeito do próprio solvente no estado de transição; iv) sendo assim, a barreira intrínseca, $\Delta G(0)^{\ddagger}$, da reacção aumenta com o aumento de $|\Delta G^0|$ e o próprio conceito de «barreira intrínseca» perde relevância; v) não há efeitos notórios de solvente em reacções de troca electrónica, reacções de $\Delta G^0 = 0$.

Por uma questão académica podemos inquirir se a TM poderá dar alguma pista para a sua própria salvação? Um aumento da barreira de reorganização interna, $\Delta G_{int}^{\ddagger}$, com o aumento de $|\Delta G^0|$ não é compatível com a TM. Mesmo se recorrêssemos a osciladores de Morse em vez de harmónicos, para a mesma distorção das ligações reactivas, $\Delta G_{int}^{\ddagger}$ iria diminuir com o aumento do valor em módulo da energia de reacção, $|\Delta G^0|$. Alternativamente, poderemos admitir a necessidade de ter mais uma camada de solvatação para estabilizar a assimetria energética da reacção. Tal causaria um aumento na reorganização externa, $\Delta G_{ext}^{\ddagger}$ que deveria ser inferior ao da primeira camada de solvatação. Digamos que este aumento deveria ser inferior a um factor de dois. Ora no contexto da TM associada à *golden rule*, a dupla região-invertida, nos processos mais exotérmicos, requereria aumentos de 2 a 20 vezes em $\Delta G_{ext}^{\ddagger}$, dependendo do solvente, o que não é nada plausível.

Aos adeptos da TM, sem possibilidade de teoricamente salvar o seu paradigma face aos novos resultados experimentais, nem conseguindo contestar teoricamente o modelo alternativo ISM, só lhes restava, racionalmente, contestar os próprios resultados experimentais. O que, aliás, nunca fizeram. De facto, tal seria muitíssimo complexo. Primeiro, porque continuamos fiéis aos métodos experimentais da comunidade científica; a nossa heterodoxia não vai a este ponto. Segundo, porque a comunidade continua a recorrer aos nossos serviços em processos de avaliação de artigos, mesmo para o *J. Am. Chem. Soc.*, o que implica que continuamos a merecer uma credibilidade científica. Depois, porque no conjunto de resultados experimentais já disponíveis na bibliografia científica e enquadrados por ISM, há alguns dados de outros investigadores. Portanto, os adeptos da TM encontram-se numa situação metaestável.

Qual a razão desta situação não ser estável no curto prazo? Já Cremonini se recusava a olhar pela luneta de Galileu, porque reconhecia que a visão, ou de uma forma geral o que nos vem através dos sentidos, tem uma força de evidência quase irrecusável.

Quando um dos avaliadores afirmou que os dados experimentais – que não contesta – não permitem distinguir entre os diversos modelos teóricos, leva a que busquemos uma demonstração visual que ultrapassa os conhecimentos e parecer dos especialistas para ficar acessível ao veredicto de uma qualquer pessoa. Esta transferência de competência na avaliação é perigosa para os próprios cientistas, que assim revelam estarem presos de interesses corporativos ou pessoais que os inutilizam como especialistas perante a própria sociedade. Ora como a ciência é financiada pelo cidadão contribuinte, a situação não é sustentável por muito tempo, porque abre a porta a que se conteste o valor social dos cientistas.

Em meados de Julho de 2004 teve lugar em Granada o *XX IUPAC Symposium on Photochemistry*. Tratou-se de uma reunião com um número muito elevado de participantes (cerca de 500) e onde o Luís apresentou uma comunicação oral sobre a dupla região-invertida. A apresentação foi muito clara e passou bem a mensagem: há um novo padrão de reactividade para reacções ultra-exotérmicas que não consegue ser explicado pela TM e seus desenvolvimentos mecânico-quânticos, mas é interpretado por ISM.

Dois dos participantes mostraram-se interessados em utilizarem ISM em resultados seus. Esta conquista de adeptos ou cientistas que admitem ISM é um processo sociológico muito lento e que obriga a uma quase constante repetição da mesma mensagem em congressos sucessivos. Um esforço que julgo excessivo para quem não gosta do carácter peripatético deste modo de «construir ciência».

Todavia, não é tanto este facto que merece ser relevado, mas o facto de a esmagadora maioria da comunidade presente continuar a admitir que a transferência de electrão é promovida pelo solvente. Um dos meus colegas e amigos ingleses, perante os resultados apresentados sugeriu que se procurassem «estados vibracionais quentes» que a dupla região-invertida implicaria. Trata-se de experiências na gama dos femtossegundos, provavelmente susceptíveis de interpretação não isenta de ambiguidade, pois não é tão-só um modo vibracional quente que será formado. Sob este ponto de vista, melhor será o raios-X em femtossegundos, técnica que está a despontar, e que poderá vir a fornecer indicações sobre os comprimentos das ligações reactivas junto ao estado de transição.

No entanto, as experiências da reacção de troca de electrão entre alquilhidrazinas em soluções de acetonitrilo e em fase gasosa, que não contêm ambiguidades interpretativas, são desvalorizadas. De acordo com a TM há reorganização do solvente e uma reorganização dos modos internos (a mínima possível). Assim sendo, a reacção em fase gasosa deveria ser muito mais rápida do que em solução, por estar ausente a reorganização do solvente. Mas não é este o resultado experimental, que revela a existência de barreiras de energia quase idênticas nos dois meios. Isto é, o solvente parece que nem aquece nem arrefece, como sói dizer-se.

Evolução ou revolução em transferência de electrão?

Mesmo entre os que advogam o papel da reorganização do solvente surgem algumas dificuldades. Em finais de Junho de 2004 o Prof. Xian-Yuan Li enviou um *mail* felicitando-me pelo artigo de revisão de transferência de electrões que publicámos em 1998[29] e anexou uma cópia de um seu artigo sobre «*non-equilibrium solvation*» (solvatação de não-equilíbrio)[30]. Tal como o Prof. Marcus havia feito na década de cinquenta, este cientista e os seus colaboradores desenvolveram uma nova expressão para o cálculo da energia de Gibbs de sistemas em não-equilíbrio e mostram que a TM sobreestima por um factor de duas vezes a «energia de reorganização externa do solvente», $\Delta G_{ext}^{\ddagger}$. Segundo o Prof. Li, a fonte do erro na expressão da TM é ter considerado que a constante dieléctrica do meio não variava durante o processo electrónico da carga do ião.

Claro que estes autores tiveram muita dificuldade em publicar os seus artigos com esta ideia, porque abrem uma «caixa de Pandora» na TM. Como nós bem realçámos no nosso artigo de revisão, é que se $\Delta G_{ext}^{\ddagger}$ está errado, fica igualmente errado o cálculo da «reorganização interna» $\Delta G_{int}^{\ddagger}$ da TM, e todos os fundamentos da teoria de Marcus têm de ser postos em questão. Recordemos que, segundo a TM, a barreira da reacção experimental é fruto de dois contributos: $\Delta G^{\ddagger}=\Delta G_{ext}^{\ddagger}(TM)+\Delta G_{int}^{\ddagger}(TM)$.

Tal como nós, o Prof. Li insiste nas suas ideias, porque, como me escreveu, entende que elas estão correctas e como «a ciência diz a verdade» – ou sucessivas melhorias de aproximação à verdade –, o futuro dará a justa apreciação e valor a estes novos entendimentos. São sementes de desacordo com as ideias marcusianas de transferências de electrões, presentes nestes autores tal como em Patrice Jacques e Manuel Dossot. São poucos, mas é importante congregar tais descontentamentos, e hoje a *net* permite criar tais acções de bastidores de uma forma rápida e eficiente.

Sendo certo que tudo aponta para uma reformulação do entendimento corrente das reacções de transferência de electrão, coloca-se a questão de saber se haverá necessidade de ignorar o entendimento passado, ou tão-só corrigir quantitativamente a formulação de Marcus? A equação de Xian-Yuan Li mostra que a reorganização do solvente, $\Delta G_{ext}^{\ddagger}$ (Li), varia muito menos entre solventes polares e apolares do que a proposta por Marcus, $\Delta G_{ext}^{\ddagger}(TM)$. Sendo assim, a interpretação estrutural da variação de cerca de 16 ordens de grandeza nas reacções de troca electrónica de metais de transição, que a TM nas condições normais dava conta numa gama de variação de 14 ordens de grandeza vai, com a expressão de Xian-Yuan Li, ainda ficar um pouco mais comprimida, dando variações numa gama de 12,5 ordens de grandeza. O erro parece excessivo para não se procurarem melhores alternativas, quando ISM dá uma variação numa gama um pouco maior, mas muito próximo da experimental: 16,5 ordens de grandeza.

É mesmo possível que a reorganização do solvente ainda possa ser inferior à estimada por Xian-Yuan Li e colaboradores, quando cada ião não está completamente rodeado por uma camada de solvente. No caso dos denominados «par-iónico de contacto», os iões estão parcialmente em contacto, faltando moléculas de solvente nas duas camadas de solvatação. No caso de um «par-iónico separado por solvente», os iões partilham uma molécula de solvente que assim impede o seu contacto directo. Todas estas situações levam a um decréscimo do número de moléculas de solventes nas camadas de solvatação e, portanto, a uma redução da reorganização de solvente em relação à situação contemplada por Li.

Para reacções de troca electrónica, ISM admite que a barreira da reacção é a própria reorganização interna proposta por ISM: $\Delta G^{\ddagger}=\Delta G_{int}^{\ddagger}(ISM)$. Então e a reorganização externa, $\Delta G_{ext}^{\ddagger}$? Como, segundo Li, uma tal variação é de muito menor magnitude quer em termos absolutos quer quando se passa de um solvente menos polar, como CO_2-sc, para outro mais polar, como o acetonitrilo, ou mesmo em termos do tamanho dos iões, $\Delta G_{ext}^{\ddagger}$(Li) terá um contributo para a barreira de energia $\Delta G^{\ddagger}$ não superior a uma ordem de grandeza. Assim sendo, com um pequeno erro, podemos dar conta de um tal efeito em termos do «factor de frequência» um pouco diferente para ISM, em relação à TM, e continuar a recorrer a ISM para estimar a barreira de energia da reacção, $\Delta G^{\ddagger} = \Delta G_{int}^{\ddagger}$(ISM). Todos estes indicadores apontam, todavia, no mesmo sentido do da dupla região-invertida: a necessidade de uma revolução conceptual no domínio, pois a comunidade dispõe de uma melhor alternativa.

A circunstância de existir uma teoria alternativa é importante, porque segundo Imre Lakatos, as mudanças conceptuais só são possíveis se existir uma alternativa; toda a comunidade científica resiste a ficar num vazio teórico. ISM faz tudo o que permite a TM e com uma melhor precisão quantitativa; isto sem recorrer a mais parâmetros ajustáveis do que a TM. E vai para além da TM e das suas formulações quânticas na dupla região-invertida.

«É uma das facetas mais notáveis da matemática (talvez quase única entre as disciplinas científicas) que a verdade das proposições possa ser estabelecida por raciocínio abstracto! Uma argumentação matemática – isenta de erros – que convença um matemático, convence qualquer outro, assim que for bem entendida»[31]. Como temos visto ao longo desta obra, tal não se verifica nas ciências físicas e químicas, bem como em todas as outras «ciências duras». Está aqui presente um efeito psicológico. A matemática muda por *evolução* – sem nunca perder o que conquistou no passado – e não por *revolução*, que leva sempre à perda de alguma ou algumas das conquistas conceptuais e metodológicas adquiridas no passado[32]. Mas há aqui outra faceta, talvez ainda mais importante. A matemática recorre a linguagens axiomáticas. E como explanou o Prof. A. G. Portela num «Encontro da Arrábida» em Julho de 2004, *Workshop on Language and Complexity*, as linguagens formais descrevem de um modo axiomático um jogo com regras bem definidas, e onde não é permitido aos participantes fazer batota. Ora no mundo real, para além de haver batota, a linguagem comum tem imperfeições que dificultam uma justa interpretação.

Atente-se, por exemplo, a que no xadrez um cheque mate não tem nenhuma ambiguidade para qualquer praticante. Já no futebol, mesmo alguns golos são sujeitos a muita polémica: a bola passou por completo a linha de golo?

Uma quinta tentativa de publicação

Uma nova versão sobre o padrão da dupla região-invertida foi submetida a publicação ao *Chemistry: European Journal (Chem-Eur. J.)*[33]. Em relação à última versão apresentada ao *JACS*, incorporaram-se os volumes molares calculados com as superfícies de Connolly, para evitar o argumento de que os efeitos observados têm a ver com as dimensões das moléculas. Incluem-se dados obtidos por outros autores em benzeno e em acetonitrilo, para dar uma visão mais abrangente e consolidada do novo padrão de reactividade (ver Figuras 13.2 e 13.3). De novo se reforça o argumento que só ISM consegue reproduzir tais dados experimentais.

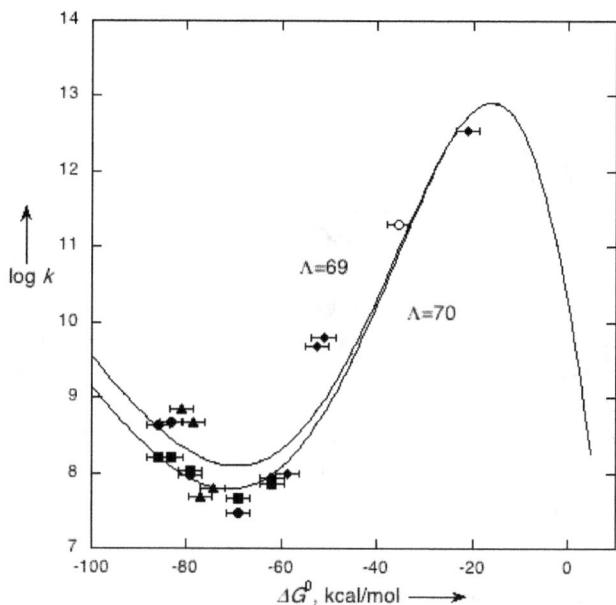

Figura 13.2 - Aplicação da teoria ISM às reacções exo-térmicas e ultra-exotérmicas de recombinação de carga incorporando dados nossos e de outros autores em benzeno, heptano, acetonitrilo e CO_2-sc. Este modo de apresentação permite acompanhar toda a curva teórica com dados experimentais.

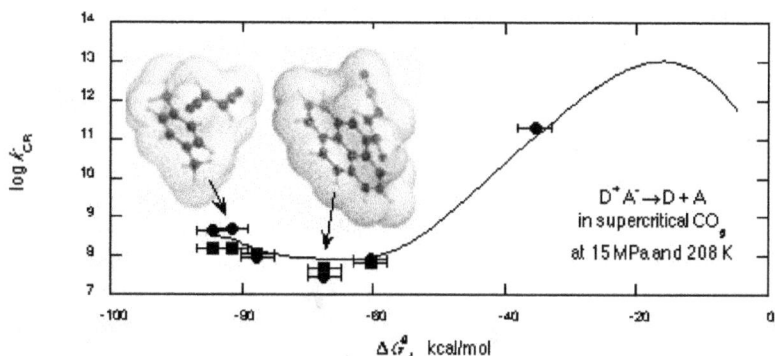

Figura 13.3 - Aplicação da teoria ISM às reacções ultra-exotérmicas de recombinação de carga obtidos em CO_2-sc, para tornar mais evidente o papel das reacções ultra-exotérmicas por nós estudadas. A figura apresenta ainda um resultado experimental de Kimura *et al.* em CO_2-sc a meio da região invertida. Os tamanhos moleculares dos exciplexos são também representados.

O manuscrito foi avaliado por três cientistas, porque os primeiros dois tinham opiniões opostas sobre a publicação no *Chem Eur. J.*. O Editor consultou um terceiro avaliador, o *top referee*, como é designado. O primeiro *referee* afirma:

«Este manuscrito é demasiado especializado para ser publicado numa revista geral de química e os resultados, apresentando um desvio da teoria de Marcus e associados a uma explicação hipotética, não são suficientemente fundamentais e gerais para serem publicados no Chem. Eur. J.».

No final do parecer, sugere a publicação do artigo em revista mais especializada.

A respeito deste comentário, na carta de resposta ao Editor, limitámo-nos a salientar: «Dado que Marcus recebeu o prémio Nobel e que o seu artigo principal sobre reacções de transferência de electrão recebeu mais de 3700 citações, e mais de 400 nos últimos dois anos, estamos certos que «desvios à teoria de Marcus» têm interesse para uma vasta audiência. Este entendimento é claramente partilhado pelos outros dois *referees*».

O parecer do segundo avaliador, favorável à publicação, é para nós o de maior interesse:

«Esta equipa de investigadores tem uma longa lista de publicações onde têm aplicado a teoria ISM a uma variedade de reacções químicas. A aplicação da sua teoria ISM parece, infelizmente, ter sido pouco notada pela comunidade de investigação sobre transferência de electrão. Não tenho conhecimento de uma crítica independente do ISM vs. Marcus, que é tremendamente necessária para o ISM poder ser aceite».

Recorda que a teoria de Agmon e Levine, mais próxima de ISM, teve bastante credibilidade no domínio das reacções da transferência de electrão até aos inícios dos anos 80, época em que a teoria de Marcus adquiriu vantagem perante a validação experimental, nomeadamente mediante a confirmação da existência da «região invertida».

O avaliador estudou e meditou sobre a aplicação de ISM ao domínio das reacções de transferência de electrão, pois afirma:

«O meu sentimento, depois de ter lido a teoria ISM durante a semana passada, é que tem muito para oferecer no que diz respeito a uma percepção geral, mas as bases físicas são mais fracas do que as teorias do tipo-Marcus (incluindo as modificações quanto-mecânicas de Marcus). As assunções fundamentais do ISM relacionadas como o BEBO e com a entropia configuracional de Agmon-Levine podem estar qualitativamente fundamentadas (o que quer dizer que é pelo menos útil para obter correlações qualitativas). Porém, estas assunções não parecem ser tão fundamentadas que permitam servir de base para conseguir resultados quantitativos de confiança. [...]. Nenhuma desta noções se baseia nos princípios fundamentais e, portanto, não inspira grande confiança nos números do ISM quando comparados com resultados experimentais».

É interessante o questionamento do *referee* sobre os fundamentos físicos de ISM quando comparados com TM. Mas é tema que não se consegue resolver no âmbito de um artigo. Carece de uma visão mais abrangente, julgo que só possível de alcançar em livro de texto.

O terceiro avaliador afirma:

«*Este é um manuscrito bem escrito e bem fundamentado, que descreve uma análise detalhada da cinética e termodinâmica da transferência de electrão em CO_2 supercrítico*».

Sugere uma mais pormenorizada comparação dos dados experimentais medidos em fluido supercrítico com dados obtidos em solventes correntes. E conclui o parecer do seguinte modo:

«*Uma vez este ponto devidamente abordado, o trabalho pode ser uma mais-valia significativa e apreciada para o largo espectro do Chemistry A European Journal*».

Assim foi aceite para publicação este manuscrito, após algumas modificações menores.

A corroboração de teorias

Para Karl Popper, o espírito do cientista deve ser eminentemente crítico. Sendo assim, a sua atitude epistémica prioritária terá de ser a de procurar refutar as conjecturas que vão sendo apresentadas para explicar os fenómenos empíricos. Em relação a qualquer teoria é possível derivar um certo conjunto de consequências. Por outro lado, somos capazes de formular uma série de enunciados contraditórios com essas consequências. Assim, seguindo uma lógica de falsificação, um cientista pode dispor de uma série de *falsificadores potenciais* para uma teoria. Na prática científica não é esta a atitude corrente, a de elaboração de experiências que permitam esclarecer a verdade ou a falsidade das teorias. Mas o facto é que, no decurso da actividade científica, uma ou outra vez surgem situações de *corroboração* de teorias. E uma teoria possui um maior grau de corroboração quando resistiu a mais críticas e contrastações mais severas e não quando foi «mais verificada».

Regressemos à controvérsia entre TM e as suas formulações quânticas devidas a Jortner, entre outros, e a teoria ISM. Será que os fundamentos físicos da teoria de Marcus para reacções de transferência de electrão são mesmos superiores aos de ISM? Ou será que só aparentemente existe uma boa fundamentação que não aguenta um forte abanão ao procurar-se a sua corroboração? O critério de minimização de energia para estimar os comprimentos de equilíbrio das espécies redutora e oxidante numa reacção de troca de electrão parece sólido. Mas não funciona!

Consideremos duas teorias T_1 e T_2 em que a classe dos falsificadores da primeira, F_1, é superior à da segunda, $F_1 > F_2$. Isto significa que T_1 diz mais acerca do mundo da experiência que T_2, já que exclui uma classe maior de enunciados de base empírica. Do que temos vindo a narrar, podemos considerar os seguintes potenciais falsificadores para TM: i) experiência de Nelsen de reacções de transferência de electrão em solução líquida e em fase gasosa com praticamente valores muito próximos de barreiras de energia; ii) os estudos de mecânica quântica para as distensões efectivas oxigénio/oxigénio na reacção O_2/O_2^-, que são superiores aos decorrentes da minimização da reorganização interna da TM; iii) a velocidade da reacção de troca electrónica $Co(OH_2)_6^{3+/2+}$; iv) os efeitos de solvente em reacções de troca electrónica em que uma das espécies não tem carga, bem como as novas teorias de reorganização do solvente como a de Xian-Yuan Li; v) a ausência de correlação da constante da reacção de troca $Fe(Cp)_2^{0/+}$ com os parâmetros do solvente da TM[34]; vi) a existência de reacções de recombinação de carga[35] com a mesma energia de reacção $\Delta G^0 = -60$ kcal/mol e todas com a mesma velocidade em meios tão diferentes como acetonitrilo, heptano e CO_2-sc, vii) a existência da região de Rehm-Weller; viii) a existência da «dupla região-invertida». Todo este conjunto de empíria falsifica a teoria de Marcus, mas não falsifica, antes corrobora ISM. Tal como Popper sugere, só estamos a considerar as contrastações mais severas, que outras, de carácter menos crucial, apontam no mesmo sentido.

A *verosimilhança* de uma proposição (ou teoria) depende da quantidade de verdades e de falsidades que essa proposição implica. Este é, de algum modo, o carácter da Tabela 6.5, agora complementada com outros factos empíricos. A Tabela 13.2 retoma precisamente a «Teoria da Coerência Explicativa» de Thagard, agora incorporando toda a evidência dos padrões de reactividade para a reacção de troca ferroceno/ferriceno e para recombinação de carga em exciplexos, reacções exotérmicas e ultra-exotérmicas. Considera-se que a TM requer a «*golden-rule*/TM» para dar conta do carácter de parábola assimétrica da região invertida, e requer a simples «teoria clássica» para dar conta de uma região invertida de parábola simétrica, apresentando uma simples *relação quadrática* para dependência de k com a energia de reacção ($\Delta G^0 \ll 0$). Porém, estas duas formulações já não conseguem dar conta da *variação linear* observada pelo Prof. Mataga e colaboradores em muitas reacções de transferência de electrão fotoinduzida. ISM consegue dar conta deste tipo de variação, função do valor de Λ. Dada a incerteza no valor máximo da velocidade de transferência electrónica, para o padrão da região invertida de parábola simétrica não discriminaremos entre os dois padrões previstos por ISM: na zona dos valores máximos de k, num dos padrões a barreira da reacção é nula, $\Delta G^\ddagger = 0$, e no outro padrão a barreira é diferente de zero, $\Delta G^\ddagger \geq 0$.

Nesta análise de coerência explicativa incorporámos na TM os resultados da *golden-rule*/TM para a região invertida (parábola assimétrica) sem perder a capacidade de que a TM-clássica tem de prever uma região invertida de parábola simétrica. Não incorporámos o facto de a *golden-rule* requerer mais uma hipótese explicativa, nem as incoerências decorrentes dos ajustes do seu valor de «elemento de matriz electrónica». O formalismo *golden-rule*/TM é de transferências de electrão não-adiabáticas, o que requer valores de «elementos de matriz electrónica» relativamente baixos. Por vezes, os valores de ajuste aos resultados experimentais são elevados e deveriam corresponder a processos adiabáticos e não a processos não-adiabáticos.

Não obstante, a Tabela 13.3 sobre o confronto da coerência explicativa favorece ainda mais ISM. O nosso modelo apresenta uma maior verosimilhança para as reacções de transferência de electrão do que a teoria de Marcus. Sendo certo que «o conhecimento só se aprende e cresce por meio da crítica racional», tais falsificadores e a menor coerência explicativa da TM são fortes pressões de racionalidade para o seu abandono em favor de ISM.

Apesar de todo este emaranhado de razões, coloquemos uma hipótese académica num horizonte de futuro próximo: alguns cientistas, por questões de operacionalidade, continuarão a optar pelo mecanismo que a TM implica para reacções não excessivamente exotérmicas, e admitiriam ISM, como um outro mecanismo, para reacções de

Tabela 13.2 - Evidências e hipóteses explicativas no contexto da coerência explicativa de ISM e TM em 2005.[a]

Evidências experimentais		ISM–hipóteses		TM –hipóteses		
E_1	troca electrónica adiabática	H_1	distensões de ligações	H_1	reorganização interna	E_1
E_2	$Co_{(aq)}^{2+/3+}$	H_2	reorganiz. solvente zero	H_2	reorganização solvente	E_2
E_3	troca electrónica diabática	H_3	factor frequência adiabático	H_3	factor frequência adiabático	E_3
E_4	teorias de efeitos de solvente	H_4	factor frequência diabático	H_4	equação quadrática	E_4
E_5	efeito de solvente em $MeC_2^{0/+}$	H_5	barreira intrínseca (efeito Λ)			E_5
E_6	mecânica quântica em $O_2^{0/-}$					E_6
E_7	alquilhidrazina$^{0/+}$ (Nelsen)					E_7
E_8	CR em exciplexos com k iguais em meios de polaridade muito diferente					E_8
E_9	$Fe(Cp)_2^{0/+}$ em solventes					E_9
E_{10}	efeito de tamanho molecular					E_{10}
E_{11}	região normal ΔG^0 (<0)					E_{11}
E_{12}	região invertida ΔG^0 ($<<0$); parábola simétrica					E_{12}
E_{13}	região invertida ΔG^0 ($<<0$); parábola assimétrica com variação quadrática					E_{13}
E_{14}	região invertida ΔG^0 ($<<0$); parábola assimétrica com variação linear (Mataga)					E_{14}
E_{15}	Rehm-Weller ΔG^0 ($<<0$)					E_{15}
E_{16}	dupla região-invertida ΔG^0 ($<<<0$)					E_{16}

[a] Evidências não explicadas a negrito.

Tabela 13.3 - Confronto da coerência explicativa entre a TM e ISM

	E_j	H_j	Coerência explicativa = $E_j - H_j$
Teoria de Marcus	5	4	1
ISM	16	5	11

transferência electrónica ultra-exotérmicas; obviamente, haverá uma zona difusa em que os dois mecanismos serão concorrentes. Sem dúvida que ISM faz toda a gama de energias de reacção e, pela economia de pensamento usual em ciência expressa pela «navalha de Occam», o que se pode fazer com uma só teoria não se deve fazer com duas. A invocada economia de pensamento, todavia, só se aplica verdadeiramente às novas gerações de cientistas. As mais antigas, que já conhecem bem a TM e com ela se familiarizaram, para só utilizarem ISM terão de operar o enorme esforço psicológico e cognitivo de desfazer-se da TM e das rotinas que ela acarreta para os seus «conhecimentos pessoais». Para gerações mais velhas, a motivação para uma tal conversão é diminuta, a não ser que haja alguma insatisfação prévia com a teoria vigente. Trata-se mais de um investimento para o futuro que já não se lhes depara com um horizonte amplo. Reconhecemos, pois, a validade da visiva de Max Planck sobre as mudanças cognitivas e as revoluções científicas. Por razões já anteriormente explanadas, a este esforço pessoal de monta estão poupados os matemáticos.

Passada em revista esta hipótese académica, diga-se que, para todos os que entendem ter a ciência como objectivo supremo a *busca da verdade*, a mudança cognitiva é imprescindível dado que, racionalmente, ISM contém uma maior dose de verdade que TM. E para os que, como Ludovico Geymonat[36], entendem que a *procura de rigor* é o que mais caracteriza o discurso científico relativamente a outros tipos de discursos, também a mudança conceptual se impõe. Nenhuma teoria se pode considerar rigorosa de uma forma abstracta. Uma teoria só merecerá o título de científica em relação às exigências de rigor aceites numa dada época, que podem ser diferentes das de outra época. Aqui está a razão do carácter intrinsecamente histórico da ciência, mas no caso vertente, a TM não é rigorosa a respeito de muitos factos experimentais aceites pela comunidade.

A teoria de Marcus sobre a transferência de electrão formou-se após verificações iniciais para reacções de complexos de metais de transição. Perante os progressos alcançados, desprendeu-se da sua base experimental e adquiriu uma autonomia própria, elevando-se ao estatuto do mundo das ideias de Platão. É o exemplo dos grandes cientistas a luz que guia todos os trabalhadores da ciência. Isto deve toda a comunidade científica ao Prof. Rudolph Marcus. Mas temos proteger os olhos da mente, para que não fiquemos cegos com tais fontes luminosas.

Como nós reconhecemos em TM uma série de dificuldades, anomalias e enigmas para lidar com o mundo das observações experimentais que vão evoluindo com o progresso científico, regressámos à sua base experimental inicial para perceber o que então falhou. Nesta pesquisa fomos guiados por ISM que tem uma base conceptual diferente; uma base sólida para reacções com quebra e formação de ligações e ainda carente de fundamentação mais profunda para a transferência electrónica. Apercebemo-nos de que o sucesso inicial de TM (TM-1) se deve à existência de uma compensação de erros e, com toda a legitimidade, achamos que deve ser apeada do pedestal a que ascendeu. Isto sem relevar o grande mérito que teve, e ainda tem, em guiar todo o campo experimental da transferência de electrão. Mas atendendo às debilidades de que padece, a sua manutenção como paradigma no campo da transferência de electrão contém o risco de transformar a teoria de Marcus numa fonte de retrocesso do domínio ou, pelo menos, numa via teórica que não pode competir com o progresso que ISM promete, devido a um maior *poder explicativo*, a maior *capacidade preditiva*, a maior *âmbito* e a um *alcance* muito superior.

Limites de rupturas cognitivas

Em 1913 Jean Perrin, professor de química-física na famosa Universidade da Sorbonne, publicou *Les Atomes*[37] que à época vendeu mais de 30.000 exemplares em edições sucessivas. Segundo Bensaude-Vincent e Stengers, «exemplo raro de um livro de divulgação cuja publicação marcou a história das ciências»[38]. Os átomos existem! E a obra de Perrin tinha exactamente este propósito, de acabar com uma longa hesitação sobre a interpretação atomística.

«No contexto francês, o objectivo de Perrin não tem apenas propósitos científicos. Não se trata apenas de mandar calar os mandarins franceses que proíbem, no seu território, qualquer referência aos átomos, iões ou electrões, mas que a ciência pode claramente avançar para além dos fenómenos observáveis. Trata-se de quebrar uma relação epistemológica de uma ciência reduzida a inventar leis que reproduzem, sem as explicar, as regularidades observáveis».[39] Perrin abordou nesta obra deslumbrante uma das mais difíceis questões epistemológicas da ciência. Os átomos não estão acessíveis directamente aos nossos sentidos: não se podem «ver». Mas será que são uma realidade? Por outras palavras: será que a partir do visível podemos conhecer o invisível?

No Prefácio da obra, Perrin prepara o seu leitor para o papel da *analogia* na aquisição do conhecimento científico: «Homens como Galileu e Newton possuíam em grau extraordinário esse instinto intelectual da *inteligência das analogias*. Assim foi criada a energética, através de prudentes e progressivas generalizações estabelecidas por meio de relações entre realidades experimentais, acessíveis aos sentidos. Para se alcançar um ou outro destes princípios puseram-se em evidência analogias, generalizaram-se resultados da experimentação, mas todos estes raciocínios ou enunciados não fazem mais do que fazer intervir objectos que podem ser observados ou experiências que podem ser realizadas». Um pouco mais adiante, acrescenta: «Quando observamos uma máquina a funcionar não nos contentamos em observar apenas as peças visíveis. Procuramos adivinhar quais as engrenagens e as peças escondidas que podem explicam os seus movimentos. [...] Divisar a existência ou propriedades de objectos que estão para além do nosso conhecimento [directo], *explicar o visível complicado através do invisível simples*». E prossegue a narração: «Por mais pequenos que nos pareçam estes limites superiores das grandezas moleculares (bolas de sabão), que marcam o termo actual da nossa percepção directa, podem ainda estar muito acima dos valores reais. Quando nos lembramos tudo o que a química deve a estas noções de molécula e de átomo, é difícil continuar a duvidar da existência destes componentes da matéria. Mas enfim, até agora ainda nos encontramos longe de poder decidir se tais elementos da matéria se encontram no limiar das grandezas directamente observáveis ou se são tão inconcebivelmente pequenos que já pouco nos falta para os considerarmos infinitamente afastados do nosso conhecimento»[40].

Sobre o *movimento browniano*, a agitação caótica observada no ultramicroscópico em colóides, escreve: «A agitação molecular escapa à nossa percepção directa, como o movimento das vagas do mar escapa a um observador mais longínquo. No entanto, se um barco se encontrar no campo de visão, o mesmo observador poderá ver o balancear do barco que lhe revela uma agitação que não suspeitava. Poderemos esperar, do mesmo modo, que se partículas microscópicas se encontram num fluido, essas partículas, embora grandes em demasia para serem seguidas no microscópio, sejam suficientemente pequenas para serem agitadas de forma notória pelos choques moleculares».

Após estudos sobre gases ionizados, Jean Perrin iniciou-se na nova física dos «modelos cinéticos» com um objectivo maior, o estudo de gotículas em suspensão em soluções coloidais e, a partir daí, fixar o valor do «número de Avogadro», N_A. Um número que aparece em todos os modelos cinéticos, mas que ninguém ainda havia calculado de forma convincente. Com efeito N_A era uma grandeza desconhecida que aparecia associada a outra grandeza desconhecida, por exemplo, o peso do átomo ou de uma carga elementar, ou seja uma quantidade que caracteriza a hipotética entidade elementar posta em evidência pelo modelo cinético. «Perrin centrou pois a existência dos átomos na busca do valor de N_A, verdadeiro «Graal atomístico»».

A obra conclui como se ilustra de forma um pouco resumida na Tabela 13.4, a «convergência» das múltiplas determinações de N_A que Perrin foi produzindo num programa científico iniciado em 1908. «Não nos podemos deixar de surpreender pelo milagre das concordâncias obtidas com tanta precisão a partir de fenómenos tão diferentes. Primeiramente encontramos a mesma ordem de grandeza para cada um dos métodos, [...] os números assim definidos, por tantos métodos diferentes, coincidem sem ambiguidades, o que confere à realidade molecular uma grande verosimilhança, bem próxima da certeza [absoluta]. Por mais que se imponha a realidade molecular, devemo-nos encontrar sempre na situação de exprimir uma realidade visível sem fazer apelo a elementos ainda invisíveis. Para tal basta eliminar a variável N_A entre as 13 equações que serviram para a sua determinação, obtendo-se 12 equações onde apenas figuram realidades acessíveis aos sentidos»[41].

Tabela. 13.4 - Estimativas da constante de Avogadro por Perrin em *Les Atomes*[42].

Fenómenos observados	$N_A/10^{22}$
Viscosidade de gases	62
Distribuição vertical de emulsões	68
Movimento browniano: deslocamentos	64
Movimento browniano: rotações	65
Movimento browniano: difusão	69
Opalescência crítica	75
Azul celeste	65
Difusão da luz em árgon	69
Espectro do corpo negro	61
Cargas de partículas microscópicas	61
Radioactividade: geração de hélio	66
Radioactividade: energia radiante	60

Perrin confiou na realidade dos átomos e estes retribuíram com uma enorme riqueza de visivas para as ciências físicas e químicas, muitas delas surpreendentes. Mas o critério tão escrupulosamente construído para *demarcar* o conhecimento científico do religioso, mediante o directamente observável, ... caiu. De certo modo, o livro de

Perrin criou os seus dramas, com a conversão de cientistas como Wilhelm Ostwald, com a morte de Ludwig Boltzmann que tanto defendeu a realidade atómica entre os físicos e se esgotou emocionalmente neste combate que terminou mesmo à beira do triunfo, ou com a obstinada recusa da realidade atómica por Ernst Mach até ao fim da sua vida, já curta após *Les Atomes* ter vindo a lume, pois faleceu em 19 de Fevereiro de 1916.

Sir (William) Lawrence Bragg, que tive o privilégio de conhecer na *Royal Institution*, escreveu um dia: «*the essence of science lies not in discovering new facts but in discovering new ways of thinking about them*»[43]. Se esta é a essência da ciência, nós cumprimo-la, pois a descoberta de novos factos surge já como fruto amadurecido do «novo modo de pensar». Mas para cumprir a ciência há uma nova etapa a percorrer, a de convencer alguns cientistas competentes que este novo modo de pensar os vai satisfazer e é fértil e de alcance. As forças estruturais que podem levar a um tal convencimento são as forças da racionalidade. Todas as outras, importantes que são numa dada época, não passam de catalisadores e inibidores. Desaparecem quando o pó da história assentar.

Ao debruçar-me sobre *Les Atomes* verifico que com 12 metodologias independentes, Perrin operou uma «ruptura cognitiva» de monta na comunidade científica. De modo paralelo, a Tabela 13.3, com 10 anomalias independentes a favor de ISM contra TM, mostra que numericamente nos encontramos bem perto do limite da ruptura cognitiva de Perrin e estarmos a lidar com tema de muito menor monta. Mas não tenho o prestígio de Jean Perrin, nem a credibilidade científica de uma França a apoiar-me. Acresce que os interesses profissionais nas comunidades de hoje parecem ser muito mais fortes do que nos inícios do século XX.

Os fundamentos físicos das reacções de transferência de electrão em ISM

Quando nos veio à mão o parecer de um dos avaliadores atrás referidos, argumentando que «os fundamentos físicos da teoria de Marcus para reacções de transferência de electrão são superiores aos de ISM», encontravamo-nos precisamente a escrever os capítulos sobre reacções de transferência de energia (Luís) e de transferência de electrões (eu) para o livro a publicar pela *Elsevier*. De novo surge a via pedagógica, colocando-nos perante a necessidade de explicar os fundamentos de ISM para esta classe de reacções.

Nas Figuras 6.4 e 12.4 admitimos que na transferência electrónica de camada externa, as espécies oxidante e redutora haviam de alcançar uma configuração comum em geometria e energia, num ponto de cruzamento de curvas de energia potencial das ligações reactivas. Contudo, esta perspectiva confronta-se com a ausência de um ponto de cruzamento nas curvas de energia para algumas espécies diatómicas, nomeadamente para casos do tipo X_2/X_2^+, dada a energia bastante mais elevada de X_2^+ em relação a X_2. Uma reacção de troca de electrão poderá requerer tão-só uma adequada sobreposição de funções vibracionais de estados intermédios virtuais para configurações de mais baixa energia, desde que nos estados envolvidos na sobreposição vibracional haja *conservação de energia* e, como veremos, também de *conservação de ordem de ligação*. Procuremos, pois, verificar se um critério de maximização de factores FC pode dar conta de uma transferência electrónica entre espécies oxidantes e redutoras.

O recurso à estrutura vibracional de espectros de absorção e de emissão é um caminho experimental que pode proporcionar estimativas seguras de factores de Franck–Condon (FC) com os quais ISM se pode confrontar. Tal como se confrontou também com medidas de distensões de comprimentos de ligações em reacções químicas elementares provenientes de cálculos de mecânica quântica. São procedimentos que reforçam ISM nos seus alicerces.

A estimativas de factores de FC é a prossecução de um caminho já encetado com os primeiros estudos da aplicação de ISM a reacções de transferência de energia em estados tripleto[44]. No capítulo do livro de Cinética Química sobre a transferência de energia, o Luís estimou factores FC de sobreposição vibracional para moléculas diatómicas em termos do modelo de oscilador harmónico. Para o cálculo de tais factores basta conhecer o deslocamento dos mínimos dos osciladores e as respectivas constantes de força, f, dados provenientes de estudos espectroscópicos. O modelo de moléculas diatómicas não suscita qualquer ambiguidade na estimativa de tais sobreposições, pois só envolve uma vibração em cada espécie molecular. Seguidamente, compara tais estimativas empíricas com as decorrentes do cálculo das distorções efectivas de ligações, d_{eff}, proporcionadas por ISM, em função da ordem de ligação, n, de acordo com a expressão,

$$d_{eff} = \frac{0,108}{n^{\ddagger}} \left(l_{ox} + l_{red} \right)$$

O que se verifica é que há um bom acordo entre a diferenças de comprimentos espectroscópicas de equilíbrio de espécies X_2/X_2^- e X_2/X_2^+ e as distorções efectivas estimadas por ISM em termos da ordem de ligação para a configuração activada de transição, $n^{\ddagger}$, média dos valores das ordens de ligação nas espécies oxidadas e reduzidas, $n^{\ddagger} = (n_{ox} + n_{red})/2$. Se há bom acordo em d_{eff}, o mesmo se dirá dos correspondentes factores de Franck–Condon (FC).

O facto de ISM permitir estimar factores FC explica, de um modo natural, a razão do bom acordo da aplicação da Teoria de Efeito Túnel (TET) por Shizuka para deslocamentos sigmatrópicos (Figura 1.2) com as estimativas das distensões d por ISM. Quer TET quer ISM calculam factores de Franck-Condon. Contudo, a fundamentação da aplicação de ISM a reacções de transferência de electrão em termos de factores FC não é nenhuma demonstração matemática, ao *modo-1* do conhecimento, e portanto não garante uma validade universal. Mas espera-se que seja válida quando as variações nos comprimentos de ligação, l, sejam devidas a variações de ordem de ligação, n, em cerca de 0,5 (equivalente à perda ou o ganho de um electrão).

Será que os factores FC serão relevantes para reacções de transferência de electrão em espécies diatómicas X_2/X_2^- em fase gasosa? Em fase gasosa, porque a confrontação com estudos neste meio permite eliminar, em absoluto, o efeito do papel do solvente em reacções de transferência de electrão, a que a teoria de Marcus faz apelo. Posteriormente, será apropriado comparar tais resultados com estudos em soluções líquidas. Mas em fase gasosa tais espécies diatómicas distam correntemente entre si de cerca de 2-3 Å, e a tais curtas distâncias os acoplamentos electrónicos são muito fortes. A transferência de electrão acaba por ser um processo adiabático numa única superfície de energia potencial. Deste modo, tais reacções não representam a transferência de electrão de camada externa, as reacções que verdadeiramente temos em mente.

Para a confrontação de ISM com cálculos de factores FC e velocidades de transferência electrónica em fase gasosa, são mais apropriadas reacções como ferroceno/ferricínio $(Fe(Cp)_2/Fe(Cp)_2^+)$, em que os centros metálicos vão distar no complexo colisional de cerca de 7 Å, e os acoplamento electrónicos serão baixos (cerca de 1,5 kJ mol^{-1}), o suficiente para este sistema molecular constituir um bom modelo para representar uma reacção ET de camada externa não-adiabática, mas com um factor de transmissão electrónico muito próximo da unidade. Em fase gasosa, tais espécies formam um complexo com uma energia de 24,5 kJ mol^{-1} ($\Delta H^0 = -24,5$ kJ mol^{-1}) e uma energia de activação de 28 kJ mol^{-1}. ISM estima uma barreira de energia $\Delta H^\ddagger = 26,5$ kJ mol^{-1} muito próximo do valor experimental. Convém subsequentemente atentar que a barreira de energia em soluções de acetonitrilo (24 kJ mol^{-1}) dá um valor muito próximo do valor em fase gasosa.

Todas estas considerações também se aplicam às alquilhidrazinas para as reacções de troca Me$_2$N$_2$)$_2$/Me$_2$N$_2$)$_2^+$ em fase gasosa. O calor de associação do complexo é de −54 kJ mol^{-1}, com uma barreira de energia à troca electrónica relativamente elevada, 77 kJ mol^{-1}; ISM calcula uma barreira de 78 kJ mol^{-1}, muito próximo do valor anterior. Como estes valores são muito próximo das barreiras em soluções líquidas de acetonitrilo (72 kJ mol^{-1}), Nelsen escreveu uma frase mortífera num seu artigo: «*There is apparently a closer correspondence of ET barriers in the presence and absence of solvent than most people expected*». Como havíamos referido anteriormente, nas alquilhidrazinas as barreiras de energia para a transferência electrónica são quase as mesmas na ausência e na presença de solvente, contra as expectativas da maioria da comunidade dos químicos guiadas pela TM, de facto, por TM-1. Para um cientista que tem cerca de 150 artigos científicos publicados no *J. Am. Chem. Soc.*, a esmagadora destes estudos com alquilhidrazinas, só posso conjecturar que o facto de um tal artigo ter sido publicado numa revista inglesa[45], só poderá ter resultado de uma rejeição na revista científica americana. Em 1986, cerca de 15 anos antes, eu escrevia algo muito equivalente, em artigo que só consegui publicar na *Rev. Port. Quim.*: «*In contrast to current theories for outer-sphere reactions which consider bulk solvent reorganization as an important part of the activation process, our model suggest that the main activation free energy barrier for outer- and inner-sphere reactions is dominated by inner-shell reorganization*»[46].

Quando lidamos a nível de uma transformação química há deslocalização de electrões, o que implica variações de ordem de ligação, n. O modelo ISM condiciona as variações de energia também a variações de *ordem de ligação*. Numa transferência de electrão em espécies X$_2$/X$_2^-$ e X$_2$/X$_2^+$ há variações de ordem de ligação nas formas oxidadas e reduzidas. A transferência electrónica terá de ocorrer numa *configuração activada* em que os comprimentos de X–X nas formas redox sejam iguais e, consequentemente, as ordens de ligações também o sejam. Na transferência de electrão há pois uma conservação da ordem de ligação, pelo que se terá de verificar, nas respectivas configurações activadas do estado de transição, ser $n^\ddagger = [n(X_2) + n(X_2^-)]/2$ e $n^\ddagger = [n(X_2) + n(X_2^+)]/2$. Como a transferência de electrão requer a igualdade de energia das espécies no estado de transição bem como um igualdade de ordem de ligação, tal corresponde a um *ponto de cruzamento* no plano definido pelas coordenadas de *energia*, E, e de *ordem de ligação*, n, tal como nas Figuras 6.4 e 12.4 se definiram os *pontos de cruzamento* no plano definido pelas coordenadas de *energia*, E, e de *comprimentos de ligação*, l.

Há sistemas moleculares, como $Fe(OH_2)_6^{3+}$ e $Fe(OH_2)_6^{2+}$, em que os comprimentos das ligações reactivas Fe–O têm diferentes valores para os comprimentos de equilíbrio, l_{ox}=1,98 Å e l_{red}=2,10 Å, apesar de, numa forma simplificada, se considerar que estamos a ligar em ambos os casos com ligações simples, n_{ox}=n_{red}=1. Seria sempre possível definir a ordem de ligação n de um modo mais exacto, mas o modelo ISM é bastante insensível a estes pequenos efeitos, dado que faz um escalamento das distorções efectivas, d, pelos comprimentos de equilíbrio das ligações reactivas. Um tal escalamento compensa adequadamente pequenas variações nos comprimentos de equilíbrio que não sejam devidas a variações das ordens de ligação.

A TM tem um critério de minimização para estimar $\Delta G_{in}^{\ddagger}$, ao encontrar uma configuração de comprimento, l^*,

$$l^* = \frac{f_{ox}\, l_{ox} + f_{red}\, l_{red}}{f_{ox} + f_{red}}$$

intermédia entre os comprimentos das ligações reactivas nas formas oxidadas e reduzidas. Quando $l_{ox} \approx l_{red}$ a reorganização interna é nula, $\Delta G_{in}^{\ddagger} \approx 0$, como é o caso do sistema $Fe(Cp)_2/Fe(Cp)_2^+$; de facto, para este sistema estima-se $\Delta G_{in}^{\ddagger}$=1 kJ mol^{-1}. Claramente o critério de minimização de energia proposto para a estimativa de $\Delta G_{in}^{\ddagger}$ pela teoria de Marcus – uma configuração intermédia entre a forma oxidada e reduzida – é inadequado para as reacções de transferência de electrão. A necessidade de se alcançar sempre uma configuração do cruzamento das curvas de energia potencial, para a ocorrência de uma transferência electrónica, parece hoje excessiva. Mas algures terá de ser alcançada uma «configuração nuclear activada» que proporcione os maiores valores de factores de FC, conservando, contudo, a ordem-de-ligação (n) global – o condicionamento químico – na transferência de electrão.

Este conjunto de argumentos mostra que na teoria de Marcus tais pequenas variações de comprimentos de ligação fazem deslocar muito pouco o sistema numa superfície de energia potencial. De facto, os deslocamentos continuam a situar-se em regiões muito próximo das configurações de equilíbrio – assim as moléculas não «fazem química»! Portanto, um tal critério não permite qualquer transformação química, pois esta requer alterações nas ordens de ligação nas ligações reactivas de cada um dos reagentes, até se alcançarem novas regiões para as quais se conserva a ordem de ligação em termos de $n^{\ddagger}$=$(n_{ox}+n_{red})/2$. Com este conjunto de perspectivas, podemos reconhecer que os fundamentos de ISM saem um pouco mais fortalecidos, mas os alicerces da teoria de Marcus ficam profundamente abalados.

O estado de transição para uma reacção de transferência electrónica, não tem um *comprimento de ligação* intermédio entre a forma oxidada e reduzida, como advoga a teoria de Marcus. É precisamente a *ordem de ligação* que, no estado de transição, tem um valor intermédio entre os valores das formas oxidada e reduzida, como advoga ISM. Numa reacção com quebra e formação de ligações, numa transferência de electrão ou mesmo numa transferência de energia electrónica, há mudanças de ordem-de-ligação em cada uma das moléculas reagentes. Exemplificando, na espécie oxidada a ordem-de-ligação é inicialmente n_{ox}, para passar a ter o valor n_{red} após a transferência de electrão.

Assumindo que num processo químico há sempre necessidade de uma *distorção* das ligações reactivas para as retirar dos respectivos mínimos de energia, ISM mostra que uma tal distorção é proporcional à ordem-de-ligação no estado de transição, $n^{\ddagger}$, e aos comprimentos de equilíbrio das ligações, l_0. ISM concebeu um critério de minimização de energia que tem em conta: i) estas variações localizadas de n, mas sujeitas globalmente a uma conservação da ordem-de-ligação, o que abarca reagentes e produtos; ii) Com o conhecimento das *variações das ordens de ligação entre o estado de transição e os reagentes* evolui-se para a estimativa das *variações de compressões* ou *distensões* das ligações químicas, $\Delta l^{\ddagger}$; iiia) A partir de $\Delta l^{\ddagger}$ estima-se a *variação de energia*, $\Delta E^{\ddagger}$, com base no conhecimento das *curvas de energia potencial*; iiib) Em alternativa, a partir da mesma base de conhecimento de $\Delta l^{\ddagger}$, em vez de evoluir para uma estimativa *barreiras de energia*, pode-se estimar *factores de Franck-Condon*.

Perante a condição caracterizadora do mesmo estado de transição em termos de ordem de ligação, $\Delta n^{\ddagger}$, para a transferência de electrão a expansão ou compressão[47] das ligações reactivas é, em valor absoluto, muito superior à estimada por TM. É que a teoria de Marcus não leva em conta as variações de n em cada uma das espécies moleculares dos reagentes durante as transformações químicas.

Finalmente, é em relação a este referencial da «conservação da ordem de ligação», que a teoria ISM perspectiva os casos de aumento da ordem-de-ligação no próprio estado de transição em termos de «efeitos de ressonância».

NOTAS

[1] Como o meu leitor poderá ter reparado, não somos muito consistentes no uso de unidades: kJ/mol, kcal/mol. Por vezes tal depende das revistas onde os artigos são submetidos a publicação, mas os muitos químicos ainda preferem as unidades de calorias.

[2] C. Serpa, L. G. Arnaut, S. J. Formosinho, K. Razi Naqvi, «Calculation of Triplet-Triplet Energy Transfer Rates from Emission and Absorption Spectra. The Quenching of Hemicarcerated Triplet Biacetyl by Aromatic Hydrocarbons, *Photochem. Photobiol. Science, 2*, 616-623 (2003).

[3] Nitrilos: cianetos de alquilos ($RC\equiv N$); exemplos: etanonitrilo (acetonitrilo) $CH_3C\equiv N$; acrilonitrilo $CH_2=CHCN$; fumaronitrilo $N\equiv CC(H)=C(H)C\equiv N$;

[4] C. Serpa, P. J. S. Gomes, L. G. Arnaut, S. J. Formosinho, J. Seixas de Melo e J. Pina, «Electron transfers in supercritical CO_2. Ultra-exothermic charge recombinations at the end of the 'Inverted Region'», *Chem Eur. J., 12*, 5014-5023 (2006).

[5] O comentário mostra bem que a controvérsia de bastidores com TM é bem conhecida da comunidade da especialidade.

[6] Foi apelidada anteriormente de *golden-rule/*TM.

[7] Para os dadores e aceitadores nos exciplexos referidos: pireno 3.98 Å, *orto*-xileno 3.64 Å e fumaronitrilo 3.20 Å.

[8] O mundo da reactividade química é um mundo clássico com pormenores quânticos (como o efeito de túnel) ou um mundo inteiramente quântico? ISM e muitos dos estudos de dinâmica química em PES recorrem à primeira perspectiva. A teoria de Jortner segue a segunda, mas, deste modo, fica com tanta flexibilidade que tem de sofrer restrições, como as devidas à teoria de Marcus, que são de índole clássica. Contudo, estes «pormenores clássicos» são de enorme relevância, pois a teoria de Jortner associada à teoria de Marcus não consegue prever a existência de uma dupla região-invertida, enquanto que associada a ISM já revela essa capacidade de previsão. Escusado será dizer que, por si só, ISM tem essa capacidade de previsão.

[9] C. Serpa, L. G. Arnaut, «Does molecular size matter in photoinduced electron transfer reactions?», *J. Phys. Chem. A*, *104*, 11075-11086 (2000)

[10] Este método baseia-se no cálculo do volume excluído para uma esfera de 1,4 Å de raio, e de modo que não haja contacto de van der Waals entre a molécula e a esfera.

[11] Estou a considerar moléculas diatómicas e não «unidades estruturais» que podem ser átomos, como nos gases nobres.

[12] T. S. Kuhn, «A tensão essencial», Edições 70, 1977, págs. 383-405.

[13] Nimti, *not in my time*.

[14] S. J. Formosinho, L.G. Arnaut, R. Fausto, *Prog. React. Kinetics*, *23*, 1-90 (1998).

[15] T. S. Kuhn, «A tensão essencial», *ob. cit.*, págs. 383-405.

[16] Kuhn, «A tensão essencial», *ob. cit.*, pág. 386.

[17] B. Bensaude-Vincent e I. Stengers; «História da Química», Instituto Piaget, Lisboa, 1996, pág. 119.

[18] Bensaude-Vincent e Stengers; *ob. cit.*, pág. 120.

[19] D. Knight; «Ideas in Chemistry», The Athlone Press, Londres, 1992, pág. 68.

[20] J. Oliver, «Peer review», em *Schocks and Rocks*, American Geophysical Union, 1996, pads. 113-115; agradeço ao Prof. António Ribeiro, do Museu de História Natural da Universidade de Lisboa, pela chamada de atenção para este trabalho.

[21] J. Echeverría, «Introdução à Metodologia da Ciência», Almedina, Coimbra, 2003, pág. 147.

[22] R. M. D. Nunes, L. G. Arnaut, K. M. Solntsev, L. M. Tolbert, S. J. Formosinho, «Excited-state proton transfer in gas-expanded liquids: The role of pressure and composition in CO_2/Methanol mixtures,. *J. Am. Chem. Soc.*, *127*, 11890-11891 (2005).

[23] http://dqs.worldatwar.org/robots/15\2.html; 28 Dezembro 2004.

[24] J. R. Platt, «Strong inference», *Science*, *146*, 347 (1964).

[25] T. C. Chamberlin, «The method of multiple working hypotheses», *J. Geol.*, *5*, 837 (1897); itálicos nossos.

[26] H. Lara, «Temporalizar, Socializar, Agir», Hugin, Lisboa, 2004, pág. 15.

[27] S. Fukuzumi, K. Ohkubo; H. Imahori e D. M. Guldi, «Driving force dependence of intermolecular electron-transfer reactions of fullerenes», *Chem. Eur. J.*, *9*, 1585-1593 (2003).

[28] Concedo que a existência da dupla região-invertida é menos inesperada do que a da «região invertida» de Marcus.

[29] S. J. Formosinho, L.G. Arnaut, R. Fausto, *Prog. React. Kinetics*, *23*, 1-90 (1998).

[30] X.-X. Li, K.-X. Fu, Q. Zhu, M-H. Shan, «New formulation for non-equilibrium solvation: dielectric constant change during charging process and influence of slow response of polarization upon solvent reorganization energy of electron transfer», *J. Mol. Structure (Theochem)*, *671*, 239-248 (2004); ver também K.-X. Fu, X.-X. Li, Q. Zhu, Z. Gong; S.-Z. Lu, Z.-M. Bao, «New formulation for non-equilibrium solvation: a consistent expression of electrostatic free energy by different methods and its application to solvent reorganization energy and spectral shifts in solution», *J. Mol. Structure (Theochem)*, *715*, 157-175 (2005),

[31] R. Penrose, «A Mente Virtual», Gradiva, Lisboa, 1997, pág. 544.

[32] I. Bernard Cohen, «Revolution in Science», The Belknap Press of Harvard University Press, Cambridge, Massachusetts, 1985, cap. 18.

[33] Revista equivalente ao *J. Am. Chem. Soc.*, mas a nível das sociedades de química europeias, e com um factor de impacto inferior à revista americana, mas mesmo assim muito elevado (FI=4,517).

[34] $[(1/D_{op})-(1/D_s)]$, sendo D_{op} a constante dieléctica óptica e D_s a constante dieléctrica estática.

[35] Em exciplexos 2,6,9,10-tetracianoantraceno/mesitileno em acetonitrilo, e perileno/fumaronitrilo em CO_2-sc e heptano.

[36] L. Geymonat e G. Giorello, «As razões da ciência», Edições 70, Lisboa, 1986, págs. 24, 33.

[37] J. Perrin, «Les Atomes», Librairie Félix Alcan, Paris, 1927, 6ª edição.

[38] Bensaude-Vincent e Stengers; *ob. cit.*, pág. 331.

[39] Bensaude-Vincent e Stengers; *ob. cit.*, pág. 330.

[40] Perrin, *ob. cit.*, págs. 75, 76.

[41] Perrin, *ob. cit.*, pag. 294.

[42] Perrin, *ob. cit.*, pag. 295.

[43] A essência da ciência não assente na descoberta de novos factos, mas na descoberta de novos modos de pensar acerca deles [factos científicos].

[44] Serpa, Arnaut, Formosinho, Razi Naqvi, *Photochem. Photobiol. Science, 2*, 616-623 (2003).

[45] S. F. Nelsen, A. Konradsson, T. L. Jentzsch, J. J. O'Konek e J. R. Pladziewicz, «Comparison of gas and solution phase intrinsic rate constants for electron transfer of tetraalkylhydrazines», *J. Chem. Soc., Perkin Trans. 2*, 1552-1556 (2001).

[46] S. J. Formosinho, «The role of bond order and entropy of transition states in electron transfer reactions. Part 2. Reaction energy effects on outer-sphere and inner-sphere reactions», *Rev. Port. Quim., 28*, 48-56 (1986).

[47] Na aproximação de osciladores harmónicos não é possível distinguir entre a distensão e a compressão das ligações químicas.

CAPÍTULO 14

Os Caminhos da Ribalta da Ciência

Prémios científicos e seus condicionamentos sociológicos

O reconhecimento do mérito da criatividade humana continua a ser uma enorme força motriz em toda a actividade científica, artística ou cultural. É um pouco surpreendente que este atractor de motivação dos cientistas não tenha sofrido qualquer declínio ao longo dos tempos mais recentes pois, como referimos no Capítulo 2, já transitámos de uma era de «ciência em expansão» para uma era de «ciência em regime estacionário». O reconhecimento do mérito é claramente um ícone do regime da «ciência em expansão», que alcança o seu supremo CUDOS com a conquista de um prémio Nobel. Não parece esmorecido, contudo, nesta «era de uma ciência em competição por recursos escassos».

O mais prestigiado de todos os reconhecimentos da comunidade científica veio com o legado de Alfred Nobel para premiar anualmente «a maior descoberta ou invenção ou melhoramento» no campo da Física, da Química e da Fisiologia ou Medicina[1]. Quando percorremos a história dos «Prémios Nobel», que já celebrou o seu centenário, compreendemos melhor muitos dos marcos miliários que a ciência colocou na história da humanidade.

Houve dificuldades iniciais para a execução do testamento de Alfred Nobel, umas a nível dos seus herdeiros, outras pelas suas intenções serem consideradas, de algum modo, anti-patrióticas. Foi o criticismo presente na sociedade sueca do tempo, e do próprio rei Óscar II, devido à circunstância de elevados montantes de dinheiro sueco irem parar a mãos estrangeiras[2]. Todavia, foi esta característica de universalidade, associada à presença do Rei e da família real nas cerimónias, que veio proporcionar o enorme prestígio que estes prémios granjeiam, e hoje a atribuição dos prémios Nobel é motivo de forte orgulho para os Países Escandinavos.

Alfred Nobel faleceu em San Remo, Itália, em 10 de Dezembro de 1896. O seu testamento, escrito à mão em Paris, surpreendeu familiares e amigos pois a sua imensa fortuna foi dirigida quase exclusivamente para o estabelecimento dos prémios que hoje têm o seu nome. Que razões o terão levado a esta atitude? Uma especulação bem credível diz respeito ao modo como foi apresentada na imprensa a morte do seu irmão Ludwig. Em Cannes (França), os jornalistas confundiram-no com o próprio Alfred e a notícia saiu sob o título «*Le marchand de la mort est mort*»[3]. A angústia ter-se-á apoderado de Alfred Nobel, que escolheu um caminho seguro para não ser lembrado como tal[4]. De facto, a História é muitas vezes ingrata para com figuras que marcaram as culturas da humanidade, quando realça de forma marcada algo mais sombrio que cada um realizou, não reconheceu ou desprezou, muito em detrimento dos bons serviços que tais pessoas terão prestado à Humanidade ao longo das suas vidas. Alfred Nobel terá tido a notável intuição de se aperceber desta faceta dos historiadores, ou dos que vêm a escrever a História, e precaveu-se, a tempo, dos seus efeitos mais nefastos.

A ideia da criação de prémios para galardoar artistas e cientistas pelos seus feitos, independentemente das suas nacionalidades, etnias ou cor, radica nos ideais da Revolução Francesa. Os prémios Nobel, porém, suplantaram todos os outros, quiçá por serem «um galardão universal, sem qualquer intuito de engrandecer uma nação»[5]. A concessão de prémios científicos a cientistas é uma prática que atribui todo o contributo das descobertas ou invenções à pessoa ou pessoas, mas minimiza as instituições e o ambiente científico do respectivo país[6].

Os dois prémios Nobel atribuídos a portugueses tipificam estas duas situações. O prémio Nobel da Medicina de 1949 foi atribuído a António Egas Moniz, e ao suíço Walter R. Hess. Reportando-nos a Egas Moniz, decorria o ano de 1948 quando este médico foi homenageado no I Congresso Internacional de Psicocirurgia, que teve lugar em Lisboa. A evolução que imprimiu a nível neurológico e psiquiátrico teve amplo reconhecimento a nível mundial, e desse encontro científico brotou uma moção para propor Egas Moniz para o Nobel da Fisiologia ou Medicina. Digamos que este prémio deve muito à pessoa e menos ao ambiente científico da medicina em Portugal. Ambiente que, por razões políticas, conheceu revezes e obstáculos.

Presentemente, as nomeações para candidatos a um prémio Nobel científico provêm de antigos premiados, de professores de universidades seleccionadas anualmente, de cientistas convidados para o efeito, de membros da Academia Real de Ciências da Suécia, de membros dos respectivos Comités Nobel. É pois vasta a participação internacional nas propostas de nomeações para os candidatos.

No caso da concessão do Nobel da Literatura de 1998 a José Saramago, podemos reconhecer, independentemente da criatividade e originalidade do escritor, o contributo do ambiente cultural, fruto de uma vasta literatura em língua portuguesa. Parece que a heterodoxia suscita sempre reparos e incompreensões em Portugal. Tal como a respeito de Egas Moniz, também Saramago conheceu problemas com atitudes do Governo português a respeito da sua obra «O Evangelho segundo Jesus Cristo», que o seu apresentador, na cerimónia da atribuição dos prémios Nobel, descreve como: *«uma nova e maravilhosa versão da narrativa dos evangelhos, uma versão em que a oposição à ordem esperada se encontra na mesquinha sede de poder de Deus de forma que o papel de Jesus é redefinido como sendo o do desafio»*[7].

Prémios Nobel da Física e da Química

As regras da atribuição do prémio Nobel da Física e da Química, inicialmente procuravam contemplar uma «descoberta ou invenção importante e recente» e não o trabalho de uma vida. Assim se compreende que o físico A. Sommerfeld, que teve o recorde de 81 nomeações para o prémio Nobel da Física antes de 1959, o não tenha recebido[8]. Mas este entendimento foi sendo alargado nas suas perspectivas e, já com

Gerhard Herzberg (Nobel da Química 1971), o prémio reconhece o esforço de uma vida de pesquisa e não tanto uma descoberta singular. De alguma forma tal parece ser também a circunstância do Prémio Nobel da Química em 1965 atribuído a Robert Woodward, o maior génio da síntese orgânica do século XX.

Na atribuição do Prémio Nobel da Química de 1973 a George Wilkinson e a Ernst Otto Fisher por trabalhos pioneiros no campo dos compostos organometálicos, no discurso de apresentação do prémio pelo presidente do Comité Nobel o nome de Woodward foi mencionado duas vezes, o que constituiu verdadeiramente um caso único. Talvez este químico devesse ser a terceira pessoa na atribuição deste Nobel. Aliás Woodward escreveu ao Comité Nobel contra a injustiça que sobre ele era cometida, dado que tinha prioridade sobre a ideia da estrutura em «*sandwich*» de um composto organometálico como o ferroceno. Woodward e Wilkinson haviam colaborado quando estavam ambos na Universidade de Harvard e haviam publicado este tipo de estrutura em artigo conjunto[9]. Posteriormente, Woodward veio a abandonar o tema.

Woodward, ao tempo já falecido, veio a ser reconhecido na atribuição do Nobel de 1981 a Kenichi Fukui e a Roald Hoffmann pelo conceito de «orbitais fronteira» e o seu papel num melhor entendimento da reactividade química, mormente através das regras de conservação de simetria-orbital, as regras de Woodward-Hoffmann.

Na «nomenclatura» de Arquíloco, os prémios Nobel destinam-se essencialmente a galardoar «ouriços» que souberam criar coisas muito importantes, e não tanto «raposas» que sabem muitas coisas. Uma bela expressão deste facto encontramo-la na história da atribuição do prémio Nobel da Química de 2002 ao engenheiro japonês Koichi Tanaka, um dos recipiendários deste prémio pelo desenvolvimento de métodos analíticos revolucionários para biomoléculas.

Tanaka, um jovem engenheiro da companhia Shimadzu, apresentou uma comunicação científica[10] no 2º Simpósio Nipo-Chinês de Espectrometria de Massa em 1987, em que mostrava que moléculas de proteínas podiam ser ionizadas recorrendo a uma técnica de desadsorção por laser, vindo assim a constituir o princípio básico de uma poderosa metodologia experimental no domínio. Era a primeira comunicação em inglês do autor. Como ele mesmo admite, talvez o seu inglês não fosse o melhor, mas era suficientemente claro para o Prof. Cotter que divulgou estes sucessos um pouco por todo o mundo.

Quando Tanaka foi admitido na companhia foi colocado no laboratório de investigação em sistemas eléctricos do Centro de Pesquisa da Shimadzu em Quioto. Foi integrado no tema de pesquisa de mapeamento de elementos químicos em superfícies de semi-condutores e a sua tarefa específica era concentrar-se na aquisição de dados para sistemas químicos. Neste enquadramento procurou desenvolver uma matriz que permitisse a ionização não-destrutiva de macromoléculas. Depois de quase esgotar o *stock* de substâncias disponíveis para a preparação de uma tal matriz, um dia enganou-se e em vez de utilizar um pó ultra-fino de cobalto metálico, utilizou o mesmo material misturado com glicerina. Depois de deixar evaporar a glicerina, registou no espectrómetro de massa um sinal que nunca havia observado antes. E assim começou toda a descoberta e a inovação.

Por o sinal observado ser muito pequeno, a firma recorreu a todas as técnicas de que dispunha para o aumento de sensibilidade. A companhia apresentou o seu novo produto no mercado em 1988: o modelo LAMS-50K. O instrumento era caro e a companhia só conseguiu vender um destes espectrómetros de massa nos Estados Unidos e nenhum no Japão. Em Maio de 1989, o nosso herói Koichi Tanaka e o Sr. Yoshikazu Yoshida recebiam um «Prémio de Investigação» da Sociedade Japonesa de Espectrometria de Massa, o único reconhecimento científico antes do prémio Nobel[11].

Depois do sucesso inicial, Tanaka percorreu diversas tarefas na sua companhia, incluindo numa das companhias subsidiárias da Shimadzu. Esteve envolvido no desenvolvimento e melhoria instrumental na cromatografia gasosa hifenada com espectrometria de massa e, a partir de Abril de 1997 até Maio 2002, foi colocado de novo no desenvolvimento de uma nova classe de instrumentos de espectrometria de massa MALDI-MS (*Matrix Assisted Laser Desorption Ionization*). Depois regressou ao Japão para preparar a campanha de vendas de um novo instrumento, AXIMA-QT. O prémio Nobel modificou drasticamente a sua vida, passando a ser um dos Directores da Shimadzu.

O número de nomeações para candidatos ao prémio Nobel da Química teve um crescimento bastante moderado e de andamento linear até 1948, mas a partir daí teve um crescimento exponencial até ao final do milénio[12]. Presentemente, cada ano há cerca de 400 nomeações e mais de uns 300 candidatos ao prémio Nobel da Química[13]. Como aconteceu em 1998 e em 1999, por exemplo, foi em Química que se verificou o mais elevado o número de candidatos, entre cerca de 320 e 340, enquanto que em Física um tal valor oscila entre os cerca de 250 e os 290, e nas outras áreas os números estão geralmente abaixo dos 200 com a excepção da Fisiologia e Medicina, em 1999 com 237. Sem dúvida que o domínio da cinética química e das teorias de reacções químicas, desde 1957, tem sido bem contemplado com prémios Nobel da Química: sete prémios galardoando treze cientistas. Isto reflecte o interesse dos cientistas suecos por estes domínios.

O Prémio Nobel da Literatura de Saramago

Em contraste com o pobre ambiente científico português do passado, encontramos florescente um ambiente literário em língua portuguesa. Assim, o prémio Nobel da Literatura em 1998 concedido a José Saramago reflecte também este circunstancialismo. A citação do prémio refere: «*who with parables sustained by imagination, compassion and irony continually enables us once again to apprehend an elusory reality*».

Na apresentação que o Professor Kjell Espmark dirigiu por ocasião do ceremonial deste prémio afirma: «*Saramago adoptou uma disciplina artística exigente que permite a violação das leis da natureza e do senso comum apenas num aspecto decisivo, e que depois segue as consequências desta irracionalidade com toda a lógica racional e a observação rigorosa de que é capaz*»[14].

A literatura portuguesa tem uma história longa e de assinalável visibilidade no estrangeiro. Toda a literatura é um empreendimento individual, e onde nós portugueses claudicamos como país, é no colectivo. Se tal não está explicitado nos discursos e citações do cerimonial de 1998, não deixa de estar presente na mente dos membros de cada uma das comissões de concessão do prémio Nobel da Literatura. Mas Saramago fê-lo explícito de uma forma elegante: «*E agora também quero agradecer aos autores portugueses e aos autores de língua portuguesa; os do passado e os do presente. É através deles que a nossa literatura existe. E eu sou apenas um deles. Disse-o nesse dia que não tinha nascido para isto, mas que isso me foi dado*»[15].

Surpreendeu Portugal e o Partido Comunista Português que, em Abril de 2003, Saramago haja condenado Fidel Castro pelos fuzilamentos ocorridos em Cuba de três opositores do seu regime. Quem haja meditado sobre o mesmo discurso de Saramago em Estocolmo, reconheceria que, ao assinalar haver a «Declaração Universal dos Direitos do Homem» sido assinada precisamente 50 anos antes, se havia operado em Saramago uma mudança de pensamento. «Há uma simetria nos direitos humanos e nos deveres que lhes correspondem; não se pode esperar dos governos que criem uma tal simetria. É a nós cidadãos do mundo que compete um tal papel, contra companhias multinacionais e plurinacionais – em absoluto não-democráticas – que reduziram quase ao nada o que resta do ideal da democracia. Com a mesma veemência com que reclamamos os nossos direitos, reclamemos igualmente pelas responsabilidades sobre os nossos deveres»[16]. Afinal, foi o que coerentemente Saramago voltou a proclamar em Abril de 2003.

Factores culturais na atribuição de Prémios Nobel

O papel da nacionalidade é relevante na visibilidade da própria ciência. Por ocasião da atribuição do Nobel da Física em 1926, Jean Perrin foi saudado «como representante da gloriosa ciência francesa»[17]. Os prémios atribuídos a cientistas de países mais exóticos correspondem normalmente a casos de jovens que abandonaram os seus países de origem e trabalham nos Estados Unidos ou na Grã-Bretanha. Uma das razões que se invoca para que Salvador Moncada tenha falhado o prémio Nobel da Medicina de 1998, sobre os estudos de NO como um indicador molecular para o sistema cardiovascular, é o facto de ser oriundo das Honduras, apesar de trabalhar em Inglaterra, ser *Fellow da Royal Society* inglesa, e ser o cientista britânico com mais citações no final do século XX[18]. De facto, em 2005, Salvador Moncada é o cientista com o mais elevado número de citações no domínio da Farmacologia e Toxicologia: 11760 citações em 57 artigos publicados, a uma média de 208 cit/art.[19].

Certas nacionalidades como a japonesa são prejudicadas pela pouca difusão da sua língua e da sua cultura e pelo mau uso do inglês. Em contraste, é impressionante o número de cientistas judeus com o prémio Nobel, 116 em 2000, mas tal não se verifica com cientistas israelitas; não usufruem da pressão competitiva de trabalhar no estrangeiro[20]. Para além do facto de o próprio Estado de Israel ser controverso e este carácter não ter vindo a diminuir ao longo dos tempos.

Há outros efeitos colaterais, se actividade da pessoa não é sempre pautada pelos valores da racionalidade científica. Muitos prémios Nobel britânicos receberam, antes ou depois da atribuição, o título de *Sir*, mas Brian Josephson, a quem foi atribuído o Nobel da Física de 1973, nunca recebeu esta condecoração, julga-se por se ter dedicado ao estudo de fenómenos paranormais e de telepatia[21].

Em 2003 Raymond Damadian, um dos cientistas envolvidos no desenvolvimento da imagiologia por ressonância magnética nuclear, queixou-se veementemente de não ter sido um dos recipiendários do prémio Nobel da Medicina, atribuindo tal apenas ao facto de pertencer a um movimento religioso adepto do «criacionismo»[22]. O prémio foi partilhado por Paul Lauterbur e Peter Mansfield, mas a controvérsia pela autoria deste importante meio de diagnóstico é antiga e provavelmente atrasou a concessão do Nobel a esta tão relevante descoberta. Sem dúvida que foi Damadian o primeiro a propor a aplicação da ressonância magnética nuclear (NMR, *nuclear magnetic resonance*) ao diagnóstico médico. Pouco depois entrou em cena o químico Lauterbur que reconheceu que a técnica de Damadian não gerava informação suficiente para permitir a localização e o diagnóstico de tumores. Desenvolveu então a técnica de «gradientes» que é usada actualmente, e Mansfield deu um tratamento matemático aos sinais de NMR para fornecer imagens tridimensionais. Quaisquer que tenham sido as razões para a não-atribuição do Nobel a Damadian, há uma lição a recolher deste caso. Uma ideia original é importante, mas só frui de aceitação e pleno impacto – adquira uma certa consensualidade – quando conquistar a sua objectividade, seja esta tecnológica ou conceptual.

Os cientistas galardoados com prémios Nobel são correntemente solicitados a dar opinião sobre muitos assuntos, bem para além dos temas da sua especialidade. Uma intervenção demasiadamente empenhada sobre um tema que cientificamente é polémico – será mesmo um tema de religião e não de ciência – e sem ter ainda alcançado o consenso entre os pares, não deixaria de constituir um embaraço para o Comité Nobel.

O enigma do menor reconhecimento da Teoria do Estado de Transição

Faz precisamente 70 anos que surgiu uma teoria para o cálculo de velocidades de reacções química elementares. A teoria surgiu de modo independente em 1935. Eyring apelidou-a de «Teoria do Complexo Activado» e Polanyi e Evans denominaram-na de «Teoria do Estado de Transição». Como referimos em capítulos anteriores, o modelo ISM associa hoje a «Teoria do Estado de Transição» (TST, do inglês *transition state theory*) também designada por Teoria do Complexo-Activado, ao seu conjunto de modelos teóricos para o cálculo de constantes de velocidade de reacções que ocorrem numa só etapa à escala molecular. TST é das teorias mais utilizadas em química, e figura em livros de texto para estudantes universitários, mas não foi contemplada com o prémio Nobel da Química. Um verdadeiro enigma, como refere Laidler[23], a não atribuição do Nobel a Henry Eyring, que aliás teve nomeações por parte de cientistas de renome.

A TST nunca foi muito do gosto dos físicos que sempre preferiram a «teoria das colisões», e um dos seu inventores, Henry Eyring, encontrou problemas iniciais na sua publicação[24]. O *referee* escreveu: «*Pensei seriamente no problema, e fiquei convencido que o método de tratamento é falso e o resultado incorrecto*»; segue-se um conjunto de argumentos técnicos que não vêm para o caso. O Editor da revista, Harold Urey rejeitou o artigo com base neste tipo de argumentos, mas graças à intervenção de Hugh S. Taylor e Eugene Wigner o artigo acabou por ser aceite para publicação. A TST foi publicada em 1935 de modo independente por Henry Eyring e por Meridith Gwynne Evans e Michael Polanyi[25], mas foi Eyring, com diversos colaboradores, que mais contribuiu para o seu desenvolvimento e progresso. Aliás, passados dois anos, Michael Polanyi abandonava a sua investigação em química, como referimos oportunamente. No dizer do Prof. R. A. Marcus, talvez Eyring tenha excedido nos domínios a que aplicou a TST, mormente a problemas de transporte de massa, em que o estado de transição não envolve, de forma explícita, quebra e formação de ligações químicas.

Michael Polanyi com a colaboração de um jovem colega Meredith Evans, e seu sucessor na cátedra, empenhou-se na aventura intelectual de recorrer à termodinâmica para resolver um problema cinético. Assim recorreu à estatística, aplicável só às «moléculas em massa» (em grande quantidade), como já o havia feito para a sua «teoria de adsorção de gases em sólidos». O problema cinético era resolvido com sucesso pela TST, mas o próprio Polanyi via a sua TST com um certo desagrado, porque no seu entendimento «as colisões moleculares com a adequada geometria e com suficiente energia» devia ser a solução microscópica correcta para o problema das velocidades de reacção. Como nos descreve o seu filho John Polanyi, Michael preferia as linhas de pensamento baseadas na clareza da causalidade, pois a sua intuição era mecânica, e não era tanto do seu agrado o «carácter mais difuso de uma probabilidade»[26].

Apesar destas dificuldades, a TST é hoje uma teoria clássica da química, que nem requer a indicação de qualquer citação. Conquistou o seu carácter de «um clássico» em menos tempo do que algumas obras de arte. De certeza em muito menos tempo que os famosos quadros impressionistas de um Renoir ou de um Monet. Outra das peculiaridades da objectividade científica.

Moral da história: não basta um enorme impacto e sucesso de uma teoria científica para garantir a conquista de um prémio Nobel, pois Henry Eyring e Michael Polanyi não tiveram o Nobel, não obstante o impacto que a sua teoria (TST) teve na química e Eyring só faleceu em 1981, mais de 45 anos após a criação desta teoria.

Até 1900 o domínio da cinética química era um campo quase inteiramente empírico, sem qualquer teoria que o guiasse. Entre os marcos mais assinaláveis surge em 1931 o cálculo da primeira «superfície de energia potencial» para a reacção $H+H_2$ por Henry Eyring e Michael Polanyi. A mecânica quântica estava a ser desenvolvida bem perto de Berlin onde Polanyi tinha o seu laboratório, quando recebeu a visita deste jovem cientista americano. As equações da mecânica quântica não podiam ser resolvidas matematicamente para descrever os movimentos moleculares, mas Polanyi e Eyring decidiram de modo bem engenhoso recorrer a evidências experimentais para «calibrar as suas equações quânticas» e assim construir a primeira SEP.

Seguiu-se a formulação da TST em 1935 e que verdadeiramente cimentou a reputação científica de Michael Polanyi[27]. Por essa ocasião Polanyi já se encontrava em Manchester, fugindo às perseguições nazis que recrudesciam na Alemanha. Como refere Keith Laidler, «*embora ainda seja difícil fazer cálculos fiáveis de velocidades de reacção com base na teoria do estado de transição, ou de facto com qualquer outra teoria, a teoria do estado de transição provou ter grande valor como instrumento de trabalho para aqueles que não estão tão preocupados com cálculos precisos mas com a obtenção de alguma intuição sobre como ocorrem os processos químicos e físicos*»[28].

Presentemente, o modelo ISM permite realizar cálculos de constantes de velocidade exactos a uma ordem de grandeza para um vastíssimo conjunto de reacções elementares de quebra e formação de ligações, e de reacções de transferência de electrões, uma classe de reacções em que se não verifica quebra de ligações químicas. ISM veio, pois, a conferir à TST a plenitude das promessas para que, no início do seu desenvolvimento, parecia apontar. Esta associação do ISM com a TST será um dos pontos fortes do nosso modelo, mas será igualmente uma fraqueza, pois passa a partilhar de todas as dificuldades conceptuais da TST.

Polanyi não teve uma educação académica formal quer em ciência quer em filosofia, campos nos quais alcançou grande notoriedade. Inicialmente trabalhava em ciência como *hobby*, pois a sua formação académica regular foi em medicina. Os seus estudos universitários de química resumiram-se a um ano em Karlsruhe[29]. Pagou o preço do amadorismo, mas o seu pensamento é uma das mais livres expressões da criatividade em química, em filosofia e mesmo em economia. Sei que Michael Polanyi foi proposto para o prémio Nobel da Química numa altura em que já tinha abandonado a química e se havia dedicado a estudos de filosofia e sociologia da ciência em Manchester e depois em Oxford. Mas a proposta, segundo o seu proponente, não teve uma adesão entusiástica em Inglaterra. Apesar das nomeações para o prémio Nobel serem secretas e não deverem ser conversadas com outros cientistas, no caso de Michael Polanyi já decorreu o tempo suficiente (50 anos) para não ser necessário preservar a confidencialidade.

O autor do obituário de Michael Polanyi reconhece o alto merecimento que este químico justificava quando escreve: *«embora as suas contribuições para a química excedam largamente as de muitos laureados com o prémio Nobel, elas não chegaram para saturar a mente viva e penetrante de Polanyi»*[30].

Polanyi coloca o ponto de viragem no seu abandono em «fazer ciência» para passar a escrever sobre o conhecimento científico, quando o geneticista Nikolai Vavilov não conseguiu convencer os seus acusadores soviéticos da verdade da ciência ocidental em relação às teorias genéticas de Lyssenko[31]. Como referimos anteriormente, Polanyi proclamou a incapacidade científica de Lyssenko, porque não havia sido sujeito a um processo de socialização na comunidade científica. Esta necessidade de socialização não existe somente na investigação científica. Está também presente no meio académico em geral.

Como nos descreve Mary Joe Nye[32], Michael Polanyi teve uma carreira científica num ambiente muito competitivo, como era a ciência alemã nos anos 20, e procurou intensamente cultivar diversos domínios em ordem a criar uma reputação e fazer alguma descoberta de impacto. Entendia que cada pessoa devia produzir trabalho criativo de relevo, um «magnum opus», uma obra prima[33]. Mas nunca adquiriu suficiente maturidade de apreciação científica que só vem de um longo contacto com um dado domínio científico[34].

No início de carreira procurou averiguar se as suas ideias recolhiam eco positivo em cientistas tão famosos como Einstein, Nernst, Herzog, Haber, entre outros. Quando Einstein aprovou as suas ideias sobre previsão de que a entropia de uma amostra gasosa devia tender para zero a pressão infinita, sentiu: *«Bang! I was created a scientist»*[35]

Desenvolveu instrumentação e fez estudos de raios-X em fibras de celulose com que iniciou, com Weissenberg, o método de rotação do cristal-único. Nos seus estudos de estrutura de cristais, associados com investigações de propriedades mecânicas, estabeleceu conceitos de deslocações de camadas e de outros defeitos estruturais que foram contributos importantes para se entender a resistência mecânica de metais. Os seus estudos de adsorção de gases em superfícies e os modelos de interpretação que propôs em 1916 só ganharam aceitação ao fim de duas gerações, em 1960, com o reconhecimento da existência de forças de longo alcance entre moléculas adsorvidas em sólidos.

De maior visibilidade, no seu tempo de investigador científico activo, foram os seus estudos de cinética química iniciados em 1920, em que chegou a ser influenciado pela teoria da radiação de Jean Perrin. Max Born desencorajou-o nestas suas ideias teóricas, pois Einstein também era contrário à teoria da radiação (no infravermelho) em cinética química. Quando chegou a Berlin, Haber também lhe fez um reparo sobre a teoria da radiação e a cinética a química, dizendo «*Reaction velocity is a world problem. You should cook a piece of a meat*»[36]. Um português diria: «cozinhe primeiro um bom bacalhau cozido com batatas, antes de se aventurar em alta culinária». De facto, Polanyi interpretou este comentário como significando que, antes de atacar problema tão complexo, teria de demonstrar o seu engenho e capacidade em temas mais acessíveis. E para Haber, a cinética das reacções químicas era tema de alta culinária.

Com efeito, a investigação de Michael Polanyi só teve grande impacto com o cálculo da primeira superfície de energia potencial e o desenvolvimento da Teoria do Estado de Transição. Após uma carreira iniciada com estudos médicos de 1908 a 1913 e seguida de uma dura actividade de 25 anos de investigação, em que teve alguns momentos de depressão, o alcançar um êxito tão notável, a partir do qual não seria previsível alcançar novos e inesperados êxitos, é natural que também tenha pesado no seu abandono da actividade científica. E abandonou-a para se dedicar a outras actividades que já eram fonte da sua preocupação.

Um pouco mais tarde, nos anos quarenta[37], e depois nos anos cinquenta e sessenta, Polanyi considerava que as teorias cognitivas do tempo – racionalistas – representavam erradamente o conhecimento como um ideal puramente explicitável e apreendido por «mentes neutras» de uma sociedade ideal, que rejeita a autoridade de uma qualquer tradição. Chamo de novo à colação o essencial do pensamento científico e filosófico de Michael Polanyi: «O acordo tácito e as paixões intelectuais, a partilha de uma língua e de uma herança cultural, a filiação a uma comunidade que pensa do mesmo modo: tais são os impulsos que moldam a nossa visão da natureza das coisas em que nos apoiamos para dominarmos as próprias coisas. Uma qualquer inteligência, mesmo crítica e original, não pode operar fora de um tal quadro fiduciário» isto é, de um quadro dependente da *confiança*. Por isso, Michael Polanyi dedicou-se igualmente às relações entre a ciência e a religião, o que explica que um dos autores da sua biografia seja um sacerdote jesuíta.

Em 1929 Henry Eyring chegou ao *Kaiser Wilhelm Institut* em Berlin, dirigido por Fritz Haber, para realizar estudos no Departamento de Cinética Química onde Michael Polanyi era o director. Começou a sua investigação com Polanyi nos estudos de reacções em chamas altamente diluídas, entre vapor de sódio e cloro gás, aliás com muito sucesso, e depois enveredou pelo estudos teóricos sobre a superfície de energia potencial para a reacção $H+H_2$ publicada em 1931. Ao regressar aos Estados Unidos, a uma posição académica em Princeton, prosseguiu tais estudos. A respeito de Henry Eyring o enigma da ausência do Nobel é ainda mais surpreendente, a não ser que, como conjectura, se admita que a sua religião se tenha erguido como obstáculo de monta, mas uma tal conjectura será sempre o indizível, que nem a divulgação dos dossiers da atribuição dos prémios Nobel poderá confirmar. Não excluo que uma possível necessidade de galardoar a TST com um Prémio Nobel para Eyring e para Polanyi, talvez mesmo para Evans, tenha criado algumas dificuldades para se alcançar uma sincronicidade de consensos.

Prémios Nobel e Religião

Henry Eyring era um devoto e muito empenhado mórmon, com artigos publicados sobre a sua religião. A religião mórmon favorece mais a comunidade que o indivíduo e tal atitude poderá ter prejudicado a acção dos inevitáveis lóbis para a candidatura a um prémio Nobel. Acresce que a Igreja Mórmon tinha (e tem) uma interpretação muito liberal sobre a Bíblia, mas em 1953 o presidente do Conselho dos Doze Apóstolos, Joseph Fielding Smith, começou a exprimir a opinião que a Bíblia devia ser interpretada de um modo literal, mesmo em temas científicos. Isto levou a inevitáveis incidências sobre a controversa questão do ensino do criacionismo. Eyring procurou demarcar-se de tais posições extremas ao afirmar: «A Igreja está empenhada na procura da verdade qualquer que seja a sua fonte, e cada homem deve assumir o encargo da sua procura com honestidade e mediante a oração. Problemática distinta é o ensinar como doutrina da igreja algo que seja manifestamente contraditório e impô-lo quer seja [cientificamente] válido ou inválido. Mais afirmou que nunca sentiu restrições em investigar qualquer tema científico com base nos seus méritos próprios»[38]. Apesar desta passar a ser a posição oficial da Igreja Mormon, a dificuldade parece permanecer.

A obra de «*Who's who of Nobel Prize Winners*» editada por Louise Sherby,[39] apresenta um índice de prémios Nobel[40] agrupados por instituição académica, nacionalidade e religião, para os galardoados para os quais a confissão religiosa ou a sua ausência está efectivamente reconhecida (Tabela 14.1). Entre os cientistas há um elevado número de católicos, como Dirac, de Broglie, Debye, Marconi, Natta, Pauli, Sabatier, Werner, Egas Moniz, etc. entre uns setenta nomes de todas as áreas contempladas por estes prémios. Alguns não seriam elementos muito empenhados na sua convicção religiosa, como o é, nos nossos dias, o metodista Charles Townes, prémio Nobel da Física de 1964, inventor do maser e co-inventor do laser e que, em Março de 2005, recebeu o prémio *Templeton*, pelos seus estudos acerca das relações entre religião e ciência.

É certo que as confissões cristãs protestantes sempre foram mais abertas à ciência do que a religião católica, entendendo a pesquisa científica como uma leitura religiosa do «livro da Natureza». Há um sentimento impreciso, que por vezes se levanta como a neblina, sobre ser difícil para um católico vir receber um prémio Nobel em ciências. Pode reconhecer-se alguma plausibilidade nestas ideias. Nesta neblina, talvez pese contra a religião católica o peso das memórias que perduram na Europa do norte e do centro sobre o conflito religioso da Guerra dos Trinta Anos, e o modo sempre retrógrado como se julga que a Igreja Católica lidou com a ciência moderna. Mais recentemente, estabeleceu-se nas fés cristãs do mesmo norte e centro da Europa a ideia de que a Igreja de Roma está demasiado marcada pelo celibato sacerdotal, e de escândalos sexuais adjacentes, em parte fruto da carência de vocações e da ausência de padres casados. Não que tais factos, a que pode estar sujeito todo o homem como pecador, prejudiquem irreversivelmente o homem na sua relação com Deus e no serviço aos irmãos, mas embaciaria a autenticidade da Igreja.

Quiçá por este conjunto diversificado de razões, em alguns sectores de uma Europa deísta *by default*, formou-se a opinião que o ser católico não favorece a candidatura a um Nobel. Mas o elevado número de cientistas católicos galardoados com o prémio Nobel desmente tal palpite.

Tabela 14.1 - Galardoados com prémios Nobel agrupados por confissão religiosa[41].

confissão religiosa	número de galardoados
agnóstico	2
anglicano	19
baptista	3
budista	1
calvinista	2
católico	70
cristãos	68
luterano	5

Muitos premiados foram atraídos para a química por inspiração de um professor, um livro, uma busca pela investigação sob a acção de um mestre iluminado. Mas igualmente não podemos ignorar que alguns cientistas famosos enveredaram pela ciência por questionaram a religião ou mesmo por dela se terem afastado, como George Porter, John Walker ou James Watson[42]. O pai de George Porter era um pastor metodista e o jovem George tinha de assistir aos serviços religiosos, o que pode ter pesado no seu afastamento da religião. Também lia diversos autores que questionavam a religião. Nunca me abordou sobre temas religiosos a não ser a respeito da encíclica de Paulo VI sobre métodos anti-conceptivos, e que no seu íntimo terá pesado a ideia de que a Igreja Católica não tem lidado bem com as questões de âmbito sexual, ao contrário de outras religiões cristãs.

Para além de alguns conflitos históricos entre religiões que pautam as culturas e tradições de certos países, e em que a religião católica foi pródiga na Europa, muitas vezes a religião de um cientista é entendida como uma concessão à irracionalidade do homem e não como uma aventura intelectual e outrossim uma aventura de vida. Mas a religião confere sentido à vida e é uma estratégia de sobrevivência.

Um bom exemplo do que pode ser a busca de novas racionalidades a partir da religião, encontramo-lo no Doutor Manuel Gonçalves Cerejeira, que mais tarde haveria de ser Cardeal-Patriarca de Lisboa. Como referi em capítulos anteriores, não que ele rejeitasse a ciência do tempo, bem pelo contrário; mas ao procurar revalorizar a religião *versus* a ciência, de forma profética, revestiu esta última de humanização, de conhecimento pessoal, de marcas teóricas na observação experimental, do papel da autoridade na construção da ciência, do sentido da existência de um outro conhecimento científico que não fosse tão-só o do «determinismo» que repugnava ao livre arbítrio do homem, e do papel de uma atitude de «fé» (fiduciária) no desenvolvimento do próprio conhecimento científico[43]. Assim começou a percorrer em 1924 um caminho epistemológico que os filósofos e historiadores das ciências demoraram cerca de quarenta ou mais anos a trilhar de forma mais acabada.

Havemos por bem reconhecer que a obra maior que encerra estes pensamentos – «A Igreja e o Pensamento Contemporâneo» – se destinou ao combate apologético contra o positivismo «nu e cru» dos finais do século XIX e começos do XX em Portugal. Apesar de não ter o tempo de preparo desejável, a obra teve cinco edições, o que revela êxito editorial, mas neste contexto ficou datada. Sobrevive aos ventos do tempo o seu pensamento epistemológico, que ficou escondido durante quase oitenta anos, porque pouco se cultiva em Portugal o tema das relações entre ciência e religião[44]. Sobre o espírito de acção e de criatividade de Cerejeira quando jovem vêm bem a propósito algumas das reflexões do seu colega de estudos, Salazar: «Entre nós há poucos homens de acção. Eu pude contar com Duarte Pacheco e com António Ferro. A eles só comparo o Manuel Cerejeira, mas este escolheu muito cedo o seu caminho e deixou-se emparedar entre púrpuras e honrarias. Subiu demasiado na hierarquia da Igreja para que se possa dar ao luxo de um mínimo de criatividade. Eu conheço bem e imagino quanto isso lhe custa. É curioso como um homem dotado de um espírito tão vivo optou por entrar no casulo ... em sentido contrário»[45].

A perspectiva da irracionalidade da religião começa a esbater-se. Pelo contrário, começa a emergir uma «nova racionalidade» nas investigações sobre as relações entre a saúde e a religião, que infelizmente tarda a despontar na Europa. É este tipo de atitude que os americanos denominam de *Realized Religion*[46], de uma religião tornada concreta em elementos cruciais da nossa vida quotidiana, na saúde física e mental, no bem-estar, na estabilidade conjugal, na recusa do suicídio, no saber lidar melhor com a morte, tal como nos casos de viuvez, numa mais rápida recuperação e cura nas doenças. O objectivo mais longínquo é o da integração da espiritualidade nos cuidados da saúde física e mental por parte dos médicos e de outros profissionais da saúde, abarcando doenças crónicas, doenças graves e depressões, abuso de drogas e do álcool, etc.. A perspectiva emergente nos nossos dias é a de que a religião pode ter um efeito benéfico na recuperação dos doentes e mesmo na cura de doenças[47]. Em suma, «a fé religiosa é uma boa medicina» e não necessariamente uma actividade irracional, num católico, num protestante, num luterano, num mórmon ou noutras confissões cristãs, num judeu, num muçulmano, num budista ou num hindu.

A longevidade e o reconhecimento científico

Como em tudo na vida, a longevidade é uma forma de perseverança que pode ser determinante para a concessão de um prémio Nobel, pois tais prémios não são atribuídos a título póstumo[48]. Como refere Bill Bryson, «para os premiados a longevidade pode ser um factor tão importante como o respectivo génio». A longevidade será tema de alguma reflexão pessoal em «Um Químico no Hospital» que surge no final desta obra.

Há casos de concessões de prémios Nobel acima dos 80 anos, e demoras na atribuição em mais de 50 anos após a publicação inicial[49]. Peyton Rous e Karl von Frisch tinham 87 anos quando foram galardoados com o prémio Nobel da Fisiologia ou Medicina, respectivamente em 1966 e em 1973. Petr Kapitsa recebeu o prémio Nobel da Física em 1978 com 84 anos, pelos seus estudos em física de baixas temperaturas. Frederick Reines descobriu o neutrino em 1957, mas só recebeu o prémio Nobel em 1995.

Demorou o reconhecimento da comunidade de que este ou aquele investigador cumpriu muito para além do que lhe era exigido. Por vezes tais reconhecimentos tardios são frutos de evidências experimentais que demoraram a ser encontradas, como o caso da «região invertida» proposta por Rudolph Marcus. Situações de reconhecimentos tardios, em geral, não prejudicam irreversivelmente as descobertas de investigadores quando jovens, mas é mais difícil quando a descoberta se inicia acima dos 40 anos.

Uma descoberta experimental faz, em geral, um percurso mais rápido do que uma teoria. Contudo, o inventor do microscópio electrónico, Ernst Ruska teve de aguardar 53 anos para ver a sua descoberta reconhecida a nível do prémio Nobel da Física em 1986. Na ocasião, Ruska mostrou alguma relutância em proferir a tradicional conferência Nobel, sobre um tema que se encontraria em qualquer livro de texto de física moderna[50].

Uma descoberta teórica tradicionalmente faz um percurso mais lento do que uma descoberta experimental, mormente se esta se consegue enquadrar numa estrutura teórica existente. O percurso teórico é especialmente lento se procura pôr uma nova ordem em campos já lavrados por outras teorias. E os instrumentos intelectuais são os mais difíceis e lentos de mudar, pois é mais morosa e subtil a avaliação dos impactos gerados. O próprio Prof. Marcus recebeu o Nobel cerca de 36 anos após o seu primeiro artigo sobre a teoria que hoje tem o seu nome; publicou-o quando tinha 33 anos de idade.

Para merecer a candidatura a um prémio Nobel, uma descoberta ou invenção, teórica ou experimental, requer a conquista de um certa consensualidade no seio das comunidades científicas e requer ser examinada nos seus impactos. Tal demora tempo, o que racionaliza as idades elevadas da grande maioria dos recipiendários destes prémios.

As descobertas científicas de sucesso são muitas vezes comparadas a um trabalho de alpinistas na conquista de altas montanhas. Mas o químico Aaron Klug, Nobel em 1982, dá-nos uma outra imagem: «A investigação científica não é um caminhar pelos topos das montanhas, de pico em pico; requer muito trabalho nos vales, o que toma tempo e cria constrições ao trabalho».

NOTAS

[1] Outros critérios foram apontados para a Literatura, a Paz e as Ciências Económicas. Por exemplo, para a Literatura, Nobel referiu «a obra mais notável no sentido idealista». O prémio da Paz implica uma percepção isenta dos conflitos mundiais. O das Ciências Económicas pretende laurear pessoas que tenham desenvolvido estudos com impacto em economia e matérias afins.

[2] I. Hargittai, «The Road to Stockholm. Nobel Prizes, Science and Scientists», Oxford Univ. Press, Oxford, 2002, pág. 3.

[3] Morreu o mercador da morte.

[4] R. Gonçalves-Maia, «O Legado de Prometeu. Uma Viagem na História das Ciências», Escolar Editora, Lisboa, 2006, pág. 223.

[5] «A Grande História do Nobel», QuidNovi, Matosinhos, 2004, pág. 12.

[6] Hargittai, *ob. cit.*, pág. 12.

[7] «Les Prix Nobel 1998», Almqvist & Wiksell International, Estocolmo, pág. 25.

[8] R. Karazija e A. Momkauskaité, «The Nobel Prize in physics – regularities and tendencies», *Scientometrics*, 61, 191 (2004).

[9] Hargittai, *ob. cit.*, págs. 67, 68.

[10] A comunicação em inglês apareceu na imprensa em forma do livro de comunicações no ano seguinte.

[11] Internet; www.nobelprize.org, 17 Janeiro 2005.

[12] Hargittai, *ob. cit.*, pág. 21.

[13] Hargittai, *ob. cit.*, pág. 21.

[14] «Les Prix Nobel 1998», pág. 24.

[15] «Les Prix Nobel 1998», *ob. cit.*, pág. 27.

[16] «Les Prix Nobel 1998», *ob. cit.*, págs. 26, 27.

[17] Hargittai, *ob. cit.*, pág. 46.

[18] Hargittai, *ob. cit.*, págs. 34, 199.

[19] http://thomsonscientific.com/support/products/esi/; 8 de Abril de 2006.

[20] Hargittai, *ob. cit.*, págs. 34, 37, 38.

[21] Hargittai, *ob. cit.*, pág. 35.

[22] Notícia no jornal *Público* de 11 de Dezembro de 2003; Internethttp://www.observatorioimprensa. com.br/ofjr/ofc141020031.htm.

[23] K. J. Laidler, «The World of Physical Chemistry», Oxford Univ. Press, Oxford, 1995, pág. 247; K. J. Laidler, «Lessons from the History of Chemistry», *Acc. Chem. Res.*, 28, 187-192 (1995).

[24] Ver «Chemical Past Times», *Nouv. J. Chem.*, (1990) 14, 257.

[25] H. Eyring, «The activated complex in chemical reaction», *J. Chem Phys.*, (1935) 3, 107; M. G. Evans e M. Polanyi, «Some applications of the Transition State Method to the calculation of reaction velocities, especially in solution», *Trans. Faraday Soc.*, 31, 875-894 (1935).

[26] J. Polanyi, «Michael Polanyi, the Scientist», *Tradition & Discovery*, XXXI, nº 1, 7-10 (2004-2005).

[27] M. Jo Nye, «Laboratory Practice and the Physical Chemistry of Michael Polanyi», em *Instruments and Experimentation in the History of Chemistry*, F. L. Holmes e T. H. Levere (eds.), The MIT Press, Cambridge Massachusetts, 2002, cap. 14, pág. 373.

[28] Laidler, «The World of Physical Chemistry», *ob. cit.*, pág. 349.

[29] J. Polanyi, «Michael Polanyi, the Scientist», *Tradition & Discovery*, XXXI, nº 1, 7-10 (2004-2005).

[30] «Michael Polanyi 1891-1976», *Chem. Brit.*, 12, 323-324 (1976).

[31] *Ibidem.*

[32] M. Jo Nye, «The Physical Chemistry of Michael Polanyi», em *Instruments and Experimentation in the History of Chemistry*, F. L. Holmes e T. H. Levere (eds.), The MIT Press, Cambridge, Mass, cap. 14. Recentemente foi publicada uma biografia de Michael Polanyi: W. Taussig Scott e M. X. Moleski, S.J., «Michael Polanyi. Scientist and Philosopher», Oxford University Press, Oxford, 2005.

[33] Taussig Scott e Moleski, *ob. cit.*, pág. 103.

[34] Taussig Scott e Moleski, *ob. cit.*, pág. 68.

[35] Taussig Scott e Moleski, *ob. cit.*, pág. 28.

[36] M. Jo Nye, «The Physical Chemistry of Michael Polanyi», *ob. cit*, pág. 374.

[37] M. Polanyi, «Science, Faith and Society», University of Chicago Press, Chicago, 1946.

[38] Henry Eyring. Biographical Memoirs. http://www.nap.edu/html/biomems/heyring.html; 28 Dezembro 2004.

[39] L. S. Sherby, «Who's who of Nobel Prize Winners», Oryx Press;http://www.questia.com/PM. qst?a=o&d=101312040; 28 Dezembro 2004.

[40] A obra tem 720 entradas de nomes. Indexados como cristãos estão diversos premiados que não são de confissões religiosas cristãs como as anglicana, baptista, calvinista e católica.

[41] Sherby, *ob. cit.*.

[42] Hargittai, *ob. cit.*, págs. 119, 120.

[43] S. J. Formosinho, «Ciência e Religião. A Modernidade do Pensamento Epistemológico do Cardeal Cerejeira», Principia, Lisboa, 2002.

[44] *Ibidem.*

[45] A. Trabulo, «Diário de Salazar», Parceria A. M. Pereira, Lisboa, 2004, 6ª edição, pág. 196.

[46] T. J. Chamberlain e C. A. Hall, «Realized Religion», Templeton Foundation Press, Philadelphia, 2000.

[47] A. E. Bergin, «Religiosity and mental health: a critical reevaluation and meta-analysis», *Prof. Psychol. Res. Pract.*, *14*, 170-184 (1983); citado como ref. 126 no artigo de revisão de J. A. Astin, E. Harkness e E. Ernst, «The efficacity of «distance healing»: a systematic review of randomized trials», *Ann. Intern. Med*, *132*, 903-910 (2000); agradeço ao meu amigo Prof. Henrique Barros a indicação deste conjunto de artigos.

[48] B. Bryson, «Breve História de Quase Tudo», Quetzal Editores, Lisboa 2004, pág. 130.

[49] Hargittai, *ob. cit.*, pág. 80.

[50] Hargittai, *ob. cit.*, pág. 81.

CAPÍTULO 15

A Comunidade Científica e o Modelo ism

Criação de redes científicas ou o sucesso passado uma geração

Como referimos no Capítulo antecedente, a necessidade de reconhecimento está presente praticamente em todos os cientistas, mas é, de alguma forma, considerado embaraçoso tal ser assumido como necessidade pessoal para fazer ciência. No meu caso, a maior força motriz para a pesquisa científica encontro-a no prazer lúdico do jogo com a Natureza. Na invenção de novas perguntas a colocar à mesma Natureza, na decifração de novos *puzzles* com que ela nos retribui, e nas harmonias que se reconhecem em tais descobertas. O reconhecimento dos pares é para mim uma motivação bem mais longínqua, mas não posso ignorar que eu e os meus colaboradores estamos envolvidos num persistente combate com um paradigma que foi galardoado com um prémio Nobel. Ao colocar o reconhecimento interpares de uma forma algo distante, admito que o meu caso pessoal possa não ser muito típico, dada a longa carreira de heterodoxia científica que percorri.

«Eu sou eu e a minha circunstância» afirmou o filósofo espanhol Ortega y Gasset. Hoje, eu – Sebastião Formosinho – sou eu e a minha circunstância – a de o Professor Rudolph Marcus ter recebido o prémio Nobel da Química. Não temos controlo sob as nossas circunstâncias, mas sem esta circunstância eu seria um químico como muitos outros colegas químicos portugueses a investigar e publicar em Portugal. É esta circunstância que, em termos relativos, me destaca. Na sua geração não tenho qualquer mérito, mas devo viver com ela e procurar transformá-la em meu benefício, e em benefício do meu grupo científico e do meu país. É aqui que, graças aos meus genes, encontro algum mérito pessoal, na paciência e capacidade de luta que sustento nesta controvérsia, e no espírito de entusiasmo e coesão que consigo imprimir ao grupo de investigação do ISM em todo este combate de instrumentos mentais.

A atribuição do prémio Nobel da Química a Rudolph A. Marcus em 1992 é para nós uma força e uma fraqueza. Colocou dificuldades inesperadas e de monta à publicação de ISM, mas também promove visibilidade e realça a importância do nosso trabalho a nível nacional e internacional. Promove um salto quântico no nosso modelo, que passa a travar combate com um adversário-Nobel e nos coloca, inevitavelmente, na ribalta da ciência se vencermos e conseguirmos convencer a comunidade científica do valor de ISM.

A comunidade científica também parece reconhecer esta forma de ambivalência. Em Julho de 1998, por ocasião de um congresso de fotoquímica realizado próximo de Barcelona, um colega meu disse-me que, num autocarro, ouviu o seguinte comentário entre dois dos participantes: «O modelo do Formosinho até nem é mau; o problema é que Marcus recebeu o prémio Nobel».

O valor intrínseco de ISM é independente da circunstância do Prof. R. A. Marcus ter recebido o prémio Nobel da Química. Não obstante, a nossa interacção com a comunidade tem sido, em muito, pautada por um tal circunstancialismo. Sendo a cinética química um dos ramos da ciência que não está em contacto directo com o grande público, no presente momento o impacto da nossa teoria é muito mais fruto do confronto com um prémio Nobel do que do seu valor intrínseco para a própria química. É esta circunstância que me leva a problematizar a questão, assumindo o embaraço de a ter de abordar para ser justo com os meus leitores. Estivesse a teoria ISM só restringida a reacções de transferência de átomos e de protões, a problemática nem surgia nesta ocasião. Como a seu tempo veremos, o embaraço não é só meu: partilho-o com a comunidade científica.

Uma questão é o desfecho do combate que travámos com a Natureza. Outra é o futuro combate com a comunidade científica, a partir de um ponto de suficiente visibilidade como o conquistado a partir da publicação, em 2006, da «dupla região-invertida». Só se cria um paradigma quando se descobre um modo de conceptualização capaz de criar a unanimidade entre os cientistas. Mas um tal desfecho é muito mais imprevisível do que o do diálogo com a Natureza.

A profunda assimetria na aceitação de ISM para transferência de protões quando confrontada com a de electrões, resulta em muito do assentimento, logo nos primórdios, que encontrámos num especialista no domínio com suficiente senioridade para convencer outros colegas. O oposto verificou-se na transferência de electrões e não se vislumbram adesões desta categoria.

Após uma longa travessia através do sistema de filtragem dos *referees*, ISM é hoje uma verdadeira teoria que incorpora uma série de modelos: ISM de intersecção, ISM de interacção, teoria do estado de transição, teoria de efeito túnel para osciladores nucleares, teoria de efeito túnel para transferência de electrão à distância. Igualmente, ISM incorpora-se bem na *golden rule*.

A minha genealogia química[1] é essencialmente de índole experimental, apesar de eu mesmo ter, desde cedo, mostrado inclinações para estudos teóricos. É um pouco irónico que o meu avô-científico Ronald Norrish considerasse a teoria do estado de transição como *«highfalutin' stuff»* (algo muito pretencioso)[2]. Ele possuía uma grande intuição química e competência experimental, mas tão-só o necessário de teorias para as suas necessidades. Já o mesmo não se verificava com o meu pai-científico, George Porter, que sempre prezou muito a teoria e chegou a ser editor do *Progress in Reaction Kinetics*. Mas nunca foi um químico teórico. As influências pessoais e sociais perduram e hoje sou um químico cinético graças à relação mestre-aprendiz com George Porter e mediante a socialização científica no seu grupo de investigação da *Royal Institution*. No contexto desta formação científica inicial, procuro manter no meu grupo de investigação um certo equilíbrio entre teoria e experimentação. E entre nós, a teoria utilizada almeja ser sempre um guia para a actividade experimental.

A visibilidade de ISM e de alguns dos seus sucessos não fazem, só por si, com que outros investigadores o venham a adoptar nas suas pesquisas. Não me canso de repetir, há que ter em mente as palavras de Max Planck: «As novas teorias vingam não por que se convençam os adversários, mas por que eles morrem». Trata-se de uma perspectiva extrema, mormente em termos temporais, mas que permite compreender melhor todas as mudanças que só se conseguem operar após decorrido o lapso temporal de uma geração. Esta máxima reveste-se de alguma relevância, especialmente quando se buscam pequenos condicionamentos microssociológicos. Atente-se que nas universidades dos Estados Unidos não há aposentação legal de professores universitários por atingirem um limite de idade, daí que só por inactividade ou morte física se verifica uma situação paralela com a das universidades europeias.

A outra perspectiva provém da visiva de Bruno Latour que no seu livro *Science in Action* coloca grande ênfase na construção de «*redes científicas*», tanto para o crescimento do conhecimento científico como para a sua estabilidade. Quanto mais se pertence a uma rede, mais verosímil é a nossa crença, para se tornar popular e se manter[3]. Em suma, há necessidade de uma qualquer teoria dispor sempre de um pequeno número de cultores que a utilizem, a defendam e a procurem disseminar. Nos nossos dias isto equivale à existência de um pequeno conjunto de aliados científicos que acabam por exercer efeitos de um *lobby* moral.

Na primeira perspectiva não nos resta muito mais do que esperar pelo decorrer dos anos e por uma boa longevidade que nos permita ainda assistir ao triunfo das nossas ideias. Pelo contrário, a outra perspectiva incentiva-nos a continuar a luta pelas nossas ideias, não obstante estarmos conscientes das dificuldades, acrescidas da feroz competitividade científica dos nossos dias. Vamos procurar beneficiar do conhecimento proporcionado pelos estudos sociológicos e epistemológicos sobre o conflito de paradigmas que o pós-modernismo vai fornecendo, a que teremos de juntar o nosso próprio estudo nestes domínios. Hoje os cientistas têm de encontrar modos de gerir articuladamente a interrogação da natureza, os instrumentos, os colegas, os interesses congregados, a informação, o público, etc..

Que tipo de «redes científicas» se deve cultivar? Uma rede de químicos teóricos é pouco eficaz, dado que ISM ameaça o seu «modo de ver o mundo» e o seu «modo de vida profissional». Assim não pode suscitar adesões; naturalmente suscitará repulsa, quando muito neutralidade, silêncio. Serão os experimentalistas que mais têm a ganhar com a adesão a este tipo de rede; novos meios de interpretação e descoberta de novos factos experimentais. Mais uma vez um jogo de pólos opostos, que Latour tanto advoga: o da «tradução» da linguagem da teoria ISM ainda controversa; o outro, o da «difusão» de factos e instrumentos teóricos já »estabelecidos» e de programas computacionais.

Podemos dar nota do subtil efeito da nacionalidade na ciência, no simples reparo de que o primeiro interesse por ISM na transferência de electrão vem de um estudante francês Manuel Dossot, oriundo de famílias portuguesas na sua terceira geração em França. Um outro jovem franco-luso pretendia realizar um pós-doutoramento connosco, mas a lentidão com que foi tomada a decisão a respeito da aprovação do projecto *Patterns of Reactivity viewed by ISM*, acabou por impedir uma tal colaboração – mais uma vez, o custo-de-contexto. Sempre uma das fragilidades da ciência quando enquadrada na sociedade portuguesa, mas não vale a pena desistir.

O livro de índole pedagógica que publicámos sobre Cinética Química em português é um texto volumoso que corre já no mercado brasileiro mas bastante caro, em termos relativos, neste mercado. Tudo isto não incentiva muito a que as nossas ideias sobre ISM, e o seu papel na interpretação da reactividade química, se difundam na comunidade de químicos brasileiros. Mas a solicitação que tivemos, desde o primeiro exemplar, para colaborarmos com a nova revista electrónica, *Tchê Química*, através de uma entrevista[4] levou-nos a escrever um pequeno artigo em português sobre o nosso modelo para o terceiro número da revista[5]. Pontualmente há necessidade de cultivar a língua portuguesa para fins científicos, mas mesmo nestas circunstâncias devemos procurar alcançar um certo impacto internacional. Com este objectivo, é preferível publicar através de modernos meios electrónicos e no Brasil do que publicar em revistas portuguesas como o temos feito até hoje quando escrevemos em português. A comunidade brasileira é em muito maior número do que a portuguesa. Deixou-nos pois um inolvidável prazer a comunicação do Editor da revista que, ao agradecer-nos, nos comunica que em três dias a revista correu mais de 300 cópias, o que ele considera um enorme êxito, pois as edições dos dois primeiros números levaram semanas para alcançar a primeira centena de cópias. Inevitavelmente surge-nos a possibilidade de tacitamente se estabelecer uma relação especial com químicos brasileiros. Afinidade de língua e raízes culturais comuns.

Impactos e Reconhecimentos

Em 2005 o físico Jorge E. Hirsch propôs um novo parâmetro bibliométrico (*índice-h*) para quantificar a produtividade científica[6]. O *índice-h* é definido como o número de artigos do autor com um número de citações superior ou igual a h. Colocam-se os artigos de um dado autor por ordem decrescente do seu número de citações. Encontra-se o *índice-h* quando a ordem do *ranking* decrescente dos artigos iguale (ou seja imediatamente superior) o número de citações desse artigo. Trata-se de um indicador bibliométrico interessante e que complementa bem o do número de «citações por artigo» que é favorecido por uma menor produtividade e penalizado por uma produtividade elevada. Actualmente este indicador surge directamente na base de dados da SCI (*Citation Report*) para cada autor, juntamente com o perfil de publicações e de citações ao longo do tempo.

Um cientista que publicasse quatro artigos por ano e, se por absurdo, citasse sempre todos os seus artigos anteriores, veria o seu *índice-h* crescer dois pontos todos os anos, o que demonstra tratar-se de um indicador que não é favorecido pela diversidade de temas de investigação. É um indicador que contempla a produtividade, mas uma produtividade com impacto. Hirsch complementa-o com um *índice-m*, sendo $h \approx mn$ expressão onde n representa o número de anos da carreira de um cientista, contado a partir do seu primeiro artigo ou do primeiro artigo com alguma representatividade.

Hirsch refere que o *índice-h* de prémios Nobel em Física se situa entre $h=22$ até $h=79$ (84% dos prémios Nobel da Física possuem $h>30$), o que, se não patenteia uma produtividade muito elevada, representa todavia uma actividade regular com impacto. O *índice-m* situa-se entre $m=0,47$ e $m=2,19$, o que podemos considerar indicadores relativamente baixos (cerca de 47% dos prémios Nobel da Física possuem $m<1$).

O perfil de citações das ciências químicas é muito idêntico ao da física, o que já não é válido para ciências biológicas e ciências biomédicas para as quais se verificam *índices-h* superiores aos da física.

Hirsch estima os limites do *índice-h* para promoção académica numa universidade de investigação americana: um *associate professor* deve ter um h=10-12 e um *full professor* h≈18; isto é válido para ciências físicas. Não foi esta a motivação que me levou a estimar o meu *índice-h* pois, desde 1979, por concurso, ocupei a cátedra tornada vaga pela jubilação do Prof. Andrade de Gouveia. No final de 2005, o meu *índice-h* é h=22,7 e m=0,62, mas o que achei mais interessante na sua estimativa foi o percorrer os meus artigos com impacto, um impacto que, encontrado através do *índice-h*, não é um valor arbitrário de citações mas leva em conta a senioridade. Tais artigos abarcam todos os diversos períodos da minha carreira académica. Cinco artigos fruto da minha estadia na *Royal Institution* para preparar o meu doutoramento com Lord George Porter. Outros seis artigos correspondem à invenção e aplicações da Teoria de Efeito de Túnel. Os estudos experimentais da fotoquímica e fotofísica do ião uranilo conduziram a quatro artigos com impacto, mais de 23 citações cada. Finalmente, oito dos artigos de impacto são provenientes da invenção e aplicações de ISM: dois artigos de carácter geral do modelo, um sobre relações de estrutura-reactividade, quatro sobre reacções de transferência de protões e só um sobre reacções de transferência de electrões. Excluídos dois artigos de revisão de grande impacto, referidos anteriormente, os artigos de maior impacto situam-se um em cada um dos domínios que cultivei na minha carreira em Portugal. Um trabalho que mostra a transferência de electrão entre o ião uranilo UO_2^{2+} electronicamente excitado e iões metálicos; outro sobre a aplicação da Teoria de Efeito Túnel a reacções de fotoabstracção de átomos-H de cetonas electronicamente excitados com alcanos e álcoois; e, finalmente, o artigo original sobre o modelo ISM.

O «*Google Book Search*», de que já falámos, permitiu-me contabilizar 18 citações em livros. Trata-se de citações relevantes, pois é através dos «livros de texto» que as nossas ideias podem entrar nos paradigmas vigentes. Das obras para as quais se conseguem consultar na *net* as citações em meu nome, uma lida com trabalho realizado no meu doutoramento, outra com a Teoria de Efeito de Túnel. O modelo ISM é abordado em 13 citações; duas dizem respeito à formulação geral do modelo, quatro incidem sobre o artigo de revisão publicado num NATO ASI em 1991, uma outra aborda questões de reactividade-selectividade, e seis referem-se aos estudos de ISM em reacções de transferência de electrões. Para o tema mais heterodoxo, sobre as aplicações de ISM a reacções de transferência de electrão, não encontrei qualquer referência em manuais universitários; ressalvo a escolha do artigo de revisão que publicámos como bibliografia seleccionada para uma disciplina de mestrado numa universidade inglesa.

Outro motor de busca poderoso para o novo mundo ICT, no campo das citações, é o «Google.Scholar» que, em 8 de Fevereiro de 2006, ainda se encontrava numa versão-β. Nesta ocasião registava 285 citações de trabalhos meus, mas agora o panorama é mais positivo a respeito das ideias científicas mais heterodoxas a respeito da transferência de electrões. O artigo sobre este tema publicado em *Progress Reaction Kinetics* figura como o meu quinto artigo mais citado neste motor de busca: 9 citações para 35 citações do artigo de revisão sobre reacções de transferência intramolecular de protões.

A nível nacional não é inteiramente fácil ser premiado em domínios científicos. Reconheço que tive alguma fortuna no impacto nacional que a minha actividade colheu: prémio Artur Malheiros da Academia das Ciências (1972), Medalha Ferreira da Silva da Sociedade Portuguesa de Química (1984) – que partilhei com o meu amigo e colega António Xavier –, prémio Gulbenkian das Ciências (1994) que partilhei com Luís Arnaut, prémio Aboim Sande Lemos da Faculdade de Teologia da Universidade Católica Portuguesa (1998), que partilhei com o Rev. Padre Doutor José de Oliveira Branco.

Igualmente, sou membro efectivo da Academia de Ciências de Lisboa e fui Presidente da Sociedade Portuguesa de Química. Mas todos estes reconhecimentos nacionais pesam pouco a nível internacional, pois não vivo nos Estados Unidos, na Grã-Bretanha ou na Alemanha, onde os reconhecimentos nacionais têm uma elevada expressão internacional. No mundo global onde vivemos, os reconhecimentos internos para pouco servem. Com algum significado, se bem que fruto da circunstância de me encontrar a leccionar em Namur ao abrigo do Programa Erasmus, foi o ter iniciado as comemorações do 1º centenário da Sociedade Real de Química da Bélgica (Figura 15.1).

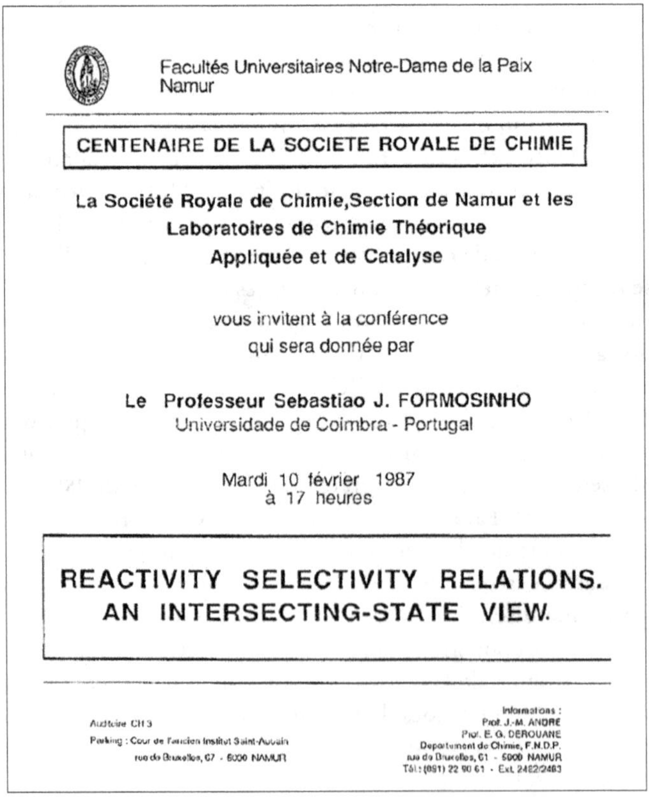

Facultés Universitaires Notre-Dame de la Paix
Namur

CENTENAIRE DE LA SOCIETE ROYALE DE CHIMIE

La Société Royale de Chimie, Section de Namur et les
Laboratoires de Chimie Théorique
Appliquée et de Catalyse

vous invitent à la conférence
qui sera donnée par

Le Professeur Sebastiao J. FORMOSINHO
Universidade de Coimbra - Portugal

Mardi 10 février 1987
à 17 heures

REACTIVITY SELECTIVITY RELATIONS.
AN INTERSECTING-STATE VIEW.

Auditoire CH 3
Parking : Cour de l'ancien Institut Saint-Aubain
rue de Bruxelles, 67 - 5000 NAMUR

Informations :
Prof. J.-M. ANDRE
Prof. E. G. DEROUANE
Département de Chimie, F.N.D.P.
rue de Bruxelles, 61 - 5000 NAMUR
Tél : (081) 22 90 61 - Ext. 2482/2483

Figura 15.1 - Conferência inaugural das comemorações do 1º Centenário da Sociedade Belga de Química, em Namur 1987.

Forças e fraquezas de ISM

O primeiro ponto potencialmente forte da nossa teoria ISM será precisamente o de constituir-se como alternativa à Teoria de Marcus, e o de ter conduzido à falsificação à *la Popper* dessa mesma teoria. Convém recordar que o tema da transferência de electrão é ainda um «tema de moda» e de enorme importância em química: dois prémios Nobel a ele foram dedicados, o de 1983 para o Prof. Henry Taube, com incidência experimental, e o já referido para o Prof. Marcus, com incidência mais teórica. Mas também por tais razões daí advirão dificuldades de percurso e controvérsias para o nosso modelo. Polémicas que não se resolvem em termos de uma qualquer lógica, mas requerem acções de persuasão e a conversão de alguns cientistas.

A falsificação da TM poderá mesmo requerer toda uma nova geração de cientistas para vingar, porque se opõe a uma vasta «galáxia de interesses». Acresce que estando as nossas ideias contra a corrente dominante do pensamento científico no campo – corrente esta que conduz a investigação dos membros das comunidades científicas de química –, foi e é muito limitado o recurso que se pode fazer a estudantes de doutoramento nestes estudos. Recordo as palavras de Michael Polanyi a respeito da sua «teoria de adsorção de gases», que também foi tema de grande heterodoxia científica na década dos vinte: «Não podia familiarizar os estudantes com a minha teoria, porque não passariam nos exames. Não podia forçar neles perspectivas totalmente contrárias à opinião correntemente aceite»[8].

ISM poderá ter um ponto forte autónomo ao ter visto confirmada experimentalmente a sua previsão a respeito da existência de uma «dupla região-invertida». Trago à colação uma das questões que foi colocada ao Prof. Marcus na sua entrevista em *The Spectrum*[9] a respeito da sua previsão sobre a «região invertida»:

Entrevistador – «Que conselho daria a um investigador que se encontrasse numa situação semelhante à sua, com resultados que parecem contra-intuitivos e que não pode confirmar experimentalmente?».

Marcus responde – «Se os resultados não poderem ser confirmados experimentalmente, então possuem relativamente pouco valor. Para mim, a essência da ciência assenta nesta interacção com o mundo real, que é a interacção entre teóricos e experimentalistas. [...] Como conselho aos mais novos que descobriram algo fora do comum em que têm confiança, então recomendo que procurem encorajar os experimentalistas a testar a existência real dos vossos resultados». Foi precisamente isto que nós fizemos, mas ainda ... sem pleno sucesso no âmbito do reconhecimento entre pares! Mas só em 2006 veio a lume a confirmação da nossa previsão teórica sobre a «dupla região-invertida».

Acima de tudo, e o que julgo mais importante, os sucessos e fracassos que tenho vindo a descrever patenteiam que esta nossa investigação não será uma mera «nota de rodapé» na História da Química portuguesa. E o objectivo mais perene que alguém pode almejar, é que um tal contributo venha a passar para livros de textos para estudantes universitários. Que faça parte do tipo de «treino militar» que se tem de proporcionar aos estudantes das ciências denominadas duras.

Um caso notável de heresia científica

Em 1970 o Prof. Hannes Alfvén partilhava o prémio Nobel da Física com o Prof. Louis Néel. O sueco Alfvén foi um caso notável de heterodoxia científica durante toda a sua carreira científica.

O Sol cria no espaço um «vento solar» tão quente que nele os átomos se encontram separados em iões e electrões. Este vento é um bom exemplo do quarto estado da matéria – estado de plasma –, para além dos mais comuns estados sólido, líquido e gasoso. Alfvén advogou que o plasma nas auroras boreais, e mesmo no espaço, tem um campo magnético associado. Deste modo veio a desenvolver o domínio da magneto--hidrodinâmica. O campo magnético do plasma força as cargas eléctricas positivas e negativas a moverem-se numa direcção ou noutra, dando origem a correntes eléctricas. A interacção destas correntes produz forças de carácter mecânico que podem mudar drasticamente a direcção e a velocidade dos movimentos do plasma. Nomeadamente, descobriu ondas de índole magneto-hidrodinâmica, hoje denominadas «ondas de Alfvén»[10].

O espaço interestelar era considerado um verdadeiro vácuo, ocasionalmente perturbado pela passagem de cometas. Inevitavelmente, a proposta de Alfvén sobre a existência de correntes eléctricas no espaço deparou com um cepticismo muito generalizado.

Alfvén foi sempre considerado um herético por muitos físicos, apesar dos seus valiosos contributos em domínios da física e da astrofísica. As suas teorias em astrofísica e em física dos plasmas demoraram duas a três décadas para conquistarem aceitação. Foi muitas vezes obrigado a publicar os seus artigos científicos em revistas obscuras. Por exemplo, em 1939 submeteu a publicação à revista científica americana *Terrestrial Magnetism and Atmospheric Electricity* um artigo que foi rejeitado com o argumento de que não estava de acordo com os cálculos teóricos de Chapman e colaboradores. Alfvén acabou por publicar este artigo numa revista sueca.

Os trabalhos de Alfvén foram questionados durante muitos anos pelo eminente geofísico Sydney Chapman. Muito do debate prendia-se com o conflito entre ideias seminais do norueguês Kristian Birkeland, que Alfvén defendia contra a visão de Chapman. O conflito só foi resolvido quatro anos após a morte de Chapman[11].

Trata-se de um relato breve, mas ilustrativo do tipo de dificuldades com que Alfvén se defrontou ao longo da sua carreira científica.

ISM: duas teorias?

Retomemos a nossa teoria ISM. Por mero exercício de pensamento, consideremos que em ISM há duas «teorias» distintas. Uma para *quebra e formação de ligações* – ISM(qfl) –, que se aplica, por exemplo, a reacções de transferência de átomos e de protões. Só em 2004 esta «teoria» adquiriu a sua plena autonomia para prosseguir um programa de «cálculos de velocidades absolutas», quando passou a dispor de um procedimento para calcular a «ordem de ligação no estado de transição» e uma metodologia para lidar com a formação de complexos nos reagentes através do estabelecimento de ligações de hidrogénio. ISM(qfl) vai fazendo o seu percurso científico de forma discreta e lenta, com uma ou outra agrura para publicação. Mas se a invenção de ISM(qfl) corresponde a uma certa refundamentação da Teoria do Estado de Transição, tal não basta para apreciar o seu valor. Terá de trazer algum suplemento de informação e esclarecimento a problemas quentes, como são hoje, por exemplo, os da catálise enzimática. Para ser devidamente apreciada na sua capacidade de cálculo em questões desta índole requer a disponibilização de um programa computacional. Presentemente através de um *spin-off* da Faculdade de Ciências e Tecnologia da Universidade de Coimbra já temos disponível na *net* um programa em Java que permitirá a qualquer investigador ou estudante recorrer a ISM. Como os cálculos são muito rápidos, podem ser realizados na *net*, como se de um jogo de cartas se tratasse[12].

A segunda «teoria» ISM(*proc*) é a que lida com *processos* em que não há quebra e formação de ligações químicas. Seria esta «teoria» a lidar com as reacções de transferência de electrão e de transferência de energia. Com ela os avanços iniciais foram muito mais rápidos, porque, logo à partida, dispunha de um método para calcular «ordens de ligação no estado de transição», $n^{\ddagger}=(n_{ox}+n_{red})/2$. Produziu cálculos de muitas velocidades absolutas para reacções de transferência de electrão, quer em sistemas orgânicos quer em inorgânicos ou organometálicos, e mesmo em proteínas. Guiou a investigação para descobrirmos um novo padrão de reactividade química: a «dupla região-invertida». Neste campo defronta inúmeras dificuldades de publicação e temo-nos visto forçados a publicar em revistas científicas de menor impacto.

A posição da comunidade científica seria racionalmente válida se, de facto, houvesse duas «teorias» distintas: rejeitava ISM(*proc*) e aceitava ISM(*qfl*), pois lidavam com questões distintas, e de modos também distintos, um mal o outro bem. Só que não há duas teorias ISM distintas. Está aqui bem presente o conceito de *inovação* em ciência como a perspectiva António Sérgio: «O conhecimento científico começa quando fenómenos diferentes são concebidos como idênticos por meio de um *conceito*». Reacções de transferência de átomos e de electrões são tomadas com idênticas através de $n^{\ddagger}(m)$. Concedo que há aqui um «hiato lógico» que se vai procurando colmatar no tempo; na essência, o questionamento a que devemos procurar responder, em termos do critério decisivo do *modo*-2 do conhecimento, «é o de se funciona?».

De facto, não estamos a lidar com duas teorias distintas, mas sim com duas comunidades distintas, pois é muito reduzido o número de cientistas que investiga simultaneamente reacções de transferência de electrão e de transferência de protão. Este circunstancialismo impede que o cientista comum disponha de uma visão dual sobre a cinética da transferência de electrão/transferência de protão. Mesmo as aplicações da TM às reacções de transferência de protões limitaram-se ao uso das «relações cruzadas».

Em qualquer das «teorias», o cenário de impacto na comunidade é sempre remetido para o longo prazo: i) para ISM(*proc*) devido à resistência contumaz da comunidade científica, que só deverá mitigar-se numa geração; ii) para ISM(*qfl*) o caminho do cálculo de velocidade absoluta só agora começou a ser percorrido, e demorará tempo a explorar e verificar muitas das suas potencialidades em interacção com a comunidade científica.

Ao fim de 20 anos de combate, o que é embaraçoso para a comunidade científica é verificar-se que não são razões de racionalidade científica que impedem a aceitação ISM na transferência de electrão, mas são tão-só razões do foro *psicológico* emergentes do conflito com o paradigma vigente. Na ausência deste paradigma, a comunidade aceita a vinda a lume de ISM para as reacções de transferência de protões e de átomos!

Dada intemporalidade das «razões da razão», são estas que permitem já hoje caminhar no futuro, preparar o futuro, guiar o nosso pensamento num futuro emergente. As «razões do coração» amarram-nos ao presente (e ao passado) e prendem-nos a nós mesmos. São o caminho mais seguro para fugir ao futuro. A intuição pode ajudar a perspectivar o futuro, mas com menos segurança do que a racionalidade. A coerência cognitiva, porque procura compatibilizar as razões da razão com as do coração, é também caminho seguro para entrar no futuro. Mas também nesta vereda não encontramos toda a comunidade científica da química.

O contributo de Nelsen

No dia 3 de Novembro de 2006, um pouco antes da hora de jantar, o Luís e a Sophie Arnaut vieram a minha casa para me entregar uma fotocópia do artigo que Stephen Nelsen e colaboradores haviam publicado no *J. Phys. Chem. A* em Outubro de 2006[13]. Veio a lume vinte anos depois de me ter sido recomendado abandonar o campo das transferências de electrões, dado o carácter herético das minhas ideias:

> «...on this occasion it does seem to me that the difficulties stem both from profound misconception of the fundamentals of the subject, and from faulty and confused development of your basic ideas. In effect, the referees – both of them kind and helpful scholars who wish you well – are urging you to withdraw from this field for a period that is adequate for you to reconsider your whole approach».

Mas afinal, o que é que Nelsen escreveu? Tão simples como isto:

> «... so dielectric continuum theory, which predicts significant effects of molecular size, considerably overestimates these effects, as has been concluded independently for very different reasons by Formosinho[14]».

Este autor concluiu que os efeitos da reorganização do solvente em reacções de transferência de electrões eram cerca de $\Delta G_{solv}^{\ddagger} = 2.2$ kcal mol^{-1}, – indistintos das barreiras dos processos de difusão em soluções líquidas – portanto de negligenciar para a maioria das reacções de transferência de electrão, e em profundo desacordo com o modelo do dieléctrico contínuo da teoria de Marcus. Mais reconhece que tais ideias já havia sido apontadas por mim em artigo publicado no *Progr. Reaction Kinetics*, por razões bem distintas das dele. E tais razões prendiam-se muito com o sucesso de ISM em estimar as barreiras de reorganização interna deste tipo de reacções e, consequentemente, implicarem que a reorganização externa do solvente deveria ser muito pequena e portanto poderia ser desprezada no cálculo das velocidades de transferência electrónica.

Este reconhecimento é também fruto do carácter revolucionário que as conclusões de Nelsen têm para a comunidade científica do domínio das transferência de electrões em solução. E, portanto, Nelsen *et al.* querem realçar que as razões sustentadoras desta «revolução» não são apenas as dos próprios autores, mas que existem outros argumentos, independentes destes, a apontar no mesmo sentido, e apresentados por Formosinho anos atrás.

O recurso ao modelo ISM para o estudo das reacções de transferência de electrões, desde o seu início evitou que fôssemos enganados pelo «efeito de solvente» na denominada *barreira intrínseca*. A partir da perspectiva proporcionada pelo nosso modelo, os resultados de Nelsen foram sempre por nós interpretados como ilustrando a ausência de um contributo de reorganização do solvente nas barreiras intrínsecas das reacções de transferência electrónica. Mas de todos os cientistas a trabalhar no campo, era claro da leitura dos capítulos anteriores, que seria o Prof. Nelsen o cientista que pelos seus estudos mais próximo estaria de reconhecer por ele mesmo a validade da nossa interpretação.

Retomo o que em 1988 escrevi nas frases finais de «Nos Bastidores da Ciência»: «Se daqui a alguma dezena de anos o MIE [ISM do inglês] tiver atingido «a sua Índia», isto só terá sido possível porque Rudy Marcus «dobrou o cabo da Boa Esperança». «A verdade emerge mais facilmente do erro do que da confusão». As conclusões de Nelsen, pela sua credibilidade na comunidade científica americana onde trabalha, abrem-nos, a mim e aos meus colaboradores, perspectivas renovadas de havermos ultrapassado o Cabo das Tormentas e o seu Adamastor e podermos, agora, vir a navegar em águas mais tranquilas no domínio mais controverso em que investigávamos. Talvez não seja mesmo necessário esperar mais por toda uma nova geração para conquistarmos algum do impacto que todo o cientista almeja — «o prazer da descoberta», o de ver as suas ideias inovadoras serem utilizadas por outros cientistas. E que estes deixem de se sentir inibidos na utilização de ISM.

Nesta sincronia de acontecimentos, não só nos foi possível apresentar este contributo de Nelsen nesta obra, como ainda surgiu a tempo de ser incluído no livro que temos em publicação, em inglês, sobre Cinética Química na Elsevier. Já tinhamos ultrapassado as provas de página e encontravamo-nos a finalizar o Índice Analítico.

O artigo de Nelsen foi aceite no *Journal of Physical Chemistry* a 12 de Julho de 2006 e terá sido publicado de imediato, pois veio a lume no número de 19 de Outubro de 2006.

Palavras finais

Fazendo eco de Peter Atkins[15], em ciência uma grande ideia é um conceito simples, mas com um enorme alcance: «Tal como uma aranha que consegue tecer uma extensa teia que desenha um festival de elucidação e explicação». O facto de o Professor Marcus ter sido galardoado com o prémio Nobel patenteia que a sua metodologia criou a tal teia de poder explicativo e elucidativo e, portanto, não pode ser considerada uma ingenuidade científica. ISM sofreu o mesmo «ciclo epistemológico» que a Teoria de Marcus, mas com um passo de espiral mais amplo. Resolveu conceptualmente as reacções em que há quebra e formação de ligações químicas, domínio em que foi débil o contributo marcusiano. Atacou de forma renovada o entendimento das reacções de transferência de electrão, não só corrigindo o modo como a TM estimava a barreira intrínseca, bem como produzindo padrões de reactividade de maior amplitude que os existentes. ISM conduziu ainda a uma visão comum para reacções de quebra e formação de ligações – transferência de átomos de hidrogénio, transferências de hidretos, transferência de protões, transferências de grupos metilo – e reacções em que não há quebra e formação de ligações – transferências de electrões, transferência de energia entre estados tripletos –, porque ambos os tipos de reacções e de processos ocorrem através de um estado de transição para a ordem de ligação. Para o modelo ISM, a diferença entre as duas classes de reacções reflecte-se no modo como se estima a «ordem de ligação no estado de transição».

No contexto da teoria de Marcus, a aplicação da teoria aos dois tipos de reacções era misteriosa, pois o Prof. Marcus sempre argumentou que as reacções de transferência de electrão não ocorriam através de um estado de transição, o que não era manifestamente o caso de reacções com quebra e formação de ligações. Inevitavelmente ISM tem a potencialidade de ficar no mesmo padrão científico que a Teoria de Marcus ou até um pouco acima. Mas tecemos apenas alguns fios da sua teia científica. Só a comunidade poderá tecer toda a verdadeira rede.

Este não é um livro escrito por um vencedor. Vencemos tão-só a Natureza, mas não vencemos a comunidade científica. E vencemos a Natureza na medida em que esta nos respondeu como nós antecipámos, guiados por ISM. Após a forte rejeição inicial, a aceitação para publicação do artigo sobre a «dupla região-invertida» implica que convencemos dois ou três cientistas e não toda uma comunidade; tal corresponde tão-somente a termos sido autorizados a dar conhecimento da nossa descoberta através dos *media* da ciência – as revistas científicas – após «censura prévia», mas não na revista de maior Factor de Impacto para artigos correntes de química.

No bom sentido, os países, as instituições, etc. hão-de exercer uma acção de «lóbi moral» para chamar a atenção para o valor e impacto dos seus cientistas e das correspondentes descobertas ou do trabalho das suas vidas. Tais pressões sociais estão em competição umas com as outras, mormente em química, em que é sempre elevado o número de candidatos à vitória.

Um caminho de sucesso na comunidade científica e de visibilidade académica só se abre, porém, se os nossos colegas cientistas – a comunidade química internacional – se convencerem que, mediante ISM, veio algum progresso significativo à Química. Em meu entender, um tal sucesso tem que ser perspectivado segundo três vertentes:

I - Representar a cinética das reacções químicas elementares em fase gasosa só em termos de propriedades de moléculas reagentes e de moléculas produtos. Um pleno entendimento do cerne da química – «a reacção química».

Apesar de reconhecer a importância desta circunstância, nunca a valorizei excessivamente. Só lhe dei o devido valor perante a mudança de opinião do avaliador do artigo «*Absolute rate calculations. Atom and proton transfer in hydrogen-bonded systems*», como referido no Capítulo 6.

II - Alargar o âmbito dos «padrões de reactividade» para as reacções de transferência de electrão previstos pela Teoria de Marcus (TM-2) – região normal e região-invertida – proporcionando uma visão global e coerente para toda a gama de padrões verificada experimentalmente. Aqui inclui-se a previsão da nova «dupla região-invertida».

A capacidade que demonstrámos em observar experimentalmente a «dupla região-invertida» é ponto fulcral no confronto de ISM com o paradigma de Marcus, TM clássica e suas formulações quânticas.

III - Falsificar *à la Popper* a Teoria de Marcus (TM-1), levando a mudar o entendimento corrente de como se processam as reacções de transferência de electrão em solução e em sistemas biológicos.

Deste modo, o entendimento que adquirimos sobre as reacções de transferência de electrão fica assente em fundamentos comuns aos das reacções com quebra e formação de ligações. Será talvez o sucesso menos inovador, mas a eliminação de erros é tarefa que os filósofos da ciência muito prezam.

O recentíssimo contributo de Nelsen e colaboradores, como cientistas americanos que vêm, no seio da comunidade científica americana, reconhecer que a «reorganização do solvente» estimada pela teoria de Marcus para as reacções de transferência de electrões está incorrecta, e simultaneamente reconhecer a nossa prioridade neste entendimento, é algo muito reconfortante para todos nós ao fim de tantos anos de polémica científica.

Todas estas três vertentes depararam com a *incredulidade* da comunidade científica. A primeira, apenas relacionada com o valor cognitivo da nova metodologia, tem-nos conduzido a algumas dificuldades de publicação, mas não insuperáveis. As restantes, juntaram ao esforço de reconhecimento do valor cognitivo da nova teoria, a necessidade de uma mudança de paradigma, com o consequente *confronto científico*. A tudo isto soma-se a confirmação de uma *previsão arriscada*, a de um novo padrão de reactividade – a dupla região-invertida. E duplamente arriscada, pelo «estranhamento» que contém em si mesma e por ir contra as previsões do paradigma vigente.

Almejamos, todavia, um pouco mais: criar uma tradição de investigação a respeito do uso de ISM na interpretação e reconhecimento de padrões para a reactividade química. No meu grupo, o uso de ISM já vai nos netos-científicos. Mas uma tal tradição tem de ser cerzida sempre com os fios da teoria e os da experimentação.

Finalmente, ISM também deve patentear a capacidade de prestar contributos de interesse nos domínios dos sistemas biológicos: i) para a transferência de electrões, um campo de incidência imediato é centro reactivo da clorofila e o papel da «dupla região-invertida» na separação de cargas; ii) para a transferência de protões com ligações de hidrogénio vemos como objectivo imediato a aplicação em catálise enzimática. Tais necessidades são fruto do reconhecimento de que cerca de 40% dos prémios Nobel em química e em fisiologia ou medicina são na área de bioquímica[16]. O facto de a Fundação Nobel ter organizado, pela primeira vez fora da Suécia, um dos seus simpósios anuais[17] e sobre um tema de bioquímica – *Fundamentals of biomolecular function: nucleic acids, proteins and membranes* – patenteia cada vez mais este caminhar das ciências químicas.

NOTAS

[1] Entre Porter e Norrish e entre mim e Porter medeiam 23 anos. A quarta geração científica surgiu com Luís Arnaut, 17 anos mais novo do que eu. Evoluções tão comezinhas, como a ausência de serviço militar obrigatório, encurtam um pouco o arco temporal entre as diferentes gerações científicas.

[2] K. J. Laidler, «Ronald Norrish» em *Nobel Laureates in Chemistry 1901-1992*, L.K. James (Ed.), American Chemical Society and The Chemical Heritage Foundation, 1993, pág. 485.

[3] Citado por Hacking, «Factos e Hipóteses», em *A Ciência Tal Qual se Faz*, F. Gil (ed:)), Edições João Sá da Costa, Lisboa, 1999, pág. 283; B. Latour, «Science in Action. How to follow scientists and engineers through society», Harvard University Press, Cambridge, Massachusetts, 1987, part III.

[4] Entrevista a S. J. Formosinho, *Tchê Química, vol. 1*, 9-15 (2004).

[5] S. J. Formosinho e L. G. Arnaut, «Velocidades de Reacção e Estrutura Molecular»,

Tchê Química, vol. 1, nº 3, 40-55 (2005).

[6] J. E. Hirsch, «An index to quantify an individual's scientific research output», arXiv:physics/0508025 v5, 29 Setembro 2005.

[7] De facto o índice é h=23 pois há mais um artigo publicado no *Advances in Photochemistry* em 1991, com mais de 50 citações. Talvez devido à menor regularidade actual de publicação desta revista, não surge incluída no tratamento do Citation Report para a estimativa do meu índice-h.

[8] M. Jo Nye, «Laboratory Practice and the Physical Chemistry of Michael Polanyi», *ob. cit.*, pág. 371.

[9] Entrevista a Rudolph Marcus, *The Spectrum*, 16, nº 2, 4 (2003).

[10] «The Nobel Prize in Physics 1970»; internet, Nobelprize.org.

[11] «Hannes Alfvén (1908-1995)»; internet hppp://public.lanl.gov/alp/plasma/people/alfven.html, 16 Fevereiro (2005).

[12] Disponível em htpp://www.ism.qui.uc.pt:8180/ism/; this facility is free of charge, does not require a prior registration, and was implemented by Luis G. Arnaut, Monica Barroso and Daniel Oliveira.

[13] S. F. Nelsen, M. N. Weaver, J. R. Pladziewicz, L. K. Ausman, T. L. Jentzsch, J. J. O'Konek, «Estimation of Electronic Coupling for Intermolecular Electron Transfer from Cross-Reaction Data», J. Phys. Chem. A, *110*, 11665-11676 (2006).

[14] «A Critical Assessment of Classical and Semi-classical Models for Electron Transfer Reactions in Solution», S. J. Formosinho, L.G. Arnaut, R. Fausto, *Prog. React. Kinetics, 23*, 1-90 (1998).

[15] P. Atkins, «Galileo's Finger», Oxford University Press, Oxford, págs. 2, 3.

[16] I. Hargittai, «The Road to Stockholm. Nobel Prizes, Science and Scientists», Oxford Univ. Press, Oxford, 2002, pág. 2.

[17] Este simpósio teve lugar em Coimbra entre 1 e 4 de Maio de 2005. Eu tive a honra e o privilégio de ser o *chairman* da primeira sessão deste simpósio.

CAPÍTULO 16

UM QUÍMICO NO HOSPITAL

A longevidade vêm-nos à mente quando pensamos em qualquer caminho de ribalta, e a ciência não escapa a esta regra de inevitabilidade. A reflexão sobre a longevidade pessoal é tema em relação ao qual o próprio só deve falar com alguma ironia. A opção que tomo é toda uma outra. É falar do professor da Universidade da Califórnia em Berkeley, Joel Hildebrand, de quem se dizia, como expressão da sua longevidade, que «jantou com van't Hoff». Jacobus van't Hoff (1852-1911) foi um distinto químico teórico holandês, com contributos de enorme vulto nos domínios da estereoquímica, cinética química, termodinâmica e teoria das soluções. Foi o primeiro prémio Nobel da Química, em 1901.

Em Julho de 1906 Joel Hildebrand embarcava para Berlim, com mil dólares no bolso, dádiva de seu pai, e com um doutoramento, um bom conhecimento de alemão e uma profunda convicção que Ostwald, um dos fundadores da *química-física*, estava correcto. Nessa época nascia um novo ramo da química – a aplicação de métodos físicos ao estudo dos fenómenos químicos. Hildebrand pretendia «*entender* os fenómenos» e não se contentava com a química descritiva e de receitas para separação de substâncias que tinha recebido no seu curso, e que ignorava a causa ou causas que produziam esses mesmos fenómenos e poderiam explicar as metodologias empregues no laboratório. Hildebrand leu num escrito de Ostwald que «a química-física não é uma variedade de química; é a química do futuro». Foi atraído por este sonho que Hildebrand vem para a Europa e nomeadamente para Berlim[1], ao tempo «a capital global da ciência».

Em 1887 havia surgido a primeira revista científica de química física, *Zeitschrift für physikalische Chemie*, pela mão de Ostwald e de van't Hoff. Van't Hoff vindo de Amsterdão e Nernst de Gotinga ocorrem a Berlim para proferir conferências a que Hildebrand assistiu, bem como seguiu o curso laboratorial de química-física de Nernst.

Nascido em 1881, Hildebrand participou do espírito de pesquisa da Universidade da Califórnia em Berkeley, onde Gilbert N. Lewis, oriundo do MIT, veio a estabelecer uma escola de investigação que dominou a química dos Estados Unidos até 1946, data do falecimento do próprio Lewis[2], talvez o cientista com maior influência no desenvolvimento da química nos Estados Unidos: «*Gilbert Newton Lewis was probably the greatest and most influential of American chemists*»[3]. Hildebrand distinguiu-se nos domínios da teoria das soluções, tendo publicado um artigo sobre este campo ainda em 1981 e dado uma entrevista sobre a sua carreira em 9 de Setembro de 1981[4]. Trabalhou activamente em Berkeley até à sua morte, em 1983, com 101 anos de idade.

Uma sua colaboradora que o visitava todos os anos, conta a seguinte história[5]: Hildebrand quando recebia a visita de algum cientista deslocava-se até ao elevador e carregava no botão do 10º andar. Então dizia: «Com a minha idade, tenho de fazer algum exercício». E ia a pé!

A minha carga genética

Em 3 de Outubro de 2002 nascia a minha primeira neta, Carolina. Quando a vi passado cerca de uma hora, a primeira exclamação que me brotou ao peito foi – «olha as mãos da minha mãe» e virando-me para o meu filho exclamei «olha as mãos da avó Leopoldina!». As mãos da minha mãe, tal como as minhas e de alguns de nós na família, apresentam o dedo grande com uma pequena curvatura. Marca genética bem acentuada.

O meu pai faleceu aos 60 anos. O meu avô paterno aos quarenta e poucos anos. O meu avô materno teve uma trombose aos 28 anos e faleceu aos quarenta e poucos anos. A minha mãe teve um derrame numa vista pelos quarenta anos que muito prejudicou a sua visão. Tudo acidentes cardiovasculares que constituem uma carga genética elevadíssima que sobre mim pesa. Para um cientista aspirar a um caminho de ribalta, tem de dispor de alguma longevidade, não necessariamente tão longa como a de Hildebrand. A carga genética que a minha família possui, mormente no ramo masculino, não apontaria nesse sentido, não houvesse notáveis progressos cirúrgicos e de exames não-invasivos no campo médico que em muito têm aumentado a esperança de vida no homem.

Não tinha sintomas cardiovasculares que suscitassem preocupação, para além de uma tensão arterial elevada mas controlada com medicamentos apropriados, que «descobri» quando fui Presidente do Conselho Científico da Faculdade de Ciências e Tecnologia da Universidade de Coimbra em 1978. Não me queixava de cansaços, dores no peito, etc.. Não fumava. Contudo, o meu médico assistente, o Dr. Borges Alexandrino, no silêncio dos sintomas, detectou algumas extra-sístoles e sugeriu a realização de um «cintigrama de perfusão do miocárdio». Não consegui realizar a prova de esforço pois se desenvolveu uma «fibrilhação auricular» e o coração demorou a estabilizar, tendo de ir ao serviço de urgência dos Hospitais Universitários de Coimbra (HUC). Perante tais resultados, o Dr. Borges Alexandrino indicou-me um cardiologista para me seguir, o Dr. Rui Martins. Este recomendou a realização de um «cataterismo cardíaco», que foi feito nos serviços de cardiologia dos HUC em finais de Setembro de 2004 pelo Dr. Vitor Matos. Curiosamente o mesmo médico hemodinamista que me haveria de fazer o mesmo tipo de exame em Dezembro de 2006, para criar exames de referência dois anos após o *by-pass*.

Perante o nível de bloqueamento das artérias, o Dr. Rui Martins falou ele mesmo com o Prof. Manuel Antunes que recomendou a colocação de um *by-pass* triplo, sem carácter de urgência. O Prof. Manuel Antunes deslocava-se nessa altura a Moçambique, com uma equipa reduzida de cirurgiões e anestesistas para operar no Maputo e regressaria passado quinze dias. Então eu seria operado. Cheguei a ser internado, mas por não ter suspenso um medicamento anticoagulante, ele mesmo achou prudente adiar a intervenção de uma semana para evitar sobrecarregar o risco operatório.

A operação cirúrgica

No primeiro internamento encontrei uma pessoa natural da Figueira da Foz mas que vivia no Porto; havia-se recusado a ser operado aí, para poder vir a sê-lo em Coimbra. No domingo 24 de Outubro de 2004, quando me encontrava em casa a almoçar, telefonaram-me dos Serviços de Cirurgia Cardiotorácica do Prof. Manuel Antunes a perguntar se não me importava de ser internado nesse mesmo dia, dado que uma doente que julgavam poder operar na 2ª feira seguinte não estar ainda em condições para tal. Assim antecipei a minha operação em um dia. Apareci pelas cinco da tarde para ser internado e vi logo o tal senhor do Porto, que me animou o espírito dizendo que a operação não custava nada. Foi um ambiente que sempre encontrei entre os doentes: uma grande confiança no Prof. Manuel Antunes e na sua equipa médica e de enfermagem, e uma procura de ajuda mútua entre os próprios doentes.

Nessa ocasião estava para ter alta um jovem miúdo moçambicano, o Armando, que tinha vindo para ser operado ao coração. O senhor que vivia no Porto ofereceu-lhe um cachecol do Futebol Clube do Porto. Sabedor do facto, pedi à minha mulher que arranjasse um cachecol da Académica. Assim o Armando regressou a Moçambique com símbolos de dois clubes de futebol portugueses, o que deve fazer bastante sucesso na sua terra.

Na altura em que a minha mulher lhe dava o cachecol da Académica, a mãe de um bebé que ia ser operado disse-lhe – «Trata-se de um cachecol muito importante. Representa a cidade de Coimbra e a Universidade onde são formados os médicos». Assim, conferiu ao cachecol a preto e branco uma cor que ele não tinha. Só não sabia que na equipa de médicos do Prof. Manuel Antunes estava um excelente exemplo disso mesmo. O braço direito do professor, o Dr. Luís Eugénio, foi jogador de futebol da Académica. O meu irmão lembra-se bem de o ir ver jogar como júnior no campo de Santa Cruz. Veio a ser conhecido pelo Capellinni!

– Este cachecol vai ficar na parede do meu quarto! – exclamou o Armando.

Fui operado no dia seguinte, tendo decorrido tudo normalmente. Fui para a sala de operações. O anestesista questionou-me sobre a qualidade dos alunos universitários. Comecei por dizer que, de facto, só tínhamos alunos a partir do 3º ano[6] e que, quando integrados nas equipas de investigação para a realização de estágios, nos surpreendiam pela qualidade do trabalho realizado, pela motivação revelada, pelo modo com trabalhavam com colegas mais velhos. Depois não me lembro de mais nada. Recordo-me de, como todos os operados, ser colocado no piso dos cuidados intensivos. Passadas umas 24 horas fui colocado num quarto sozinho, ainda com cuidados especiais, para me controlarem a instabilidade da tensão arterial. No Sábado dia 30 fui já instalado num quarto para cuidados normais.

Sem dúvida que vinha cansado dos pequenos passeios que me obrigavam a dar. Sentia-me bem na cama, a ler ou a ver televisão, passando mais de meio dia no leito. Para treinar o mais cedo possível a actividade intelectual, o Dr. Paulo Calvinho, que foi o interno de cardiologista que me acolheu antes de ser operado, recomendou-me que lesse. Tinha trazido comigo a obra «A Ilha» do prémio Nobel de Literatura em 2003, o escritor sul-africano J. M. Coetzee. Um livro de apenas umas 160 páginas, que me pareceu adequado para ler e digerir durante o internamento hospitalar. Li-o, porém, um pouco mais depressa do que pensava e pedi a minha mulher para comprar um outro do mesmo autor, «Elizabeth Costello», livros que registam, com marcações a lápis, vários pensamentos e reflexões, para além de sublinhados de diversas passagens. Aliás, ainda li projectos de artigos científicos – o sobre a dupla região-invertida e o da separação de carga electrónicas no início da região invertida – que o Luís me trouxe durante as visitas diárias. Manter o interesse pela investigação é uma motivação inestimável, diria quase fisiológica. E as visitas da família, dos colegas e dos amigos eram naturalmente sempre muito ansiadas.

Ao nono dia de internamento de manhã, no fim de ter tomado o banho diário, ajudado nesse dia por minha mulher, perdi os sentidos. Isto é frequente entre os doentes deste serviço, mas no meu caso camuflava um problema mais complicado.

Quando se previa que regressasse a casa no dia seguinte, detectaram uma hemorragia de uma úlcera duodenal de origem nervosa, que surgiu fruto do choque operatório. Logo de manhã, enquanto um enfermeiro me recolhia sangue para análise e realizava as medidas usuais de tensão arterial, vi-me rodeado por alguns médicos com ar sério. Sofri uma transfusão de sangue de urgência e seguidamente, no próprio serviço, cauterizaram de imediato a úlcera, tendo ficado dois dias sem comer e beber por completo. A probabilidade de uma tal ocorrência é baixa, cerca de 3%, e foi a primeira que haviam tido neste ano, até Novembro. Com certeza, uma preocupação para a equipa médica e um grande susto e ansiedade para a minha mulher e os meus filhos. Conscientemente, em mim nunca foi abalado o sentimento de confiança, nem nunca me senti em perigo de vida. Durante todo o internamento, as minhas orações eram muito breves: «Jesus mio, ten misericórdia de mí»[7]; «cura-me Senhor e ficarei curado»; «salva-me Senhor e ficarei salvo». Outros rezaram por minha intenção muito mais.

Clarividência de pós-memória, que me dizia haver coisas a fazer depois da operação, mesmo alegrias a receber. Agora admito que, inconscientemente, a pressão nervosa seja muito superior àquela que julgamos sofrer.

Quando um mês antes me fizeram o cataterismo cardíaco, fui internado com mais três pacientes. Dois foram colocados num quarto e os outros dois no outro. O meu companheiro era da Nazaré e falou-me de diversos problemas da pesca no mar, e das dificuldades que um porto pequeno como este acarreta para a sua pequena frota. Para além de histórias da vida militar, que é permanentemente uma grande fonte de interesses comuns e partilhados por todos os que o fizeram. Ouvia-o com agrado, pelos temas, por aliviar a nossa ansiedade e para matar o tempo. No dia seguinte, quando saiu da sala de intervenções e eu estava na maca ao lado para entrar seguidamente, disse-me logo que aquilo não custava nada. De novo o sentimento de ajuda mútua sempre presente entre todos nós, apesar de nos termos conhecido no dia anterior. Que motivação levará os doentes a tão rapidamente partilharem experiências de vida e ajudarem-se mutuamente? Quiçá uma motivação de satisfação de necessidades fundamentais, de segurança e de adaptação.

Após receber a transfusão de sangue, lembro-me de ser entubado para a cauterização da úlcera e de ter respondido bem às orientações que me davam para facilitar o exame e o tratamento. Também recordo bem o médico que actuava para a transfusão de sangue. Um ou dois dias depois, quando recebia a visita médica usual, mostrei desejo de o ver. Não para lhe agradecer de uma forma explícita, porque se trata do exercício competente de um acto médico para que foi treinado, mas de uma forma tácita. Veio numa das visitas médicas passado dois dias e gostei de o ver, o Dr. Pedro Antunes, tal como os passageiros de um avião gostarão de ver o piloto que resolveu alguma situação complicada de voo. Quando já circulava por todo o serviço, tivemos oportunidade de conversar. Aliás o mesmo se passou com o enfermeiro. Falámos das preocupações que lhes dei e da dificuldade que tinha em cumprir as suas ordens para respirar lentamente. Disse-me sorrindo: tinha a hemoglobina muito baixa! Durante a noite anterior, tive de pedir a arrastadeira por duas vezes, pois me sentia demasiado fraco para ir por meu pé até à retrete. A maior hemorragia deve ter ocorrido durante a noite.

A segunda fase nos cuidados intensivos

Como doente no hospital não deixei de ser um químico e ver as coisas sob este olhar. Nos dezoitos dias em que estive internado, também me vi envolvido em reflexões comigo mesmo.

Após se ter solucionado o sangrar e a perda de sangue da úlcera que se desenvolveu sem sintomas anteriores, regressei aos cuidados intensivos. Na primeira noite com sonhos algo confusos mas, no interior de mim mesmo, muito mais desperto e atento. A primeira grande lição que recolhi foi a do serviço dos enfermeiros a todos nós. Para além da vigilância nos monitores computacionais de cada um junto de uma central de computadores, passavam de hora a hora pelos doentes, faziam o registo manual dos seus parâmetros e, aos acordados, davam uma palavra de conforto, de tranquilidade, de simpatia.

Foi esta capacidade de servir e de criar estes laços humanos que me marcou em todos os elementos da equipa, num espírito de missão e numa elevada competência profissional. Não é só dar de beber a quem tem sede e alimento a quem tem fome; mas ajudar um doente temporariamente fraco a lavar-se ou lavá-lo, a levantá-lo da cama, a ignorar o falso pudor, a dar-lhe medicamentos, etc.[8]. E é ver os médicos cuidarem de nós, em cada dia, mesmo aos fins-de-semana, dando-nos uma palavra de bem-estar e de ânimo. A todo este respeito, vem bem a propósito Garcia Marquez: «Aprendi que um homem [ou uma mulher] só tem o direito de olhar o outro de cima para baixo quando vai ajudá-lo a levantar-se».

Lembro-me numa noite que duas enfermeiras me examinavam e perguntaram se já tinha os olhos papudos? Respondi que sim, devido aos óculos, o que as tranquilizou. A minha tensão arterial demorou a estabilizar, pelo que a mediam com assiduidade. Chegou a preocupar uma das enfermeiras, pois atingia durante a noite picos de 200 mmHg na máxima o que implicava a administração de medicamentos para contrariar tais picos. Acrescido da fibrilhação que, uma vez reconhecida, foi regularizada com facilidade por via química.

Também no quarto de cuidados intensivos que partilhava com mais três doentes, e não sei bem a propósito de quê, se falou da co-incineração de resíduos perigosos.

Alguém de uma das camas disse que «a fossem fazer para outro lado, pois não devia ser bom». Repliquei, porque não fazê-la no Outão onde não havia ninguém. Assim, e sem riscos, íamos solucionando um problema – se é que problema é a palavra mais adequada para descrever esta acumulação de resíduos petrolíferos – nauseabundo de Sines e não o deixávamos de sobra para os nossos filhos e netos, na essência a aplicação de «um princípio de solidariedade entre gerações». Mais disse, a propósito de um programa de televisão que havia passado nessa noite – água com arsénio[9] numa vila de Trás-os-Montes – esse sim, é que era um perigo verdadeiro e não o da co-incineração. O silêncio desceu à sala.

Numa dessas ocasiões, um dos doentes queixou-se com sede. Para além de uma explicação que foi fornecida por algum de nós perante a necessidade de não se sobrecarregar um coração ainda debilitado com muitos fluidos, lá fui dizendo que estava ali sem beber e sem comer durante dois dias. Estes enquadramentos ajudam cada um a suportar melhor as suas privações. Claro que não estamos na visão tradicional de um hospital, com dor, sofrimento e presença da morte. Bem pelo contrário, encontramo-nos num local de forte esperança de vida e de uma «vida nova». Tudo é mais suportável.

Eu próprio fui um bom doente no período em que estive internado, nunca me queixando perante as naturais dificuldades que muitas enfermeiras ou enfermeiros tinham, por vezes, em recolher sangue para análise em veias já um pouco martirizadas e sempre com o desejo de não magoar o doente.

Um dos nossos «colegas de clube» queixava de tonturas e desmaios frequentes de manhã, após o banho, o que o preocupava. Disse-lhe que teria de se separar, no tempo, o efeito do medicamento e o do banho, quiçá excessivamente prolongado para a situação de debilidade em que todos nos encontrávamos, evitando o seu efeito cumulativo. No dia seguinte perguntei-lhe o que tinham feito. Respondeu que lhe passaram a administrar o medicamento mais tarde. À laia de brincadeira disse: «Está a ver, estou quase médico». É esta minha mentalidade de químico cinético.

Um dos doentes que esteve connosco no mesmo quarto de cuidados intensivos, veio um dia mais tarde para os cuidados normais. Animou-se imenso quando o visitámos e recuperou rapidamente. Até se recordou de uma viagem em que me teria encontrado no avião vindo de Tóquio. Eu já não me lembrava da cara, mas lembro bem do encontro e da conversa. Diga-se em abono da verdade uma raridade, esta a de eu viajar de avião até tão longe[10]. Mas enfim, o convite do Prof. Shizuka para falar sobre a minha Teoria de Efeito Túnel no Japão, criou-me o dever moral de aparecer.

Marcou-me positivamente que nos Serviços de Cirurgia Cardiotorácica a prestação dos cuidados médicos esteja centrada no doente. Não foi só na emergência gástrica que foi resolvida no próprio Serviço por especialistas da Gastro, como nas recomendações para a diabetes, pois tive uma visita de uma médica especialista da Endocrinologia. De meu conhecimento, tal não é o usual: é o doente que circula pelos diferentes serviços.

A medicina evoluiu muito associada ao crescimento da ciência, numa profunda fragmentação de saberes e de especialidades. Claro que nem a ciência nem a medicina podem perder os vastos progressos alcançados mediante a especialização. Mas a partir desta conquista, hoje o que se requer é cerzir o tecido dos saberes científicos à volta da interdisciplinaridade ou da multidisciplinaridade. Ou para as especializações médicas, o que se requer é o cerzir dos saberes à volta do doente, à volta de uma visão holística para a medicina.

A experiência da sede e da fome

A experiência da fome e da sede é uma experiência muito rica para descobrir ou estar atento a coisas do quotidiano. Passa-se a ter uma maior capacidade em encontrar alegria em prazeres simples da vida. O bochechar e refrescar a boca com uma solução diluída de Tantum Verde é muito refrescante e produz uma sensação de grande agrado. Mesmo o fazer percorrer água nos lábios e na boca, só para refrescar e sem engolir, causa uma verdadeira «cromatografia da água». E depois, quando já podia comer, é magnífico o prazer de sentir a cavidade bocal cheia com iogurte líquido, para além dos sabores próprios que ele tem, ou sentir de repente o cheiro de alguma molécula de um citrino.

A propósito de cheiros, quando me encontrei pela segunda vez nos cuidados intensivos, tínhamos a visita regular de enfermeiros para com os doentes procederem a exercícios respiratórios. Numa dessas ocasiões de que, de alguma forma, eu já tinha cumprido, ouvi um esses enfermeiros falar de um produto que todos os doentes detestam por consideraram que cheira mal. «Ora aí está uma boa coisa para um químico!», exclamei eu. E o enfermeiro colocou-me a «fumar» este produto cujo nome já me não recordo.

Numa das refeições a que assisti, o Sr. M. que estava internado já há algum tempo por no hospital ter sofrido um AVC, nesse dia não lhe apetecia molhar o pão no café com leite. Fartou-se das sopas de café com leite, com o pão de que gostava. Logo uma enfermeira ou uma auxiliar lhe perguntou pressurosa, se lhe apetecia fazer sopas com bolachas e, como a resposta fosse afirmativa, correu a buscá-las. O serviço aos outros tem uma beleza humana profunda e desencadeia uma cascata de efeitos positivos, nos que o prestam e nos que o recebem!

Estabelece-se uma relação mais forte com aqueles com quem partilhamos a enfermaria. Assim aconteceu com o Dr. C. com quem conversei mais demoradamente já após a minha segunda passagem pelos cuidados intensivos. Falou-me da sua Beira, a da raia, pois lhe sentia a falta, dos seus trabalhos de advogado, do seu trabalho para António Champalimaud no Banco. Encontrei-o mais tarde num café junto da Quinta das Flores em Coimbra e retomámos conversa, avaliando os progressos alcançados. Ambos nos queixámos do dormir de barriga para cima e ambos ansiávamos pela passagem dos dois meses que permitissem o retomar da condução e uma vida cada vez mais normal. Eu também me lamentei da diabetes que me obriga a controlo mais apertado, para evitar baixas de açúcar como a que tive pouco tempo depois de regressar a casa. Um passeio a pé de quase uma hora queimou demasiado açúcar.

Quando nos levantávamos ou deitávamos ajudados por alguém, tínhamos de cruzar os braços sobre o peito para o proteger de esforços indevidos. Igualmente não podíamos carregar pesos nos braços, e por idêntica razão, não podíamos conduzir até transcorridos dois meses depois da operação. Com um certo espírito, julgo que o Dr. C., dizia compreender agora a existência de umas estátuas na Sé Nova (de Coimbra) com os braços cruzados sobre o peito.

Recordando a infância

Há uma beleza na igualdade: Doutor Formosinho, Prof. Formosinho, Senhor Sabastião. Fez-me lembrar o Zézinho, menino Zézinho, como me tratavam na Lousã; Sebastião era demasiado pesado ou feio para um miúdo, deviam pensar. Sebastião é um nome frequente na família, um destes nomes que nos «penetra até aos ossos». A partilha e reconhecimento da verdadeira condição do humano, com sensibilidade e memórias, não me retirou a capacidade de ver tudo com os olhos de um investigador em química, como outros verão com os olhos próprios dos seus conhecimentos pessoais.

As noites eram longas no hospital. Muito longas mesmo. Quando fui instalado num quarto virado a nascente, pedia que me abrissem cedo a persiana para poder contemplar o vestir de luzes com que o nascer-do-Sol acorda a cidade. É um espectáculo bonito, apesar de limitado no enquadramento da janela. Quando vivia na Lousã, ouvi dizer que valia o sacrifício levantar cedo e ir até ao cimo da serra para ver o nascer-do-Sol. Apesar de Coimbra ter uns pôr-do-Sol muito bonitos, dizem-me que nada se compara ao nascer-do-Sol – uma verdadeira «saudação à serra» que lentamente se despe da escuridão para se vestir de luzes. Fui um dia com uns estudantes meus do 1º ano e dois colegas em excursão até Salamanca. Lá os acompanhei à discoteca, demasiado barulhenta e de luzes feéricas para meu gosto. Valeu, porém, o regresso à residência onde estávamos instalados, pelo deslumbrante espectáculo que foi o nascer-do-Sol na cidade. Primeiro as silhuetas dos monumentos, que lentamente acordam e se definem revestidas de um laranja ténue que se vai fortalecendo, até explodir num esplendor de puro ouro.

O meu tio Fernando, de facto meu primo pelo ramo Sanches, ia-me buscar com frequência à Lousã, para estar uns tempos com eles em Oeiras. Os meus pais foram para a Lousã quando eu tinha ano e meio e, é natural, que tenha deixado muitas saudades na família que vivia junta; em andares separados mas que, com as portas interiores da entrada abertas, faria uma casa grande de um só piso de 1º andar, rectilínea e comprida de uns quarenta metros. A cerca de um terço do comprimento, era cortada por uma escada de acesso à entrada exterior única. Na noite em que regressei aos cuidados intensivos lembrei-me bastante dele. Recordei, teria eu uns três anos, que me ensinou a comer pastéis de nata, comendo o creme à colher. Senti a falta de uma vida de relação que poderia ter sido muito cheia se ele se não tivesse suicidado passado algum tempo. E recordo que quando nesse ano voltei lá a casa e à noite me deitaram para dormir, ouvi:

– O Sebastião perguntou pelo Fernando?
– Sim.
– E o que disseste?
– Que estava em Paris!

A verdade é que nunca mais perguntei por ele. Os miúdos têm estranhas intuições.

O meu tio escolhia fazer férias lá para o fim de Outubro, porque eram mais belas e suaves as tonalidades luminosas do Outono, a clara luz de Outono que enverniza a paisagem como a luz de Verão de um país nórdico. Depois, também aproveitava para começar a preparar o presépio para o Natal. Recordando as cores desta beleza outonal, num domingo de manhã tive o prazer de, da minha cama e através da janela, ver o rasto branco de um avião recortado rectilineamente num céu muito azul, como os traçados de raios-α numa câmara de Wilson.

Mais reflexões a propósito da minha estada no hospital

Ao inserir os «Bastidores da Ciência. Vinte Anos Depois» numa história mais alargada, procuro dar um pouco mais da vida ao próprio livro.

Como refere Amin Maalouf, «a identidade constrói-se por acumulação, nunca por exclusão». Na minha família de antepassados isto aplica-se bem, com filhos legítimos e outros bastardos, o que é próprio das famílias nobres. Deve haver alguma nobreza perdida nos Formosinho e nos Sanches[11], para além daquela reconhecida presente nos Simões. Mas dos Sanches nada posso dizer.

Já o escrevi, minha mãe gostava que eu tivesse sido médico, mas nunca senti vocação para tal, sentimento que mais se acentuou quando, num domingo, apareceu no quarto onde eu estava o Prof. Manuel Antunes. Questionei-o: «Então aqui ao Domingo!?». Ao que ele retorquiu: «e o meu amigo não está doente ao Domingo!».

Após a formação da úlcera e da hemorragia, questionei-me se tal não poderia ter um significado mais profundo. Se tal não poderia levar-me a colocar o mesmo anseio de minha mãe, mas de uma outra forma. Haverá algum contributo que eu e o meu grupo de investigação, como químicos, possamos dar à medicina? E reflectindo um pouco entendi que sim, que poderia haver um contributo possível através da quimiometria. A minha mulher telefonou ao Luís Arnaut, para aparecer e eu começar a reflectir com ele este problema. Era um Domingo e ele estava de partida para a República Checa; a conversa foi breve. No dia seguinte apareceu o Canelas, para voltarmos a reflectir e a aprofundar um tema que ele já me tinha aflorado no contexto de ISM. Igualmente, o Rui Brito, muito ligados a questões biológicas, também me visitou e depois me telefonou para mais se reflectir sobre o problema. Uma coisa é a minha inspiração, outra uma realidade que tenha pés para andar. E mais, será que a inspiração se pode traduzir num documento estratégico que possa ser um bom estímulo e um bom guia de actuação para um certo número de investigadores do Departamento de Química de Coimbra?

O que a seguir transcrevo é fruto de todas estas reflexões sobre um documento preliminar que escrevi já no período de recuperação em casa, após ter alta ao fim da tarde de uma quarta-feira, dia 10 de Novembro 2004. Mas antes de o fazer, vejamos algumas questões que fui colocando a mim próprio, durante a minha estada no hospital.

A minha tensão arterial demorou a estabilizar, o que foi conseguido por um processo de *trial-and-error*. Haverá alguma possibilidade de perante dados estatísticos clínicos e métodos estatísticos da quimiometria conseguir-se um ajuste mais rápido? Será que esta metodologia poderá delimitar melhor o tipo de pacientes mais propícios a terem úlceras devido ao choque operatório?

Na sala de cuidados intensivos um dos doentes descrevia o seu caso. Andava cansado e tinha sofrido uma tontura, desmaiado e caído na rua. Foi à médica de família, que fez troça dele. Porém, ele tinha um cunhado médico que, mais atento ou conhecedor, levou-o à urgência do hospital da cidade, onde foi visto por uma médica cardiologista que o mandou internar de imediato. Uma história idêntica à de muitas das que as nossas televisões tanto gostam, mas que não resolvem problema algum. Fazem parte da estratégia pós-moderna dos *media*: fabricar as notícias pelo lado mais negativo, realimentá-las com as notícias das notícias, e silenciarem a face mais positiva da realidade; aliás o seu negócio é vender notícias e há sempre muito mais «notícias más» do que «notícias boas». Haverá modos estatísticos de estabelecer *clusters* de risco de doentes, acessíveis mesmo para médicos de família?

Numa experiência de síntese de um novo composto, estudando o rendimento da sua formação a duas temperaturas consegue-se, por recurso aos métodos estatísticos da quimiometria, encontrar a temperatura que maximiza o rendimento do processo. A indústria química recorre também a tais métodos, para com o número mínimo de experiências, encontrar o melhor catalisador para um processo industrial: natureza do metal, temperatura, pressão, solvente.

Bem-hajam

Uns dias depois de ter alta do hospital tive uma consulta de rotina no Serviço. O Dr. Luís Eugénio pediu-me um depoimento para constar de um livro em comemoração de aniversário dos Serviços de Cirurgia Cardiotorácica. Por vezes, alguns pacientes preferem, por razões inteiramente respeitáveis, não divulgar que são do grupo dos «safenados[12]». Não é o meu caso, pelo que começo por o reproduzir novamente nesta obra: «Antes de entrar na sala de operações recordo-me bem de conversar com o anestesista sobre a qualidade dos alunos de química tendo referido que, uma vez a fazer estágio nos grupos de investigação, encontram-se motivados e se revelam de qualidade muito superior à das nossas classificações em anos anteriores. Depois não me lembro de mais nada. Não senti vozes, não senti dores e quando acordei, não senti náuseas nem dores e encontrava-me bem disposto e com a consciência de ter sido já operado. A minha mulher visitou-me cerca das 16 h e encontrou-me a dormir bem sem sinais de inquietação. Acordei à noite e já abria os olhos».

Este capítulo final é também uma forma de bem-haja a todos os médicos e enfermeiros que me assistiram. É o reconhecimento de que eles cumpriram bem a sua missão, para que eu venha a cumprir a minha.

O realizador de cinema Manuel de Oliveira, numa entrevista recente à *Visão*, declarou: «A glória é sempre enganadora, ao contrário da derrota que obriga à reflexão»[13]. Toda a reflexão desta obra a propósito da ciência e da interacção entre a inovação do investigador individual e a comunidade científica a que presta contas, teve início quando escrevi «Nos Bastidores da Ciência».

As primeiras linhas foram redigidas numa clínica, quando me cabia fazer companhia a minha mãe que havia sofrido um AVC, a «morte branca» como escreve José Cardoso Pires em «*De Profundis*, Valsa Lenta». A mãe disse-nos que gostaria de ter música se estivesse doente. A minha irmã ou o meu cunhado haviam gravado umas cassetes com diversas peças musicais. Só me recordo de peças antigas tocadas por Pedro Caldeira Cabral, mas não sei se o coma de minha mãe a deixava ouvir alguma coisa. É que sem memória não há tempo e sem tempo não há música.

ANEXO

QUIMIOMETRIA MÉDICA

I

Vou agora produzir algumas considerações sobre o enquadramento dos problemas científicos presentes e sobre estratégias para o futuro, mormente no tocante à *quimiometria e à extracção de conhecimento a partir de bases de dados de informação médica*.

Os Simpósios Nobel são uma actividade importante para a preparação da atribuição dos famosos prémios Nobel nos domínios da física, da química e da medicina ou fisiologia, pois muitos dos recipiendários foram conferencistas neste tipo de simpósios. Trata-se pois de congressos com um muito elevado nível científico e limitados no número de participantes.

O Simpósio Nobel que teve lugar em Maio de 2005 sob o título «*Fundamentals of biomolecular function: nucleic acids, proteins and membranes*» patenteia bem a preocupação do Comité Nobel em apoiar os progressos no *entendimento* químico-físico (estrutural e funcional) dos processos biológicos. É um caminho importante, imprescindível diria mesmo, mas que será inevitavelmente muito moroso. Basta atender a que a conquista do *entendimento* da «reacção química» – o verdadeiro cerne da Química – demorou mais de 70 anos, desde o aparecimento da primeira Superfície de Energia Potencial, em 1930, e da Teoria do Estado de Transição de Eyring, Evans e Polanyi, em 1935, até ao modelo ISM de Formosinho e Arnaut (ISM: *intersecting state-model* and *interaction state-model*) em 2003. Note-se que este entendimento não é o proveniente da mecânica quântica, em que os resultados alcançados para uma dada reacção pouco ou nada elucidam para uma reacção diferente, mesmo que quimicamente seja da mesma família. ISM é pois um ponto de partida do entendimento da reacção química em fase gasosa e válido igualmente para reacções elementares em solução.

Neste contexto é possível prever (calcular) a velocidade de qualquer reacção elementar a uma qualquer temperatura relevante, porque se conhecem todas as variáveis estruturais, electrónicas e energéticas e as relações matemáticas de causa-efeito entre todas elas. Digamos, ISM é uma «modelação forte» para a reactividade química. Assim lidámos com muitos critérios da denominada «boa ciência». Mas, como apontei no Capítulo 2, a resolução de alguns problemas da ciência de hoje poderá requerer uma hibridização de metodologias, técnicas experimentais e computacionais, segundo critérios mais próximos de uma engenharia do que de uma ciência tradicional. Vamos preocupar-nos agora com algumas destas estratégias mais pragmáticas de «fazer ciência».

II

As associações da Química à Medicina, ou às Ciências da Saúde em geral, são óbvias e podem citar-se inúmeros exemplos de contribuições fundamentais. O mecanismo que conduz à anemia falciforme é um dos casos famosos de aplicação da Química-Física em estudos de patologias. A Química Clínica, que consiste essencialmente na utilização de técnicas analíticas em problemas médicos, talvez seja o ramo que mais consistentemente ligou as duas grandes áreas. Já em 1993, na 2ª edição do *Textbook of Clinical Chemistry* de Tietz surgem os procedimentos estatísticos sob um capítulo designado *Chemometrics*. Note-se que a Quimiometria (*chemometrics*) como conjunto coerente de técnicas remonta apenas aos anos setenta, pelo que em termos científicos se pode qualificar como recente, apesar de as suas raízes serem bem mais antigas. Em termos históricos, e focando-nos na Química-Física, podemos fazer remontar tais metodologias a um volumoso conjunto de dados experimentais da química-orgânica física que parecia caótico. Só na década de quarenta do século XX, com Hammett, se veio a produzir uma ordem no campo através de criação de «relações lineares de energia livre» e de certos princípios como o «princípio da reactividade selectividade»[14]. Tudo isto se recupera com ISM, bem como as anomalias e excepções de tais relações, mas é questão irrelevante agora.

Essencialmente a quimiometria é um modo estatístico de lidar com multivariá-veis. Nesse sentido podemos fazê-la remontar a Mendeleev na construção da Tabela Periódica, ou a Cannizzaro quando conseguiu recorrer à hipótese de Avogadro para decidir sobre as fórmulas moleculares.

Presentemente, o investigador dispõe de metodologias estatísticas (quimiometria) oriundas da ciência e da engenharia e, mais recentemente, de metodologias vindas da extracção de conhecimento em bases de dados (*data mining*).

A Quimiometria efectua o tratamento de dados para obtenção da *informação química*, a partir, por exemplo, de sinais analíticos; mas permite ir mais além e produzir *informação para o utilizador*, que não deve ser confundido com o grande público. Neste sentido, o utilizador é normalmente um especialista de outra área que solicita ou recorre a técnicas para classificação, hierarquização e redução da informação, estabelecendo o inter-relacionamento de variáveis, identificando factores preditores, prevendo respostas em sistemas vastamente multivariados. Torna-se assim óbvio um campo de aplicações, que deve ser sistematicamente estendido ao diagnóstico clínico e que, no panorama português, tem tido um desenvolvimento relativamente reduzido.

Note-se que no caso das chamadas «ciências mais moles» o investigador lida com sistemas com muitas variáveis e com relações de causa-efeito desconhecidas ou só com meras correlações entre variáveis que pouco esclarecem sobre os sistemas. Há muitos factores que se *manifestam* como possivelmente importantes no comportamento dos sistemas, mas subterraneamente existe um número muito menor de factores *latentes* (preditores) que, de facto, controlam as *respostas* dos mesmos sistemas. O objectivo global continua a ser o mesmo de sempre, o de construir uma «modelação mais mole» mas com boa capacidade de previsão. Lembre-se, também, os resultados obtidos quando procedimentos semelhantes são aplicados à Economia, *Econometria*, e Psicologia, *Psicometria*.

III

As actuais metodologias de quimiometria recorrem a variáveis que se controlam ou medem facilmente (*factores preditores*). Com tais factores procura-se explicar, regular e, acima de tudo, prever o comportamento de outras variáveis de *resposta* do sistema. Há diversos métodos de quimiometra tais como *Multiple Linear Regression* (MLR), *Partial least squares* (PLS), *Principal Components Regression* (PCR), *Maximum Redundancy Analysis* (MRA), etc. , com diferentes âmbitos e graus de aplicabilidade.

A situação ideal no sentido da previsão é que o número de factores do sistema não seja elevado, que o número de factores redundantes seja baixo e que se entendam bem as relações matemáticas existentes a respeito das respostas possíveis do sistema. Deseja-se extrair das observações o maior número possível de *factores latentes,* dando conta da variações dos factores que se manifestam, sem perder de vista a capacidade de modelar as respostas dos sistemas.

Tomemos agora um caso extremo desfavorável. Em princípio, MLR pode ser aplicado a sistemas com um elevado número de factores, mas se este número de factores é superior ao número de observações experimentais, podemos ter um modelo que reproduz muito bem as observações experimentais existentes, mas que é perfeitamente inútil para prever novos resultados experimentais. Encontra-se aqui o denominado *over-fitting.*

O conceito de *caixa negra* para a descrição do sistema não é aqui utilizado, como vem sendo hábito noutras aproximações, num sentido pejorativo. Considera-se que a complexidade da transformação que conduz à resposta é suficiente para que a inerente relação funcional assente apenas numa complexidade suficiente para estabelecer uma boa relação causal. A abundância de dados registados nos centros clínicos permitirá, julga-se com uma certa facilidade, que a qualidade da resposta seja optimizada e permitirá também descartar um conjunto de tarefas de planeamento normalmente realizadas *a priori.*

Sugerimos, pois, a utilização de técnicas sofisticadas para diagnóstico clínico que visem a construção de *learning sets* coerentes em especialidades variadas para elaboração de modelos preditivos fiáveis. Estes devem ser também baseados numa rigorosa análise de séries temporais para inclusão do factor tempo, de tanta relevância nas ciências bio-médicas.

IV

Há muito tempo e já não sei onde, li uma crónica tauromáquica interessante: «elogiava-se» um cavaleiro, porque tinha um bom cavalo que se tirava bem dos maus sítios onde ele o colocava. O cavaleiro toureava um pouco às «cegas». Esta caricatura permite-me descrever algumas das nossas abordagens científicas para investigar «às cegas» os factores moleculares que emergem de estudos de quimiometria em reactividade química. São metodologias que em sistemas muito complexos, como os clínicos e os biológicos, podem levar à descoberta de alguns «factores latentes». Começamos, porém, por um sistema onde conhecemos o resultado final, sem contudo recorrermos a esta informação prévia para a nossa investigação. Trabalharemos às cegas, em busca da informação que o método empregue nos irá fornecer.

Com ISM conhecemos os factores determinantes da reacção química e as relações de causa-efeito existentes entre as diferentes variáveis. Mas podemos ignorar tudo isto e escolher métodos da quimiometria que melhor discriminem as variáveis redundantes. Conhecemos os verdadeiros factores latentes, mas vamos ver se mediante a modelação quimiométrica de análise multivariada os podemos recuperar. Em suma, procuramos encontrar algumas linhas interpretativas que a quimiometria nos pode aportar em diferentes domínios, e deste modo enriquecermos o nosso conhecimento pessoal.

No caso dos «factores moleculares das reacções de transferência de átomos» os métodos MDA/PLS revelam que se consegue recuperar 80% da resposta (energia de activação) apenas com a energia de reacção – relação Bell-Evans-Polanyi – e com a «ordem de ligação no estado de transição $(n^{\ddagger})$»[15]. Sem dúvida que a investigação deste parâmetro (parâmetro de electrofilicidade como medida de $m=2n^{\ddagger}$) como factor preditor para a reactividade cinética, requeria a prévia invenção do conceito, mas existem outros factores electrónicos na bibliografia científica que foram utilizados, é certo que com menos eficácia. Mas uma vez que ISM criou o conceito, a aplicação dos métodos de quimiometria patenteia de imediato a importância do próprio conceito m em cinética química.

Neste campo de resultados conhecidos, a quimiometria acelera a aquisição da relevância de um novo preditor, relevância que nos levou muitos anos a adquirir[16]. Convém realçar que em todo este estudo há um pressuposto básico: a energia de activação vai ser recuperada em termos de factores latentes criados só com base nas propriedades de reagentes e de produtos.

Para se aprofundar na busca de outros factores latentes, como o da soma dos comprimentos das ligações reactivas $(l_{AB}+l_{BC})$, requereu-se uma escolha de reacções nas quais fosse menor a variação de m, $m<1{,}33$. Não é fácil recuperar todos os factores latentes, mas os mais relevantes são bem notórios.

Para além destas informações novas que podem ter aplicabilidade para domínios mais industriais, acresce que a quimiometria pode ainda dar uma achega de «boa ciência» no conflito TM/ISM nas reacções de transferência de electrão se demonstrarmos, estatisticamente, que um mesmo padrão é aplicável a reacções de transferência de átomos, de transferência de protões e de transferência de electrões. Neste campo há que ser criterioso na escolha das reacções a incluir na base de dados, para ter amostras significativas de casos relevantes.

V

Um outro tratamento possível para a extracção de novo conhecimento a partir de grande quantidade de dados clínicos passa pela aplicação de metodologias de «data mining». É hoje em dia comum utilizar-se técnicas informáticas de extracção de conhecimento (associações, analogias, correlações, interacções, reconhecimento de padrões, etc.) em grandes bases de dados em áreas como a análise de mercados financeiros. Alguns dos problemas na área da saúde são análogos. Por exemplo, no caso das interacções medicamentosas, os sub-sistemas de saúde (os arquivos hospitalares) possuem já enormes bases de dados. Estas bases de dados contêm informação quanto aos dados vitais do paciente, quanto às patologias diagnosticadas e quanto aos fármacos administrados, em que quantidades e em que sequência. Contudo, para cada doente individualmente, a administração de um determinado conjunto de fármacos, a dosagem e o tempo de terapia, tem como base protocolos gerais e a experiência do clínico. Seria do maior interesse que se pudesse personalizar a terapia com base na experiência de milhares de casos, ou seja, com base na experiência de um «*expert system*» capaz de integrar os resultados obtidos para uma grande quantidade de casos, ou seja, com base na experiência de dezenas, centenas ou milhares de clínicos. Esta abordagem ao problema das interacções medicamentosas ou a vários outros problemas na área da saúde é, sem dúvida, hoje em dia possível pois existem já algumas das ferramentas informáticas necessárias para o fazer. Esta abordagem exige, todavia, um diálogo aprofundado entre o clínico, o químico e o informático.

O que esperamos é que este jogo de métodos seja útil para a previsão do comportamento de sistemas biológicos e de sistemas clínicos, conjugando o *entendimento* possível (mas sempre incompleto) com o suplemento de informação estatística que minimiza as redundâncias e que pode mesmo forçar algumas relações de causa-efeito que se reputem fundamentais a respeito de variáveis de controlo e *outputs*.

Dificuldades existentes na investigação em saúde

Será que a recolha de dados clínicos é compatível com requisitos químico-físicos para a aplicabilidade dos métodos de quimiometria? Algo a investigar com pequenos passos. Mas dando como adquirido que a metodologia adoptada possa ser um contributo válido para a saúde pública, há que começar por sistemas clínicos onde seja menor o número de variáveis de controlo, não seja muito elevado o número de respostas possíveis e já se disponha de uma elevada informação clínica hospitalar.

Sem dúvida que há dificuldades em avançar de forma sustentada na investigação química em problemas de saúde. Muita da investigação realizada está apenas ligada à obtenção de graus académicos. A ausência do *grand-patron* fomenta os conflitos de interesses entre médicos hospitalares e investigadores, entre actividade médica pública e privada. Aos internos hospitalares, mesmo em hospitais escolares, não é concedido tempo suficiente para a realização de uma actividade de investigação sustentada.

Mas aquele que nos parece ser hoje em dia o maior problema que se coloca à investigação transdisciplinar, envolvendo clínicos, químicos, físicos, matemáticos e informáticos, é a comunicação, é a *linguagem comum* necessária ao entendimento por todos do problema a estudar e das soluções a adoptar. O clínico fala a linguagem da patologia, o químico e o físico a linguagem das moléculas e das interacções entre elas, o matemático a linguagem do rigor e das relações numéricas e estatísticas, o informático a linguagem computacional. A dificuldade passa, em grande medida, pelo transpor desta «barreira de activação» que é a comunicação altamente especializada entre profissionais de diferentes ofícios.

É pois fundamental cultivar uma atitude intelectual de transdisciplinaridade, de transposição de barreiras entre campos científicos diferentes. É este esforço que hoje deve ser uma aposta estratégica dos nossos investigadores no Departamento de Química da Universidade de Coimbra.

[1] J. H. Hildebrand, «A history of solution theory», *Ann. Rev. Phys.Chem.*, *32*, 1-23 (1981).

[2] W. H. Brock, «The Fontana History of Chemistry», Fontana Press, Londres, 1992, págs. 471 e 472.

[3] http://www.woodrow.org/teachers/ci/1992/Lewis.html; 8 de Abril de 2006.

[4] Entrevista gravada com Joel Hildebrand, «A Century of Chemistry»; internet, 28 Janeiro 2005. http://www.lib.berkeley.edu/MRC/biography.html#; 9 Janeiro 2005.

[5] Esta história foi-me contada pelo colega Prof. Björn Lindman.

[6] Um dos nossos alunos, com um excelente estágio científico, reconheceu mesmo que, no seu 3º ano, ficou surpreendido quando descobriu que estudando até podia ter boas notas! Descoberta um pouco tardia para lhe conferir uma nota de licenciatura consentânea com o seu valor real quando deixou a universidade.

[7] «Strannik. El Peregino Ruso», Anónimo, Editorial de Espiritualidad, Madrid

[8] Não é esta a grande lição da Igreja de Cristo – «Eu vim para servir e para servir em especial os fracos e humildes». Não vim para ter poder, nem para governar o mundo – «dai a César o que é de César e a Deus o que é de Deus». Ou ainda, «o meu poder torna-se perfeito na fraqueza».

[9] Recentemente, no *Chem Eng. News* (21 Março 2005, pág. 14) vem uma nota científica sobre a possibilidade de um povo nativo americano, o povo Sinagua, ter abandonado de repente o Verde Valley do Arizona por volta de 1450 devido a sintomas de envenenamento por arsénio. Os historiadores sabem que cerca de 20 anos após a irrigação intensiva a partir do Montezuma Well, um pequeno lago alimentado por uma fonte de águas profundas, o povo abandonou o vale. Como as águas do Montezuma Well tem um elevado conteúdo de arsénio (100 ppb) cerca de 20 vezes superior ao valor permitido numa água potável, é possível que o abandono tenha sido provocado por envenenamento natural com arsénio. Sinais como «pés negros» e bócio podem ter sido tomados como sinais religiosos para o abandono do lugar. Coelhos e tartarugas faziam parte da dieta alimentar do povo Sinagua, e em ossos de tartarugas desse tempo foram encontrados teores de arsénio de 229 mg/kg, quando o usual é de 2,0 mg/kg.

[10] A propósito do viajar de avião tive duas experiências difíceis: uma num Dakota em Moçambique, com muitos poços de ar – quer os passageiros quer a tripulação precisaram de recuperar em Marromeu até seguir viagem para Quelimane; por essa altura ainda não tinha medo de viajar de avião. A outra, numa aterragem em Bruxelas numa ocasião em que diversos aeroportos estavam fechados devido a fortes trovoadas, pois quase aterrámos no meio da tempestade.

[11] Na grafia espanhola, Formozinho Sanchez. Estes ramos da família têm origem em Espanha e terão fugido para o Algarve no fim do século XIX.

[12] Termo brasileiro alusivo ao uso das veias safena para a realização do *by-pass*. O meu amigo Prof. Manuel Ramos Lopes, em carta que me dirigia a acompanhar um livro seu de poesias e rimas que gentilmente me ofereceu, bem escrevia: «Meu prezado Colega (em Minerva e em safena) ...».

[13] Visão, nº 622, 3 a 9 Fevereiro 2005, pág. 17.

[14] Para a história dos trabalhos de Hammett ver: J. Shorter, «The prehistory of the Hammett equation», *Chem. Listy*, *94*, 210-214 (2000).

[15] M. Barroso, J. C. Pereira, A. A. C. C. Pais, L. G. Arnaut, S. J. Formosinho, «Molecular factors in atom-transfer reactions», *Mol Phys.*, *104,* 731-743 (2006).

[16] Na análise PLS a inclusão dos preditores mais relevantes levou à equação: $E_a = A + B \; \Delta E^0 + C \; m^{-3/2}$, expressão onde A, B e C são constantes e os outros símbolos têm o significado usual. O desvio padrão para a energia de activação, E_a, é de 8 kJ/mol.

www.ingramcontent.com/pod-product-compliance
Lightning Source LLC
Chambersburg PA
CBHW060128280326
41932CB00012B/1461